井冈山革命根据地史

余伯流　陈　钢　著

江西人民出版社
Jiangxi People's Publishing House
全国百佳出版社

图书在版编目(CIP)数据

井冈山革命根据地史 / 余伯流，陈钢著. -- 2 版. -- 南昌：江西人民出版社，2014.5(2024.2 重印)
ISBN 978-7-210-05276-0

Ⅰ. ①井… Ⅱ. ①余… ②陈… Ⅲ. ①井冈山革命根据地-历史 Ⅳ. ①K269.4

中国版本图书馆 CIP 数据核字(2014)第 069805 号

井冈山革命根据地史
JINGGANGSHAN GEMING GENJUDI SHI

余伯流，陈钢 著

责任编辑：游道勤 张志刚
封面设计：同异文化传媒

江西人民出版社 Jiangxi People's Publishing House 全国百佳出版社 出版发行

地 址：江西省南昌市三经路 47 号附 1 号(330006)
网 址：www.jxpph.com
电子信箱：jxpph@tom.com
编辑部电话：0791-86898873
发行部电话：0791-86898815
承 印 厂：深圳市精彩印联合印务有限公司
经 销：各地新华书店

开 本：880 毫米×1230 毫米 1/32
印 张：18 插页：18
字 数：482 千字
版 次：2014 年 5 月第 2 版
印 次：2024 年 2 月第 8 次印刷
书 号：ISBN 978-7-210-05276-0
定 价：80.00 元
赣版权登字-01-2014-97

红四军前委书记、党代表、军委书记、湘赣特委书记毛泽东

红四军军长、军委书记朱德

红四军前委书记、党代表、军委书记、湘赣特委书记陈毅

红五军军长彭德怀

红五军党代表滕代远

红四军参谋长兼二十八团
团长王尔琢

红四军十一师师长兼
三十一团团长张子清

红四军三十二团团长、湘赣边
工农兵政府主席袁文才

红四军三十二团副团长、湘赣
边防务委员会主任王佐

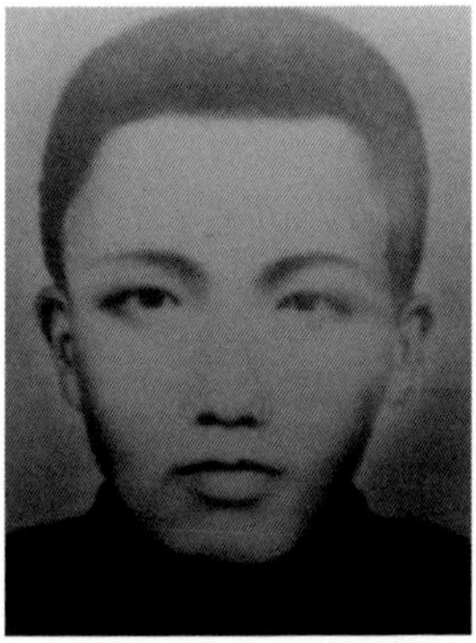

宁冈县委书记龙超清

红四军二十八团、三十二团党代表、
宁冈中心县委书记何长工

湘赣边特委副书记、茶陵县工农兵
政府主席、县委书记谭震林

湘赣边特委副书记、
遂川县委书记陈正人

毛泽东之妻、红四军前委
机要秘书贺子珍

朱德之妻、红四军宣传队
队长伍若兰

同敌人搏斗的井冈山赤卫队员

1938年,毛泽东与参加井冈山斗争的部分人员合影

1962 年,朱德重上井冈山撰写了“天下第一山”的题词

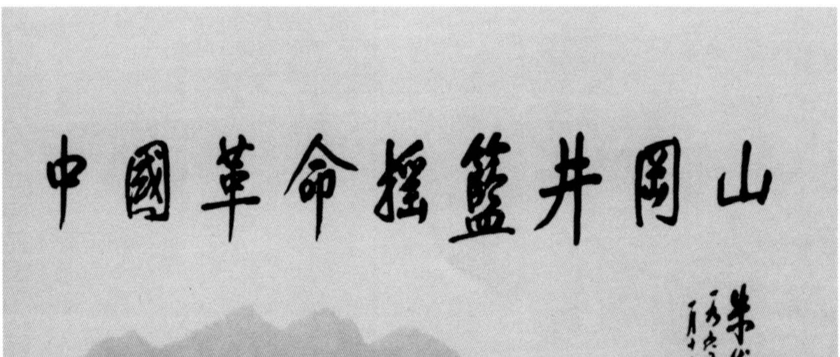

1965 年,朱德题写的“中国革命摇篮井冈山”

1965 年，毛泽东重上井冈山时留影

1965 年 5 月，毛泽东接见井冈山干部群众

文家市会议旧址

莲花宾兴馆旧址

三湾改编旧址

古城会议旧址

茅坪

象山庵

龙江书院

砻市会师广场

龙源口

黄洋界

大井

小井

茅坪八角楼

茨坪毛泽东旧居

荆竹山雷打石

茶陵县工农兵政府

湘赣边界秋收起义作战经过要图

（1927年9月11日-19日）

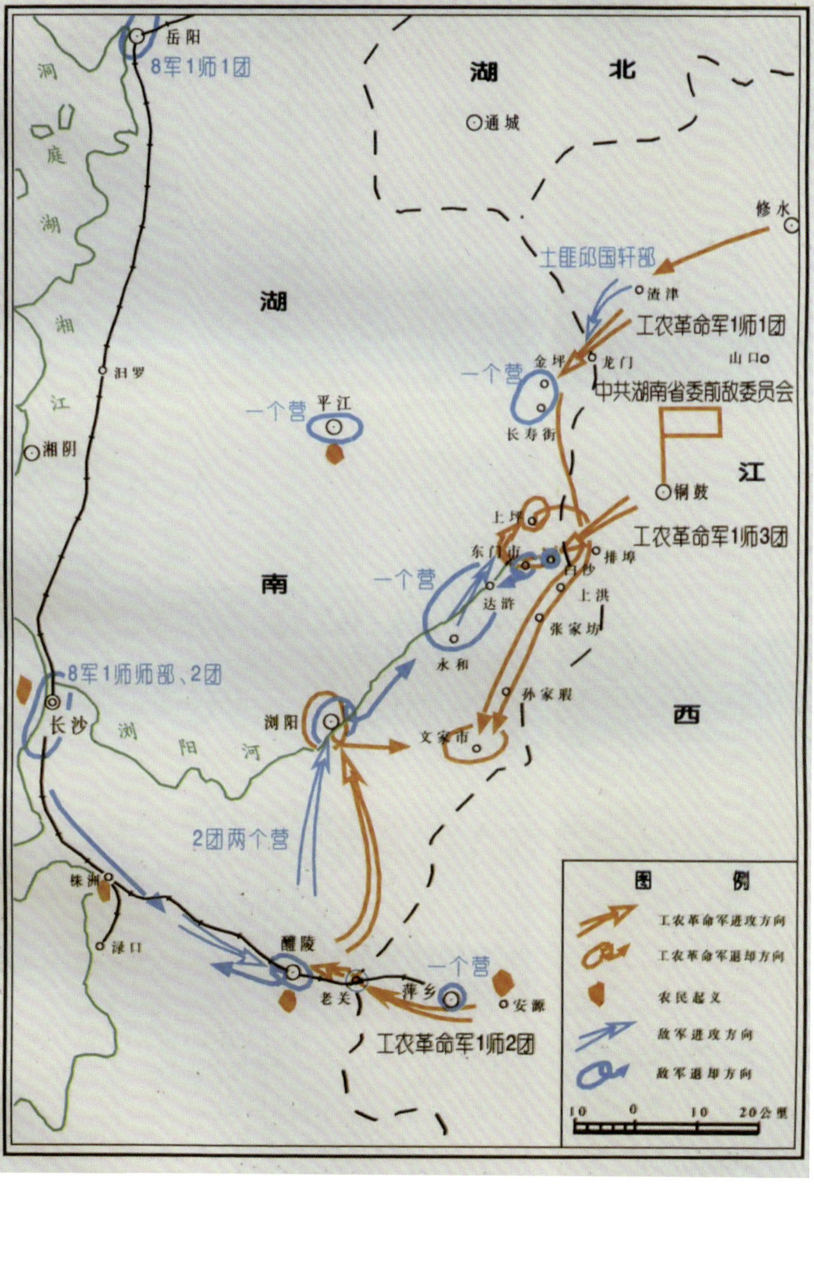

工农革命军向罗霄山脉中段进军示意图

（1927年9月20日－10月下旬）

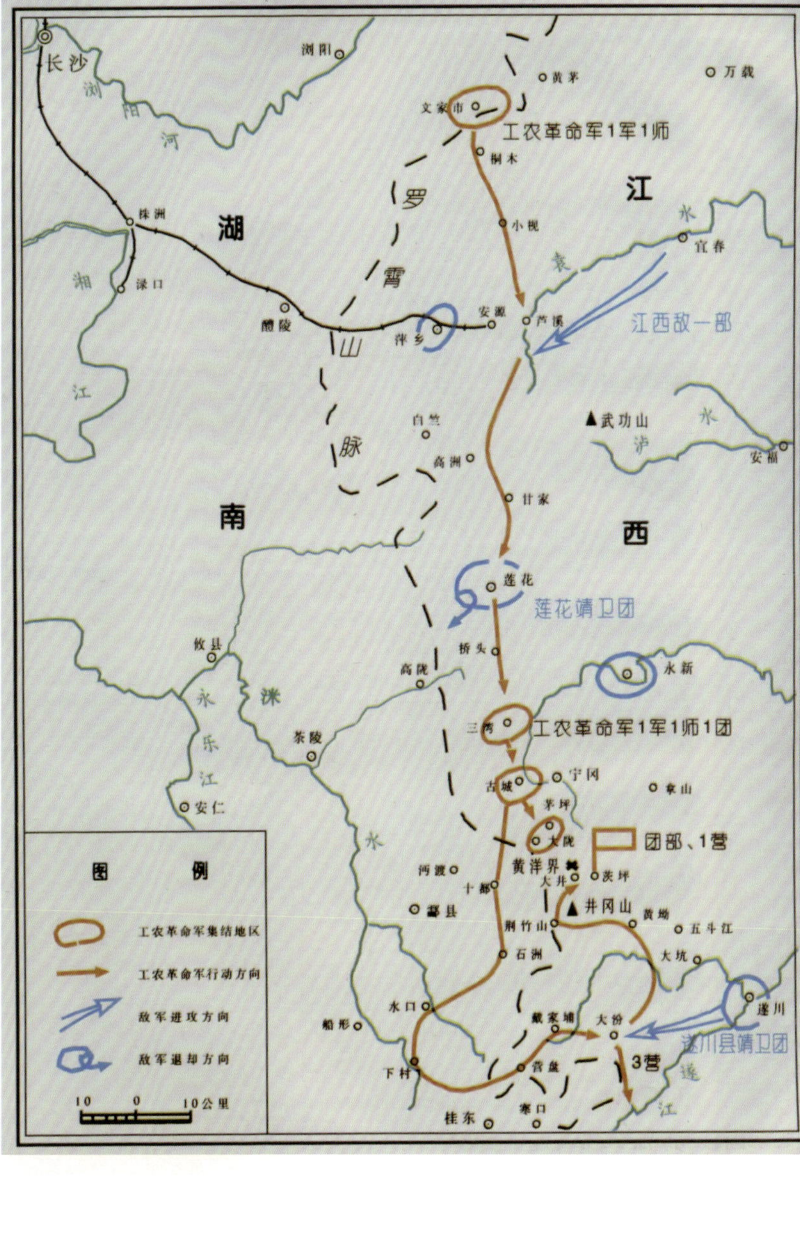

井冈山会师示意图

（1928年4月）

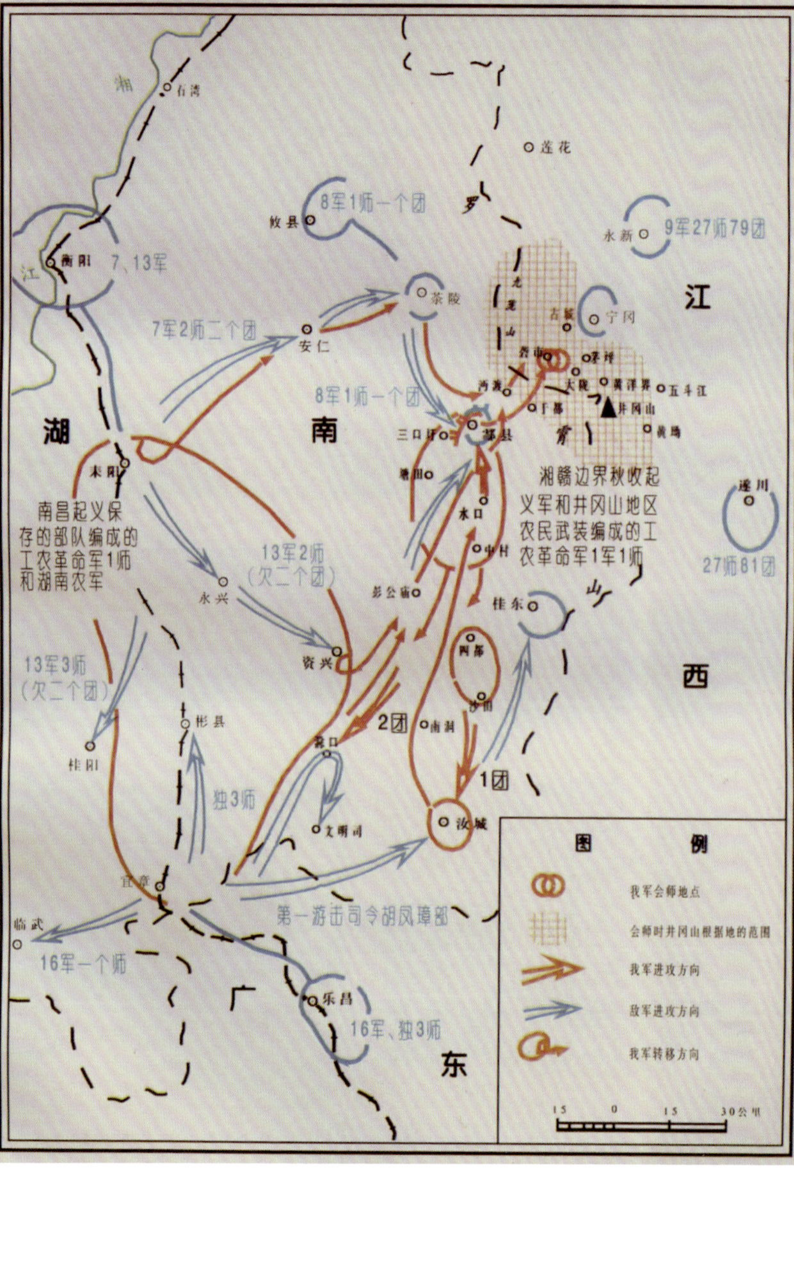

井冈山革命根据地全盛时期形势示意图

（1928年6月－1928年7月）

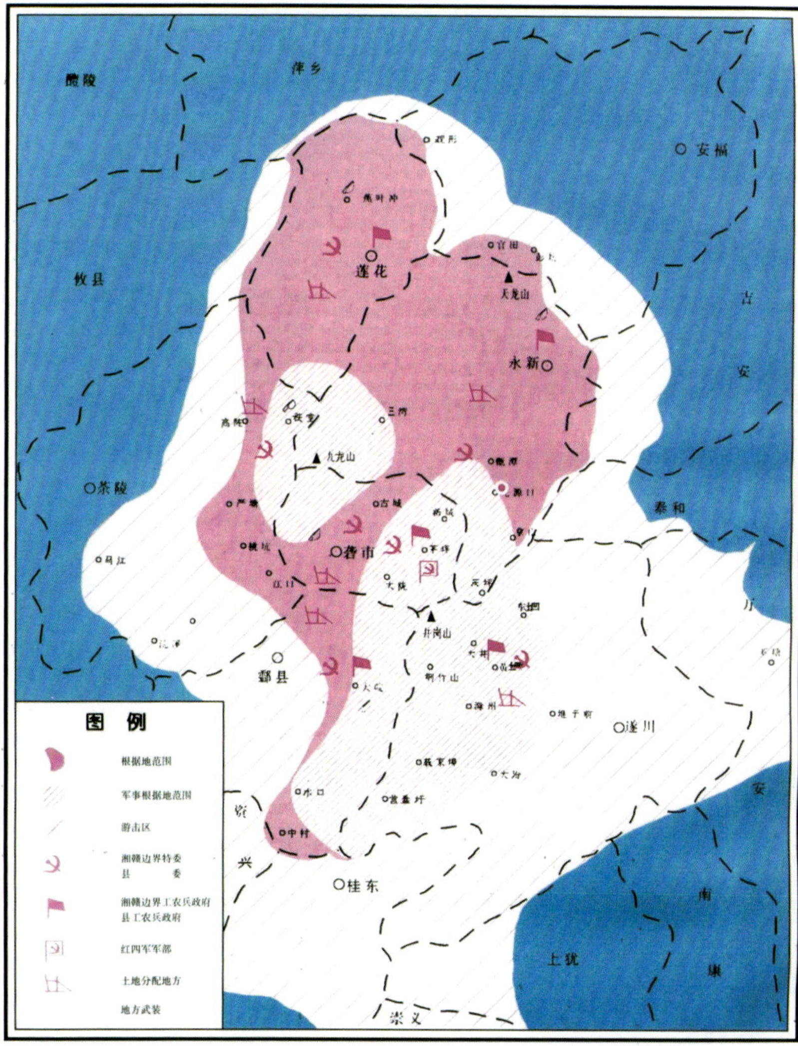

目 录

第二章

井冈山革命根据地的全盛时期

第四章

井冈山革命根据地的后期斗争

绪　论

井冈山革命根据地，是毛泽东等老一辈革命家领导湘赣边军民开创的中国第一块农村革命根据地。在中国革命的史册上，井冈山素以“中国革命的摇篮”著称于世，朱德称之为“天下第一山”，彭真称之为“中华人民共和国的奠基石”。

井冈山有三大亮点。毛泽东和他的战友们在这里：

开创了一条革命新路——井冈山道路；

培育了一个精神瑰宝——井冈山精神；

走出了一批开国元勋——中国的脊梁。

井冈山革命根据地坐落在江西、湖南两省之交的罗霄山脉中段，红色区域主体横跨“六县一山”，即江西的宁冈、永新、莲花、遂川，湖南的酃县、茶陵①，以及井冈山。井冈山根据地鼎盛时期面积达 7200 多平方公里，人口 50 余万，割据势力曾扩展到吉安、安福各一小部。万安、泰和、桂东、资兴等县边地皆属根据地的外围屏障。

井冈山的斗争，代表了中国革命的新方向。中国共产党领导的人民革命，是沿着一条独特的道路走向胜利的。这就是以农村包围城

---

① 宁冈县已并为井冈山市，酃县现已更名为炎陵县。

市、武装夺取全国政权的道路——井冈山道路。

一、井冈山革命根据地的开创与形成

井冈山革命根据地是在大革命失败后，中国共产党人和湘赣边军民与国民党反动势力血与火的搏击中开辟与形成的。“一国之内，在四围白色政权的包围中，有一小块或若干小块红色政权的区域长期地存在，这是世界各国从来没有的事。”①毛泽东称之为“奇事”。这里，且让我们考察和简述一下这种“世界各国从来没有”的“奇事”所发生的背景及其大略情况。

第一，在毛泽东带领秋收起义部队上山之前，湘赣边的革命斗争为井冈山革命根据地的创建构筑了根基。

从党群基础看，在大革命时期，就有欧阳洛、朱亦岳、陈正人、龙超清、刘作述、刘寅生、陈韶等在湘赣边地区传播马克思主义，创建中共组织，开展农民运动，发展革命武装，边界六县曾拥有枪械970余支，并先后夺取了政权。1927年大革命失败后，该地区的革命力量遭受国民党豪绅的血腥镇压，“地方武装只袁文才、王佐各六十支坏枪在井冈山附近”②。然而革命的火种并没有被扑灭，赣西农民自卫军仍屹立在湘赣边陲，经常出没于宁冈茅坪和遂川大小五井的莽莽山林之中，坚持时起时伏的游击斗争。从地理环境看，罗霄山脉中段是武装割据的理想之地。这里山高林密，地势险要，易守难攻，便于屯兵，加之物产丰富，民风淳朴，而且距南昌、长沙、武汉等中心城市较远，敌人鞭长莫及，两省边界为军阀“不管之地”，革命力量有可乘之机，有纵横自如的回旋空间。总之，这种良好的党群根基和极好的地理环境，无疑奠定了建立革命根据地“天时、地利、人和”的客观基础。正因为如此，当

① 毛泽东：《中国的红色政权为什么能够存在？》，《毛泽东选集》第一卷，人民出版社1991年版，第48页。

② 毛泽东：《井冈山的斗争》，《毛泽东选集》第一卷，人民出版社1991年版，第58页。

毛泽东率领秋收起义部队刚一上山，就看好这块“风水宝地”，拍板定策，落脚生根，以图发展壮大。

第二，毛泽东引兵井冈，是井冈山革命根据地得以创建的决定性条件。

湘赣边界的工作，是从 1927 年 10 月做起的。在此之前，无根据地可言。毛泽东在湘赣边秋收起义失利后，审时度势，果断决策，适时地放弃了进攻中心城市长沙的原定计划，在文家市作出了“向萍乡退却”，的决定。从此，中国革命的重心开始了由城市向农村的战略性转移。1927 年 9 月 25 日，工农革命军进抵井冈山地境莲花，得悉江西省委提供的可靠信息，决定引兵井冈，随后到达永新进行了著名的“三湾改编”，部队获得新生。10 月初，毛泽东在古城召开前委扩大会议，确定在罗霄山脉中段建立革命根据地，并获得宁冈“山大王”袁文才的鼎力支持，工农革命军始驻茅坪，建立了茅坪医院和后方留守处。在茅坪，工农革命军安营扎寨，休养生息，恢复了元气，站稳了脚跟，并派人与朱德率领的南昌起义余部取得了联系，沟通了信息。10 月底，毛泽东会见王佐后，率部进抵茨坪。为了开创“工农武装割据”的新局面，毛泽东和前委从是年 11 月到翌年 2 月用了整整 4 个月的时间，恢复和建立党的组织，发动群众开展游击暴动和分田斗争，同时派出游雪臣、何长工等改造带有绿林积习的袁、王部队，颁布了工农革命军的“三大任务”和“三大纪律、六项注意”，创办了桃寮红军被服厂，恢复了草林集市贸易，并精心组织和部署了三大战斗，攻克茶陵、遂川、宁冈三县城，建立了三县红色政权，击破了赣敌的第一次“进剿”，从而开创了以宁冈为中心的湘赣边“工农武装割据”局面。这标志着井冈山革命根据地已初步形成。

第三，朱毛两部的井冈山会师，使井冈山革命根据地的发展走向全盛时期。

井冈山革命根据地初具规模后，由于“左”倾错误的干扰，工农革命军被调往湘南，结果边界被敌占领一个多月，史称“三月失败”。

1928年4月下旬,朱德、陈毅率领南昌起义余部和湘南农军万余人,移师井冈山,与毛泽东率领的秋收起义部队在宁冈砻市会师。“红军荟萃井冈山,主力形成在此间。”(朱德诗)井冈山革命根据地的武装力量,从原来的2000多人激增至10000余人。井冈山会师后,成立了中国工农革命军第四军(后改称中国工农红军第四军),随即召开了边界党的“一大”,成立了以毛泽东为书记的边界特委,统一领导湘赣边界红军和根据地的土地革命斗争。边界特委和红四军前委、军委根据边界割据斗争的实际,制定了“创造罗霄山脉中段政权”的七条正确政策,毛泽东、朱德还创造了“敌进我退,敌驻我扰,敌疲我打,敌退我追”的十六字诀,指导红军的游击战争。是年五、六月份,红四军以不足4个团的兵力,在同敌军八九个团,甚至18个团兵力的搏击中,取得了五斗江、草市坳和龙源口战斗的重大胜利,击破赣敌第二、三、四次“进剿”,边界进入全盛时期。这时,井冈山革命根据地拥有宁冈、永新、莲花三个全县,并延伸至遂川北部,酃县东南部,茶陵西南部以及吉安、安福各一小部。正当朱毛红军准备实施“推进战略”时,湖南省委不察当时的情势,派员强行将红四军主力拉往湘南,导致令人痛心的“八月失败”。幸而红四军取得了黄洋界保卫战的胜利,毛泽东迎还红军大队,回师井冈山,随后又三战三捷,收复了边界失地,井冈山革命根据地方日臻巩固。10月,毛泽东在边界党的“二大”上总结了边界“工农武装割据”的经验教训,创造性地提出了关于红色政权的理论。这一时期,边界军民在党的领导下,自力更生、艰苦奋斗,创办了军械厂、造币厂、印刷厂以及红色圩场和小井红军医院等,打破了敌人的经济封锁,建设了井冈山和九龙山两个军事根据地。是年12月10日,彭德怀率领红五军800余人上山与红四军会合。

第四,边界军民英勇的后期斗争,支撑着井冈山革命根据地的红旗“始终不倒”。

1929年1月上旬,为了打破湘赣敌军的“会剿”,红军主力实施“围魏救赵”的战略方针,兵分两处,红四军由毛泽东、朱德率领出击赣南，红五军及红四军三十二团由彭德怀率领留守井冈山。由于敌我力量悬殊，1月下旬井冈山失守。随后，湘赣军民在边界特委领导下，改变斗争方式，开展游击战争，发展地方武装，恢复割据区域，开创了以永新为中心的湘赣革命根据地。这时，红五军应湘鄂赣特委要求，开往湘鄂赣边境活动，12月返回湘赣边界。1930年1月，红六军和赣西红军总司令部成立。2月，在"左"倾错误影响下，袁文才、王佐二人在永新被错杀，酿成根据地的一大悲剧。"二七"会议后，一场新的土地革命风暴席卷赣西南，边界斗争进入一个新的发展时期。3月，赣西南苏维埃政府成立。7月，赣西南地方武装主力红二十军成立。是年10月4日，红一方面军在红二十军及地方武装的配合下，一举攻克吉安重镇，赣西南红色区域连成一片，以曾山为主席的江西省苏维埃政府宣告成立。这时，赣西南地域有34个县相继建立了红色政权，苏维埃势力拥有纵横400里、赤色群众400余万的广阔区域。"边界红旗子始终不倒，不但表示了共产党的力量，而且表示了统治阶级的破产，在全国政治上有重大的意义。"①

二、毛泽东对创建井冈山革命根据地的卓越贡献

井冈山革命根据地的创建，是中国共产党人和井冈山军民集体奋斗的结果，凝聚了老一辈革命家和无数革命先烈的心力与鲜血。然而必须肯定的是，毛泽东是井冈山革命根据地的主要创始人。在创建井冈山革命根据地的过程中，毛泽东作出了最卓越的贡献。

毛泽东不仅在实践上领导秋收起义部队开辟了井冈山革命根据地，创造性地解决了根据地建立和发展过程中的一系列重大问题，而且还在理论上对井冈山斗争的革命经验进行了科学的概括，提出了具有中国特色的农村包围城市、武装夺取政权道路理论的雏形——关于红色政权的理论。

① 毛泽东：《井冈山的斗争》，《毛泽东选集》第一卷，人民出版社1991年版，第81页。

毛泽东在革命实践方面的贡献,主要表现在:

第一,毛泽东领导文家市退兵,点燃了井冈山斗争的"圣火"。

文家市退兵是中国共产党人的工作重心由城市向农村转移的重要举措。毛泽东在当时秋收暴动受挫、部队从5000之众减员到1000余人枪的严峻时刻,镇定自若,果断地作出了"保存实力,退兵萍乡"的决策,彻底摒弃了攻打长沙、夺取中心城市的计划,从而开拓了从"引兵井冈"到"以乡村为中心"的中国革命的新道路。中国的革命者在毛泽东的率领下,从文家市迈出了具有历史转折意义的关键一步。

第二,毛泽东领导改造"袁、王部队",确定了在井冈山建立革命根据地的决策。

袁文才、王佐是盘踞在井冈山一带的草莽英雄,是绿林性质的"坐山虎"、"地头蛇",没有他们的许可和支持,工农革命军是不可能在井冈山安营扎寨、落脚生根的。毛泽东以他独特而高超的睿智与才能,从三湾投书到大苍赠枪,从茅坪安家到进驻茨坪,从步云山练兵到大陇升编,一步步地做工作,晓以大义,真诚相待。对此,袁文才、王佐不仅欣然接纳,而且为之折服,袁文才多次称毛泽东为"中央才"。正因为如此,曾经"溃不成军"的秋收起义部队得以在井冈山休养生息,站稳脚跟,毛泽东才下决心确定在井冈山建立革命的大本营,首创井冈山根据地。

第三,毛泽东领导创建了边界三县红色政权,奠定了井冈山革命根据地的坚实基础。

革命政权是土地革命和武装斗争的根本。毛泽东从"枪杆子里面出政权"的思想出发,在湘赣边武装割据的过程中,一直十分注重革命政权的建立与建设。在确定建立以宁冈为中心的罗霄山脉中段政权的决策后,毛泽东以极大的精力领导井冈山军民开展游击暴动,实行分田斗争,发展群众武装,推翻反动政权,在取得军事上三大战斗胜利的基础上,建立了茶陵、遂川、宁冈三县红色政权。三县红色政权的建立,标志着井冈山革命根据地的初步形成。这是在朱毛两军井冈山会师之前所取得的重大成果,是毛泽东独自领导开辟的。

第四,毛泽东创造性地解决了根据地建设中的一系列重大问题,确保了井冈山革命根据地沿着正确的道路健康发展。

比如:在党的建设方面,如何在"支部会议简直同时就是家族会议"的农村环境建党,如何对"几乎完全是农民成分的党"实行"无产阶级的思想领导"?在军队建设方面,如何确保党对军队的绝对领导,如何实行军队中的民主主义、俘虏政策和革命纪律?在政权建设中,如何克服党"把政权机关搁置一边"的党政合一现象,充分发挥红色政权领导群众的重大作用?在土地斗争中,如何分田,实行什么样的分田政策?在经济斗争中,如何打破敌人严密的经济封锁,如何解决"吃饭大难"、"食盐奇缺"等问题?在红军与地方的关系中,如何解决土客籍纷争中"土籍的党,客籍的枪"的问题?如何克服"地方主义"?如何引导地方势力走上革命坦途?在前进道路上,如何正确回答"红旗到底打得多久"的问题?等等。这些割据斗争中出现的问题,都是十分棘手而又亟待解决的。毛泽东以他超凡的智慧,依据马克思列宁主义的基本原理,从农村根据地的实际情况出发,科学地提出和制定了一系列切合实际、行之有效的方针、政策和举措,将这些问题圆满而又合理地解决了,从而创造了"工农武装割据"的丰富经验,使井冈山革命根据地雄踞在罗霄山脉中段,在四周白色政权的包围下巍然屹立。

毛泽东在思想理论方面的贡献,主要表现在:

第一,毛泽东提出了"上山"的思想。

毛泽东在大革命失败后、引兵井冈前,就在"马日事变"后对湖南的革命者提出"在山的上山,靠湖的下湖"。不久,在主持全国农会工作、制定策略方针时,几次提出"上山"理念。在参加中央的一些重要会议时,强调农军要"上山",认为:"上山可造成军事势力的基础","纵然失败也不应去广东而应上山"。"上山"干什么?上山"结交绿林朋友",上山做"革命的山大王"。毛泽东熟谙中国历史上许多农民领袖和绿林好汉"占山为王"的典故,自然思考和借鉴了历史上"山大王”的经验。但毛泽东的“上山”思想与历代“山大王”的思想是迥然不同的。毛泽东“上山”思想的本质，就是将中国共产党人的工作重心，从敌人统治力量较强的中心城市，转移到敌人统治力量较弱的农村山区去，就是“以乡村为中心”的思想。上山，是中国革命从低潮走向复兴和胜利的必由之路；上山，是毛泽东创造农村包围城市、武装夺取政权理论的基础思想。

第二，毛泽东提出了构筑“军事大本营”的思想。

军事大本营是“工农武装割据”的根本重地和腹心区域。工农革命武装上山以后，没有自己的军事大本营是站不住脚的。毛泽东在以宁冈茅坪为腹心地区而进行的军事活动实践中，逐渐认识并明确提出：必须“以宁冈为大本营，其理由有三：(1)此间系罗霄山脉中段，地势极好，易守难攻；(2)党在此间是由无组织进为有组织，民众比较有基础(赤卫队、赤色游击队组织了)，弃之可惜；(3)湘南、赣南只能影响一省并只及于上游，此间可影响两省并能及于下游”①。毛泽东从宁冈地势、党群基础、所属影响三方面阐述了理由，由此坚持认为“以宁冈为中心的罗霄山脉的中段，最利于我们的军事割据”。毛泽东“以宁冈为大本营”的思想，是在“走遍了”罗霄山脉中段后得出的结论，是湘赣边界军民坚持武装割据的根本观念。离开了大本营，红军和边界就吃苦头，“八月失败”就是一次深刻教训。可见，“大本营”思想在边界斗争中何等重要。

第三，毛泽东提出了“工农武装割据”的总概念。

从上山——建立军事大本营——到实行“工农武装割据”，毛泽东的思想在井冈山斗争的实践中一步步得到深化。“工农武装割据”的思想，就是在中国共产党领导之下的武装斗争、土地革命、根据地建设三位一体的总概念。正如毛泽东所指出的，这种“有根据地的，有计划

① 《关于红军情况的报告》，1928年6月16日，《毛泽东军事文选》内部本，战士出版社1981年版，第5—6页。

地建设政权的，深入土地革命的，扩大人民武装的路线”，“无疑义地是正确的”①。他还强调说：“‘工农武装割据’的思想，是共产党和割据地方的工农群众必须充分具备的一个重要的思想。”②由此可见，“工农武装割据”的思想，是有着丰富内涵并被毛泽东看得很重的思想，是毛泽东创立红色政权理论的独创性的根本指导思想。

第四，毛泽东总结并提出了“十六字诀”等红军作战的战术原则和策略思想。

“十六字诀”是红军初创时期游击斗争经验的科学概括。毛泽东早在1928年初的遂川、万安县委联席会议上就提出了“敌进我退，敌驻我扰，敌退我追”的“十二字秘诀”，后来又吸取了朱德丰富的游击战争经验，于1929年4月5日《前委致中央的信》中，第一次完整地提出了“敌进我退，敌驻我扰，敌疲我打，敌退我追”的“十六字诀”，以及“分兵以发动群众，集中以应付敌人”，“固定区域的割据用波浪式的推进政策，强敌跟追用盘旋式的打圈子政策”，“要随时打开，又要随时收拢。打开以争取群众，收拢以应付敌人”等一套游击战争的战术原则和策略思想。毛泽东是红军“十六字诀”等一套战术原则的主要奠基人和理论概括者。

第五，毛泽东创造性地提出了关于红色政权的理论。

红色政权理论是毛泽东农村包围城市、武装夺取政权伟大理论的雏形和基石。毛泽东运用马克思列宁主义关于暴力革命和武装夺取政权的学说，根据半殖民地半封建中国经济政治发展不平衡的规律，科学地论证了在四周白色政权的包围中，中国红色政权发生、存在和发展的主客观条件，这就是：(1)中国地方性的农业经济和帝国主义划

① 毛泽东：《星星之火，可以燎原》，《毛泽东选集》第一卷，人民出版社1991年版，第98页。

② 毛泽东：《中国的红色政权为什么能够存在?》，《毛泽东选集》第一卷，人民出版社1991年版，第50页。

分势力范围的分裂剥削政策,造成反动统治的缝隙,给革命以可乘之机;(2)第一次大革命的影响为红色政权的建立奠定了良好的群众基础;(3)全国革命形势向前发展是小块红色政权能够长期存在的重要原因;(4)相当力量的正规红军的存在,是红色政权赖以存在的必要条件;(5)共产党组织的有力量和它的政策的不错误,更是"一个要紧的条件"。毛泽东坚持认为:湘赣边界"这些红色区域将继续发展,日渐接近于全国政权的取得"。可见,井冈山时期的毛泽东,确实胸怀全局,高瞻远瞩,他在井冈山就把目光投向了日后"全国政权的取得"的宏伟目标了。毛泽东关于红色政权的理论,是对马克思列宁主义的运用和发展,是中国革命史上具有独创性的理论贡献。这个理论形成的标志,就是毛泽东《中国的红色政权为什么能够存在?》、《井冈山的斗争》和后来《星星之火,可以燎原》三篇光辉著作的问世。

井冈山革命根据地的创建,是毛泽东、朱德、陈毅等老一辈无产阶级革命家和井冈山军民集体奋斗的结果。毛泽东是井冈山革命根据地党政军一把手、主要创始人。朱德作为军长、二把手,功勋卓著。尤其是朱毛会师,永垂青史;井冈山时期许多重大战斗(如龙源口大捷等),都是朱德亲自指挥的。陈毅是军政治部主任、三把手,也劳苦功高,尤其是在政治工作方面独有建树。毛泽东、朱德、陈毅是井冈山斗争时期的"三驾马车",他们的亲密合作、共襄大业,是井冈山革命根据地得以创建、巩固和发展的根本保障。毛、朱、陈等各具殊功,但无论是从实践上看还是从理论上看,建树盖世之功的当首推毛泽东。

三、井冈山革命根据地的历史地位及其深远影响

井冈山革命根据地,是大革命失败后中国共产党领导工农群众创建的中国第一块农村革命根据地。井冈山革命根据地的创建,代表了中国革命的新方向,其所产生的影响是重大而深远的。

井冈山革命根据地在中国革命史上具有极为重要的历史地位。

第一,井冈山革命根据地是中国共产党的工作重心由城市向农村

实行战略转移的光辉典范。

综观中国共产党第一次国内革命战争的历史，从国共合作的北伐战争到中共八七会议前，中国共产党人一直是把工作重心放在城市的。北伐战争从广州打到武汉，从武汉打到上海；上海三次工人武装起义，汉口、九江英租界的收回，都在中心城市；中共中央的领导机关也先后驻在上海、武汉指挥工作。蒋介石、汪精卫在上海、武汉背叛革命后，中国共产党还能像苏联十月革命那样，再走"以城市为中心"的道路吗？显然，这条道路已经走不通了。中国共产党如果还继续把党所掌握的一点武装力量投向城市，孤注一掷，与蒋介石国民党的强大军队决战，那就无异于以卵击石，自取灭亡。毛泽东——八七会议后第一个上山下乡的中央委员，正是从这种变化了的情势出发，独辟蹊径，引兵井冈，开拓了"工农武装割据"的农村革命根据地，将党的工作重心引入"以乡村为中心"的正确轨道，才使中国革命转危为安，由失败走向复兴和胜利。

第二，井冈山革命道路是马克思列宁主义普遍原理与中国革命具体实际相结合的伟大创举。

马克思列宁主义认为，无产阶级革命的根本问题是武装夺取政权。但究竟怎样夺取政权，是"先占城市后取乡村"，还是走相反的道路？这是必须根据各国不同的国情决定的。以毛泽东为代表的中国共产党人，从大革命失败的惨痛教训和井冈山斗争的伟大实践中，逐渐认识到中国革命的规律：无产阶级政党必须深入农村，发动群众开展武装斗争，实行土地革命，推翻白色政权，建立红色政权，把落后的农村变成强大的革命根据地，然后波浪式地向前推进，依靠广阔的农村革命根据地去反对依靠城市进攻农村的凶恶敌人，进而以农村包围城市，最后夺取全国政权和全国革命胜利。实践证明，这条中国式的武装夺取政权的道路，不仅在中国取得了完全的胜利，而且对被压迫民族、被压迫国家的人民革命也是有普遍意义的。中国革命的"农村包围城市、武装夺取政权"道路，无疑极大地丰富了马克思列宁主义的理论宝库,是对国际共产主义运动的一大贡献。而中国革命的这一新道路,正是从井冈山开始起步、开始创造的。

第三,井冈山斗争经验的理论概括是毛泽东思想形成的基石。

毛泽东思想是在20世纪20年代后期和30年代初期开始形成的。这是中央《决议》中的判断。这个时期,正是以毛泽东为代表的中国共产党人在井冈山和中央苏区创建革命根据地的时期。在井冈山时期,毛泽东总结了井冈山武装割据斗争的丰富经验,并从理论上进行了科学的概括,写就了《中国的红色政权为什么能够存在?》、《井冈山的斗争》等光辉文献,后来在中央苏区又写就了《星星之火,可以燎原》、《反对本本主义》等重要著作,提出了一系列重要的思想观念、路线方针、政策原则。诸如:毛泽东在井冈山时期提出的关于"工农武装割据"的思想,关于农村环境下建设无产阶级政党的思想,关于人民军队的建设及其作战原则,关于土地革命的路线、方针、政策,关于农村革命根据地建设的思想,关于红色政权的建设及其策略指导思想等等,都是马克思列宁主义与中国农村根据地实际相结合的产物,也就是红军初创时期活生生的马克思主义,是"山沟里的马克思主义"。毛泽东在井冈山时期的这些光辉思想及其理论概括,无疑为毛泽东思想的形成奠定了坚实而厚重的基石。因此,完全可以认定,井冈山革命根据地是毛泽东思想的重要发祥地。到中央苏区时期,毛泽东思想的基本框架就开始初步形成了。毛泽东思想的显著标志是农村包围城市的道路理论,而农村包围城市道路理论的原创性思想——红色政权理论,是在井冈山时期创立的。

井冈山革命根据地作为中国第一块农村革命根据地,对当时的全国各根据地产生了重大的影响。

井冈山根据地和朱毛红军一出现,全国一些地区的革命者就通过共产党的地下刊物、文件和国民党的报刊予以高度关注。当时的中共中央特别是主持中央军事工作的周恩来,对井冈山斗争的经验极为重视,并予以大力推广。在湘鄂赣根据地,当平江起义后不久,彭德怀便在湘鄂赣边的特委会议上指出,"井冈山的革命旗帜",是"湘鄂赣边区和其他革命根据地的指路明灯，只有在它的指引下，我们才有胜利的前途”，而且彭德怀后来还亲率红五军上了井冈山；在东固根据地，军民中一直有“上有井冈山，下有东固山”的说法，陈毅并将东固革命根据地称之为“东井冈”；在闽西根据地，闽西特委在 1928 年 12 月初就提出“学习朱毛红军‘滚雪球’的方法发展红军和红色区域”，“尤应注意朱毛许多战争的经验与他们行动的规范”；在湘鄂西根据地，前委根据中央关于“在朱毛军队中，党的组织是以连为单位”、“这个经验可以为你们参考”的指示，接受了井冈山斗争的经验，在部队中普遍建立了党的组织，加强了党对军队的领导；在鄂豫皖根据地，鄂东北特委在 1929 年春就提出了“学江西井冈山的办法”的口号，吸取井冈山游击斗争的经验，建立和巩固了大别山军事根据地；在东江根据地，由于坚持“拥护朱毛的正确道路”，使红色区域“与朱毛红军的游击及惠属的工作联系起来了”；在左右江根据地，红七军很早就提出了“学习朱毛红军”、“汇合朱毛红军”的口号，后来邓小平等亲率红七军到达江西苏区；在遥远的陕甘根据地，一些领导人也认识到要“像毛泽东同志那样，以井冈山为依托，搞武装割据，建立根据地”，等等。由此可见，井冈山斗争的经验，在当时全国各根据地传播之广，影响之大。

第四，井冈山斗争中形成的井冈山精神，对中国革命、建设、发展产生了重大影响。

井冈山革命根据地的重大影响，不仅表现在其革命经验对当时全国各革命根据地的指导作用上，而且表现在井冈山的革命精神对中国共产党革命精神的形成发展以及对中国新民主主义革命、社会主义革命与建设的影响上，这种影响较之前者更为重大而深远。

那么，什么是井冈山精神？井冈山精神的丰富内涵是什么？井冈山精神在中国新民主主义革命、社会主义革命与建设时期是如何得到传承和发展的呢？

井冈山精神是中国共产党人和无数革命前辈在革命战争年代血与火的拼搏中用生命和鲜血构筑、孕育而成的一种无产阶级革命精神，是具有原创意义的民族精神。它是中华民族优秀人文道德精神在革命战争年代的积淀与凝聚，是毛泽东等老一辈革命家亲自培育和倡导的中国共产党优良革命传统的光辉体现。

井冈山精神有丰富、博大的内涵。

胡锦涛、江泽民同志对井冈山精神的科学内涵，都有重要指示，都有十分精到的概括，值得我们很好地研究、阐释。

1993 年 4 月，胡锦涛同志首次上井冈山时，就明确指出：

"井冈山精神有丰富的内涵。在新的历史条件下，发扬井冈山精神尤其要弘扬以下三个方面"："第一，实事求是、敢闯新路的精神；第二，矢志不移、百折不挠的精神；第三，艰苦奋斗、勇于奉献的精神。"①

八年后，2001 年 5 月，江泽民同志视察江西时，对井冈山精神作了"24 字"概括：

"井冈山精神，最重要的方面就是坚定信念、艰苦奋斗，实事求是、敢闯新路，依靠群众、勇于胜利。"②

根据胡锦涛、江泽民同志的上述概括，融合其要义，井冈山精神的精髓与特征可作如下解读：

井冈山精神的核心是实事求是、敢闯新路；

井冈山精神的灵魂是坚定信念、矢志不移；

井冈山精神的基石是依靠群众、艰苦奋斗。

井冈山精神是中国共产党革命传统精神之源。从近代中国革命的历史长河中，人们不难发现：在革命战争年代，从井冈山到延安，从延安到北京，一直滚动、流淌着一股革命精神与革命传统的洪流。这股洪流源远流长，其源头无疑是井冈山精神。井冈山精神是"源"，继之出现的苏区精神、长征精神、延安精神、西柏坡精神等等，则是"流"，本质上是井冈山精神在新的战争环境下的传承、深化和发展。在社会

① 《江西日报》，1993 年 4 月 22 日。《党史文苑》，1993 年第 6 期。

② 《人民日报》，2001 年 6 月 4 日，第一版。

主义建设时期和改革开放的新时期，井冈山精神同样得到了继承和发展。人们熟知的以艰苦创业而闻名的大庆精神，以无私奉献为核心的雷锋精神，以顽强拼搏为特征的亚运精神，以开拓创新为本体的航天精神等等，都是与井冈山精神一脉相承的。随着社会主义精神文明建设的深入开展，井冈山精神还会不断地产生新的能量裂变。

中国共产党几代领导核心一直都十分重视和强调弘扬井冈山精神。

毛泽东在1965年5月重上井冈山时说："井冈山的革命精神不要丢了"；

邓小平在1972年11月复出前参观井冈山时说："井冈山精神是宝贵的，应当发扬"；

江泽民在1989年10月视察井冈山时说："中国革命的胜利离不开井冈山精神，实行改革开放、建设有中国特色社会主义，同样需要发扬井冈山精神。"

胡锦涛在2003年8月视察江西时强调："伟大的井冈山精神集中反映了我们党的优良传统和作风。我们要结合时代的发展，结合党的历史方位和历史任务的变化，结合改革开放和发展社会主义市场经济的新实践，让井冈山精神大力发扬起来，使之在新的时代条件下放射出新的光芒。"

习近平在2008年10月视察井冈山时指出："要把井冈山精神发扬光大，让井冈山精神在新的时代绽放出新的光芒，与时俱进。"

中共几代领导核心的讲话，使我们更加深刻地认识到：在改革开放的社会主义现代化建设新时期，井冈山精神仍然是我们党的极为重要而宝贵的精神财富。人们将会越来越清晰地取得这样一个共识：井冈山精神是人们投身社会主义市场经济大潮所必须具备的精神支柱，是我们党和国家反腐倡廉的传家之宝，是社会主义精神文明建设的锐利武器，也是我们中华民族精神的重要内核。总之，建设有中国特色社会主义需要井冈山精神，实现中华民族伟大复兴的中国梦，同样需要井冈山精神。井冈山精神将世代相传，永放光芒！

第一章

井冈山革命根据地的初创时期 (1927年10月—1928年3月)

第一节 大革命失败后的中国政局

从"四一二"政变到"七一五"分共

对于中国革命来说,1927年是个异常严峻的时期。4月12日,蒋介石在上海发动反革命政变。4月18日,以蒋介石为首的国民党反动派,在帝国主义、豪绅地主、买办资产阶级的支持下,在工人阶级和革命人民的血泊中,建立了代表帝国主义、大地主、大资产阶级利益的南京"国民政府",与还保持国共合作的武汉国民政府相对抗。一时间,全国出现了武汉、南京、北京三个不同性质的政权互相对峙的局面。

中国向何处去?中国革命向何处去?成为摆在中国共产党人面前的一个严峻问题。

在中国革命的紧急关头,中国共产党于1927年4月27日在武汉召开了第五次全国代表大会。大会总结了过去的工作经验,决定了党在紧急时期的任务,接受了共产国际执委会第七次扩大会议于1926年12月通过的《关于中国革命问题的决议案》,并根据这一《决议案》的精神,对陈独秀的右倾退让错误进行了批评,通过了几项决议。但由于党还处于幼年时期,缺乏政治经验和斗争锻炼,对如何争取领导权,特别是如何建立党领导的革命武装等总问题,没有提出任何切合当时实际的对策。大会对陈独秀错误的内容和性质以及对共产国际指导中国革命中的错误,也缺乏应有的认识,因此大会仍选举陈独秀任党中央总书记。而这时的陈独秀并未真正认识和改正错误,会后又继续推行右倾机会主义错误。

党的"五大"以后,武汉地区的形势急剧恶化,反革命活动极为猖獗。

5月17日,武汉政府所辖独立十四师师长夏斗寅在宜昌叛变;5月21日,驻长沙的第三十五军三十三团团长许克祥,又发动了"马日事变"。一时,大批的共产党人和革命群众倒在敌人的屠刀下。继湖北、湖南之后,江西军阀朱培德也在5月底6月初转向反动,宣布南昌戒严,禁止工农运动,把共产党人和国民党左派"礼送"出境。

为了挽救危难中的中国革命,时任中华全国农民协会临时执委会常委兼组织部长、中共中央农委书记的毛泽东,连续发表通电和文件,揭露敌人的罪行,号召各地农协团结广大农民,严密组织,加强武装,反抗土豪劣绅的武装挑衅,并主动要求回湖南工作。他在担任湖南临时省委书记后,立即组织革命群众进行反击。岂知10天后,陈独秀就把他调回武汉,指责毛泽东妨碍了国共合作。继而,陈独秀又以避免给反动军官口实为借口,决定解散武汉工人纠察队,以表示与国民党合作的诚意。

鉴于反动势力的日益嚣张和陈独秀的步步退让,共产党人蔡和森、任弼时等,都曾提出意见和措施,建议作出军事计划,以革命暴动对付反革命暴动,却被陈独秀以家长式的作风否定了。

陈独秀的右倾退让错误助长了汪精卫集团的气焰。6月29日,驻武汉的反动军官何键在汪精卫等人的授意下,发出反共训令,宣布与共产党分裂,拘捕、屠杀共产党人和革命群众。7月15日,汪精卫等控制的国民党中央召开"分共"会议,宣布与共产党决裂,彻底背叛孙中山制定的国共合作政策和反帝反封建纲领。随后,汪精卫集团与蒋介石集团如出一辙,对共产党员和革命群众实行大逮捕、大屠杀。至此,由国共两党合作发动的1924年至1927年的大革命归于失败。随后,“内战代替了团结,独裁代替了民主,黑暗的中国代替了光明的中国。”①

大革命失败以后,以蒋介石为首的国民党南京政府在帝国主义和江浙金融势力的支持下,在全国建立了新军阀的独裁统治。他们对外投降帝国主义,对内压迫工农群众,同旧军阀的反动统治在本质上没有任何区别,而且比旧军阀更富于欺骗性、买办性和残酷性。

由于蒋介石政府的投降卖国,帝国主义在华的经济势力迅速增长,无论是对华的资本侵入或是对华的商品输出,都创中国贸易史上的新纪录。各帝国主义列强在财政、金融、交通、工矿企业等方面,逐步控制了国民党政府的经济命脉,继而进一步控制了国民党政府的军事、政治大权。中国不仅未脱离半殖民地的地位,而且殖民地化趋向日益加深。

在新军阀的统治下,英、美、日等帝国主义列强在华利益的矛盾,直接导致了国民党内部的派系斗争和频繁不息的军阀混战。无数人民在战乱中流离颠沛、家破人亡。

在蒋介石新军阀的统治下,工农群众在大革命时期争得的政治权利和经济利益被完全剥夺。在城市,原有的各级工会被解散、封闭,工人领袖和积极分子遭到逮捕、迫害和残杀,大批工人失业,工作时间延长,工人稍有反抗,即惨遭武力镇压;大批青年学生和知识分子失学失业,完全失去民主、自由的权利。在农村,革命时期被打倒的豪绅地主,疯狂地向农民反攻倒算,农民协会被解散,农民领袖和积极分子被屠杀;减租减息转为加租加息,土地日益集中,苛捐杂税多如牛毛;农业生产日益萎缩,广大农村饿殍遍野,一片凄惨的景象。

---

① 毛泽东:《论联合政府》,《毛泽东选集》第三卷,人民出版社1991年版,第1036页。

与此同时,城市小资产阶级和民族资产阶级的处境也每况愈下。由于各种苛捐杂税,手工业和小商人的负担过重,处境悲惨,日趋破产。在大革命中退出革命营垒的民族资产阶级和上层小资产阶级,不仅在政治上没有得到什么好处,而且在经济上也日益处于破产和半破产的境地。

正如毛泽东所指出的,大革命失败以后,"国民党新军阀的统治,依然是城市买办阶级和乡村豪绅阶级的统治,对外投降帝国主义,对内以新军阀代替旧军阀,对工农阶级的经济的剥削和政治的压迫比从前更加厉害"。"全国工农平民以至资产阶级,依然在反革命统治底下,没有得到丝毫政治上经济上的解放。"①

全国革命形势的逆转

由于蒋介石、汪精卫相继背叛革命,实行"清党"和"分共",把共产党视为"洪水猛兽",蓄意制造了一起起血腥惨案。

1927 年 3 月 6 日,蒋介石密令其爪牙、新编第一师党代表倪弼等,用乱枪杀害了江西省总工会执行委员、赣州市总工会委员长、共产党员陈赞贤;3 月 16 日,蒋介石用武力解散拥护孙中山三大政策的国民党南昌市党部,并解散了江西省学联,封闭了国民党左派的《贯彻日报》;3 月 17 日,蒋介石解散了九江市党部和总工会,打死打伤市党部委员和工人多人;3 月 23 日,蒋介石指使反动分子捣毁安徽省总工会、左派国民党安徽省党部和安庆市党部等,不仅打伤数十人,而且强拉他们游街。就这样,蒋介石从赣州、南昌,一路杀向南京、上海。

1927 年 4 月 12 日,上海反动军队根据蒋介石的密令,埋伏在宝山路三德里附近,向当时行进到此的上海工人群众的游行队伍开枪。顿时,宝山路血流成河,当场打死 100 多人,受伤者无数。紧接着,蒋介

① 毛泽东:《中国的红色政权为什么能够存在?》,《毛泽东选集》第一卷,人民出版社 1991 年版,第 47 页。

石下令解散上海市总工会，查封革命组织，捕杀共产党员和革命者。从4月12日到15日，共产党员和革命群众被杀300多人，被捕500多人，5000多人下落不明。在这次大屠杀中，上海工人运动领袖汪寿华英勇牺牲。

"四一二"反革命政变后，广东的反动派按照和蒋介石的密谋，于4月15日在广州制造了"四一五"惨案。被捕杀的共产党人和工人积极分子达2100多人。我党的优秀党员萧楚女、熊雄等惨遭杀害。

继"四一二"、"四一五"反革命大屠杀之后，蒋介石的爪牙在南京、无锡、宁波、杭州、福州、厦门、汕头、重庆等地，先后进行了残酷的反革命大屠杀。无数共产党员和革命人民牺牲在蒋介石反动派的屠刀下。

与此同时，北方军阀也遥相呼应，对共产党员和革命群众进行血腥屠杀。4月6日，奉系军阀张作霖公然践踏外交惯例和国际公法，逮捕了苏联外交人员和在使馆内避难的李大钊等60余人。接着，奉系军阀不顾人民群众的抗议和社会舆论的谴责，将中国无产阶级革命先驱、伟大的共产主义战士——李大钊秘密绞死，将范鸿劼、谢伯俞等20余位革命者秘密枪决。

此外，在5月17日的夏斗寅叛变中，在5月21日的"马日事变"中，在7月15日的"分共"逆流中，又倒下了无数的共产党员和革命志士，其中有赵世炎、陈延年、向警予、夏明翰等中国共产党的优秀干部。

据不完全统计，从1927年3月到1928年上半年，大江南北被屠杀的共产党员和革命群众竟达31万多人。其中，共产党员2.6万多人。在反革命高压下，一些在革命高潮时入党的不坚定分子，有的声明自动脱党，有的自首叛变，共产党员由近6万锐减到1万余人，工会会员由300万人锐减为几万人。这个时期，"中国要算是全世界最悲惨的白色恐怖的国家"①。

① 《惨无人道之中国白色恐怖》，《布尔什维克》第1卷第3期第69页。

大革命失败的阴霾乌云,大屠杀的腥风血雨,使得中国的政治局势发生了巨大的逆转。这时,反革命势力大大超过了共产党所领导的有组织的革命势力,全国革命由高潮转入低潮。

但是,在蒋介石、汪精卫疯狂屠杀革命人民的黑暗日子里,"中国共产党和中国人民并没有被吓倒,被征服,被杀绝。他们从地下爬起来,揩干净身上的血迹,掩埋好同伴的尸首,他们又继续战斗了"①。

为了挽救革命,中国共产党采取了一系列的对策与措施。

1927年7月12日,根据共产国际改组中共中央机关的指示,中国共产党在汉口召开了临时中央政治局会议,决定成立临时中央常务委员会(即五人政治局),陈独秀被停职。常委由张国焘、李维汉、周恩来、李立三、张太雷组成,代行中央政治局职权。

7月13日,中共中央发表《中国共产党中央委员会对政局宣言》。《宣言》强烈谴责武汉国民党中央和国民政府的反动罪行,严正宣布:鉴于武汉国民党中央已背叛孙中山的根本主义与政策,因此,中共中央决定撤回参加国民政府的共产党员,但中国共产党不抛弃与国民党合作的政策,仍将与一切诚实的坚决的为实现三民主义、三大政策而奋斗的革命分子继续合作。

7月13日以后,中共中央从汉口迁到武昌,连续召开会议,决定联合国民政府第二方面军总指挥张发奎,将党领导和受党影响的北伐部队开回广东建立根据地,继续进行革命;决定在共产党力量较强、工农运动基础较好的湘、鄂、赣、粤四省举行秋收暴动,独立领导农民进行土地革命,并派遣中央委员和党的负责干部去指导秋收起义;决定召开一次中央紧急会议,总结大革命失败的经验教训,纠正陈独秀的右倾退让错误,重新确定党在新形势下领导革命运动的方针和政策。

中共中央五人政治局的成立,结束了陈独秀右倾错误在全党的统治,在大革命失败的紧要关头,开始领导中国革命走上复兴之路。

---

① 毛泽东:《论联合政府》,《毛泽东选集》第三卷,人民出版社1991年版,第1036页。

南昌起义与赣南三整

按照中央五人政治局的原定计划,1927 年 7 月 19 日,李立三等一批党的重要干部,到达党的力量较强的国民政府第二方面军第四军、第十一军驻地九江,做部队移师广东的准备工作。此前,中央军委已派前敌军委书记聂荣臻前往九江联络部队。

7 月 20 日,陆续到达九江的李立三、谭平山、恽代英、邓中夏、聂荣臻和驻军九江的第十一军第二十四师师长叶挺等一起召开碰头会,对当时的政治军事形势作了分析,认为张发奎在武汉"高唱拥汪",态度已经右倾,原先准备依靠张发奎返回广东的计划,成功的可能性很小,第四军、十一军很可能在南进的途中,被朱培德的第五方面军第三军、第九军和正向南昌移动的程潜第六军所包围而处于危险境地;即使侥幸回粤成功,还是受制于张发奎、汪精卫,势必在他们的利益纷争中成为牺牲品,不可能实现回广东建立新的根据地的计划。因此,必须抛

南昌起义旧址

弃依靠张发奎的政策,实行独立的军事行动。于是,九江碰头会决定:把共产党所掌握的部队集中南昌,并动员贺龙率领第二十军一起参加,在南昌举行武装暴动。

碰头会期间,共产国际顾问鲍罗廷,中共第五届中央常委瞿秋白,改组后的中央常委张太雷以及湖北省总工会秘书长刘少奇等正在庐山。会议之后,李立三和邓中夏即赶赴庐山,向瞿秋白等作了汇报。瞿秋白等表示赞同,并由瞿秋白将会议意见带交中央五人政治局决定。

碰头会后,形势显得越来越紧张。此时,张发奎仍未到九江,其态度更加右倾,国民党武汉政府也加紧了在军队中的"清党"活动。这时谭平山已将南昌起义计划告知当时还不是共产党员的第二十军军长贺龙,贺龙对起义极表赞同。接着,时在九江的李立三、邓中夏、谭平山、恽代英等领导人举行会议,具体研究了起义的计划、政纲诸问题,决定军队于 28 日以前集中南昌;28 日晚举行起义,并急电请示中共中央。

中共中央接到九江同志的急电后,完全同意并确定在南昌举行武装起义,并将起义的决定报告了共产国际。同时,中央还决定由周恩来、李立三、恽代英、彭湃组成前敌委员会,以周恩来为书记,负责这次起义的领导。

军情急如火。7 月 26 日,周恩来在陈赓陪同下,从武汉赶至九江,向李立三等传达了中共中央关于举行南昌起义的决定,并讨论部署了有关事宜。

就在这时,敌人也加紧了"清党"活动。7 月 24 日,张发奎秉承汪精卫的旨意,正式通知叶、贺到庐山"开会",并将所辖部队移驻德安。正在第二方面军第四军任参谋长的共产党员叶剑英,得知汪精卫策划庐山会议"清共"的内情后,立即从庐山赶到九江面晤叶挺。当日,叶挺、贺龙、叶剑英、廖乾吾在九江甘棠湖心的小划子上举行秘密会议,"决定了三件事情":第一,叶、贺不去庐山;第二,部队不去德安,开往牛行车站，到南昌去；第三，叶、贺部队分别于25日和26日乘火车开赴南昌。这是一项关系全局的重大决策，确保了起义主力的顺利到位。

7月27日，周恩来抵达南昌。这时，准备参加起义的部队和大批党的干部亦已汇集南昌。是日，以周恩来为首的前敌委员会在南昌的江西大旅社正式成立。前委对有关起义的重大问题进行了讨论，作出以下决定：起义于7月30日晚举行；为统一指挥起义部队的作战行动，由贺龙任第二方面军代总指挥，叶挺任前敌代总指挥；成立有国民党左派参加的国民党特别委员会，以商讨起义中出现的有关问题。

7月30日，张国焘以中共中央代表身份到达南昌。他根据共产国际的电报指示，主张一定要得到张发奎同意后才能起义，“否则不可动”。周恩来等一致反对这个意见，争论未决。31日晨，前委会再次开会，这时，因叶、贺未去庐山开会，张发奎来电说8月1日要来南昌。在这种情况下，张国焘才不得不同意举行起义。于是，前委在31日中午决定：起义于8月1日凌晨4时举行。31日晚9时左右，因二十军的一个副营长投敌告密，前委当即决定：提前两小时起义！

举行南昌起义的时间虽因张国焘的到来而推迟了一天，但是起义的准备工作却一直没有停止。会后，根据前委的决定，贺龙发布了起义的作战命令。叶挺、贺龙在起义前夕分别召开军官会议，具体布置作战任务。为了保证起义时能更有效地消灭敌人，各部队对进攻目标都进行了全面侦察。31日下午，起义作战命令逐级下达，同时规定了起义部队的识别标志和当晚的口令。起义如箭在弦，一触即发。

7月31日午夜刚过，震惊时局的南昌起义的枪声打响了！

当时，驻在南昌的敌军有：第五方面军警卫团，第三军二十三团、二十四团，第六军五十七团，第九军七十九团、八十团等，共约6000余人。

我方参加起义的兵力是：贺龙率领的第二十军，叶挺率领的第十一军二十四师，朱德率领的第三军军官教育团部分学员，再加上准备动员参加起义的蔡廷锴第十师和计划在起义后赶到南昌的第四军二十五师,共约 2 万余人。

当时的作战分工是:叶挺指挥的第二十四师的主要任务是歼灭天主堂、贡院、新营房等处的敌人,攻占敌卫戍司令部,占领敌人设在佑民寺的修械所和弹药库。贺龙指挥的第二十军进攻第五方面军总指挥部,消灭大营房驻敌,解决省政府守卫部队,并负责警戒昌北水陆交通要塞。朱德率第三军教育团尚未分配的一个营监视其驻地附近的敌情,协同友军作战。

起义的口令规定为:河山统一。起义军的标志是:白天在脖子上佩带红领带;晚上在颈项上加系白毛巾,马灯和手电筒的玻璃上都贴红十字。南昌起义总指挥部设立在南昌江西大旅社。

战斗从一开始就进行得非常激烈。但各路起义将士英勇奋战,经过 4 个多小时的激战,全歼守敌 3000 余人,占领了南昌城。

8 月 1 日中午,聂荣臻在马回岭得知南昌起义已经取得胜利后,立即发动了第四军第二十五师的起义,将该师大部分部队争取过来,并于 8 月 2 日赶到南昌。

起义胜利后,成立了中国国民党革命委员会,推举宋庆龄、邓演达、贺龙、周恩来、谭平山、叶挺、李立三、郭沫若等 25 人为委员,以宋庆龄、贺龙、邓演达等 7 人组成主席团。并以宋庆龄等人的名义发表《中央委员宣言》,声讨蒋、汪,号召一切革命者坚持三大政策,团结一致,为反对帝国主义和开展土地革命继续奋斗。

南昌起义,犹如黑暗中划破长空的闪电,使敌人震惊和恐惧,给在黑暗中摸索的中国人民带来了光明和希望。

起义胜利后,8 月 3 日,起义军按照中共中央在起义前的决定,开始撤离南昌。当时,中共中央考虑到长江流域系北方系反革命势力混战之地,不利于革命势力立足和发展;相比之下,广东却地理条件优越,工农运动基础好,经济丰裕,交通方便,因此决定起义军南下广东,建立新的根据地,并占领海口,取得国际援助,重新举行北伐。岂知,劳师远征,事与愿违,起义军陷入不利境地。

起义军南征,正值南方酷暑季节,闷热难当。这时,敌人早已通电各县,进行反动宣传,起义军沿途得不到群众帮助,加之南下行动仓促,宣传教育工作未跟上,士兵对起义的意义认识不足,一时军心动摇,逃兵甚多。从南昌出发不久,蔡廷锴第十师便离开了革命队伍。接着,第二十军参谋长陈浴新及二十军五团约700人叛逃。但起义军到达临川时,陈毅及其他数百人日夜兼程赶上了起义部队;肖志戎、李井泉率领部分农军和学生参加了起义部队。

起义军的南征之举,使广东的国民党军阀极为惊恐。8月8日,敌人在韶关成立了以"讨共"为目的的第八路军总指挥部。敌钱大钧率4个师、黄绍竑率2个师,从粤北分两路入赣南堵截。起义部队进至瑞金地域后,即与敌军展开激战。8月25日,起义部队击溃了敌人,乘胜占领瑞金。8月30日,前委部署了会昌战役,激战数日,歼敌4个团。连战皆捷,大大鼓舞了全军的士气。会昌战斗后,起义部队返回瑞金。

在瑞金,前委总结了近一个月行军作战的经验教训,研究并决定了新的行军计划,确定改道长汀、上杭,入东江、取梅县,再取潮汕。在瑞金,前委还批准了贺龙、郭沫若等同志入党。

9月18日,起义军经一路苦战,取道福建到达广东的大埔县。南下广东,是早已确定的进军目标,到了广东,起义军上下都认为是到了家。然而,起义军到广东后所面对的并非事先想象中的那么美好,等待起义军的却是一场空前残酷的鏖战。曾经被起义军打败的钱大钧部、黄绍兹部均得到喘息、补充,广东军阀李济深已从容地在东江地区集结重点。当起义军刚进入福建长汀时,李济深即判断起义军将经过长汀、上杭进入广东,便调整其第八路军的作战部署,由赣南及粤赣边界转兵东江地区。这样,李济深集结在东江一带的兵力计7个师,共2万人以上。

面对如此严峻的形势,9月19日,起义军抢占了地处梅江、汀江、韩江的汇合点、东江地区的交通枢纽——三河坝。这时,起义军第二十五师的 2500 人还在上杭开往广东的途中,进入广东的有 8000 余人,其中作战部队只有 6000 余人。为此,前委在三河坝决定分兵:由朱德率领第九军和第十一军的二十五师 2500 余人留守三河坝,叶、贺主力 8000 余人直趋潮、汕。

9 月 28 日,起义军第十一军第二十四师和第二十军的第一、二师约 6000 人,在汤坑与敌 15000 余人激战三昼夜,歼敌 3000,起义军亦伤亡 2000 多人,弹药告绝,第二十四师下级干部伤亡殆尽。9 月 30 日,起义军向揭阳退却。驻守潮、汕的第二十军第三师,在强敌进攻下,亦于当日失守潮、汕,10 月 1 日晚退守海陆丰。10 月 2 日至 3 日,留守三河坝的第九军和第十一军第二十五师,在朱德、周士第率领下,与敌钱大钧三个师激战两昼夜,因粮尽弹绝,于 10 月 4 日撤出三河坝地区。

在形势急趋险恶的情况下,中央代表张太雷于 9 月 30 日到达汕头。他向前委传达了党的"八七"会议精神和中央关于抛弃国民党旗帜、建立苏维埃政权的决定,提出起义部队应撤出潮、汕,转移海陆丰。10 月 3 日,起义部队主力从汤坑撤退到普宁的流沙镇。前委在流沙召开了有前委、革命委员会成员和其他军政负责干部会议。会议决定武装人员突围去海陆丰,非武装人员由当地农会护送,分批从海上撤退。当部队行进到乌石地区时,遭到敌人伏击,大部分被打散,一部分(1200 余人)突围转移到海陆丰。起义军主力失散后,周恩来、叶挺、聂荣臻等领导人在汕头地下党的护送下,转赴香港。贺龙、李立三、周逸群、郭沫若等领导人也转移到香港、上海,踏上新的征途。

在此危难关头,朱德在饶平的茂芝全德学校召集周士第、李硕勋、陈毅、王尔琢、周邦采等各路负责人开会,紧急商议对策。朱德指出:反动派在东江地区陈兵数万,随时都有向我扑来的可能。现在前方主力已完全失利,原来的希望成了泡影。在这群龙无首的局面中,起义军只有迅速脱离险境,保存有生力量,另寻出路,才能图谋新的发展。朱德毅然向大家表示说:我是共产党员,有责任把南昌起义的种子保留下来，把这支队伍带出去，和大家团结奋斗，将革命进行到底。会后，朱德率部向闽、赣边境转移。

南昌起义军余部进入赣南山区后，孤立无援，情况越来越严重。部队虽然摆脱了大股敌人的追踪，但仍不时遭到地主武装、反动民团的袭扰。此外，天气逐渐寒冷，官兵们却还是穿着起义时发的单衣，经常性的森林露宿，疾病多发，又没有医药治疗，伤、病人员日益增多。寒冷、饥饿、疾病，严重地威胁着每一个人。人们思虑的是，在革命处于低潮之际，革命还有没有前途？部队一无供给，二无援兵，出路在哪里？一些经不起考验的人，有的不辞而别，有的叛变投敌，还有整班、整排、整连自行离队，自寻出路去了。部队进入安远天心圩时，竟从2000余人锐减至1000余人。部队到了非整顿不可的时候了，于是有了“赣南三整”的发生。

1. 天心圩整顿。其时，第二十五师领导人为寻求与党的组织取得联系先后离开了部队。千斤重担压在朱德肩上。在部队进驻天心圩的晚上，朱德召集军人大会，讲理想，讲前途。他首先分析了形势，卓有远见地指出：“别看敌人跟着我们后面追，但是这些军阀之间是有矛盾的，蒋桂战争是一定要爆发的，蒋冯战争也是一定要爆发的。军阀不争地盘是不可能的，要争地盘就要打仗。现在新军阀也不能不打，他们一打，我们就可以发展了。”他还提出：“愿意继续革命的跟我走，不愿意革命的可以回家，不勉强。”他动员大家：“无论如何不要走，我是不走的。”①他回答了大家心头郁结的问题，说：“一九二七年的中国革命，等于一九〇五年的俄国革命。俄国在一九〇五年革命失败后，是黑暗的，但黑暗是暂时的，到一九一七年，革命终于成功了。中国革命现在失败了，现在也是黑暗的，但是黑暗同样遮不住光明，只要能保

① 粟裕：《激流归大海》，《南昌起义》，中共党史资料出版社1987年版，第483页。（下引本书不再注明出版单位）

持实力,革命就有办法,革命就能成功。”①“一九〇五的革命失败了,留下来的‘渣渣’就是十月革命的骨干。我们这次就等于俄国的一九〇五年,我们只要留得一点人,在将来的革命中就要起很大的作用。过去那么搞法不行,我们现在要‘伸伸展展’来搞一下。”②

陈毅也在危难之中挺身而出,积极协助朱德稳住部队。他当时是第七十三团的指导员,是师团级政工干部唯一留下来的。陈毅诚挚地开导大家说:“南昌起义是失败了,南昌起义的失败不等于中国革命的失败。中国革命还是要成功的。只有经过失败考验的英雄,才是真正的英雄。我们要做失败时的英雄。”③

朱德、陈毅的讲话,铿锵有力,掷地有声,展示了革命的前景,极大地坚定了官兵们的信心,对稳定部队起了重要作用。

2. 大余整编。10 月底,部队到达大余。这时,朱德在天心圩的预言得到了证实:宁汉战争打起来了。粤、桂、湘系的大小军阀都卷入了这场混战,顾不上追击起义军了。朱德、陈毅即利用这一时机,在大余对部队进行了整编。首先,整顿党团组织,成立党支部,并且发展了一些新党员,将党团员分配到各连队中去,使军队置于党的领导之下。同时,把已经成为空架子的军、师建制撤销,将所有的人合编为一个纵队,下辖三个支队,使部队充实、精干多了。从此,部队真正稳定下来,虽然只有七八百人,但都是经过考验、大浪淘沙保留下来的精英。

3. 上堡整训。大余整编后,11 月上旬,部队转战来到崇义山区的上堡。经过三个月的艰苦转战,这时才初步算是站稳脚跟。朱德又领导部队进行了 20 多天的整训。这次整训,首先是整顿纪律,规定募款和缴获的物资要全部归公,设立了没收委员会专门负责。其次是进行军事训练,每隔一两天上一次大课,小课则天天上。并且“提出新战术

① 粟裕:《激流归大海》,《南昌起义》,第 483 页。
② 粟裕:《激流归大海》,《南昌起义》,第 483 页。
③ 陈毅:《关于八一南昌起义》,《南昌起义》,第 319 页。

问题，主要是怎样从打大仗转变为打小仗，也就是打游击战的问题”①。三是开展群众工作，部队以连、排为单位分散活动，发动群众打土豪闹革命，开展游击战争。在上堡，南昌起义余部与湘赣边转移到崇义的张子清率领的工农革命军第一团第三营会合。从此与毛泽东领导的秋收起义部队有了联系。

朱德领导的“赣南三整”，分别从思想上、组织上、军事上对部队进行了整顿、整编、整训，大大地提高了部队的战斗力，部队面貌焕然一新。“赣南三整”与毛泽东在向井冈山进军途中的“三湾改编”，几乎是同时间进行的，虽然具体内容不尽一致，但其指导思想、建军宗旨方面都很接近。因此，它在我党我军的建设与发展史上，同样具有极为重要的意义，应予以充分肯定。

八七会议与秋收起义

八七会议的决策

南昌起义爆发后不久，为了审查和纠正党在大革命后期的严重错误，决定新的路线和政策，中共中央于 1927 年 8 月 7 日在湖北汉口召开紧急会议，史称八七会议。到会者有中央委员 12 人，候补中央委员 3 人，团中央委员 5 人，共产党的地方代表 2 人，共 22 人。瞿秋白、李维汉、张太雷、邓中夏、任弼时、苏兆征、顾顺章、陈乔年、罗亦农、蔡和森、毛泽东、李振瀛、王荷波等出席了会议。共产国际代表罗米那兹也参加了会议。会议由瞿秋白、李维汉主持。

会上，共产国际代表罗米那兹作了关于《党的过去错误及新的路线》的报告和结论，瞿秋白代表中央常委作《将来工作方针》的报告。会议通过了《中国共产党中央执行委员会告全党党员书》等重要文件。许多同志在会上发了言，批评党中央在处理国民党问题、农民土地问题、武装斗争问题等方面的错误。

① 朱德：《从南昌起义到井冈山》。

八七会议旧址

会议着重批评了以陈独秀为首的党中央的右倾退让错误。会议选出了新的中央领导机构——临时政治局。苏兆征、向忠发、瞿秋白、罗亦农、顾顺章、王荷波、李维汉、彭湃、任弼时为政治局委员;邓中夏、周恩来、毛泽东、彭公达、张太雷、张国焘、李立三为候补委员。会后,瞿秋白、李维汉、苏兆征被推选为政治局常委。

八七会议为处于严重危机中的中国共产党提出了继续斗争的目标。会议坚决地纠正了陈独秀的右倾退让错误,撤换了陈独秀的领导职务,确定了土地革命和武装反抗国民党反动派的总方针。会议号召全体共产党员和人民群众继续进行革命战斗,并且决定派调坚强的、有斗争经验的干部到各主要省区去组织和领导农民起义。八七会议的这些举措都是十分正确的,为挽救党和革命作出了巨大的贡献。中国革命从此开始了由大革命失败到土地革命战争兴起的历史性转变。正如党的六大《政治决议案》所指出的:八七会议“将党从机会主义的泥坑之中救出来,重新走上革命的大道”。但是,八七会议在反对右倾错误的同时,却也使党内的“左”倾情绪开始滋长起来。

在党的八七会议上，毛泽东针对陈独秀领导时期的党中央放弃统一战线的领导权，全面总结了大革命失败的教训，提出了“枪杆子里面出政权”的光辉思想。他在会议上说：“从前我们骂中山专做军事运动，我们则恰恰相反，不做军事运动专做民众运动。蒋、唐都是拿枪杆子起的，我们独不管。现在虽已注意，但仍无坚决的概念。比如秋收暴动非军事不可，此次会议应重视此问题，新政治局的常委要更加坚强起来注意此问题。湖南这次失败，可说完全由于书生主观的错误，以后要非常注意军事。须知政权是由枪杆子中取得的。”①毛泽东的话，实事求是，切中时弊，特别是“以后要非常注意军事”、“须知政权是由枪杆子中取得的”著名论断，闪烁着马克思列宁主义的思想光辉。中国革命正是在这个思想的指导下，才不断地反败为胜，反弱为强，走向复兴和胜利的。

在八七会议上，中共中央再次作出了秋收暴动的决策。

1927 年 8 月 3 日，中共中央决定在工农运动基础较好的湘、鄂、粤、赣四省发动农民秋收起义，发布了《中共中央关于湘鄂粤赣四省农民秋收暴动大纲》。8 月 7 日中央紧急会议通过了《最近农民斗争的决议案》，再次强调指出：“共产党现时最主要的任务是有系统的有计划的尽可能的在广大区域中准备农民的总暴动，利用今年秋收时期农村中阶级斗争剧烈的关键。”

八七会议后，毛泽东作为中央特派员，受命改组湖南省委并筹备秋收起义。湖南省委改组后（彭公达任书记），毛泽东即到长沙县清泰乡板仓做农民土地问题调查去了。

毛泽东是八七会议后第一个上山下乡的中央委员。他是我党从事农民办运动的专家，担任过中共中央农委书记、中华全国农民协会临时执委会常委、第六届农民运动讲习所所长，对农民问题颇有研究且极为关心。1927 年 2 月 6 日向中央写了一份长篇报告——《湖南农

① 《毛泽东军事文集》第一卷，人民出版社 1993 年版，第 47 页。

民运动考察报告》,在党内引起极大反响。这次板仓之行后于1927年8月20日给中央写了一封信。信中写道:“我这回从长沙清泰乡(亲到)、湘潭韶山(有农民五人来省)两处乡村的农民调查中,知道湖南的农民对于土地问题一定要全盘解决。”调查会结束时,一位教师问毛泽东:“今后行踪,作何打算?”毛泽东回答说:“准备走遍四府,建立数万精兵。”尤其值得一提的是,毛泽东在致中央的信中,还明确地提出“国民党旗子已成军阀的旗子,只有共产党旗子才是人民的旗子”的口号,并“断定国民党的旗子真不能打了,再打则必会再失败”①。

毛泽东这一思想的升华,是他长期从事农民运动,注重社会调查,充分了解国情、民情的结果。具有如此鲜明的观点,在当时党内是独一无二的。也正是在这种思想的指导下,秋收起义爆发后,才有别于南昌起义,公开打出共产党的旗子,勇敢地向国民党反动派实行公开的挑战。

为了贯彻八七会议的新策略,部署湖南秋收起义计划,改组后的湖南省委于1927年8月18日在长沙市郊沈家大屋举行第一次会议。毛泽东以中央特派员的身份出席了会议。

会议在讨论秋暴计划的过程中,出现了一些不同意见。在农民的土地问题、暴动后的政权问题、秋暴的区域问题上,毛泽东同彭公达、易礼容、夏明翰、贺尔康等人既有争论,也有共识。

中共湖南省委制定了以长沙为中心的暴动计划后,请示中央决定。中共中央8月23日即复函说:“你们决以长沙为暴动起点的计划,在原则上是对的”,但仍然要求“湘南、湘中的暴动,尽可能地同时发动”②。8月30日,中共湖南省委最后讨论“决定湘中暴动”,并致函

① 《中共中央文件选集》,第三册,《湖南致中央函》,1927年8月20日,中央党校出版社,第303—304页。

② 《中共中央复湖南省委函》,1927年8月23日,《中共中央文件选集》第三册,第300页。

中央进行解释。同时决定:“公达到中央报告计划,泽东到浏、平的农军中去当师长,并组织前敌委员会。”①

8月30日中共湖南省委会议结束后,毛泽东肩负组织秋收暴动的重任,当晚从长沙出发,乘火车抵达株洲。对株洲地区的工作作了指示后,随即前往江西安源。

9月初,毛泽东到达安源。即在张家湾工人补习学校召开了部署秋收起义的军事会议。到会的有前委书记毛泽东,浏阳县委书记潘心源,安源市委书记蔡以忱,安源市委委员宁迪卿,安源市委委员兼宣传部长杨骏,安福县农军负责人王兴亚等。毛泽东在会上传达了八七会议的精神,以及湖南省委改组、他自己回湘、秋收暴动的决定、暴动准备情况等。

会议经过讨论,确定了湘赣边秋收起义的编制,部署了起义的进军路线。决定参加起义的武装力量组建为工农革命军第一军第一师。师长余洒度,副师长余贲民,参谋长钟文璋,下辖三个团。第一团驻在修水,以卢德铭警卫团为骨干,由平江工农义勇军和崇阳、通城农民自卫军组成,团长钟文璋(兼),计2000余人;第二团驻在安源,由安源工人纠察队、安源矿警队和安福、永新、莲花、萍乡、醴陵等县部分农民自卫军组成,团长王兴亚,计1600余人;第三团驻在铜鼓,以浏阳工农义勇队和警卫团一个营组成,团长苏先骏,计1600余人。共产党员卢德铭从汉口回部队后任起义军总指挥。全师共计5000余人。

会议确定起义部队分三路向长沙进攻:第一路(第二团)进攻萍乡与醴陵,向长沙取包围形势,但无论如何不能放弃萍乡、安源,以防敌人断绝自己的退路,同时要株洲区委发动株洲工人扰乱敌人后方,配合醴陵农民暴动;第二路(第一团)从修水向平江进攻,并发动平江农民在全县暴动,夺取平江后再向长沙推进;第三路(第三团)由铜鼓向

① 《彭公达同志关于湖南秋暴经过的报告》,1927年10月8日,《井冈山革命根据地》历史文献,中共党史资料出版社1987年版,第29、32页。

浏阳进攻,并发动浏阳农民在四乡暴动,直逼长沙。

会上,正式组成以毛泽东为书记、以各路军主要负责人为委员的中共湖南省委秋收起义前敌委员会,统一领导湘赣边界的秋收起义。

在这次会上,毛泽东通过王兴亚的介绍,对井冈山有了初步了解。王兴亚曾任赣西农民自卫军总指挥,他在会议上介绍了安福、莲花、永新、宁冈四县农军的状况,以及在 1927 年 7 月间攻打永新县城的经过。他还向毛泽东建议:如果起义失败,可投奔我的朋友袁文才、王佐,他们在宁冈、遂川均保存有枪支人马。王兴亚的介绍和建议,对毛泽东在秋收起义失利后引兵井冈的决策,起了重要的作用。

安源张家湾军事会议,是一次贯彻落实中央八七会议和湖南省委会议精神,具体部署湘赣边秋收起义行动计划的极为重要的会议,也是毛泽东独立主持和领导中国革命武装斗争的起点。安源张家湾军事会议后,毛泽东即写信将情况报告湖南省委。

9 月 5 日,湖南省委收到毛泽东安源来信,随即作出决议,于 9 月 8 日发出《中共湖南省委关于夺取长沙的命令》:“令各地赶紧动员,限于本月 16 日会师长沙,夺取省城,建立中国革命委员会湖南分会。”“鄂南决于 9 日发动,安源决于 11 日发动,自岳至长至株铁道 9 日起破坏,各县农运亦应特别加紧工作,限于 11 日齐起发动。”

9 月 6 日,毛泽东得知中共湖南省委常委关于秋收暴动日期的决定后,立即以中共前敌委员会书记的名义向工农革命军第一师三个团下达秋收起义的行动部署,要他们积极做好暴动准备。在安源工作安排就绪后,毛泽东即同潘心源等从安源出发,急赴铜鼓第三团驻地领导起义。

从安源到铜鼓的路程有 200 多里。岂料,正当这位新任前委书记风风火火赶往目的地大展宏图时,却在浏阳的张家坊被地主武装团防队抓住了。所幸毛泽东聪慧,机智脱险。9 月 10 日,正是农历的中秋节。毛泽东到达铜鼓,在县城萧家祠会见了第三团负责人苏先骏、张启龙等人,随即召开第三团干部会,传达了党中央八七会议精神和湖南省委改组情况，阐明了目前湘赣边的形势和党的任务。最后，毛泽东以前敌委员会书记的名义宣布：立即举行湘赣边界秋收暴动，用革命的武装反对反革命武装。

秋收起义的爆发与文家市退兵

随着中共湖南省委的一声总攻令，分处修水、安源、铜鼓三地的暴动队伍沸腾了。起义前夕，一面工农革命军第一军第一师的军旗亦由何长工、杨立三、陈树华设计、制作出来了。

1927 年 9 月 9 日，起义总指挥卢德铭在修水县城向起义部队授旗，各地开始破坏铁路，震惊全国的湘赣边秋收起义爆发了。

但是，由于敌强我弱、收编的邱国轩团叛变、二团领导人指挥失当等原因，工农革命军三路人马在起义中均处被动局面，一团在金坪失利，二团在浏阳溃散，三团在东门受挫。“军威甚是不振”，“竟致溃不成军”①。

正当起义军面临全军覆灭的关键时刻，毛泽东于 9 月 14 日黄昏率第三团从东门撤至上坪，并于当晚在上坪陈锡虞家召开了三团连以上干部紧急会议，研究部队行动问题。毛泽东根据各路起义军迭遭失利的情况，审时度势，提出了“退萍乡再说”的主张，果断地放弃原定会攻长沙的军事计划，并以前委书记的名义，命令各路部队前往文家市会合。同时，毛泽东还派人送信到长沙，向湖南省委报告了工农革命军主力在平、浏受挫的情况，建议省委立即停止毫无胜利把握的省城暴动。

上坪会议适时地改变了秋暴前不切实际的攻打中心城市的计划，为文家市会合及向农村进军的伟大决策迈出了重要一步。

文家市是湖南浏阳与江西万载、萍乡交界的一个山区小镇。这里

① 《苏先骏报告——关于浏阳、平江、岳阳作战经过报告书》，1927 年 9 月 17 日，《井冈山革命根据地》历史文献，中共党史资料出版社 1987 年版（下引本书不再注明版别），第 21 页。

地处边陲,敌人统治力量薄弱,群众基础较好。

9 月 19 日,秋收起义部队一团、三团与第二团余部在文家市会合。

文家市会合在中国革命史上具有重大的意义。它保存和集中了秋收起义失利后的有生力量,为中国革命实施一个具有历史意义的战略转折奠定了组织基础。

文家市会合后的当晚,由前委书记毛泽东主持,在里仁学校后栋的教室里,召开了由师团主要负责人参加的前委会议。卢德铭、余洒度、余贲民、苏先骏等均参加了会议。

关于这次前委会议的情况,目前仅有的文献记载,是余洒度 1927 年 10 月 19 日的报告,且极为简略:"十九日抵文家市,距浏阳城九十里,度仍主张取浏阳直攻长沙(当时取浏有把握)。后以前敌委员会决议,以保存实力,应退萍乡,次日部队即向萍乡退却。"①

关于文家市前委会议的回忆资料很多,何长工等老同志都讲到:前委在文家市开了会,且有争论,会议最后决定退却。

在文家市前委会议上,出现了不同意见。分歧集中表现在"攻"与"退"的问题上。一种是前敌委员会的集体意见,主张"以保卫实力,应退萍乡";一种是师长余洒度的意见,"仍主张取浏阳直攻长沙"。围绕着"攻"与"退"这个焦点,毛泽东和余洒度都在会上发表了自己的见解。

何长工回忆说:"9 月 19 日晚,前敌委员会在里仁学校里的一个大教室开会,我和杨立三作为会议工作人员,有机会了解一些会议情况。会开了一整夜,争论得很激烈。余洒度等人坚持打长沙,他认为不打长沙就没有出路。毛泽东同志不同意,他坚决反对打长沙,主张将部队转向山区和农村。他分析了形势后说,情况变了,我们的计划也要变,不变就要吃亏。他从学校借来一张地图,指着罗霄山脉中段说:我们要到这眉毛画得最浓的地方去当'山大王'。当时有些人不同

① 《余洒度报告》,1927 年 10 月 19 日,见《井冈山革命根据地》历史文献。

意毛泽东的意见,觉得革命革命,革到山上做大王去了,这叫什么革命。毛泽东同志耐心地说服大家。他说:我们这个山大王,是特殊的山大王,是共产党领导的有主义、有政策、有办法的山大王,是代表人民利益的工农武装。中国政治不统一,经济发展不平衡,矛盾很多,我们要找敌人统治薄弱的地方。毛泽东同志的话,通俗易懂,包含着极其丰富而深刻的真理。卢德铭同志坚决拥护毛委员的主张,他说:毛委员讲得对。现在交通要道的城市不是我们占领的地方,如果攻打长沙,就有全军覆灭的危险。"①

经过激烈的争论,毛泽东的战略退却意见,得到了卢德铭、余贲民、苏先骏等多数前委委员的支持。师长余洒度虽持不同意见,但少数服从多数,会议最后以前敌委员会决议的形式,作出了"向萍乡退却"的正确决定。

余洒度在湘赣边秋收起义迭遭失利的情况下,"仍主张取浏阳直攻长沙",固然是十分错误的,但这种错误主张实际上是当时中共中央存在浓厚的"左"倾盲动主义思潮的反映,而不仅仅是一两个人的错误。

所幸的是,身负领导秋收起义重任的前委书记毛泽东,在关键时刻,头脑清醒而又冷静,以无产阶级革命家的胆略与气魄,不唯上,不唯书,审时度势,果断决策,适时地改变了中共中央和湖南省委"会攻长沙"的原定计划,作出了向罗霄山脉中段进军的决策,并取得了卢德铭等多数前委委员的支持,从而统一了工农革命军的步调与行动,为处于困境中的秋收起义部队找到了一条新生之路。

那么,文家市退兵,究竟向哪里退?向罗霄山脉中段进军,具体向哪里进?这个问题长期以来众说纷纭。过去,有个传统的提法,叫做"向井冈山进军"。实际上,这个提法是不准确、不符合史实的。文家

① 何长工:《秋收起义和引兵井冈山》,《井冈山革命根据地》回忆资料,中共党史资料出版社1987年版(下引本书不再注明版别),第111页。

市会合时,毛泽东虽然在安源会议上通过王兴亚的介绍对井冈山略有所闻,但没有产生向井冈山进军的确切概念,文家市前委会议上也没有明确提出上井冈山。所据如下:

张启龙回忆说:“从文家市到井冈山是逐步明确的,当时在文家市还不明确,不知道有个井冈山,我记得毛委员在文家市向部队讲话时,没有明确说到井冈山去。”①

张宗逊回忆说:“有人说毛主席在文家市那个时候就看准了要到井冈山搞根据地。根据我的回忆不是这样。在文家市集合部队后,没有提出到井冈山搞根据地,部队的实际行动也没有向井冈山进军,当时还是想往主力(即南昌起义部队)靠。”②

熊寿祺回忆说:“在文家市没有提到要上井冈山,也没有提到要搞根据地。”③

赖毅回忆说:“在文家市没有提上井冈山,只是说到罗霄山脉那个地方去。至于井冈山,可能是毛主席沿途边走边调查研究才搞清楚的。”④何长工后来也回忆说:“当时只说向罗霄山脉中段进军,后来才逐渐明确为向井冈山进军了。这也是在实践中一步步认识到的。”⑤

可见,在文家市会合时,并没有明确提出向井冈山进军的问题。文家市会合及其前委会议决议的具体进军目标是——“向萍乡退却”。文献依据是余洒度1927年10月19日的原始报告:“第一团整理后……至中途毛泽东以前敌书记名义来信,嘱度即将部队改道退萍乡再说。”“19日抵文家乡……后以前敌委员会决议,以保存实力,应退萍乡,次日部队即向萍乡退却。”

---

① 张启龙:《毛委员到铜鼓》,见《井冈山革命根据地》回忆资料。
② 张宗逊:《井冈山斗争时期的几个问题》,见《井冈山革命根据地》回忆资料。
③ 熊寿祺:《井冈山斗争点滴》,见《井冈山革命根据地》回忆资料。
④ 赖毅:《从三湾改编到上井冈山》,见《井冈山革命根据地》回忆资料。
⑤ 何长工:《关于井冈山斗争的三个问题》,见《井冈山革命根据地》回忆资料。

文家市退兵——一个具有重大历史意义的战略转折

在文家市前委会议上,以毛泽东为书记的党的前敌委员会,目睹秋暴严重受挫的现状,冷静地分析了形势和敌我力量的对比,毅然决定向敌人统治力量薄弱的农村进军,即"向萍乡退却",从而彻底摒弃了攻打长沙夺取中心城市的原定计划。这一退兵之举,具有重大的历史意义:

1. 文家市退兵是中国共产党人坚持一切从实际出发、实事求是的典范。

湖南秋收暴动、会攻长沙的计划是当时中共中央和湖南省委决定的。但在暴动举事的实践中,情况发生了很大变化,工农革命军严重受挫,如果机械地执行这一"既定方针",势必造成全军覆没的悲剧。毛泽东在文家市提出的退却主张,正是一切从实际出发、实事求是的正确决策,是行动中的马克思主义。正是靠着这种实事求是的勇气和精神,中国革命才由弱变强,逐步走向胜利。

2. 文家市退兵是中国共产党人把战略退却与战略进攻相结合的创举。

从当时秋收暴动的战略目标看,是夺取中心城市长沙,目的未果而退兵,当然是时势所迫,不得已而为之。但这个退兵之举又不是盲目的、消极的,而蕴藏着自觉、积极的因素。如果是盲目的,则定要"直取长沙";如果是消极的,在战事失利、部队从五千之众减员到千余人枪之际,则会流散各地。退一步,进两步;退,是为了更好地进。这是革命的辩证法。退兵之后,部队没有一蹶不振,而是重整旗鼓,勇往直前,踏上了新的征途。正是文家市的退兵之举,才有井冈山革命根据地的开辟,才有中国革命新的战略进攻。

3. 文家市退兵是中国共产党工作重心由城市转向农村的关键。

大革命失败后,是继续在中心城市搞暴动,还是到广大农村和山区去建立根据地,这是一个根本方向问题。中国共产党在八七会议之前,一直是照搬苏联模式,把工作重心放在城市的。苏联的十月革命在城市,巴黎公社革命也在城市。中国的北伐战争,也是在城市,从广州打到武汉、上海。大革命失败后,中国共产党还能继续走以城市为中心的道路吗？无数共产党人都在探索这个问题。毛泽东的文家市退兵之举,为中国革命找到了一条新路。他没有继续把大革命失败后的这批宝贵的武装力量,去与国民党反动派的强大正规军作殊死的较量。他看到中国这样一个农业大国,有几亿农民,广阔的农村和山区是敌人统治的薄弱环节,果断提出"保存实力"、"应退萍乡"的战略决策,从此开拓了"以农村为中心"的伟大征程,这是一个了不起的贡献。如果没有文家市的退兵之举,哪有中国革命以农村包围城市的胜利?因此说,文家市退兵是一个战略转折,是具有伟大历史意义的关键一步。

9月20日清晨,工农革命军1500余人集合在里仁学校的操场上整装待发。毛泽东在会上宣布中共前敌委员会关于不打长沙转兵向南的决定。他说:中国革命没有枪杆子不行。这次秋收起义,虽然受了挫折,但算不了什么！胜败乃兵家常事。我们的武装斗争刚刚开始,万事开头难,干革命就不要怕困难。我们有千千万万的工人和农民群众的支持,只要我们团结一致,继续勇敢地战斗,胜利是一定属于我们的。讲到这里,他打了个比喻说:我们现在的力量很小,好比是一块小石头,蒋介石好比是一口大水缸,总有一天,我们这块小石头,要打破蒋介石那口大水缸。最后,毛泽东着重指出:秋收暴动,原计划要去打长沙,大家也都想进长沙。长沙好不好呢？长沙好。可是长沙打不下来,目前长沙那样的大城市,还不是我们蹲的地方,那就不要去了。我们要到敌人管不着或难管的地方去,去发动农民群众,进行土地革命,文家市不是久留的地方,要找个合适的落脚点,去当"山大王",当革命的"山大王"。

工农革命军战士听了毛泽东的话,很受启发和鼓舞,心情也豁然开朗了。

随后，毛泽东同卢德铭、余洒度率领工农革命军，从文家市出发，沿罗霄山脉南下，向萍乡进发，向敌人统治力量薄弱的农村、山区转移。

22日，部队到达萍乡所属的上栗市。原打算经过萍乡去安源，这样既可收集二团在浏阳溃散回家的兵士，又可以与安源工人力量相结合，而后继续南下。但是到了上栗市，闻知萍乡有重兵把守，部队只得折回小枧，绕道芦溪。

23日拂晓，部队即从芦溪出发，以陈皓为前卫司令官，毛泽东随前卫营行动，师部居中，苏先骏第三团为后卫，向莲花前进。当行进约十里许时，突然从后面传来枪声。江西军阀朱培德部江保定特务营的一连敌兵向指挥所冲来，为掩护部队后撤，总指挥卢德铭骑着白马通过一片开阔地时，不幸中弹，英勇牺牲，年仅23岁。芦溪折将，毛泽东和全军将士悲痛不已。

秋收起义总指挥卢德铭

卢德铭的忠骸，从此安卧在江西的红土地上。

第二节 毛泽东引兵井冈

毛泽东的“上山”思想

毛泽东的“上山”思想由来已久。1927年轰轰烈烈的大革命失败以后，中国革命处在十分危急的关头。中国的无产阶级革命力量十分弱小，要在全国的中心城市与强大的国民党反动派相抗衡，显然是不明智和不可能的。无数的中国共产党人都在思考、在探寻一条新的出路。就在这时，以毛泽东为代表的优秀分子，将马列主义普遍真理与中国革命具体实践相结合,汲取了中国历代农民领袖和“山大王”的经验,提出了“上山”的主张,为中国革命的战略转移找到一个落脚点和新的出发点。

中国共产党人的“上山”思想,从现有掌握的史料看,可以追溯到1927年5月上旬。据大革命时期在瞿秋白身边工作的羊牧之回忆:“五次大会结束后的第二天晚上,我上楼去看秋白,觉得他消瘦了许多,我安慰他说:‘该休息了。’他淡淡一笑说:‘形势紧迫啊!汪精卫与蒋介石暗中勾结,已逐渐转向公开了,我们极有可能要被迫上梁山,我同志要在思想上积极准备,增强党性,严守党的纪律,一切听从党的决定。’他笑了笑又说:‘上梁山就上梁山,我出国去苏联那年,从北京南下到济南向父亲辞别时,虽想到郓城、阳谷、梁山泊一带实地看看,可惜没时间’。“1927年5月下旬,在鲍罗廷房间里,召开了一个讨论共产国际五月指示的会议,有鲍罗廷、瞿秋白、张太雷等参加,会上有人举梁山泊为例,要招兵买马,与反革命进行周旋。”①

“五大”是5月9日结束的,结束后的第二天应是5月11日。这时候,瞿秋白就说要“上梁山”,可见中央高层决策集团已意识到形势的严重性,开始酝酿这种思想。但是,这尚是个人的看法,并未形成中央的决定,而且这种思想仅是萌芽,还处在一种朦胧状态。

最早并明确提出“上山”概念的是毛泽东。

1927年6月,毛泽东在武汉召集“马日事变”中从湖南出来的同志开会,就号召大家回到原来的岗位,“在山的上山,靠湖的下湖,拿起枪杆子保卫革命”。②

1927年7月4日,中共中央政治局常委举行扩大会议。毛泽东在这次会议上更加明确地提出了“上山”思想,认为“上山可造成军事势

① 羊牧之:《我所知道的瞿秋白》,人民出版社1980年版,《革命回忆录》第一集。

② 中央党校党史教研室:《中国共产党历次重要会议集》,上海人民出版社1982年版,第80页。

力的基础”。这次政治局常委扩大会，主要是讨论湖南省农民协会和农民自卫武装应当如何对付敌人的搜捕和屠杀问题。陈独秀在会上提出：国民党各军招兵时农会会员和自己武装可应招加入。毛泽东却提出了“上山”的主张，认为“上山可造成军事势力的基础”。“不保存武力，则将来一到事变，我们即无办法。”①毛泽东的这个思想，是他长期从事农运、深刻认识中国革命斗争的长期性和复杂性的结果。只有“上山”，才能“保存实力”，才有办法和希望。这种上山“保存武力”、创造“基础”的思想，使毛泽东能在险恶的环境中立于不败之地，并且在实际斗争中不断得到深化与升华。

毛泽东的“上山”思想，在“七一五”反革命政变以后，得到进一步的发展。7月20日，中共中央（代号安中原）和毛泽东主持的中共中央农民部（代号宗容明）发出《中央通告农字第9号——目前农民运动总策略》的文件，明确指出：“农民武装现时没有以‘农民自卫军’‘农军’这类名义公开存在的可能，只能在下面以三种形式之下存在：a. 以合法的名义存在，如‘挨户团’、‘保卫团’、‘联庄会’之类；b. 平时分散，秘密训练，一遇战事则随时集中；c. 两种形式都不可能时则可以‘上山’。”②

在党的八七会议上，毛泽东的“上山”思想又一次深化，提出了“须知政权是由枪杆子中取得的”著名论断，将“上山”与夺取政权联系起来了。

8月9日，中共临时中央政治局在瞿秋白主持下召开了第一次会议。会议讨论了湖南问题，决定改组中共湖南省委，由毛泽东、彭公达与中共湖南省委商选新省委名单报告中共中央。会议批评了湖南省

① 中央文献研究室：《关于建国以来党的若干历史问题的决议注释本》（修订），人民出版社1985年版，第143页。

② 《中央通告农字第九号——目前农民运动总策略》，1927年7月20日，《中共中央文件选集》第三册，中央党校出版社1983年版，第184页。

委(夏曦为书记)不应主张湖南组织一个师的军队尾随南昌起义军南下广东,而应使湖南形成一个广大基础,将革命力量扩大到全省。在批评中,毛泽东指出:“大家不应只看到一个广东,湖南也是很重要的。湖南民众组织比广东还要广大,所缺的是武装。现在适值暴动时期,更需要武装。前不久我起草经常委通过的一个计划,要在湘南形成一师的武装,占据五六个县,形成一政治基础,发展全省的土地革命。纵然失败也不应去广东而应上山。”①

毛泽东的这个发言,则进一步反映出他“上山”思想的坚定性。“纵然失败也不应去广东而应上山。”在这种坚定的“上山”思想指导下,毛泽东随即起草了一份《湘南运动大纲》。他在大纲中提出一个构想:“以汝城县为中心,由此中心进而占领桂东、宜章、郴州等四五县,成一政治形势,组织一政府模样的革命指挥机关,实行土地革命。”②

对此,李维汉曾回忆说:“毛泽东曾提出了一个湘南暴动计划,他(毛泽东)认为即使武装起义失败也不用去广东而应该上山。”③

毛泽东当时的设想,是在湘南造成一个以汝城为中心的割据局面,以一师的兵力去推翻和夺取敌人统治的湖南省政府。在当时的形势下,具有这种魄力、胆略的还只有毛泽东。后来因情况变化,他的这一设想未能得到实施。湘赣边秋收起义前后,他的“上山”思想就显得更加明确、坚定和自觉了。

谭震林同志回忆说:“八七会议上,毛泽东同志批判了陈独秀的错误路线,主张党独立地领导中国革命,以武装斗争推动土地革命,夺取政权。他指出,民众运动没有枪杆子是不行的,须知政权是枪杆子里出来的。当时,瞿秋白曾要他到上海党中央机关工作。他回答说:我

---

① 《关于建国以来党的若干历史问题的决议注释本》。

② 《湘南运动大纲》,1928 年 8 月,《毛泽东军事文集》第一卷,第 4 页。

③ 李维汉:《对瞿秋白的“左”倾盲动主义的回忆与研究》,《回忆与研究》,中共党史资料出版社 1986 年版,第 172 页。

不愿意跟你们去住高楼大厦,我要上山结交绿林朋友。”①

钟期光也回忆说:1927 年 8 月中旬,“在杨家煅和平江黄金洞交界的地方,在一个小屋里,毛主席跟我们十几个人讲了话。毛主席说,我们的人不多,但我们要以一当十,以十当百,以百当千,人是最宝贵的,要千锤百炼,要能走路,并说了上山为王的典故”②。

9 月初,毛泽东在安源张家湾召开的军事会议上,饶有兴味地听取了安福县农民自卫军负责人王兴亚介绍赣西宁冈、遂川两位“绿林老庚”袁文才、王佐的情况。

从上述材料可以看出,在秋收起义的准备阶段中,毛泽东曾考虑过秋收起义的退路问题。起义成功固好,倘若失败则应上山与绿林交朋友,搞武装割据。1927 年 10 月毛泽东率部上了井冈山后,立即与当地的两位“绿林头目”——袁文才、王佐交上了“朋友”,这绝对不是偶然的。以后的事实也表明,正是依靠这两位“绿林朋友”的鼎力相助,才顺利地在罗霄山脉中段站稳了脚,初创了井冈山革命根据地。当然,在秋收起义失利之后,这种“上山结交绿林朋友”的想法,也是敌人逼迫出来的结果,正所谓“逼上梁山”。

毛泽东的“上山”思想,到秋收起义部队遭受严重挫折时,开始出现一次质的飞跃。即从“上山结交绿林朋友”对“上山”后依靠力量的思考,到上山要干一番事业、以“革命的山大王”来对抗国民党反动派的反动统治。

对此,何长工曾撰文回忆说:在秋收起义失利后,毛泽东主张“上山当山大王”。当时,有些人不同意毛泽东同志的意见,觉得革命革到上山做大王去了,这叫什么革命。毛泽东同志耐心地说服大家。他说:“我们这个山大王是特殊的山大王,是共产党领导的,有主张、有政

---

① 谭震林:《井冈山斗争的实践与毛泽东思想的发展》,江西人民出版社 1979 年版,第 20 页。

② “钟期光同志谈话记录”,1977 年 10 月 31 日。

策、有办法的山大王，是代表人民利益的工农武装。中国政治不统一，经济不平衡，矛盾很多，我们要找敌人统治力量薄弱的地方。”到了井冈山以后，就碰到一个问题，“就是这个地区有王佐、袁文才两支农民武装……当时不少人主张用武力消灭他们。毛泽东同志不同意，他说，谈何容易，你们太狭隘了，肚量太小了。三山五岳的朋友还多着呢，历史上有哪个把三山五岳的‘土匪’消灭掉了！我们要团结、改造他们，把三山五岳联合成一个大队伍，统治阶级就拿我们没办法”①。

可见，毛泽东的上山“做革命的山大王”思想，并非一般人所说的上山当“绿林”、“响马”，更不是什么“落草”、“藏匿”。毛泽东是在熟谙中国历代农民起义“占山为巢”的基础上，总结出来的革命经验。这种“上山”思想不断发展的结果，形成了中国革命的一条独特的道路。

上山“做革命的山大王”的思想，实际上就是建立革命根据地的思想。当年随毛泽东上山、解放后成为我军高级将领的朱良才，在回忆毛泽东讲到上山武装割据和革命根据地的关系时说：“毛主席打了一个通俗有趣的比喻，说革命要有根据地，好像人要屁股一样。因为一个人假若没有屁股，便不能坐下来，要老是走着，老是站着，定然是不会持久的。脚走酸，站软了，就会倒下去。革命有了根据地，才能够有地方休整，恢复气力，补充力量，再继续战斗，扩大发展，走向胜利。”②

中国革命正是靠着毛泽东这个“革命的山大王”，才一步一步走向胜利的。

“上山”，是毛泽东在大革命失败前后的三个月中逐步提出和形成的重要思想。“上山”思想的实质，就是将革命工作的重心，从敌人统治力量较强的城市转移到敌人统治力量较薄弱的农村山区去。

从“马日事变”后到秋收起义前毛泽东的历次发言和讲话看，他提出的“上山”思想蕴含着三个当时革命斗争急需解决的问题：一是注重

① 何长工：《红旗插上井冈山》，人民出版社1980年版，《革命回忆录》，第一集。
② 朱良才：《这座山，它革命》，人民出版社1980年版，《革命回忆录》，第一集。

军事斗争，组织革命军队；二是发动土地革命，建立红色政权；三是上山结交绿林，造成军事基地，即革命根据地。这三个基本问题的思考，构成毛泽东“上山”思想的科学内涵。

毛泽东的“上山”思想，对中国革命的复兴和发展具有重大的理论和实践意义。

第一，上山为大革命失败后中国共产党保存革命武装、积蓄革命力量提供了有效途径。

秋收起义失利后，工农革命军如果继续坚持攻打长沙，那么，必将是以卵击石，造成全军覆没。中国南方的广大山区，地处偏隅，交通闭塞，“山高皇帝远”，敌人鞭长莫及，借此积蓄革命力量，休养生息，徐图发展，然后重整旗鼓，相机夺取政权，乃是万全之策。后来井冈山革命根据地的创建与发展，充分证明了这一点。

第二，上山为中国革命的战略转移找到了一个落脚点。

大革命失败后，特别是秋收起义遭受严重挫折后，是继续在中心城市搞暴动，还是到广大的农村和山区去，这是一个关系到中国革命前途和命运的重大抉择。“上山”，即是这个战略转折的开始，就是向农村进军，在农村山区找一个立足点，把进军与退却结合起来。革命军主动退到山区去，是为进一步在广阔的农村和山区进行长期的武装斗争。退一步，是为了进两步。

第三，上山为中国共产党人建立农村根据地、探索中国革命道路迈出了第一步。

上山，固然是被强大的敌人逼出来的行为，但同时也是中国共产党人借鉴历史经验探寻出来的成功之举。倘若不“上山”，就不会有农村革命根据地的创建，也就没有“以农村包围城市”理论和实践的产生。正因为把革命的武装力量引上了山，才将建立农村革命根据地的设想付诸实施，并在长期革命斗争实践的过程中，探寻出中国革命的成功道路。

随着形势的发展，不仅毛泽东率领的革命武装上了山，后来朱德、彭德怀率领的主力部队以及地方武装也上了山。湘赣边界的山区,保存和集聚了一批批的武装力量和革命精英,蕴藏着中国革命的火种。毛泽东和中国共产党人的"上山"之举,为中国革命开创了一条走向胜利的成功之路。

井冈山武装割据的客观基础

20 世纪 20 年代后期,毛泽东和中国共产党人在井冈山创建中国第一个农村革命根据地不是偶然的。不是历史唯独钟情于井冈山,而是湘赣边界有着建立革命根据地的坚实的客观基础。毛泽东历来在注重军事的同时,非常注重武装割据的条件。地处湘赣边界的井冈山地区,具备了进行长期武装割据斗争的条件。诚如毛泽东在《中国的红色政权为什么能够存在?》一文中所阐述的:"一国之内,在四围白色政权的包围之中,有一小块或若干小块红色政权的区域长期地存在,这是世界各国从来没有的事。这种奇事的发生,有其独特的原因。而其存在和发展,亦必有相当的条件。"

湘赣边界的优越地势与丰富物产。

以宁冈为中心的井冈山革命根据地,位于江西、湖南两省边陲的罗霄山脉中段。它包括江西西部的宁冈、永新、莲花、遂川和湖南东部的茶陵、酃县六个县,面积 7200 多平方公里,人口 50 余万。巍巍苍苍的罗霄山脉北起湖北的通城、崇阳、通山,南至广东的南雄、始兴,沿着湘赣之交,南北绵延数百公里。总体看来,北段地势不如中段可进可守,太迫近大的政治都会;南段地势较北段好,但群众基础不如中段,政治上对湘赣两省的影响也小些。毛泽东在考察罗霄山脉中段后得出结论说:"整个的罗霄山脉我们都走遍了;各部分比较起来,以宁冈为中心的罗霄山脉的中段,最利于我们的军事割据。"①

① 毛泽东:《井冈山的斗争》,1928 年 11 月 25 日,《毛泽东选集》第一卷,人民出版社 1991 年版,第 79 页。

地处湘赣边界的罗霄山脉中段，境内重峦叠嶂，连绵不断。高山和丘陵面积，占全境总面积85%以上，其中遂川、宁冈、莲花达90%以上。逶迤的山岭又以其独特的走向，各自形成雄伟的山脉。如宁冈的万洋山，永新的天龙山、万年山，莲花的武功山，遂川的江西坳，海拔一般在1000米至1500米之间，其中坐落在湖南酃县境内与江西交界的酃峰高达2115米。

湘赣边界不仅地势险要，且有丰富的物产。在连绵的群山中，分布着许多丘陵半丘陵盆地，土地肥沃，盛产粮油。从高山流出的泉水，汇成无数小溪小河，形成丰富的水系。如永新的禾水，莲花的琴水，宁冈的龙江，遂川的泉江，酃县和茶陵的洣江等，组成一幅秀丽多姿的图画。湘赣边界地处亚热带湿润性气候，气候温和，雨量充沛，光照充足，有霜期短，无霜期长，为农作物的生长提供了有利的条件。其中，尤以宁冈为长，古县志上记载可“一年耕而三年食”。莽莽的山岭中，生长着茂密的森林。植物多达3800余种，苍松翠柏四季常青，茂林修竹漫山遍野。这里除了盛产粮食、茶油、竹木外，其他农作物如花生、大豆、烟叶等也均有相当产量。药材遍山皆是，山果四季不断，地下矿产也品种多样，储量很高。

丰富的物产，为工农红军割据湘赣边界提供了必需的经济给养力。

但是，由于地处偏隅，交通闭塞，农业经济相对落后。生产力低下，耕作技术上是人力拉犁，有的地方还停留在“杵臼时代”。没有近代工业，仅有些榨油之类的小作坊。境内百姓刀耕火种，松火油灯，过的是一种自给自足的小农生活。加之土豪劣绅横行，土地高度集中，给工农武装割据造成了一定困难。

坚实的党群基础。

湘赣边界尽管地处偏隅，但轰轰烈烈的大革命浪潮同样冲刷着这里的每一块土地。经过革命的洗礼，边界产生了共产党的组织和革命的群众运动，且具有很好的基础。

大革命时期前夕,边界走出了一大批在南昌、吉安、长沙、北京等地求学的青年学生,如永新的欧阳洛、王怀、刘真、刘作述;宁冈的龙超清、刘辉霄、刘克犹;莲花的朱亦岳、朱绳武、陈竞进;遂川的陈正人;酃县的刘寅生、何国安、周里;茶陵的杨孔万、李炳荣、谭民觉等。他们在五四运动及大革命的浪潮中,先后接受了马克思主义,加入了中共党、团组织。他们利用寒暑假回乡的机会,积极传播马克思主义,组织各种形式的研究会,在湘赣边点燃了革命的火种。北伐军进军江西、湖南前后,他们又分别接受党的派遣,回乡建立党的组织和农民协会,从事革命活动。在他们的领导下,边界各县农民运动蓬勃发展,工会、学生、妇女运动也普遍兴起。各县还建立了农民武装力量,有枪 970 支。当大革命的高潮到来时,边界六县在革命派的领导下,均先后推翻了本县的豪绅统治,掌握了全县政权。宁冈、永新、莲花还建立了县级革命政权。在宁冈县,土、客两籍革命派联合起来,于 1926 年推翻反动政权后,掌握全县政权达一年之久。这些革命活动为毛泽东率工农革命军的到来,打下了雄厚的基础。

大革命时期,边界六县在中国共产党人的领导下,掀起了群众性的革命高潮。在永新,欧阳洛等领导建立了 10 余所农民夜校,培养了一大批农运骨干。1926 年 7 月中共永新支部成立后,建立了永新县农会,组建了永新县农民自卫队。在宁冈,共产党员龙超清、刘辉霄等创办了进步团体"文明社",与反动的"新民社"相对抗,团结培育了一批革命志士。并以"招安"名义争取了袁文才的绿林"马刀队"下山,继而发展袁文才入党,使"马刀队"成为我党掌握下的一支重要武装力量。1926 年 10 月国共合作北伐胜利之时,龙超清、袁文才领导全县人民举行武装暴动,推翻了北洋军阀的县政权,成立了宁冈县人民委员会和农民自卫军。

当北伐军进入湖南、江西后,边界六县的群众运动更是高涨。1926 年 7 月,北伐军攻克酃县、茶陵。茶陵县党组织在小车地区成立了农民协会,发动群众清算了大豪绅统管的公堂公产、义仓;8 月间成立了中共茶陵特别支部，直接受中共湖南区委领导；10 月成立了茶陵县农民协会。在酃县，刘寅生和湖南省农协会派来的共产党员朱子和等乘北伐军攻克酃县之机，领导建立了县农民协会和农民武装。在莲花，9 月间北伐军攻克莲花后，建立了莲花县农民协会和农民自卫军，并解散了土豪劣绅掌握的莲花县行政委员会，建立了国共合作的革命政权莲花县政府。北伐军由莲花进入永新时，永新农民自卫队配合北伐军攻克了永新城，10 月建立了国共合作的永新县行政委员会和农民协会。在遂川，当北伐军从广东经上犹、南康攻克遂川后，在中共遂川特支领导下，全县工农群众运动顿起高潮。各区乡都建立了农会组织，入会农民达 2 万户。1927 年春，遂川革命农民还捣毁了反动土豪萧家璧的老巢，清算了号称遂川“四大金刚”的反动官绅罗普权、谢际可、李应策、张万安的罪行，遂川人民为之一振。

湘赣边广大革命农民的斗争，从一开始就把斗争目标集中于推翻地主豪绅阶级的统治，建立自己的工农政权和武装力量，表现出极大的勇气。这不仅动摇了“三座大山”在边界统治的基础，而且显示了中国共产党领导下组织起来的农民群众的伟大力量。

“马日事变”后，国民党反动派对革命实行了血腥镇压。一时，边界血雨腥风，哀鸿遍野。边界各县党的组织大部塌台，农会遭破坏，枪支也被敌人缴去。但是，边界人民并没有屈服，他们拿起武装，转入地下，仍然坚持斗争，并保存了宁冈袁文才、遂川王佐各 60 条枪及遂川 6 支枪，莲花 1 支枪。1927 年 7 月间，永新、莲花、遂川等县举行武装暴动，先后救出了被捕的农会干部和革命群众。安福、宁冈、遂川、莲花等县农民自卫军，在王兴亚、袁文才、王佐等率领下，于 7 月 20 日攻克永新城，救出了被关押的贺敏学、胡波等 80 多名党员、干部。随后组建了赣西农民自卫军，王兴亚任总指挥，袁文才、王佐任副总指挥。后因强敌进攻，农民自卫军主动撤离，分散行动，一部分随王兴亚转入安福、萍乡，后参加秋收暴动。永新县的党组织则退入宁冈的茅坪一带坚持斗争。

袁文才、王佐的绿林武装及其演变。

袁文才、王佐是分别活跃在宁冈的茅坪和遂川的茨坪一带的两支绿林队伍头目。他们是绿林,而不是“土匪”,在性质上属于大革命时期宁冈、遂川人民反抗地主豪绅压迫的农民地方武装。

袁文才,排名显泉,又名选三。1898 年出生于宁冈县茅坪马沅坑村的一个客籍农民家庭。少年时念过几年私塾。成年后,因新婚妻子被当地土豪强占,从此与豪绅结下深仇。1922 年愤然考入永新禾川中学,希冀有朝一日出人头地,报仇雪恨。在永新禾川中学,他结识了当地进步青年刘真、贺敏学、王怀等,始知“天下乌鸦一般黑”,继而踊跃投入新文化运动。岂知,学业未完,父亲猝然去世,只得中途辍学回家务农。

袁文才回乡后,对当地土豪劣绅的残酷盘剥更为仇视,故常邀集茅坪青年与之作对,引起豪绅的极大不满。其时,在茅坪半岗山活跃着一支以胡亚春为首的绿林“马刀队”,专吊土豪劣绅的“羊”(即绑票)。因胡无文化,“吊羊”时要请人写“勒令”,知袁文才具有反抗精神,且与豪绅有仇,便劝袁上山为伍。袁文才只答应暗中与他们来往。不久,消息走漏,土豪谢冠南得知,奏请官府派兵捉拿袁文才。袁文才闻讯躲入山中。反动军队扑空,恼羞成怒,将袁家洗劫一空,烧毁了房子,枪杀了袁母。袁文才归来见状,怒火中烧,于是怀着夺妻、杀母之恨,毅然投奔“马刀队”,落草半冈山。

因袁文才有文化,又足智多谋,一到“马刀队”即显露才智。他向胡亚春献计,在经济上要节约,做到细水长流;政治上要“劫富济贫”,保护平民百姓利益;战术上要避强就虚,像老绿林朱聋子一样,与对手“打圈圈”。袁文才此举很得胡亚春赏识,不久便由司书升为参谋长。从此,“马刀队”如虎添翼,不断袭击豪绅地主武装,队伍逐渐扩大。1924 年,袁文才率部攻占宁冈县城新城,烧毁了县衙门,宁冈县知事左树暄惧其名声,弃城出逃永新。

“马刀队”严重地威胁着豪绅地主阶级。他们纷纷告急,要求派兵

"进剿"。1925年春,江西省政府派出第三军第八师牛文田团刘汉涛一营兵力,分路"进剿"。袁文才等凭借地形熟悉,巧妙地与"进剿"军进行周旋,使敌人疲于奔命,毫无收获。"马刀队"从此名声大噪。

与袁文才同时,王佐带领着一支绿林队伍活跃在遂川县的茨坪一带。

王佐,又名云辉,号南斗。1898年生于遂川县下庄村的贫苦农民家庭。由于生父和养父均相继过世,王佐自小就跟人打短工,13岁转学裁缝。三年从师过来,除学了门手艺,还练就了一身武艺。由于他艺高胆大,在给井冈绿林头目朱孔阳(朱聋子)缝衣时,被朱聋子聘为"水客"兼采购。1924年,王佐脱离朱孔阳,自己买了杆毛瑟枪,拉了十几个农民兄弟自立门户,自拥首领,打出"劫富济贫"旗号,干起了绿林生涯。以后,队伍慢慢扩大,发展到50来人。王佐的绿林武装,自然也引起豪绅阶级的不满,遂川豪绅同样搬来官兵"进剿",可怎么也无法把王佐剿灭。于是,敌人便使出"软"招,招抚王佐下山,封其为"新遂边陲保卫团"副团长(罗冬生为团长)。王佐生性耿直,不久便自行其是,重操旧业。1926年,部下发生内讧,王佐险些被杀。他逃奔到茅坪袁文才处,向袁文才求援。袁、王两人年庚相同,斗争目标、生活经历相近,于是两人义结金兰,拜为"老庚"(即同年兄弟)。随后,袁文才帮其铲除了内讧分子,王佐重新归位,遂发展到60支枪。

此后,袁文才在井冈山麓的茅坪,王佐在井冈山上的茨坪,互为犄角,遥相呼应,雄踞于罗霄山脉中段的丛山莽林之中。

1925年夏,中共宁冈县党组织负责人龙超清在斗争中认识到掌握武装的重要性,决定利用自己是江西省参议会议长儿子的身份,说服县知事沈清源对袁文才进行"招安",然后再争取他站到共产党一边来。县知事沈清源因连年"进剿"袁文才"马刀队"劳而无功,当即依计而行。于是,龙超清与共产党员刘辉霄等,亲赴"马刀队"驻地与胡亚春、袁文才谈判。龙超清、刘辉霄晓以大义,并表示愿做人质,袁文才终被说服,但"马刀队"头目胡亚春却不肯下山。于是,袁文才、李筱甫、谢桂标等一行15人,携带6条枪下山到新城接受“招安”,编为宁冈县保卫团,袁文才任团总。三个月后,县公署又把下水湾一支绿林“招安”编在袁部,扩充为一个中队,枪支人员大增。

1926年7月,龙超清受中共江西省党组织派遣,回县从事农运,开展革命工作。在工作中,龙超清、刘辉霄等特别注意关心和争取袁文才这支武装,帮他招兵买马,扩充队伍,并经常找他谈话,宣传共产党宗旨和目标,启发他走上革命道路。在龙超清、刘辉霄等人的启发帮助下,袁文才终于表示愿意听从党组织吩咐。1926年10月,袁文才率县保卫团起义,龙超清等发动工农暴动密切配合,一举攻下县城新城,摧毁了县清乡局,缴枪14支,驱逐县知事出境,成立了宁冈县人民委员会(龙超清任委员长)。县保卫团改编为县农民自卫军,袁文才任总指挥。

从此,袁文才及其“马刀队”获得新生。1926年11月,袁文才加入了中国共产党。在共产党的领导下,袁文才充分发挥枪杆子的作用,于1927年间先后击毙、赶跑三个来宁冈执政的反动县长,使宁冈的政权始终掌握在共产党手中。

继宁冈县党组织争取了袁文才部并编为农民自卫军后,遂川县党组织也对王佐开展了工作。王佐在袁文才的影响下,也在1927年1月率部下山,编为遂川县农民自卫军,王佐任总指挥。

“马日事变”后,边界党组织及农民武装遭到严重损失,各县农民武装尽悉被敌人缴去,仅遂川保存6支枪,莲花保存1支枪。唯独袁文才、王佐却依然各自保存了60支枪,成为边界两支有力的农民地方武装力量。

敌人统治的薄弱环节。

毛泽东在《井冈山前委向中央的报告》中曾称湘赣边界是“地利人和之边界”。这句话颇有道理。因为这里有罗霄山脉作屏障,崇山峻岭,易于藏兵,可进可退;且物产丰饶,党和群众又有相当基础。此外,由于地处偏隅,为湘赣两省“结合部”,敌人统治力量极为薄弱,边界永新、宁冈、莲花、遂川、茶陵、酃县六县敌人驻军极少,基本上是地方保安武装。1926 年至 1927 年 10 月间,永新只有陈修爵部,后被北伐军朱耀华部赶跑,茶陵、酃县一带有战斗力的反动力量是罗定的湘东保安团,宁冈豪绅为"清剿"袁文才部,曾请来八师二十四团和二十三团王秉清营,旋即因无功而返,遂川亦只靠坐镇赣州的刘士毅独立七师远远窥视。

及至毛泽东率工农革命军上山后,虽然引起敌人的注意力,但敌人在湘、赣两省边界兵力的部署依然极不平衡,湘敌偏强,赣敌则偏弱。据中共湖南省委 1928 年 7 月统计,湖南全省敌军共有第二、第六、第七、第八、第十三、第十四、第三十五军共 7 个军,合计 20 个师又 2 个教导团。但在兵力分布上,各地极不平衡。湘赣边的茶陵、酃县、攸县只有第八军的两个师,而在湘南地区则集中了第七、十三军和独立第三师共 5 个师的兵力。① 因此,湘赣边仍是湘敌在湖南统治中较弱的一环。

滇系军阀朱培德统治下的江西,军事力量则远比湖南薄弱。1928 年 4 月 25 日《江西省委致中共中央的信》中记载:"反动势力已脆弱万分,西南四五十县仅驻二十七师和七师两师人,且战斗力均甚弱,尤其是最近兵士的动摇,更为他们的致命伤。现二十七师以七十九团守永新,八十一团守遂川,八十团守泰和,万安、吉安仅有师部直属军队五六百人。"

江西敌人不仅数量少,而且分布战线长,与湖南的军事力量相比差距很大。正因为敌人在湘赣边界统治力量的薄弱,才为井冈山的武装割据提供了有利条件和可乘之机。也正因为湘、赣两省敌军的力量强弱不同,湘赣边界工农武装割据才可采取不同的策略,各个击破,使根据地的扩大波浪式地向前推进。

① 《湖南省委通告(第 2 号)——要扩大援助红军与湘东湘南暴动的宣传》,1928 年 7 月 13 日。

再则,由于敌人营垒内部的矛盾和冲突,更削弱了边界反动统治的力量。湘赣两省军阀各据一方,拥兵自重,互相猜忌,钩心斗角,完全是为着自己的地盘和实力,以巩固其统治。湘系军阀虽然力量较强,但因割据区域六县中湘省只有两县,对其威胁不大,因此对"会剿"往往不感兴趣而消极保全。由于井冈山割据区域主要在江西,江西敌人虽企图"努力进剿",但力量薄弱,难以取胜。这样,两省敌人虽多次高唱"会剿",结果往往出现"会"而不"剿"或"剿"而难"会"的局面。

同时,湘赣两省军阀与边界的豪绅地主之间也充满了矛盾,边界各县豪绅之间亦有矛盾。随着反动统治阶级内部矛盾和冲突的激化,便演变为白色政权之间的分裂和战争。所以,毛泽东根据这些现象,深刻指出:"因为有了白色政权间的长期的分裂和战争,便给了一种条件,使一小块或若干小块的共产党领导的红色区域,能够在四周白色政权包围的中间发生和坚持下来。湘赣边界的割据,就是这许多小块中间的一块。"①

莲花决策与引兵井冈

1927 年 9 月 25 日,工农革命军在芦溪冲破敌人的伏击后,进入了莲花县境。中午时分,部队到达高滩村,并收集了被打散的部分队伍。毛泽东即时向部队作了简要的讲话,号召指战员们要经得起失败的考验,不要被眼前的困难所吓倒。尔后,部队进抵高滩村宿营。中共莲花县党组织负责人甘明山、贺国庆等闻讯,立即赶到高滩村。晚上,毛泽东不顾鞍马劳顿,召开调查会听取甘明山、贺国庆等关于莲花、永新一带敌情及地势的汇报。

莲花,地处赣西,属罗霄山脉中段的山地丘陵区,东南与江西永新、宁冈接壤,西南与湖南茶陵、攸县相连。早在大革命时期的 1926

① 毛泽东:《中国的红色政权为什么能够存在?》,1928 年 10 月 5 日,《毛泽东选集》第一卷,人民出版社 1991 年版,第 49 页。

年，莲花就有了党的组织，党的负责人是朱绳武、朱亦岳、陈竞进。当时，莲花的工农运动迅猛发展。各地都成立了工会、农会，并建立了莲花农民自卫军，有枪60支。大革命失败以后，反动派到处抓捕共产党员和革命群众，血雨腥风遍布城乡。为保存实力，农民自卫军被逼退入上西区“打埋伏”。1927年7月，朱绳武被敌人杀害。随后，莲花大土豪李成荫用金钱收买永新等地的地方武装，又到上西来追杀农民自卫军。9月18日，农民自卫军得知县城反动武装已撤离，当即由陈竞进、贺国庆率领自卫军和群众800余人攻打县城。未料入城后，农民群众不懂军纪，高声呼叫，被敌人发现，遭到路过的两连敌正规部队袭击。农民自卫军牺牲70余人，被捕90余人。“九一八”扑城失利后，反动派变本加厉，到处追剿革命同志，逼缴枪支。结果，枪支损失59支，仅贺国庆保存了一支枪。

毛泽东听了汇报，义愤填膺。为了营救革命同志，毛泽东决定攻打莲花县城，并立即召集军中干部进行具体部署。

26日清晨，工农革命军在甘家村召开军民大会，枪决了几个从萍乡抓来的豪绅，鼓舞了群众的斗志。随后，军民冒雨向莲花县城发起进攻。当时，城内没有国民党正规军，只有李成荫的保安队。不到半小时即攻克莲花县城。这是毛泽东率领的秋收起义部队从文家市退兵后夺下的第一个县城。随即，捣毁了国民党县党部和伪县长公署，活捉国民党县党部书记官，砸开了监狱，解救了被捕的共产党员和革命群众，并打开粮仓，将粮食分给贫苦农民。莲花县的革命群众欢欣鼓舞，奔走相告：“莲花来了革命军！”

在莲花，工农革命军与中共江西省委取得了联系。秋收起义爆发前，中共江西省委就非常注意工农革命军这支武装的情况，派出了一个交通员，来到秋收起义部队第三团驻地铜鼓进行联络。三团党组织也派出了当时在团部秘书处任文书的宋任穷，与江西省委交通员“去江西省委请示下一步的行动”。当宋任穷走后不久，秋收起义就爆发了。

据宋任穷1974年10月在井冈山革命博物馆谈话时回忆:“我走了以后,毛委员来到了铜鼓,领导部队举行秋收起义。因此,文家市会师我未能参加。江西省委派来的那个交通员,年纪比我大一些,有20多岁。南昌暴动后,敌人的白色恐怖很严重,他是搞秘密工作的,我不便问他的名字。我们一起到了南昌市,省委机关设在市内一个小巷子里面。在那里我见到了省委书记汪泽楷、刘士奇(湖南人,光头,后在赣西当了特委书记,还到了鄂豫皖)。汪泽楷看了我带去的信,他回了一封信,是用药水写的,不知写的什么内容。他只口头对我讲:‘你们在莲花县一带行动。宁冈县有我们党的武装,有几十支枪,其他的事,信上都写了。’”①

宋任穷在莲花的陈家坊追上了向南转移的秋收起义部队。当晚,把信交给了毛泽东。此时,正是芦溪遭敌伏击、冲破敌人的尾追之后。

江西省委书记汪泽楷

信使宋任穷

江西省委带给毛泽东的这封信,是一个十分重要、可靠的信息。

---

① 宋任穷:《回忆井冈山斗争的一些往事》,1974年10月同井冈山博物馆同志的谈话。见《井冈山革命根据地》回忆资料,第191页。

这封信对秋收起义部队的走向起了很大的导向性、决策性作用。这是因为：

第一，信中再次提到了宁冈，指出："宁冈有我们党的武装，有几十支枪。"宁冈的情况，毛泽东在安源张家湾军事会议上曾听王兴亚讲过，已有初步的了解。如今，江西省委进一步明确提出，"宁冈有我们党的武装"，这对毛泽东引兵井冈和工农革命军后来在宁冈茅坪安家，建立以宁冈为中心的工农武装割据局面，无疑是有重大影响的。

第二，毛泽东在高滩听取甘明山、贺国庆的汇报时，根据江西省委的信函内容，又一次对宁冈、永新一带地形和有关情况作了调查，对于部队的行动方向心中有底了。

第三，9 月 26 日，工农革命军打下莲花县城后，毛泽东在县城的宾兴馆召开了莲花县党组织负责人会议。会上听取了朱亦岳等人的汇报，根据江西省委信中的嘱咐，再一次询问了永新、宁冈等地的情况，并和莲花县的同志一起研究了部队的行军路线，随即作出了"引兵井冈"的决策。

由此可见，在安源张家湾军事会议时，毛泽东对湘赣边井冈山地势和袁、王的情况，有了一定的了解；秋收起义的失利，造成了退兵"上山"的必然趋势；至此，中共江西省委的信嘱，开始坚定了毛泽东引兵井冈的决心和信心。

三湾改编与前委的组建

1927 年 9 月 27 日，工农革命军离开莲花，经过桥头，直插九陇山区。尔后，途经永新的九陂村等，于 9 月 29 日到达永新境内的三湾村。

三湾，坐落在湘赣边界的九陇山区，是永新与茶陵、莲花、宁冈交界处的一个小山村。

在这里，毛泽东对部队进行了著名的"三湾改编"。为什么要进行改编？这是由部队当时的实际状况和复杂的斗争形势所决定的。

首先,从工农革命军的状况来看,部队的编制和人员从秋收起义时的 5000 余人,到文家市集中时锐减为 1500 余人,经芦溪战斗后已不足 1000 人了,出现了官多兵少、枪多人少的现象。

其次,起义部队中的军官大多是从旧军队过来的,残存的旧军阀主义习气较为严重,随意打骂士兵,官兵待遇很不平等,直接影响了官兵之间的团结和部队的战斗力。

再次,起义部队由于战斗频繁而迭遭失利,生活又极端困苦,得不到休整和休息,一部分人思想情绪发生悲观动摇,对革命前途丧失信心;一部分人又受“左”倾盲动主义影响,产生急躁情绪,主张与敌人硬拼。

对此,罗荣桓曾回忆说:“这支部队中,虽然有不少党员,但没有形成坚强的组织核心,也没有明确的行动纲领。军事指挥员大部分是黄埔军校的学生,他们都是知识分子,没有经过更多实际战争的锻炼,指挥能力较弱,旧的一套带兵方法,妨碍着上下一致、官兵一致。由于上述原因,这支部队的战斗力并不强。”①

赖毅回忆说:“芦溪受挫后,部队中弥漫着一股消沉的情绪,许多知识分子和军官出身的人,看到失败似乎已成定局,纷纷不告而别。有些小资产阶级出身的共产党员,也在这时背弃了革命,走向叛变或者消极的道路。……这真是一场严重的考验。”“部队中的逃亡现象清楚地说明了:武装必须掌握在坚定的革命者手里;另一方面,还必须有一个坚强的组织作为核心,并通过它和广大的战士群众发生密切的联系,这样才能巩固。”②

张宗逊回忆说:“秋收起义后,部队遭到几次挫折,战斗减员很大,加上长途行军转移,病号很多,特别是当时政治思想工作薄弱,军心涣散。”③

---

① 罗荣桓:《秋收起义与我军初创时期》,载《井冈山革命根据地》(下),第 118 页。
② 赖毅:《毛委员在连队发展党员》,见《井冈山革命根据地》(下),第 170—177 页。
③ 张宗逊:《我在井冈山斗争中的经历》,见《井冈山革命根据地》(下),第 147 页。

“毛泽东同志恰恰是在这个最紧要关头，通过深入、细致的思想工作，通过研究部队的政治和思想情况，从而察觉了问题的症结，采取了坚定的措施。”

这就是三湾改编的历史背景。加之部队已进入山区，摆脱了敌人，原来追剿部队的江西敌人到萍乡后未南下，湖南的敌人已陷入“李唐战争”，客观上给部队提供了休整的时机。于是，在部队到达三湾的当天晚上，毛泽东即在三湾的“协盛和”杂货铺，主持召开了中共前委扩大会议，决定对部队进行改编。

三湾改编的内容主要有以下三方面：

1. 在组织上进行改编，将部队从一个师缩编为一个团。

秋收起义后的工农革命军由于严重减员，名为一个师的建制，实际不到千人。因此，三湾改编时“首先是整顿组织，一个师缩编为一个团，改称工农革命军第一师第一团，实际上只有两个营七个连。”①改编时，根据自愿的原则，愿留的则留，不愿留的发给三至五元的路费。同时，根据干部多余的状况，编了一个军官队、一个卫生队、一个辎重队。改编后，共700人左右。人员虽少了，队伍却精干多了，大都是大浪淘沙后的精英分子。

三湾改编后的工农革命军第一军第一师第一团，最高领导机关仍是秋收起义时中共湖南省委任命的前敌委员会。其组织系统如下：

中共前敌委员会　书记　毛泽东

前委委员有余洒度、余贲民、陈皓、何挺颖、宛希先、熊寿祺（士兵代表）

下辖：

第一团团长：陈皓　　　　党代表：何挺颖

副团长：　　徐庶　　　　参谋长：韩庄剑

第一营营长：黄子吉　　　党代表：宛希先

第一连连长：员一民　　　党代表：熊寿祺

① 罗荣桓：《秋收起义与我军初创时期》，《井冈山革命根据地》（下），第119页。

第二连连长:刘康　　　　党代表:何成匈
第三连连长:×××　　　　党代表:×××
第三营营长:张子清　　　　党代表:李运启
第七连连长:陈子风　　　　党代表:孔繁淑
第八连连长:×××　　　　党代表:杨岳彬
第九连连长:曾正平　　　　党代表:罗荣桓
特务连连长:曾士峨　　　　党代表:朱建胜
军官队队长:吕　赤　　　　党代表:蔡　钟
卫生队队长:曹　嵘　　　　党代表:何长工
辎重队队长:范树德　　　　党代表:×××

2. 确定“支部建在连上”的制度,实行党对军队的领导。

早在国共合作的第一次大革命时期时,我党就在自己掌握的军队中建立了党的组织。但是,无论南昌起义军还是秋收起义军,党的组织都是设在团一级,即团为支部单位,而在军队的基层组织连队一级却没有党的组织。这样,就势必削弱基层党支部的战斗堡垒作用,抓不住士兵。三湾改编时,毛泽东总结了这个教训,在部队各级都设立了党的组织。班有小组,连有支部,营团有党委,连以上设立党代表,担任党的支部书记,专门做党的工作,做士兵的政治思想工作,指导士兵开展群众工作。从而,确定了党对军队的绝对领导。

“支部建在连上”历史漫画

三湾改编纪念馆

“支部建在连上”，是毛泽东对无产阶级建军原则的一个重要创造。后来，毛泽东曾总结指出：“红军所以艰难奋战而不溃散，‘支部建在连上’是一个重要原因。”①同时，后来的实践也表明，“哪一个连的党代表较好，哪一个连就较健全些”，“党代表制度，经验证明不能废除”②。

3. 设立士兵委员会，实行军队的民主制度。

反动统治阶级的军队，没有民主制度，存在着尖锐的阶级矛盾，官兵对立是普遍的现象。工农革命军的主体是从国民党军队过来的，自然也带来了一些旧军队不良作风的残余。为了废除旧军队中的旧制度及其影响，三湾改编时建立了新型的官兵关系。正如罗荣桓回忆所言：“为了扫除军队中的一切不良制度和习气，毛泽东同志果断地采取许多革命的措施。例如，士兵委员会就是这时候产生的。为了反对旧军队的一套带兵方法，这就需要进行民主改革。士兵委员会就是实现民主的一个组织形式。那时，士兵委员会有很大的权力，军官要受士兵委员会的监督。做错了事，要受士兵委员会的批评，甚至制裁。表面看来，这样似乎是会鼓励极端民主化和平均主义的思想，但当时的主要问题是必须坚决反掉旧军队的一套带兵方法，奠定新型的官兵关系——阶级的团结。部队的实际情况是民主不够，而不是什么极端民主化和平均主义的问题。因此，只有这样做，才能更彻底更有效地肃清军阀残余。有了民主，才能提高群众觉悟，才能建立巩固的集中。”③

对士兵委员会的组成及其作用，陈毅在 1929 年 9 月 1 日所写的《关于朱毛军的历史及其状况的报告》中作了具体的叙述：“在全军团

① 毛泽东：《井冈山的斗争》，1928 年 11 月 25 日，《毛泽东选集》第一卷，人民出版社 1991 年版，第 65—66 页。

② 毛泽东：《井冈山的斗争》，1928 年 11 月 25 日，《毛泽东选集》第一卷，人民出版社 1991 年版，第 64 页。

③ 罗荣桓：《秋收起义与我军初创时期》，《井冈山革命根据地》（下），第 119 页。

营连均设士兵委员会,官长同时为士兵委员会。全连士兵大会选举 5 人至 7 人或 9 人为连士委执委。推主席 1 人。以伞营人数按每 5 人举一代表组成全营士兵代表会,推举 11 人至 13 人组织营士执委,推举 1 人为主席。按全团人数每 10 人举代表一人组织全团代表会,推举 17 人至 19 人组织团士执委,推举 1 人任主席。全军按 30 人至 50 人举一代表组织全军代表会,推举 19 人至 21 人或 23 人组织军士执委,选 1 人为主席,军士执委选 5 人至 7 人为常委。连无常委机关,军团常委均设机关于政治部内日常办公,营常委不设机关。各级士委的任务规定如下:(1)参加军队管理。(2)维持红军纪律。(3)监督军队的经济。(4)作群众运动。(5)作士兵政治教育。此外士委与军事机关的关系,士委只能对某个问题建议或质问,而不能直接去干涉和处理,士委开会须由党代表参加,等于一个政治顾问的性质。在非常时期党代表可以解散士委,或不准其开会,另诉诸士委代表会。”

工农革命军实行的民主主义制度,对军队内部实现政治上的团结,对军事技术与战术的提高,对干部的改造与锻炼,都产生了积极的影响。正如毛泽东在《井冈山的斗争》一文所说:“红军的物质生活如此菲薄,战斗如此频繁,仍能维持不敝,除党的作用外,就是靠实行军队的民主主义。”

三湾改编,初步解决了以农民及旧军人为主要成分的革命军队,如何建设成为一支无产阶级的新型人民军队的问题,这是三湾改编的核心。它为我党如何建设自己的军队进行了最早的也是一次较成功的探索与实践,标志着毛泽东建设人民军队的思想开始形成。新型人民军队的建设,经历了一个历史过程。但历史表明,三湾改编“保证了党对军队的绝对领导,奠定了政治建军的基础,对建设为一支拖不垮、打不烂的新型的人民军队起了重要作用”①。

在三湾毛泽东会见了宁冈代表。

① 李立:《革命摇篮井冈山》,见《井冈山革命根据地》回忆资料。

三湾来了兵的消息,很快传到宁冈。在“是军是匪,无人探悉”的情况下,袁文才当即将农民自卫军从砻市撤至茅坪。他没有料到的是,三湾村中的“毛司令”却给他写来了一封信,信的主旨是欲与袁部合作,共谋大业。

信是由一位姓李的本地老表送至茅坪的。袁文才当即召集在茅坪坚持斗争的宁冈县党组织负责人龙超清、龙国恩及自己身边的主要头目一起商讨。当时,参加会议的农民军司书陈慕平告诉袁文才:毛泽东是共产党的中央委员,是我在武昌农民运动讲习所学习时的老师,他前不久在湘东赣西领导了秋收暴动。陈慕平的介绍,引起了与会人员的诧异。他们没有料到秋收暴动这么快就失败了,一时众说纷纭。有的表示担忧,有的支持去接头,有的提出要提防弱肉强食。袁文才、龙超清认为:毛泽东是党内同志,也就是自己人,既然来了信,就理应去接头。但是,因不摸底细,确要防止“鸠占鹊巢”。于是,袁文才修书一封给毛部,婉言拒绝毛部上山,请毛部“另择坦途”,并决定由龙超清、龙国恩、陈慕平为代表,去三湾与毛部接头。

据前几年新发现的文献资料,袁文才当年给毛泽东的信是这样写的:

毛委员:

敝地民贫山瘠,犹汪池难容巨鲸,片林不栖大鹏。贵军驰骋革命,应另择坦途。

敬礼!

袁文才叩首

龙超清一行三人携信于10月2日到了三湾。毛泽东立即在“协和盛”店铺接见了他们。毛泽东阅信后不为所动,仍未改“上山”初衷。他诚恳、耐心地向他们说明了工农革命军的上山意图、政治主张,仍表示希望同袁文才部合作,一道开展革命斗争。龙超清等也表示欢迎工农革命军进驻宁冈,可先到离三湾30里地的古城,好安排袁文才与毛泽东见面。事毕,毛泽东见龙超清三人徒手而来,就送了三支枪给他们带回去。

毛泽东在三湾会见宁冈代表,对以后井冈山革命根据地的创立,起了很重要的作用:一是毛泽东的"上山"思想至此得到了初步的落实;二是袁文才豁然大度,主动打开"山门",为毛泽东在井冈山建立革命根据地开了一个好头。在此,不妨援引两件敌伪资料予以佐证;

一、《宁冈土豪陈家骏等报告该县红军活动情况》云:"宁冈之不靖也,湘赣之不靖,推原始无袁文才不能勾引毛泽东,无毛泽东焉能结合朱德? ……"①

二、《宁冈历年来惨遭赤祸真相》云:"……十月间毛泽东突自萍乡败来……邑中共党谢汉昌、陈慕平曾在广东时为毛之学生,得讯遂介绍袁文才前往接迎。"②

毛泽东在三湾会见宁冈三位代表,实际上也是上山前的一次调查。通过会见和谈话,毛泽东对湘赣边界和井冈山的情况有了更深入、具体的了解,才下了"上山"的决心。正如曾参加"三湾改编"、代表士兵的前委委员熊寿祺所言:"毛委员当初带领军队在敌后行军时,每到一个地方,就要派人到四面八方去打听情况和联系。一九二七年十月在三湾时,就派人四处打听,调查研究,所以才能上井冈山。若不是那样,仓促之间,如何上山?"③

古城会议与大苍会见

古城会议的决策

10 月 3 日,改编后的工农革命军全体指战员集中在三湾的枫树坪,准备向宁冈古城进发。出发前,毛泽东代表前委宣布了部队的建制和新任的干部名单,并作动员讲话。他说:"同志们,敌人只是在我

① 《宁冈土豪陈家骏等报告该县红军活动情况》,江西省档案馆历史资料,第 97 卷。

② 石鉴:《宁冈历年来惨遭赤祸真相》,1931 年 8 月 10 日《民国日报》。

③ 熊寿祺:《井冈山斗争生活片断》,见《井冈山革命根据地》回忆资料。

们后面放冷枪,这有什么了不起,大家都是娘生的,敌人有两只脚,我们也有两只脚,贺龙同志两把菜刀起家,现在当军长,我们有两营人,还怕干不起来吗?我们都是暴动出来的。一个人可以当敌人十个,十个人可以当敌人一百,我们现在有这样几百人的部队,还怕什么?”①

毛泽东的讲话,铿锵有力,掷地有声,充满了信心和希望。战士们听后振奋不已,全场充满欢声笑语。毛泽东讲完话,经过改编、整顿的工农革命军以新的姿态,高举猎猎的军旗,迎着金秋的朝阳,告别三湾人民,踏上了迈向井冈山的征途。

中午时分,部队来到了宁冈古城。古城,旧称升乡。右边靠山,左边临河,原是宁冈县古县城所在地,后来被乡寇汪通所毁,县城搬至雅岗(新城)去了,此后成了个百余户的小集镇。工农革命军的到来,受到中共宁冈县党组织负责人龙超清等组织的农民群众的热烈欢迎。毛泽东将团部设在村中央的联奎书院,自己也下榻在书院的后厢房里。

古城一带,已是袁文才的活动范围。工农革命军在三湾时,毛泽东一直把主要精力放在如何改编部队、如何把革命军建设成为一支新型人民军队的问题上,还颇为担心袁文才不肯合作,虽然与龙超清等交换了意见,可工农革命军的打算毕竟未得到“山大王”袁文才的应允。如今,到了古城,则有必要坐下来认真总结一下秋收起义以来的经验教训,研究该对袁文才、王佐部采取什么样的方针,并讨论决定工农革命军的落脚点等摆在工农革命军面前的紧迫问题。出于这种考虑,毛泽东决定在古城召开一次党的前委扩大会议,同时邀请宁冈县委的同志参加,认真研究,具体部署工农革命军的下一步行动。

古城会议

从10月3日晚上起,直至5日,中共秋收起义前敌委员会在古城联奎书院的文昌宫里召开了扩大会议,即“古城会议”。出席会议的有

① 谭政:《三湾改编前后》,见《井冈山革命根据地》回忆资料,第141页。

前委委员毛泽东、余洒度、余贲民、陈皓、何挺颖、宛希先、熊寿祺以及工农革命军营以上的干部。参加会议的还有宁冈县党组织负责人龙超清、谢汉昌、肖子南以及袁文才的代表,共40余人。

会议的主要内容是:传达中央八七会议精神,总结湘赣边界秋收起义的经验教训,确定团结、改造袁文才、王佐部队的方针,着重讨论在罗霄山脉中段建立革命根据地的问题。

毛泽东主持了这次会议。会上,他在传达中央八七会议精神后,首先总结了秋收起义的经验教训,指出:秋收起义有几个仗没有打好,兵力太分散了,不应该一个团打一个县,要南北配合起来。三个团集中到修水、铜鼓之间攻打浏阳就好。秋收暴动虽然遭受挫折,军事上失利了,但战略上没有失败。他号召大家:我们现在要鼓足信心,放下担子,轻装上阵,建立后方。

会上,龙超清向大家详细地介绍了宁冈和边界的情况。随后,毛泽东分析了在罗霄山脉中段建立革命根据地的条件。他认为,这一带在大革命时是工农群众大大起来过的地方,都曾有过大规模的农民运动。宁冈的土、客两籍革命派相结合,赶跑了反动派派来的几任县长,发动了保卫团起义,建立了农民自卫军,成立了县政权,控制了宁冈达一年之久,在“马日事变”后,袁文才、王佐部均各保存了60支枪,宁冈的党组织依然在坚持斗争。袁文才、王佐部还联合安福王兴亚及莲花的农民自卫军,大战永新城,解救了永新县在反革命白色恐怖中被关押的革命同志。同时,这里有自给自足的农业经济,盛产大米、油菜、竹木,可供军需。这里的山势雄伟,可进可退,易于藏兵,有回旋余地,并且远离南昌、长沙、武汉等大城市,是反动统治势力薄弱的地方,而革命的影响不但可以影响湘、赣两省,而且可以影响两省的下游。

因此,在这样的地方,建立革命根据地,进行长期的武装割据,无疑是很理想的。与会同志除少数人外,一致同意毛泽东的意见。但在这时,袁文才的代表却提出:……可以接济工农革命军一些给养,请革命军“另择高山”。袁文才代表的“另择高山”,同袁文才信中的“另择坦途”,意思是一样的。毛泽东见状,即向袁文才的代表晓以大义,陈述利弊,并靠着龙超清等的帮助,说服了袁文才的代表。①

古城会议是三湾前委会议的继续和发展。这次会议初步确定了在井冈山建立革命根据地的决策,为我党实现工作重心的转移奠定了基础。

对此,何长工说:“从三湾改编到古城会议,解决了军队建设和建立根据地的一些重大问题。创建了第一个农村革命根据地和一支新型的人民军队,点燃起‘工农武装割据’的星星之火。”②熊寿祺说:“在宁冈把伤病员安顿在山上,这实际上已经是上了井冈山了,并且在那时就进行了一部分地区的打土豪。当时有个团长(三湾改编时提升起来的)不愿在井冈山建立根据地,毛委员向他斗争,这表明毛委员这时在井冈山建立根据地的思想已经固定下来了。”③赖毅同志说得更加直截了当:“我认为秋收起义部队向罗霄山脉中段进军终点就是宁冈古城。因为:一是在这里确定了建立井冈山革命根据地的问题;二是古城会议后兵分两路发动群众,开展游击活动,如果进军目的地未到达,部队是不会分散行动的;三是确定了在茅坪设立后方,在茅坪安家。”④韩伟也回忆说:“古城会议后,我们送了一百多支枪给袁文才部队,接着,我们……于四周白色政权的包围之中,开始创建井冈山革命根据地。”⑤

此外,还有两件参考资料亦可佐证。一是铁心的文章说:“工农革命军来到宁冈的升乡(即古城——引者注)……我们的毛仁兄召集所有的党员同那些代表(指宁冈的龙超清和袁文才的代表——引者注)开了一次党的联席会议。毛仁兄说:袁文才同志是非常革命的,他经

---

① 何长工:《秋收起义和引兵井冈山》,见《井冈山革命根据地》回忆资料。
② 何长工:《秋收起义和引兵井冈山》,见《井冈山革命根据地》回忆资料。
③ 熊寿祺:《井冈山斗争生活片断》,见《井冈山革命根据地》回忆资料。
④ 赖毅:《忆井冈山斗争片断》,《井冈山革命根据地》回忆资料。
⑤ 韩伟:《谈井冈山斗争的一些情况》,《井冈山革命根据地》回忆资料。

营此间已有多年的基础和经验,我们决定和袁同志在一起。到这个时候,毛泽东才落草井冈山。"①二是宁冈土豪于 1930 年向江西省府的报告:"民国十六年十月间,毛泽东突自萍乡败来,始占其中心古城街……,至观井冈山之险,固足以守,于是伏机始定。"②

大苍会见

古城会议上,毛泽东心诚意笃,说服了袁文才的代表,部队得以进山。但这毕竟不是"山大王"袁文才亲口应允的,事态究竟如何发展,还得听袁文才的。于是,会后,毛泽东向龙超清提出,明日他想见见袁文才,进一步商谈有关问题,请他即与袁文才商定。

大苍

龙超清当即赶到茅坪,向袁文才转达了毛泽东的意见。袁文才当时颇为感动,他没有想到毛泽东这样的"中央才",居然这么谦和。继而一想,却提出:应该见面,但地点安排在茅坪与古城之间的大苍林风和家里。这是袁文才的精明独到之处:大苍会面,一来显示了自己礼重朋友,亲出远门相会;二来阻挡了毛泽东等进入自己的"巢穴"茅坪,谈不成也不至让外人知道"内情",三来可试探一下毛泽东是否真心实意,是否有吞并之意。

① 铁心:《毛泽东落草井冈山》,《井冈山革命根据地》回忆资料。
② 《宁冈土豪陈家骏报告该县红军活动情况》,江西省档案馆资料。

龙超清没有挑明袁文才的“妙计”，急忙赶往古城向毛泽东禀报。龙超清没有料到，等他走后，袁文才却安排了一出“鸿门宴”。

大苍，是位于古城与茅坪之交的一个山清水秀的小山村，居住着明末清初从福建迁徙过来的十几户客籍山民。林风和是这个村庄的大户。

关于“大苍会见”的细节，宁冈苏区老干部、当年参加这一活动的苏兰春有个回忆，援引如下：

“大苍会见是寒露前两天（寒露是10月8日——引者注），毛委员是由古城至龙市，由龙市经茶梓冲进来的。共来了7个人5匹马，有的穿大衣，有的穿长衣。毛委员披了一件大衣。袁文才当时不了解毛委员的部队，心里有点怕，预先在林家祠堂里埋伏了20多个人、20多条枪。这20多人始终没有给毛委员发现。袁文才、陈慕平、邱凌岳、李筱甫等在林家祠门口石桥上等候毛委员，在石桥上可以看得很远。如果发现毛委员带兵来，便命令祠堂里的人马准备战斗，后来见毛委员只带了几个人来，便迎了上去，一直带到林风和家。吴石生在林家门口杀猪迎接毛委员。毛委员和袁文才等在林风和家吊楼上边吃瓜子花生、喝茶，边和袁文才等人谈话。”

“当时正是农民送租上门，佃耕户要箩上山摘茶梓，林风和家是富家，三栋房子，有两个门楼，要我们学生把住门楼，不许任何人进来。当时守卫的学生有张祖钦、张汉翅、林鹤庭、苏兰春等。”

“会见那天，毛委员在林家吃了中饭。他和袁文才从上午10点谈到太阳快挨山边。离开林家时，袁文才给了毛委员1000块大洋。其中袁文才自带200元，在马沅坑钟家借了300元，在林风和家借了500元。毛委员还决定赠送100支枪给袁文才。毛委员离开时是从林家门口一条山路经木鸡陇回古城的。”①

在“有枪便是草头王”的动乱年代，身为草莽英雄的袁文才，眼见

① 苏兰春：《回忆宁冈的革命斗争》。

毛泽东慷慨馈赠一百条枪的承诺,不仅深为感动,顿消疑虑,而且立即答应赠送一千银元给毛部,并表示说:工农革命军吃的粮食,伤病员的安置,都包在他身上。毛部得到袁部的鼎力相助,方得休养生息,渡过难关。

这事在历史文献亦有记载。1928 年 6 月 15 日中共湖南省委代表杜修经视察边界的报告中如是说:“毛泽东部——这部中间有警卫团、平江余贲民部,浏阳农军在湖南秋收暴动失败后退铜鼓、修水,沿湘赣边界经萍乡、莲花抵宁冈。逃跑的很多,弄得正所谓‘扶死扶伤之不暇’,甚为危险,此时幸得泽东及一部分同志的努力,同时得袁文才七八百元的接济,使他们有短期的休养与整顿,渡此难关。”①

毛、袁大苍会见,极为成功,一场“鸿门宴”变成了“同心宴”。

第三节
创业奠基

茅坪“安家”

茅坪医院的建立

毛泽东、袁文才在大苍会面后,一个回到了古城,一个赶回到茅坪。为了迎接工农革命军进驻茅坪,袁文才和龙超清等动员茅坪群众用 8 张砻彻夜砻谷,以解决部队用粮;着人买了 2 头大肥猪,准备以山区特隆重的礼仪来欢迎革命军的到来;组织了几十个妇女将攀龙书院、阎仙殿等公产神产族产打扫得干干净净;调集了 18 杆抬铳,以备明日放铳壮威;邀集读书人赶写标语;请当地采茶三角班来唱戏;通知茅坪百姓,腾房子,下门板,打地铺,垫好稻草,以备部队住宿。② 袁文

① 《杜修经给中共湖南省委的报告》,1928 年 6 月 15 日,《井冈山革命根据地》历史文献,第 127 页。

② “宁冈苏干张桂庭、谢梅香座谈会纪录”,内部采访资料。

才本人还将见到毛泽东的感想告诉妻子谢梅香。谢梅香连夜准备毛泽东的衣衫、布鞋,并叮嘱袁文才准备轿子,因毛泽东脚疼,要把毛委员抬进茅坪。①

毛泽东在古城也向革命军的干部们传达了大苍会面的情况,细致安排了次日去茅坪的行军路线,并宣布了部队纪律要求和应注意的事项。

10月7日,工农革命军兵分两路,向茅坪进发。毛泽东、何长工等率军官队、卫生队走雨露石、大苍、荷花形、马源方向的近路直插茅坪;陈皓率团部和一、三营走砻市、葛田、大陇进茅坪。

与此同时,袁文才一大早,先组织一部分农民自卫军下砻市,把毛泽东赠送的100条枪挑了回来。随即亲自带领30多人,抬着一张睡椅轿子,往大苍方向迎接毛泽东。当袁文才一行到达大苍时,毛泽东的队伍已经到了。袁文才要毛泽东坐轿,换上谢梅香准备好的衣服。毛泽东坚持不坐轿,也不换衣服,只换上那双新布鞋,走在队伍前面。

当两路部队在马沅会合后开进茅坪时,茅坪群众在龙超清的指挥下,18杆抬铳一齐扣响,村头阎仙殿前四个汉子把早已绑好的两头大肥猪架上长凳,以当地传统的最高礼节——杀猪迎接。戏班子敲响锣鼓,吹起唢呐,老表点燃鞭炮,热烈欢迎工农革命军的到来。②

这一切,使工农革命军指战员颇受感动,有的还高兴得流了眼泪,真好像是到家了。

毛泽东在茅坪作了简短的讲话,大意是说:工农革命军是共产党领导的队伍,是专门为穷苦百姓打天下的队伍,一路上历尽千辛万苦,今天来到宁冈的茅坪,终于有了自己的落脚点了。这个地方很好,山高林密,地利人和,又有袁总指挥的帮助,我们一定要同袁总指挥和农

① "宁冈苏干张桂庭、谢梅香座谈会纪录",内部采访资料。

② "宁冈苏干张桂庭、谢梅香座谈会纪录",内部采访资料。

民兄弟亲密合作,共创大业。①

袁文才也作了热情洋溢的讲话。龙超清也代表宁冈县党组织讲了话。

当天晚上,毛泽东参加了宁冈县党组织在攀龙书院召开的党员大会。毛泽东在会上讲了话。他分析了全国革命形势,讲了"马日事变"后党的应急措施,讲了八七会议精神,并询问了宁冈党组织的情况。当了解到"马日事变"后,宁冈有些党员畏怯形势,逃离到南京、上海等地,有的躲进茅坪一带"打埋伏"、不敢出来活动时,毛泽东说:"你们要打活埋伏,敌人来了我们先躲着;然后,这里出来,那里出去,到处打他们,才能把敌人打垮。"他还针对党组织的情况说:"你们的党组织根基不稳,光知识分子不行,还要发动工农群众,以后要注意阶级出身,要深入基层,做发动群众的工作。"②

会后,毛泽东在袁文才安排的住地——茅坪谢慈俚的家里(即现在的八角楼——引者注)接见了永新、莲花县在茅坪藏匿坚持斗争的共产党员贺敏学、王怀、刘作述、刘仁堪、贺子珍等。

10月7日,工农革命军进驻宁冈茅坪后,在宁冈县党组织和袁文才的帮助下,在茅坪的攀龙书院里创办了井冈山革命根据地的第一所医院——茅坪后方医院。院长曹嵘,党代表赵发仲。

说是医院,其实很简陋,条件极差,缺医少药。据当时任职的老中医赖章达回忆:"毛主席1927年10月(割禾后)来到宁冈,卫生队设在茅坪,有40人左右,红军医院在攀龙书院。中医赖干华、陈金(湖南人),西医吴鹏飞。11月参加的有赖章达、黄少古(茶陵)、谢贻阶(茅坪)三位中医。现小膳厅是中医医疗室,轻伤员、担架队住楼上,床铺摊在楼板上。起初伤病员只有四五十人,伤员用的中药靠大陇、滩头药店供给……药空了,我们便上山挖了70多种土产草药,有银花、土

① "宁冈苏干张桂庭、谢梅香座谈会纪录",内部采访资料。

② 当年宁冈县委组织部长刘克犹的回忆,内部采访资料。

茅坪医院

茯苓、木通、麦冬、金英子、茴香、车前草、五瓜皮、厚朴等。1928 年 4 月,毛主席发动打永新……缴到 400 多担药放在茶山源(当时,部队的药库设在茶山源——引者注),这时药材丰富了,部队、群众都来此买药。"

据 1928 年 5 月调入茅坪后方医院工作的肖明回忆:"当时的茅坪红军医院里面有队长(姓莫,广东或广西人),党代表姓叶(湖南人,长征时牺牲)。下面还设医务室(有 2 个中医和 2 个西医,一个医师姓曾,还有一个中医,脚有点跛),看护排有 10 多个人,排长姓范,湖北人,担架排 10 多个人,事务排有 10 多个人,管理后勤等事务工作。医院可以容纳四五十个病人,进进出出的病人比较多,当时从永新送来的伤兵比较多。……医院的药材十分缺乏,虽然各地党组织想方设法冲破重重困难,把升汞(治枪伤用)、碘片等西药送到根据地里,但总是不够用(一般是先送留守处,再由留守处分到医院和连队里)。因此,医院经常组织医务人员和附近的群众上山采草药。采药时,由懂的人采个标本,然后大家照样子采。当时用中草药一般的病都能治好,洗伤口用盐水洗,硝盐也能用,但要过滤才行。"

为了解决医疗困难,边界党曾多次向湖南和江西省委以至党中央报告,请求送几名西医和一些药品来,但未能如愿。为此,医院的医护人员只好自己动手,用竹子制成镊子、软膏刀、软膏盒等,用消过毒的剃刀代替手术刀,用土布代替纱布,对用过的纱布洗了又用,用完又洗,直至完全不能用再废弃。

对医院的这种艰苦状况,当年派往湘赣边巡视的湖南省委代表杜修经,在 1928 年 7 月向中共湖南省委的报告中也曾提及:"军中生活……医药买药困难,伤兵很苦……"毛泽东于 1928 年 7 月 4 日代表中共湘赣边特委和红四军军委《向中共湖南省委的报告》中也说:"伤兵增至五百,欲冲往湘南去,则军心瓦解,不去又不能,此亦最大困难问题之一。"

毛泽东对红军医院的建设甚为关心,经常去看望伤病员和医护人员,问寒问暖,还把当地群众送给他的鸡蛋转送给伤病员吃。靠着这种官兵一致、同甘共苦的精神,红军医院不仅是医治疾病的场所,而且成为一个政治大课堂。至今,还流传着许多这方面的动人佳话。

后方留守处的设置

在建立红军医院的同时,工农革命军还在茅坪建立了一个后方留守处。留守处设在茅坪的象山庵。留守处主任是原工农革命军第一师的副师长余贲民。

何长工在《秋收起义和引兵井冈山》中说:"在古城会议上,……决定要在茅坪设立一个后方,把卫生队放在那里,要安下家来。……第二天我与曹嵘同志带 100 多伤兵来到茅坪,把他们安置在攀龙书院。这是我军第一个后方留守处。"罗荣桓在《秋收起义与我军初创时期》中说:"南进到宁冈古城后,毛泽东同志召集了古城会议……由于地方党组织的帮助,还建立了一个后方。"1971 年 4 月 19 日宁冈县老革命干部座谈会认定:"茅坪的红军医院是部队一来茅坪就办的,那个地方原先叫攀龙书院。红军留守处设在象山庵。"当年在三十二团当理发员,曾给毛泽东、朱德、陈毅、余贲民等理过发的茅坪老苏干朱洪炳,于

1976年7月2日在茅坪象山庵旧址回忆座谈会上说："象山庵除了红军的教导人员住在那里外，还设立了一个留守处、干部医疗所，还驻扎了一个机炮连。留守处的负责人是余贲民。"

可见，在象山庵设立留守处是确定无疑的。留守处负责统管军官队、卫生队、辎重队、机炮连等后勤单位。据当年桃寮被服厂的工人刘应龙等老同志回忆，1927年11月底在桃寮创办了红军被服厂，负责人也是余贲民。这就证明留守处包揽了部队的所有后勤摊子。这样，让副师长、前委委员而且连毛泽东都称"贲老"的余贲民来挑这副重担子，当"后勤部长"，是为合乎情理的安排。

在当时极为险恶的环境之中，700多人的队伍，若找不到一个落脚点，设置留守处，把"包袱"放下，部队怎么可能轻装出击，去开拓新的局面呢？对此，当年宁冈东南特区团委书记苏兰春说过一席话，很值得回味。他说："有一天，我问袁文才团长，会见时说了些什么？袁文才告诉我说：毛委员讲，听说八一部队会下广东，他准备去韶关，找贺龙、叶挺的部队，留下的部队就交给我带。我问他留下的是些什么人？他讲有连长、营长还有师长。袁文才说，这么多大人物，我一个初中生能带得下去？于是决意推辞，口里却说：你们既然来了，就有福同享，有难同当，伤员和部队的粮油我管，但钱宁冈有限，还需要到酃县、茶陵、遂川一带去打土豪。毛委员听得袁文才这样讲，就高兴地留下伤病员和留守机关，然后带领部队去了湘南。"①

后方留守处的设置，使初来乍到、鞍马劳顿的工农革命军放下了"担子"，解除了后顾之忧。这对于部队轻装上阵，开始沿湘赣边界出击，起了重要的作用。作为副师长的余贲民负责这摊工作，也是功不可没的。

茅坪"安家"

10月7日，工农革命军进驻茅坪，受到了袁文才和宁冈县委以及

① 苏兰春：《回忆宁冈的革命斗争》。

茅坪群众的热烈欢迎。此后，为了解决工农革命军的粮食供应，袁文才指令在大苍会见担任守门的苏兰春等几个青年，连夜下乡将全县各公产、神产、族产的谷收拢起来，赶运到茅坪；为使革命军战士住得舒适，龙超清动员茅坪一带的群众，家家户户作了准备，安排得妥妥帖帖。这一天，茅坪显得热闹非凡。

对毛泽东的住宿安排，袁文才经反复考虑，最后确定安排在茅坪村中央的老中医谢慈俚家的楼上(即现在的八角楼)。

这楼上原先住的是贺敏学(即贺子珍的哥哥，永新县农民暴动主要领导人之一)。1927年7月18日袁文才率部联合王兴亚、王佐部和莲花农民自卫军，将被关押的贺敏学等永新革命派救出退往宁冈后，袁文才就安排贺敏学住在这个楼上。1984年7月28日，贺敏学故地重访，来到八角楼时说："马日事变后，袁文才把我们从监狱里救了出来，我就住在这楼上。主席来了以后，我就让给主席住。"袁文才把毛泽东安排在老中医家里住，是为了便于毛泽东及时调养脚伤，可见考虑十分周全。

7日晚上，毛泽东参加宁冈党组织召开的党员大会后，袁文才将在茅坪一带坚持斗争的永新、莲花、宁冈三县共产党"头面人物"召集起来，来到了八角楼。'

毛泽东亲切地会见了他们。在这里，毛泽东结识了贺敏学、刘真、王怀、刘作述、贺子珍、刘仁堪、刘辉霄、刘克犹等人。

当袁文才介绍到贺子珍时，毛泽东竟有点惊讶了。他没有想到：在井冈山的革命派"头面人物"中，竟然还有一位女性，且是个美貌姑娘。当然，谁也没有想到，这次会面，竟是毛泽东、贺子珍后来成为革命伴侣的开端。

这晚，毛泽东详细地向大家询问了边界宁冈、永新、莲花、遂川、茶陵、酃县的情况。参加会面的同志也一一回答了毛泽东的提问。这次会见对毛泽东在以后经营、领导井冈山的斗争产生了重要影响。

10月上旬，工农革命军进驻茅坪后，在当地党组织和袁文才的帮助下,在茅坪设立了留守处和后方医院,放下了辎重,得到了休整,部队轻装上阵,开始出击。这一史实,史称“茅坪安家”。

如何称之为“安家”呢? 这是因为:

第一,工农革命军转战千里,居无定所,进驻茅坪后,方找到了一个落脚点。这个落脚点,在莲花没有解决,在三湾没有解决,在古城也没有落实,直到茅坪才落实、解决。诚如谭政《三湾改编前后》中所云:“部队在转移中,每天总是从天未亮就出发,直到黄昏以后才宿营,经过平、浏、铜鼓、萍乡、莲花,到达永新的三湾村,休息了三天,着手改编部队。这算是红军发展史上的一个难点。自从长寿街战斗失利后,湖南的敌人拼命地跟着我们后面追赶,总想把我们这些革命的种子弄得精光。民团、保安团也来欺负我们,沿途不准我们借路。没有经过锻炼的小娃娃,哪里经得起这样的风波。当时,疲劳、困苦、饥饿、惊慌的情绪充满了部队,加上疟病、痢疾传遍了每个战士……三湾改编以后,把伤病员放在茅坪,把没有人背的枪送给袁文才。部队才经古城、龙市到酃县水口,再到遂川大汾圩。”可见,到了茅坪,才找到了一个落脚点,才有个安身之处。

第二,进驻茅坪后,部队放下了担子,轻装上阵,以宁冈为大本营,开始新的战斗。后方留守处的建立,把军官队、辎重队、机炮连等后勤机关留下,减轻了部队的压力;而后方医院的建立,更使100多名伤病员得到了妥善安置,不仅伤病员减去了连续行军的痛苦,而且部队也免去了拖累,增强了战斗力。10月中旬以后的分兵游击活动,正说明了这一点。对此,范树德回忆说:“部队到了宁冈,把一些伤病兵送到茅坪,从而使病员得到了妥善的安排,使战斗兵与伤病员分开,减轻了负担,提高了战斗力。”①所以,谭震林说:“到了茅坪,就是安下了革命的家,这就是创建革命根据地的开始。”②何长工也回忆说,古城会议

① “范树德回忆井冈山斗争”,内部采访资料。

② 《访问谭震林同志记录》,1977年10月7日。内部采访资料。

后,“我与曹嵘同志带着100多伤兵来到茅坪,把他们安置在攀龙书院。这是我军第一个后方留守处。毛泽东同志说,我们这个终点,已经终点了,引兵井冈山区,终点在宁冈,后方在茅坪”①。他又说:“茅坪是革命根据地安家的地方,宁冈是革命发家的地方,没有宁冈就没有井冈山根据地,这是历史的事实。”②谭家述在回顾这段历史时也说:“毛泽东同志率工农革命军第一师第一团在秋收暴动后,由平江、浏阳退到湘赣边,以宁冈为根据地,向茶陵、遂川、永新、酃县等县发展游击战争。”③赖毅回忆说:“古城会议以后,兵分两路发动群众,开展游击活动,如果进军目的地未到达,部队是不会分散行动的,这时确定了在茅坪设立后方。在茅坪设立后方,在茅坪安家。”④

第三,毛泽东率领工农革命军出击一个月后,又返回大本营茅坪,随后将湘赣边特委、湘赣边工农兵政府等党政首脑机关设在茅坪。据何长工回忆,在宁冈茅坪召开的湘赣边界党的“一大”,“毛泽东同志作了形势报告,对敌我力量进行了对比,指明了革命前途,进一步确定了要在罗霄山脉中段建立巩固的根据地。毛泽东同志说,现在我们有了家,就不要乱跑了,要在这里发家”⑤。可见,毛泽东本人也是把宁冈茅坪视为革命之“家”的。

综上所述,茅坪“安家”在史实上是可以确认的。所谓“安家”,就是安营扎寨,以此为大本营。当然,“安家”并不意味着进军的终结。而是以此为基点,开始新的更广阔的战斗。

水口建党与大汾劫难

工农革命军在茅坪“安家”后,于10月中旬起,开始了沿湘赣边界

① 何长工:《秋收起义与引兵井冈山》,《井冈山革命根据地》回忆资料。
② 《访问何长工同志》,1985年9月10日,内部采访资料。
③ 谭家述:《第六军团诞生和发展略历》,内部采访资料。
④ 赖毅:《井冈山斗争片断》,《井冈山革命根据地》回忆资料。
⑤ 何长工:《关于井冈山斗争的片断回忆》,内部采访资料。

各县的游击活动。当部队游击到湖南酃县水口时，经过整训与休息，实行了短距离的分兵。

工农革命军这次军事行动的目的，主要是为了解决部队给养和扩大政治影响，以创造井冈山武装割据的基础。所据如下：

当年湖南省委特派员杜修经在1928年6月15日给中共湖南省委的报告中说："毛泽东部……后来则以宁冈为大本营，分派部队向各处游击。平均九天一次战争都胜利且造出了一点民众的基础。"

赖毅在《从三湾改编到井冈山》中记述说："古城会议后部队分兵活动……毛主席给我们说，要下去。分几路下去，要扩大政治影响……下去以后要贴布告，要宣传我们部队的宗旨、性质……布告要用'团长郭亮'的名义。"

张宗逊也说："工农革命军到达宁冈古城后，那时，吃饭穿衣是大事情，上井冈山不能解决这个问题。我们那时去的水口、大汾都是比较大的地方，去这些地方都为解决吃饭穿衣的问题。"①他指出游击的目的是"为解决吃饭穿衣的问题"，即部队的给养问题。

罗荣桓在《秋收起义与我军初创时期》中也指出："当年10月初，毛泽东同志带领部队向遂川方向展开游击活动。那时，天气已经逐渐寒冷，战士们还是穿着破烂的单衣，给养十分困难并且也没有休整的机会……为了解决部队的冬衣和给养，我们进驻到遂川城西的大汾镇。"

工农革命军沿湘赣边游击的第一站，是湖南酃县的十都。这时，处事周密的毛泽东考虑到应向中共湖南省委和湘南特委取得联络，汇报秋收起义部队的情况，于是派出何长工前去长沙、衡阳，寻找湖南省委。继而，部队往石洲、坂溪等地，移师水口。

水口建党

水口，是湘赣边区属酃县的一个小村庄。工农革命军来到的消息

① 张宗逊：《井冈山斗争时期的几个问题》。

水口叶家祠

不胫而走。中共酃县党组织获悉这个消息后,立即派周里前来与革命军接头。毛泽东在团部朱家祠会见了这位酃县共产党组织的代表。毛泽东详细地向周里询问了有关酃县党组织的情况,当听得周里汇报说酃县在“马日事变”后只有一个临时支部、3 个党员时,当即指示周里:要广泛地发动农民群众尤其是受苦农民,恢复农会,准备暴动,开展打土豪、分田地的斗争。

岂料,大浪滔滔,鱼龙混杂。师长余洒度、团长苏先骏竟在这个时候不告而别。

曾在余洒度部下任特务连长、三湾改编后改任一团二连排长的谭希林,亲历了余、苏二人脱逃的经过。他是这样记叙的:“在水口时,部队的司令部住在朱家祠。我们这个排住在离水口三四里远的一个亭子里,担任向酃县方向的警戒任务。到水口的第三天,原师长余洒度和三团团长苏先骏开小差,经过我们的岗哨,被我们拦住了。问他们到哪里去,他们说:‘我们要走,是毛委员允许我们走的。’我们说:‘没有证明不能通过。'结果还是把他们两个拦住，并立即报告毛委员。毛委员气量大，他说：'他们要走，就让他们走吧'。"①

余洒度脱离革命后，后来投靠蒋介石，因贪污军饷，贩卖鸦片，被国民党处以极刑；苏先骏到长沙后，出卖了郭亮同志，1930年被我军击毙。

余、苏的脱逃，引起毛泽东的深思。他决计在水口建党，以巩固三湾改编的成果。

遵照毛泽东的指示，各连队党代表挑选一批骨干发展入党。在部队移驻水口时的第二天下午，秘密通知有关入党对象去团部开会。

山区的深秋之夜，安谧而又宁静。当各连党代表领着6名战士来到水口圩叶家祠堂的时候，毛泽东等已在叶家祠的后厅小阁楼等候了。阁楼中，摆着一张农家方桌，几条长板凳，桌上的马灯映着通红的光，桌子正前方横垂着两张长方形的红纸，一张写着"CCP"三个字母，一张写着"牺牲个人，严守秘密，阶级斗争，努力革命，服从党纪，永不叛党"六句入党誓词。井冈山根据地创建以来的第一次建党活动就要在这里举行。

人到齐后，毛泽东宣布开会。各入党介绍人首先介绍了新党员的情况。在介绍完新党员的简历和政治表现后，毛泽东向6名新党员一一询问了一些问题。"你为什么要加入共产党？"赖毅等人说："要翻身，要打倒土豪劣绅，打倒国民党，加入党更有力量。"毛泽东满意地点点头，随后向他们解释了入党誓词和"CCP"三个字母的意思。接着，毛泽东握起右拳，带领6名新党员作了庄严的宣誓。

这次发展的6名党员是：赖毅、陈士榘、李恒、欧阳健、鄢辉、刘炎。② 庄严、洪亮的声音在阁楼中回响，6名新党员激扬着特有的亢奋，发出了终身征战的誓言。从此，他们以新的姿态坚定而勇敢地踏

① 谭希林：《回忆井冈山斗争的几件事》，《井冈山革命根据地》回忆资料。

② 根据陈士榘、赖毅、谭希林等人回忆综合而成。

上了艰苦的征程。

水口建党,是我军历史上一次最早的建党活动。其后,各连队都相继举行了建党活动。这不仅为部队增添了新的血液,而且,众多的优秀分子投入党的怀抱,使中国共产党像一块巨大的磁铁,成为一个坚强的载体。

大汾劫难

正当工农革命军在水口开展群众工作之际,酃县党组织周里前往酃城侦察回来报告:茶陵敌军两个团向水口扑来。

毛泽东闻讯,当即决定兵分两路:由一营党代表宛希先率二、三连插向茶(陵)安(仁)边境,袭扰敌后,迫敌回撤,然后即返茅坪;毛泽东则亲率团部和三营、一营一连、特务连折入遂川县境,继续游击,发动群众。

10月22日,毛泽东率工农革命军主力到达遂川西部的大汾镇。岂知,这支弱小的部队在此遭受了一次大的劫难。

劫难的由来是遂川县反动武装头目、靖卫团团总萧家璧的突然袭击。萧家璧,人称"萧屠夫",一贯心狠手毒,杀人不眨眼。当部队刚刚在大汾住下,他即扬言不准革命军驻扎,如果不走,就要拔刀相见。

对于这种威胁,从大革命的血泊中走过来的革命军已司空见惯,何况现今还有数百支钢枪。于是,团部未予理睬,照常派岗、宿营。

是夜,寒气袭人,乌云沉沉。工农革命军指战员们刚进入梦乡不久,萧家璧便纠集了三四百靖卫团丁向大汾发动突然袭击。密集的枪声划破了山乡之夜的宁静。毛泽东当即命令三营营长张子清、副营长伍中豪向敌人进行回击,抢夺圩外被敌人占领的制高点,他自己则率领团部和一营一连、特务连,沿山沟绕到敌后,欲与三营呈夹击之势,消灭来犯敌匪。

战斗越打越激烈。革命军因鞍马远征,十分疲劳,加上人生地疏,仓促应战,难以抵挡敌人的进攻。团部欲与三营联络,又被萧家璧靖卫团隔断。于是,毛泽东下达命令撤退。然而这时,三营却不知哪里去了。

此刻,可以说是工农革命军自三湾改编以来最惨的时节。对此谭政在《三湾改编前后》记述说:“第一营的一连以及团部、特务连由毛泽东同志带领,部队虽然没有损失好多,但每一个人都很狼狈,毛泽东同志也只穿了件长袍子。大家吃了饭,他还没有吃饭,后来搞到了饭又没有东西盛,就用衣服兜,用两根树枝当筷子。”吃饭以后,队伍走走停停,盼望能与三营会合,但三营始终未能出现。原来,三营在匆忙中退出战斗,却走错了方向,向南转到桂东去了。后来,三营在张子清、伍中豪的带领下,又转到上犹县鹅形,与朱德、陈毅的部队取得了联系,参加了朱德部的上堡整训,得到了物质和弹药补充,直到 12 月才离开朱德部,辗转到茶陵,归还建制。

部队来到黄坳时,收集失散人员。这时,毛泽东身边只有 30 多人了。随后继续行军。战士们却稀稀拉拉地坐在地上愁眼相对。这时,毛泽东毅然站了起来,挺直身子,精神抖擞地对大家说:“现在来站队!我站头一名,请曾连长喊口令!”①

毛泽东镇定、坚强的精神,顿时感染了战士们。30 多个战士纷纷提枪入列。接着,后面的队伍也赶了上来,总共收集 200 余人。

大汾劫难后,在毛泽东的率领下,这支“艰难奋战而不溃散”的革命队伍,趁着苍茫夜色,又踏上新的征程。

“三大纪律”的首次颁布

部队往荆竹山方向走去。荆竹山,坐落在遂川、酃县之交,锯齿形的笔架峰中分两省,荆竹山就横卧在左面的狭长山谷里,山上长满各种竹子,尤以荆竹居多,故名“荆竹山”。

在荆竹山,毛泽东遇见了王佐部队的“探水队”(即侦察队)队长朱恃柳。在朱恃柳的热情安排下,工农革命军夜宿荆竹山。这天,是 10 月 23 日。

① 罗荣桓:《秋收起义与我军初创时期》,《井冈山革命根据地》回忆资料。

原来,在茅坪期间,袁文才就向毛泽东介绍了“把兄弟”王佐的情况,并亲自写信一封,交与毛泽东。毛泽东率部沿湘赣边界各县游击来到水口时,一面派出游雪程、徐彦刚、陈伯钧、金蒙秀回返茅坪,帮助袁文才练兵;一面派出艾成斌带着袁文才的信上井冈山联络王佐,当时,毛泽东部来到茅坪的消息,已传到了王佐耳中,但王佐心存戒备,直到看见艾成斌带来的信函才知详情。王佐素来尊重袁文才,时刻不忘袁文才救命之恩,知道袁文才介绍的毛泽东工农革命军是共产党领导的穷人队伍,于是派出朱持柳前往荆竹山一带打探工农革命军下落,与毛部联络,不期而遇。第二天,朱持柳派人急赴大井,向王佐报信。

为了部队上山后能与王佐部搞好关系,防止违反群众纪律的事情发生,毛泽东于部队出发前,在荆竹山村前“雷打石”处向大家讲了话,第一次提出了工农革命军的“三大纪律”。

对此,陈士榘在《三大纪律、六项注意的由来》中回忆说:“在荆竹山,毛委员首先给我们介绍了身边一个穿便衣的人,他是王佐派来的代表,欢迎我们上山的。接着,毛委员简略地介绍了井冈山的情况,又说:今天,我们就要上井冈山了,要在那里建立根据地。大家一定要和山上的群众搞好关系。要和王佐的部队搞好关系,做好群众工作。……于是,他正式宣布了三项纪律:第一,行动听指挥;第二,筹款要归公;第三,不拿老百姓一个红薯。”

这是工农革命军最初颁布的“三大纪律”。随着根据地建设的不断深入,毛泽东后来又提出了“六项注意”,并在革命战争的实践中逐步加以完善,形成著名的“三大纪律,八项注意”,成为我党建军原则的重要组成部分。

进驻茨坪与象山庵会议

进驻茨坪

工农革命军离开荆竹山后,经双马石、菖蒲洲,于 10 月 24 日进抵大井。在大井,革命军受到了王佐及农民自卫军的热烈欢迎。王佐腾出大井的新屋场营房让毛部住宿。这天,王佐还差人杀了四头肥猪,大摆宴席,热情款待工农革命军将士。席间,王佐向毛泽东介绍了自己的经历及发展史。

毛泽东对王佐的遭遇深表同情,对他能在革命低潮时保存60支枪甚为赞赏。考虑到日后的工作,毛泽东当即决定赠送70支枪给王佐,请他派人到茅坪找余贲民提取。王佐闻讯大喜,亦当场表示赠送500担谷子接济工农革命军。

在大井,毛泽东还应王佐之邀,指挥部队与王佐部一起,于当晚奔袭拿山尹道一保卫团团部——石门。尹道一是拿山一带的恶霸,一贯欺压百姓,鱼肉山民,又是王佐的宿敌。当毛泽东、王佐等率领数百人于翌日清晨到达石门时,尹道一闻讯逃跑,工农革命军一连连长员一民带队首先冲入村内,击毙几十个团丁,砸烂了保卫团团部,随后返回大井。毛泽东将缴获的十几支枪全部送给王佐。王佐部连同毛泽东赠送的70支枪,突增80余支枪,部队上下喜气洋洋。

第二天,王佐乐呵呵来到新屋场毛泽东住地,诚意邀请工农革命军进驻比大井更为广阔的地方,王佐的司令部驻地——茨坪。

毛泽东对王佐的盛情十分感激。"八七"会议时,毛泽东曾向瞿秋白表示,要"上山结交绿林朋友"。没想到,秋收起义南下后仅一个多月,果真在井冈山结识了袁文才、王佐两个"绿林朋友"。

10月27日,毛泽东率领工农革命军进驻茨坪。

茨坪,历史上称过柿坪,也叫过仕坪。前一种说法是这一带盛产柿子而得名,后一种说法是这里出了个中过探花的读书人。茨坪地处湘赣边陲,四周崇山峻岭,古木参天,住着几十户人家,是当时井冈山四周最大的村庄。

经过与王佐的交往,毛泽东觉得王佐比袁文才更豪爽、更直率。来到茨坪后,毛泽东觉得这里确是个好地方,有很好的山险,很好的群众,但人口太少,产粮不多,虽利于屯兵,却难以养兵。

几天后,宛希先率一营两个连完成了茶、攸一带的牵敌计划后,带着一批现洋和一大捆报纸,也来到茨坪。工农革命军的劫后重逢,让人不胜欢喜。这时的茨坪,红旗招展,成了工农革命军的天下,到处充满欢声笑语。毛泽东也为得着时报感到高兴。

在茨坪,毛泽东经常与王佐谈心,有时彻夜长谈,启发王佐的思想觉悟。王佐常对人说,毛委员这个人是最有学问的,跟他谈上一夜话,真是胜读十年书啊!从此,毛泽东成了王佐心目中最敬佩的人。

在茨坪,毛泽东还抓紧时间,请来了李正龙、李和秀等五六个农民以及其他人士进行社会调查,了解井冈山的政治经济、风土人情及人民生活状况。根据毛泽东的指示,王佐在新遂边区的村子中招募了80多个新兵,然后将自己150余人的队伍云集在上井,进行整训、练兵。毛泽东应王佐之邀,指派工农革命军团部的艾成斌、刘堂富分别担任王佐部队的军事、政治教官,又调来在茅坪步云山帮助袁文才练兵的金蒙秀,协助王佐统管部队。此后,部队坚持三操(早操、午操、晚操)两讲(讲形势、讲军事)的有序练兵,是为"上井练兵"①。这次练兵,使王佐部队的素质和战斗力有了较大的提高。

象山庵联席会议

11月初,毛泽东率部回到了茅坪。工农革命军半月来的游击,无论是政治上、军事上都得到了进一步的锻炼和提高。茅坪也发生了一些变化。村里村外,到处是耀眼的标语,余贲民、袁文才已把茅坪"赤化"了。

毛泽东在茅坪听取了余贲民、袁文才有关半个月来茅坪革命工作的汇报,随后指示袁文才:立即通知永新、莲花、宁冈三县在茅坪藏匿、避难、坚持斗争的党内负责人到象山庵开会。

象山庵,是茅坪、马源坑进去的一个古庵,建于清康熙年间。繁华时曾有过近百个庵民,大革命时,成了袁文才农民自卫军的栖息之地,

① 黄仲芳、李春祥:《王佐将军传》,解放军出版社1990年版。

如今是工农革命军的后方留守处。古庵并排三栋三进,九殿十八井,雕梁画栋,气派非凡。

在象山庵里,毛泽东主持召开了永新、莲花、宁冈三县党组织负责人联席会议。这是个鲜为人知却对井冈山革命根据地的开创有着重要意义的会议。会议的中心议题是:重建和恢复边界党的组织,开展群众武装斗争活动。永新县的王怀、刘真、刘作述、贺敏学、朱昌偕、贺子珍;莲花县的朱亦岳、刘仁堪;宁冈县的龙超清、袁文才、刘辉霄等参加了会议。

毛泽东召开象山庵会议,是针对边界党组织的状况而决定的。10月间,工农革命军到达边界时,因为"马日事变",边界各县只剩下若干避难藏匿的党员,党的组织差不多全被敌人破坏了。"红军每到一地,群众冷冷清清,经过宣传之后,才慢慢地起来。"①要在罗霄山脉中段创造红色割据,党组织的重建乃是头等大事。为此,毛泽东到茨坪数天后,迅即回到茅坪,着手抓这件大事。

据当年参加会议的贺敏学回忆说:"毛泽东首先要大家汇报情况,以后又向大家作了关于武装斗争和土地革命的指示,并要求大家回去迅速地行动起来,建立党的组织,发动群众打土豪、分田地,筹款子,以巩固和发展地方自卫军。"②当年宁冈县委组织部长刘克犹也回忆说:"毛泽东在象山庵召开的三县党组织负责人会议,我没有参加,后来党组织负责人传达了。我记得是:毛泽东说,现在各县要抓紧时间重建党的组织。目前,党组织的情况是工农分子太少,知识分子太多,所以党组织不巩固,革命不坚定。"③

会议结束后,宁冈、永新,莲花等县迅速掀起了打土豪分浮财的群

① 毛泽东:《井冈山前委给中央的报告》,1928年11月25日。

② 贺敏学:《回忆毛主席在井冈山地区湘赣边界及永新县的革命斗争》,内部采访资料。

③ "访刘克犹记录",1969年7月3日,内部采访资料。

众性游击暴动,并在斗争中恢复和重建了党的组织。

对此,毛泽东在《井冈山前委给中央的报告》中说:“十一月到今年四月,为重新建立党的时期。”“到今年二月,宁冈、永新、茶陵、遂川都有了县委,酃县有了特区,莲花亦开始了党的组织,与万安县委亦发生了关系。”可见,象山庵会议是毛泽东开始创建井冈山根据地的重要一环。

创办军官教导队与桃寮被服厂

创办军官教导队

工农革命军从茶陵回到宁冈后,毛泽东为了布置长期的斗争,针对部队“伤、亡、病、逃,损失甚易”和“军事技术太差”的状况,决定创办一个军官教导队,培养和训练下级军官以及边界各县的赤卫队指挥人员。

军官教导队设在砻市的龙江书院。龙江书院建于1840年,原是江西的宁冈,湖南的茶陵、酃县三县客籍捐款建起来的客籍子弟最高学府,建筑甚为宽阔、雄伟。

教导队的队长由吕赤担任。

吕赤,四川人,黄埔四期学生,参加过北伐战争。三湾改编后,曾担任军官队的队长。这时候的军官队,人员已所剩无几了。选择吕赤出任军官教导队队长,足见毛泽东的知人善任。

1927年12月底,军官教导队创办起来了。学员共有100余人,都是从部队里及地方武装中选派的班长和积极分子。为把教导队办好,吕赤又挑选了懂军事技术的陈士榘、张令彬、陈伯钧来担任区队长,从部队中挑选袁炎飞和一个姓黄的山东人担任教官,并由蔡钟担任教导队党代表。

开学那天,举行了开学典礼。百余名学员服装各异,却精神抖擞,聚集在龙江书院“明道堂”,聆听毛泽东讲话。

毛泽东说:“同志们,军官教导队今天正式开学了。这是件值得庆贺的事情,你们是教导队的第一期学员,应该感到骄傲。从今天起,你们就要在这里学政治,学军事,学文化。人,不是在娘肚子里就懂马列主义,懂用兵打仗的,所以要学习。但要在短期内学好,也不是一件容易的事情,这就需要有移山倒海的气魄。我们共产党人闹革命,推翻军阀政府,消灭封建剥削,完成土地革命,也是一件不容易的事情,也需要有移山倒海的气魄!"①

毛泽东的讲话,给学员很大鼓舞。

吕赤办学有方,训练有素。他将教导队编为三个区小队,陈士榘、张令彬、陈伯钧分任区小队长,要求各区小队从严治兵,按规办事,展开竞赛活动。

按照办学要求,教导队以军事教育为主,兼学政治、文化。军事方面有队列、单兵刺杀、地形地貌、军事指挥等练习内容;政治方面有阶级斗争、土地革命、政权建设等内容;文化方面则以解释"打倒帝国主义"、"推翻封建统治"、"实行土地革命"、"扩大人民武装"、"建立红色政权"等政治口号,开展识字活动,把学政治与学文化结合起来。此外,教导队还很注重实践,经常组织学员到附近农村、山地开展群众工作,进行实地军训。

毛泽东对教导队的工作很关心。有一天,进行单兵刺杀训练时,宁冈学员谢华光总是不得要领,气得袁炎飞教官想发脾气了。正巧毛泽东来了,他了解到这种情况后,启发谢华光要带着阶级仇恨来练,就好像敌人就在前头。受此启发后,谢华光刺杀得又狠又猛,步伐整齐,一时传为美谈。

有一天,党代表蔡钟请毛泽东给学员讲讲革命:什么叫革命?革什么命?怎样革命?蔡钟说他讲不透。

毛泽东应允了。他来到教导队,深入浅出地阐明"革命"的意义,使学员们一听就懂。时隔半个多世纪,当时的学员谭震林还能记忆犹

① "谭震林回忆",1982年采访录音整理。

新地讲述毛泽东怎样用湖南乡间常见的水车舂米的例子,来说明为什么要革命的道理。他说,毛泽东一边打着手势,一边说:“大家都知道舂米吧!舂米的方法,一个是你拿着棍棒,你顿一下,我顿一下,把谷子舂成米。另一个方法是用水车,上面安一根棒子,棒子上捆块石头,水一冲,水车不停地转动,下面的石臼就不停地舂米,这个方法就革了前一个方法的命,更进步了。还有一个方法就是用机器碾米,机器转动起来,谷子很快就变成米,这又是一场革命,又进步了。”“我们革命的目的是什么?革命的目的之一,就是要把所有用人力的生产,变成用机器的生产。要达到这个目的靠谁呢?靠群众自己。那么,群众怎么知道革命的道理呢?那就是靠我们共产党员去给他们讲。所以你们到哪一个地方,都要注意这个问题。”①

由于经济上的困难,教导队的学习条件极差。没有桌子,学员们就用砖块架木板代替;没有凳子,就席地而坐;没有纸,就用竹片、笋壳、杉皮充当;没有笔和黑板,用木炭作笔在地上画。……就这样,军官教导队的学员们在山乡的陋室里,顽强地学习,取得了出人意料的成效。

边界的斗争“一天比一天激烈”,教导队原定经常办下去,可第一期办至 1928 年 2 月下旬攻打宁冈新城时就结束了,直至“八月失败”后才在茨坪又办了一期。那时,工农革命军已改称中国工农红军第四军,教导队亦改称为中国工农红军第四军军官教导队。队长吕赤不幸在 1928 年 3 月间死于一起枪走火的意外事故,教导大队长便改为梁军担任,副大队长为周子昆,党代表为蔡会文。

在第一期教导队中学习的学员,结业后回到各自岗位,积极地投入了艰苦的斗争并担当重任。如:宁冈的谢华光担任了县赤卫大队长;莲花的刘仁堪担任了县工农兵政府主席等,他们在井冈山武装割据斗争中发挥了重要作用。

① “谭震林回忆”,1982 年采访录音整理。

军官教导队的开办，为我军培育了一大批早期军事指挥人才，为罗霄山脉中段红色政权的创建造就了一支富有斗争经验的干部队伍，同时，也为我军后来创办各种军事训练班及军事院校提供了宝贵经验。

创办桃寮被服厂

1928年元月初工农革命军打下遂川，缴获几百担白布，运回宁冈茅坪后，后方留守处负责人余贲民即按毛泽东指示，在茅坪桃寮村办起了根据地的第一个被服厂。首任厂长由余贲民兼任。

被服厂设在桃寮村的张家祠。说是被服厂，其实是把分散在茅坪周围坝上、牛亚陂、马沅坑等地的裁缝集中在一起，缝制军用衣被。一切全是土法上马：找来几块门板，用凳子架起当案板；采来"牛眼籽"（一种野生植物），加上茶梓壳粉、黄栀子粉掺和在一起做染料，把一匹匹白布染成灰色，或加点靛青染成蓝色配用。

桃寮村被服厂（张家祠）

在遂川，还缴获了6架缝纫机。可是，请来的几十位裁缝，终年生活在封闭的山沟，缝衣全系手工，谁也没有见过缝衣机，更谈不上使用了。为此，余贲民又报告毛泽东，毛泽东很快在部队找了6个会踏缝纫机的战士,送到被服厂当师傅。据当年在被服厂当工人的刘应龙回忆,这6个战士是:林善宾、罗华曙、吴千金、贺世喜、王志兵,还有一个忘记叫什么名字。

有了机器缝制,工效比手工提高了十几倍。为了让在前方打仗却依然穿着两层破旧单衣的革命军战士早日穿上新衣服,被服厂的工人干劲冲天,日夜加班。很快,一批军衣、军帽、子弹袋、干粮袋、绑腿等,源源不断地生产出来了。然后按数捆好,写上大小型号,统交辎重队队长范树德和团部后勤参谋杨立三分发给各连队。

毛泽东对被服厂的工作十分关心,赞赏。2月中旬,部队从遂川返回宁冈,毛泽东便同张子清等一起来到桃寮,看望被服厂工人,并为被服厂写了块厂牌,名曰"中国工农革命军被服厂"。可惜,这块厂牌后来被敌人烧毁了。

工农革命军在草林、于田等地分兵发动群众,打土豪筹款子时,还筹集到一批棉花,也运回桃寮,制作了一部分棉衣。

被服厂实行的是按劳取酬制。据当年的缝工刘应龙、李继祖等回忆,做一套衣服给130个铜板,快的每人每天可做4套,慢的做2到3套不等,统由组长收拢验收,然后付兑。

1928年4月,井冈山会师以后,被服厂已发展到130多人,分成13个作业组,流水作业,有力地保证了工农红军的军需供应。当时,余贲民调任湘赣边界工农兵政府财政部任部长,被服厂厂长改由林善宾担任。厂里还成立了党的组织,制定一整套的管理办法,开始了较大规模的程序化生产。

桃寮被服厂的创办,充分体现了革命军自力更生、艰苦创业的精神。范树德在《井冈山斗争时期的后勤工作》中对此作了颇为详细的记述。他回忆说:"为了解决部队的穿衣问题,我们筹建了被服厂,用缴获来的各色布匹,加工、缝制军服,解决部队的一部分穿着问题。当时筹建被服厂一事,主要是由余贲民负责的……打遂川时,大概有6部缝纫机运上了井冈山……我记得,桃寮这个地方比较隐蔽,这几部缝纫机在这里被安装起来了，转动起来了，为我们在井冈山坚持斗争出了力……被服厂的产品，一般是根据需要来配发，按需要的缓急和现有东西的多少分别给下面以不同的补充。

八月失败以后，被服厂从茅坪桃寮迁至茨坪的李家祠，继续开办。

桃寮被服厂的成功创办，在当时的简陋条件下是个奇迹。它对井冈山革命根据地的建立与发展，起了重大作用。

第四节
改造袁、王部队

袁文才、王佐的特性

袁文才、王佐，是大革命前夕雄踞在井冈山的两支重要绿林武装首领。大革命失败后，在党的政策和力量的感召下，袁、王两人都相继接受了共产党的主张，成为湘赣边界农民武装力量的首领，井冈山上的“双雄”。

袁文才、王佐，均出生于1898年。袁文才，是宁冈县茅坪马沅坑村人；王佐，是遂川县下庄人。他俩的个人经历不同，遭遇不同，但政治命运相同，对旧社会的反抗意识相同，因而当他们走上“绿林之路”后，便一拍即合了。

袁文才、王佐两支部队，有以下一些共同特性：

1. 袁、王两支武装力量的基本群众都是被封建军阀、地主豪绅的横征暴敛、巧取豪夺，逼上梁山的。

袁文才青少年时期，几次辍学，后来，妻子又被谢姓土豪强占，继而又为捐税事与豪绅结下深怨。正在痛苦之际，活跃在半冈山的“马刀队”头领胡亚春主动相邀“上山”。袁文才虽知“马刀队”的人员均是被官府逼上山的，却又放不下读书人的脸面，但不上山又难报平日之怨仇，于是答应暗中与“马刀队”来往。岂知，不久后消息走漏。谢姓土豪闻知，认为抓住了袁的“把柄”，欲除之为快，便请来官兵捉拿袁文才,袁文才虽闻讯逃出魔掌,然而母亲被敌人杀害,房子亦被烧毁。家破人亡的惨状和杀母夺妻的深仇大恨,终于把他逼上了“梁山”绝路。

王佐,出生在一个贫苦的农民家庭。人世的艰辛,苦难的生活,造就王佐对地主豪绅的刻骨仇恨。于是,王佐转改习武,练得一身好拳脚。1923 年起,民国军阀混战时的一些散兵游勇在井冈山一带占山为王。走投无路的农民揭竿而起,这给自小就想把土豪劣绅剥皮抽筋的王佐提示了一条反抗求生之路。在一次给绿林头目朱孔阳(外号朱聋子)缝衣的时候,朱孔阳见王佐有胆有识,便邀他充当“水客”(即搞侦探)。从此,王佐带着反抗豪绅阶级的宿怨走上了“绿林生涯”。

2. 袁、王部队不同于一般啸聚山林、杀人越货的山寨土匪,而是以打击土豪劣绅为目标,以“劫富济贫”为口号的绿林武装。

袁文才上山后,“马刀队”首领胡亚春等大为高兴。因为他有文化,被封为“司书”。他擅长文墨,颇有谋略,办事考虑周全。在内部经济管理方面,他建议细水长流,改变了过去“今朝有酒今朝醉”的习俗;在“吊羊”问题上,他主张对大豪大富者下手,反对侵犯平民利益;在防御国民党官府“进剿”方面,他提出了一些灵活的战术。从而,袁文才深孚众望,不久便提为“参谋长”。此后,正因为“马刀队”的打击目标直指土豪劣绅,所以,当官府军来剿时,往往时常得到贫苦农民的帮助。王佐同样如此。在他脱离朱孔阳自命为王、自立山头后,仍以打击土豪劣绅为主要目标,并因此与永新反动豪绅尹道一结下深仇。

3. 袁、王部队在成为农民自卫军后,由于共产党组织的力量,他们都逐渐树立起革命的目标,接受了共产党的主张。

袁文才通过龙超清、刘辉霄等共产党人的帮助,于 1926 年底加入了共产党。王佐在编入工农革命军后,也于 1928 年 4 月成为共产党员。由于他们得到共产党的教育和群众的帮助,“马日事变”后依靠井冈山的天然山险和穿山游击与官府作对的经验,巧妙地保存了自己,各自保存了 60 支枪。并且袁文才在党的领导下,实行土客两籍革命派相结合,控制宁冈达一年之久,为毛泽东引兵井冈建立革命根据地打下了坚实的基础。这时的袁、王部队,在性质上已有了质的变化,已从"绿林武装"而演变成农民革命武装了。

4. 袁、王部队也有历史的局限性,并带有较浓厚的绿林积习。

袁、王部队在改编为农民自卫军之前,没有明确的政治纲领,没有严格的组织纪律,在一种自发、朴素的"劫富济贫"的利益驱动下,过着散漫的"绿林生涯",大块吃肉、大碗喝酒,老子天下第一,谁也不放在眼里,油子习气很重。在改编为农民自卫军以后,仍然有着较浓厚的绿林习气,"只信仰个人,不相信群众",有时不大听调遣,拥兵自重,自以为是。

总之,对于袁、王部队的特性、性质,要作历史的具体的分析,不能笼统地斥之为"土匪"、"绿林"武装。袁、王两人及其武装部队,尽管有这样那样的缺点、习气或错误,他们对井冈山革命根据地的创建,却是功不可没的。当年在井冈山战斗过的老红军、老同志都一再论及此事。熊寿祺说:"记得主席讲过:袁文才对革命是有帮助的,三湾改编后的工农革命军两营人,没有袁文才答应,我们是不容易进去的,就是进去了,也难站住脚,就像红军到延安,跟刘志丹所起的作用一样。"①陈伯钧说:"在井冈山一年多,渡过了革命的难关。那时候没有袁文才、王佐的支持,就没有井冈山根据地。"②谭震林说:袁文才、王佐"他俩是地头蛇,没有他们两个人支持,建立井冈山革命根据地没那么容易。我们上了井冈山,有了这个险要地方,也还要靠他们来守,群众拥护他们,他俩对建立井冈山革命根据地是有功劳的"③。

① "熊寿祺谈话记录",内部采访资料。

② "陈伯钧同志谈话记录",内部采访资料。

③ 谭震林:《回顾井冈山斗争历史》,《井冈山革命根据地》回忆资料。

改造袁、王部队的方针

1927年9月29日,前委和毛泽东在三湾改编中,着重解决了工农革命军的缩编问题和对军队的领导问题,这是具有重大历史意义的。但是,部队的伤病员问题、辎重安顿问题、经济给养问题、进军方向问题,都未能得以解决。而这些问题的解决不和“山大王”袁文才接洽、谈妥,是难以如愿的。因此,在10月3日的古城会议上,毛泽东宣传了工农革命军的主张和意图,肯定了袁文才在宁冈开展革命活动的成绩,赞扬了袁文才的革命精神,并表示愿意和袁文才和衷共济,说服了袁文才的代表,继而在10月6日的大苍会见中又说服了袁文才。显然,这种说服工作,取决于正确的方针、政策。如果没有正确的方针、政策也是难以维持长久的。

古城会议的重要历史意义除了讨论和决定在井冈山区建立革命根据地外,同时也在于确定了对袁文才、王佐部队实行团结、改造的方针。对此,何长工回忆说:“在古城会议上,讨论对袁、王部队的方针时,有人曾提议,解除他们的武装,把他们解决,他们那几十支枪,一包围缴械就完了。毛泽东同志说,谈何容易,你们太狭隘了,度量太小啦。我们不能采取大鱼吃小鱼的吞并政策,三山五岳的朋友还多呢!历史上有哪个能把三山五岳的土匪消灭掉?三山五岳联合起来总是大队伍。毛泽东同志说服我们,不能只看到几十个人、几十杆枪的问题,是个政策问题;对他们只能用文,不能用武,要积极地争取改造他们,使他们变成跟我们一道走的真正革命武装。”①

这就是毛泽东的眼光,毛泽东的胆略与胸怀。正是因为这种眼光、胆略与胸怀,才使袁文才情动于衷,让工农革命军在自己的“营巢”——茅坪建立医院、留守处,工农革命军才得以安营扎寨,休养生息,从容地进行游击斗争活动。正因为这样,随后王佐也请革命军进驻了他的“巢

---

① 何长工:《改造袁、王与“双枪兵”》,《井冈山革命根据地》回忆资料。

穴”——茨坪。此后,两人都给予了工农革命军以经济上的帮助,使工农革命军渡过了难关。而且后来袁、王部队都“变成了跟我们一道走的真正革命武装”,袁文才、王佐成为工农革命军的正、副团长。在井冈山武装割据斗争中,袁、王部队发展为红四军的4个主力团之一。

倘若不是对袁、王部队采取团结、改造的方针,这一切都是不可能实现的。“没有他们两个人,建立井冈山革命根据地是不行的。”①“如果他们反对我们,我们是站不住脚的。”②

步云山练兵

古城会议上确定对袁、王部队采取团结、改造的正确方针,给工农革命军带来一片生机。鉴于袁文才部在大革命时期即接受了中共宁冈党支部的领导,并参加了夺取宁冈县政权的武装暴动,袁文才本人亦加入了中国共产党,因此,袁部的政治素质比王部要好些。根据袁、王两部的不同情况,毛泽东和前委决定首先对袁文才部开展工作,帮助袁部进行军事训练,提高军事政治素质,并通过袁文才对王佐施加影响,逐步促进王部的改造。

1927年10月中旬,当工农革命军游击到湖南酃县水口时,毛泽东即派游雪程、徐彦刚、陈伯钧、金蒙秀到袁文才部帮助工作。

袁文才部此时驻扎在茅坪的步云山白云寺。袁文才对毛泽东派来的教官甚为喜欢,随即任命游雪程为连长,徐彦刚为副连长,陈伯钧、金蒙秀等为排长。

为了把袁文才部早日变成懂政治、会打仗、有远大革命目标的革命队伍,游雪程等与袁文才确定了练兵的目标。首先从政治思想工作入手,对自卫军战士进行无产阶级思想教育,帮助他们明白为谁打仗,为谁斗争的道理;然后进行队伍整顿,把一些坏分子清洗出去,吸收一

① 谭震林:《打下茶陵之后》,《井冈山革命根据地》回忆资料。

② 杨得志:《八月失败前后》,《井冈山革命根据地》回忆资料。

些斗争性强的青年贫苦农民参加;同时,在军事上严加要求,学习军事知识,提高杀敌本领。袁文才对这些措施表示赞赏。

步云山

此时,时令已是初冬。袁文才部其实只有一连,平时分散,有事集中。陈伯钧回忆说:"我们去后,就将他的兵集中在步云山练兵,游雪程是主要负责人……练兵期间,着重进行政治教育和军事训练。政治教育内容主要是讲时事,讲形势和讲革命出路问题;军事训练着重练习射击和基本队列等。"①

前委和毛泽东对步云山练兵极为关心。当时,毛泽东正患脚疾,未随部队出征茶陵,留在茅坪一边养伤,一边开展社会调查。袁文才为他在洋桥湖找了栋房子住下。洋桥湖离步云山只有里把路,毛泽东便时常过去看看。当看到袁部战士冒着严寒,进行紧张的操练,觉得这支部队进步很快。为使袁部早日摒弃过去沾染的旧思想、旧习气、

① 陈伯钧:《井冈烽火岁月》,《井冈山革命根据地》回忆资料。

旧作风,毛泽东找到袁文才,告诫他要下决心整顿部队,将不良分子清除出去,吸收些阶级觉悟高的青年参加部队。此事,袁文才原来虽有觉察,但一直下不了决心。经毛泽东一点拨,便坚决地将那些不良分子清洗了出去,从砻市等地招了一个新连,不仅充实扩大了队伍,而且使队伍显得更年轻、更富有战斗力。为此,袁文才对毛泽东更是心服口服。随后,游雪程等即按前委的指示,在部队中建立了党的组织和士兵委员会,使部队发生了巨大变化。

有一次,毛泽东来到步云山,见自卫军战士们正在开饭,议论纷纷。原来是冬季来了,部队增加了人,市场上没有什么菜卖,这餐吃的是野菜。毛泽东来到战士们中间,舀一勺野菜放在碗里,津津有味地吃了起来。一个战士说:"毛委员,这么苦,你吃得下?"毛泽东回答说:"这野菜虽然苦,可有丰富的政治营养呢!我们干革命,就要吃大苦。没有今日的苦,哪有明日的甜呢?"战士们听了,深受感动。

游雪程、徐彦刚等抓住"毛委员吃苦菜"这件事,在部队中进行讨论,引起极大反响。从此,部队战士们情绪更为高涨,有人还把艰苦的生活编成乐观的歌谣:

红米饭,南瓜汤,秋茄子,味好香,餐餐吃得精打光。

干稻草,软又黄,金丝被儿盖身上,暖暖和和入梦乡。

在毛泽东的教育启发下,经过政治教育和军事训练,包括袁文才在内的全体农民自卫军指战员思想觉悟都有了明显的提高,战斗力也大为加强。这一切,袁文才无不看在眼里,喜在心中。他深有感触地对人说:"毛委员的带兵经验真神,真是中央才,我服了他。这一辈子跟定了他!"

何长工受命

1928年1月上旬,遵照毛泽东的派遣,何长工完成了与朱德、陈毅领导的南昌起义余部联络的任务后,一路辗转,回到江西遂川。此时,毛泽东正率工农革命军在遂川县发动群众打土豪筹款子。何长工一回来,前委即决定要他去王佐部任党代表,开展改造王佐部队的工作。

何长工对茨坪一带活跃着一支由王佐领导的带有绿林习气的农民自卫军已有所闻。他说:"听说要我上山,心里真有几分犹豫。虽然王佐部跟袁文才部一样,打的是农民自卫军旗号,都有劫富济贫、反抗旧势力的进步性,但是阶级观念模糊,流寇思想、游民习气很重,而且王佐不是党员,是蛮牛……我单枪匹马一个人,怎能完成这项艰巨任务呢?"

"'不要怕',毛泽东同志看出我的顾虑,便鼓励我说,'去了以后,困难是有的,要边工作,边学习,不入虎穴,焉得虎子!'他还说,你去做工作,他愿意革命了,自己提出要派人去,我们就派人去,那时候要派多少人,我们就派多少人。"

"他还特别强调指出,把他们争取过来改造好了,不仅使'北门的拳头越打越多',巩固了我们的后方,同时还为今后改造旧军队摸索一些经验。"①随后,毛泽东提出了"既不能缓,又不能急"的方针。

毛泽东的一席话,使何长工坚定了信心。何长工受命以后,带着毛泽东亲笔写给王佐的信,从遂川县城出发,经堆子前、黄坳,来到了王佐驻地——茨坪附近的下庄。

王佐听说是毛委员派来的党代表,以上宾款待,摆酒接风。席间,颇有绿林豪气,大碗喝酒,大块吃肉。

第二天,王佐集合他200余人的队伍,向大家介绍了何长工,并要求大家尊重党代表,但未等何长工说话,王佐却一声"散"字,部队轰然而散,弄得何长工有口难言。他知道,这是王佐对他存有戒心。

果然,王佐把何长工安置在离司令部有一里之遥的一间小屋里,还派了个高个子"勤务兵"来"照顾"他,防止他到处察看和接近士兵。

遵照毛泽东指示精神,何长工决计把工作从王佐家中做起。于是,有事没事,常与王佐母亲范辰妹、哥哥王云龙、妻子罗夏英接近,并

① 何长工:《改造王佐部队》,《井冈山革命根据地》回忆资料。

借机帮他们家做点事情。从中,何长工了解到王佐是个孝子,最听他母亲的话,便经常有意地接近他母亲,向她宣传些革命道理。与此同时,何长工还发现王佐有两个心腹,一人叫刁飞林,一个叫李克昌。这两人都性情豪爽,颇易接近,就主动和他们聊天谈心,很快地相互亲近起来了。经过一段时间,王佐觉得何长工并没有拆他的台的意思,加上他母亲及刁飞林等人从中说些好话,王佐逐渐打消了疑心,主动向何长工接近,并透露出与宿敌尹道一的深怨,请教何长工有无办法把尹道一除掉。

尹道一是拿山反动民团总指挥,有名的恶霸地头蛇,倚仗国民党反动派的权势,欺压百姓,无恶不作。王佐部几次与他交锋,差点被"吃掉",连自己的侄女也被尹道一杀掉了,于是结下深仇。铲除尹道一也是工农革命军的目标。为此,何长工与王佐、刁飞林、李克昌等认真地研究了歼除尹道一的计划。决计在靠近永新拿山方向的旗锣坳一带设伏,由王佐亲自去拿山诱敌佯攻,何长工与金蒙秀、刁飞林等率主力埋伏坳内,来个聚而歼之。

翌日,两支人马依计而行。王佐率部直扑尹道一的司令部石门,何长工率部在旗锣坳设伏。尹道一不知是计,昔日骄横之气驱使他率团丁一路朝王佐追杀过来。王佐边打边退,直把尹道一引入旗锣坳。

何长工、刁飞林见尹道一上当,立即下达命令,用密集火力封死退路,一个猛冲,打了下去。尹道一毫无准备,当场被活捉、刺死。战士李珍珠等把尹道一的头颅割下,用包袱包好,收拾战利品,收兵回山。

消灭了宿敌尹道一,使王佐欣喜万分。当晚,大摆宴席,庆祝胜利。从此,王佐十分信服毛泽东派来的党代表,表示:"从此以后,我王佐跟定了共产党;你们说怎么办就怎么办,刀山火海也不含糊!"

何长工抓住这有利时机,请示前委,增派了康健、肖万侠、宋任穷等到王佐部开展工作,发展党的组织,筹建士兵委员会,教唱革命歌曲,进行政治、文化教育。

经过一段时期的工作,王佐部队发生了很大变化。王佐还主动提出要求加入共产党呢！1928年4月，王佐的这一愿望得到实现，由何长工介绍，加入了中国共产党。

大陇升编——袁、王部队的新生

根据袁文才、王佐的要求，以及团结、改造两支部队的实际情况，毛泽东和前委认为改编袁、王两支农民自卫军的条件已经成熟，决定将袁文才、王佐两部合编，组成工农革命军第一军第一师第二团。

1928年2月上旬的一天，宁冈大陇欢声笑语，人声鼎沸。袁文才、王佐两支农民自卫军升编大会在大陇的朱家祠前举行。工农革命军第一团团长张子清代表前委主持大会，宣布袁、王两部合编为中国工农革命军第一军第一师第二团。下辖两个营，第一营以袁文才部为基础，第二营以王佐部为基础，共500余人。前委任命袁文才为团长，兼第一营营长；王佐为副团长，兼第二营营长；何长工为团党代表，贺敏学为团党委书记。从第一团派来的游雪程、徐彦刚、陈伯钧、金蒙秀、熊寿祺、陈东日、康健、肖万侠等分别在一、二营担任连、排长或党代表。

大陇升编，标志着毛泽东和前委对袁、王部队的改造工作取得重大胜利，也标志着这两支部队的新生。第二团成立后，毛泽东和前委指示要继续加紧部队的政治工作，使这支少数人掌握的武装，变为党绝对领导下的革命武装；使绿林作风、游民习气很重的部队，变为有组织、有纪律、有战斗力的部队；在部队内部，则要求以革命的上下级关系、同志关系来代替封建雇佣的关系，以及加强无产阶级思想教育等等。随后，根据袁、王的要求，前委又从第一团抽调了宋任穷、蔡协民、谭梓生、袁炎飞等一些同志到第二团去担任各种领导职务。从此，这支起源于绿林武装的队伍，在中国共产党的领导下茁壮地成长。

改造袁文才、王佐部队的成功，为改造地方武装、扩大人民军队提供了新鲜经验。第一，对袁文才、王佐这种绿林起家的地方农民武装，只有采取团结、改造的方针，才能奏效。不团结，则工农革命军难以在井冈山建立革命根据地；不改造，又不能使这支部队真正承担起中国革命的重任。团结、改造是谋求巩固、合作的政治基础，是统一在党的领导下实现革命目标的必要条件。第二，改造地方武装，必须认真分析他们的本质特征，采取不同的方式和策略，既不能缓，又不能急，必须从争取其首领出发，达到争取全体或大多数人参加革命阵营的目的。第三，袁、王这两支从绿林演变过来的农民武装，只有置于共产党的领导之下，才能获得新的生命，才能有明显的政治方向。离开了党的领导，无论是绿林武装还是农民武装，都是没有出路的。

第五节
三县红色政权的建立

茶陵县工农兵政府——第一个红色政权的诞生

茶陵，位于湖南省东部边陲，因境内多山，居“茶山之阴”而得名。自古以来，由于地处“吴头楚尾”，扼湘赣交通要冲，素为兵家必争之地。

第一次国内战争期间，茶陵的群众运动风起云涌。1926 年 7 月，北伐军第二军六师、四师经桂东进入茶陵，茶陵成立了中国共产党的支部，在共产党员杨孔万、谭民觉等领导下，建立了茶陵县农协、工会、学联、妇女联合会，成立了农民自卫军。但是这一切，最后都被国民党反动派的血腥镇压摧残殆尽。“马日事变”后，中共茶陵特支的共产党人，在血的洗礼中觉醒，收集了几十个同志和十几条枪，以潭湾山区为屏障，与敌人开展了殊死的斗争。

为了开辟茶陵的工作，毛泽东率工农革命军沿湘赣边界游击至湖南酃县水口时，曾派出宛希先率一营两个连前往安仁、茶陵等地，牵制进击酃县的敌人，攻其后方，迫敌回援。

1927 年 10 月 21 日，宛希先率一营二、三连占领了茶陵城。茶陵的衙门长官、豪绅地主闻风而逃。工农革命军抄了县署，砸开了警察局和监狱，解救了被关押的农运干部和群众。

工农革命军在茶陵的斗争，使处在白色恐怖之中的茶陵人民，看到了希望的曙光。

为了防止敌人反扑,两天后,工农革命军主动撤出茶陵,回师井冈山与毛泽东率领的团部和一营会合,随后一同回到茅坪。

毛泽东在象山庵召开三县党组织负责人会议后,经过周密的思考,决定乘国民党新军阀李宗仁对唐生智发动战争、湖南敌人大部卷入和茶陵敌军调离之际,再次攻打茶陵。为了战而必胜,毛泽东决定团部、一营及特务连统由团长陈皓及一营党代表宛希先率领,全力出击。11 月 16 日清晨,参加攻打茶陵的部队在宁冈大陇整装出发。

毛泽东从茅坪赶至大陇,检阅了出征部队。他的脚伤一直未好,不能随军出征。望着精神抖擞的全体将士,毛泽东发表了热情洋溢的讲话。他说:"同志们,我们经过了近一个月的休养生息,今天就要上前线打仗了!现在茶陵县城空虚,我们就要乘虚而入,来个开门红!本来,我很想跟大家一起去,可是,我要革命,这只脚却不让我革命,我只有在这里预祝你们旗开得胜,凯旋归来!"

"坚决拿下茶陵!"工农革命军将士发出豪迈的誓言。

部队踏着初冬的薄霜,经宁冈睦村、酃县,于 11 月 17 日击溃罗克绍挨户团的骚扰,连夜潜入了与茶陵县一水之隔的中瑶。

18 日凌晨,一路路革命军战士化装成卖柴、卖菜的老百姓,混进了茶陵城。进城后,化装的战士解决了守护城门的敌兵,工农革命军旋即冲进城内。守城的敌军还摸不着头脑,就做了工农革命军的俘虏,湘东清乡司令罗定和伪县长刘拔克闻风而逃。

茶陵,又一次回到了革命人民的手中。

茶陵打下了,但政权依旧。打下后的茶陵,只成立了一个县人民委员会,派曾做过安徽旌德县县长的谭梓生担任县长,一切按旧政府的样子,升堂审案,收税完粮,衙门还是原来的衙门。团长陈皓等部队首长则图享乐,吃包餐。丢下土豪不打,专找商会派军饷,也不开展群众工作,作御敌的准备。

茶陵群众经过县衙门,探探头,咋咋舌,失望而去。这是个"换汤不换药"的新政府。

有一天,中瑶乡农会送来捕获的转移钱财的劣绅陈老三,要求县人民委员会处理,恰被醉醺醺的陈皓撞见。陈皓要他们升堂击鼓。农民们击鼓后,陈皓将惊堂木一拍,完全一"县太爷"的架势。当问得陈老三拥有土地190亩时,陈皓反倒训斥农会干部不应触犯陈老三,因他不上200亩地,不算大地主,乐得陈老三叩天谢地。农会干部和农民们气极,抓起陈老三就走。路上碰到宛希先,知道这个"老宛"向着穷人,把这一五一十告诉了宛希先。宛希先听后,对他们说:"边界大地主少,打倒中小地主,没收一切土地归农民是毛委员的一贯主张。你们要好好看管陈老三,开展揭发斗争,发动农民起来革命!"农民满意地走了。但宛希先却因此遭到了陈皓等人的忌恨。

随后,宛希先将茶陵的情况向毛泽东写了封汇报信,派人急送茅坪。毛泽东接信后,感觉到问题的严重性。随即回信指示:"新的政权不能按国民党那一套搞。要成立工农兵政府,发动群众开展斗争。"①

按照毛泽东的指示,宛希先召集茶陵县委、总工会、县农会负责人和军队各连党代表开会,宣读了毛泽东来信,重新讨论茶陵的问题。经过协商,鉴于来不及召开县工农兵代表大会,各方推选出自己的代表,组成县工农兵政府。其中,工人代表谭震林,农民代表李炳荣,士兵代表陈士榘。会议一致推选学徒出身的印刷工人、县总工会主席谭震林担任茶陵县工农兵政府主席。

11月28日,湘赣边界第一个红色政权——茶陵县工农兵政府成立了。成立那天,洣江两岸红旗招展,成千上万的群众,欢天喜地,庆祝这一新政权的诞生。"县长公署"的漆匾砸掉了,"茶陵县工农兵政府"牌子挂起来了,两旁是一副通红的对联:工农兵政府,苏维埃精神。共产党员、知识分子杨绍震、罗尚德、罗青山、陈叔同等分别担任了县政府民政、财经、内务、青工等部门的负责人。

---

① "访问谭震林同志记录",内部采访资料。

人民政府为人民。茶陵县工农兵政府成立后,立即发布了布告,号召广大工农群众起来革命,建立工农武装,惩治土豪劣绅,茶陵各地扬起了红色的狂飙。

湖口风波与“三大任务”的制订

正当工农革命军在茶陵开展群众工作的时候,湘敌吴尚第八军趁两广军阀混战结束,返回老巢,以一团之众从安仁、攸县方向向茶陵扑来。

形势非常严峻。工农革命军只有一营人马,硬拼是十分危险的。此时本应及早回师宁冈,但团长陈皓却下令拆除东门浮桥,与敌决战。

拆去东门浮桥,即断了工农革命军回师的后路。宛希先等据理向陈皓陈述了此举的不利因素,却遭到团长陈皓、副团长徐庶、参谋长韩庄剑、一营营长黄子吉等人的强烈反对。他们认为背水一战是激发士兵奋勇杀敌的“良策”。军人以服从命令为天职,宛希先等只好执行命令,暗中采取防范的态度。

12 月 26 日,敌吴尚第八军一个正规团,纠集湖南方面几县的挨户团,向茶陵发起了猛烈进攻。工农革命军在茶陵县委、县政府组织的各界人民及游击队、赤卫队的配合下,英勇奋战,凭险抵抗。战斗从早上一直持续到下午,敌人未能把茶陵城攻破。可是,就在这时,我军弹药即将耗尽,而且得到报告,中瑶方向又有一支部队急驰而来。

失败的情绪一时笼罩着茶陵城。然而,团长陈皓等却显得“异常镇静”,且表现出欣喜之色。宛希先等似觉疑惑,联系到陈皓等人终日吃喝玩乐,私吞缴获黄金,排斥党的领导,以及二连连长的私逃,东门浮桥的拆除等一桩桩可疑举动,意识到陈皓等人有可能密谋叛变。

事情果然不出宛希先所料。原来,在敌人到达安仁、攸县时,陈皓一伙即胆战心惊,对革命丧失信念,开始进行阴谋反叛的活动。有一天,陈皓接待了一个叫陈明义的湖南人,原是敌十三军军长方鼎英的外甥。陈明义向陈皓说:十三军军长方鼎英是我舅父,也是你在黄埔军校的教育长，我可以为你联络，请他给你一个名义番号，暂时存身，再图后举。陈皓闻言大喜，立即修书一封，交与陈明义暗中与方鼎英联络。因此，当闻报中瑶方向来了支部队，陈皓以为是方鼎英派来接应他的，一时倒暗自欣喜起来了。

红四军十师党代表、前委委员宛希先

然而，陈皓失算了。中瑶方向来的队伍是在大汾遭袭时走失方向的工农革命军张子清、伍中豪率领的第三营。他们折入桂东后，游击到赣南崇义一带时，无意中遇上了朱德、陈毅领导的南昌起义余部和湘南暴动队伍，随后补充了弹药装备，并按照朱德指示，返回湘赣边界。当行至茶陵边境时，发现湘敌重重围困茶陵，断定城内是我军守部，于是挥戈参战，从后面杀来，解了茶陵之危。

当晚，军事领导人围绕革命军的退向问题进行讨论。宛希先、张子清、伍中豪等一致认为：天亮后，敌人将组织反攻，我军必须立即撤离茶陵，回师宁冈。陈皓等人本想拖延时间，等待方鼎英部进逼茶陵，然后迫使部队就范，却又慑于眼前张子清等人的威力，不敢公开反目，于是借故提出“南撤”，退往湘南。

因情况紧急，不宜再争论不休，于是，宛希先等暂时接受了“南撤”计划，决计出城后再定退向。

半夜时分，部队秘密出城。茶陵县委及游击队随军南撤。翌日天亮，部队到达湖口。

湖口，是茶陵城南的一个集镇，位于东向宁冈、南向湘南的岔道上。由于连续作战和急行军，战士们显得很疲惫。宛希先和张子清商定，部队先休息一阵，然后往东向宁冈。

当部队开拔时,面对何去何从的问题,宛希先、张子清、何挺颖、伍中豪与陈皓、徐庶、韩庄剑、黄子吉展开了激烈的争论。面临这种僵局,陈皓心急如焚,摆出团长架势,以进一步扩大政治影响为借口,强令部队南撤,企图投靠敌方鼎英部。

在陈皓一伙握有军权的情势下,部队只好改道南向。但因军心、人心不服,进军速度缓慢。工农革命军面临着改弦易辙的危险。

正当革命军处于危急之际,毛泽东率部到了湖口,并赶上了正在行进的部队。

"停止前进!部队重回湖口宿营!"护送毛泽东前来的陈伯钧传达了毛泽东的命令。

原来,毛泽东对茶陵的情况一直很关注。当时,去茶陵的部队是工农革命军的主力,毛泽东时刻牵挂着这支部队的命运。因之,部队临行前,毛泽东千叮咛、万嘱咐,告诫陈皓注意各方面的工作;又叮嘱宛希先,打下茶陵后,务必保持每周联络一次,并把报纸及时带回。宛希先的来信,使毛泽东对这支部队更加忧虑,当从报纸上得知湘敌反攻茶陵的消息,更觉得部队凶多吉少。于是,他不顾脚疾,要陈伯钧带上一个排,匆匆赶往茶陵。当走到茶陵县城东门时,见浮桥被拆,又获悉部队南移,即断定情况有变,连夜追赶上来了。

前委书记毛泽东的到来,使陈皓等失去了一时的专横。夜晚,毛泽东在湖口王其生家里召开了连以上干部紧急会议。会上,宛希先、张子清、何挺颖、伍中豪等揭露了陈皓等人在茶陵的丑行。正当开会之际,工农革命军截获了方鼎英派人送给陈皓的复函,陈皓等人叛变阴谋暴露无遗。在确凿的物证下,毛泽东当即下令逮捕了陈皓、徐庶、韩庄剑、黄子吉四人。

第二天清晨,在湖口圩的草坪上,毛泽东召集了工农革命军700余名指战员的大会,代表前委公布了陈皓一伙阴谋叛变的罪行,宣布撤销他们的职务,任命张子清代理团长。毛泽东在讲话中指出:"革命的叛徒是可悲的,革命的前途是光明的。我们现在屁股坐在罗霄山脉,两脚伸出江西、湖南,向东有遂川、万安,向南有桂东、崇义,向西有酃县、茶陵,向北有永新、莲花,周围十多个县,上千万人口,不愁没有回旋的余地,革命大有前途!”①至此,湖口风波遂告平息。

毛泽东讲话后,部队向东疾进,返回宁冈大本营。茶陵县游击队200余人,也跟随工农革命军退到宁冈,后编入第二营。

12月29日,部队在砻市沙洲上召开大会,毛泽东在会上列数了陈皓等四人叛变投敌的罪行,并处决了四个叛徒。在大会上毛泽东还总结了打茶陵的经验教训,首次宣布了工农革命军的“三大任务”:第一,打仗消灭敌人;第二,打土豪筹款子;第三,宣传群众,组织群众,帮助群众建立革命政权。

毛泽东为工农革命军制定的“三大任务”,对井冈山革命根据地的创建和人民军队的建设起了很重要的作用。“三大任务”的制订和颁布,明确了军队政治与军事的关系,说明工农革命军是一个执行革命政治任务的武装集团,除了打仗消灭敌人外,还要做群众工作,帮助群众建立革命政权,还要筹粮筹款,自已解决经济给养,不能全依赖地方,从而使部队的政治工作、军事斗争均有了更具体明确的目标。

遂川县工农兵政府的成立

为了解决部队冬衣和拓展红色割据区域,毛泽东和前委根据遂川守敌薄弱的情报,决定攻打遂川。

1928年元月4日,工农革命军的两个营在毛泽东、张子清等率领下,从宁冈砻市出发,冒着刺骨寒风,翻山越岭,向遂川进发,进抵遂川重镇大坑。

大坑,在遂川之北,是遂川大土豪、大恶霸萧家璧的匪巢。昔日革命军在大汾与萧家璧结下的仇恨,使参战的指战员们怒火中烧。当攻击命令下达后,革命军战士同仇敌忾,奋勇拼杀,打得萧家璧部狼狈而

① 谭家述:《井冈山根据地创建时期的茶陵》,内部采访资料。

逃。我工农革命军乘胜追击,5日即兵临遂川城下。

驻守遂川城的敌军只有一个工兵连和地方民团武装,听说萧家璧部在大坑惨败,情知不是对手,即弃城而逃。我军随即占领遂川县城。

由于敌人战前造谣,诬蔑工农革命军,使不少市民受到蒙蔽,故工农革命军进城后,城内一派冷冷清清,不少店铺关门。为此,毛泽东命令部队以班排为单位进行分兵活动,发动群众,打开局面。

在遂川,工农革命军缴获了敌人几百担白布。毛泽东当即指示运回宁冈茅坪,着余贲民负责筹办被服厂。

在遂川,毛泽东检查了大革命失败后遂川的武装情况,表彰了保存6支枪的王次榛等,鼓励他们重新组织赤卫队,开展武装斗争。

8日,毛泽东又在遂川县城天主教堂主持召开了遂川县的党员会议,重建了遂川县委,以陈正人为书记,要求中共遂川县委抓紧恢复和发展党的组织。

这时,派去长沙汇报秋收起义情况的何长工辗转来到了遂川。毛泽东、张子清等会见了何长工,听了他的汇报。当获悉何长工已在粤北犁铺头联络上了朱德、陈毅领导的南昌起义余部,毛泽东很是高兴。随即决定派何长工到王佐部队去担任党代表,把王佐部队争取过来改造好。

与此同时,毛泽东还写信给万安县委,要他们努力斗争,向前发展,同革命军相结合,并请他们到遂川来开联席会议。

10日,遂川县城的工作局面已基本打开,逃跑的市民也返回城中,产业界也恢复了生产,并相继恢复了商业、船业、木业、作坊业等行业工会,组建了遂川县工人赤卫队。于是,毛泽东将工农革命军团部和特务连留在城里,继续做群众工作,其余部队组成宣传队兵分三路,到于田、草林、大坑等农村地区发动群众,打土豪筹款子。

中旬,毛泽东在县城五华书院主持召开了遂川、万安两县县委联席会议。万安的曾天宇、张世熙、曾延生、刘光万等,遂川的陈正人、王瑞麟、王佐农等,工农革命军前委代表宛希先、张子清等,参加了会议。

在这次会议上，毛泽东首次总结提出了“敌来我去，敌驻我扰，敌退我追”的游击战争“十二字诀”，以对付敌人的进攻。陈正人等对此记得很清楚。①

联席会议后，毛泽东即往来于遂川县城与草林圩之间，直接领导分兵发动群众的工作，同时，具体指导遂川县工农兵政府的筹建，嘱咐陈正人等着手拟制一个《施政大纲》。

陈正人等将《遂川县工农政府临时政纲》初拟出来后，毛泽东又亲自作了修改。《施政大纲》涉及政治、军事、文化、土地、生产和人民生活诸方面的施政措施和方法，共有30多条，集中地代表了井冈山革命根据地创建初期的政权主张。为了使群众容易理解，毛泽东在修改时，用通俗易懂的语言代替一些深奥语句。如“不虐待儿童”改为“不准大人打小孩子”，“废除聘金聘礼”改为“讨老婆不要钱”等等。

1月23日，遂川县工农兵政府准备就绪。这天，负责宣传的同志拟了几副对联，打算贴在主席台两侧，可选来选去总觉得不贴切。这时，正好毛泽东来了，大家知道他才高，就请他选定。毛泽东兴致勃勃地看了一遍后，抽出其中一副，改了几个字，大家一看，无不拍手称好。这样，经毛泽东修改后的对联为：

想当年你剥削工农，好就好，利中加利；

看今朝我斩杀土劣，怕不怕，刀上加刀。

24日，正是大年初二，天气回暖，风和日丽。一大早，一两万工农群众，聚集在县城张家祠的大草坪前，集会庆祝遂川县工农兵政府的成立。大家喜气洋洋，互相拜年，同庆喜事降临。在一片锣鼓声中，毛泽东、陈正人、张子清、宛希先、王次淳等登上主席台。约10时许，大会执行主席陈正人宣布遂川县工农兵政府成立！顿时，鞭炮齐鸣、锣鼓喧天，口号声、欢呼声，此起彼伏。

毛泽东在大会上讲了话。他说：“同志们，乡亲们！新年伊始，遂

① 陈正人：《创立湘赣边界“工农武装割据”的斗争》，内部采访资料。

遂川县工农兵政府

川工农兵政府成立了！我们的工农劳苦群众解放了！”他指着县工农兵政府主席王次淳，说：“这位就是你们的县长，叫王次淳，西庄人。前几天还在挑大粪，现在要当县长了。但是，革命靠一个县长不行，还要靠大家团结。一根稻草，一拉就断，把稻草拧成一股绳，就不容易断了！”①

大会直开到下午2点。会后，处决了大劣绅郭渭坚。全场贫苦平民无不欢欣鼓舞。会后，老百姓唱起了新编的歌谣：

> 过新年，过新年，今年不同往常年；工农革命军来了，又分谷子又分田。
>
> 过新年，过新年，今年不同往常年；打倒萧家璧，活捉罗普权。

“六项注意”的颁布

工农革命军占领遂川城时，由于地主豪绅、反动派对革命军曾造

① 王次模：《忆遂川的革命活动》，内部采访资料。

谣诽谤，使遂川城的市民一度信以为真，出现了街巷冷冷清清的局面。这种局面，在工农革命军的宣传发动之下，很快地就扭转过来了。

但是，因为部队分散活动，纪律方面也出现了一些情况。如：革命军有的战士借了老百姓的门板和稻草没有主动归还；在许多同样的门板中，又往往弄错，睡过的地方也没打扫干净等；更有甚者，有的战士动不动就烧房子。“有一次，四班去打一家土豪。这家土豪早跑掉了，留下了搬不走的相当漂亮的房子……四班长在这家土豪的大门上贴了一张条子，限令土豪在三天之内送来1000元钱，否则，就要将这座房子烧掉。三天过后，土豪并没有把钱送来。于是，班长就领着战士们把这座房子点着了。恰好，这时土豪从外面传话回来说，请不要烧他的房子，钱凑够了就送来……可是，这座房子已成废墟，只在夹墙里发现了几箩筐已经熏黑的银毫子。”①这些情况的出现，有些是小事，烧房子则是大事了，反映到前委来，毛泽东甚为不安，觉得有必要向工农革命军全体指战员，制定一套切实可行的制度了。于是，1月25日，毛泽东在遂川县城李家坪，召开了全体革命军指战员大会，宣布了工农革命军的“六项注意”。这就是：

（一）还门板；（二）捆稻草；（三）说话和气；（四）买卖公平；（五）不拉伕，请来伕子要给钱；（六）不打人骂人。

这是我军最早提出的“六项注意”。它是继在荆竹山提出的“三大纪律”，以及从茶陵回师砻市宣布的“三大任务”后，又一项关于人民军队建设的纪律规定。对此，当时任遂川县委书记的陈正人曾回忆说；“1928年1月，我在遂川城已经听到六项注意了……那时也听到三大纪律。主席很强调六项注意，部队每到一地，都要严格检查六项注意的执行情况。六项注意的每句话，都是老百姓的话，非常通俗、易

① 黄瑶：《在战斗中成长的罗荣桓》，解放军出版社1983年版。

懂。”①

正因为毛泽东和前委及时地颁布了“六项注意”，工农革命军在遂川分兵时，才受到了广大农民的拥戴，取得了可喜的成绩。“六项注意”后来完善为“八项注意”，成为我军的重要行动准则。

草林圩的复活与“一个红枣也不能动”的工商政策

草林圩的复活

草林圩，是遂川县四大圩场之一。遂川旧有一唐江、二营前、三草林、四大汾之称。草林镇上，群居着600多户人家，近200家店铺。这些店铺，80%以上的中小商人主要经营茶叶、酒类、油盐杂货、香纸烟烛，以及各种手工业产品和土特产品。他们的资本很小，既受国民党反动派苛捐杂税的压榨又受地主豪绅、大资本家的盘剥，生意冷清，濒于破产。当时，草林圩的经济命脉基本上被土豪黄礼瑞、郭朝宗开设的“遂昌”(当铺)、“元昌”(油行)、“元丰”(烟馆)等大商号所垄断，他们利用烟馆、赌行、当铺、妓院等为非作歹，毒害人民。他们有钱有势，横行乡里。黄礼瑞的大儿子是国民党的省参议员，孙子是草林乡的乡长，他不仅在草林开了各种商号，在县城也有几个商号，连南昌都有他开设的化工章江公司和分馆。除此以外，他家还拥有9000多担谷田，几千亩山林。草林圩几乎是黄礼瑞家的独霸天下。

工农革命军三营九连来到草林圩时，草林圩上的中小商人受了黄礼瑞、郭朝宗等的欺骗和恐吓，家家店门紧闭，上贴一张“存货已空，改行务农”的告示，偶尔见到几个老表，也都远远地窥视着，用惊恐疑惑的眼光打量着革命军。当战士们走上前去欲与他们攀谈时，一个个都躲开了。

这可急坏了九连连长曾正平和党代表罗荣桓。看来，要打开局

① 陈正人:《毛泽东同志创建井冈山革命根据地的伟大实践》,《井冈山革命根据地》回忆资料。

面，还得有耐心，要开展群众工作。于是，曾、罗命令各宣传队，打着红布小旗，分头深入草林圩镇各角落，耐心宣传群众，开展社会调查，并在草林圩的大街小巷和周围各个村庄，贴满了红红绿绿的标语："打倒土豪劣绅！""打倒贪官污吏！""保护中小商人！"'取消苛捐杂税！""工农革命军是穷苦工农的军队"等等。老表们见这支部队不扰百姓，说话和气，纪律严明，秋毫无犯，同以往的部队不一样，慢慢地开始和战士们接触、聊天，并陆续反映了各种情况。

经过各方面的调查，革命军已完全查明：草林的冷清，完全是黄礼瑞、郭朝宗等土豪劣绅、大资本家暗中作祟的结果。

1 月 10 日，毛泽东来到了草林圩。罗荣桓等将掌握到的情况向毛泽东作了汇报。毛泽东听后，当即指示："拔掉这个钉子！"

曾正平、罗荣桓立即带领革命军战士，以迅雷不及掩耳之势，查封了黄礼瑞、郭朝宗在草林开设的各种商号、当铺、烟馆、妓院。缴获了几万斤食盐、几千斤茶油、几百担布匹和数不清的日用百货。

毛泽东随即又指示部队：将缴获的东西一部分上交，一部分分给群众，让群众过个好年。革命军战士连夜送物上门，贫苦农民笑逐颜开。

第二天，部队又在草林万寿宫召开了群众大会。毛泽东在会上讲了话。他说："我们工农革命军的宗旨是为天下劳苦大众谋幸福的。据我们了解，你们草林圩有 11l 家店铺，大资本的只有 16 家，中等资本的只有 1I 家，小资本的 84 家。资本大的都是黄礼瑞、郭朝宗、刘汉青、胡海清几个人开设的，他们既是大土豪，又是大奸商，他们才是我们打击的对象。至于中小商人，我们的政策是保护的，一粒盐、一寸布也不动，不罚款，不抽税，允许自由贸易，保障合法经营，请商家放心。"①

到会的群众和中小商人们听后，都觉得十分惊奇，于是纷纷开业。

1 月 16 日，正是腊月二十四，山乡传统的小年。一大早，九连的官

① 遂川县党史办采访资料。

兵就把草林圩打扫得干干净净，在街道两旁贴满了红绿标语，令人耳目一新。在万寿宫的柱子上，贴着一幅醒目的对联：

为革命而牺牲死当欢笑

救工农出水火我应勤劳

在场的群众看了，无不交口称赞。约10时许，从永新、宁冈、遂川各地赶来的农民成群结队前来赶集。草林圩上万头攒动，热闹非凡。

他们都欢喜地卖出自己的货物，买回自家需要的年货，整个圩场秩序井然。草林圩赶集，三天一次，有时竟达两万余人。

草林圩复活了！

对于开辟草林圩的这段历史，毛泽东在《井冈山的斗争》一文中欣喜地写道："草林圩上逢圩(日中为市，三天一次)，到圩两万人，为从来所未有。这件事，证明我们的政策是正确的了。"

草林圩的复活和繁荣，对于活跃和沟通根据地的商品交换，满足根据地军民的日常生活需要，起了很大的作用。

"一个红枣也不能动"的工商业政策

"边界的经济本来是一个小农经济区域，自耕农甚多，日常生活程度颇低……因为地处边陲的原因，受资本经济的侵蚀颇迟，洋货业在市场不甚发达，有些地方的交易还是'日中为市'的逢圩办法。"①正因如此，湘赣边界各县，县县都有圩场，农村圩场成为私营工商业和农民之间进行商品交换的主要场所。这样，对待中小商人和私营工商业的政策正确与否，直接关系到根据地的经济发展和革命根据地的巩固。

毛泽东和边界党在井冈山斗争初期，就明确地提出了"保护工商业"和"保护中小商人"的政策。草林圩的复活与繁荣，以及1928年7月间开辟的大陇红色圩场，都是贯彻和执行了保护工商业政策的结果。

对于这方面的具体政策，目前尚未发现历史文献的记载。只有一

① 谭冠三：《在我记忆中的井冈山斗争》，内部采访资料。

些口头资料。虽属个人回忆,可信程度却较高。

如谭冠三曾回忆说:“1928年初,我们从茶陵撤回井冈山,不到一个月的光景,部队又进到遂川城过旧历年。这期间,毛委员宣布了城市政策。在这以前,我们曾犯过一些错误,把商人、小贩的货物也没收了,甚至连药铺里的戥秤也拿上了井冈山。毛委员发觉这些情况后,即作了纠正。他指出:我们反对封建剥削,只能没收地主的财产,保护工商业利益,如地主兼商人,就只能没收封建剥削的部分,商业部分连一个红枣也不能动。”①

谭冠三还说:“在井冈山,执行的政策是正确的。当打下永新后,毛泽东同志亲自在永新城召开过一次‘书宣组’联席会议(即由部队党支部书记、宣传干事和组织干事——后来改称宣传委员和组织委员参加的会议),专门对政策问题进行检查。当时,各项政策都很明确。对大地主,没收他的浮财、粮食等(浮财和粮食,大部分分给农民群众,留一部分下来作为军粮),不杀他。对富农,一般不动他,有的也酌情筹款。对于工商业,特别是中小商业者(在县城,大工商业不多,主要是中小工商业),采取保护的政策。筹款数字不大,采取‘评议’的方法,让他们根据自己的情况,自愿拿出一部分钱来。还宣布了废除苛捐杂税这个政策。对工商业兼地主者,地主部分的财产,是加以没收的;工商业部分,不没收,采取了保护的政策。……对于这些政策,工商业者都感到满意。这样一来,既筹到了款,解决了我们自己的供给问题,又不损害他们的利益,保护了他们,团结了他们,使他们拥护和支持我们。本来我们吃盐是很困难的,后来由于有了正确的工商业政策,商人就愿意和我们做生意,把盐运进来,解决了吃盐的问题。”②

然而,这些保护中小工商业的正确政策,却受到“左”倾错误的干扰。毛泽东在《井冈山的斗争》中曾记述说:“对小资产阶级的政策,我

① 谭冠三:《在我记忆中的井冈山斗争》,内部采访资料。
② “访问谭冠三记录”。

们在今年二月以前,是比较地执行得好的。三月湘南特委的代表到宁冈,批评我们太右,烧杀太少,没有执行所谓'使小资产变成无产,然后强迫他们革命'的政策,于是改变原来前委的领导人,政策一变。……近来逐渐改变这种政策,情形渐渐好些。在遂川特别收到了好的效果,县城和市镇上的商人不畏避我们了,颇有说红军的好话的。草林圩上逢圩(日中为市,三天一次),到圩两万人,为从来所未有。这件事,证明我们的政策是正确的了。"

边界保护中小工商业的政策,从具体到"一个红枣也不能动",可见一斑。这一政策,虽然遭到"左"倾错误的干扰,但总的来说,执行情况是好的。所以,充分调动了赤白区中小商人的积极性,不仅提供了军队自身给养的需要,同时也为实行工农武装割据、布置长期的斗争,奠定了经济方面的基础。

新城大捷——击破赣敌第一次"进剿"

工农革命军在湘赣边界点燃的革命之火,越烧越旺,照亮了江西黑沉沉的夜空。

江西的国民党政府为之震惊,省府主席朱培德坐卧不安。1928 年 2 月上旬,朱培德下令驻吉安的赣敌杨如轩第二十七师,以八十一团和七十九团的一个营进攻万安,威逼遂川;以七十九团的另一个营进占宁冈新城,向工农革命军发动了第一次"进剿"。

其时,工农革命军正在遂川境内分兵发动群众。"敌进我退",毛泽东闻讯,即令部队迅速集结,撤离遂川,军返茅坪。

新城,是宁冈的县城,西连砻市,南通茅坪,北扼宁冈至永新的通道。敌人占此据点,对根据地的武装割据,造成了严重威胁。

为了保卫根据地,宁冈县党组织根据前委从遂川发来的指示,在革命军返程期间,组织地方武装和人民群众,日夜骚扰敌人。

2 月中旬,工农革命军第一团悄悄返回宁冈茅坪,会合了刚刚升编的袁、王率领的第二团。17 日,前委在茅坪攀龙书院召开军事会议,部署攻打新城方案。决定:集中革命军第一团、第二团的优势兵力,对新城之敌取包围之势。由第一团第一营担任主攻,攻击新城东门;第三营主力攻打南门;教导队和第三营的一部攻打北门;袁文才率第二团第一营在敞开的西门外设伏,准备歼灭从西门出逃之敌。

17 日下午,前委在茅坪召开了战前动员大会。毛泽东代表前委号召全体指战员,一定要打好这一仗,消灭敌人有生力量,将敌人的嚣张气焰打下去,发展和巩固已创造的割据成果。毛泽东还具体地分析了我军的有利条件:以往,是敌人数倍于我,这次是我们数倍于敌,加上宁冈党组织和人民的支持以及我军广大指战员的英勇奋斗精神,是一定能够夺取战斗胜利的。毛泽东的讲话,给到会的军民以极大的鼓舞。

17 日深夜,工农革命军像一支利箭,直射新城。拂晓前,各部队迅速进入指定位置。毛泽东、张子清等登上新城门外的旗山亭,指挥战斗。

驻守新城的守军是赣敌七十九团王国政独立营,及宁冈靖卫团。王国政是赣军第七师师长王均的侄儿,该营装备良好,训练有素。

天亮后,新城清晰地呈现在战士们的眼前。这是座古老的小城堡,墙高 2 丈,厚 8 尺余,每隔一段均辟有城堞,易守难攻。

清晨,蒙在鼓里的城内守敌照常来到南门外操场出操。当刚架好枪支做起徒手操时,毛泽东、张子清当即发出了战斗信号。敌人如惊弓之鸟,弃枪逃入城内,紧闭城门。紧接着,东门、南门也打响了。城内敌营长王国政急令他的 9 挺机枪投入战斗,顿时,枪声大作。

战斗进行得很激烈,直近中午,城门仍未攻开。各路指挥员有些焦急了。这时,旗山岭指挥部里的毛泽东却异常镇定。经过周密的思考,他决定施用火攻。由南门、北门发起佯攻,吸引敌人火力,然后由一营集中力量火攻东门。命令下达后,当地群众立即送来了许多楼梯、煤油、稻草、棉絮等。于是,在东门外的一间民房里,几十个战士揭开屋瓦,把部队仅有的两挺机枪架上屋顶,居高临下,向敌人猛烈射击。与此同时,几十个战士两人一组,披着沾湿了的棉絮,夹着干草、煤油,冒着枪林弹雨,涌向东门,点着了火。霎时,烈火熊熊,将东门烧穿了。随即,一营战士奋不顾身,穿过浓烟,冲进城内。

东门一破,城内守敌乱作一团,无心再战。继而,南门、北门也相继攻破。三路部队在城内奋勇拼杀,打得敌人纷纷逃窜。县长张开阳、营长王国政急忙打开西门,企图逃窜,却遭到等候多时的袁文才部的猛烈射击。敌人忙又欲退回城内,又被进逼的一、三营封死退路,成了瓮中之鳖。混乱中,敌营长王国政被击毙。敌士兵见大势尽去,纷纷跪地投降。反动县长张开阳夺路逃跑,躲入西门外的小沟里,惊魂未定,被参战的古城区大江边暴动队队长文根宗生俘。是役,击毙、击伤包括营长王国政在内的敌独立营和靖卫团共 300 余人,生俘 100 多人,活捉敌县长张开阳,取得了根据地创建以来的第一次辉煌胜利。

新城大捷,体现了毛泽东"集中以应付敌人"的战略思想和"围三阙一、开门打狗"的灵活战术。

从此,毛泽东便从遂川分兵和新城战斗的实践中,提出了"分兵以发动群众,集中以应付敌人"的游击战争战术原则,并在以后的割据斗争中显示出巨大的威力。

新城战斗的胜利,激荡着所有参战的工农革命军指战员、地方赤卫队和暴动队员的心。18 日下午 4 时后,战士们押着 100 多名俘虏,兴高采烈、浩浩荡荡地回师茅坪。长期以来,饱受地主豪绅、反动军队欺凌的工农革命军战士和宁冈翻身农民,第一次看到这么多敌俘,不禁恨上心来。从新城返回茅坪的路上,一路将俘虏兵催促着,推搡着,高声叫骂,俘虏兵稍有不是,即遭拳打脚踢,有的气愤至极,竟开枪杀了俘虏。

这种现象,引起了毛泽东等领导人的注意和思考。第二天,毛泽东在茅坪的阎仙殿前,召开了工农革命军战士和俘虏兵参加的军民大会。

毛泽东代表前委在会上分析了新城战斗的经验,表扬了我革命军战士和参战农民勇敢作战的精神,同时,指出了我军在俘虏政策上的问题。他说:“俘虏兵不能受到虐待,更不能杀。他们也是工人、农民出身。也是强迫当兵的,只要放下了武器,就要同等对待,并要受到优待。”①

接着,毛泽东宣布了优待俘虏的几条具体规定:(一)不许打;(二)不许骂;(三)不许搜腰包;(四)有伤的给予治疗;(五)愿留的,吸收参加红军;(六)愿回去的,发给路费遣送回家。

当时,参加大会的军民听了,简直不能理解。“俘虏不管怎么说也是‘阶下囚’,怎么待为‘座上宾’呢?”②而参加大会的俘虏兵听了,一个个却傻眼了。国民党的长官不是说,共产党“青面獠牙”、“共产共妻”,抓住就要杀头么?他们都认为今天就是死期了,没想到革命军对俘虏竟这样宽大。所以,当场就有不少人报名参加工农革命军。③原广州军区副司令员、中将谭甫仁就是在那里参加红军队伍的。

由于前委采取了对俘虏的宽大政策,很快在边界产生了巨大的影响。“引起了敌军士兵和无出路的下级官兵对我们注意,投诚来归的日益增多。”④杨至诚在《一个俘虏兵的故事》中讲了一个叫曹福海的俘虏兵,三次被俘,三次被放,最后在七溪岭战斗中被俘后,带来10多个国民党士兵,弃暗投明,加入红军队伍。曹福海在战斗中坚定勇敢,还提了排长,后来在大余战斗中英勇牺牲。

对于俘虏政策所产生的威力,毛泽东曾在《井冈山前委向中央的报告》中说:“对敌军的宣传,最有效的方法是释放俘虏和医治伤兵。敌人的士兵和营、连、排长被我们俘虏过来,即对他们进行宣传工作,分为愿留愿去两种,愿去的即发路费释放。这样就把敌人所谓‘共匪

① “访韩伟记录”,1973年4月20日。
② 杨至诚:《一个俘虏兵的故事》,《井冈山革命根据地》回忆资料。
③ “访韩伟记录”,1973年4月20日。
④ 毛泽东:《井冈山的斗争》。

见人就杀’的欺骗,立即打破。杨池生的《九师旬刊》,对于我们的这种办法有‘毒矣哉’的惊叹!”聪明的敌人如李文彬旅,他们也仿效革命军的做法,但由于他们军队的反动性质所决定,则很难收到效果。“在再作战时,我们的人还是有拖枪回来的。”①

工农革命军在井冈山斗争时期实行的宽待俘虏政策,对削弱和瓦解敌军,补充和扩大革命力量所起的重要作用,是许多人所始料未及的。

宁冈县工农兵政府的成立

打下新城后,前委即紧张地筹备宁冈县工农兵政府的成立。毛泽东提议,新成立的县工农兵政府设在砻市,首任工农兵政府主席由泥腿子出身的、在新城战斗中活捉敌县长的古城大江边村暴动队长文根宗担任。这一建议,获得前委和宁冈县党组织负责人龙超清等的一致赞同。从此,砻市成为湘赣边界红色政权的第一个新县城,并沿袭至今。

2 月 21 日一大早,宁冈县的贫苦农民,像潮水般地涌入砻市河东的大河洲上。宁冈县工农兵政府成立大会的会场,就设在这里。沙洲的正前方用十几个禾桶架着门板搭起了一个临时主席台,上面悬挂着一块长红布,红布上写着“宁冈县工农兵政府成立、审判反动县长张开阳大会”的巨幅会标。工农革命军战士和宁冈的赤卫队、暴动队员、工农群众近万人席地而坐,气氛热烈而又欢快。湘赣边界又一个红色政权就要诞生了!

毛泽东、张子清、宛希先、何挺颖、袁文才、龙超清等军队、地方领导人出席了大会。10 时许,大会司仪肖子南宣布:大会开始,宁冈县工农兵政府成立! 顿时,鞭炮齐鸣,锣鼓喧天,会场一片欢腾。

毛泽东在会上向到会的各界人士作了热情洋溢的讲话。他说:

---

① 毛泽东:《井冈山的斗争》。

宁冈县工农兵政府

"今天的大会,是个胜利的大会。从此,宁冈人民有了自己的政府,贫苦工农要自己当家做主了!"接着,他把文根宗请到台前,介绍说:"这就是文根宗同志。就是他,在新城战斗中活捉了张开阳,立了头一功!从今天起,他就要担任大家的工农兵政府主席,大家要拥戴他、支持他,把宁冈的工作做得更好!"

毛泽东的讲话,激荡人心,赢得台下军民阵阵掌声。

会上,还宣布成立中共宁冈县委,龙超清任县委书记;成立县赤卫大队,石敬庭任大队长。龙超清、文根宗分别代表县委和政府在会上发了言。

大会的最后一项议程是公审反动县长张开阳。当肖子南宣布将张开阳押进会场时,全场军民群情激愤。4 个赤卫队员把张开阳押至土台右侧,架放在 1 米多高的三根木架上面。新任县政府主席文根宗一一宣布了张开阳的罪状,并以宁冈县工农兵政府名义,宣布判处死刑,立即执行。

会后,宁冈各区、乡工农兵政府相继成立,并在县工农兵政府的领导下,开展对敌斗争,建立地方武装,创造湘赣边界割据区域的坚实基础。

在此期间,还成立了新遂边陲政府。

新遂边陲是指永新、遂川两县交界的井冈山区。它东从永新的旗锣坳以进,南到遂川的小行洲;北是永新的锡坪、大小船;西边是遂川的荆竹山以内的大小五井、茨坪、下庄、草坪、白泥湖、梨坪、罗浮等大小几十个村庄,纵横各五十余里。

2 月下旬,为了适应斗争形势发展的需要,前委决定将茨坪、大小五井、白泥湖等地分别划出,单独成立新遂边陲特别区。特别区下辖茨坪、大井、土岭、下庄、行洲、梨坪、白泥湖等十个乡,人口近两千,面积约 76 平方公里。

2 月下旬的一天,新遂边陲特别区工农兵政府在茨坪李桂生家成立,主席李尚发。区政府设土地、财政、组织、经济、军事、宣传等机构。同日,中共新遂边陲特别区委员会也建立起来,区委书记肖万侠。

新遂边陲特别区,隶属遂川县工农兵政府和县委领导。湘赣边界防务委员会成立后,实行双重领导。特别区政府的主要工作是:发动群众烧田契、分田地;组织打土豪、分物资;组织递步哨、守哨口工事等。① 区政府成立以后,组建了新遂边特别区赤卫队,有枪 30 多条,专门负责遂川、永新两县交界的防务工作。据李珍珠回忆说:“工农革命军把他们从遂川缴获的物资,护送到了黄坳就交给我们管。农民们挑来的各种东西、各种物资,有盐、有油、有布匹、还有药材等。这段时间,我们每天早上出去,晚上回来,护送农民把物资运上井冈山。”②在区政府的领导下,特别区的工作发展很快。茨坪等十个乡都相继成立了乡工农兵政府和暴动队。由于地处军事根据地中,一遇打仗,暴动

① 罗冬祥:《茨坪和新遂边陲的党政军机关》,《井冈山革命根据地》回忆资料。

② 李珍珠:《从绿林兵到当红军》,《井冈山革命根据地》回忆资料。

队也要上前线参加运送物资和抬运伤员。

新遂边陲特别区自1928年2月下旬成立后,一直坚持到1930年2月王佐被错杀,井冈山失守才停止活动。应该说,新遂边陲特别区的建立,为井冈山的军事根据地的营造与巩固,做了很多工作。它的建立,也是毛泽东创建井冈山革命根据地进行工农武装割据思想的产物。

毛泽东宁冈、永新两县调查

在井冈山根据地初创时期,毛泽东非常注重社会调查,了解社会状况。1927年11月,工农革命主力攻打茶陵时,毛泽东因为脚伤,在大陇送别了队伍后,回到茅坪。为了全面了解边界的政治经济状况,为制定正确的政策和策略提供依据,毛泽东在茅坪的坝上、洋桥湖、马沅一带进行了广泛的调查。当年宁冈县委组织部长刘克犹回忆说:"1927年11月间,井冈山革命根据地刚刚开始诞生,工农革命军攻打茶陵去了……这时,毛委员没有去打茶陵,在步云山附近的洋桥湖、坝上一带搞社会调查。"①

毛泽东搞社会调查采取开座谈会或个别访问的形式。"自己口问手写,并同别人开展讨论"②,然后将获得的材料整理成文,取名《宁冈调查》。

1928年2月下旬,毛泽东又在永新的秋溪乡一带,搞了一个《永新调查》。对毛泽东在秋溪的调查,永新革命老人李步陵回忆说:"1928年2月间,毛泽东又从井冈山率领红军来到永新秋溪开展群众运动,帮助永新县委工作。毛泽东来到秋溪后,深入群众,访贫问苦,又和县委的同志经常研究工作,带来的红军则帮助我们群众干活。在毛泽东

---

① "刘克犹自写材料",1973年。

② "刘克犹自写材料",1973年。

的亲自领导和关怀下,秋溪、龙源口一带的工作得到很大的发展。"①

调查研究,是毛泽东的独创。可是,当时党内许多同志并不理解,也不重视。1928年6月间,湖南省委代表杜修经来到井冈山区,毛泽东"要秘书把他到达井冈山后写下的永新、宁冈等地的农村调查拿给我看。我一看,这些写在商人账本'总簿'、'坐簿'上的农村调查,一本一本地叠了尺多高。由于我不理解这些就是毛泽东同志为我们党制定方针政策的依据,对这些调查材料,只当作一些故事或情况阅读,一天的工夫就看完了。毛泽东同志见我启而不发,知道我没有看懂,失望地把这些退回来的调查材料收捡起来。"②

然而,毛泽东辛辛苦苦整理而成的永新、宁冈二县调查,由于战争的原因,都失掉了。毛泽东在《农村调查的序言和跋》一文中写道:"要了解情况,唯一的方法是向社会作调查,调查社会各阶级的生动情况。对于担负指导工作的人来说,有计划地抓住几个城市、几个乡村,用马克思主义的基本观点,即阶级分析的方法,作几次周密的调查,乃是了解情况的最基本的方法。……我用开调查会的方法得来的材料,湖南的几个,井冈山的几个,都失掉了。"

"井冈山的几个",指的就是《宁冈调查》和《永新调查》。

对失掉的这两个调查,毛泽东"时常念及"。他在《寻乌调查序言》一文中说:"我过去做湘潭、湘乡、衡山、醴陵、长沙、永新、宁冈七个有系统的调查,湖南那五个是大革命时代(1927年1月)做的,永新、宁冈两个是井冈山时代(1927年11月)做的,湖南五个放在我爱人杨开慧手里,她被杀了,这五个调查大概是损失了,永新、宁冈两个,1929年1月红军离开井冈山时放在山上一个朋友手里,蒋桂会攻井冈山时也损失了。失掉别的任何东西,我不着急,失掉这个调查(特别是衡山、永新两个)使我时常念及,永久也不会忘记。"

---

① "访李步陵记录",永新县党史办。

② 杜修经:《四上井冈山》,《井冈山革命根据地》回忆资料。

由此可见,毛泽东对调查的重视程度。正是毛泽东注重调查,使毛泽东在井冈山斗争时期掌握了大量的客观依据,从而能在指导边界的工作中作出正确的判断和决策,显示出超人的领导艺术。

井冈山革命根据地的初步形成

从1927年10月起,至1928年2月,工农革命军经过艰难的创造与割据,先后在茶陵、遂川、宁冈三县建立了红色政权,工农革命军已拥有宁冈全县,永新、遂川、莲花、酃县、茶陵各一小部。这标志着以宁冈为中心的井冈山革命根据地的创立已初具规模,罗霄山脉中段工农武装割据局面业已形成。

这一切都来之不易。诚如毛泽东在《井冈山前委给中央的报告》中所述:“湘赣边界的工作,从去年十月做起。开头,各县完全没有了党的组织,地方武装只有袁文才、王佐各六十支旧枪在井冈山附近,永新、莲花、茶陵、酃县四县农民自卫军枪支全数缴给了豪绅阶级,群众革命情绪已经被压下去了。到今年二月,宁冈、永新、茶陵、遂川都有了党的县委,酃县有了特别区委,莲花亦开始建立党的组织,和万安县委发生了关系。地方武装,除酃县外,各县都有了少数……”

湘赣边工农武装割据从无到有,从弱到强,表明大革命失败特别是秋收起义失利以后,以毛泽东为代表的中国共产党人,创造性地把马克思主义原理与中国革命实践相结合,开始寻找到了一条成功的道路——以宁冈为中心、以井冈山为依托的建立农村根据地的革命道路。

这一道路的探得,其成功的秘诀在何处呢?我们认为:主要得力于毛泽东的“三次决策”:

一是文家市会合后放弃攻打长沙、转兵向罗霄山脉中段进军的正确决策。

秋收起义三路人马相继受挫后,毛泽东在向文家市会合的途中,就以前委书记的名义给师长余洒度去信,“嘱度即将部队改道退萍乡再说”。在文家市会议上,毛泽东竭力否定了“取浏阳直攻长沙”的错误主张,作出“以前敌委员会决议,以保存实力,应退萍乡”的决策,“次日部队即向萍乡退却”。向萍乡退却,退往哪里?退往“眉毛画得最浓的”罗霄山脉中段,去当革命的“山大王”。这是毛泽东在秋收起义失利后、引兵井冈前所作出的第一次正确决策。这一决策无疑是中国革命胜利的起点。正如何长工在《秋收起义和引兵井冈山》一文中所言:“此后,毛泽东同志率领秋收起义部队向罗霄山脉中段转移,开始了‘引兵井冈山’。这是中国革命了不起的伟大战略转移。从此中国革命工作重点由城市转向农村,走上了工农武装割据、农村包围城市的道路。”

二是毛泽东关于以宁冈为中心建立军事大本营的正确决策。

毛泽东率部上山以后,究竟确定在哪里安营扎寨,建立军事大本营,是经过一番周密思考,最后作出抉择的。

据文献资料记载,毛泽东在引兵井冈、茅坪安家后不久,即1927年的12月份,就有“以宁冈为中心建立军事大本营”的考虑。所据如下:

中共中央文献研究室最新编著的《毛泽东年谱》(上卷)披露:

(1927年)12月18日,在井冈山会师前,毛泽东曾致信中共湖南省委,提议改组前敌委员会,表示朱、毛两部将建立联合领导的意向。信中说:部队行动,由朱德、陈毅、张子清、宛希先、余贲民、袁文才、毛泽东七人组成前委,请批准。如系驻军,则应组织湘赣特别委员会,指挥军事及交界八县党务、农村暴动等,人员除上述七人外加江西的刘真,请呈报中央批准。又朱云卿应加入前委和特委。

此信原件及全文我们没有见到。其中有两点值得重视。一是12月18日之行文时间。此时正值工农革命军第二次攻克茶陵之后,毛泽东去茶陵之前,他因脚伤留在茅坪从事社会调查。二是提及袁文才。这时的袁文才部正接受工农革命军的整训与练兵,尚未正式改编为工农革命军第二团。可见,毛泽东1927年11、12月间在茅坪从事社会调查时,就已有了以宁冈为中心建立大本营的考虑。否则,他绝不会将宁冈的"山大王"袁文才列进前委委员名单,并请中央批准。显然,毛泽东是把宁冈与袁文才、大本营放在一起通盘考虑的。

对此信,杜修经当年的一份报告可作印证。"宁冈是一个多山的小县,有一座大山,围绕这山的有永新、遂川、酃县、茶陵、莲花五县,宁冈是中心,易守难攻,而各县民众运动经过了半年来的经营,也略有基础。同时向茶陵、永新进展,可以影响两省,并两省上游。以此地为大本营的意见,泽东同志早有了,便有边界特委组织的建议。"①

关于1928年12月以宁冈为中心建立大本营的构想,毛泽东起草的又一份文件亦可说明。1928年5月2日,他以工农革命军第四军军委书记的名义,给中共中央去信。其中说:"去年十二月前委会即有建议组织特委,湘省委及中央最好另派得力同志来做书记,事实上毛同志任军事工作很难兼职。……现于吉安来信之后,大家意思即把特委组织起来,你认为如何?听见处明示。组织一定任组织,这以宁冈为中心,罗霄山脉政权之建立,党之强有力,军力去造就实在湘赣两省之革命根据地之一,此理毛同志等业已累次呈明在案。由湘南特委转湖南省委转中央,多久未见奉准驳明文,间从安源市委来信中偶有湖南省委已核准的话,但并非省委明示。"②

从上述三份历史文献资料可以判断,毛泽东在上山后两个月即1927年12月间,就有"以宁冈为中心"建立军事大本营乃至"罗霄山脉政权"的构想,并提出了组建中共湘赣边特委的建议,而且已"累次呈明在案"。意见是明确的,决心也开始形成,只是没有得到中共湖南省委的"明示"批准而已。

三是毛泽东对建立以井冈山为依托的罗霄山脉中段政权的正确

① 《杜修经给中共湖南省委的报告》,1928年6月15日。

② 《中共江西省委转来毛泽东同志的信》,1928年5月19日,《井冈山革命根据地》历史文献。

决策。

井冈山,地处罗霄山脉中段。杜修经说:"宁冈是一个多山的小县,有一座大山","易守难攻",这显然是指井冈山。杨克敏在 1929 年 2 月 25 日的报告中说:"罗霄山脉中段的井冈山是很好的军事根据地,于是创造罗霄山脉中段的割据,建立罗霄山脉中段的政权,为朱毛部当时唯一的工作和企图,于是伟大的奋斗和激烈的斗争,一幕一幕的开展起来。"①陈毅在 1929 年 9 月 1 日的报告中说:"宁冈七县皆同属崇山峻岭,尤以井冈山为最险要,周围约有二百余里,四军得此地势即可休整整顿,当时决定在宁冈建立军事根据地,分兵到各县游击发动群众斗争,这一个政策非常正确。"②

杜修经、杨克敏、陈毅均是井冈山斗争时期的重要人物,他们的这些思想,是在实践中对割据斗争的观察并接受了毛泽东的启发而形成的。因为,毛泽东对以井冈山为依托的罗霄山脉中段的各项条件有过缜密的比较分析,尔后才形成了决策。

毛泽东是怎么比较的呢?他在《井冈山前委给中央的报告》中分析认为:罗霄山脉分北段、中段、南段,自广东北部沿湘赣两省边界至湖北北部。"北段地势不如中段的可进可守,又太迫近了大的政治都会,如果没有迅速夺取长沙或武汉的计划,则屯置比较大的军力于浏、醴、萍、铜一带是很危险的。南段地势较北段好,但群众基础不如中段,政治上及于湘赣两省的影响小些。不如中段一举一动可以影响两省的下游。"

中段呢?毛泽东在分析于四围白色政权的中间,红色政权能够存在的原因时,曾提出必须具备下列条件:1. 有很好的群众;2. 有很好的

---

① 杨克敏:《关于湘赣苏区情况的综合报告》,1929 年 2 月 25 日,《井冈山革命根据地》历史文献。

② 陈毅:《关于朱毛军的历史及其状况的报告》,1929 年 9 月 1 日,《井冈山革命根据地》历史文献。

党;3. 有相当力量的红军;4. 有利于作战的地势;5. 有足够给养的经济力。通过一年的割据,他认为中段的长处是这几条都具备,而且在第四条中明确地说明:“有很好的军事根据地井冈山,其他地方武装的根据地各县都有。”中段的缺点只是:因割据已久,“围剿”军多,经济问题,特别是现金问题,十分困难。

为此,毛泽东在同篇报告中特别强调军事根据地的重要性,说:“在四周白色政权中间的赤色割据,山险的军事根据地是不可少的。因为四周都是敌人,防御要向四面防御,非藉自然的山险以补助人力偶然的不足(如敌人最大最危急时),欲求在资产阶级政权稳定的时候,赤色割据之长期存在,是很困难的。”

所以,毛泽东认定:“整个的罗霄山脉的中段,我们都走遍了,各部分比较起来,以宁冈为中心的罗霄山脉的中段,最利于我们的军事割据。”

毛泽东关于建立以宁冈为中心、以井冈山为依托的罗霄山脉中段政权决策的形成是一个渐进的过程。这一决策始于 1927 年 12 月,最后确立大约在 1928 年的 4 月底 5 月初。这时朱毛两部已胜利会师,罗霄山脉中段割据政权已初具规模,半年多来的斗争实践已充分证明毛泽东关于“以宁冈为大本营”的最初构想是完全正确的。为了布置朱毛会师后的长期斗争,必须确立“工农武装割据”的战略基地,必须下决策的决心。这一决策的最终确立,有三份历史文献可以印证:一是毛泽东 1928 年 5 月 2 日给中央的报告指出“以宁冈为中心罗霄山脉政权之建立”和组建湘赣边特委的计划。二是杨克敏向湖南省委报告中的记述:“边界自毛部去春(1928)自湖南与朱部会合(今)重来后,确立了建立罗霄山脉中段的割据政权的决心。”①三是中共湖南省委于 1928 年 6 月 19 日给边界特委和四军军委的批复信函:“以罗霄

① 杨克敏:《关于湘赣边苏区情况的综合报告》,1929 年 2 月 25 日,《井冈山革命根据地》历史文献。

山脉中段为根据地的计划,省委完全同意。”可见,决心下了,计划报了,省委也批了。这一决策的最终确立,对井冈山根据地的发展至关重要。这是后话。

以宁冈为中心、以井冈山为依托的罗霄山脉中段政权的割据局面形成后,一幕幕“伟大的奋斗和激烈的斗争”又开始了。

边界“三月失败”

正当边界工农武装割据如火如荼蓬勃发展的时候,3 月上旬,湘南特委军事部长、湖南军委特派员周鲁来到了宁冈砻市。

没想到,周鲁一到,下车伊始,便信口开河,指责毛泽东及前委“行动太右”,“烧杀太少”,“没有执行所谓‘使小资产变成无产,然后强迫他们革命’的政策”①,指示要“烧、烧、烧,烧尽一切土豪劣绅的房屋!杀、杀、杀,杀尽一切土豪劣绅的头颅!”

周鲁传达了湘南特委的决定:取消以毛泽东为书记的前敌委员会,改为师委,何挺颖任书记。师委是军中党的领导机关,地方上的工作由地方负责。毛泽东改任师长。②

周鲁还传达了 1927 年 11 月中央临时政治局扩大会议精神,即“毛泽东同志所部工农军的工作,中央认为未能实现党的新策略,在政治上确犯了极严重的错误”,给毛泽东以“开除中央临时政治局候补委员”,“撤销其现在省委委员资格”的处分。③ 周鲁在传达时,误传为中央开除了毛泽东的党籍。

周鲁还代表湘南特委指示毛泽东、何挺颖率领工农革命军离开湘赣边界,前往湘南,策应湘南“年关暴动”(即湘南起义)。

周鲁所传达的指令,使毛泽东、张子清、宛希先、何挺颖等大惑不

① 毛泽东:《井冈山的斗争》。
② 毛泽东:《井冈山的斗争》。
③ 《中央致湖南省委信》,1927 年 12 月 31 日,《井冈山革命根据地》历史文献。

解。他们与周鲁进行了强烈的抗争。但是,抗争无用。按规定,前委必须接受湖南省委及其湘南特委的指导。上级的指示还得执行,这毕竟不是周鲁个人的决定。

在党中央"左"倾盲动主义的束缚和高压政策下,边界工作"顿失中心",刚刚建立起来的根据地陷入迷惘之中。

在中共中央惩办主义的政策下,毛泽东处于十分困难的境地。谭政《在前委工作的见闻》中曾这样记叙说:"尽管周鲁传达的意见是错误的,可是当时怎么办啊!毛泽东是党员,他敢反中央吗?这是一个纪律问题。……公开反不可能,作斗争也难办。"

为了执行湘南特委的指令,1928 年 3 月中旬,毛泽东、何挺颖在砻市集中了工农革命军第一、第二团,传达了前往湘南、策应湘南起义的命令。决定:部队分三路向湘南进发。毛泽东、何挺颖率第一团从砻市向酃县;袁文才、何长工率二团一营从大陇出发;王佐率二团二营从大井出发,一起开往湘南。

毛泽东不能当前委书记、师委书记,只能当师长了,何挺颖为师委书记。毛泽东平生第一次挎上了驳壳枪,向部队讲了话。他说:"军旅之事,未知学也,我不是个武人,文人只能运笔杆子,不能动枪。秀才造反三年不成,当师长有点玄乎。可是,一个篱笆三个桩,一个好汉三个帮,三个臭皮匠,合成个诸葛亮,要靠大家了。我们有这么多干部,大家都是党的骨干。在斗争中积累了一些经验,大家来当个参谋吧!"①

3 月 18 日,三路人马先后抵达湖南酃县的中村。

部队到中村后,没有马上直去湘南,而是集中在中村待命。原来,部队到中村时,正值酃县人民配合湘南起义,举行"三月暴动"。"到酃县,他们看到湘东运动很发展,泽东的意思想到茶陵使湘东与湘南联

① 何长工:《伟大的会师》,《井冈山革命根据地》回忆资料。

系起来,周鲁同志也觉同意。"①于是,毛泽东一面派出毛泽覃率特务连往湘南与朱德部联络,一面领导部队就地整训,发动群众,开展革命斗争。

3月19日,部队师委和酃县特别区委在中村周南学校,召开了联席会议。毛泽东和何挺颖听取了中共酃县特别区委书记刘寅生的汇报,决定成立中共酃县县委,由刘寅生任书记。并将暴动队中的优秀分子挑选出来,组建酃县赤卫大队,毛泽东和何挺颖从部队中派出戴奇任赤卫大队党代表,何国诚为大队长。与此同时,中共中村区委、区工农兵政府、共青团酃县县委、少年先锋队等组织,也相继建立起来了。

这时毛泽东当了师长,成了"民主人士"②。20多年后,即1956年9月,毛泽东在党的八大的一次预备会上,曾风趣地谈及这段历史。他说:"开除党籍了,又不能不安个职务,就让我当师长。我这个人当师长就不那么能干,没有学过军事。因为你是个党外民主人士了,没有办法,我就当了一阵师长。后来又说这是谣传,是开除出政治局,不是开除党籍。啊呀,我这才松了一口气!"此乃后话。

部队于3月18日来到中村后,决定暂时住下来休整。一时,众说纷纭,人心浮动。有的急切地盼望去湘南,走州过府,到大城市去吃喝玩乐;有的忧心忡忡,担心回不了井冈山;还有些意志不坚定者,对红色政权的存在产生了怀疑。

上述现象的产生,说明很有必要在军队中加强政治思想教育,从理论上给部队指战员们予以灌输。于是,毛泽东和何挺颖商定,借部队在中村休整之机,进行一次系统的思想政治教育。

何挺颖对毛泽东素为敬重,对他在蒙受冤屈时仍保持高度的政治热情和豁达的革命胸怀更为佩服,完全同意毛泽东的安排,并请毛泽

① 《杜修经给中共湖南省委的报告》,1928年6月15日。
② "访问朱良才同志和陈伯钧同志谈话记录",1971年3月12—13日。

东亲自主讲。

于是,从3月19日起,毛泽东在中村小铺头旁边的八担丘板田里,采用轮流讲课、轮流讨论的方法,对部队进行了近一周的思想政治教育。

对于中村授课,不少老同志均有所回忆。陈士榘回忆说:"记得毛委员坐在一条长凳上,面前放着一张小条桌,我们坐在禾蔸上。南方的春天是来得早的,这天又是个大晴天,春天的太阳使我们感到特别亲切和温暖。集合当时所有的部队讲政治课,讲的题目,记得是:中国革命的特征。"毛泽东同志具体而又通俗地解释了什么叫帝国主义,什么叫军阀混战。……还分析了封建势力之间的矛盾,外来军阀与本地封建势力统治之间的矛盾,地主阶级与农民的矛盾。又讲到中国是农业国、经济主要是靠农村,城市人的吃、穿都靠农村来供给,靠农村来养活,通俗地说:城市里的青石板是不长禾的,而城市是统治农村的,所以城乡矛盾很深。""他在讲课中肯定地说:中国革命的高潮必然会迅速到来。中国革命一定要反帝反封建,以农村为根据地。"①

陈伯钧回忆说:"讲课时,毛泽东同志找来一块小黑板,一边讲,一边写。讲课的题目是:目前的政治形势和工农运动的兴起。毛委员深刻地分析了当时中国革命的形势和革命的性质,用通俗易懂的语言讲解了建立井冈山革命根据地的伟大意义,用铁的事实严厉地批判了'左'、右倾机会主义和错误路线,使全体战士在极其尖锐,复杂的阶级斗争中,认清了革命形势,提高了战斗勇气,坚定了革命信心。"②

可见,毛泽东在中村授课时,着重讲述了当时的政治形势和中国革命的任务,阐明了坚持井冈山斗争的重要意义,批评了危害革命的"左"倾盲动主义,指明了中国革命的前途。这些,对部队官兵的教育作用无疑是很深刻的,从而使这支年轻的工农革命武装部队认清了形

① 陈士榘:《秋收起义和创建井冈山革命根据地》,《井冈山革命根据地》回忆资料。
② 陈伯钧:《红军在酃县革命活动的几个片断》,《井冈山革命根据地》回忆资料。

势和方向,坚定了革命必胜的信心。

工农革命军在中村集结期间,毛泽东、何挺颖曾布置部队以连队为单位,深入到群众中去,宣传群众,组织群众,武装群众,开展打土豪、分田地运动。

为使分田地运动有组织有步骤地进行,毛泽东、何挺颖与酃县县委书记刘寅生等,在中村周南学校召开了一个联席会议,专门研究讨论土地革命问题。随后,派出一批军队干部下到各地指导分田。“毛委员像普通战士一样,置身在群众斗争的行列里。他亲自为翻身农民丈量土地,为得到土地的群众书写和插下分田的牌子。”①

酃县中村的插牌分田,是试点性的,当时尚未全面铺开。“分配土地的政策是平均分配,当时群众叫做‘平田’”。②“由于我们当时没有稳固的政权和坚强的地方武装,只有当部队一来,我们的政权就有一阵子,军队一走,反动军队又来了,就实行白色恐怖,政权又没有了,所以分田地也就白分了。”③但是,中村插牌分田毕竟狠狠打击了豪绅地主和封建势力,显示了革命的威力,同时为以后的土地革命积累了经验。

正当工农革命军在酃县中村发动群众开展打土豪分田地运动时,传来了湘南起义部队处境危险的消息。于是,毛泽东、何挺颖等毅然决定,工农革命军兵分两路,向湘南挺进。毛泽东、何挺颖、张子清率第一团为左翼,楔入汝城之间;何长工、袁文才率第二团为右翼,向资兴彭公庙方向前进,以策应、掩护湘南起义部队安全转移。

这时正是3月下旬。

部队出征湘南,边界兵力顿空。国民党反动派闻讯,乘虚而入,卷土重来。霎时间,刀光剑影,腥风血雨,昔日根据地安居乐业的局面,

---

① 陈伯钧:《红军在酃县革命活动的几个片断》,内部采访资料。

② 陈伯钧:《红军在酃县革命活动的几个片断》,内部采访资料。

③ 周里:《忆井冈山斗争》,内部采访资料。

一时变得一派萧瑟、恐怖。

宁冈,是革命军的大本营。敌人反攻倒算时,宁冈人民承受了极大的牺牲和代价。

在新城,反动县长张开阳的老婆在新城战斗中脱逃到吉安后,请来了一营兵,窜回到新城。张开阳老婆见昔日的县衙成了共产党新城区委、区政府所在地,顿时下令:"烧!"顷刻,偌大的一幢建筑,化为灰烬。新城区委书记龙芳桂率领区赤卫队、暴动队与敌展开激烈搏斗,因敌强我弱,为避免损失,只得退守七溪岭一带山中。

第二天,张开阳老婆又在土豪劣绅带领下,率一营敌兵窜进了茅坪。

茅坪乡政府主席谢馈山闻知敌人要"血洗茅坪"的消息,立即与乡政府干部进行会商,决定由谢馈山率乡赤卫队袭扰敌人,乡政府秘书、共产党员谢甲开组织群众转移进山。

"乡亲们,快走吧!"谢甲开挨家挨户地动员、催促,但一些年老体弱的乡亲仍然恋恋不舍,实在是故土难离啊!当谢甲开带领最后一批群众转移时,张开阳老婆和她带来的一营敌兵到了。随敌前来的一个劣绅认出了谢甲开。谢甲开被捕了。敌人见茅坪成了一座空村,恼羞成怒,放火烧毁坝上、茅坪30多幢房屋,尚不解恨,又对谢甲开施以重刑,逼他说出茅坪群众及党政干部的下落。谢甲开守口如瓶,坚贞不屈。敌人把谢甲开押至茅坪河边,砍去了他的双臂。谢甲开倒在血泊中。他挣扎挺立起来,对着敌人大骂,高呼"共产党万岁!……打倒国民党反动派!"敌人竟惨无人道,将谢甲开胸腹剖开,挖出心肺,然后,将谢甲开碎尸五段,抛入河中。谢甲开为党和人民流尽了最后一滴血。

与此同时,酃县挨户团窜入宁冈睦村一带,一路杀人放火,一直从睦村烧到河桥,将上寨村烧为平地。

茶陵挨户团也摸进九陇山,将蔡家田47幢百姓住房焚烧殆尽。

宁冈县反动靖卫团团总谢勇余带领靖卫团丁,将古城西沅村几十幢房子全部烧掉。……

宁冈各地的地主劣绅大肆反攻倒算,进行反革命宣传,挑起土客两籍矛盾,致使许多农民纷纷"反水",逃往永新等地。地主豪绅依仗反动军队的势力,到处捉拿共产党人、农会干部和革命军家属。砻市、古城等地红色政权和党的组织遭受严重破坏。

在遂川,反动地主武装首领萧家璧,怀着对工农革命军的刻骨仇恨,窜入红色区域捕杀共产党员,发现哪家有人参加工农革命军就满门抄斩!

在永新,反动民团团总尹道一之子尹豪民,在拿山组织反动武装,扬言要"替父报仇",挨户搜捕农会干部,拦路劫杀无辜群众。

在酃县,中村分好的田还未耕作,又被土豪劣绅收回去了。中村区委委员周介甫被捕,受尽酷刑,惨遭杀害,敌人将他的头割下送到酃县县城示众数天。

在敌人的疯狂烧杀下,井冈山革命根据地的红色区域除茅坪、大陇、茨坪、大小五井、九陇山等山区仍掌握在地方武装手中外,遂川、茶陵两县城丢失,其他平原地段红色区域被敌人占领一个多月。

这就是惨重的边界"三月失败"。

"三月失败"的原因是多方面的。

一是中央对当时的形势做了错误的估量和处置。

1927年11月9日至10日,中共临时政治局在上海召开扩大会议,通过了《中国现状与共产党的任务决议案》。会议对中国革命的形势、性质和策略等一系列重大问题做了错误的估量,提出了一系列"左"的政策,要求各地"对于豪绅工贼及一切反革命派,应采取毫不顾惜的歼灭政策"。同时,还通过了《政治纪律决议案》。这个决议案对在党的"八七"会议前后起义失败的领导者都给予了处分,对秋收起义的主要领导者毛泽东,做出了"开除中央临时政治局候补委员"、"撤销现任省委委员资格"的错误处分决定。由于中央对当时形势的错误估量,以及《决议案》的错误处置,使全国革命遭受到一定的损失,对井冈山革命根据地同样产生了影响。中央在1927年12月31日《致湖南省委的信》中指出:“关于毛泽东同志所部工农军的工作,中央认为未能实现党的新策略,在政治上确犯了极严重的错误,中央特命令湖南省委按照实际需要决定该部工作计划,连同中央扩大会议的决议和材料派一负责同志前去召集军中同志讨论并由大会改造党的组织,有必要时,派一勇敢明白的工人同志任党代表。”正是这个来势凶猛的中央文件的下达,湖南省委于1928年3月派了湘南特委军事部长到井冈山根据地贯彻执行,取消了毛泽东为书记的前敌委员会,改组为师委,由何挺颖任书记,毛泽东改任师长,致使边界“顿失中心”,“各自为政”,加之革命军受命开往湘南,才造成了边界的“三月失败”。中央的指示信显然是导致边界“三月失败”的重要原因。

二是湖南省委和湘南特委存在严重的“左”倾观点。

湖南省委和湘南特委的错误表现在:在政治上,认为当时的形势是处于高潮,是“布置总暴动的极紧张的时机”,出尔反尔地批评毛泽东创造罗霄山脉中段政权的计划,是“条件不具备”,“而且是没有胜利保障的”。为了使敌军在湘粤大道上站不住脚,竟指令把湘粤大道两侧十里内的村庄房屋全部烧毁,并派专人到湘南去传达,监督这项计划的实行。为此,湘南特委提出了“烧,烧,烧,烧尽一切反动派的房屋!杀,杀,杀,杀掉一切反动派的头颅!”的极左口号,在湘南大搞所谓“坚壁清野”、“焦土政策”,以致成了郴县“反白事件”的导火线。同时,湘南特委根据湖南省委的指示,派特派员周鲁前往井冈山根据地,传达这一思想。在军事上,1928年3月朱德、陈毅等领导湘南年关暴动后,值粤、湘、桂三省军阀暂时稳定,敌人出动了7个师的兵力,分路向起义军“协剿”。在这种敌强我弱的形势下,湖南省委还坚持认为:“现时湖南的局面,是一个总暴动前途日益迫切的局面”,还要组织什么“总暴动”。显然,湖南省委和湘南特委的错误指令,是导致边界“三月失败”的直接原因。

三是策应湘南暴动的客观需要。

工农革命军开赴湘南,从策应湘南暴动,掩护起义部队撤退这个意义上考虑,是无可非议、责无旁贷的。在当时的情况下不去是不行的,何况还有湘南特委代表周鲁的督促实施。问题在于湖南省委在战略全局的决策上是失当的,不切实际的。

所以,"三月失败"的主因是中共中央的"左"倾政策,中共湖南省委和湘南特委对中央的"左"倾政策积极施行并加以发展,推向极端,直接导致了边界的"三月失败"。

从"三月失败"中我们可以得出教训:在复杂的政治环境下,一个党必须有清醒的头脑,一个党的组织必须正确执行和理解党的路线、方针、政策,否则,将会带来惨重代价;在红军和根据地的初创时期,革命的武装力量必须坚守自己的军事大本营,在需要出击的时候,也要谨慎从事,防止大本营遭敌袭击。

第二章

井冈山革命根据地的全盛时期(1928 年 4 月—7 月)

第一节 井冈山会师

湘南暴动

南昌起义保留下来的部队,在朱德、陈毅的率领下,通过“赣南三整”(天心圩整顿、大余整编、上堡整训)后,“部队走向统一团结了,纪律性加强了,战斗力也提高了”①。但是,给养问题一直没有解决。隆冬即将到来,部队战士还穿着单衣单裤,粮食、薪饷、弹药、医药等更是严重的问题,亟待解决。

怎么办?朱德想起过去云南讲武堂的同班同学范石生。范石生现任国民党第十六军军长,驻防广东的韶关和湖南的汝城、资兴一带。

起义军能否与范石生部合作呢?这个问题当时在起义军干部中引起激烈争论。一部分人认为可行,这不仅可解决给养问题,还可相机争取范石生往左转;一部分人担心会掉进军阀部队的大染缸,难以自拔。朱德针对这些不同看法,提出了自己的见解。他认为:搞合作

---

① 朱德:《从南昌起义到上井冈山》,《井冈山革命根据地》回忆资料,第 3 页。

不是右倾投降,只要我们坚持组织上独立、政治上自主、军事上自由的原则,利用好合作关系,对革命还是大有好处的。朱德的这一正确主张,得到了起义军党组织的批准。

于是,朱德即与范石生写信,表示愿意就合作事宜与他谈判。11月中旬,范石生回信表示:请朱德到汝城谈判。经过两天磋商,范石生接受了朱德的条件,同意:(一)朱德部暂用十六军四十七师一四〇。团番号;张子清、伍中豪率领的部队,暂用十六军四十七师一四二团番号。朱德化名王楷(朱德字玉阶,故称王楷),名义上任一四〇团团长兼四十七师副师长和十六军总参议。(二)同意朱德部提出的组织上独立、政治上自主、军事上自由的原则。(三)先发给一个月军饷,并配以一定数量的枪支、弹药、服装等军需用品。

起义部队终于解脱了困境。随后,朱德、陈毅率部移至韶关。在南下抵达韶关时,传来了广州起义失败的消息,原定部队前去参加广州起义的计划遂成了泡影。于是,部队便在韶关西北的犁铺头驻扎下来,借以休息训练。

在韶关,受毛泽东派遣与湖南省委及衡阳特委联络,并相机打听南昌起义部队下落的何长工,获悉朱德部在犁铺头的消息,于是急忙赶至犁铺头,见到了朱德、陈毅、王尔琢等人,沟通了毛泽东部与朱德部的相互联系。

朱德部与范石生部建立合作关系的消息,不久即为蒋介石所知。蒋介石急电令广东军阀李济深转告范石生,即将朱德部队"就地解决"。范石生得悉后,将消息透露给朱德,让他赶紧脱离,并给朱德部送来万元银洋和10箱子弹,以示友好。朱德召集部队领导人陈毅、王尔琢、龚楚等紧急商议,决定将部队开往群众基础较好、易于隐蔽的湘南宜章山区,然后再从长计议。1928年1月3日夜晚,部队以"野外演习"为名,冒着滂沱大雨,切断了敌人的电线,从仁化改道西进,直奔湘南。

从此,南昌起义余部肩负起新的使命,踏上了新的征途。

范石生

朱德见到何长工之后知道毛泽东率领秋收起义部队活动在湘赣边界的消息，非常高兴，希望能与毛泽东相会。于是，当即派出毛泽东的胞弟毛泽覃前往井冈山联络。毛泽覃受命后化名覃泽，以国民革命军第十六军副官的身份，身穿国民党军的服装，带着国民革命军的证件，由崇义、上犹地区往桂东、茶陵、酃县直奔井冈山区，在茶陵与宁冈交界的坑口，碰上陈伯钧率来的袁文才部战士，由陈伯钧派人将他送到宁冈茅坪，见到了毛泽东。从而，实现了朱毛两部的联络。

朱德部进入湘南后，来到了宜章县境的莽山洞作短期的休整。中共宜章县委获悉朱德、陈毅部队进入莽山后，县委书记、湘南特委委员胡世俭和县委委员高静山、毛科文等即前来联系，并召开了一次联席会议。会议决定攻打宜章，但不是硬攻，而是采取智取的办法。即：由胡少海以范石生第十六军一四〇团副团长的名义，写信给宜章县长，说是奉范军长命令由家乡抵抗从广东北上的共军，借以麻痹敌人，尔后率两个加强连，进城控制局面，并邀请以县长为首的反动头目赴宴，来个“一锅端”，最后由朱德率主力进城，解决县团防武装。

胡少海，原名胡鳌，是宜章县城一个富豪子弟。北伐革命时，他曾在北伐军任过营长；北伐失败后，他坚持革命，一直隐藏在乐昌一带打游击。这些情况，多年来一直未暴露。所以，朱德挑选他来唱主角。

1928 年 1 月 11 日，打着范石生部十六军一四〇团旗号的胡少海率先遣部队来到了宜章城边。听说“胡五少爷”（胡少海排行第五）带队到来，城内的政府官员及土豪劣绅欣喜异常，一个个出城迎接。随后，朱德、陈毅率主力也大摇大摆地进入宜章城。

进城后,朱德、陈毅迅速地以布防名义指挥部队悄悄地包围了县政府、警察局、团防局所在地——养正书院,当晚宴席上一举擒获了敌县长等反动官绅,解决了警察局、团防局的武装,缴获枪支近 400 支,俘虏警察、团丁 400 余人。接着,起义军砸开了监狱,救出了被关押的革命者和群众,并打开粮仓,把粮食分给穷苦工农。一时,宜章城内,欢声笑语,人们高呼:“起义了!”“胜利了!”

智取宜章的胜利,拉开了湘南起义的序幕。

1 月 13 日,工农革命军和宜章县委在城西门广场召开了群众大会。朱德在会上发表了热情洋溢的讲话,并宣布组建工农革命军第一师,师长朱德、党代表陈毅、参谋长王尔琢、政治部主任蔡协民。宜章到会群众无不热烈称庆。

智取宜章,是在旧历年前 10 天,所以又称“年关暴动”。宜章年关暴动的胜利,有力地推动了宜章的革命斗争,一时震动整个湘南。

“农奴聚义起宜章,晃晃梭镖刺大天。”①在朱德、陈毅部智取宜章城后,革命浪潮在宜章汹涌澎湃。随即,又先后爆发了粟源、碕石、白沙等地的农村暴动,出现了从城镇到农村的一派大好形势。

宜章暴动胜利后,朱德、陈毅等根据南昌起义胜利后没有深入开展工农群众斗争的教训,决定军队和地方党组织立即赴郴县、耒阳、永兴、资兴等县发动各地的群众斗争。

南昌起义军在宜章的胜利,惊动了蒋介石。他立即命令许克祥“即日进剿,不得有误”。于是,急于报复的许克祥,亲率 6 个团的兵力,向宜章扑来。

为了保存力量,朱德、陈毅指挥着这支仅 1200 人的工农革命军第一师,在当地群众的配合下,与敌人展开了游击战和运动战。从 1 月 31 日起,先后取得了岩永、粟源堡、坪石战斗的胜利,共俘敌 1000 余人,缴获枪支 1000 余支,迫击炮、山炮 30 余门,子弹无数,重创了敌人

① 萧克诗句。

的锐气,武装了宜章独立第三团。尤其是坪石大捷给敌人以歼灭性的打击,是起义军进入湘南后取得的第一个大胜利。它极大地振奋了整个湘南工农群众的革命情绪,对推动湘南起义具有决定性的作用。对此,朱德说:“我们军队起来就靠那一仗。”①

坪石大捷后,部队立即挥师北上郴州、耒阳,发动湘南总暴动。

2 月 4 日至 16 日,朱德、陈毅率领工农革命军第一师,在湘南各县党组织和起义农军的配合下,相继攻占了郴县、永兴、资兴、耒阳,组建了工农革命军第三师(师长胡少海,党代表龚楚);第四师(师长邝庸,党代表邓宗海);第七师(师长邓允庭,党代表蔡协民);永兴赤卫警卫团(团长尹子韶,党代表黄克诚);资兴独立团(团长李奇中,党代表黄义藻);起义队伍发展到一万余人。在起义中,还先后建立了中共祁阳、资兴、安仁县委,成立了郴县、永兴、耒阳、资兴、桂阳、安仁等县苏维埃政府。

在这大好形势下,3 月 16 日至 20 日,湘南工农兵政府代表会议在永兴县召开,选举产生了以陈佑魁为主席,朱德、陈毅、何长工等 21 人为执行委员的湘南工农兵苏维埃政府。

与此同时,湘南各县的工会、农会、妇运会、青运会(包括少先队、儿童团)、商运会等群众组织也纷纷恢复、重建,掀起了一场大规模的群众武装暴动,并开展了轰轰烈烈的插牌分田的土地革命。

湘南苏维埃运动的兴起,震撼了国民党反动派的组织基础,威胁了湘粤两省敌人的安全。

湘南起义初期,湘桂军阀混战正酣。桂系军阀李宗仁、白崇禧组织的“西征军”与湖南军阀唐生智相互交手狗咬狗,但随着“西征军”进攻长沙,唐生智被迫下野东渡日本,至 3 月上旬,一场闹剧趋于收场。于是,在蒋介石的调度下,湘粤军阀又把枪口对准湘南革命力量。

为了扑灭这团革命烈焰,敌人组织了近 9 个师的兵力,对湘南革

① 朱德:《从南昌起义到井冈山》。

命力量进行南北夹击。

面对着这一严重局势,本应保持清醒的头脑,采取正确的策略,坚持斗争。但是,这时的湘南特委却滋长着强烈的复仇情绪和小资产阶级的急性病,极力推行中央领导人的"左"倾错误思想,提出"以赤色恐怖来对付白色恐怖"的指导方针,实施大烧大杀及强迫命令农民和小资产阶级破产的错误政策,即所谓的"焦土战略",烧毁从耒阳到宜章的"湘粤大道"两侧30里以内的所有房屋,实行所谓"坚壁清野","使敌人进入湘南后无法立足,不攻自溃。"结果,失去了民心和社会的同情,损害了党的威信,挫伤了人民群众的积极性,引起不少地方的中间分子反水;加上豪绅阶级的利用,一时挂起白带子,反对工农革命军,极大地削弱了革命的势力,动摇了湘南武装力量的基础。① 就这样,在敌人过于强大兵力的猛烈攻击下,在湘南特委"左"倾政策的影响下,轰轰烈烈的湘南总暴动到三月底归于失败。

在这个大敌压境,敌众我寡的关键时刻,朱德、陈毅等一方面抵制湘南特委的"左"倾错误,尽量减少损失,挽回群众影响;一方面为保存南昌起义和湘南起义的有生力量,率部主动转移,撤离湘南,向井冈山靠拢。

朱德率部上井冈

朱德在作出主动撤离湘南的决策后,为使部队安全转移,一方面指示安仁的唐时雍(即唐天际)迅速发动安仁暴动,并派出部队给予支援,同时将工农革命军一师主力及司令部由耒阳移至靠近安仁边界的鹜山庙;一方面调集耒阳数万农军,做好防止敌军南犯的准备。

3月下旬,毛泽覃率特务连到达耒阳,向朱德汇报了毛泽东部已进入湖南,准备策应湘南暴动部队的行动。于是,朱德于3月29日正式下达撤离命令。一场奔向井冈山的伟大战略转移行动开始了!

---

① 曾志:《郴州在暴动中》。

湘南人民群众眼见这支浴血南昌、转战湘粤的雄师移师南向，无不怀着依恋之情。附近的群众都成群结队地围着革命军指战员们，把煮熟的鸡蛋，大把的烟叶，连夜赶制的米粑，塞给在这块土地上奋战了三个多月的将士们。怀着对父老乡亲的眷恋之情，工农革命军指战员离开湘南，踏上了新的征程。朱德、陈毅兵分两路，互为犄角。朱德率工农革命军第一师及耒阳第四师经安仁、茶陵方向向江西宁冈进发；陈毅率宜章第三师、郴县第七师向资兴、桂东移动，逐渐向江西宁冈靠拢。

朱德一路离开耒阳县城后，由观音阁直入安仁。沿路敌军慑于朱德的威名，不战自溃，安仁县长周一峰也弃城而逃。4 月 1 日朱德部占领安仁城。部队稍事休整后，绕道茶陵，于 4 月 20 日退至酃县沔渡。安仁县工农兵苏维埃政府主席唐天际，按照朱德指示，完成警戒尾追之敌的任务后，率领安仁县党政干部和农军撤出县城，一路边打边赶，在酃县沔渡追上了朱德部队。

由陈毅率领的宜章农三师和郴县农七师东撤后，在折岭重创了前来尾追的范石生部一个团和宜章县邝镜明保安队，于 4 月 8 日到达资兴。同日，黄克诚带领永兴县农军千余人，刘泰、邝鄘带领耒阳县农军 700 余人，黄义藻、李奇中率资兴农军 1600 余人也赶到资兴集结。当集结队伍尚未撤出资兴县城时，敌第十三军二师的一个团即尾追而来。郴县农七师第三团在团长蒙九龄的指挥下，与敌展开了巷战。战斗中，双方伤亡较大，蒙九龄在战斗中不幸牺牲。正在这时，何长工、袁文才率工农革命军第二团赶来支援，敌人才不敢继续追击。向井冈山进发的这支庞大的农军，人员繁杂，其中有许多老人、小孩、妇女，加上沿途的群众，队伍越走越多，越走越大，行军速度也就越来越慢。为了保障部队和群众的安全，陈毅等军中领导只得精心组织、疏导，鼓励移师的信心与斗志，引导部队和群众向着井冈山方向前进。当部队到达资兴彭公庙时，会合了从井冈山下来的何长工、袁文才率领的部队，于是一路往桂东插入酃县的中村、水口，于 4 月 21 日到达酃县沔渡，一同与朱德部队主力会合。

在沔渡小街上的一间民房里,陈毅、何长工、袁文才和湘南几个县委的负责同志会见了朱德。朱德十分高兴,他所期望的胜利撤离湘南的愿望终于实现了。

为了进行两军会师的准备工作,4 月 22 日,何长工、袁文才率工农革命军第二团,先行离开沔渡,回师宁冈。

“三大纪律、六项注意”的正式颁布

毛泽东在酃县中村给部队上政治课时,闻讯朱德部在湘南起义失败,并招致敌人南北夹击,随即命令部队兵分两路:毛泽东亲率工农革命军第一团向桂东、汝城前进,由何长工、袁文才率第二团插向彭公庙方向,接应和掩护朱德部队。

3 月 30 日,工农革命军第一团到达桂东县沙田圩。由于大恶霸何鉴的造谣,沙田的劳苦群众不明底细,都离家躲进山里去了。为了打破敌人的谣言,毛泽东命令部队开展工作,分头行动,以班排为单位,写标语,出告示,进山喊话,替老百姓做事,很快使躲藏的老百姓返回家园。31 日,正值沙田圩赶集逢圩,毛泽东又把工作做到了圩场。他亲自到圩场上召开群众大会,登上戏台演说,大讲穷人为什么穷,富人为什么富以及工农革命军的宗旨、性质等道理,号召贫苦工农起来打土豪分田地。毛泽东的这些话,经桂东籍的一团三营八连党代表陈奇翻译

桂东沙田

后，引起了当地群众的极大兴趣，都纷纷表示拥护工农革命军的主张。根据群众的要求，当天下午，毛泽东在桂东万寿宫主持召开了桂东县工农兵代表会议，成立了桂东县工农兵政府，由陈奇担任县工农兵政府主席。同时，成立了中共桂东县委员会，由陈奇兼任书记。并从部队拨出几十支枪，将汝桂边区游击队定名为湘赣边区游击大队。

由于党和政府机关的成立，以及地方武装的扩大，桂东县的革命烈火迅速燃烧起来，几天之间，全县各区、乡的红色政权纷纷建立，一场打土豪分田地的土地革命运动席卷桂东。

工农革命军在沙田所开展的群众工作，收效很大，受到了广大农民群众的欢迎。然而，由于各种原因，烧杀行为和侵犯群众利益的事情也时有发生。“在四都的东、西水烧了很多的屋”①，有一次烧土豪的房子时，竟殃及旁边的老百姓房子。打土豪时，也出现了许多误会的事情：把老百姓娶媳妇的新嫁妆当作土豪财产予以没收，把给挨户团队长做过事的木匠也抓起来，甚至把老百姓也抓起来。②

这些现象，引起了毛泽东的关注。他对烧杀和侵犯群众利益的事极为愤慨。他批评了这些行为，指出要严格执行我军的一贯政策，不要被那些“左”的倾向扰乱了视线。他还对部队的干部战士说：“烧房子有什么用。要消灭的是封建剥削思想，反动势力。房子留下来，革命胜利以后，还可以用来办学校嘛！”③

为了彻底纠正这种现象，4月3日上午，毛泽东把部队集中在桂东沙田圩后的老虎冲三十六担丘的田中，向工农革命军一团全体指战员，桂东县沙田一带的赤卫队员、少先队员，正式颁布了“三大纪律、六项注意”。

毛泽东说：“烧房子这类事情行不通，烧了房子，老百姓都走了。

① “访陈树礼同志记录”，1975年3月26日，内部采访资料。

② “黄林祥同志谈话记录”，1974年7月9日，内部采访资料。

③ 郭风梅：《关于吴先林（焱生）的情况》，1968年3月18日，内部采访资料。

现在要颁布几条纪律。第一条,一切行动听指挥;第二条,不拿工农一点东西;第三条,一切缴获要归公。六项注意:一、上门板;二、捆铺草;三、说话和气;四、买卖公平;五、借东西要还;六、损坏东西要赔。"①当时,毛泽东还一条一条地作了解释。毛泽东讲了以后,"营长给部队讲,回去以后,要记熟念熟。部队晚上点名时,党代表又讲了三大纪律六项注意的内容"②。这是毛泽东创建井冈山根据地以来第一次比较完整地颁布工农革命军的"三大纪律、六项注意"。

"三大纪律、六项注意",是人民军队的基本法则。它自在荆竹山首次宣布后,内容不断地调整和充实。这次在桂东沙田,就将原来的"不拿老百姓一个红薯"改为"不拿工农一点东西"。

随着人民军队的不断发展,"三大纪律、六项注意"后来发展完善为"三大纪律、八项注意"。老红军陈士榘叙述了这个过程。他回忆说:"关于三大纪律,在新的情况下,不断地在内容上进行了修改,例如将'筹款要归公'改为'缴获要归公','不拿老百姓一个红薯,改为'不拿一个鸡蛋',到陕北后又改为'不拿群众一针一线'。六项注意,到了1929 年向赣南闽西进军后,部队经过赣粤边三南地区(龙南、定南、全南),向广东东江地区发展。这些地方比较闭塞,封建统治势力很强。我们来到这里,没有调查了解,还是按照过去的习惯,到野外大便,随便到沟里、河里洗澡,结果引起群众的严重不满。毛泽东同志在群众中了解到这些反映后,立即把六项注意改为八项注意,并且迅即向部队宣布。新添的两项是:洗澡避女人和大便找厕所,以后又改为"院子打扫干净,挖卫生坑(厕所)。"③

"三大纪律、六项注意",集中体现了我军军民一致、秋毫无犯的新型军民关系,明确了人民军队所肩负的打仗、筹款、做群众工作三位一

① 李自仁:《红军在沙田》,《井冈山革命根据地》回忆资料。

② 李自仁:《红军在沙田》,《井冈山革命根据地》回忆资料。

③ 陈士榘:《三大纪律、八项注意》,《井冈山革命根据地》回忆资料。

体的任务,成为我党建军原则的重要组成部分。“三大纪律、六项注意”的提出和颁布,对于人民军队的建设,对于正确处理军队内部特别是军民之间的关系,对于团结人民群众和瓦解敌军,都起了重大作用。

“没接到朱德,接到个萧克”

毛泽东率部前来湖南接应朱德、陈毅的消息,立即被敌人探悉。为了扑灭湘南起义烈火,以李朝芳为“湘南剿匪总司令”,范石生为“剿匪前线总指挥”的湘粤两省敌军,更加疯狂地向湘南发起了攻势,并发出了合围命令。

在形势岌岌可危的情况下,毛泽东率部毅然承担了掩护与决战的风险,于4月5日兵临桂(东)汝(城)边境的寒岭界下。汝城“宣抚团”团总何其朗,已在寒岭界修筑工事,日夜防守。此时,摆在毛泽东部面前的问题是:如何尽快越过寒岭界,楔入汝城,阻击南来之敌,策应朱、陈部队安全退出湘南。

4月6日,大雾弥漫,寒岭界笼罩在一片浓雾之中。这正是攻击的极好机会。于是,毛泽东下达了作战命令。工农革命军第一师第一团兵分两路同时向寒岭界发起了攻击。敌人正在吃早饭,突然闻得枪声四起(其实是当地群众前来参战,用鞭炮燃放在油桶中助阵),仓促上阵,因不明底细,心惊胆怯,被我军一举击溃。我军乘胜进抵田庄圩。7日,毛泽东率部从田庄圩出发,在汝城银岭脚、鸭屎坪一带摆开战场,又再次击溃反动武装何其朗部。8日,在汝城县党组织和群众的支援配合下,又击溃了从粤北来的土匪武装胡凤璋部两个排,一举攻占了汝城县城。

4月9日,胡凤璋土匪武装主力不甘失败,向汝城县城压来。毛泽东、张子清等当即分析了形势,认为策应朱德部的目的已基本达到,为避敌锋芒,当即率部撤出汝城,回师井冈。

退出汝城后,毛泽东率部日夜兼程,于4月10日进至资兴的龙溪洞。龙溪洞是一个美丽的小山村,清澈的溪水绕山而过,汇入东江。

此时,正是南方的初春,绿水、青山把龙溪洞装点得更加娇媚。但这一切,毛泽东和他的战友们都无心去领略,只盼朱、陈部安全退出湘南。

毛泽东部自离开酃县中村后,连日征战,干部战士已是很疲倦了。毛泽东、张子清决定让大家在龙溪洞休整一两日再走。于是,为安全起见,派出一营副营长陈毅安率一个连兵力,南出龙溪洞,四面搜索警戒。

但不久,陈毅安却回来了。

原来,陈毅安率连队出发后,没走多远,便碰上了由龚楷、萧克带领的宜章碕石独立营。

萧克

宜章碕石独立营是 1928 年 1 月 19 日碕石暴动胜利后组建的一支农民武装。碕石暴动的领导者是彭晒、彭睽。彭崎、彭严、彭孚、彭成一、彭东明等都是重要骨干。还有女同志彭堃、彭娟、彭儒、彭概、彭霞、彭谦、刘浮(黄沙人,嫁到碕石)、吴统莲(即吴仲廉,彭崎的爱人)等,表现都很突出。当时,工农革命军中都盛赞他们是宜章的“彭家将”。独立营成立后,由彭晒任营长,朱德部派来了龚楷任党代表,后萧克从嘉禾赶来参加暴动,碕石党支部知道他在北伐时当过连长,又参加了南昌起义,因而萧克被任命为独立营副营长兼第一连连长。

此后,宜章独立营活跃在宜章西南的黄沙区和靠近广东的莽山一带,发动群众打土豪,坚持游击斗争。独立营共 500 余人,80 多支枪,300 多杆梭镖。当退入骑田岭,坚持一个星期后,得知朱、陈部已东移,于是独立营也向东撤。此时,宜章、耒阳、郴县等地均陷敌手。他们昼伏夜行,躲开了敌军的岗哨与民团的搜索,越过了敌人严密封锁的郴宜大道，于4月中旬到达资兴龙溪洞，并在这里遇上了毛泽东部的陈毅安连。

听了萧克的汇报，毛泽东对宜章独立营的艰苦斗争非常赞赏，拉着萧克的手，高兴地说："好哇！没接到朱德，接到个萧克！"

一番话，把大家引得哄堂大笑。

随后，两部合二为一，继续向东转移上山。

朱毛会见

毛泽东率部在资兴龙溪洞会合了宜章独立营后，旋即大踏步向东迈进。当部队到达酃县水口时，又会合了由胡少海率领的湘南农军宜章第三师。这时，毛泽东得知朱德、陈毅已率领南昌起义余部和湘南农军万余人退至酃县一带，心中非常欣喜，急忙率部向宁冈进发。

然而，这时发现湘敌吴尚第八军程泽润师的张敬兮团和罗定率领的挨户团已向酃县追来。必须拒敌于宁冈门外。毛泽东当即下达了阻击命令。

工农革命军一团迅即赶往酃县县城。由于一团行动快捷，当敌人到达酃县县城时，我军已依次占领了湘山寺、龙王庙、咯麻形等高地，毛泽东、张子清在接龙桥之北的山头上指挥战斗。一营担负正面阻击，三营负责迂回包抄。战斗从中午打到傍晚，击退敌人十多次的冲锋。敌人遭到重创，见天色已晚，只得向茶陵方向溃逃。

这次的酃县阻击战，为朱德、陈毅部从沔渡一带安全退往宁冈赢得了时间，为朱毛两军胜利会师创造了条件。不幸的是，张子清团长在阻击战时脚部受伤，一颗子弹打进踝骨里。

在毛泽东部的掩护下，朱德、陈毅率所部万余人先后退入宁冈，受到了根据地人民的热烈欢迎。

为了欢迎朱、陈部队的到来，先行回到宁冈的何长工、袁文才第二团，在宁冈县委的紧密配合下，在砻市、古城一带广泛发动群众，筹集了可供两万人吃半个月的粮食。砻市附近家家腾出房子，打扫得干干净净,欢迎南昌起义和湘南起义的部队胜利到来。

随后,毛泽东率部回到了井冈山根据地大本营——宁冈。

毛泽东回到宁冈砻市的消息,立即传遍了龙江两岸。

朱德、陈毅闻知,立即和王尔琢等军中领导,走出下榻的龙江书院,来到门外等候。

毛泽东听说朱德等住在龙江书院,也在何长工的迎接下,带领何挺颖、宛希先等赶往龙江书院。

何长工远远看见了朱德,便对毛泽东说:“站在最前面的那位,就是朱德同志,左边是陈毅同志。”毛泽东点点头,微笑地向他们招手示意。当走到书院门口时,朱德抢先几步,毛泽东也加快了脚步,早早把手伸出来。很快,两位巨人的手便紧紧地握在一起了!他们都使劲地摇晃着对方的手臂,那么热烈,那么深情!①

朱、毛会见了!

这是一个具有重大历史意义的会见。历史记载着 1928 年 4 月 24 日这一天!②

走进龙江书院后,毛泽东把身边的干部何挺颖、宛希先、伍中豪、袁文才以及宁冈党政负责人龙超清、刘辉霄等介绍给朱德;朱德也将身边的陈毅、王尔琢、胡少海、龚楚、邓允庭等介绍给毛泽东。

龙江书院内,顿时飞起阵阵的欢笑声。毛泽东显得非常高兴,带着祝贺的口吻说:“这次湘赣两省的敌人竟没有整到你!”朱德不无感激地答道:“我们转移得快,也全靠你们的掩护!”

两支部队的领导人,边走边说,穿过龙江书院前厅、中厅,一齐登上了三楼的文星阁。

在文星阁中,大家依次坐下,互相交谈了转移和接应的情况,气氛

① 何长工:《伟大的会师》,《井冈山革命根据地》回忆资料。

② 关于井冈山会师的时间有多种说法,传统的说法是 1928 年 4 月 28 日,经考证,我们在本书中认同、采用了中央文献研究室编著的《毛泽东年谱》中所说的日期。

十分融洽、热烈。

为了商议两军会合有关大事，毛泽东与朱德商定：先行召开军中党的第一次代表大会，产生军委，确定干部人选。

砻市龙江书院文星阁(朱毛会见地)

从此，一个壮丽的花环，在朱、毛的指间织就；井冈山的斗争和中国革命史揭开了新的一页。

井冈山会师与军委的成立

两军会师后的第二天，即 4 月 25 日，在宁冈县砻市龙江书院召开了一次极为重要的会议，即中国工农革命军第四军党的第一次代表大会。对于这次会议，毛泽东在《井冈山前委给中央的报告》中记载说："红军至四月在宁冈开第一次全军代表大会选举军委。"除此之外，未有更多的记载。但可判定：会议是在两军会合后，故将其时间锁定在 4 月 25 日。因为，井冈山会师是一场大会师，是大小七八支武装力量的大会合。部队杂、人员多，急需统一部队编制，产生全军最高领导机关——军委。此事迫在眉睫，不容延宕。只有军委产生后，才能确定干部人选，商研一些重大问题。

对于这次会议，萧克同志回忆说："红四军成立大会以前，在一个房子里开过一个各个部队的活动分子大会，有一两百人参加，我也参加了这次会。毛泽东、朱德、王尔琢等人都讲了话……我印象最深的是朱德同志在表决一个问题时，他在数举手的有多少，这是一个党内会议。"①粟裕回忆说:"在龙江书院,毛泽东和朱德同志及陈毅同志在这里进行了历史性的会见,接着,两支部队被合编为中国工农红军第四军,选举了军委书记,毛泽东同志任军委书记。"②朱良才回忆说:"成立大会前在砻市靠河边的一栋厅堂很长的高大楼房里开了一个干部会。有一百多到二百人参加。在会上宣布成立红四军。"③陈士榘回忆说:"各次全军代表会的时间地点,可能在古城、新城、砻市、茅坪都开过,第一次是在砻市开的,成立军委。"④

可见,毛泽东、朱德出席并主持了这次重要会议。会议的主要内容为:1. 决定朱、毛两部合编为中国工农革命军第四军(6月根据中央指令改为中国工农红军第四军),取意源自北伐战争叶挺独立团所在的国民革命军第四军(即四军),时有"铁军"之称。红军沿用这一声名远播的番号,既能壮大声威,迷惑敌人,又寓意发扬光大,再立新功。2. 决定四军编为三师九团的序列及军、师、团主要领导人;3. 成立军委,并选举毛泽东担任军委书记。

20世纪80年代中期,湖南省安化档案馆在清查档案时,发现了1928年7月红四军二十八团、二十九团攻打郴州时被敌缴去的一部分文件,该文件材料被国民革命军第十六军政训部抄录转发在《湘赣共产之阴谋》文存,其中有一份关于红四军军事委员会23人名单。据其载:"八、匪军的组织(一)军事委员会委员23人:朱德、陈毅、毛泽东、宛希先、何挺颖、袁文才、王尔琢、何长工、龚楚、胡少海、张子清、刘宋、刘海云、王佐、宋乔生、蔡协民、王得胜、王英、薛涛、石金德、陈桂秋、刘仁堪、刘清泉。其军委之下,有'组织会议'、'宣传科'、'组织科'、'士兵委员会'。"从这23人的名单上看,军委成员囊括了毛泽东、朱德部

① 萧克:《梭镖营汇入红四军》,内部采访资料。
② 粟裕:《激流归大海》,《井冈山革命根据地》(下),第323页。
③ 朱良才:《井冈山斗争的片断回忆》,《井冈山革命根据地》回忆资料。
④ 陈士榘:《谈井冈山的斗争》,访谈资料,原件存井冈山会师纪念馆。

和袁文才、王佐部的主要领导人,同时还有不少下级军官、士兵代表,应该说具有相当的广泛性和代表性。不过,现在还没有可靠的文献资料予以印证。

根据四军军委的决定,1928 年 5 月 4 日,在宁冈砻市举行了两军会师。

红四军的诞生

1928 年 5 月 4 日这一天,阳光明媚,春意盎然。砻市,沉浸在一派喜气之中。龙江河东岸的沙洲上,一个用许多禾桶、门板搭起的坚实高台,被无数红旗簇拥着,上方一块红色横幅上写着一排大字:“庆祝两军会师和四军成立大会”。

8 时许,一队队的战士挎着钢枪、背着梭镖大刀鱼贯进入会场。一队队臂戴红袖章的赤卫队员,一队队来自宁冈各地的群众,也相继涌入会场。宽阔的砻市沙洲上,红旗漫卷,锣鼓喧天,人头攒动,到会人员计有两万以上。

约 10 时,由党、政、军、工农各界代表组成的主席团成员,坐上了主席台。

“热烈庆祝两军会师和四军成立大会,现在开始!”大会司仪何长工的话音刚落,会场顿时响起一片欢呼声、口号声、鞭炮声、锣鼓声。

排列在主席台前的上百个司号员,一齐吹响了军号,号音激越嘹亮,军容威武雄壮。

军乐奏后,大会执行主席陈毅宣布了部队领导人和序列。

在雷鸣般的掌声中,军长朱德、党代表毛泽东作了热情洋溢的讲话。

朱德说:“我们党领导下的两支革命武装会师了。这是一件很值得高兴的大事。但是,敌人却很难过。那么,就让敌人难过去吧,我们不能照顾他们的情绪,我们将来还要消灭他们呢! 这次胜利会师,我们的力量扩大了,又有井冈山作为根据地,我们就可以不断地打击敌人,不断地发展革命。”最后,他希望两支部队会师后,加强团结。他又向群众保证,红军一定会保卫红色根据地,保护群众分田的利益。

朱德的话坚定而有力,赢得了阵阵热烈的掌声。

毛泽东讲话时,指出了这次会师的伟大意义,分析了红军部队的光明前途。他说:“我们不光要打仗,还要发动群众、组织群众。现在我们在数量上、装备上不如敌人,但是,我们有马列主义,有群众支持,不怕打不败敌人。敌人即使有孙悟空的本事,我们也有方法对付他们,因为我们有如来佛的本事,他们总逃不出如来佛的手掌。……荷花出水有高低,敌人也是有强有弱,兵力分布也难保没有不周到的地方,我们抓住敌人的弱点,狠狠地打一顿,打胜了,立刻分散到敌人背后去捉迷藏。这样,我们就能够掌握主动权,把敌人放在手心里玩。”

毛泽东这番话,把大家说得心花怒放,信心倍增。

接着,参谋长王尔琢及宁冈县委书记龙超清等也讲了话。

最后,来自两军的文艺骨干登台表演了文艺节目。宜章县委书记胡世俭表演了二胡独奏;彭琦和另外一名同志表演了双簧;彭儒跳了单人舞。还有花鼓戏、四川小调、宁冈采茶、京剧清唱……节目多姿多彩。

大会从上午 10 时一直开到下午 1 时才结束。

井冈山会师和红四军的成立,开创了根据地的新局面,迅速取得了“四至七月四个月的各次军事胜利和群众割据的发展”①,使根据地进入了全盛时期。

“井冈山会师,具有伟大的历史意义。它不仅对当时坚持井冈山区的斗争,而且对以后建立和扩大农村革命根据地,坚决走农村包围城市的革命道路,推动全国革命事业的发展,产生了极其深远的影响。”②

---

① 毛泽东:《井冈山的斗争》。

② 粟裕:《激流归大海》。

有关井冈山会师几个问题的考析

井冈山会师,是中国人民军队发展史上的一个重大事件。但是,对井冈山会师的时间、编制序列等问题一直存在着不同的提法和争议。(关于会师的时间有三说:一是目前的传统说法,即4月28日;一是4月上旬;一是4月中旬。关于编制序列,一是"三师九团说"①;二是"二师六团一教导大队说"②;三是"三师八团说"③。同时,还涉及红四军是否设有政治部,陈毅是否任政治部主任等问题。

1. 关于井冈山会师的时间问题。

认为井冈山会师在4月28日的主要依据是:(1)毛泽东《井冈山前委给中央的报告》:"四月,朱毛两部及湖南农军退宁冈,乃再开始边界的割据。"(2)朱德1962年《从南昌起义到井冈山》中说:"1928年4月28日,我们南昌起义保留下来的这部分队伍和湖南地方武装,在宁冈县的砻市同毛主席直接领导的工农革命军胜利会师。"(3)何长工、萧克、龙开富、唐天际、赖毅等老同志的回忆均持此说,其中何长工说得较为肯定。

从上述三方面资料上看,历史文献未直接载明,基本上是依据当事人回忆认定的。但是,所得的4月28日的会师时间与保留下来的另一些历史文献发生很大矛盾。

因此,有人提出了"4月上旬说"④。"4月上旬说",对会师时间的结论太早,且与历史文献不相符,早已被史学界所否认,在此不赘。

于是,又有了"4月中旬说"⑤。"4月中旬说"的主要依据是:(一)1928年4月25日江西省委给党中央的报告称,"据吉安来人报

① 《伟大的会师》,江西人民出版社出版。

② 《中国人民解放军发展沿革》,解放军出版社1984年版。

③ 《中国共产党组织史资料》,红旗出版社出版。

④ 张国琦:《井冈山会师时间考》,《党史研究》1981年第4期。

⑤ 陈伙成:《井冈山会师可能是4月中旬》,《党史研究》1981年第6期。

告,毛泽东部确与朱德汇合”。以报告的时间扣去消息几经传递的时间,会师时间似在4月中旬;(二)1928年5月2日毛泽东写给中央的报告。这是四军成立后第一次占领永新城时写的。报告说:“追击毛部之杨如轩师,结果反被毛部赶至赣边。其八十一团部击溃于遂川之五斗江,七十九团前被毛缴械,三营现在亦被朱部击溃于永新。”以此为据,有人认为从成立四军—黄坳战斗—五斗江战斗——占永新的军事行动,大约需要半个月时间,故按5月2日往上溯,得出会师时间应在4月中旬。

我们认为:会师时间不是4月中旬,也不是4月28日,而是4月24日前后。主要依据是:

第一,1928年4月25日《江西省委致中共中央的信》所云“据吉安来人报告,毛泽东部确与朱德部会合”之语,当指4月中旬末由何长工率领的工农革命军第二团同朱德部在酃县沔渡的会合,而不是毛泽东所率的第一团已与朱德部会合。因为,4月中旬时,毛泽东率领一团于4月9日才退出汝城,这有当年敌军报告为证,4月中旬,毛部仍还在资兴龙溪洞一带,尚未上山。

第二,国民党追剿军的报告亦可印证。(1)1928年4月20号《湖南国民日报》载:“张团敬兮于本月18日抵攸,民众异常欢迎。闻安仁之共匪集中茶陵。张团准与李朝芳师长会剿。想不久可望肃清云。”张敬兮团系吴尚第八军程泽润师所属,正是被毛泽东部一团在酃县接龙桥战斗中所击溃的追剿军,其4月18日尚在攸县,可见毛泽东部到达酃县时当在其后,接龙桥战斗也应在4月20日之后。(2)国民党第十三军第二师周参谋长梗(23日)酉电称:“职协同第八军一部于漾日(23日)收复酃城,朱毛残部数千窜赣西。”此电可证毛泽东部在酃县接龙桥战斗后撤出时间应在22日或23日,回到宁冈砻市的时间也当在24日前后。

由此可见,朱毛两部会师的时间应为4月24日前后。

2. 关于会师时的编制序列问题。

一是“两师六团一教导大队”说。此说是指第四军下辖第十师，第一十一师和教导大队，两师各辖三个团，即第十师下辖第二十八、二十九、三十团；第十一师辖第三十一、三十二、三十三团，另成立一军直教导大队，陈毅任大队长。

这种说法的依据是：(1)毛泽东于 1928 年 5 月 2 日在永新写给中央的信。其中说：“前湘特委决定朱毛两部合编为第四军，指定朱任军长，毛任党代表。朱部编为第十师，毛部编为第十一师。湘南各县农军编入两师中，朱兼第十师师长，宛希先任党代表；毛兼第十一师师长(本为张子清，因他受伤毛兼代)，何挺颖任党代表。另一教导大队，陈毅任大队长。”此外，杜修经 1928 年 7 月向湖南省委的报告，说到有六个团，却未说有几个师，也未说有教导大队。

本来，毛泽东的报告时间早，最具有价值。但是，文中所记载的编制序列，不仅与大量的井冈山斗争亲历者如何长工、萧克、朱良才、黄克诚、李克如、李奇中等人的回忆不同，且与现存的其他历史文献也不一致。因之，这当是 4 月底按湘南特委指示缩编后的编制。

二是“三师九团”说。与“二师六团十教导大队说”不同的另一件说法是朱毛会师后编为三师九团。其主要依据是：

(1)1928 年 5 月 13 日《中共江西省委向中央的报告》云：“据一吉安被俘而放回的一连指导员讲，工农革命军第四军(即朱毛的部队)有枪 4500 多支，共十、十一、十二三个师，军长朱德，党代表毛泽东(宛希先代)，军委书记宛希先。十师长朱兼，为第二十五师余部所编，为全军精锐；十一师长毛兼，为江西工农革命军编，十二师长陈毅，为平、醴、耒一带农军所组成。”该情况因由“被俘而放回的一连指导员”所提供，故有些地方失实，如把原本是毛泽东的党代表和军委书记说成是宛希先。但提到了有三个师，十二师师长是陈毅。

(2)1928 年 9 月 1 日陈毅《关于朱毛军的历史及其状况的报告》中说：“到了 4 月朱部 2000 余人，湘南农军 8000 余人，毛部千余人，袁王各300人,如此庞大军队有统一指挥训练的必要,乃决定成立红军第四军,以朱为军长,毛为党代表,改编为三师,率(卒)以枪械不足乃改编为二十八、二十九、三十、三十一、三十二、三十三六团,取消师部由军部直接指挥全军约万余人,枪仅2000余。”这里,明确讲“编为三师”,后“因枪械不足”,才改编为六个团。可见,编三个师时就不止六个团,应当还有三十四、三十五、三十六三个团。

(3)何长工1933年8月1日在《红色中华》发表的《井冈山斗争与中国工农红军的创造》一文中说:“至1928年3月末(用的可能是阴历——引者)朱德同志领导“八一”与湘南暴动的遗产带入井冈,与毛部会合,在宁冈砻市始正式改编为中国工农红军第四军,朱德军长兼十师师长,毛党代表兼十一师师长,王尔琢任参谋长,陈毅任十二师师长,共编九团。……二十八团团长王尔琢,党代表何长工,二十九团团长胡少海,党代表龚楚,三十一团团长张子清,党代表何挺颖,三十二团团长袁文才,党代表陈东日,三十三团团长戴成本,党代表黄克诚,三十四团团长李奇中,党代表黄义藻,三十五、三十六团不详。特务营长宋乔生。”何长工是井冈山斗争时期的重要人物,文章是1933年所写,记忆尚清,虽三十团未写,但明确记载了三个师,九个团。

(4)还有一件历史文物亦可说明有三个师九个团。即至今宁冈县茅坪八角楼墙壁上仍保存着当年十二师三十五团团部所写的三条标语。其内容是:“消灭国民党头子代表土豪的走狗!”“共产党是为无产阶级谋生活的!”“工农暴动起来消灭一切反革命!”落款是:“红军第四军十二师三十五团团部。”茅坪是当年井冈山根据地的党政军所在地,八角楼系毛泽东住地,可以肯定,朱毛砻市会师时,由于部队逾万,三十五团驻扎在茅坪一带。这些标语是红军走后,当地群众用石灰浆将墙壁刷新遮盖起来的,新中国成立后才重新洗刷出来,恢复本来面目。白墙黑字,笔迹清晰,明白无误,当可作证。

(5)黄克诚、萧克、李奇中、李克如、朱良才等老同志,均回忆编了三个师,有三十四、三十五、三十六三个团,并回忆第三十四团团长为邝鄘,党代表邓宗海;第三十五团团长黄克诚,党代表李一鼎;三十六团团长李奇中,党代表黄义藻。此外,陈毅在新中国成立后曾有一首诗,诗中有“忆我尽长梭镖师”①之句。

至此,我们可以认定,朱毛会师后确有过三个师九个团的编制。至于“三师八团”说是指没有三十团,但历史文献有多处记载有三十团,此说大同小异。

那么,在朱毛会师后编制序列的这一重大事件上,何以会出现不一致的记载呢?我们认为:这是会师后到5月底有过三次变化所致。第一次是4月25日的红四军第一次党代会上,确定建立三师九团的编制;第二次是4月底按湘南特委指示,缩编为两师六团一教导大队;第三次是5月底,“因给养困难”,三十团、三十三团、三十四团、三十五团、三十六团“转回湘南”。此事陈毅的报告及一些老同志的回忆均有说明。因此,研究朱毛会师后的编制序列问题,必须从会师前后的变化中作出分析,而不能仅仅根据某一种记载、说法去判断。

3. 关于红四军军部是否设政治部和陈毅任职问题。

这个问题有两个历史文件可以说明。一是毛泽东于1928年11月25日起草的《井冈山前委给中央的报告》中记载:“此间军队今年四月以前都有政治部,因影响不好,方取消。有政治部,使官兵群众认为政治工作只是政治部几个人做的,余人即以单纯打仗为职务,取消了政治部,人人要打仗,人人要做政治工作(政治训练与民众运动),才把单纯的军事脑筋打破。”二是杨克敏1929年2月25日《关于湘赣边苏区情况的综合报告》中记载:“设政治部是国民革命军的遗留,军中官长士兵都讨厌这个名词,取而代之的士兵委员会,在近一年时间中,各项工作都不错,比设政治部由政治部督促要强得多。”此两件报告都说明,从1928年4月工农革命军第四军成立起,到1929年1月杨克敏由井冈山去上海向中共中央做汇报为止,“近一年时间”中都取消了政治

① 萧克:《四打永新》,《井冈山革命根据地》回忆资料。

部,而代之以士兵委员会。自然,陈毅在井冈山时期就没有任过政治部主任。陈毅是 1929 年 6 月到闽西后才担任红四军政治部主任的。

中国工农革命军第四军序列表

(1928 年 4 月至 5 月)

军　长:朱　德

党代表:毛泽东

参谋长:王尔琢

教导大队大队长兼士兵委员会主任:陈　毅(1929 年 6 月改任政治部主任)

第十师师长:朱　德(兼)

党代表:宛希先

第二十八团团长:王尔琢(兼)

党代表:何挺颖(后)何长工

第一营营长:林　彪

党代表:熊寿祺

第二营营长:袁崇全(后叛变)

党代表:杜松柏(后叛变)

第三营营长:萧　劲

党代表:吴　弼

第二十九团团长:胡少海

党代表:龚　楚

第一营营长:朱舍我

党代表:×××

第二营营长:李光化

党代表:胡世俭

第三营营长:肖荣标

党代表:彭　晒

第三十团团长:刘之至

党代表:×××

第十一师师长:张子清(因负伤由毛泽东兼代)

党代表:何挺颖

第三十一团团长:张子清(兼)

党代表:何挺颖(兼)

第一营营长:员一民(后)陈毅安

党代表:毛泽覃(另说匡祖泉)

第三营营长:伍中豪

党代表:杨岳彬(后叛变)

第三十二团团长:袁文才

党代表:何长工(后)　陈东日

第一营营长:袁文才(兼)

党代表:陈东日(兼)

第二营营长:王　佐

党代表:康　健

第三十三团团长:邓允庭(一说戴成本)

党代表:邝朱权(一说黄克诚)

第十二师师长:陈　毅(兼)

党代表:邓宗海

第三十四团团长:邓宗海(兼)

党代表:刘　泰

第三十五团团长:黄克诚

党代表:李一鼎

第三十六团团长:李奇中

党代表:黄义藻

军直属单位:

特务营营长:宋乔生

党代表:敬懋修

红军医院院长:曹　嵘

党代表:萧光球

第二节
根据地的拓展

五斗江战斗——击破赣敌第二次"进剿"

两军会师后,极大地增强了井冈山根据地的军事实力,却也引起湘赣两省敌军的恐慌。1928年5月2日,蒋介石也给湘粤赣三省政府下达了"克日会剿"的电令。

在工农革命军由湘南向井冈山区转移时,湘敌虽将全省划分为五个"清剿"区,企图"以一个月为期"肃清在湖南境内的工农革命军。当工农革命军退入井冈山区后,湘敌的"追剿"有所放松,而赣敌则从4月下旬起加紧了对井冈山根据地的"进剿"。

4月下旬,赣敌第二十七师师长杨如轩率全师兵力扑向井冈山根据地,发动第二次"进剿"。时敌七十九团从七溪岭方向正面推进,八十一团从拿山、五斗江方向侧面迂回,企图对根据地中心宁冈形成南北夹击之势。

毛泽东、朱德等闻讯,即召集了红四军军委会议。经过半年多武装割据的实践,毛泽东已摸索总结出了"分兵以发动群众,集中以应付敌人"等作战秘诀,加上朱德系云南讲武堂行伍出身,既有护国讨袁战争的经验,又有游击辗转作战的阅历,军事上是行家里手。军委很快部署了避敌主力,攻击侧翼,声东击西,集中兵力歼敌一路的作战方针。决定朱德、陈毅、王尔琢率二十八、二十九团担任主攻,迎击敌八十一团;毛泽东、何挺颖率三十一团到宁冈、永新交界的七溪岭阻击敌七十九团。

4月底,敌八十一团团长周体仁自恃装备精良,加上求胜心切,派出一个营从拿山赶往黄坳,自己则率大队人马大摇大摆向五斗江推进。此时,王尔琢率二十八团正巧与敌人在黄坳遭遇。二十八团系南昌起义部队,身经百战,吃敌一个营不在话下,但朱德却让二十八团虚晃一枪,退守小行洲,继而,派二十九团悄悄地向黄坳疾进,包围了敌人。二十八团接而不打,让二十九团参战,这是朱德等人的妙计。

翌日拂晓,黄坳战斗打响了。二十九团系湘南暴动农军,上山后第一次与敌作战,个个英勇顽强,奋不顾身。敌人掉以轻心,没有防备,一时丢下大堆尸体,溃逃拿山。敌团长周体仁接报告后,以为是"小股赤匪,不足为患",仍向五斗江逼进。

这时,第二十八团已改变进军方向,正在五斗江迎候敌军的到来。

是夜,朱德仍未命二十八团出击,而是派小股部队和遂川赤卫大队一起,轮换整夜骚扰敌军,弄得敌周体仁团疲惫不堪。

第二天,敌八十一团继续向五斗江开拔,待进入包围圈后,团长王尔琢一声令下,顿时,我二十八团全力出击,枪弹齐飞,打得敌人溃不成军。周体仁这才知道遇上朱德的主力了。于是,不敢恋战,夺路而逃。朱德、王尔琢见状,率部紧接追击,一口气追至拿山。

翌日天亮后,朱德、王尔琢又率部一鼓作气,乘胜追至永新。永新是敌杨如轩二十七师的大本营,开始敌八十团和师部还想负隅顽抗,在我军的凌厉攻势下,军心大乱,只得弃城而逃。我军乘胜第一次占领永新城。

正向七溪岭进犯的敌七十九团,闻知八十一团在五斗江惨败,随即向吉安溃逃。在七溪岭阻敌的毛泽东,见敌人自行溃逃,知道朱德部已经得手,于是,一路跟踪追击,也进入永新城。就这样,会师以后的红四军胜利地打破了敌人的第二次"进剿"。5月2日,毛泽东在永新城致信中央,欣喜地写道:"追击毛部之杨如轩部,结果反被毛部赶至赣边。其八十一团击溃于遂川之五斗江,七十九团前被毛缴械,三营现在亦被朱部击溃于永新。现在毛部之三十一团亦由宁冈开来了,永新敌军溃吉安,此次缴械三百支。"这就是首战五斗江——红四军一占永新。

永新县工农兵政府的成立

工农革命军第四军攻占永新县城后,永新四乡群众在永新县委的组织下,欢天喜地地抬猪运酒,送进县城慰劳部队,四军在县城休整了两天。随后,由永新县委主持,在县城校场坪召开了欢迎四军、庆祝永新胜利解放的军民大会。四乡群众肩背着鸟铳、梭镖、马刀等,赶到县城参加大会。北乡万硕村的 80 余名群众,为了赶上大会,竟在三更造饭,戴月进城。是日,到会群众万人以上,会场洋溢着热烈欢乐的气氛。

毛泽东在大会上讲了话。他以深入浅出的话语,指出了劳苦大众终年辛勤劳动而不得温饱的根源,肯定了永新党组织和永新人民为反抗统治阶级而斗争的贡献,号召永新人民起来开展打土豪分田地的游击暴动。同时,毛泽东还交代了政策,如农民自由往来,商人自由买卖以及公买公卖等。会上,毛泽东还宣布成立永新县工农兵政府。①

会后,选举彭文祥担任永新县工农兵政府主席,以及县政府委员。永新县工农兵政府下设军事部、财政部、裁判部、土地部、妇女部等,县政府机关设在县城左家祠。

永新县工农兵政府,是继茶陵、遂川、宁冈工农兵政府之后成立的湘赣边第四个工农兵红色政权。永新县工农兵政府成立后,在毛泽东"大力经营永新"、"永新比一国还重要"的思想指导下,配合四军在永新境内的近距离分兵,积极开展"创造群众割据,布置长期斗争"的工作,以造成罗霄山脉中段政权的坚实基础。永新县委、县政府的领导人刘真、刘作述、王怀、贺敏学、贺子珍、彭文祥等,积极引导、配合工农革命军第四军二十八团、二十九团、三十一团广大指战员,深入到东乡

① 永新县党史办编:《永新人民革命史》,内部发行。

东里、石桥、高桥,南乡洲湖、龙安、烟阁,西乡芰田、塘边、夏幽、南城、沙市,北乡花溪、象形等乡村集镇,领导群众打土豪分田地,发展地方武装,建立红色政权。

经过一段时间的工作,永新县境内普遍开展了打土豪分田地的游击暴动,群众发动起来了,红色政权建立起来了。如:以九陇山为中心,成立了东南特区工农兵政府;以天龙山为中心,成立了西北特区工农兵政府等。

为了加强永新的工作,大力经营永新,"造成中心区域的坚实基础",毛泽东和四军前委还派出军中得力干部谭震林、蔡会文、宛希先、陈士榘等,分别到小江区、东南特区、西北特区指导工作。谭震林曾回忆说:"所谓大力经营永新,就是要在全县深入土地革命,层层建立党的组织,建立工农兵政府和地方武装,打倒土豪劣绅,把田分下去,各项政策贯彻下去。在永新,我们半个月内分兵发动群众,建党,扩军,成立红色政权,打土豪分田地,很快形成了比较巩固的根据地。"①

草市坳战斗——击破赣敌第三次"进剿"

朱毛军占领永新城的消息很快由南昌传到南京。蒋介石十分惊恐,急令湘赣两省"加紧剿匪,不得有误"。江西省政府主席朱培德没想到,装备精良的杨如轩二十七师竟败在朱毛手下。于是,命令杨如轩率二十七师全部,由吉安反攻永新;另加派王均第七师一个团,杨池生第九师一个团,由樟树调防湘赣边界。其部署是:第二十七师师部、第七十九团和第九师的第二十七团一个营进扑永新城,其余近4个团南渡禾水,由龙源口向宁冈进攻。5月13日,赣敌向井冈山根据地发动了第三次"进剿"。

当闻知敌人开始向永新进攻时,第四军在毛泽东、朱德率领下,即主动撤离永新,避敌锋芒,退回根据地中心宁冈。

---

① 谭震林:《回忆井冈山斗争历史》,见《井冈山革命根据地》回忆资料。

如何打破敌人的“进剿”？毛泽东、朱德等退归宁冈后，即在砻市刘德盛药店进行了商讨。与敌硬抗，肯定不行；最好是能把敌人引出来，分而歼之。经过策划，三十一团一营于 5 月 16 日奔袭茶陵高陇。

高陇，是国民政府主席谭延闿的家乡。16 日，三十一团一营占领高陇。次日，在高陇与湘敌展开激战。朱德、王尔琢率二十八团也从宁冈赶来参战，是役，歼敌数百人，缴枪数百。第三十一团亦伤亡数十人，营长员一民不幸牺牲。

红军奔袭高陇的行动，果然调动了驻永新的敌人。杨如轩不知这是毛泽东、朱德的“声东击西”之计，见四军西出茶陵，急令主力南渡禾水，企图乘虚进占宁冈；同时命令七十九团团长刘安华前往西乡，出击浬田、龙田；杨如轩本人则随师部和一个特务营坐镇永新城指挥督战。

毛泽东闻讯后，命令二十九团、三十二团及宁冈、永新的地方武装赶往新、老七溪岭，利用山险，阻敌北进；并派人星夜急驰高陇，告之朱德率二十八团及三十一团一营火速挥戈东向，奔袭永新，直捣杨如轩师部巢穴。

朱德接信后，急率部队衔枚疾进，一口气行军 130 多里，于 18 日傍晚赶至永新浬田。闻敌刘安华部前来，即设伏在草市坳的黑栋山一带等候敌人。

5 月 19 日，敌七十九团团长刘安华率部大摇大摆地走近了草市坳。刘安华做梦也未想到，朱德部已神速来到了草市坳，并布下了伏兵。王尔琢一枪打响，立时，二十八团的机枪、步枪同时吼叫。刘安华懵了，急令部队抢占制高点，但我军早已安置在山顶的 4 挺机枪一齐打响。刘安华见势不妙，拨马回驰，一颗子弹飞来，结束了他的性命。七十九团官兵见团长毙命，纷纷丢枪做了俘虏。

朱德、王尔琢留下地方武装打扫战场，又率部乘胜前进，兵临永新城下。

坐镇水新城的杨如轩正和他的姨太太在听留声机，突闻七十九团失利，红四军兵临城下之消息，压根不相信。直到枪声大作，子弹已打在屋顶上，这才如梦初醒，换了身便装，跳墙出逃。此时，朱德率部正加紧攻城，一颗子弹呼啸而来，杨如轩把头一偏，子弹飞过，保了条性命，打穿了耳朵。杨如轩吓得瘫痪在地，被卫兵架起，往吉安方向逃去。

进犯宁冈的敌八十团、八十一团，闻七十九团被歼，刘安华毙命，永新失守，师长挂花，吓得急忙退出七溪岭，改道逃往吉安。

草市坳和永新城一役，共歼敌一个团，击毙敌团长，击溃敌师部，击伤敌师长，缴获山炮2门，迫击炮7门和大批枪支弹药，截获敌银洋20余担，创造了四军成立后的光辉纪录，干脆、利落地打破了赣敌对井冈山根据地的第三次“进剿”。是为草市坳战斗——红四军二占永新。

边界党的“一大”与特委的成立

工农革命军第四军二占永新，打破赣敌对井冈山根据地的第三次“进剿”后，根据地的形势为之一变，边界的武装力量顿增，军事斗争迭获胜利，红色区域不断拓展，着实令人兴奋。更令人兴奋的是，几经报告要求成立边界特委一事，终于从吉安县委转来江西省委的指示信，明确核定“批准湘赣特委之组织（茶、攸、酃县、宁冈、莲花、永新、遂川），批准于五月廿一、廿二两日召集各县代表大会，决议政治问题，政治纪律，暴动口号，政纲，选举负责人”①。

关于建立湘赣边界特委一事，毛泽东于1927年10月率工农革命军来到边界后，在12月间就曾以前敌委员会名义向江西、湖南两省委以至中共中央报告边界的情况，“建议组织边界特委”②。1928年3月，湘南特委代表周鲁来到宁冈，取消了前委，致使边界“顿失中心，各自为政，起不良之现象”③，因此，召集边界各县党的代表大会，形成统

① 《中共江西省委转来毛泽东同志的信》，1928年5月19日。
② 《中共江西省委转来毛泽东同志的信》，1928年5月19日。
③ 《中共江西省委转来毛泽东同志的信》，1928年5月19日。

一的领导核心,成立湘赣边界特委,就显得非常急迫和势在必行。4月24日前后,朱毛两军在宁冈砻市胜利会师后,割据区域日益巩固与扩大,除建立有较巩固的宁冈全县红色政权外,还拥有了遂川、茶陵等县红色政权,并积极向永新、莲花、酃县,以至安福、吉安推进。形势的发展需要有一个坚强统一的党的领导机关。

随着边界斗争的不断深入与发展,江西、湖南省委以及中共中央都注视着这种局面的发展。1928年2月21日《湖南省政治任务与工作方针决议案》中,就有"属于湘赣边特委之茶陵、攸县、安仁"的提法,可见湖南省委已同意了毛泽东的意见。1928年5月2日毛泽东向中央的报告也有"间以安源市委来信中,偶有湖南省委已核准"的话,同时,5月湖南省委还拟"派人前往成立湘赣边特委(管茶、攸、酃、宁冈、永、遂、莲花七县)"①。

在得到上级党组织正式批复的情况下,毛泽东等决定乘二战永新后的稳定之机,召开湘赣边界各县党的第一次代表大会,正式组建中共湘赣边界第一次特委于1928年5月20日在宁冈茅坪的谢氏慎公祠召开。出席会议的有宁冈、永新、遂川、莲花、酃县5个县委和茶陵特别区委及军队党的代表共计60余人。② 毛泽东主持这次会议。大会的议程是:(1)总结井冈山根据地创建半年来的经验教训;(2)讨论、制定巩固和发展根据地的政策,政纲等;(3)讨论如何深入土地革命问题;(4)选举产生领导机构,成立中共湘赣边界特委。

在总结半年来的工作时,毛泽东在会上发了言。毛泽东的发言主要是针对在困难和危急的时候,有一些人失去信心,认为前途渺茫,产生了悲观情绪,提出"红旗到底打得多久"的疑问。毛泽东分析了中国革命的形势,阐明了中国革命的特点,指出中国是一个半封建半殖民

① 《巡视员向中央报告湖南情形》,1928年7月2日。

② 综合"访问何长工同志记录"、"访问刘型同志谈话记录"、"陈正人同志回忆资料"等史料。

边界党的一大旧址

地、政治经济落后而又发展不平衡的受帝国主义间接统治的国家，这样，帝国主义支持的各派新旧军阀的割据和战争不断发生，中国小块红色割据也就有长期存在的可能性。对此，毛泽东后来在《中国革命战争的战略问题》一文中曾记叙说："当着一九二七年冬天至一九二八年春天，中国游击战争发生不久，湖南江西两省边界区域——井冈山的同志们中有些人提出'红旗到底打得多久'这个疑问的时候，我们就把它指出来了（湘赣边界党的第一次代表大会）。因为这是一个最基本的问题，不答复中国革命根据地和中国红军能否存在和发展的问题，我们就不能前进一步。"

大会讨论和制定了巩固和发展根据地的政策。即：坚决地和敌人作斗争，造成罗霄山脉中段政权，反对逃跑主义；深入割据地区的土地革命；军队党帮助地方党的发展，军队的武装帮助地方武装的发展；对统治势力较强的湖南取守势，对统治势力比较弱的江西取攻势；用大力经营永新，创造群众的割据，布置长期的斗争；集中红军相机迎击当前之敌，反对分兵，避免被敌人整个击破；割据地区的扩大采取波浪式的推进政策。[①] 这七条政策的制定，对根据地进入全盛时期起了极为

① 毛泽东：《井冈山的斗争》。

重要的作用。

大会就如何深入进行土地革命问题进行了广泛热烈的讨论。大会决定在湘赣边界全面深入地开展打土豪、分田地的土地革命活动。大会还通过了政治问题、政治纪律、暴动口号、政纲等决议。

大会选举产生了中共湘赣边界第一届特委会。选举毛泽东、朱德、陈毅、刘寅生、宛希先、谭震林、刘天干、谢桂标、龙高桂、王佐、龙寿宇、贺志华、刘炎、谭普祥、陈竞进、陈正人、刘辉霄、陈韶、刘真等19人为特委委员,毛泽东、宛希先、刘真、谭震林、谢桂标5人为常务委员,毛泽东为书记,宛希先负责组织工作,刘真负责宣传工作。①

边界"一大"会议选出的特委委员名单,后曾刊登在特委"通告簿"上。1928年7月,红四军二十八团、二十九团曾与敌作战于湖南郴州,战斗先胜后败,四军文件被敌人截获,国民革命军十六军政训部摘录了这份名单,把它编在题为《湘赣共产之阴谋》文中。20世纪80年代中期,在湖南安化县档案馆所存的敌伪档案中发现。这份名单与毛泽东的《井冈山的斗争》所载的人数稍有不同,毛泽东记载为23人。这是因为在1928年6月26日《中共湖南省委关于军事工作给湘赣特委及四军军委的指示信》中,有"省委派杨开明同志为特委书记,袁文才参加特委,并指定莲花两个最有能力的同志到特委工作"的缘故,加上杨、袁等4人刚好为23人。因此,这一特委名单是可靠的。

毛泽东出任边界特委书记后,四军军委书记改由陈毅担任。

大会开了三天,至5月22日结束。湘赣边界特委成立后,为边界党的最高领导机关,统一领导工农革命军第四军军委和边界各县党的组织。特委机关设立在宁冈茅坪的攀龙书院。

湘赣边界党的"一大"的召开和边界特委的成立,有力地推动了根据地的迅速拓展和边界各县的工作。此后,边界各县都掀起了轰轰烈

① 湖南省安仁县档案馆资料:旧政权档案清乡委员会卷全宗56目录号3卷本第93页,《湘赣边特委致省委转中央的信》,1928年4月29日。

烈的打土豪分田地运动。由于边界党的政策的正确,“于是才有四月至七月的各次军事胜利和群众割据的发展。虽以数倍于我之敌,不但不能破坏此割据,且亦不能阻止此割据的发展”,相反“割据地区一天一天扩大,土地革命一天一天深入,民众政权一天一天推广,红军和赤卫队一天一天扩大”①。边界进入一个新的发展时期。

边界党的“一大”以后,毛泽东幸得军事斗争之空暇,在袁文才的保媒下,与贺子珍在茅坪象山庵结为伉俪。

1928 年 5 月下旬的一天,袁文才备了几道菜及宁冈老酒,弄了些山里特有的土特产,为毛泽东、贺子珍在茅坪象山庵筹办了简单的婚礼。是年,毛泽东 35 岁,贺子珍 19 岁。

贺子珍晚年在回忆井冈山这段美好历史时说:“我们终于结合在一起。没有举行什么仪式,热心的袁文才做了几个菜,大家热闹了一下。”从此,“我担任毛泽东的生活秘书和机要秘书”,成为毛泽东的亲密战友。

红四军党的一至五次代表大会考析

红四军自 1928 年 4 月朱毛会师,到 1929 年 1 月出击赣南,“7 个月中,共开过六次代表全军代表大会”②。然而,由于历史的原因,如此重要的会议,除第一次代表大会在《井冈山前委给中央的报告》中有简略的记述、第六次代表大会有决议案传世外,其余各次代表大会的召开时间、地点、内容均无记载,成为井冈山斗争史研究的一项空白。为此,在本书修订再版之际,我们对这一问题进行了一番认真考证,以飨读者。

第一次代表大会　在井冈山会师、成立军委时已作论述,在此不赘。

① 毛泽东:《井冈山的斗争》。

② 毛泽东:《井冈山前委给中央的报告》,1928 年 11 月 25 日。

第二次代表大会　朱毛会师后，引起了国民党反动政府的注意。于是，蒋介石急忙调兵遣将，企图将这一弱小的武装力量扼杀于摇篮中。江西敌军杨如轩部向龙源口方向推进，越过七溪岭，直犯根据地中心宁冈。面对敌人的来犯，四军刚刚新编，“岂有此理的湘南县委和县政府带了一大批农军一起跑来，现在有一万人在这里”，“一万人的群众拖泥带水纪律太糟”①。因而，如何迎敌，如何整理部队等问题，严峻地摆在朱毛等军中领导的面前。成败得失，系于一发，至关重要。所以，召集全军党的第二次代表大会，也就显得势在必行了。于是，4月下旬，在宁冈砻市举行了“二大”。会议的内容应为：1. 讨论如何迎敌，部署迎敌方案；2. 对部队进行整理，遵照湘南特委决定，将三师九团的编制，缩编为三师六团一教导大队；3. 撤销政治部，完善士兵委员会。依据是：

1. 何长工曾回忆到五斗江战斗前有过重要会议。他说：“1928年5月份，当时敌八十一团从遂川来，师部扎在永新，我们红军正好在砻市一带，战前，我们在砻市召开了营以上干部会议，作了部署，决定进军五斗江，迂回拿山，打其侧翼，相机占领永新。”②萧克、熊寿祺等也都有过类似的回忆。至于是“营以上干部会议”呢还是全军的“二大”，我们以为是“二大”的可能性大些。因为，何长工回忆道，就是在打完黄坳战斗后，“在拿山，朱德同志正式宣布我担任二十八团党代表”③。熊寿祺也是这时“从红三十二团，即袁王部队的第一连调到红二十八团，即王尔琢团的第一营”④，曾志也回忆说蔡协民是在五斗江战斗后调三十二团任党代表，她本人也调至三十二团党委办公室工作。宋任穷也有同样回忆。干部人事的变动，显然是为整顿部队。毛泽东在5月2日于永新城写给中

① 《中共江西省委转来毛泽东同志的信》，1928年5月19日，《井冈山革命根据地史料选编》，江西人民出版社1986年版。

② 何长工：《关于井冈山斗争的片断回忆》，访谈资料，原件存井冈山会师纪念馆。

③ 何长工：《关于井冈山斗争的片断回忆》，访谈资料，原件存井冈山会师纪念馆。

④ 熊寿祺：《井冈山斗争的回忆》，访谈资料，原件存井冈山会师纪念馆。

央的报告也说到了这次整顿。他写道:"一万人的群众拖泥带水纪律太糟(一部分除外),正在大加整顿日益良善。"正好印证如此大的动作,通过了最高层会议,即召开全军代表大会定夺。

2. 毛泽东5月2日给中央的信反映了四军在4月下旬的重大变更情况。该信的第三点记述了五斗江的战斗情况,并有"现在毛部之三十一团亦由宁冈开来了"的话,可见部队当时都在宁冈,部署应在宁冈进行。信中第5点记述说:"前湘特委决定朱毛两部合编为第四军,指定朱任军长,毛任党代表。朱(德)部编为第十师,毛部编为第十一师,湘南各县农军编入两师中。朱兼十师师长,宛希先任党代表,毛兼十一师师长(本任张子清,因他受伤毛兼代),何挺颖任党代表。另一教导大队,陈毅任大队长。"从这段话可以看出:会师后(确切说是在决定编为三师九团后)接到湘南特委的指示信,于是对刚刚新编的部队,按湘南特委的决定重新进行了缩编。即将会师时的三师九团,缩编为二师六团一教导大队。两军会师编成三师九团的编制,这在1928年5月13日《中共江西省委向中央的报告》、1928年9月1日陈毅《关于朱毛军的历史及其状况的报告》、何长工1933年8月1日发表在《红色中华》的文章《井冈山斗争与中国工农红军的创造》,以及茅坪八角楼中至今保留的当年十二师三十五团团部的标语,都记得明明白白。为何刚过一个星期,5月2日的毛泽东的报告却出现另外一种说法?其实,这正反映了四军在4月下旬末有过一次变更。而这么重大的变更,则非经过全军党的代表大会不可了。

3. 关于撤销政治部。毛泽东在《井冈山前委对中央的报告》是这样记载的:"此间军队4月以前有政治部,因影响不好,方取消。"这正证明4月下旬四军军委有过重要会议议决,也是很多老同志回忆陈毅当过政治部主任的原因,同时也是为什么陈毅在毛泽东5月2日的信中成了教导大队长的最好诠释。

4. 毛泽东5月2日的报告第4点亦证明有过会议及决定。文中说:"所以不直下吉安者,因对内对外都使深入的策略,以永新为中心而附近各县发起暴动,对内建立党(军队的),军队筹款做衣服,对外帮助地方发起工农暴动,建立工农政权分配土地。因此决定把打吉安的工夫来做这些事比较的有意义的多。"此处的"因此决定"属哪一层决定?我们认为在当时的条件下只有四军党的"二大"才能担负此任。这与该报告第7点关于"党则师委军委团委各支部开了党的训练班"的话联系起来,更说明4月下旬召开了全军党的"二大",且对上述问题作了决定。

第三次代表大会　五斗江战斗的胜利,四军第一次占领了永新城。为了充分了发动群众,四军在永新进行了短距离的分兵。对我军的胜利"王均已吓得屁滚尿流,急调七师二十七团一部分及九师的二十一团,星夜开赴吉安增援,准备在吉安拼一死战"①。敌二十七师师长杨如轩见援兵到来,迅即率兵返身向我革命军打来。此时永新境内尚未全面发动,硬打硬拼定然不行。于是,毛泽东、朱德将全部部队撤回根据地中心宁冈,等待良机,伺机歼敌。

可是,这时的江西省委却乐观了起来,给朱毛红军发来指示:"西南已到迫近总暴动的时期,党应以最大的力量创造这一割据局面,并与湘东南粤西北汇合一片……毛部应立即向宁冈、永新以南发展,以游击战争的方式帮助赣南群众斗争,马上汇合到赣南总暴动,解决七师夺取赣州。"②

江西省委的信是4月25日写给中央的,从所引之语分析,肯定另向朱毛红军作了专门指示。这与5月2日毛泽东给中央的信中第12点中"现于吉安来信","前两日接吉安县委的信"的话联系起来,可以肯定是接到了这封指示信。此时,革命军在永新虽然筹到一笔款子,但时间短暂,各项工作尚未来得及开展。加上部队同时受到湖南省委和江西省委

① 《中共江西省委致中央的信》,1928年5月10日,《井冈山革命根据地史料选编》,江西人民出版社1986年版,第25页。

② 《中共江西省委致中共中央的信》,1928年4月25日,《井冈山革命根据地史料选编》,江西人民出版社1986年版,第23页。

的领导,接到江西省委的指示,不执行不好,执行起来又脱离实际。这从毛泽东5月2日信中第4点"所以不直下吉安者……"及整个报告全都是要点式的语气分析,无疑是对4月25日江西省委指示的答复。同样,从信中要点式的写法看,也可以基本判定:毛泽东、朱德在接到江西省委的信后,作了简单的商议,鉴于敌人来势汹汹的原因,来不及在永新召集大会,于是由毛泽东将4月间的情况及以后的设想简要地向江西省委和中央写了一个回信,然后,将部队带回了宁冈。但是,到底如何执行江西省委的指示,布置今后的工作,仍是当时的一件大事。为此,5月上旬末部队回到宁冈后即召开了四军党的第三次代表大会。

对于"三大"的内容,从当时的形势和要求分析,应该是:1. 讨论江西省委来信,确定迎敌方案;2. 根据江西省委的指示,确定四军的奋斗目标;3. 酝酿建立边界特委。依据是:

1. 关于第一项内容,这可从毛泽东5月2日信中第4点"所以不直下吉安者……"一段话及高陇、草市坳战斗的史实得出。毛泽东在信中谈"不直接下吉安"乃是要"以永新为中心而附近各县发起暴动,对内建立党(军队的),军队筹款子做衣服,对外帮助地方发起工农暴动,建立工农政权分配土地",可是,这一目标并未完成部队就撤回到了宁冈,继而(16日)部队去了湘东南,发生了高陇战斗,三十一团一营营长员一民牺牲,17日,朱德率二十八团前去救援,18日再战高陇,击溃湘敌一个团,随即向永新进发,19日,于草市坳歼敌七十九团,击毙敌团长刘安华,随后乘胜追击,第二次占领永新。短短几天中部队行动变化这么快,可见已是经过了高层会议作了新的部署。

对此,有一件敌伪资料可以佐证,那就是鲁涤平、何键在5月18日给吴尚的一则电文。电文云:"永新杨师长池生、杨师长如轩,铣(16日)电节称:据探报,宁冈有少数共匪,朱毛分驻砻市、大陇、茅坪一带,闻该匪会议决定,以一部攻酃县,以一部攻莲花、永新。"①据此,既可

---

① 《井冈山革命根据地》参考资料,第431页。

看出5月上旬末部队曾回归宁冈,也可看出上述部署正是高陇、草市坳战斗的计划。其中说是“会议决定”,更证明部队在宁冈时曾开过一次高层次会议。

2. 关于二、三点内容。对此,毛泽东在5月2日信中说:“(九)两省边界距离□□余县,两省省委历次管不到手,因同志的努力,党的组织活动都在天天发展中。但自从三月间周鲁同志(湘南特委代表)来宁冈取消前委后,顿失中心,各自为政,起不良之现象。去年12月前委会即有建议组织边界特委,湘省委及中央最好另派得力同志来做书记,事实上毛同志任军中工作很难兼职……(十二)……现于吉安来信之后,大家意思即把特委组织起来,你以为如何?听兄处明示。组织一定任(应为“要”字——引者注)组织,这以宁冈为中心罗霄山脉政权之建立,党之强有力,军力去造就实在湘赣两省之革命根据地之一,此理毛同志等业已累次呈明在案,由湘南特委转湖南省转中央,多久未见奉准驳明文,问从安源市委来信中偶有湖南省委已核准的话,但并非省委明示。前两日接吉安县委的信,又有江西省委亦已核定的话,并毛同志任书记的话,仍非省委明示。这怎办起来呢?又怕挨无味的骂。”

从上引的长长的一段话中,这二、三点的会议内容应该说是很清楚了。其一,创建以宁冈为中心的井冈山革命根据地(这是迄今保存下来的历史文献中毛泽东关于建立以宁冈为中心的根据地的最早记载),建立湘赣边特委两件事,均系极其重要的大事,毛泽东虽“累次呈明在案”,但未“见奉准驳明文”,仍不敢擅自做主,这样,毛泽东当需放在一定高层会议议决,而当时前委已取消,自然须军中党的代表大会了。其二,文中的“大家意思”,不正说明已经在一定程度和范围的会议上讨论了么?而这一定程度和范围的会议,按当时的环境与形势,也只有军中党的第三次代表大会了。

第四次代表大会　红四军经过五月中旬的草市坳战斗的胜利,并第二次占领永新城,江西敌人对井冈山革命根据地的第三次“进剿”即被打破。杨如轩、杨池生所部龟缩吉安,再也不敢轻举妄动,边界处于暂时稳定之际。

此时,边界的军事形势是很好的。但是,由于战斗的频繁和残酷,加之艰苦的条件,四军的许多薄弱环节也再次表露出来了。关键是党的组织。四军中的党组织,原来朱德部是比较好的,然而,在向井冈山退却中,"到耒阳、郴县后,湘南党由军队中调出一部分去了,加以这次退出湘南的忙乱中来不及整理,党的工作是不很好"。"这团的党的干部负责人不十分健全,加上兵士成分多叶部老兵与历次俘虏,下级军官干部一度犯了'机会主义'的毛病。同时因为作战能力强,便觉得是'所向无敌'的样子,并染了国民党军军官的习气,因此有党员的意志超过党的意志趋向"。毛泽东部"党的历史比较深,不过各级负责人尽是学生,有少数的小资产阶级的意识,强过了兵士的意识"①。另外,"红军第四军中有一最不好的现象,就是分团主义,二十八团的枪支与三十一团的枪支是不平均的,屡次开会议决要平均,可是议决自议决,实际是行不通的……关于这个缺点,军中负责同志已经注意到了,正极谋纠正之"②。

这些情况,在四军成立后,曾几经整顿,但由于战斗频繁,始终未达目的,从而严重地影响了四军的革命目标的实施。草市坳战斗及二占永新的胜利,打破了敌人的第三次"进剿",也就有了时间和条件了。同时,因江西省委批准了建立湘赣边界特委的计划,同意在"5 月 21 至 22 日召集各县代表大会",故整顿军中的党及部署边界特委成立事宜,也就显得十分迫切并有着重要的意义了。对此,何长工在 1933 年 8 月 1 日刊载在《红色中华》的文章《井冈山斗争与中国工农红军的创造》中记载:当部队第二次占领永新后,"我军于拂晓前饱载而回归宁冈"。何长工为何说"饱载而回归"?毛泽东的一个报告为此作了解释:"最近有一次军事胜利,于 5 月将杨如轩七十九团及二十七团一营工兵大炮队机关枪连,师部卫生队输送队打得落花流水,虏获颇多……夺获迫击炮台七尊,

① 《井冈山革命根据地》(上)历史文献,1987 年,第 127 页。

② 《井冈山革命根据地》(上)历史文献,1987 年,第 266 页。

山炮两尊,光洋20余担。但敌精锐两团仍是在附近永新县城一带,不敢穷追。"①从而可判定:19日红军二占永新后,连夜从永新撤回了宁冈。鉴于马上要召集边界党的第一次代表大会,于是,20日上午到茅坪后,即召集了四军党的第四次代表大会,讨论和解决两个问题:1.研究整理四军党的组织;2.讨论产生边界特委"一大"的候选人。依据是:

关于第一项内容。1.杜修经1928年6月15日《给中共湖南省委的报告》。其中云:"及敌人一次围剿(应是第三次进剿——引者注)的形势被他们击破后……再又竭力于存在部队的整理,算是有了头绪。"2.1928年农历四月二十九日(公历6月16日)毛泽东在茅坪代表湘赣边界特委《致省委转中央的信》。文中说:"军队中一部分下级军官军事投机的心理尚未除去,常想逃避斗争跑到赣南去,这已成为党内的一种奋斗,及特委成立用特委命令把他们勉强地制止。"

这两段话中,最值得注意的就是:"及敌人一次围剿的形势被他们击破后",和"及特委成立"两句,击破敌人的第三次进剿是草市坳战斗,特委成立是5月21—22日,这就把时间锁定在20日了。这就是说明整理四军军中党组织及纠正部队的错误乃是四军党的"四大"的一项重要内容了。

对于第二点内容,从常规道理上讲,要马上召开边界"一大",理当事先酝酿产生特委候选人,而当时只有军委,自然要通过这一形式才合理合法。有趣的是,目前保留下来的历史文献关于边界"一大"的内容,却记载在前述国民党安化县清乡委员会卷宗56目录号3卷本中。经过详细研究后,我们认为这是一份候选人名单,证实边界党的"一大"确实经过此次军委代表大会产生。理由有二:(1)1928年农历四月二十九日(公历6月16日)毛泽东写给湘赣两省委转中央的信中的内容有诸多不同。安化材料载:"常委5人:毛泽东、宛希先、刘真、谭

① 毛泽东:《湘赣边特委致省委转中央的信》,1928年6月16日,见《井冈山革命根据地》(上)历史文献。

震林、谢桂标。候选委员4人:朱德、陈毅、刘辉霄、龙高桂。毛泽东为书记。宛希先为组织,刘真为宣传。”而毛泽东则记述:“宛希先、毛泽东为常委,朱德、陈毅、刘辉霄为候补常委,暂推毛为书记。”故认定是递交给边界“一大”的候选人名单。(2)安化材料说:“朱德任军委会书记”,但事实上毛泽东为书记,湘赣边界特委成立后,才改选陈毅为书记。这一事实在以后的毛泽东《井冈山前委向中央的报告》亦是如此记述。而且,朱德担任军委书记是在红四军党的“六大”。正说明四军党的“四大”提名朱德,最后边界“一大”会议上却选了陈毅。

如此分析过来,上面对红四军党的第四次代表大会的时间、地点、内容的推断是可以成立的。

第五次代表大会　1928年春后,湖南省委机关连续遭到敌人破坏,省委与各地关系一度中断。5月,中央派贺昌同志重建了湖南省委,恢复了与湘东、湘西、湘南等地的联系。同时,加强了对边界工作指导。新省委根据1927年10月后毛泽东的多次报告,专门研究了井冈山根据地与四军的建设问题,就建立罗霄山脉中段政权,深入土地革命等工作,作出了14项决议①,并派杜修经携信前来并巡视边界。杜修经受命后,多次赴井冈山未果,成功到达边界已是5月下旬了。这时,边界已根据江西省委指示成立了边界特委。毛泽东接到杜修经带来的湖南省委来信,读后非常高兴,建议杜修经向军委传达。于是第二天在砻市召开了军委会。次日,毛泽东、朱德、陈毅陪同杜修经巡视了边界的后方设施。晚上返回茅坪后,又召开了一个“干部会议”。“这个会议,干部到了不少,会场好像是一个小礼堂的样子,会议期间,我传达了省委指示信的精神。”②

对这个会,毛泽东在农历四月二十九日(公历6月16日)《致省委转中央的报告》中记载:“5月30日,此间召集军委扩大会,由杜同志

① 毛泽东:《湘赣边特委致省委转中央的信》,1928年6月16日,见《井冈山革命根据地》历史文献。

② 杜修经:《四上井冈山》,《井冈山革命根据地》(下)回忆资料,第423页。

报告政治情形并宣读省委来信,扩大会完全接受。”根据毛泽东的信及杜修经的回忆,结合四军党的“六大”《决议案》中关于“四军五次大会是本年五月在宁冈茅坪开的”记叙,可判定这次扩大会即是四军的第五次代表大会。

会议的内容是:(1)传达讨论湖南省委指示,制定边界特委和军委政策;(2)改选军委书记;(3)决定遣送三十、三十三团回湘南,撤销师的建制,军直辖团;(4)健全团委,将军中 CP 与 CY 合并。

第一项内容的依据是毛泽东 6 月 16 日的信。该信后半部分所写的 9 个问题,几乎全是针对湖南省委的 14 项决议所作的答复,时值杜修经巡视之际,可见系经会议作出的决议。同时,毛泽东在《井冈山前委给中央的报告》中讲到边界进入全盛时期的原因“就是边界党(地方的党和军中的党)的政策是正确的”。这七项正确政策的制定,必然要经过高层会议,而陈毅作为军委书记乃是特委成立之后的事,可见是在这次会议上制定的。改选陈毅为军委书记一事,毛泽东 6 月 16 日的信如此说:“军委成立,省委指定毛泽东为主席,此节似无必要。因此间地方工作需人尤其迫切,军委组织亦完善,书记为陈毅同志。”杜修经 1928 年 6 月 15 日的报告则记得更明晰:“第四军组织成立后,打破了敌人围剿的形势,得用力于党的整理,召集全军代表大会,成立军委。书记原为毛泽东同志,后因泽东任边界特委书记,即改选陈毅充当。”无疑是四军党的“五大”中的一项内容了。

至于第三项内容,毛泽东在 6 月 16 日给中央的信说:“此间系朱毛部及湘南农军而成,现在湘南农军已回去活动,原系△师编制,后改为△团取消师部组织军部直接指挥。”陈毅在 1929 年 9 月 1 日《关于朱毛军的历史及其状况的报告》中记载:“到了 4 月……成立红军第四军,以朱为军长,毛任党代表,改编为三师。率以因枪械及人数不足改编为二十八、二十九、三十、三十一、三十二、三十三,六团,取消师部由军部直接指挥。……卒于 5 月底因给养困难,三十团、三十三团转回湘南。”当年曾任三十六团团长的李奇中在其《回忆湘南游击队》中亦说到:“5月底,三十、三十三、三十四、三十五、三十六这几团从江西的宁冈,经酃县的水口向湘南转移,到达资兴县边界的彭公庙,便决定兵分数路,各自回去。”

第四项内容在毛泽东6月16日的报告中亦有记载。他说:“军中CY组织,在过去湘南特委指示要成立,数月经验在工作中感到许多不便,在四军CY第二次大会决定合并,此次扩大会亦认为有合并的必要,不过这非局部所能解决,须省委作最后之决定,但此主张与取消派不同。”可见四军“五大”是讨论并决议了的。

以上是关于井冈山时期红四军党的二大至五大的初步考析。“二大至五大”的问题,长期以来因无文献资料记载,一直无人问津,成为一个悬案。这里所作的考证与分析,乃是一种学术上的探索,难保准确无误,仅作引玉之砖。“六大”的情况有文献,本书第三章专题论及。

第三节
边界土地革命的兴起

“深入割据地区的土地革命”政策的提出

1927年10月,工农革命军在宁冈茅坪“安家”以后,在边界各县开展了广泛的打土豪筹款子的游击活动,大长了贫苦农民的志气,大灭了地主豪绅的威风,从而揭开了井冈山革命根据地土地革命的序幕。

1928年2月,毛泽东派毛泽覃在宁冈大陇乔林村进行土地革命试点。3月,工农革命军在酃县中村、桂东沙田等地进行了分田的尝试,为边界普遍开展土地革命摸索和积累了一些宝贵经验。

但是,这时的土地革命试点,是尚不深入也不巩固的,以至敌人一到,土地仍被地主豪绅夺去。“三月失败”时,边界被敌人占领一个多月,土地革命成果尽行失落。

朱毛两军会师后,虽然湘赣边界的割据,正值南方统治势力暂时稳定之时,派来“进剿”的反动军队频繁不断,力量强大,但是,根据地的割据局面反而一天一天扩大,民众政权一天一天推广,这是什么原因?这是因为边界党(地方的党和军队的党)实行了一系列正确的政策。其中重要的政策之一,就是“深入割据地区的土地革命”,得到广大人民群众的拥护,群众真正发动和组织起来了。

究其源:“深入割据地区的土地革命”的政策,乃是1928年5月20日召开的湘赣边界党的第一次代表大会上提出与制定的。大会历时3天,认真讨论了边界的土地革命深入问题。会后,在宁冈茅坪仓边村成立了湘赣边界工农兵政府,设立了土地部,谭震林任土地部部长。随后,边界各县政府都设立了土地委员会,具体负责领导土地革命运动。为了帮助各地搞好土地革命,毛泽东和边界特委还从军队中抽调了大批干部,深入到宁冈、永新、遂川、莲花等县发动群众调查研究,掌握政策,指导分田。如:谭震林去了小江区,何长工去了东源荷花形村,王紫峰去了葛田村等。

对于边界的土地革命,谭震林回忆说:“我们攻遂川、宁冈、永新等县,建立县工农兵民主政府后,就着手抓土地革命,满足农民的土地要求。但1928年4月以前,边界土地革命还未深入,3月间湖南省委又将正规部队调往湘南,致使边界陷敌一个多月。这再次证明武装斗争的胜利和土地革命的深入,对于红色根据地的巩固是十分必要的。4月底,毛泽东同志和朱德同志在砻市会师,成立红四军,总结以往的经验教训,制定正确政策,这才把武装斗争、土地革命、根据地建设三者紧密结合起来。”“很快就使边界红色区域发展到鼎盛的时候。”①此后,“在红色区域,土地大部分分配了,小部在分配中”②。

可见,边界党“一大”,是井冈山革命根据地深入开展土地革命的重要标志。

---

① 谭震林:《井冈山斗争的实践和毛泽东思想的发展》。

② 毛泽东:《井冈山的斗争》。

湘赣边界工农兵政府的成立

湘赣边界党的"一大"选举产生了第一届湘赣边界特委后,为了统一边界各县政府的领导,5月底,毛泽东又在宁冈茅坪召集了湘赣边界各县工农兵第一次代表大会,选举产生苏维埃政府执行委员会,成立了湘赣边界工农兵苏维埃政府。①

湘赣边界工农兵政府由袁文才任主席,下设军事、财政、土地、司法、青年、妇女部以及工农运动委员会。军事部由张子清负责;财政部由余贲民负责;土地部由谭震林负责;司法部由邓允庭负责;青年部由肖子南、刘真、胡波负责;妇女部由吴仲莲、彭儒负责;工农运动委员会由宋乔生、毛科文负责。②

湘赣边界工农兵政府(茅坪仓边村)

湘赣边界工农兵苏维埃政府设立在茅坪仓边村的袁家大屋,为边界政府最高权力机关。本来,政府主席是推举毛泽东担任的,但毛泽东考虑到他主要抓党和军队的工作,地方政府的事,还是以地方同志担任为好,便提议、推举袁文才当了主席。边界

① 毛泽东:《井冈山前委给中央的报告》。

② 《访何长工同志记录》,1973年4月21日上午,28、30日上午。

政府下辖茶陵、遂川、宁冈、永新、莲花、酃县等各县政府。至全盛时期,边界各县区、乡政府相继建立,“民众普遍知道了各级‘工农兵苏维埃政府’,宁冈民众简称为‘埃政府’的(客籍土话“我们”称埃,埃政府就是“我们的政府”),别的地方简称为‘苏政府’”①。

边界政府成立以后,将土地革命列入重要议事日程。各县、区、乡都相应成立了土地委员会,统筹土地革命的事情。为了帮助各地的土地革命,由边界政府统一从军队中抽调了许多干部、下到各地指导土地革命工作。

然而,由于实践经验不足,“湘赣边界工农兵苏维埃政府的招牌,在五月间就挂起来了,但成立得很仓促,极不完备”②。“各级苏维埃是成立了,但名不副实。”③工作没有实际的开展。

在初期的工作当中,不少地方的小地主、富农,为了保护自身的利益,“他们挂起红带子装得很热心,用骗术钻入了政府委员会,把持一切,贫农委员只作配角”④。这种现象,对当时的土地革命及其他工作,带来了不少影响。边界政府虽曾发过一个布告,而在充分发挥权力机关的职能上做得很是不够。有的地方是党包办一切,有的地方只停留在“每日只是替党部通信的交通,替红军搬运粮食,派使做侦探,管理赤卫队”⑤等琐碎的工作。这种现象,直至后来群众都充分发动起来了,把那些钻入红色权力机关的坏分子清洗出去,充分认识到苏维埃的权力和作用,才“慢慢纠正过来”。⑥

1928 年底至 1929 年初,边界曾筹备召开各县第二次工农兵代表大会,力图健全边界苏维埃政府的组织。为此,成立了一个秘书处作

① 毛泽东:《井冈山前委给中央的报告》。
② 毛泽东:《井冈山前委给中央的报告》。
③ 杨克敏:《关于湘赣边苏区情况的综合报告》,1929 年 2 月 25 日。
④ 毛泽东:《井冈山前委给中央的报告》。
⑤ 杨克敏:《关于湘赣边苏区情况的综合报告》,1929 年 2 月 25 日。
⑥ 毛泽东:《井冈山前委给中央的报告》。

为筹备机关，同时建立了军事委员会和经济委员会。但由于湘赣两省敌人第三次“会剿”的发动，致使边界第二次代表大会的召开未能实现。①

尽管如此，湘赣边界工农兵政府的成立，及各县苏维埃政府的成立，对当时的形势发展还是产生了一定的影响。湖南省委巡视员杜修经在1928年6月15日给中共湖南省委的报告中曾说了这么一句话：“民众在打土豪后相信毛司令，在分田地后相信党相信苏维埃。”

边界土地革命的全面开展

1928年5月至7月，边界各县在湘赣边界工农兵政府的统一领导下，掀起了轰轰烈烈的土地革命运动。

由于有了大陇试点、中村插牌分田、塘边试点分田等小规模分田斗争经验，因此当土地革命全面铺开时，也就有了一定的“模式”。当时的具体步骤和主要做法是：

1. 成立分田领导机构。

这个机构就是各县、区、乡的土地委员会。“它是由工农兵代表大会(县、区、乡各级都有工农兵代表大会)选举产生的，由5~7人组成，工农兵政府在讨论分配土地时，就由他们先进行研究，土地委员会还要作调查研究。”②调查研究的主要目的，是制定分田方案和划分阶级，分田时是以阶级成分来决定是否分田的。但那时划分的阶级，都比较简单，“主要对准地主、富农来进行土地革命”③。

2. 红军干部下到各地指导分田。

边界的土地革命运动全面开展时，边界特委抽调和派出了大批红军干部深入各县的乡村，发动群众，调查研究，掌握政策，指导分田。

---

① 毛泽东:《井冈山前委给中央的报告》。

② 陈正人:《毛泽东同志创建井冈山革命根据地的伟大实践》,1970年12月。

③ 陈正人:《毛泽东同志创建井冈山革命根据地的伟大实践》,1970年12月。

当年被派到宁冈葛田乡的王紫峰回忆说:“我在手枪队只有一个多月,后来地方上要干部,就从军队中抽调一部分人去。因我在家乡 13 区苏维埃政府工作时,曾搞过分土地,所以把我调出来了。……我到葛田村帮助分土地。乡里成立了一个调查委员会,登记人口,登记土地。……当时对‘抽肥补瘦’还不懂,我们没收地主的土地,分给没地或少地的农民。以一个大村为单位,按人口平均计算需要多少土地,在这个范围内调整补足。地主的土地全部被我们没收,富农的土地没收多余部分。分好了,就登记姓名、亩数和规定归谁使用,然后插牌子。……我们在葛田村帮助农民分配土地,每人分了 3 亩多田。”①

3. 以乡为单位进行土地分配。

以乡为单位来进行分配土地的方法,是在试点的基础上取得的。“原先是以村为单位进行分配,在实践中,证明这个办法是不好的,是容易为地主、富农所利用的。……后来改为以乡为单位来分配土地,实践证明,这个办法是比较好的。这个办法是毛主席调查研究,经过斗争实践的摸索和总结才找到的。”②这个办法较之毛泽东在 1927 年 8 月 19 日湖南省委会议上提出的《土地纲领》前进了一大步。《土地纲领》规定的是“以区为单位”,而在此时及以后形成的《井冈山土地法》却提出了以乡为单位、以几乡为单位、以区为单位三种方法,不仅更机动,也更切合各地的实际,更能调动贫苦农民的积极性。

4. 按人口平均分配。

在边界各县,当时实行的是没收一切土地重新分配,分配标准是以人口为单位。所有乡村中男女老幼,一律平分。“小孩得大人之半数田,手工业者地主一律照分。”③后来接到中央六大决议案,中央只主张“没收地主阶级的土地”,而不是“没收一切土地”,但在边界已经

① 王紫峰:《艰苦的岁月》,见《井冈山革命根据地》回忆资料。

② 陈正人:《毛泽东同志创建井冈山革命根据地的伟大实践》,1970 年 12 月。

③ 杨克敏:《关于湘赣边苏区的综合报告》,1929 年 2 月 25 日。

实行,如改过来将贫民分到手中的土地再还给富农、地主,就会挫伤贫农阶级的积极性,所以就决定“分了田的已算了事,以后再分按中央政策办”。

5. 实行以原耕为基础,好坏搭配的原则。

井冈山区,地域广阔,土地贫瘠与肥沃情况差距很大。开始“在分配土地时,原来以原耕为基础,抽多补少。后来发现,这办法有利于富农,不利于贫雇农,因为富农的地,一般是比较好的,贫雇农种的地,一般是比较差的。如果以原耕为基础,抽多补少,那么,富农中的好田就分不出来……后来主席提出要‘抽肥补瘦’,把富农的好田抽出来,补给贫雇农耕,这样才能真正满足贫雇农的土地要求”①。所以,“当时按4担谷1亩估计,分上、中、下三种田,田也造册,按上、中、下搭配分”②。

在边界土地革命中,虽曾一时出现过一些“左”的做法,但基本上执行政策较好,注意了正确对待中间阶级,保护中小工商业,地主也分田等,土地分配后还组织复查,看看是否公平合理。

这一年的庄稼,获得了很好的收成。宁冈一带的群众都踊跃交公粮。毛泽东在《井冈山前委给中央的报告》中记载说:“土地税:宁冈收的是百分之二十,比中央办法多收半成,已在征收中,不好变更,明年再减。此外,遂川、酃县、永新各一部在割据区域内,都是山地,农民太苦,不好收税。”

经过4月起至7月的群众土地斗争,湘赣边界各县的土地基本分配完成。土地革命的深入,极大地激发了广大贫苦农民的斗争积极性,不仅解放了农村生产力,也有效地支援了革命战争,加快了根据地的发展。

① 陈正人:《毛泽东同志创建井冈山革命根据地的伟大实践》,1970年12月。
② 谭冠三:《回忆毛主席在井冈山的伟大革命实践》。

井冈山土地斗争的历史经验

井冈山根据地的土地革命运动,是在“前无成法”的情况下摸索进行的。“因为从 11 月底起,即与省委断绝交通,党的一切主张政策全不知道。”①但是,井冈山的土地斗争在特委和毛泽东的领导下,却取得了很大的成功,积累了丰富的经验,并有力地促进了根据地的发展与建设。依据当年的一些历史资料及经历者的回忆,井冈山土地斗争的历史经验,可概括为以下几点:

1. 全面掌握边界的土地状况和阶级关系。

毛泽东是注重调查研究的先行者。他在 1927 年冬,就亲自到茅坪坝上、洋桥湖一带及永新的秋溪一带,做深入细致的社会调查,并写下了《宁冈调查》和《永新调查》。在充分调查研究的基础上,科学地分析了“边界土地状况:大体说来,土地百分之六十以上在地主手里,百分之四十以下在农民手里。分别说来,赣边以遂川为最集中,约百分之八十是地主的。永新次之,约百分之七十是地主的。万安、宁冈、莲花自耕农较多。除万安情形此间无直接调查外,宁冈、莲花两县土地虽说自耕农不少,然地主的土地仍占比较多数,约百分之六十与四十之比。湘边茶、酃两县相差不远,约百分之七十在地主手中。”②

毛泽东除自己从事调查外,还要求红军及地方干部直接参与此方面工作,作为一项任务来完成。在 1927 年 11 月间开办工农革命军军官教导队时,毛泽东就要求教导队学员下到古城、新城、茅坪一带进行调查。调查的内容很广,如:行政区划、人口、阶级、土客籍矛盾、土地占有情况、文化风俗等一概都要了解,然后填写调查表。③ 谭冠三在《回忆毛主席在井冈山的伟大革命实践》中说:“毛主席很强调宣传队

① 毛泽东:《井冈山前委给中央的报告》。

② 毛泽东:《井冈山前委给中央的报告》。

③ 《陈士榘、刘型谈井冈山的斗争》,1970 年 11 月 1 日。

要作调查研究(对整个红军也是这样强调的)。毛主席对工商业怎样?地主怎样?工人怎样?都要调查清楚。还要求我们了解资本家是怎样剥削工人和农民的,地主是怎样剥削农民的,工人、农民又是怎样被剥削的,以及每个村庄里的阶级成分,每个人的政治态度,也都要调查清楚。……我们在一个地方作了调查以后,都要上报。经过调查,我们处理各种问题,解决各种问题,就能分清敌友,团结多数。”

2. 充分发动群众和武装群众。

发动群众,组织群众起来革命,是井冈山斗争时期红军的一项重要任务,土地革命斗争中尤其如此。因为,当时边界的贫苦农民不懂得阶级与阶级压迫的关系,总以为自己贫穷是“命中注定”,“八字不好”,“命苦”,因此,“第一步跟他们进行打破‘宿命论’的教育……第二步就是帮助他们认识自己的力量,相信自己的力量,帮助他们树立斗争胜利的信心……农民发动起来了,有了阶级觉悟,有了斗争的决心,在这种情况下,就可以进行土地革命了。否则,如果游击区还不巩固,基础还不好,就很少可能进行土地革命。即使进行了农民也不敢要地主的土地”①。

群众起来了,土地革命搞起来,便要武装群众了。“边界的斗争,完全是军事的斗争。……哪一处没有武装,或者武装不够,或者对付敌人的策略错了,地方就立即被敌人占去了。”②所以,红军在与敌人战斗获得胜利后,毛泽东即指示将缴来的武器,除武装部队外,还要将一些枪支送给地方。这样,正规部队走后,遇上反动地方武装的挑衅,红色政权和土地革命成果就不会丢失。

3. 正确地制定切实可行的土地政策。

土地政策的制定是当时边界开展土地斗争中的一个最为棘手的问题。开始时,无章可循,全靠摸索。如在没收对象问题上,是没收一

① 陈正人:《毛泽东同志创建井冈山革命根据地的伟大实践》。

② 毛泽东:《井冈山前委给中央的报告》。

切土地,还是只没收地主的土地?在分配标准问题上,是按人口标准平均分配,还是按劳动力标准分配?或是两者兼顾?在分配区域问题上,是以乡为单位分配,还是以村或是以区为单位分配?在土地所有权问题上,分配后的土地所有权是归苏维埃政府所有,还是归农民所有?土地能否自由买卖、租赁?如何区别对待中间阶级?地主要不要分田等等,都需要作出正确的回答。可是,土地革命这一大课题,在当时全党及各个根据地都在探索阶段,并无成法可循。而井冈山根据地自创立之来,几月间与组织失去联系,“六大”决议直至 1928 年 11 月才送至井冈山。这就必须一切从实际出发,摸索出一条新路。由于毛泽东和边界党注重了社会调查研究,倾听了群众的要求,从而,比较正确、科学地解决了这些实际问题。如在土地分配标准问题上,边界执行的还是以人口平均分配的方法。后“依中央办法,改以劳动力为标准”,但“能劳动的比不能劳动的多分一倍”①,依然照顾了老人与小孩。在《井冈山土地法》颁布时,人口与劳动力两个标准都采用了,并提出:“两个标准,以第一个为主体,有特殊情形的地方,得适用第二个标准。”②这就既切合了边界的实际,又与中央的政策相吻合,做到了二者有机的统一,受到根据地广大贫苦农民的拥护。又如边界在土地分配区域的问题上,也表现得比较灵活:宁冈四区就是以区为单位分田的,协调了原以乡为单位客籍农民认为吃亏的矛盾;永新的小江区,则是三四个乡作为一个单位去分配的。③

4. 抓好典型,以点带面。

井冈山根据地的土地革命并不是一开始就全面铺开的,而是分为三个阶段进行的:首先是 1927 年 10 月至 1928 年 3 月间为发动群众和试点(大陇、中村等)阶段;1928 年 5 月至 7 月为土地革命全面深入开展阶

① 毛泽东:《井冈山前委给中央的报告》。

② 毛泽东:《井冈山前委给中央的报告》。

③ 杨克敏:《关于湘赣边苏区的综合报告》,1929 年 2 月 25 日。

段;1928 年 9 月至 12 月为土地革命的巩固阶段。在此当中,都抓了几个典型,并以典型推动全面。如派毛泽覃在大陇乔林进行土地革命试点,毛泽东本人在中村亲自抓点,以及后来的塘边试点,都体现了毛泽东注重实际,以点带面的工作方法,和立足当前、放眼长远的政治眼光。

5. 正式红军的存在是土地革命的保证。

1928 年 7 月,正当边界土地革命处于高潮之际,中共湖南省委数次改变主张,把红军主力拉往湖南,致使边界招致“八月失败”,造成“农民分田,地主割谷”的严重后果。“八月失败”的这种后果,说明了没有红军作为根据地的中流砥柱,土地革命是难以开展的,开展了成果也是难以巩固的。诚如谭震林在《回顾井冈山斗争历史》中所说:“没有正规部队和广大地方武装的配合,就不能战胜敌人,土地革命就无法开展,农民群众也不可能充分动员起来支持革命,已经占领的地方也保不住,到头来即使建立了红色政权,也站不住脚;而没有巩固的根据地,武装斗争也就失去了可靠的后方和依托。”

综观井冈山根据地的土地革命的经验,表明了一个颠扑不灭的真理:即在四周白色恐怖包围之中的小块红色根据地,必须在党的领导下,把武装斗争、土地革命、根据地建设三位一体,紧密结合,相互依靠,才能求得存在和发展。

第四节
龙源口大捷与红军的建设

湘南农军的遣返

井冈山会师后,边界的武装力量发生了很大变化。但是,“三个师九个团,加上妇女和娃娃,近万人。这个阶段,我们的粮食又成了大问题。”①严峻的形势,使毛泽东也感到心忧。他在 1928 年 5 月 2 日于永

① 范树德:《井冈山斗争时期的后勤工作》,见《井冈山革命根据地》回忆资料。

新城写给中央的报告中,几乎有点愠怒地写道:“岂有此理的湘南县委和县政府带了一大批农军一起跑来,现在有一万人在这里。”“一万人的群众拖泥带水纪律太糟”,“吃饭大难”①。

鉴于这种形势,十分需要疏散、遣返部分湘南农军、群众回原地坚持斗争。这是因为一来“粮食困难,不利于主力部队作战,陈毅同志领导的第十二师大部分是梭镖武装起来的湘南群众,5000 多人,只有少数枪支和土枪,同强敌作战力量有限。同时,湘南根据地基本上没有留下什么革命武装,赤卫队差不多都跟着上了山,地主土豪劣绅卷土重来屠杀百姓随时都有可能。而想要战争持久,就必须设法安置这几千人的梭镖和徒手人员。”②

于是,红四军军委研究决定,湘南农军除留少数能在二十八团、三十一团服务的和二十九团作为主力留下来外,第三十、三十三、三十四、三十五、三十六团一律返回原籍,随农军上山的群众也遣返原籍。

命令宣布时,这些团的部分人员已在永新。此时,正是四军第一次占领永新城,在永新进行短距离分兵之际。据李奇中回忆:“1928 年 5 月间,湘南地方武装回湘南是在永新乡下决定的。三十六团还在拿山打了一仗,颇为得手。5 月底,三十、三十三、三十四、三十五、三十六这几团从江西的宁冈,经酃县的水口向湘南转移,到达资兴县边界的彭公庙,便决定兵分数路,各自回去。”③

由于湘南暴动后向井冈山根据地转移的过程中,湘南农军和党政干部基本上都跟上来了,因之,部队走后,“湘南工作一败如洗。”④此次遣返的农军在彭公庙等地分手,各自回到原籍后,有的坚持了斗争,有的在当地很难立足,不少坚定分子惨遭杀害。但革命的火种是扑不

① 《江西省委转来毛泽东同志的信》,1928 年 5 月 19 日。
② 李奇中:《回忆湘南游击队》,《井冈山革命根据地》回忆资料。
③ 李奇中:《回忆湘南游击队》,《井冈山革命根据地》回忆资料。
④ 《杜修经给中共湖南省委的报告》,1928 年 6 月。

灭的。郴县、宜章、耒阳、安仁、资兴、永兴等地党组织，迅即会合了从井冈山遣返回乡的武装力量，重新开始了湘南的革命斗争。

5月底的遣返湘南农军告一段落后，6月上旬，工农革命第四军的称谓，根据中共中央的统一规定，改为“中国工农红军第四军”（简称红四军）。

中共中央在1928年5月25日《中央通告第51号——军事工作大纲》中规定：“为保障暴动的胜利与扩大暴动，建立红军已为目前的要求，不一定要等到一省或一国暴动成功，只要建立割据区域，便应当开始建立红军的工作。在割据区域所建立的军队，可正式定名为红军，取消以前的工农革命军名义。”同年6月4日，《中央给前敌委员会的信》中指示：“关于你们的军队，你们可以正式改为红军。”

于是，同年6月16日，毛泽东在他起草的《湘赣边特委致省委转中央的信》中，就明确提出要“改造军队变成真正的红军”。

从此，工农革命第四军就改为“红军第四军”了。“红军”的称谓，开始传遍井冈山。

龙源口大捷——击破赣敌第四次“进剿”

湘赣边界的红色风暴，越刮越猛，令国民党反动派坐立不安。1928年6月中旬，江西省政府主席朱培德奉蒋介石之命，重整旗鼓，以第九师师长杨池生为总指挥，率九师3个团，加上惨败的杨如轩二十七师的两个团，共5团之众，从吉安进攻永新，向井冈山根据地发动了第四次“进剿”。与此同时，湘敌吴尚第八军的第二师也由平江调防攸县，加强对湘赣边红军的防堵。

面对敌人的来势，红四军在永新所部即主动撤离，退回根据地的中心宁冈。毛泽东、朱德、陈毅等认为：湖南国民党军数量多而且战斗力较强，尚未进攻红军；而江西国民党军兵力虽号称5团，但经过数次打击，有畏惧心理。故应对战斗力较强的湘敌取守势，对战斗力较弱的赣敌取攻势，以小部力量钳制湘敌，集中力量打击由永新地区来犯之赣敌。

6月20日,毛泽东、朱德、陈毅在宁冈古城召开了连以上干部会议,详细制定迎敌方案。决定:以第二十八团、二十九团和三十一团一营为主力,统由朱德、陈毅、王尔琢率领,利用宁冈北面屏障新、老七溪岭的有利地形,集中力量抗击来犯之敌;袁文才、王佐率三十二团在宁冈、酃县边境活动,钳制吴尚第八军;并广泛地动员宁冈、永新群众支前参战,协助红军破敌。

红四军二十八团团长林彪

迎敌大计确定后,各部队依序而动。21日,毛泽东率三十一团三营前往永新龙田、潞江一带,发动群众骚扰赣敌,牵制湘敌;袁文才率三十二团佯移酃县边境;朱德、陈毅、王尔琢则率红军主力移驻新城,密切注视敌军行动。

从21日起,敌方也紧锣密鼓,向我根据地推进。以第九师的3个团(第二十五、二十六、二十七团)由永新向宁冈北面的新、老七溪岭逼进,企图攻占宁冈;以二十七师的2个团(第八十团、八十一团)驻防永新城。

敌人的行动,均被永新群众告知已进入永新龙田、潞江一带的毛泽东。毛泽东闻讯,即写信给朱德、陈毅,通报敌人企图,并提出破敌策略,派人急速赶往新城。

朱德、陈毅接毛泽东来信后,即于22日上午在宁冈新城召集有营以上干部参加的军委扩大会,讨论并确定具体的作战方案。正在开会时,袁文才部报告进驻攸县、茶陵一带的吴尚第八军并无行动迹象。这样,就排除了湘赣两省敌军的"会剿",而只是赣敌单方面的"进剿"。于是,军中领导更坚定了战胜赣敌的信心,决定:朱德、陈毅、胡少海率二十九团及三十一团一营,在新七溪岭阻击敌二十七团;王尔琢、何长工率二十八团在老七溪岭迎击敌二十五、二十六团;袁文才率三十二团和永新赤卫队埋伏在武功潭一带，待我方得手后相机捣毁敌驻在白口的前线指挥部，截断敌人退路；毛泽东率三十一团三营继续在永新龙田、潞江一带监视湘敌；宁冈、永新两县地方武装和群众协同红军作战。

一场严峻的决战在即。

先看新七溪岭战斗。

七溪岭，又称梁公岭，是横亘在宁冈北面的一座群山，山中树高林密，怪石峻岩，极为险峻。新、老七溪岭一左一右，像两扇铁门，扼守着根据地的大本营。两座山岭之间有一条小路盘旋而上，通往宁冈的新城。

6月23日凌晨，朱德、陈毅、胡少海率领红二十九团、三十一团一营从新城出发，穿过"吊谷上仓"、"蛤蟆湖"栈道，抢在敌人前面，占领了新七溪岭的制高点——望月亭。

进攻新七溪岭的敌人是号称"江西最狠的部队"——杨池生的第九师第二十七团。敌人凭借着优良的装备，气势十足地从龙源口向新七溪岭逼进。

这天，大雾弥漫，且是传统的端午佳节。

日出后，敌二十七团官兵沿着小路向望月亭奔来，向先期到位的红二十九团（团长胡少海）发起攻势，争夺制高点。红二十九团系宜章农军组成，枪支不多，逐渐显露出劣势，阵地开始被敌突破。

这时，幸红三十一团一营赶到，迅速集中火力，猛烈阻击，才把敌人压下去。但是，敌人自恃武器精良，弹药充足，又集中七八挺机枪，压向望月亭，抢占了地势险要的风车口，并在风车口上架起几挺机枪，掩护大队敌军向前冲锋。红军被敌人密集的火力压得抬不起头来，情况非常危急！

军长朱德见状，立即赶至望月亭，提起一挺花机关（冲锋枪）亲自上阵，向敌人猛烈扫射，这时，一颗子弹打穿他的军帽。朱德全然不顾，大声命令："摘掉敌人机枪！"

班长马奕夫一马当先,承担了摘掉敌机枪的重任。他时而以树木作掩体,时而又匍匐在怪石旁,很快地接近风车口。“轰隆!”马奕夫甩出几颗手榴弹,把敌几挺机枪炸得仅剩一挺,自己也中弹倒下。

“冲啊!”战士们见状,跃出壕沟。不料,敌人的机枪又吐出了火舌,一批战士倒下了。

马奕夫被剧烈的枪声惊醒,看见身边倒下的战友,怒火中烧,一步一步地爬向敌机枪位置。随即,他一跃而起,使尽全身力气,抓住滚烫的机枪枪管,用胸膛挡住了机枪口。

“为马班长报仇!”参战的二十九团、三十一团一营战士奉命发起了凌厉攻势,终于把敌人压下了风车口。随即,又乘势将敌人逼下山腰。骄横的敌军后来尽管组织了多次的冲锋,始终无法逾越风车口。

再说老七溪岭战斗。

在新七溪岭战斗打响之后,红二十八团与敌二十五、二十六团在老七溪岭展开了激战。

红二十八团从新城出发,因路途较远,匆匆赶到茅管坳时,对面的百步墩制高点已被先期到来的敌人所占领。敌俯我仰,形势非常不利。战斗打响后,敌人密集的子弹,压得二十八团官兵无法前进。

“必须抢占百步墩!”红二十八团团长王尔琢无所畏惧,多次组织突击,但未能奏效。我方打到上午 11 时许,仍没有冲上去。这时,敌人大批部队倒向茅管坳压来,红二十八团如不迅速攻下山头,不仅自己在山腰站不住脚,连新七溪岭的部队都有被敌人前后夹击的危险。

在此紧急情况下,王尔琢和团党代表何长工商议,决定组织作战勇敢、有战斗经验的党员、干部、老战士,组成若干勇猛的冲锋集群,轮番向敌人冲击。每一冲锋群 24 人,配备 3 挺冲锋枪,5 支梭镖,7 支步枪,9 支驳壳枪,在迫击炮的掩护下,短兵相接,拿下制高点。方案确定后,冲锋集群很快组织起来,由二十八团三营营长萧劲统领,向敌发起进攻。第一次、第二次……冲锋未能奏效。

中午时分，敌二十五、二十六团散在各处休息。王尔琢抓住这一有利时机，再次组织冲锋集群攻击。在密集的枪弹掩护下，萧劲率领冲锋集群迅速奔向百步墩。战士们跟着营长义无反顾地向前猛冲。突然，一颗子弹打中了萧劲的腹部，肠子涌了出来。萧劲紧捂伤口，将肠子塞进腹内，叫人撕下衣袖紧紧捆住腹部，又继续往前冲击。战士们踏着营长的血路，终于拿下了制高点。但是，萧劲却倒下了。

"为萧营长报仇！"红二十八团官兵在团长王尔琢的率领下，向敌人发起了猛攻。敌人见制高地已失，顿时人心大乱，纷纷溃逃。二十八团乘势将敌人压至龙源口。

这时，埋伏在老七溪岭右侧武功潭的袁文才三十二团，听见老七溪岭杀声震天，知道二十八团已经得手，迅即向白口敌前线指挥部发起攻击。前线指挥杨如轩前已领教过红军的厉害，见大势已去，上马就逃。一颗子弹飞来，击中他的右臂。杨如轩连头也不敢回，带领师部残兵，夺路逃往永新。

新七溪岭的二十七团，闻知老七溪岭兵败，也无心恋战，边打边退。朱德抓住战机，旋即率部发起猛攻。

老七溪岭的敌二十五、二十六团失去指挥中心，首尾挨打，全线崩溃，紧随杨如轩向永新方向逃窜。追至白口的红二十八团立时返身向新七溪岭包抄过去，会同朱德指挥的红二十九团和三十一团一营，在龙源口将敌二十七团团围住。附近的数千地方武装，也旋即赶至，摇旗呐喊。一时，龙源口上空杀声震天。敌二十七团无处可逃，至下午三四点钟时，全部被歼。

从白口前线指挥部侥幸逃出的杨如轩，及敌二十五、二十六团的残兵败将，一路弃枪弃物，奔向永新县城。红三十二团和永新地方武装立即跟踪追击，一路俘敌缴枪，势如破竹，一直追至永新城外，见天色已晚，便在城外安营。

留在永新城的总指挥杨池生见部队惨败，心虚胆寒，这才明白朱毛红军的厉害。于是，连夜拔营而逃，退回吉安。

龙源口战斗是红四军成立以来进行的最大规模、最为激烈的一次战斗。对此,杨克敏在 1929 年 2 月 25 日的《关于湘赣边苏区情况的综合报告》记载说:“6 月 23 日龙源口(永新境内,由宁冈入永新的道路)一战,赣敌共 3 团,杨如轩指挥之,我军亦 3 团与敌战一日之久。敌为二十五、二十六团江西军队之最狠的部队,战斗力最强,都系老兵,技术熟练。这次的战争敌我兵力相当,为江西所未经过的大战,其间进退周旋,经过许久的肉搏,因为我们占得地形的优越,敌仰我俯,居高临下,悻悻一鼓败之,其间战机的危险非常严重,不为敌人所败者几希。在未下令攻击之先,虽命令永新县党部准备暴动响应红军,以致收取夹攻之效,实行群众战的口号。……此役敌 3 团全溃,缴枪约七八百支,杨如轩带花逃跑,俘虏敌兵官长士兵甚多,敌死伤数百,我方亦有死伤。敌遂退出永新,永新即完全为红军占领。”

对这次红军的辉煌胜利,边界军民作歌谣热情赞道:

不费红军三分力,
打败江西两只羊(杨),
真好,真好!
快畅,快畅!

龙源口大捷后,红四军乘胜第三次占领永新城。至此,赣敌对井冈山革命根据地的第四次“进剿”即告破产。

龙源口战斗的胜利,对井冈山革命根据地的发展具有至关重要的作用。毛泽东在《井冈山前委给中央的报告》中说:“六月二十三日龙源口(永新宁冈交界)一战,第四次击破江西敌人之后,我区有宁冈、永新、莲花三个全县,吉安、安福各一小部,遂川北部,酃县东南部,是为边界全盛

龙源口大捷标语

时期。”

大力经营永新

龙源口战斗击破赣敌第四次“进剿”，红军三占永新后，永新完全处于红色割据之下，永新是一个人口稠密、物产丰富的大县。它北通莲花、萍乡，西接茶陵，东邻吉安，南连宁冈，境内崇山峻岭，地形很是复杂。永新无论从政治、军事、经济诸方面看，都显得极为重要。

为了布置长期的工作，造成中心区域的坚实基础，进一步实践“大力经营永新”的方针，6 月 26 日，毛泽东在永新县城禾川中学主持召开红四军连以上干部、地方党和地方武装负责人联席会议。会议总结了龙源口战斗的经验，研究了红军短期分兵、开展群众工作的问题。对这次会议，刘型在回忆录中写道：“毛主席亲自主持会议，会议内容：分析了当时的形势，部署作战计划。当时的形势是：朱培德的两个师被打垮了，敌人退回吉安南昌去了，湖南方面的敌人也不会马上来，我们要争取时间，把部队分散去做群众工作，建立地方武装，建立政权，发动群众打土豪、分田地、筹款子。这个会议到会的有二十八、二十九、三十一、三十二团，共 200 来人。”

永新分兵的原因是：毛泽东和特委、军委都预料，“敌人受此重创后，必然不久又会来反攻，所以决定乘敌未反攻以前，期于最短期间内，用大力造成群众与党的相当基础，则敌再次来攻，我们可增加几分胜利的可能性。因此空出十天二十天的工作计划，在军中抽调大批同志和其他各县（如遂川、茶陵、酃县）的负责同志集中到永新一县加紧工作。”①

同时，毛泽东与刚刚由湖南省委派到边界充任特委书记的杨克敏（即杨开明）谈了他为何要“大力经营永新”的想法。毛泽东说：“我们看永新一县，要比一国还要重要。所以现在集中人力在这一县内经

---

① 杨克敏：《关于湘赣边苏区情况的综合报告》，1929 年 2 月 25 日。

营,想在最短的期间内,建设一个党与民众的坚实基础。以应付敌人下次的会剿。"①

会议的第二天,部队即开始分兵。"派队四出游击进行筹款,组织党、组织苏维埃,分田,组织工农武装等工作。派出之部队各成立一行委指挥之,计派二十九团全部去莲花,二十八号占领莲花全县,同时又派队来吉安与安福的边界游击。"②

毛泽东则去了塘边。这时,中共永新县委、县工农兵政府机关也迁至塘边。毛泽东和永新县委书记刘真同住在一户贫农家。毛泽东之所以再次来到塘边,一是因为原先来过这里从事调研试点工作,情况熟悉;二是塘边一带人口稠密,方圆20里,居住了全县近五分之二的人口;加之地形好,进退自如,把这里的工作做好了,尔后向外发展,对永新全县割据局面的形成是很有利的。

毛泽东在塘边,首先抓了党组织的工作。经过一段时期的工作,塘边由一个支部发展到11个支部。接着,又领导当地群众建立政权以及暴动队、赤卫队等组织。同时,还"补"了土地革命一课。毛泽东深入群众,访贫问苦,在群众中留下了许多佳话。对毛泽东在塘边的工作,韩伟回忆说,从七溪岭战斗至八月失败前,毛泽东在永新西乡夏幽塘边住了一个多月。除了在县城主持召开红四军军委、湘赣边界特委、永新县委联席会议,和在石灰桥指挥三路行委、23个赤暴团将来犯的11个团敌兵围困外,其余时间都在塘边。

在毛泽东和红四军广大指战员的工作下,永新的工作发生很大变化。这次分兵,不仅建立了各种党群组织,深入了土地革命,而且地方武装赤卫队、暴动队发展到七八千人;同时,还营造了仅次于井冈山的第二个军事根据地——九陇山军事根据地,使之成为边界各县地方武装的军事屏障。

① 杨克敏:《关于湘赣边苏区情况的综合报告》,1929年2月25日。
② 杨克敏:《关于湘赣边苏区情况的综合报告》,1929年2月25日。

“十六字诀”的提出及其一整套游击战术

井冈山斗争时期形成的“敌进我退,敌驻我扰,敌疲我打,敌退我追”的游击战争“十六字诀”,是红军游击战争的基本战术原则。

对“十六字诀”的形成与提出,即“发明权”的问题,史学界曾有一些不同看法。根据我们的研究,认为:

1.“十六字诀”的原型(即“十二字秘诀”)最早是毛泽东在井冈山斗争初期游击战争的实践中总结和提出的。

1927年10月,毛泽东率领湘赣边秋收起义部队来到井冈山区后,以宁冈为大本营,分派部队四处游击,实行工农武装割据,至1928年2月,先后攻下了茶陵、遂川、宁冈三个县城,取得了丰富的游击战争经验,并提出了“分兵以发动群众,集中以应付敌人”的原则。在游击战争的实践中,毛泽东不但善于运用古代兵家著作中的理论知识,而且善于吸取井冈山与绿林武装的盘旋经验,并加以改造与提高,形成新的独特的游击战术。他对井冈绿林朱孔阳(朱聋子)的“打圈子战术”的改造,就是一个实证。韩伟在《毛委员教导我们用兵作战》一文中回忆说,1927年12月工农革命军攻打茶陵撤到湖口地区时,毛泽东就曾向部队官兵讲了战术问题:“战无常法,要善于根据敌我情况,在消灭敌人保存自己的原则下,抛掉旧的一套,来个战术思想的转变。打仗也像做买卖一样,赚钱就来,蚀本不干……他还讲到走路问题,说:走路,连两三岁小孩也会,可是说到打仗,走路是一门好大的学问哩!他举了个例子,从前井冈山上有个老土匪,和‘官兵’打了几十年交道,总结了一条经验:‘不要会打仗,只要会打圈。’毛委员说打圈是个好经验,当然土匪打圈是消极的。我们要改它一句:既要会打圈,又要会打仗。打圈是为了避实就虚,歼灭敌人,使根据地不断巩固扩大。强敌来了,先领他兜个圈子,等他的弱点暴露出来,就要打得准,抓得狠,要打得干脆利落,要有缴获。最后他笑着说:‘打得赢就打,打不赢就走,赚钱就来,蚀本不干’,这就是我们的战术。”这里,我们可从“既要会打圈,又要会打仗","打得赢就打,打不赢就走"之中,看出毛泽东对游击战术的最早总结。这些,显然已具有"敌进我退,敌疲我打"的含义。

这种朴素、浅显的游击战术思想,到 1928 年初又发展、升华到一个新的高度。毛泽东在攻克遂川后,又总结归纳出"十二字诀":"敌进我退,敌驻我扰,敌退我追。"毛泽东的"十二字诀",是 1928 年 1 月于遂川县城召开的遂川、万安两县县委联席会议上提出的。当年的遂川县委书记陈正人在《毛泽东同志创建井冈山革命根据地的伟大实践》一文中回忆说:"在遂川时(即 1928 年 1 月)就听到毛主席提出的游击战争的十二个字原则了,特别是这年的上半年,听得就更具体了。"参加遂、万联席会议的许大权(万安县委委员、县苏秘书长)、曾华英(万安县委委员)也回忆说,毛泽东曾在遂川联席会议上提出了"十二字诀"。许大权说:"1928 年古历正月初,毛主席在遂川召开赣西南农民暴动联席会议,由张世熙、刘兴汉、郭定元等人参加,会后在罗塘的沙窝里召开了会议(名称忘了),讨论了毛主席在遂川的指示:1. 十二字密诀。……"①曾华英说:"毛主席在遂川联席会议上,教导我们对付敌人的办法,要看敌人多少,了解敌人的情况,打得赢就打,打不赢就走,敌人来了我们就退,敌人退,我们就后面追。"②会议参加者、当年万安县委书记张世熙在 1928 年 7 月 12 日的《万安工农斗争及 1927 年 10 月至 1928 年 3 月大暴动经过情形》的报告中记载:万安党组织于 1928 年 1 月 7 日"接毛泽东占领遂川信,再动员群众准备消灭敌军,而敌军于 17 日(旧历,阴历为 1 月 9 日)闻风弃城逃走,万安县城遂被工农群众占领"。不久,敌军大举进攻,万安农军撤出万安县城,"与敌人搏战的策略是:'坚壁清野,敌来我退,敌走我追,敌驻我扰,敌少我攻。'因此相持半月,敌军无可奈何。"可见,毛泽东在遂川、万安两县委联席会议上就最早提出了游击战术,即"十二字秘诀"。而万安县

① "访问上高陂坊、路田、上宏苏区老革命干部记录",1961 年 6 月 29 日。
② 遂川县革命博物馆资料,1971 年。

委又根据这“十二字秘诀”，进行了具体的运用，取得了很好的效果。这“十二字秘诀”，其实已包含了“十六字诀”的主要内容，基本上是“十六字诀”的雏形。显然，毛泽东是“十六字诀”游击战术的奠基人。

2.“十六字诀”的形成，蕴含了朱德的游击战争经验。

朱德，长期从事军事斗争，有着丰富的游击战争经验。他曾经说：“过去从1911年辛亥革命开始，在川、滇同北洋军阀等打仗，打了十年，总是以少胜多。在军事上的主要经验，就是采取了游击战争的战法。记得在莫斯科学习军事时，教官测验我，问我回国后怎样打仗，我回答：战法是‘打得赢就打，打不赢就走’、‘必要时拖队伍上山’。当时还受了批评。其实，这就是游击战争的思想。所以，在这一点上，我起了一点带头作用。”①1927年冬，朱德率领南昌起义部分部队在转移途中，也逐渐认识到应将打大仗转变为打游击战，在崇义整训时，就提出了“人”字战术队形的新战术。1928年4月他率领部队来到井冈山与毛泽东部会合后，适逢江西敌军频频前来“进剿”。为此，朱德以他深厚的军事素养和作战实践，率领部队于5月间连续地取得了五斗江、高陇、草市坳、龙源口等战斗的胜利。在这些胜利中，有的是突击战，有的是伏击战，实际上都运用了“敌进我退，敌驻我扰，敌疲我打，敌退我追”的战术。因此说，朱德亦为“十六字诀”的形成作了重要贡献。

3.毛泽东是“十六字诀”的形成和提出的理论概括者。

“十六字诀”的实际形成是井冈山时期的1928年的五六月间。但最早见之于历史文献记载的是毛泽东于1929年4月5日在瑞金起草的《前委致中央的信》。这封信第一次完整地记载了“十六字诀”和其他游击战术。信中说：“我们三年来从斗争中所得的战术，真是和古今中外的战术都不同。用我们的战术，群众斗争的发动是一天比一天广大的，任何强大的敌人是奈何我们不得的。我们的战术就是游击的战

① 朱德：《在编写红一军团史座谈会上的讲话》，1944年。

术。大要说来是:‘分兵以发动群众,集中以应付敌人’。‘敌进我退,敌驻我扰,敌疲我打,敌退我追’。‘固定区域的割据,用波浪式的推进政策。强敌跟踪,用盘旋式的打圈子政策。’‘很短的时间,很好的方法,发动很大的群众。’这种战术正如打网,要随时打开,又要随时收拢。打开以争取群众,收拢以应付敌人。三年以来,都是用的这种战术。”

许多参加井冈山斗争的党和红军的领导人,都认为“十六字诀”是毛泽东概括的。朱德在1962年6月说:“关于游击战术以至整个战略问题,还是后来由毛主席系统、完善地解决的。”①彭德怀1937年说:“毛泽东同志曾经发明了一个有名的十六字的游击战术原则,即‘敌进我退,敌驻我扰,敌疲我打,敌退我追’。”②陈毅1939年说:红军游击战争“其战术特点包括在‘敌进我退,敌驻我扰,敌疲我打,敌退我追’毛泽东的十六字诀内,又可包括在黄公略的‘化零为整,化整为零’的两个战术口号之内。”③

当年参加井冈山斗争的老同志张宗逊、萧克、何长工等,都回忆认为“十六字诀”是毛泽东在井冈山提出和概括的。在此不一一赘引。

除“十六字诀”外,红军还创造了一套游击战术。

随着游击战争的深入与扩大,红四军的游击战术也不断地得到丰富和发展。这些丰富、具体的游击战术,有力地指导了当时的游击战争,使得根据地一天一天地扩大。

红四军的一套游击战术,除前已引述的毛泽东的《井冈山前委给中央的报告》中有记载外,杨克敏1929年2月25日《关于湘赣边苏区情况的综合报告》记载得也较为详细:“红军的战略是:每次作战必须尽量使群众参加,实行有广大群众参加的群众战;敌强于我,避免强

① 朱德:《从南昌起义到井冈山》,1962年6月。
② 彭德怀:《八路军怎样作战》,1937年。
③ 陈毅:《论游击战争》,1939年9月。

战,敌弱于我,设法歼灭;作战要有政治意义和群众基础,反对军事的投机主义;作战是科学的、艺术的,反对盲目的军事冒险主义;下一与群众共生死的斗争决心,反对逃跑的失败主义;敌进我退,敌驻我扰,敌溃我进,行动敏捷,出没无常,采用游击的方法以困敌人;红军兵力主集中,赤卫队则以分散为宜。"

陈毅在 1929 年 9 月 1 日的《关于朱毛军的历史及其状况的报告》中记载更为详尽,共记录了红四军的 14 条游击战术。当然,其中亦包含了红四军离开井冈山到赣南闽西后半年多来游击战术的新发展。兹引录于下:

(1)关于行军的:在前卫之前四五里或前卫之后四五里,均须派遣便衣持短枪侦探以防敌人意外袭击或无益之冲突。

(2)关于驻军的:每月对付敌人方面必须遣一连或一排以上之武装游击队作三十里左右之侦探,及宣传工作,若发现敌人,该队一面抵抗,一面飞报,使我军能准备应付或撤退,不致打不必要的仗。

(3)红军不攻坚。若土豪跑到炮楼里去了,或敌人闭城固守,或据险抵抗,红军绝不去攻击他。因为:a. 攻坚费时日。b. 攻坚我之损失必数倍于敌。c. 在游击中我军炮兵是不健全的。d. 若轻易攻坚,一个时期急切难下,四面的敌人很易从四面包围拢来。关于此点指挥官务要有决心,不要轻易凭气愤去乱干一下。

(4)打圈子脱离敌人包围与穷追。大敌前来,我不能与之作战,则利用打圈子的办法,向没有敌人的地方跑,我军须要走得路使敌赶不上,同时经过的地方要有群众及党的组织,才有人担负前后侦探工作,不致受敌前后夹击。

(5)在没有党及群众组织的地方,不轻易作战。……

(6)不明敌情,绝不作战……

(7)单纯军队的袭击,侦知敌距我有百里以外,我军轻装尽一夜工夫跑到,出敌不意而歼灭之。

(8)用群众封锁的袭击。在敌接近我时,我方有群众的组织,四面断绝敌人交通,使敌人不知我军已在其附近,然后利用拂晓将其击溃。

(9)用群众扰敌,红军以主力解决敌人……

(10)在后有追兵,前有阻挡部队的时候,或追兵过于强硬的时候,为了脱离敌人,可以一部队伍距敌四五里引其走大道,大队则取间道脱离敌人或猛出敌后而袭击之,或用农民在另一路上划路标,贴标语,以引诱敌去穷追,我军从小道冲出。

(11)不打硬仗,不能有十分把握的仗就不打。杀人三千,自损八百,这是一句好话。尤其红军干部补充困难,子弹不易,打了胜仗不能得枪械在红军战术上均是失败。

(12)敌人若进攻我的根据地,我军则绕道去劫其后方,此为围魏救赵之老办法,红军常用有效。

(13)我要攻击某处,不直接前去,偏偏走旁一个方向,到了中途忽然打转,以迅雷不及掩耳手段击溃敌人。

(14)敌人急急追来,择一个好地形,埋伏得好好的,俟敌一来一网打尽。

上述战术,是对"十六字诀"的具体化和进一步发展。陈毅把这套战术称之为"四军的法宝"。可见,这一套游击战术的运用,在当时起了多么重要的作用。红四军正是运用了这些灵活多变的游击战术"法宝",才无往而不胜的。

《党代表工作大纲》的制定

在红军中各级设立党代表,是红军初创时期人民军队建设的一项重大措施。党代表的设立,有力地保证了党的路线、方针、政策在军队中的贯彻执行,保证了党对军队的绝对领导,对红军实行三大任务、执行革命纪律起了很大的作用。为此,毛泽东在《井冈山的斗争》中充分地肯定了党代表的作用:"党代表制度,经验证明不能废除。特别是在连一级,因党的支部建设在连上,党代表更为重要……事实证明,哪一个连的党代表较好,哪一个连就较健全,而连长在政治上却不易有这样大的作用……从表面看,似乎既称红军,就可以不要党代表了,实在大谬不然。"

对于红军党代表的工作职责,除毛泽东在《井冈山的斗争》中提到的"他要督促士兵委员会进行政治训练,指导民运工作,同时要担任党的支部书记"外,囿于史料原因,过去始终不甚明了。近年,在湖南省安化县档案馆,发现了一份《党代表工作大纲》,颇为珍贵。这是1928年7月间红四军在郴州对敌作战时失去的,被敌十六军政治部掳去,而刊载在其内部通报上。《党代表工作大纲》(简称《大纲》)共分:"军队方面"、"民众方面"、"党的方面"、"做报告"、"民众的调查"五个部分,对党代表的任务、职责、工作方法等,均有明确、详尽的规定。从这一珍贵史料中,我们可以看出:

1.《大纲》确定了党代表的根本任务。

其任务分有两项:(1)注意士兵教育和管理;(2)作战时的工作。因为"党代表是代表党在军中工作,所以对于党的主义及政策,应该随时使士兵了解",必须确保在红军中及红色区域贯彻执行党的主张和方针政策。

2.《大纲》规定了党代表的工作职责。

从《大纲》可以看出,党代表的工作职责应担负军队、民众、党务、报告、调查等五个方面的工作。每个工作项目均有具体的要求。这样,党代表在工作中既有章可循,又职责分明,体现了党代表制度的科学化与制度化。

3.《大纲》对党代表提出了严格的要求。

《大纲》规定:"党代表应为各同志模范,并使各同志和非同志在本党政策之下都积极工作";"党代表的一切言论和行动,均需站在党的观点上";"党代表在军队中,在民众中,均在党的指挥之下,积极发展党和团的组织,并使党和团为群众核心。"为此,党代表必须是一个有高度责任心的优秀党务工作者,而不是光要嘴皮的"政工人员"。

4.《大纲》提出了党代表的工作方法。

《大纲》规定党代表的工作方法应注意两方面:即做报告,从事民众调查。要求党代表实行报告制度,"注意民间调查和官兵调查"。为此,还开列了调查及报告的详细项目。

由于大纲有了这些规定及要求,就规范了红四军各级党代表的行为。当年曾是三十一团三营九连党代表的罗荣桓,"从当连党代表开始便坚持了一条:凡是要求同志们做到的,自己首先做到,以自己的模范行动作为无声的命令。打仗冲锋时,他和陈连长(陈伯钧——引者注)肩并肩站在队伍的最前头,退却时又在最后面负责掩护。行军时,他的肩头经常扛着几支病号或是掉队战士的枪。宿营时,他每宿都要查铺,逐个将战士们的夹被盖好。每逢发零用钱,他和连长、司务长又总是最后去领。他自己病了,咬着牙坚持工作。可战士病了,他却要一天几趟嘘寒问暖,还要吩咐伙房给做香喷喷的病号饭……①

正是由于有许许多多像罗荣桓一样严格执行《党代表工作大纲》的各级党代表们,从而使得大部分来自雇佣军队的红军士兵,"一到红军即变了性质","都知道是为了自己和工农阶级而战"②。以致敌人在缴获《党代表工作大纲》时,惊呼:"红军党代表之工作及能力亦可表率其众,敌人组织如此,吾人应加猛醒!"③

井冈山时期的《党代表工作大纲》,是我军最早的政治工作条令。这个大纲的基本精神,对于人民军队的建设和党的建设,具有重要的借鉴意义。

---

① 黄瑶:《在战斗中成长的罗荣桓》,解放军出版社1983年12月第2版。

② 毛泽东:《井冈山的斗争》。

③ 国民革命军第十六军政治训练部1928年8月16日在刊载《党代表工作大纲》时的导语,湖南安化县档案资料。

红军的政治工作与军事训练

红四军作为一个武装集团，在四面白色政权包围之中，物质生活极其菲薄，战斗又十分频繁，但部队“仍能维持不敝”①。靠的是什么？其中重要原因之一，就是红四军创造了一整套行之有效的政治工作原则。

坚持党的领导是红四军政治工作的根本原则。为了实行党对军队的绝对领导，毛泽东采取了组织与思想两方面的措施。在组织上，当秋收起义部队来到三湾时，就主持了著名的“三湾改编”，把党的支部建在连上，班排成立党小组，连设立党代表，营以上建设党委，从而使党对军队的领导有了坚强的组织保证。在思想上，主要是加强对军队的思想教育工作。毛泽东本人就是做思想教育工作的楷模。他给教导队学员上课，给袁文才地方武装部队战士讲课，给四军战士讲政治形势和革命宗旨、性质，回答“红旗到底打得多久”的疑问，从而极大地鼓舞了红军指战员的信心，增强了他们的斗志。

宣传群众，组织群众，武装群众，帮助群众建立红色政权，这是红四军政治工作的重要内容。从 1927 年 10 月起，毛泽东就把群众工作作为一项重大事情来抓。是年 11 月间，工农革命军攻克茶陵城。当时，团长陈皓等人不做群众工作，整日迷恋花天酒地，毛泽东知悉后，立即指示部队要以发动群众为目标，帮助地方建立赤卫队和工农兵政府。当陈皓等人叛变阴谋败露后，毛泽东又在宁冈砻市向部队宣布了“三大任务”，其中第三条就是宣传群众，组织群众，武装群众，帮助群众建立革命政权。1928 年 1 月，工农革命军攻克遂川后实行的分兵，目的就是为了发动群众。在以后红军每攻克一处城地，都把做群众工作摆在首位。正是由于把做群众工作作为红军政治工作的重要内容来抓，根据地割据区域才得以迅速发展。

---

① 毛泽东:《井冈山的斗争》。

红军内部的政治工作，主要是进行政治训练。这项工作由各级党代表按照《党代表大纲》的规定组织实施。同时，举办不定期的训练班，培养政治干部，提高受训人员的政治工作水平。据陈毅在《关于朱毛军的历史及其状况的报告》中记载，红四军的政治训练，主要有七种方式：(1)讲演。由党代表或军事首长召集全体战士讲话，进行生活批评，或作政治报告和工农运动概况报告。(2)讲课。军队如有 3 日以上的休息，则由党代表每日向部队上一小时的政治课。每月讲授的课程均有计划，有大纲，内容连贯，使红军能学到系统的政治常识。(3)早晚点名讲话和呼口号。内容是对当日士兵生活的批评，对次日行动的简短动员和布置。(4)每次作战或进行群众工作以后，组织部队总结工作经验教训，使红军受到生动实际的教育。(5)开展识字运动。如教红军战士认识革命标语，并讲解其政治内容，使士兵从中受到教育。(6)组织红军参加群众大会，举行各种纪念会、联欢会，使战士得到政治教育。(7)在士兵委员会内，将士兵编成若干小组，开展对政治问题的讨论和对工作的批评。

红四军的上述多层次、多渠道、多形式的政治工作，对部队政治素质的提高起了重大作用。正如毛泽东所言："经过政治教育，红军士兵都有了阶级觉悟，都有了分配土地，建立政权和武装工农等项常识，都知道是为了自己和工农阶级而作战。因此，他们能在艰苦的斗争中不出怨言。"①

红四军除对内对外做好政治工作之外，还要利用战斗空隙之际，进行必要的军事训练。军事训练的目的，在于提高红军士兵的军事技术素质。

当时，红军的组成有六大部分：一是南昌起义保留下来的部队；二是参加秋收起义的国民政府警卫团；三是平江、浏阳等县的农民武装；四是湘南暴动后上山的湘南农军；五是国民革命军江西、湖南的投诚部队；六是边界各县的农民地方武装。经过长期的战斗，部队兵力损

① 毛泽东：《井冈山前委给中央的报告》，1928 年 11 月 25 日。

失很大，前三项只剩下三分之一，湖南农民也伤亡很大。虽然，前四项“至今还是红军第四军的骨干，但已远不如后二项多”①。并且，按常规，“普通的兵要训练半年一年才能打仗，我们的兵，昨天入伍今天就要打仗，简直无所谓训练。军事技术太差，作战只靠勇敢”②。所以，进行短时间的军事训练，就显得非常重要。

红四军的军事训练，主要采取四种方式：一是日常操课。由参谋长或军官制定日常操课表，按日实施，操课注重传令、侦探、警戒、瞄准等基本常识及野外实习。二是作战后或月末进行讲评。由军事首长报告作战经过并指出战斗中的优缺点。三是进行实地训练。如战士值勤时，由军官实地传授有关军事知识。四是专题讨论。由各级负责军官召集各级军事会议，就某个专题进行报告讨论。③

加强军事训练，提高军事素质，在井冈山斗争初期就已开始实施。早在1927年10月中旬，当工农革命军沿湘赣边界游击到酃县水口时，就在松山坝进行过实弹射击的军事训练。12月，毛泽东和前委又在宁冈砻市创办了第一期军官教导队，吕赤任队长，陈伯钧、陈士榘、张令彬、袁炎飞等任教员。教导队里既学政治、又学军事，每日“三操两讲”，实地传授军事技术，讲授战略战术。后来，虽因敌人的频繁“进剿”而停办，但到1928年11月间，又在茨坪续办了一期。这两期教导队的开办，为军队和地方培养了大批的军事干部和指挥人员，促进了井冈山根据地的创造与发展。

井冈山时期红四军的游击战术、政治工作和军事训练，是中国人民军队建设的良好开端和光辉典范。周恩来曾盛赞红四军建设的经验“在中国‘别开生面’，在过去所没有看过的”④。这些宝贵经验，对

① 毛泽东：《井冈山的斗争》。

② 毛泽东：《井冈山的斗争》。

③ 陈毅：《关于朱毛军的历史及其状况的报告》，1929年9月1日。

④ 《中央军事通讯》对《陈毅同志关于朱毛军的历史及其状况的报告》一文的按语，1930年1月15日。

当时全国其他根据地的红军建设,都产生了重大影响。

第五节
井冈山革命根据地进入全盛时期

酃县、莲花县工农兵政府的成立

6 月 23 日的龙源口一仗,打败赣敌的第四次“进剿”,红四军迅即占领永新、莲花,红色割据区域得到广泛推广。这时,“割据区域计有宁冈全县,永新全县,莲花全县,吉安一小部分,安福一小部分,遂川之北乡,酃县之东南乡一部,横直数百里”①,面积达 7200 多平方公里,人口约 50 余万。根据地由此进入全盛时期。

在红色区域推广的高潮中,酃县、莲花工农兵政府宣告诞生。

酃县,是红军经常活动的地方,本来形势发展很快,在 1928 年 3 月间,全县就发生了暴动,暴动胜利后,成立了酃县赤卫大队,何国诚任大队长。但是,由于叛徒出卖,5 月中旬,酃县县委机关遭到破坏,县委书记刘寅生不幸牺牲。为了重新开辟酃县的工作,湘赣边界党的“一大”后,毛泽东在宁冈茅坪帮助重新组建了酃县县委,指派李却非为县委书记。酃县新县委成立后,立即回到酃县,分赴各地重新开展工作,恢复党组织,建立革命武装。在新县委的积极努力下,酃县的工作大有起色,相继建立了东南部的青石岗、大院等乡政权,县赤卫队也四出游击,打了几个胜仗,拔掉了敌人的几个据点。于是,1928 年 6 月上旬,在大院的大坝里召开了全县工农兵代表大会,成立了酃县工农兵政府,推选徐鼎燕任县政府主席。

莲花的工作,在“马日事变”后,几乎被敌人打塌了,仅剩下贺国庆冒死保存的一条枪。但莲花县的共产党人不屈不挠,到 1928 年 2 月间,就凭着这一支枪,发展到 20 余支,并成立县赤色队。后来,毛泽东

① 杨克敏:《关于湘赣边苏区情况的综合报告》,1929 年 2 月 25 日。

又指示部队给莲花赤色队送去几条枪。3月,在湘南特委派周鲁来到宁冈的同时,湘东特委也派人来到莲花,指令新生的红色武装去湘东醴陵一带开展活动。莲花特支的同志没有执行这一指令,继续在莲花县境深入开展打土豪运动,避免了类似"三月失败"的损失。4月底,赤色队扩大为红色独立团。独立团在县特支的领导下,打土豪、捉劣绅,端敌巢,闹得红红火火,有力地推动了莲花县的工作,端阳节前夕,还捣毁了县警察局桥头派出所,处决了罪大恶极的派出所所长文正宾,为推翻反动政权铺平了道路。

龙源口大捷后,毛泽东、朱德命令红二十九团分兵莲花,协助莲花县的工作。盘踞在莲花县城的反动靖卫团听说红军到来,慌忙潜逃出城。6月28日,红二十九团占领莲花县城。随即打开监狱、仓库,释放了被监禁的工农群众,把粮食分给群众,并清算了豪绅刘恒泰的当铺,把财物分给贫苦农民。接着,分兵四处,广泛发动群众。莲花县党组织的朱亦岳、刘仁堪等闻知红军进入莲花,立即赶到县城,与红二十九团接上关系,统一部署了莲花县境广泛发动群众、组织群众的有关事宜。在红军的帮助下,莲花全县的群众普遍发动起来了。6月底,全县以乡农会为单位,每乡派2名农民代表在县城万寿宫召开了农民代表大会,宣告莲花县工农兵政府成立,选举刘仁堪为县政府主席。同时各地还成立了赤卫队、少先队、儿童团等群众组织。莲花全县除一小角外,8个区130个乡都建立了红色政权,基本上实现了一片红。

边界党组织的壮大与地方武装的发展

湘赣边界党组织的发展与壮大,经历了一个曲折的过程。毛泽东在《井冈山的斗争》一文中曾记叙说:"去年十月,红军(工农革命军第一军第一师第一团)到达边界各县时,只剩下若干避难藏匿的党员,党的组织全部被敌人破坏了。十一月到今年四月,为重新建党时期,五月以后为大发展时期。"

边界党从无到有,从弱到强,得力于以毛泽东为书记的前委的领导,1928 年 3 月,前委应湘南特委要求而撤销,工农革命军开往湘南,边界领导“顿失中心”,造成“三月失败”,党的组织遭受严重损失。

井冈山会师后,“再开始边界的割据”①。随着军事斗争的胜利,毛泽东等采取了从政治上到组织上的一系列正确措施,使边界党的组织很快得到恢复,并有了新的发展。这些措施主要是:一是在组织上,建立了边界特委,统一了边界各县党组织的领导。1928 年 5 月 20 日,边界党的第一次代表大会在宁冈茅坪召开,会上讨论了党的各项工作,制定了巩固和发展根据地的政策,通过了政治纪律决议案,选举产生了以毛泽东为书记的中共湘赣边界特委,从而为边界党进入大发展时期奠定了基础。二是在“一大”会议上,毛泽东回答了“红旗到底打得多久”的疑问,从政治上阐明了党的前途,坚定了边界共产党人及革命群众对创造罗霄山脉中段政权的信心。三是“边界党(地方的党和军队的党)是正确的”②。由于政策正确,当南方统治势力暂时稳定,湘赣两省敌军频频前来“进剿”,兵力数倍于我时,出现“割据地区一天一天扩大,土地革命一天一天深入,民众政权一天一天推广,红军和赤卫队一天一天扩大”③的局面。到 6 月 23 日龙源口一仗后,边界的割据区域迅速推广,进入全盛时期,宁冈、永新、莲花、遂川、酃县都有了党的县委、茶陵有特别区委。各地党员的数量,“大约永新有两千,宁冈千余,茶陵千余,酃县百余,遂川二百余”,总计 5000 余人。④ 在革命高涨之际,边界各县党的工作也不断地得到发展。党的组织逐渐由秘密到半公开以至完全公开,有的地方甚至公开挂出党的招牌,公开征收党员。“在赤色政权下的各县,党的发展在农村非常的快速(如永新、宁冈……)。”⑤边界党员一时竟“增到一万以上”,不少投机分子混

---

① 毛泽东:《井冈山的斗争》。
② 毛泽东:《井冈山的斗争》。
③ 毛泽东:《井冈山的斗争》。
④ 《杜修经给中共湖南省委的报告》,1928 年 6 月 15 日。
⑤ 《杜修经给中共湖南省委的报告》,1928 年 6 月 15 日。

入党内，到9月“洗党”时才清除出去。

在边界党组织壮大的同时，边界的地方武装也有很大的发展。

湘赣边界各县的地方武装，在“马日事变”以前，均有一定的基础，各县都有农民自卫军。1927年7月，宁冈、遂川、莲花、安福等县的农民自卫军会攻永新后，还组建了赣西农民自卫军，以王兴亚任总指挥，袁文才、王佐任副总指挥。这时，边界各县“枪数：攸县三百，茶陵三百，酃县六十，遂川五十，永新八十，莲花六十，宁冈（袁文才部）六十，井冈山（王佐部）六十，共九百七十。马日事变后，除袁、王两部无损失外，仅遂川保存六枝，莲花保存一枝，其余概被豪绅缴去”①。

毛泽东率工农革命军创建井冈山革命根据地后，边界各县的地方武装有了新的发展。到1928年五六月间，随着红四军军事斗争的节节胜利，以及红色割据区域的逐渐推广，边界的地方武装亦逐渐地发展与扩大。宁冈、永新、莲花、遂川、茶陵、酃县各县，都建立了半脱产的县赤卫大队，分别由谢华光、贺敏学、陈竞进、王次榛、谭家述、何国诚担任大队长。此外，各县的区、乡两级，都以乡为单位，建立了赤卫队、暴动队。暴动队多以梭镖、大刀、鸟铳为武器，人数以乡的大小为比例，以保卫乡政权，镇压反革命为职任，协助红军或赤卫队作战。赤卫队的武器比暴动队好些，有五响枪、九响和单响枪等。赤卫队、暴动队平时分散务农，战时则集中协助红军部队抗敌。

在根据地创建初期，赤卫队的指挥员一般由军队派人担任，由于频繁的战斗，下级军官损失太多，所以，在1927年12月，毛泽东在宁冈砻市举办了工农革命军军官教导队，教导队的学员除培养部队下级军官外，也从地方选派一些坚定勇敢的分子到教导队学习，结业后回到地方担任赤卫队指挥官。

各县的赤卫队大都经常地和豪绅阶级的保安队、靖卫团、挨户团作战，有时斗争非常激烈。在斗争中，他们的军事素质不断地得到提高。

① 毛泽东：《井冈山的斗争》。

莲花县靠着贺国庆冒死保存下来的一支枪,不断地与豪绅地主斗争,到 1928 年 2 月发展为莲花赤卫队,4 月底又发展为莲花红色独立团,有 130 余人,几十支枪。当时,赤卫队和暴动队是有年龄要求的,25 岁至 35 岁的男性青壮年可到赤卫队,35 岁至 45 岁的则编在暴动队。

为了加强地方武装的战斗力,红四军还时常将缴获得来的枪械,拨出一批充实各地赤卫队。对此,湖南省委曾有明确指示。如 1928 年 6 月 26 日《中共湖南省委给中共湘赣边特委的信》就说:"四军向湘南开动前,应由二十八团拨步枪二百条交永新莲花农民,总合当地农民原有武装约有四百条,积极地扩大赤卫队的组织,实行赤色戒严,即可抵抗敌军的进攻,以造成工农为主体的赣西割据。"可见地方武装在当时省委领导人眼中的重要性。

正是在红四军的帮助下,边界各县地方武装才得以迅速发展。到根据地全盛时期,"各县枪数:宁冈百四十,永新二百二十,莲花四十三,茶陵五十,酃县九十,遂川百三十,万安十,共六百八十三。"①杨克敏在《关于湘赣边苏区情况的综合报告》中还记载:"各县的地方武装,赤卫队各有快枪数拾或两百余不等,枪枝半由红军中拨给,半由自己在斗争中得来,合计赤卫队的枪枝共有九百余枝……各县的赤卫队,作战能力都还不错,因为经过的斗争多,完全是在屡次的战争中磨炼出来的。"可见,各县赤卫队、暴动队这类地方武装,已成为红军的重要配合力量,他们与正规红军一起,共同担起了保卫红色根据地的重任。

红军军械处的创办

红军军械处,源于袁文才旧部的枪械修理所。1925 年,袁文才下山接受"招安"时只有 7 条枪,当了宁冈县保卫团的团总。在共产党员龙超清、刘辉霄的说服下,1926 年袁文才率保卫团起义,推翻了北洋军阀的宁冈县公署,成立了宁冈县人民委员会。龙超清任委员长,袁文

① 毛泽东:《井冈山的斗争》。

才任县农民自卫军总指挥。这时，袁文才连同起义中缴获的县清乡局的枪和收编宁冈下水湾绿林谢福兰等人的枪，手头共拥有60支枪，但其中有不少是坏枪。袁文才想起妻叔谢凡经，许多绝活无师自通，请他帮助修理坏枪。谢凡经家受袁文才庇护良多，自然应允，便在坝上网形里试修了几天，居然真修好了两支枪。这样，袁文才便叫谢凡经带了几个人搬进步云山的白云寺，正式办起了一个小小修械所。

1927年10月毛泽东率领工农革命军进驻茅坪后，听说袁文才有个修械所，甚为赞赏。工农革命军中这时正有不少坏枪，便与袁文才商定，从工农革命军中找了几位懂修枪的战士（其中还有一位会做步枪的送子簧、退子钩的师傅），将修械所扩增至八九人，并改称为“工农革命军第一师修械所”。

井冈山会师后，湘南农军近万人上山，枪支显得特别紧张，陈毅为师长的十二师，几乎是“梭镖师”。为了增加武器，毛泽东、朱德、陈毅等商议，抽调了一批湖南水口山铅锡矿工出身的战士，充实到修械所，把修械所正式改为“军械处”，并将水口山工人出身的军部特务营营长宋乔生派任军械处处长。

军械处成立后，工人增至20多人，设备也有所添置。工人们忘我劳动，源源不断地把修好的枪送往部队。同时，他们还扩大生产项目，试造土硝、土炮。开始，几番试验都失败了。但宋乔生、谢凡经等毫不气馁，经过一段时间的摸索，终于造成了一门土炮。毛泽东、朱德等闻讯很高兴，指示部队每打一个地方要注意收集台钳、钻头等，并布置地方政府组织人员广收废铁，充作土炮原料。

龙源口战斗后，部队缴获了敌人七八百支枪，内有不少坏枪。为了武装地方赤卫队，军械处再次扩大规模。经毛泽东提议，1928年7月间，军械处从步云山白云寺迁至茨坪，并将王佐部铁匠出身的参谋长刁飞林调入军械处。

在宋乔生、刁飞林等人的领导下，军械处的工人充分发挥自己的聪明才智，经过反复试验，终于能造“来火枪”、“单响枪”了。

对于这段历史,当年谢角铭的儿子、谢凡经的侄子谢翔龙说:“步云山红军军械所,是我叔父谢凡经开始搞起来的。1927 年农历八月底,毛主席的队伍开到茅坪,来了将近一千人。袁文才帮着他们在茅坪设立了后方留守处、医院。那时节,毛主席的队伍也有一些坏枪要修理,而且来了一个姓宋的人更加会修枪,见袁文才有这么一个小摊子,就要合起来搞;袁文才当然同意。到了红军几次打下永新后,这个修械处的人更多了,把南北殿的十几个房都占满了。后来,修械处又移到茨坪去了。”①

茨坪军械处

红军军械处的创办,为部队及地方武装修造枪支武器,提高军事战斗力,作出了出色的贡献,成为我军最早的“兵工厂”。

① 宁冈会师纪念馆:《茅坪片老同志回忆步云山修械处的记录》。

大陇圩场的开辟

红四军一系列军事斗争的胜利,使湘赣两省敌人极为惊恐。他们在继续策划新的"会剿"计划的同时,又从经济上对根据地实行了严密的封锁,企图将红军困死在井冈山区。一时赤白边界的贸易被隔断,各县农民的农副产品、手工业产品、竹木等运不出去,日常生活所需的工业品、日用品运不进来,布、药材、火柴、煤油等十分紧张,食盐更成为根据地的奇缺。

面对严峻的形势,毛泽东和特委的同志都甚为焦虑。这时,宁冈县委书记龙超清和袁文才等向毛泽东建议:在靠近酃县边界的大陇开办一个圩场,以此沟通赤白区的贸易,打破敌人的经济封锁。

毛泽东等十分赞同这一主张,当即指示宁冈县委筹备实施。1928年5月,宁冈县党组织在茅坪攀龙书院召开了一次代表大会,通过了大陇建立红色圩场的决定,后又指定朱述庵、陈次谋、刘克勋、赵谐克、吴光远5人组成筹备委员会,负责大陇圩场的筹建工作。

5月下旬,湘赣边界工农兵政府成立,袁文才任政府主席。毛泽东"对搞经济工作的同志明确指示:井冈山山区不仅出产大米,还有大批木材、竹子、茶油和工业用的桐油等土产,你们要设法将这些东西偷运到赤白交界的地区去,和白区的小商贩以及那里的人民群众换回我们需要的物资,并指示地方政府组织工作队到人民群众中去广为宣传,说红军要在大陇开办红色圩场,进行苏区和白区的物资交流。边界周围各县的商人和老百姓听说红军要在黄洋界山下的大陇镇开设红色圩场,都很高兴,很拥护。"①

经过一个多月的筹备,1928年7月15日(农历五月二十八日)。大陇红色圩场正式开圩。按农村惯例,每逢农历二、五、八为圩日。因为有广泛的宣传,开圩那天,人们从四面八方涌向圩场。在川流不息的人流

① 赖春风:《毛委员领导我们建立红色圩场》,《井冈山革命根据地》回忆资料。

中,有来自宁冈本县各地的农民。有红军采买人员,也有来自遂川、酃县、茶陵边界的小商小贩。圩场上,土特产、中草药、油类、家禽野味等应有尽有,还有外地运进来的布匹、食盐、药材等。为了防止坏人破坏圩场的正常贸易,袁文才还派出部分赤卫队员、暴动队员和地方干部维持秩序。整个圩场热闹非凡,买卖公平,呈现一派兴隆景象。

“大陇红色圩场开辟后,白区的商贩和人民群众一致反映:‘我们来到红色大陇圩场做生意,感到什么都比白区新鲜,心情格外舒畅,红区和白区真是两重天!我们哪怕冒着生命危险,也要到根据地来做生意,支援根据地人民的斗争。’井冈山根据地人民群众说:‘毛委员真英明……’大陇圩场开得好,不仅打破了敌人的经济封锁,渡过了难关,而且促进了根据地的工农业生产和经济建设的发展。”①

大陇圩场同草林圩场比较,有两个明显的特点:“一、政府管理圩场,领导圩场。大陇红色圩场开圩以后,直接由大陇区工农兵政府管理,成立了相应的管理机构,负责组织圩场的贸易活动,处理圩场上出现的问题。区政府还派出赤卫队员在圩场巡逻,保护圩场正常贸易。二、公营经济参加圩场的贸易活动。大陇区工农兵政府在圩场办了一个商店,商店里货物很多,价格公道,凡是使用根据地自己铸造的银元在这个商店里买东西,优先供应,并给予适当的优待。”②

大陇红色圩场开辟后,一直坚持到 1929 年 1 月红四军下山,最后才被敌人破坏。新中国成立后,当地人民又重新恢复,并沿用当年的圩日,至今兴隆不衰。

安源工人上井冈山

萍乡安源曾是中共湖南省委、湘东特委等领导机关所在地,中国工人运动的策源地;这里云集了安源煤矿和萍乡路矿的数万工人。

① 赖春风:《毛委员领导我们建立红色圩场》,《井冈山革命根据地》回忆资料。

② “访问苏兰春记录”,内部采访资料。

1927年9月湘赣边秋收起义爆发时，工农革命军第一军第一师第三团的主体就是安源的路矿工人。从浏阳失利到文家市会合后，有一支60余人的安源工人爆破队，在杨明、王耀南的带领下，跟着秋收起义部队上了井冈山，坚持根据地的割据斗争。安源工人在井冈山的出色表现，引起前委书记毛泽东的兴趣和关注。1927年冬，毛泽东在致信湖南省委时，曾请求湖南省委增派安源工人到部队中来工作。湖南省委接毛泽东信后，亦表赞同，但要求毛部"向萍乡推进"，"占领安源"，将有大批工人"加入军队"，但因毛部刚到井冈山，立足未稳，不可能率部回头再去萍乡、安源。湖南省委在复函中这样写道："目前安源工人痛苦异常，每日得一角工资，都万分困难，三餐不饱。兄处如向萍乡推进可短期的占领安源，吸收大批的工人加入军队，改造军队的成份。"①并又告知："湘东特委已陆续派大批工人同志与非同志来兄处当兵，望接收。"②

王耀南

安源工人上井冈山，最早实现的是刘型率领的萍醴游击营。

1928年4月湘桂军阀混战结束后，敌人派两个师的兵力对醴陵农村进行疯狂的报复，致使醴陵党组织及革命武装遭受严重损失。为保存力量，他们得知毛泽东领导的工农革命军正在永新、茶陵一带活动，于是，萍醴游击营撤出醴陵，经萍乡、莲花往永新寻找毛泽东部队。他们采取白天游击，晚上行军的计划，摆脱了敌军，但走到萍、攸交界处，又遭到罗定反动地方武装的阻击。激战脱险后，进入莲花县城，与莲花县党组织取得了

① 《湖南省委来信》，1928年5月。

② 《湖南省委、中央巡视员给毛泽东、朱德军委信》，1928年。

联系,一路转战,备受艰辛。1928 年 5 月下旬。这支近 200 人的队伍,只剩下 50 多人到达永新浬田,终与红四军三十一团会合。刘型回忆说:“我们上井冈山时,原有 100 多人,经过六工陂打了一仗,到山上时只有 50 人,这里面有些是安源矿工。”①后来,这支萍醴游击营编在红三十一团一营一连,刘型任连副党代表。

另据宋新怀回忆,“在 1928 年 5 月间有几百长沙学生与安源煤矿工人克服了许多的困难,上了井冈山”②。袁旦初也回忆说:“毛主席要安源市委派工人到井冈山去当红军的下级干部,我在安源时曾派过一批去。”③

共青团湘赣边界特委的成立

在湘赣边界的斗争中,青年是一支重要的力量,早在大革命时期,边界各县即有了共青团的组织。大革命失败后,各县团的组织同党的组织一样,都被敌人打散了。

1927 年 11 月初,毛泽东在宁冈茅坪象山庵召开宁冈、永新、莲花三县原党组织负责人会议,传达了党中央的“八七”会议和团中央的“八一二”会议精神,要求三县党的负责人迅速回归各地,重建党的组织,发动群众,开展斗争,同时注意共青团组织的恢复与发展。

象山庵会议后,宁冈的龙超清、刘辉霄,永新的刘真、刘作述、王怀,莲花的刘仁堪等,遵照毛泽东的指示,开展了艰苦的斗争。于是,党团员同时发展,党团基层组织同时建立。

1928 年 2 月 18 日,工农革命军攻克宁冈新城。21 日,宁冈县团委与县委一起在砻市成立,由肖子南任县团委书记。团县委建立后,全县 4 区 39 乡,区有团区委,乡有团支部。4 月井冈山会师后,红四军

① 转引自《安源工作与井冈山革命根据地的联系》。
② 转引自《安源工作与井冈山革命根据地的联系》。
③ 袁旦初:《1928 年前后安源市委与井冈山的联系》。

军委抽调了一批共青团员(大部分是从衡阳四师及警卫团起义过来的学生)到宁冈帮助团的工作,一时全县团的组织普遍开展,广大团员参加打土豪分田地,建立红色政权,表现出很高的热情。随后,参军参战,支援前线,组织少年先锋队、儿童团等,工作十分积极。

1928年2月底,永新县团委成立,县委书记刘真兼任团县委书记。随即在小江山田西村成立了第一个团区委,书记王新九。6月,永新大部分地区都建立了团的基层组织。

与此同时,遂川、莲花、酃县等都恢复了共青团组织,成立了团县委,普遍开展了团的工作。酃县的团县委书记是万达才,遂川、莲花的不大清楚。

1928年5月,湘赣边界特委、湘赣边界工农兵政府都相继在茅坪成立,根据地出现一派大好形势。为了推动边界共青团的工作,在边界工农兵政府里面专设了一个"青年运动委员会",由肖子南、刘真、胡波负责,具体指导湘赣边界各县的青年工作。

是年7月,湘赣边共青团特委正式成立,团特委书记是史训川。有关湘赣边共青团特委的成立及组建情况,历史文献见诸甚少,仅杨克敏1929年2月25日《关于湘赣边苏区情况的综合报告》中略有记载。报告云:"边界青年团比党要进步得快,团的特委是去年7月间由湖南省委派来两个同志到边界后才成立的。团的数目字,有二千五百以下,二千以上之多,各县有党的组织同时也有团的组织,军队最近也开始了团的组织,特委本身算健全,书记为湘委派来的同志史训川担任。下级干部人材,也相当的充分,可以说能够做得工作下。各县的团都有些工作,如参加苏维埃、赤卫队,自组先锋队、儿童团,做文化工作等事。"

湘赣边界共青团特委的成立,有力地推动了边界革命斗争尤其是青年工作的开展。

边界特委与红四军军委一整套正确政策的形成

1928 年 4 月,朱毛两军在宁冈砻市胜利会师后,两军合编为工农革命军第四军,产生了四军军委,选举毛泽东为军委书记。5 月,召开边界党的“一大”,因毛泽东专任特委书记,军委书记改由陈毅担任。红四军军委和边界特委成立后,部队与地方党都有了统一的领导机关。在特委和军委的领导下,根据地的军事斗争频频取得胜利,红色割据区域不断推广,土地革命和政权建设不断深入与加强。边界进入鼎盛时期。这些成绩的取得和大好形势的出现,根本原因就在于边界党和军队党制定了一整套正确的政策。

这些正确的政策是:1. 坚决地与敌人作斗争,造成罗霄山脉中段政权,反对失败的逃跑主义;2. 深入割据地区的土地革命;3. 军队的党帮助地方党的发展,军队的武装帮助地方武装的发展;4. 对统治势力比较强大的湖南取守势,对统治势力比较薄弱的江西取攻势;5. 用大力经营永新,创造群众的割据,布置长期斗争;6. 集中红军相机迎击当前之敌,反对分兵,避免各个击破;7. 割据地区之扩大采取波浪式的推进政策,反对冒进政策。①

这七项正确政策的制定与形成,是在总结 1927 年 10 月至 1928 年 5 月半年多斗争实践经验的基础上,在边界党的第一次代表大会上提出的。它基本上概括了井冈山时期武装斗争、土地革命、根据地建设三个方面的主要内容,是中国红色政权理论的基本点。在此基础上,毛泽东在 1928 年 10 月概括和提出了著名的“工农武装割据”的伟大思想,有力地指导和推动了湘赣边界的割据斗争。

正是因为有了这些正确适当的政策和策略,加上边界地形有利于斗争,湘赣两省敌军的进攻又步调不一,才有 1928 年 4 月至 7 月各次军事斗争的胜利和群众割据的大发展,使得“割据地区一天一天扩大,

① 毛泽东:《井冈山前委给中央的报告》。

土地革命一天一天深入,民众政权一天一天推广,红军和赤卫队一天一天扩大"①。对此,毛泽东预料,只要坚持这些政策,"虽以数倍于我之敌,不但不能破坏此割据,且使此割据有日益发展之势"②。

然而,由于湖南省委及其代表杜修经的错误指导,在统治阶级相对稳定之际,贸然采取了冒进湘南的政策,指令雄踞井冈的红四军离开大本营,酿成了"八月失败"。

① 毛泽东:《井冈山前委给中央的报告》。
② 毛泽东:《井冈山前委给中央的报告》。

第三章

井冈山革命根据地的曲折发展（1928年8月—12月）

第一节 八月失败与黄洋界保卫战

永新联席会议

井冈山斗争时期，湘赣边界特委的组织关系是隶属于中共湖南、江西两省委双重领导的，大政方针须请示两省省委，只要两方中的一方点头首肯，才算合法，才能实施。

为此，毛泽东曾多次向中共湖南、江西省委报告，陈述建立以宁冈为中心的罗霄山脉中段红色政权的计划。据1928年5月2日毛泽东以工农革命军第四军军委书记的名义在永新写给中央的报告记载："两省边界距离仅十余里，两省省委历次管不到手，因同志的努力，党的组织活动都在天天发展中。但从三月间周鲁同志（湘南特委代表）来宁冈取消前委后，顿失中心，各自为政，起不良之现象。去年十二月前委会即有建议组织边界特委，湘省委及中央最好另派得力同志来做书记，事实上毛同志任军中工作很难兼职……现于吉安来信之后，大家意思即把特委组织起来，你认为如何？听兄处明示。组织一定任组织，这以宁冈为中心、罗霄山脉政权之建立，党之强有力，军力去造就实在湘赣两省之革命根据(地)之一。此理毛同志等业已累次呈明在案,由湘南特委转湖南省委转中央,多久未见奉准驳明文,间从安源市委来信中偶有湖南省委已核准的话,但并非省委明示。”

对于毛泽东建立以宁冈为中心的罗霄山脉中段政权的计划,湖南省委的态度究竟如何?从现存的历史文献看,湖南省委是明确表示过同意的。1928年第一号所载《湖南省委来信》给毛部的指示说:“兄处部队几月来转战数千里,急需得一相当的时期休息与整理。如常此争城夺池飘泊不定,完全是土匪式的流寇行为,极须加以纠正。目前应积极的,更加深入赣西、茶陵一带的斗争,造成群众的割据,作军事的大本营。因此,目前根据地的所得,在事实上万分必要。不过这个军事大本营的造成,要在深入发动广大群众的基础上面。我们的意见,目前兄处应以宁冈做军事大本营,与赣西湘东茶陵一带均互联络也!”①可见湖南省委对毛泽东和边界党所呈报告,给予了明确同意的表态性答复。

还有,1928年6月19日,《中共湖南省委给中共湘赣特委及红四军军委的信》中又说:“以罗霄山脉为根据地的计划,省委完全同意,而且前信亦如此指示。兄处应根据上列各项的指示积极的发展罗霄山脉周围各县的暴动,造成以工农为主力的割据局面。”

中共湖南省委的这两次来信,明确表态“完全同意”湘赣边特委关于“以宁冈为大本营的创造罗霄山脉中段政权的计划”,这对当时的边界斗争应该说是起了重要的积极作用的。但是,湖南省委的这种观念却并不牢固,对建立井冈山根据地的主张也不坚定。因此,当指示信发出一星期后,即1928年6月26日,中共湖南省委就改变了主张,并派代表杜修经、杨开明双双来到边界,指令红四军离开大本营,“立即向湘南发展”,“留下二百条枪”,主力“杀出一条血路,向湘南资兴、耒阳、永兴、郴州一带发展”,“以造成四县的乡村割据,对衡阳取包围形

① 《中共江西省委转来毛泽东同志的信》,1928年5月19日。

势”,而且要“毫不犹豫地立即执行”,声称这是“绝对正确”的方针。省委在指示信中还要求“泽东须随军出发”,特“派杜修经同志前来为省委巡视员”,“派杨开明同志为特委书记”,以改变湘赣边特委领导,敦促执行省委指示。

对于湖南省委的这种指令性的强硬指示,毛泽东及边界特委、红四军军委很不理解、很为难。因之,毛泽东说:“湖南省委对于此间的行动计划,六七月间数星期内,曾三变其主张。第一次袁德生来,赞成罗霄山脉中段政权计划。第二次杜修经、杨开明来,主张红军毫不犹豫地向湘南发展,只留二百枝枪会同赤卫队保卫边界,并说这是‘绝对正确’的方针。第三次袁德生又来,相隔不过十天,这次信上除骂了我们一大篇外,却主张红军向湘东去,又说是‘绝对正确’的方针,而且又要我们‘毫不犹豫’。我们接受了这样硬性的指示,不从则迹近违抗,从则明知失败,真是不好处。”①

于是,当第二次信到时,边界特委、军委同湖南省委代表之间产生了一场激烈而又微妙的斗争。

红四军是留在大本营坚持斗争,还是按照湖南省委的指示兵下湘南?在这关系到红军和根据地存亡的关键时刻,毛泽东于 6 月 30 日晚上在永新县城商会楼中,召开了湘赣边特委、红四军军委、永新县委联席会议。参加会议的有四军军长朱德,军委书记陈毅,军参谋长兼二十八团团长王尔琢,二十九团团长胡少海、团党代表龚楚,三十一团团长朱云卿、团党代表何挺颖;特委委员宛希先、谭震林;永新县委刘真、王怀、刘作述、贺敏学、贺子珍等。6 月 30 日同时抵达永新的湖南省委代表袁德生、杜修经也参加了会议。共 20 余人。②

会上,首先由湖南省委代表杜修经传达了湖南省委 6 月 26 日的指示。杜修经解释了省委为何决定要向湘南发展的“理由”:因为中央把

① 毛泽东:《井冈山的斗争》。
② 《贺敏学同志的回忆》、《龙开富同志的回忆》,内部采访资料。

永新联席会议旧址

湘、鄂、粤、赣四省列为全国革命的中心，湖南是四省的中心，而湘南又是湖南革命的中心。只要整个湖南的局势迅猛地向前发展，就可以促进全国革命的总爆发。

这显然是过高地估计了革命的形势和我们自己的力量，过低地估计了湖南敌人的势力，是一种盲目乐观和十分有害的“左”倾观点。大家听后纷纷发言，发表了自己的看法。

朱德、陈毅、王尔琢等都认为：四军主力去了湘南，留下的200多条枪，难以担负保卫边界的任务，根据地将会重蹈“三月失败”的覆辙。因此，四军主力不能去湘南，而应继续留在边界工作，创造以宁冈为中心的罗霄山脉中段政权。他们请求湖南省委重新考虑，收回成命。

杜修经、袁德生则强调：这是湖南省委的决定，下级应服从上级，毫不犹豫地执行命令。

毛泽东据理陈述了四军主力不能去湘南的理由，认为，去湘南有百弊而无一利：第一，目前敌人仍处暂时稳定时期，湘敌势力强大，四军前去，必将是“虎落平阳被犬欺”；第二，四军刚刚按湖南省委的上次指示安顿下来，深入土地革命，大力宣传群众，各县的群众均已起来，不能离开边界；第三，湘南的经济已破产，不及边界筹款容易；第四，伤病员太多，移师会造成人心不安；第五，不去湘南非保守观念，而正是借如今的形势，矫正过去不太重视营造根据地中心区域坚实基础的缺点;第六,宁冈地势好,只要政策得当,完全可以与敌人进行长期的斗争。因此,毛泽东建议以四军军委、边界特委名义起草一份报告,说明不能执行湖南省委指示的理由,请省委重新考虑。①

毛泽东的意见和建议,获得了绝大多数与会者的支持。

杜修经、袁德生见边界的同志意见一致,颇为坚决,只好同意会议的主张。于是,联席会议最后决定:不执行湖南省委指示,四军继续留在湘赣边界活动,深入各县工作,建立巩固的根据地。

永新联席会议上毛泽东、朱德、陈毅等人同湖南省委错误主张的抗争,充分体现了中国共产党人坚持真理、实事求是的原则立场和革命风格。

永新联席会议后的第五天,即 7 月 4 日,毛泽东独坐在永新商会的一盏油灯前,代表边界特委和四军军委起草向湖南省委陈述红四军不去湘南的报告,建议省委收回成命。这是一个下级公然抵制上级省委决定的报告,在党内尚属首次;因此,毛泽东显得格外谨慎。这种"抗命"报告,必须讲究策略,讲究分寸,周密思考,仔细运笔。他写道:

> 湖南省委:
>
> 袁、杜二同志于六月三十日同时抵永新,所携省委通告及中央对湖南工作决议案均悉。
>
> 在省委两信中所指示的前后颇不同,前者要我们继续建设罗霄山脉中段各县政权以为军事根据地,不更变一个月前中央及省委的指示。后者要我们于攻永新后,冲往湘南以避敌人"会剿"及解决经济上之困难。此间六月二十三日击溃杨池生后,四军已大部来永新,向莲花、安福及吉安之西南端游击,筹款并发起暴动。即于六月三十日夜上由特委、军委、永新县委开联席会议讨论省委来信,袁、杜二同志皆参加,决定四军仍应继续在湘赣边界各县

① 《中共湘赣边特委和红四军军委给湖南省委的报告》,1928 年 7 月 4 日,《井冈山革命根据地》历史文献,第 148、150 页。

作深入群众工作，建设巩固的根据地。有此根据地，再向湘、赣推进，则红军所到之处其割据方巩固，不易为敌人消灭。

毛泽东根据联席会上的发言和根据地的实际情况，以及湘赣两省敌军力量的对比，据理陈述建设罗霄山脉中段政权的重要意义和四军不去湘南的主要理由，说事论理，绵密周至。

他列举了六条理由：

（一）在四军本身有许多习于流寇式的生活，极不喜住定一处艰苦的做群众斗争工作，充满红军冒险的遗毒。近一月来经多方洗刷，同时永新、宁冈二县群众已普遍起来，他们才渐渐死了心，懂得中央及省委上次主张建设宁冈大本营的政策是对的。如现在又马上改变，使四军重新走入转徙游动的道路，四军之改造必更困难。前次省委来信指出四军转战千里，近于流寇，必须择地休息以资改造。此意非常正确，正在遵照执行，不宜轻率变动。

（二）在敌情方面，湘省敌人非常强硬，实厚力强，不似赣敌易攻。赣敌被我连败四次，其胆已裂，且受我释放俘虏影响，军心大摇。计尚能作战者仅王均之第七师，一师与一团驻萍乡，二团分驻九江、南昌，料其难于抽调，抽调来攻，亦用适当武略战而胜之。湘敌则不然，与我交手在五六次以上，仅能将其小部击退，而敌毫无所损，顽强如故。故为避免硬战计，此时不宜向湘省冲击，反转更深入了敌人的重围，恐招全军覆灭之祸。现在湘南敌军计有桂系两师，二十一军，向成杰一军（三千枪），许克祥一师，吴尚一军，敌力大于赣西七八倍。我军纵可胜向、许，决无法胜吴、桂。我军一去，马上在吴、桂、向、许的包围中，有立被消灭之虞，此点省委似未曾虑及。

这里，毛泽东以婉转的口气毫不客气又很有说服力地批评了湖南省委的主观臆断，一针见血，有理有节。

毛泽东接着写道：

（三）宁冈能成为军事大本营者，即在山势既大且险，路通两省,胜固可以守,败亦可以跑,且敌人绝对无法把我围着,若加上各县党与群众的基础,实在可以与敌作长期的斗争。若此刻轻易脱离宁冈,"虎落平阳被犬欺",四军非常危险。

红四军由于离开宁冈大本营,后来果然招致"八月失败",足见毛泽东的先见之明。可当时又担心上级指责保守,于是,笔锋一转:

(四)此种主张绝非保守观念。过去全国暴动,各地曾蓬勃一时,一旦敌人反攻,则如水洗河,一败涂地。此皆不求基础巩固,只求声势浩大之故。我们此刻力矫此病,一面为军事建立一大本营,一面为湘赣两省暴动前途建立一巩固基础。现我们全力在永新、宁冈工作,日有进步,并向莲花、安福及吉安西南端推进,深入土地革命,创造地方武装,再能有一些功夫,敌人再来进攻,颇有胜的把握。

(五)从经济上说,四军人数如此之多,每日菜金节俭需要现洋七百元。湘南各县焚杀之余,经济破产,土豪打尽。朱部自二月抵耒阳时起,即未能筹到一文,仅靠卖烟土吃饭。此刻到湘南去解决经济问题,乃是绝对的不能。真正解决目前经济问题,只有在湘赣边才有法想。

(六)伤兵增到五百,欲冲往湘南去,则军心瓦解,不去又不可能,此亦最大困难问题之一。

毛泽东把理由摆足,最后阐明了联席会议的立场:

根据以上六种实际理由,在新军阀战争未爆发以前,尚不能离开宁、永、莲往湘南。一俟此间基础略固,外面有机可乘,四军自可出茶、攸、醴、浏参加湘省之总暴动。至此时与湘南通讯息,当竭力设法做到,以期彼此呼应,互为犄角。上项意见,请省委重新讨论,根据目前情形,予以新的决定,是为至祷!关于军队与地方详细报告,容后奉呈。

毛泽东上书陈言,有胆有识,有理有节,洋洋洒洒,匠心独具。然而,他未料到,有人置若罔闻,一意孤行。结果使红军和根据地人民付出了沉重的代价。

冒进湘南与八月失败

红军主力冒进湘南毛泽东上书陈言的第三天，敌情发生了重大变化。不出毛泽东所料，湘敌吴尚第八军按湘赣两省敌军于7月7日"会剿"井冈山根据地的协约，乘我红四军主力远在永新、宁冈空虚之机，发动进攻了。

7月4日，吴尚以第一、第二两个师从茶陵、酃县侵入宁冈。宁冈，顿时处于一片刀光剑影之中。宁冈县委书记龙超清、红三十二团团长袁文才等率三十二团和宁冈赤卫队、暴动队一起上阵，在睦村、河桥、砻市一带组成多道铁网，四面骚扰，坚壁清野，阻击敌军。但是，一个三十二团与地方武装毕竟不是敌正规军两个师的对手。7月9日，敌人突破砻市防线，向新城推进，意欲与赣敌第六军胡文斗部和第九师杨池生部会合，在永新南北夹击朱毛红军。正在永新的毛泽东接到了宁冈告急的报告。

军情紧急。红二十八团、二十九团、三十一团主力，应召火速赶回永新，相机应敌。

红四军军委当即决定：二十八、二十九团回宁冈解危，三十一团在永新阻击来自吉安方向的赣敌。未料，我军棋慢一着，二十八、二十九团从间道出击不及，与湘敌在永新新源嘴错道而过。湘敌闻我主力已归，恐有所失，匆匆向莲花前进。朱德、陈毅、王尔琢当即决断，率部挥戈西进，袭击湘敌老巢——酃县、茶陵，迫使敌人回援后方，放弃"会剿"。

7月12日，红二十八、二十九团攻克酃县。

湘敌果然害怕，于14日急穿永新退回茶陵。湘敌刚退，赣敌王均、金汉鼎部5个团、胡文斗6个团，共11个团进入永新。

朱德率红军大队攻克酃县后，本计划再攻茶陵。但此时，湘敌已退驻茶陵，赣敌重兵又集聚永新，三十一团面临严重威胁。于是，朱德、陈毅等决定率红军大队折回宁冈,增援永新。

然而,天有不测之风云。当红军大队进至酃县时,一场意外的变故发生了。

7 月 12 日晚,红二十九团借口湖南省委有要四军去湘南的命令,竟瞒着军委和上级长官,私下召开士兵委员会,决定 13 日开往湘南!而且,“私下找好带路的人,出动的时间都决定了”①。

朱德、陈毅闻讯后,连夜找来二十九团团长胡少海、党代表龚楚询问情况,当即指示连夜加紧做工作,制止这种无组织无纪律的事件发生。并且,连夜向毛泽东写了一封信,派人急送永新。

红二十九团系湘南宜章农军组成。自 1928 年“年关暴动”至今,近大半年时间了,很多人存在着浓烈的思乡情绪。永新联席会议后,得知湖南省委要四军前往湘南,欣喜一时变成了狂热,在乡土观念的驱使下,发生了 12 日晚上二十九团士兵委员会私决回乡的严重变故。

红四军二十九团团长胡少海

13 日,王尔琢、胡少海向二十八团、二十九团传达了军委要红军大队回永新增援的命令。是日,部队一失以往的雄风,懒懒散散,士气低落。二十九团要求回湘南的情绪依然很重,二十八团官兵则也不愿回永新,提出要去赣南。

军心涣散,乃兵家之大忌。对此,朱德、陈毅等都觉得很棘手。正在焦急之时,毛泽东派茶陵县委书记赶到酃县。毛泽东在信中坚持永新联席会议的态度,要朱德、陈毅说服部队,不要去湘南,坚持边界斗争。

① 杨克敏:《关于湘赣边苏区情况的综合报告》。

朱德、陈毅、王尔琢都赞同毛泽东的主张。为说服部队,朱德在酃县洣泉书院外,向部队讲了话。他说:“弟兄们,毛委员在永新派人给我们飞马传信了!现在永新吃紧,我们要回兵永新!至于湘南,我们是要去的,但现在不能去。二十九团的同志们想‘打回老家去’看看,这种心情可以理解。但宜章、郴州敌情不明,不知道有多少敌人。我们闹革命,是全国性的革命。我们打土豪也不是打一省一县的土豪,我们要打全国的土豪!我们要消灭反动派,也并不是消灭哪一省哪一县的反动派,我们要消灭全国的反动派!……”①但军长朱德的这番讲话,二十九团官兵都听不进去。会场上又闹了半天,“朱德同志三劝四劝也不行”,二十九团战士仍叫嚷着“我们自己指挥自己”,“杀回老家去”。

“军队当时的负责同志都感觉到非常棘手,后来经过千言万语的解释,说暂时回去解了井冈之危,再行回湘南不迟,勉强将军队开出,十四号由酃县城开至沔渡(酃县境内到宁冈路),走了一天只走了三十里,兵士垂头丧气,似行不行,三五成群,步伍凌乱,军心涣散。”②

朱德、陈毅感到事态严重。二十九团的乡土观念太严重了!但对士兵们又不能威迫,真是为难极了。

15 日,朱德、陈毅在酃县沔渡主持召开军委扩大会,做说服工作。随军一起行动的湖南省委代表杜修经非但不出面工作,反而“导扬其焰”,怂恿二十九团去湘南。在两种意见争持不休的情况下,陈毅只好提议派人回宁冈请示一下毛泽东再作定夺。杜修经当即自告奋勇前往宁冈。散会时,龚楚竟对杜修经说:“等你一天,你不来,我们就走了!”龚楚身为二十九团党代表,非但不协助朱德做工作,反而成了“回湘南的主角”③,到了目无组织、头脑发昏的地步了!

事情偏不凑巧。当杜修经飞马赶到宁冈茅坪时,毛泽东却到永新

① 陈茂:《八月失败和回师井冈山》,见《井冈山革命根据地》回忆资料。
② 杨克敏:《关于湘赣边苏区情况的综合报告》。
③ 李步云:《八月失败》,见《井冈山革命根据地》回忆资料。

去了。杜修经只见到边界特委书记杨开明。杨开明听后,不假思索就表态说:"决定了,就走吧! 老毛那里,我跟他说。"①

于是,杜修经连夜赶回酃县沔渡。士兵们见他回来,纷纷问他,"走不走?"杜修经手一扬:"走!"

朱德、陈毅等人闻知,知道再劝阻也无用了。为顺应军心,避免红军大队分裂和走上极端之路,同时也担心二十九团孤军深入,有被敌击破之虞,同意让二十八团一同前往,出击湘南。这是在当时特定的突发性变故的环境中作出的决定。

冒进湘南

7月17日,红军大队由酃县沔渡出发,冒进湘南。

红军大队离开沔渡后,二十九团回乡心切,行军如飞,日行100多里,一口气走到水口宿营。

二十八团紧追不舍。二十八团是南昌起义部队,他们本来不想去湘南的,但也不想去永新,他们提出想去赣南。如今,奉了朱德军长和军委之命,为保护二十九团,才去湘南。他们对二十九团竭力坚持回湘南的表现,觉得有点反常,说回去增援永新,一天才走30里,说回湘南就日行100里,真是不可思议。

得知红军大队离开边界前去湘南的消息,毛泽东觉得事态严重。他立即又写了封长信,派人急追,力图把红军大队拉回来。送信人追到水口时才赶上红军大队。朱德、陈毅等阅信后,在水口又召开了一个连以上干部会议。会议由杜修经主持,朱德、陈毅、王尔琢、何长工、胡少海、龚楚等都参加了。会议的主题仍然是回边界还是去湘南的问题。

会上,朱德、陈毅、王尔琢等还是维护毛泽东的意见,力主回边界,但杜修经、龚楚等则坚持去湘南。王尔琢气得与杜修经顶撞起来,杜修经竟反讥说:"是你听省委的,还是省委听你的?!"口气极为强硬,弄

① 杜修经:《八月失败》,见《井冈山革命根据地》回忆资料。

得会议不欢而散。

第二天一大早，二十九团仍然向湘南移动，二十八团随后跟进。因为沔渡会议后，杜修经曾去请示过边界特委，有过特委书记杨开明认可的话，何况杜修经是湖南省委的代表，竭力坚持省委“向湘南发展”的意见，如今，大队已远离井冈山根据地了，二十八团更是无可奈何，只好跟着二十九团向湘南进发了。

二十八团的这种困惑，可以想见；而朱德作为一军之长，则有着更多的困扰和隐忧。

因为，朱德知道驻守湘南重镇郴州的敌方军队是范石生的十六军。他担心四军与范部交火。朱德与范石生是当年云南讲武堂的同学，后又一起参加了蔡锷领导的反袁护国军，两人虽信仰不同，各事其主，但私交甚笃。南昌起义主力部队在潮汕失败后，朱德率南昌起义余部转战千里，在危难之际，曾得到范石生的真诚帮助。范石生给朱部解决了弹药装备及军饷等军需物资，朱部才得以渡过难关。后来，蒋介石电令广东省政府主席李济深解决朱部，范石生又偷偷地将消息透露给朱德，让朱德率部脱离险境，还赠送一万大洋给朱部充作军饷，尔后工农革命军才折向韶关，到了湘南。如今，红军大队前往湘南，攻打的对象会不会是昔日的友军范石生呢？如果不是，固然为好，如果是的话，岂不落个不讲义气、忘恩负义的恶名？

对于这段交往，杜修经是不知道的，而陈毅、王尔琢知道，得到过范石生资助的二十八团官兵也知道。这怎么能不让朱德和二十八团官兵困惑呢！

红军主力被迫向郴州进发。

郴州，是湘南的重镇，为国民党专署驻地，也是湘粤赣三省的交通枢纽。

“从酃县出发到郴州，那时真叫归心似箭，像苦媳妇久别回娘家，脚杆子特别硬,三步交作两步走。”①7月23日,红军大队兵临郴州城外的鸦市坪。

24日,部队到鸦市坪的第二天,一大早,红二十九团官兵不知是复仇心切,还是欲抢头功,连敌情也没有侦察、研究,便开始了进攻。本来,红二十九团团长胡少海意欲等朱军长他们到来再行动,可杜修经却声色俱厉地说:“还等什么!范石生部是国民党军,我们是共产党,放着敌人不打,还革什么命!”

在上、下两头热的情况下,胡少海掌控不住了,只好下达攻击命令。及至朱德、陈毅、王尔琢赶到鸦市坪时,战斗已经打响了。

战斗片刻后,才知道驻守郴州的果然是范石生的部队——第十六军四十六师的一个补充团。

怎么办?朱德想起当时在汝城与范石生离别时,范石生说的一句话:“玉楷兄,此去一别,好自珍重。今后我们相遇时,你不打我,我也不打你!”朱德犹豫了。随即,他对杜修经、胡少海说:“范石生部是友军,过去曾接济过我们,和我们搞过统一战线,不能打。”

这时候,没有一点战略观念和统战思想的杜修经却说:“已经打响了,就打吧!”②

八月失败

在这位位高权重的湖南省委代表面前,朱德左右为难。打,对不住范石生和友军;不打,难以说服杜修经和二十九团官兵。权衡再三,出于执行湖南省委指令的考虑,为了红军的利益,他违背了自己的意愿。

一场不该打的战斗开始了。当时的部署是:二十九团以进攻牙石桥为目标,二十八团以进攻苏仙桥为目标,一个个精神抖擞,向郴州城发起了激烈的进攻。

① 李步云:《八月冒进湘南》,见《井冈山革命根据地》回忆资料。

② 杜修经:《八月失败》,见《井冈山革命根据地》回忆资料。

杜修经回忆井冈山斗争

谁知，一场灭顶之灾发生了，红军兵败湘南！

驻守郴州的国民党军第十六军四十六师师长张浩，被红军的突然袭击打懵了。他知道前来进攻的部队是朱德的红四军，也知道朱与范石生的关系与旧约，自认为红军的进攻，是朱部路过郴州，碍于国共两党的原因做个样子的，于是下令补充团退守。

补充团不战自退。二十九团不知内情，以为是守敌怯战，于是愈加勇猛冲击。一时，枪弹如雨，遮天蔽地，补充团的士兵一片片倒下。

二十九团的勇猛冲击，把张浩气坏了，欲请示范石生，范又到广州去了。这位年轻刚烈的师长，面对着部属的请求和士兵的伤亡，当即下令驻守在苏仙桥的四个团从城北向县城逼进。

此时，红二十九团已攻入郴州。“二十九团在四军中枪枝虽较少，作战能力颇强，党亦较好，可是这一次党完全失去了作用。”①入城后，战士们疯狂地东奔西跑，不少人私自离开战斗群体，上街理发、吃东西

① 杨克敏：《关于湘赣边苏区情况的综合报告》，1929 年 2 月 25 日，《井冈山革命根据地》历史文献，第 252、253 页。

去了。傍晚时分,敌军开始反扑,二十九团腹背受敌,情势非常危急。

朱德、陈毅、王尔琢闻报,急令红二十八团赶来增援,挡住了从苏仙桥方向往县城反扑的敌军。战斗打得很激烈,红军伤亡很大。面对着数倍于我的敌人,硬顶下去是要吃亏的,于是朱德等发出了边打边撤往资兴的命令。

当红军大队退到郴州的东江时,一清点人数,二十九团千余人的队伍仅剩100多人,建制被打掉了。只有胡少海、龚楚带了一二十个通讯人员和特务连少许人返回,建制稍完全一点的是萧克带领的一个连(六七十人)。二十八团也有些损失,但基本队伍完好,建制健全。

红二十九团垮了,几乎全团覆灭。见到这种情状,团长胡少海痛哭流泪,党代表龚楚却不以为然。后来得知:红二十九团从城里突围出来时,一部分人员自由行动跑向宜章家乡,结果在乐昌被土匪胡凤璋部消灭;一部分散落在郴州、宜章各地,"不知所终"。

对于这段历史,亲历者萧克回忆说:

"7月24日打下郴州,二十八团住在城北边,二十九团住在城南边。将近黄昏,范石生的部队从北面来反攻,同二十八团打,二十九团一听到打枪就往南面走,老小和行李担、伙食担,夹在部队里乱跑,走出二三里路队伍还是不停。我看情况不对,二十八团在打仗,二十九团怎么不去增援,反而往南跑?不像行军样子。因此,我就叫我们这个连坐着,不要走动。这个连还比较整齐,只走散一些。北面二十八团还在打。我想军部没有命令去宜章,是听到北面打枪带着很大的盲目性向南乱跑的,思想向南好回家。我就带着这个连往回走。走到晚上8、9点钟,二十八团正向东面来的路上撤退,我们就跟着二十八团往东走。第二天,退到郴州的东江。二十九团团长胡少海带着传令排也来了。因为队伍掌握不住,去湘南时这个团有1000多人,陆续回来的不过100人左右。胡少海只带了一二十个通讯员和特务连一部分加上些勤务人员。我那个连有六七十人,45支枪。这样,二十九团余下来的全部一共只有100多人,八九十条枪。其余的往宜章方向走,后来听说都溃散了。”①

郴州一战，我军“先胜后败，撤出战斗”，损失惨重。红二十九团从此不复存在。此事史称“八月失败”。

在红军主力兵败湘南的同时，边界遭受极大损失。

8月上旬，由于红军主力远征湘南，赣敌依仗强大军力和精良武器，向井冈山根据地发动了猛烈的进攻。在此严峻形势下，为保存实力，红三十一团不得不退入永新的小江山区，红三十二团和各县地方武装，也分别退入山区，坚持游击斗争。一时，赣敌相继占领永新，随后又占领莲花、宁冈，根据地的范围迅速缩小，仅拥有宁冈的西区和北区，永新北乡的天龙区、西乡的小西江区、南乡的万年山区，莲花的上西区，酃县的青石岗区和大院区，以及遂川的大小五井山区。边界的县城和平原地区，尽为敌据。

敌正规军侵入根据地后，各县的保安队、挨户团、靖卫团继而为虎作伥，甚嚣尘上，对根据地的革命群众实行了疯狂的报复，杀人放火，无恶不作，白色恐怖遍及边界城乡。这时，边界党的组织和红色政权大部塌台，各种群众组织受到严重破坏。在敌人的淫威下，富农分子和党内的投机分子纷纷“反水”，挂起白带子，倒向地主豪绅一边，甚至带领白军进行烧杀。各地的土豪劣绅、“还乡团”乘机反扑，夺回农民已分得的田地，出现了“农民种田，地主割谷”的现象，整个边界笼罩着一片阴霾，恐怖至极。

在永新，永新大土豪恶霸、保安队长龙镜泉带领大股白军，于8月上旬的一天下午，从永新县城一直杀到浬田镇，又从浬田镇经南城直扑塘边村，将塘边、大屋、杨皂树下、新岭背等村庄烧成一片火海。仅塘边一处就烧毁房屋48幢，祠堂11幢，许多来不及转移的老弱病残群众均惨遭杀害。

宁冈，更是承受了空前的灾难。因为宁冈是红军的大本营，根据

① 萧克：《回忆八月失败》，见《井冈山革命根据地》回忆资料。

地的腹心,敌人对宁冈的报复与烧杀尤为猛烈。湖南的国民党军从酃县进入宁冈,把睦村、上寨一带 80 多幢民房烧毁;赣敌到来时,一次就把坝上村 300 余间房子烧尽;大陇、乔林、天坪一带半数以上的房屋被焚;古城西源村是个 30 多户人家的小山村,被敌人烧为平地,130 多人有 40 多人遭杀害;茅坪的葛藤坪,20 多户人家全被烧毁。据宁冈当年的老苏区干部苏兰春、谢合斌、胡洪秀、凌登云、龙云芳等回忆统计,在“八月失败”中,宁冈被杀人数达 942 人,坐牢 229 人,随军外出 113 人,阵亡 117 人,损失枪支 48 支,土炮 49 门,鸟铳 396 支。国民党军和当地的反动武装、豪绅地主对宁冈人民实行焚烧政策外,还使用了吊打、火烙、水牢、灌辣椒水、坐老虎凳、蜘蛛上壁(四肢钉在墙上)、倒挂金钩、活割剖腹、挖心肝、点天灯(肚子上挖个洞,点灯烧)等十多种惨无人道的刑法。古城二区宣传委员谢冲波和东源乡干部邓海波,在“八月失败”前后去执行一项侦察任务,不幸被地方反动武装抓住,受尽敌人严刑拷打,至死拒不投降。敌人把他们押在新城西门外,割去他们的鼻子进行逼供。他俩痛骂敌人,敌人又割去他俩的耳朵、舌头,直至将他们活活折磨而死。

这样的例子在边界各县都有发生,惨不忍睹,不胜枚举。

红军主力在湘南的失败,边界的失陷与受难,再清楚不过地说明在统治阶级暂时稳定时期,必须注重根据地的创造与巩固,不能采取分兵冒进的政策。

对于边界的“八月失败”,当年的关键人物杜修经,在半个世纪之后曾写下沉痛的忏悔之言。他说:

“正当革命事业向前发展的时候,我却破坏了这一事业,造成了井冈山斗争的‘八月失败’,使年轻的红军损失一半,边界政权尽失,被杀之人,被焚之屋,难以数计,几毁中国革命的根基,其错误是非常严重的! 半个多世纪后的今天,在人民革命战争胜利的凯歌声中,重忆‘八月失败’的经过及其先后，我仍是内疚之深，寝食难安！”①

“八月失败”是井冈山斗争时期的一次重大挫折。

“八月失败”的发生，萧克认为是“上下错误倾向合流”②的结果。这一观点很有见地，耐人寻味。

在此，我们不妨剖析、阐发一下“上下错误倾向合流”的主要史实：

1. 上面的错误倾向

主要表现在：

(1)省委有指令。1928年6月26日中共湖南省委给中共湘赣边特委的信中指令：“省委决定四军攻永新敌军后，立即向湘南发展”，要“毫不犹豫地立即执行”，“杀出一条血路，然后用全力向茶陵、攸县、酃县、安仁发展，以与湘东南暴动相联系”。这就为红军大队开往湘南提供了上级领导机关的政策依据和行动方针。

(2)杜修经的策动。杜修经为湖南省委特派巡视员、代表，在当时的情况下是举足轻重的人物。毛泽东在《井冈山的斗争》中说他“导扬其焰”，即“导扬第二十九团的错误意见”；朱德在1962年参观井冈山博物馆时说：“八月失败是湖南省委代表杜修经起主要作用”，这是有道理的。因为，(1)杜修经只知形式地、机械地执行湖南省委的命令，虽然他在6月30日的永新联席会议上也同意了与会同志不去湘南的共同主张，但是，数天之后“又坚持省委意见”，变卦了；(2)在7月15日在沔渡召开的军委扩大会上，杜修经不仅“重提执行湖南省委的决定”，而且认为攻打湘南“还是有利的”；(3)杜修经在主持水口连以上干部会议讨论毛泽东来信时，仍然认为红军大队回边界“不能解井冈之危”，去打郴州还可“围魏救赵”。当王尔琢反驳他时，他竟以势压人，指着王尔琢吼道：“是你听省委的，还是省委听你的？”(4)当7月24日红军大队兵临郴州时，杜修经下令红二十九团团长胡少海发起攻

① 杜修经：《八月失败》，见《井冈山革命根据地》回忆资料。

② 萧克：《回忆八月失败》，见《井冈山革命根据地》回忆资料。

击,朱德赶到加以制止时,他坚持说:“已经打响了,就打吧!”这些都说明杜修经在冒进湘南的全过程中,起了关键作用,实在是“八月失败”的主要决策人物。

(3)杨开明的支持。杨开明是“八月失败”前夕由湖南省委派任湘赣边特委书记的。在分兵冒进湘南这一问题上,他是同意湖南省委主张,支持杜修经的。当杜修经回来请示毛泽东和边界特委时,毛泽东不在,他却公然表态支持,说:“决定了,就走吧,老毛那里,我跟他说。”从而,使红军大队去湘南有了特委的认可。

2. 下面的错误倾向。

主要表现在:

(1)二十九团官兵回乡心切。他们“因政治动摇,欲回湘南家乡,不受约束”,①竟瞒着军委召开士兵委员会,擅自决定去湘南,连带路人、出动时间都决定了,在朱德、陈毅等的劝说下,仍一味坚持去湘南,甚至提出“我们自己指挥自己”,表现出无组织无纪律的严重错误倾向。

(2)龚楚充当了“回湘南的主角”。他是红二十九团的党代表,却使该团党组织失去作用。据当年的二十九团老战士回忆,二十九团从龙源口战斗换上步枪后,部队日渐滋长骄傲轻敌情绪,走起路来昂首挺胸。“这时刚好湖南省委派来了一个代表杜修经(当时不知其名),我听一营党代表李光中到我们一连说,省委代表要我们部队回湘南去。这一来,一传十,十传百,一下子整个二十九团都传开了,上至团长,下至士兵、伙夫,都喜欢得很。团长胡少海,宜章人,团党代表龚楚,广东人,他们也想回家,尤其是龚楚,他是回湘南的主角,告诉各营党代表,并要他们告诉各连士兵委员会的负责人,造成非回湘南不可的声势,整个二十九团产生动摇归家的念头,有时还出现不听指挥的

---

① 毛泽东:《井冈山的斗争》。

现象。”[①]这样就使整个二十九团党组织完全失去作用。当杜修经回宁冈找毛泽东商议时，龚楚对杜说：“等你一天，你不来，我们就走了。”[②]可见龚楚当时简直到了目无组织，头脑发昏的地步。由于身为团党代表的龚楚如此，二十九团党组织才拢不住人心，官兵的思想情绪和极端行为无法遏止。

(3)胡少海也有过失。胡少海是红二十九团团长，在冒进湘南的军事行动中，态度暧昧，实际上是支持错误意见的。“团长胡少海，宜章人……也想回家。”[③]他在几次会议和重要场合，没有出面支持朱德、陈毅、王尔琢等人的正确主张，而是同杜修经、龚楚站在同一立场，致使团党代表龚楚能为所欲为，杜修经有恃无恐。

(4)二十八团也不愿回永新增援。二十八团虽然是为了保护二十九团才跟着去了湘南，但二十八团却提出过要去赣南，也可见二十八团对建立根据地的思想根基也不深，客观上助长了二十九团的军事行动。

正因为如此，上、下错误倾向的作用，红军大队冒进湘南便成为一种必然，以致造成失控局面而失败。

“八月失败”事发前，“军委亦未能加以阻止”。此事如何评析呢？

毛泽东在《井冈山的斗争》提及八月失败时曾写道：“杜修经导扬第二十九团的错误意见，军委亦未能加以阻止，大队遂于七月十七日由酃县出发，向郴州前进。”

这是前委书记毛泽东对军委的一个含蓄的批评。

当时的军委书记是陈毅。他和军长朱德一直跟随着红军大队。对二十九团的错误意见，他俩为什么“未能加以阻止”呢？对这个问题，过去史学界一直是讳莫如深的。在此，我们认为有必要客观、公允

① 李步云：《八月冒进湘南》，见《井冈山革命根据地》回忆资料。

② 杜修经：《八月失败》，见《井冈山革命根据地》回忆资料。

③ 李步云：《八月冒进湘南》，见《井冈山革命根据地》回忆资料。

地加以评析。

我们认为,在红军主力冒进湘南的过程中,军委和朱德确实做了许多劝阻工作,但阻止不力。朱德、陈毅一直是赞成毛泽东建设罗霄山脉中段政权计划,不赞成湖南省委要求红四军“向湘南发展”的错误主张的。为此,在各种会议和场合中都做了大量的工作,进行了“千言万语的解释”,但“三劝四劝也不行”,劝阻无效。当红军大队在杜修经的鼓动、怂恿下进军湘南已成事实时,朱、陈为顺应军心,避免红军走向分裂和二十九团孤军作战为敌所算,被迫同意红军大队去湘南。这是在当时特定的环境和突发性变故中作出的决定。这种应变举措是可以理解的,不应看得过重。

我们持上述这种观点的主要史实依据有以下五点:

第一,在 6 月 30 日的永新联席会议上,朱德、陈毅是明确赞成毛泽东意见,反对冒进湘南的。

第二,当“异外的变故”发生时,二十九团士兵委员会私下开会,擅自决定出击湘南的消息一传出,军委立即采取了措施,进行了劝阻工作。杨克敏《关于湘赣边苏区情况的综合报告》中曾这样记载:“朱德率领二十八、二十九团去酃县,一致收拾酃县,本因再攻茶陵,时永新已到赣敌,故又拟折回宁冈去永应援,岂知发生了一异外的变故:二十九团到酃后,因该团系湖南宜章农民,因不察边界生活之苦,借湖南省委有令去湖南之命令……突然于 12 号晚士兵纷纷开士委会,一不通知官长及党代表,竟决定 13 号由酃去湘南,私自找好带路的人,出动的时间都决定了。军委(四军党的最高机关)得讯即召集军委扩大会、兵士代表会,多方面解释阻止,无效。后又由朱德召集士兵演讲亦无效,他们总是要去,他们说官长如果不允许他们去,他们就缴了枪单身去。……后来经过千言万语的解释,说暂时回去解了井冈之危,再行回湘南不迟,勉强将军队开动。”①可见,事发后,军委开了扩大会、兵

① 杨克敏:《关于湘赣边苏区情况的综合报告》,1929 年 2 月 25 日。

士代表会,朱德作了演讲,“经过千言万语的解释”,做了劝阻工作,“多方面解释阻止”,但无效。

第三,部队回沔渡后,朱德、陈毅针对当时的状况又召开了军委扩大会,并派杜修经回宁冈请示毛泽东定夺军事行动。对此,杨克敏记载道:“军至沔渡后,二十九团士兵,仍要求回去。军委看了这种情形,觉得如果勉强留住他们,不能作战也是无用,15 号在沔渡又开过一次扩大会……”①杜修经也回忆:“7 月中旬的一个晚上,在沔渡,军委为了近日部队行军纪律松弛,召开了一个团以上的干部会,由朱德、陈毅主持,何长工、王尔琢、龚楚、胡少海等同志都参加了。会上提出要到湘南去,重提执行湖南省委的决定。……但只觉得这个决定没有毛泽东同志参加,应征求他的意见,(军委)让我去特委找毛泽东同志商议后再行动。”②可见军委和朱德在此时仍是持审慎态度的。

第四,红军大队至酃县水口时,军委再次对进击湘南问题召开会议讨论。“军至水口(酃县)复决定准二十九团回湘南去,同时恐怕二十九团单独回去,孤军奋斗为敌所算,乃复决定二十八团同去湘南。”③此可看出军委的决定事出无奈,从保护二十九团计,红军大队才去了湘南。

第五,兵败郴州后,在桂东前委扩大会议上,军委和朱德毅然决定红军大队随毛泽东回师井冈山。这个会议上总结了“八月失败”的经验教训,批评了杜修经的错误,决定红军大队重返井冈山,杜、龚两人留在湘南组织湘南特委,开展湘南工作。这时,杜修经提出:“是不是要陈毅同志也去(湘南)?”朱德听后大为恼火,说:“你硬是要把我们拉垮么?”④这“硬要拉垮”几字,足见朱德的一贯态度。

① 杨克敏:《关于湘赣边苏区情况的综合报告》,1929 年 2 月 25 日。
② 杜修经:《八月失败》,见《井冈山革命根据地》回忆资料。
③ 杨克敏:《关于湘赣边苏区情况的综合报告》,1929 年 2 月 25 日。
④ 杜修经:《八月失败》,见《井冈山革命根据地》回忆资料。

因之,我们认为上述史实足可说明,军委和朱德在面临杜修经等三番五次将红军大队拉往湘南的过程中,是做了大量的劝阻工作的,只是劝阻不力无效而已。当然,"如果态度坚决,多做思想工作,说服干部战士,是可以挽回的。"①如今,在研究井冈山斗争历史时,提出这个问题讨论,主要目的是为了弄清历史真相,总结经验教训,而不是深究个人的历史责任。

"八月失败"的原因与教训

"八月失败"的原因是多方面的,根据毛泽东的分析和历史文献的记述,可以归纳以下三个方面:

1. 湖南省委对客观形势的错误估量和对军事行动的盲动主义,是"八月失败"的根本原因。

毛泽东在《井冈山的斗争》中对此作了透彻的分析。他说:"各地许多小块红色区域的失败,不是客观上条件不具备,就是主观上策略有错误。至于策略之所以错误,全在未曾把统治阶级政权暂时稳定的时期和破裂的时期这两个不同的时期分别清楚。有些同志在统治阶级政权暂时稳定的时期,也主张分兵冒进,甚至主张只用赤卫队保卫大块地方,好像完全不知道敌人方面除了挨户团之外还有正式军队集中来打的一回事。在地方工作方面,则完全不注意建立中心区域的坚实的基础,不顾主观力量的可能,只图无限量的推广。……他们的这种错误意见,就是今年八月湘赣边界失败以及同时红军第四军在湘南失败的根本原因。"

2. 湖南省委代表的错误指令和导扬是"八月失败"的直接原因。

毛泽东认为,"湖南省委代表杜修经和省委派充边界特委书记的杨开明,乘力持异议的毛泽东、宛希先诸人远在永新的时候,不察当时的环境,不顾军委、特委、永新县委联席会议不同意湖南省委主张的决

① 萧克:《回忆八月失败》,见《井冈山革命根据地》回忆资料。

议，只知形式地执行湖南省委向湘南去的命令，附和红军第二十九团（成分是宜章农民）逃避斗争欲回家乡的情绪，因而招致边界和湘南两方面的失败。”①这个批评是十分中肯的。

3. 当时红军大队本身存在着的不利因素和决策上的失误，也是“八月失败”的原因之一。

这些不利因素是：(1)红二十九团官兵动摇思家，失去战斗力；二十八团官兵虽不愿去湘南，但提出去赣南，也是右倾悲观情绪的表现，因而也影响了战斗力。(2)盛暑远征，兵力疲惫。(3)从酃县冒进数百里，同边界失去联系，成了孤军。(4)湘南的群众没有充分发动起来，使这次行动变成单纯的军事冒险。(5)因为不明了敌情，使错误意见占了上风。(6)准备工作做得不好，官兵不了解此次作战的意义，缺乏主动性和积极性。(7)党组织未能发挥作用，甚至完全失去了作用。因此，产生决策上的失误，导致“八月失败”。

从“八月失败”中，我们可以得出以下几点经验教训：

第一，要正确地估量形势，保持党组织的有力量和政策的不错误。正如毛泽东所说：“根据地建设还必须具备一个紧要的条件，这就是党的组织的有力量和他的政策的不错误。”②湖南省委错误指令的根源，就在于对形势的估量和政策上的失误。

第二，在敌人统治势力暂时稳定时期，不能分兵冒进，远离根据地。杨克敏在总结“八月失败”的经验教训时，曾谈及这一点。他说：“这次失败的经验是：(1)在统治阶级稳定之时，军力切不可分开，分兵则为敌各个击破。假如此次二十八、二十九团不去湘南，则决不致遭这样的损失，而边界也不致如此失败；(2)在统治阶级暂时稳定之时，割据的扩大必须采取节节推进的政策，而不宜采取舍近就远的突进政策；(3)割据区域的深入工作为保持割据的根本要图，切不可只图扩

① 毛泽东：《井冈山的斗争》。

② 毛泽东：《井冈山的斗争》。

大，而忽略了既得胜利的深入工作巩固。”①毛泽东说：“八月失败，完全在于一部分同志不明了当时正是统治阶级暂时稳定时期，反而采取在统治阶级破裂时期的政策，分兵向湘南冒进，致使边界和湘南同归失败。”②

第三，必须加强人民军队的思想政治教育，切实纠正军队中的小生产观念和极端民主化。“八月失败”中二十九团表现出的乡土观念和士兵委员会的自由主义倾向以致转向极端民主化的现象，都充分证明必须加强军队的思想政治建设。为此，毛泽东深刻地提出：“我们感觉无产阶级思想领导的问题，是一个非常重要的问题。”③

永新困敌——井冈山第一次反“会剿”

当红军大队远离边界出击湘南后，边界的军事实力只剩下红三十一、三十二两个团。这时，占据永新城的湘敌吴尚第八军和赣敌王均第三军、金汉鼎部、胡文斗第六军，共计11团，协同“会剿”根据地。为了保卫井冈山根据地，边界特委决定由袁文才率领红三十二团防守宁冈，毛泽东率领红三十一团以游击战争在永新困敌。

7月中旬，毛泽东在永新西乡召开了干部会议，把三十一团分成东、北、中三路，分别成立了行动委员会指挥这次行动：以第一营的第二、三连组成东路行委，毛泽覃为书记，陈毅安为指挥，在永新东乡活动；以第三营的第六、七连和第一营的第一连组成北路行委，宛希先为书记，伍中豪为指挥，在永新北乡活动；以团部特务连和第三营第九连组成中路行委，以何挺颖为书记，朱云卿为指挥，在永新城郊活动。中共永新县委动员了万余名革命群众，配合各路红军，参加袭扰敌人的军事行动。为及时了解掌握永新城内的敌军动态，还派谭震林在永新

① 杨克敏：《关于湘赣边苏区情况的综合报告》，1929年2月25日。
② 毛泽东：《井冈山的斗争》。
③ 毛泽东：《井冈山的斗争》。

城内建立秘密军事交通站,收集传递军事情报。

在毛泽东的组织、领导下,第三十一团和永新数万革命群众,以四面游击的方式,日夜袭扰敌人,使敌寝食难安,将敌11个团之众的赣敌围困在永新城内及附近30里内达25天之久,坚决地遏制了敌人对根据地中心的推进。杨克敏记述这次困敌时说:“我们所占的优势是:(1)地势熟谙;(2)敌情较明;(3)以逸待劳;(4)历次败敌,敌畏我威;(5)每次作战都有群众参加,把军队杂在群众中去对付敌人,可以说得到群众的拥护;(6)采用游击的群众战术,军队与群众在敌前后左右,出没无常,扰乱敌人,使敌难以应付。敌人则完全反是,地势又不熟,我们的情形他全莫名其妙,又无群众帮助他们,士兵都惧怕我们作战的勇敢。所以我们得以极少的部队与多数倍于我们之敌周旋十余日至二十五日之久,敌终无奈我何。”①

永新困敌体现了毛泽东非凡的胆略与杰出的军事指挥艺术,创造了红军游击战争史的奇观。

然而,红军大队在湘南失败的消息,及我根据地内的真实力量被敌探悉,敌人继而大举反攻。为保存有生力量,红三十一团主动退出战斗,转入山区进行游击斗争,赣敌于是进占永新、莲花、宁冈。

不久,赣敌忽然发生内讧,第六军胡文斗部6个团仓皇退出,随后与王均的第三军战于樟树。留下的赣敌5个团,亦仓皇退守永新城内。这时,如果我红军大队“不往湘南,击溃此敌,使割据地区推广至吉安、安福、萍乡,和平江浏阳衔接起来,是完全有可能的”②。

但尽管因红军大队远出湘南而丧失了破敌良机,赣敌胡文斗6个团退出根据地和金汉鼎5个团退守永新城内,即宣告了敌人第一次“会剿”的破产。

8月上旬,赣敌得悉红军主力远去湘南的消息后,又毫无顾忌地向

① 杨克敏:《关于湘赣边苏区情况的综合报告》,1929年2月25日。

② 毛泽东:《井冈山的斗争》。

根据地发起了猛攻。这时,红三十一团已退入永新山区。

为了挽救根据地的严重局势,毛泽东于8月中旬在永新西乡靠茶陵县境的九陂村,召开了连以上干部紧急军事会议。军中宛希先、朱云卿、何挺颖、陈毅安,特委书记杨开明,永新地方党、军负责人等参加了会议。

会议的中心内容是总结永新困敌的经验,调整应敌对策。

会议开始不久,湖南省委代表袁德生又来到九陂,并带来了湖南省委给四军的一封指示信(即《给湘赣边特委的补充指示》)。《补充指示》提出:"红军向湘东发展的战略在目前形势下是绝对的正确,红四军应很迅速地毫不犹豫地取得萍(乡)、安(源),武装安源工人,建立赣边、湘东平江各区暴动的联系,与湘南暴动相呼应。"

对湖南省委的这封指示信,毛泽东感到十分气愤。后来,他在《井冈山的斗争》中记述道:"第三次袁德生又来,相隔不过十天,这次信上除骂了我们一大篇外,却主张红军向湘东去,又说是'绝对正确'的方针,而且又要我们'毫不犹豫'。我们接受了这样硬性的指示,不从则迹近违抗,从则明知失败,真是不好处。"

为此,毛泽东在会上曾大声反问袁德生:"既然省委认为湖南的局势异常高涨,那么,请问:湖南的工人运动怎么样?有无罢工?学生运动如何?有无罢课?白军工作如何?有无哗变?农民斗争如何?有无新的武装暴动?"①

袁德生被问得哑口无言。因为他刚回去不久,省委又派他来了,对上述情况一无所知。

会议对湖南省委在不明了情况的前提下,一会指示往湘南、一会又指示往湘东的武断态度极为不满,认为边界只剩两个团,如果再去湘东,本来处于十分危险的边界将更加危险,因此会议决定不去湘东。

会议正在进行中,突然来了个叫贺礼昌的农民,是给红军大队挑

---

① 《刘型报告》,1970年10月20日,内部馆藏资料。

伙食担子的。他给会议带回一个惊人的消息:红军大队兵败郴州,二十九团几乎全团覆灭!①

会场的空气顿时像凝固了,大家无不惊色。毛泽东,这个坚强无比的伟人,都为之潸然流泪!

于是,会议主题为之一变。经紧急商议,决定由毛泽东亲率红三十一团第三营前往湘南迎还红军大队,留下红三十一团第一营、特务连会同红三十二团坚守井冈山。②

湘南兵败的消息,连袁德生也感到意外;与会人员的慷慨言行,使这位省委特派员也为之动容,一改初衷,表示同意此举,不再提去湘东之事了。

九陂会议直开到深夜才结束。这个会议,很多党史著作未曾提及,对边界斗争来说,却事关重大。

出迎红军大队

九陂会议后的第二天,毛泽东亲率三十一团三营踏上了去湘南的征程。此时,8 月骄阳,炎炎似火。毛泽东一行冒着酷暑,经三湾,穿茅坪,过大院,急速朝湘南桂东方向疾行,晓行夜宿,日行 130 多里。

毛泽东担心红军大队不回井冈山。一路上,对三十一团三营交待说,我们去迎回红军大队,不要讲他们的缺点,要严格遵守这一点,对他们采取团结和欢迎的态度,足见毛泽东的谋略与胸襟。

8 月 20 日,毛泽东一行进入湖南桂东边境,即派出人员四处探询朱德部队。来时,贺礼昌只告诉说二十八团在桂东一带活动,可具体地点也说不清楚。经过四处打听,当地群众告知寨前圩一带有一支千余人的红军队伍。毛泽东听后非常高兴,即发信同朱德、陈毅联系,告之一两日内即可到桂东县城,望届时来县城会合。

---

① 《陈伯钧讲话》,1960 年,内部馆藏资料。

② 刘型:《黄洋界保卫战前后》,《井冈山革命根据地》回忆资料。

8月23日,毛泽东率领的三十一团三营在桂东县城与朱德、陈毅率领的二十八团会合。毛泽东先见到杜修经,当即问道:"朱军长怎么样?朱军长还好吧?"见到陈毅时,紧紧拉着他的手,说:"这次来是同三十一团做了工作的,不讲二十八团的缺点,你可放心。打仗如下棋,下错一着棋马上就输,取得教训就行了。"

对这次在桂东会合,毛泽东在《井冈山的斗争》中记叙说:"大队已不在,我一团兵复疲惫不堪,乃决留一部分会同袁、王两部守井冈山,而由我率兵一部往桂东方向迎还大队。此时大队已由湘南退向桂东,八月二十三日我们在桂东得到会合。"

桂东会合时,毛泽东见到朱德、陈毅等军中领导,见到红二十八团主力损失不大,甚是高兴。朱德、陈毅、王尔琢等也十分高兴与感动。他们未曾想到,毛党代表亲自率兵来湘南寻找和迎接他们。一时,两团指战员纷纷互相祝好问安。

随后,毛泽东、朱德等军中领导商议,借这次会合之际,召开一次会议,认真总结红军大队冒进湘南的经验教训,议决今后的行动和工作。

8月23日当晚,毛泽东在桂东唐家大屋主持召开了二十八团、三十一团营以上干部参加的前委扩大会议。朱德、陈毅、王尔琢、何长工、宛希先、龚楚、杜修经等参加了会议。

会议的气氛很沉闷。湘南之行,前后仅一个月,就突然少了一个团,大家的心情都很伤感。一种共同的强烈的失落感袭上心头,指挥员们思念和怀恋着昔日二十九团的战友们。

毛泽东向朱德等通报了红军大队走后边界的情况。他讲了王均、金汉鼎、胡文斗合计11个团向边界"会剿"的情况,讲了派江华送信请求红军大队返回根据地的经过,讲了根据地遭到重大损失的严重后果。与会同志听了无不为冒进湘南而懊悔,为边界丧失而痛心。

杜修经在会上检讨了自己的错误。朱德、陈毅、王尔琢等也讲述了红军大队冒进湘南的经过,并各自解剖自己,承担了应有的责任。

会议根据杜修经在这次冒进湘南中造成军队与边界同归失败的严重错误，决定建议湖南省委予以处分。

会议对今后红军的去向做了研究，并作出决定：经崇义、上犹重回井冈山根据地，并建立一个行动委员会，统率此次行动。根据冒进湘南以来的情况，在沔渡改造的前敌委员会的作用已经终结，前委书记陈毅本人也有请求撤销的要求，大家遂一致推选毛泽东为行动委员会书记，带领红四军主力重返井冈山。

毛泽东还考虑到湖南省委一贯对湘南工作的要求，以及5月间三十、三十三、三十四、三十五团遣回湘南的农军早已失败的状况，觉得有必要重建一个湘南特委，深入发动群众，重创割据局面，与井冈山互为掎角。因此，提议请杜修经、龚楚两人留下，组建湘南特委。参加会议的同志对毛泽东这一主张极为赞赏，经议决，指定杜修经暂任湘南特委书记，再报湖南省委核批。

杜修经对毛泽东提议他留下组建湘南特委并任书记，很是感动，当即表示服从分配，立功折罪。龚楚原本不想留下，见毛泽东点了他，大家又赞成，考虑到二十九团已失，自己在军中失重，也就半推半就地应承了。

唐家大屋前委扩大会议的决定，对以后井冈山的斗争有很大影响，特别是决定红军大队重回井冈山，使边界重开割据新局面有了中流砥柱。

在毛泽东主持召开桂东唐家大屋前委扩大会议之际，湘敌程泽润师与吴尚部阎仲儒师两个团加上桂东挨户团，正兵分三路向红军猛烈攻击。为此，朱德指挥二十八团一营抢占了三台山，三十一团三营夺取城西北观前山，朱毛两部临危不惧，英勇战斗，打退敌人多次进攻。次日再战时见敌久战不疲，为保存实力，毛泽东、朱德决定由二十八团三营营长伍中豪带该营往寨口，退高排，取道鹅形等地回井冈山；二十八团一营和三十一团三营分兵两路，一路走增口，一路走白竹，向寨前转移。8月24日，朱毛部队在寨前会合后，同向井冈山转移。

为了摆脱敌人的追击,8 月 25 日,红军部队向龙溪方向转移。可当走到一个叫梨钻界的地方又与敌人遭遇。红军指战员英勇抗击,终于把敌人打退,退至龙溪。在龙溪,会合了红二十八团的第二、三营,尔后继续东进。

在龙溪时,杜修经、龚楚与部队分手,经沙田往资兴方向组建湘南特委去了。在红军大队退出郴州向桂东转移时,红二十八团曾经帮助建立了汝城、桂东两个县委,连同原有的资兴、郴州两县委,计有 4 个县委,于是才有组建湘南特委的必要。为了帮助湘南人民,红军部队还拨出了 80 条枪给资兴、桂东、汝城三县,帮助成立了湘南游击队,并将二十八团三营党代表唐天际留下担任湘南游击队的大队长。

红军部队离开龙溪继续东进后,往上、下庄越过十八坳转入江西崇义县境,才逐渐摆脱敌人的追击。

回师井冈山是一路苦战,一路艰辛。

让红军将士痛心不已的是,在回师途中发生了王尔琢遇难的悲剧。

8 月 25 日,红四军撤离桂东寨前圩绕道崇义、上犹返回井冈山时,担任前卫的是红二十八团第二营 4 个步兵连及团部机炮连、迫击炮连,统由二营营长袁崇全率领。

从郴州撤兵以来,二十八团的一些官兵就对二营长袁崇全有点看法。战郴州时,第三营和敌人打得很激烈,团长王尔琢传令号兵通知二营前往增援,可营长袁崇全装作未听见,后幸三营撤得快,否则将全营覆灭。部队退至桂东布田圩时,有人发现袁崇全想走另一条路脱离大队。袁崇全的种种行迹,连朱德和军委也觉得他靠不住,曾决定调动他的工作。但进入桂东后,忙于打土豪,发动群众,分兵四处,来不及执行。

袁崇全确有反叛之心。井冈山的艰苦生活,他早就经受不起了。从湘南撤离后,他一直在寻找机会,设法把自己掌握的 6 个连拉走,投靠赣南敌独立七师刘士毅。

出发前,朱德曾布置部队到三江口宿营。但袁崇全主意已定,仗着是营长、前卫指挥,命令部队开往新地圩。战士们不知内情,只想早日回归井冈山根据地,都急速前进,因之,二营渐渐地与大队脱离。

袁崇全的行迹,引起机枪连党代表何笃才、六连党代表赵尔陆、四连连长粟裕等人的怀疑。他们觉得方向不对。天黑宿营后,一些连、排干部也纷纷向何笃才等反映情况。于是,何笃才等决定当面质问袁崇全。其时,袁崇全正和营党代表杜松柏等以打麻将为名聚在一起商议如何行动,见何笃才等众人前来责问改变宿营地一事,显得有点紧张,但仍以团部有通知掩饰过去。

何笃才等回来后越想越不对头,发现所有路口都被营部改派双哨,便猜测到问题的严重性。何笃才、赵尔陆、粟裕等进行紧急磋商,决定将袁崇全不能掌握的四个连悄悄带离,回归军部。当晚,在何笃才、赵尔陆、粟裕等人召集下,由何笃才带领几个战士先行,假装查哨,摸掉哨兵,旋即衔枚疾走,于翌日凌晨回到军部。

此时,朱德、陈毅、王尔琢无意中收到袁崇全寄给杜修经的信,袁在信中扬言要"杀掉朱德、陈毅才回来"。他们正为部队失去二营而痛苦,见4个连自觉而归,不由欣喜万分。

对袁崇全的叛逆行为,大家都极为气愤,有的主张"打回来",有的主张干掉他。这时,与袁崇全是湖南老乡的军参谋长、二十八团团长王尔琢却认为可以"追回来",并主动请缨带二十八团一营前去追赶袁崇全。是"打回来",还是"追回来"?朱德正在思考时,王尔琢已率部走了。

王尔琢率部赶到新地圩时,袁崇全已裹胁五连与迫击炮连朝崇义思顺圩去了。

王尔琢当即追至思顺圩。这时,已近黄昏。一听说袁崇全他们在此,王尔琢即带警卫排冲进村庄。

"我是团长王尔琢,是来接你们回去的!"王尔琢边喊边走。不少被裹胁的五连和迫击炮连战士听出是团长的声音,都迅速回到王尔琢身边。

此时,袁崇全、杜松柏等几个头目正在村中的祠堂打麻将,听闻王尔琢率一营来到,惊恐万分。

"袁崇全,杜松柏,你们快出来,跟我回去!"王尔琢念及同乡关系,又是黄埔同学,全然不顾危险,朝着祠堂大喊。没料到,泯灭人性的袁崇全手持双枪,冲了出来,对着站立在祠堂外没有隐蔽的王尔琢连开几枪!①

崇义县思顺圩王尔琢之墓(萧克题词)

王尔琢应声而倒,当场牺牲。警卫排战士见团长牺牲,急向袁崇全开枪。袁趁着夜色跑出村头,把放哨的一个排带骗走了。后来,袁崇全果真投靠了敌刘士毅部。

王尔琢的牺牲,使随后赶到的毛泽东、朱德、陈毅等十分悲痛。朱德抱着王尔琢的尸首痛哭不已。思顺之行虽然追回了两个连,却折了

① 欧阳毅:《从湘南暴动到井冈山斗争》,见《井冈山革命根据地》回忆资料。

一员大将。王尔琢时年27岁,英年早逝,实为可惜。

红四军回到宁冈后,毛泽东、朱德为王尔琢在砻市沙洲上举行了隆重的追悼大会。悼门上写了四个大字:赤潮澎湃。毛泽东为爱将亲拟一副挽联,用棉花缀贴在两侧,表达了全军将士的缅怀深情:

一哭尔琢,二哭尔琢,尔琢今永矣,留却责任难承受;

生为阶级,死为阶级,阶级念如何,得到太平方始休。

王尔琢的忠骸,从此安眠在江西的红土地上。崇义县人民政府在思顺圩的山林丛中建立了庄严的陵墓,萧克为之题字,是为后话。

黄洋界保卫战——井冈山第二次反“会剿”

1928年8月下旬,湘赣敌军趁我红军大队在湘南欲归未归之际,通电合谋,调兵遣将,向井冈山革命根据地发动了第二次“会剿”。

其时,湘敌吴尚第八军第一师全部及二师一部,计4个团的兵力,从8月26日起,由熊震师开始向宁冈大陇、茅坪进击;唐钺团至睦村一线向茅坪推进。8月30日,敌二师叶虎臣第五团到达酃县大小院附近,敌一师到达龙王铺、乔岭附近。赣敌第三军九师王均部和二十七师两个师的警卫团、二十六团的一部以及刘士毅张团共3个多团的兵力,以一部经韩江直达宁冈古城,一部直向宁冈进攻砻市、茅坪;同时以一部从永新的石门经罗浮向井冈山进发;刘士毅张团自遂川驻黄坳,从南面进击井冈山。湘赣两省敌人共出动兵力计7个多团。他们企图分进合击,先占领宁冈茅坪再进攻大小五井军事根据地,最后全部摧毁井冈山革命根据地。但是,慑于我红军声威,实际直接向我军事根据地发动进攻的仅湘敌吴尚部3个团,赣敌王均部1个团,其余均远窥战火,不敢贸然出击。

在8月下旬,留守根据地的红三十一团团长朱云卿、党代表何挺颖,获悉敌人发动第二次“会剿”消息后,即率三十一团一营2个连退守井冈山,会同袁文才、王佐的红三十二团保卫井冈山军事根据地。

8月29日,朱云卿、何挺颖和一营营长陈毅安即在大井会同特委召开了连以上干部会议,讨论作战方案。会议围绕着守还是撤的问题,展开了讨论。与会同志一致认为应坚守井冈山,利用有利山势,抗击来犯之敌。并决定:将主力放在黄洋界哨口,对付已逼近的湘赣敌军。八面山、双马石、桐木岭、硃砂冲 4 个哨口由三十二团二营把守,三十二团一营由袁文才率领在山下骚扰敌军后方,同时发动群众协同作战。

红四军参谋长、三十一团团长朱云卿

红四军师委书记、三十一团党代表何挺颖

会后,进行了紧张的迎敌准备。三十二团一营和宁冈赤卫大队在黄洋界下骚扰敌人;三十二团二营和特务连、酃县赤卫队按指定分工进入 4 个哨口;宁冈县委领导群众进行坚壁清野,发动大陇乔林一带的群众,连夜赶削及布置"竹钉阵";同时,组织群众组成担架队、救护队。

团长朱云卿具体地部署了黄洋界的作战安排。即:三十一团的一营一、二连和大小五井地方武装守卫黄洋界。以一个连守卫哨口两侧主要工事,阻击大陇方向的敌人;一个排守卫哨口北侧的工事,防御茅坪方向的来犯之敌;山顶瞭望哨布置 2 个排,作为一连的预备队,掩护前面两个工事;大小五井赤卫队等隐蔽在附近山头,协助红军作战。

按照部署,各连排进入阵地后,利用一个晚上,将原有的哨口工事全部加固修筑，从大陇、茅坪两方向通往山上的两条小路起，筑起了五道防线：第一道是“竹钉阵”，两处的小路两旁布满了几里长的竹钉；第二道是竹篱笆障碍；第三道是四五尺深的壕沟；第四道是滚木礌石，沟内也布满了带毒性的竹钉；第五道是石头筑就的射击掩体。全体军民同仇敌忾，筑起了保卫井冈山革命根据地的铜墙铁壁。

一场红军反“会剿”的奇观在黄洋界出现了！

黄洋界，海拔1300余米，山高壁峭，雄峰耸立，万丈深谷，陡不可攀。山上时有浮云浓雾，迷漫山腰，白蒙蒙宛若一片汪洋大海，故亦有“汪洋界”之称。及至云消雾散，群山如黛，莽莽苍苍，煞是壮观。黄洋界坐落在宁冈县南面，遂川茨坪的北面，上山仅有通大陇、茅坪两条小路，均筑有工事，大有“一人当关，万夫莫开”之势。

8月29日，前来“会剿”的湘赣敌军已分别推进到宁冈的大陇和茅坪，准备次日从两面发动进攻。临战的气氛十分浓烈，但参战的三十一团一、三连指战员及大小五井赤卫队员却没有一点惧怕感。是夜，山风呼啸、凉意袭人。黄洋界上，篝火通红。朱云卿、何挺颖、陈毅安三位前线指挥官，和战士们一起，忙着对堑壕工事一一进行整理加固。这时，不知是谁说起了当年诸葛亮唱“空城计”之事，于是，你一言，我一句，居然凑出了一曲豪迈、幽默、富有艺术水平“空山计”唱词。内容是：

我站在黄洋界上观山景，
忽听得山下人马乱纷纷。
举目抬头来观看，
原来是湘赣发来的兵。
一来是，农民斗争经验少，
二来是，二十八团离开了永新。
你既得宁冈茅坪多侥幸，
为何又来侵占我的五井？
你既来就该把山进，
为何山下扎大营？

你莫左思右想心不定，
我这里内无埋伏外无救兵。
你来！来！来！你上得山来我别无敬，
我准备着红米南瓜、南瓜红米，
犒赏你的众三军。
你来！来！来！请你到井冈山上谈谈革命。①

当年的三十一团一营副营长陈士榘回忆说："这首唱词是红四军三十一团一营指战员的集体创作，我当时是一营副营长，至今回忆起来，仍感到格外亲切。"②

当时守山部队只有不足一个营的兵力，却即将面临抗击四个团的敌军，唱的几乎是真正的"空山计"。在临战前夕，指战员们居然这么无畏而乐观，足见共产党领导下的红军将士那种压倒一切的英雄气概。

8月31日一大早，湘敌吴尚部3个团即从宁冈沅头村向黄洋界发动了进攻。扼守黄洋界哨口的红军和赤卫队、暴动队，隐蔽在各个山头，密切地注视着来犯之敌。黄洋界保卫战开始了。

由于地形限制，敌军只能沿着山间小路，一个挨一个地向上爬，战斗队形呈鱼贯式散兵线匍匐前进。敌人向上仰攻，兵力施展不开，每个兵之间要保持一定的距离，否则无法射击。山上看山下，指点可数，一目了然。

当年参与指挥保卫黄洋界的第一连副党代表刘型，回忆这次战斗说："8月30日，云雾消散，敌人开始向我发动进攻。……敌虽以一师之众企图偷袭井冈山，但使用在火线上的却只能是少数。我以两个连的兵力，进入阵地后，又加固了工事，做了许多单兵掩体，还捡了些石块作投掷用，我前沿堑壕里是1个排，另两个排分在其侧后的堑壕里，这是第一连。第三连则在山后休息。敌人进攻无效，便用机枪射击掩护前进，然而低射则妨碍自己的士兵前进，高射则子弹在空中呼啸，无

① 杨至诚：《艰苦的岁月》。
② 陈士榘：《从井冈山走进中南海》。

明确的射击目标与着弹点。待敌人接近我有效射程距离，我军便一声令下'打'，弹无虚发，叫个个敌人去见阎王。为了节省子弹，石块也成了我们的射击武器。敌人一次、二次、三次、四次冲锋，都无非是送来武器弹药，留下尸体。下午4时许，我们把二十八团留在茨坪修械厂修理的一门较好的迫击炮也抬来了，安放在我指挥阵地附近。我们向敌人发了3发炮弹，第三发正落在敌人的指挥所驻地——腰子坑爆炸了。敌人原以为主力红军不在山上，听见炮响，又以为我主力红军已经回到井冈山，吓得魂飞魄散。夜间，敌人利用云雾弥漫，我无法下山追击的时刻，逃之夭夭，溜到酃县境内去了。我们阻止了敌人的进攻，保卫了井冈山，取得了伟大的胜利。"①

赣敌王均部的一团敌军正准备经茅坪进攻黄洋界，听到炮声响，又听说湘敌移师酃县，也匆匆后撤，退回永新去了。

黄洋界迫击炮

黄洋界保卫战，在广大人民群众的支持配合下，凭借着山险，不仅"保存了我们最后根据地，且使敌胆为寒，不敢轻视共军，为边界名战之一"②，创造了以少胜多的奇迹，以不足一营的兵力，打败了湘赣两省四个团敌军的第二次"会剿"。

9月上旬，毛泽东、朱德率领红军主力军返回井冈山根据地的途中，闻知黄洋界保卫战的胜利，十分高兴。毛泽东还吟就了一首著名的《西江月·井冈山》词：

山下旌旗在望，

山头鼓角相闻。

① 刘型：《黄洋界保卫战前后》。

② 毛泽东：《井冈山前委给中央的报告》。

敌军围困万千重，
我自岿然不动。
早已森严壁垒，
更加众志成城。
黄洋界上炮声隆，
报道敌军宵遁。

第二节
根据地的恢复与巩固

三战三捷回宁冈

8 月下旬至 9 月初，红四军主力在毛泽东、朱德率领下，绕道崇义、上犹，一路游击，于 9 月 8 日回到根据地遂川黄坳。此时，欣闻黄洋界保卫战的胜利，军中人人欢天喜地。

然而，“我军经崇义、上犹、遂川，到井冈山之际，赣西独立第七师刘士毅部欺我败残，以五营追我至遂川”①。

毛泽东、朱德、陈毅决定教训一下这个刘士毅，一来为井冈父老乡亲献上一份“回归礼”，二来王尔琢血洗冤仇。根据刘士毅部退出县城，驻守城郊，派出小股部队与我纠缠，意欲把红军诱入圈套的情况，毛泽东、朱德、陈毅等商定：来个“将计就计”。

9 月 12 日，红军部队运动到遂川堆子前。朱德向红二十八团、三十一团三营及赶来参战的遂川县赤卫大队部署了战斗分工：二十八团和遂川县赤卫大队一分队打前锋，直接进城，突破敌人伏击圈，然后杀个“回马枪”；三十一团三营和赤卫大队二分队作为后续部队，晚两小时出发，出其不意，攻敌之后，形成南北夹击之势；炊事后勤人员带上全部行装工具，紧随二十八团，迷惑敌人。

① 毛泽东：《井冈山前委给中央的报告》。

战士们听说打仗了，情绪为之高涨。听了朱军长的部署，顿觉信心百倍。

13日清晨，朱德率红二十八团、遂川赤卫大队一分队、后勤炊事人员，大摇大摆地向遂川县城开进。前卫部队果然与前来诱我红军的敌小分队在草林相遇。我前卫部队遵朱德吩咐，佯装骄兵，步步进逼。

敌军的指挥官廖某见我红军“上当”，连炊事人员都过来了，自鸣得意，急令设伏在县城附近南面洋林、石坝、新寨一带的各营向县城移动，企图切断二十八团进城后的退路。

敌人没料到，正当他们向县城移来时，朱德率二十八团又从县城杀了出来。敌人以为我军已觉察他们的计谋，一时合围过来。朱德令二十八团咬住一股敌人，猛打猛冲，突击包围圈，冲杀20余里。

敌人不知是计，在后面穷追不舍。朱德见敌已中计，即令部队占领有利地形埋伏起来。

突然，敌兵后面枪声四起。朱德见毛泽东所率三营已得手，立即发起攻击。敌人腹背受击，惊恐万状，一时溃不成军，被打死的，慌不择路跳入泉江的，不计其数。

是役，“我以四营进攻刘士毅，破之于遂川城，缴枪二百五十，俘营长连长各一，排长三四，士兵二百余，余部退赣州”①。红军攻占遂川县城。最欣慰的是，激战中击毙了叛徒袁崇全，红军将士为王尔琢报了仇。部队上下为之雀跃。遂川群众和红军战士还编了首歌谣，赞颂毛泽东、朱德用兵如神：

黄坳驻扎，
遂川做客；
一个月来三次，
白匪豪绅怕不怕杀?!

红四军二十八团、三十一团三营攻克遂川城后，以毛泽东为书记

① 毛泽东：《井冈山前委给中央的报告》。

的红军大队行动委员会即与遂川县委商量决定，留少数兵力与遂川县赤卫大队驻守县城，其余部队立即兵分四路，向四方开展游击活动，发动群众，分配土地，建立红色政权，发展党的组织，并筹措红军给养。对此，毛泽东曾在《井冈山前委给中央的报告》中写道："我指挥军队之行委(毛泽东为书记)与遂川县委共同经营遂川的群众，并筹军队之给养，分四路向四乡游击，每路组一行委指挥之，东路曾推进到万安。与万安县委取得联络。"

东路行动委员会由陈毅指挥。他带领部队来到万安时，部队纪律严明，深受群众欢迎。部队到万安，主要是发动群众起来斗争。

万安，因远离井冈山根据地，白色势力较大，"自一月间曾与当时的前委在遂川城开过一次联席会之后，大半年被白色势力间阻"①，直至这次红军游击部队来到万安，才与红军再度发生联系。处于白色势力统治下的万安，在张世熙、曾天宇(后牺牲)、刘光万等领导下，革命斗争活动一直没有终止。至 1928 年 9 月时，仍有着党的 9 个区委，只是在万安暴动后因敌人力量过于强大，失去了部分枪支。陈毅率红军一营游击到万安时，万安城内及其他地方的革命力量纷纷响应，表现出极高的斗争热情。

陈毅所部在万安罗塘等地工作数日撤出后，万安有 80 多个革命农民，在刘光万率领下，跟随陈毅部队上了井冈山。

当年随部队一起上山参加红军的康克清回忆说："1928 年中秋节后，大概是 9 月间，陈毅同志带领一营红军来到罗塘湾。部队纪律严明，秋毫无犯，宿营在村头。部队先后三次到罗塘湾。第一天，我在家里，我家的窗户正对着大路。见来了部队，我没有去开门。当天部队在远离罗塘湾的一个地方宿营，那个地方离遂川于田圩只有 15 里路。部队在那里刷写张贴了不少标语口号，我们派了几个识字的人到那里去看，被派去的人回来对我们说了标语的内容，说红军不进老百姓屋，

① 毛泽东：《井冈山前委给中央的报告》。

宿营在外面。我心想，这些部队是红军，可敬可爱。第二天，红军又来到了罗塘湾。我和我的婶婶出去，在街上碰到才苟（下街人）。他说：你们怎么不出来，要筹备军粮。我们就组织妇女立即给红军筹集粮食、蔬菜，把地主的猪捉来杀，德盛堂的谷子也都挑出来了。我们把粮食筹集好了后，部队没有来要，就走了。第三天，红军又来到罗塘湾。这天敌人八十一团也从河西开到了罗塘湾。我们把埋藏的枪、梭镖也挖出来了。红军见敌人兵力比我们强大，立即撤走，我们 100 多人也跟着红军撤出，其中有 7 位女同志。我们随部队到于田圩时天还没有亮，红军与敌人战斗了一天，第二天在遂川县城边宿营。我们边打边撤，向井冈山转移。我们经堆子前、黄坳，当时路很不好走，只有条羊肠小道，终于第三天到达井冈山。途中有些人吃不得苦，有的人不愿意离家，半路上离开了部队。到井冈山时，随红军行动的万安农军只剩下 80 人了。这就是毛泽东同志在《井冈山的斗争》一文中提到的万安农军。"①

毛泽东所说的"八十个革命农民跟随到井冈山"之经过，即如此。

万安农军上井冈山后，被编为万安赤卫队，配合红军作战。

9 月 26 日，红四军主力回到茨坪。在茨坪，会合了红四军三十一团一营和三十二团二营。

鉴于部队长途征战，毛泽东、朱德决定让部队休整数日，择日再回宁冈。

月底，部队正欲下山，突然，茅坪乡政府工农兵苏维埃政府主席谢贵山受袁文才指派，前来报告说：他们抓到新城驻敌周浑元旅二十七团营长周宗昌派来的两个女探子。据女探子交待，驻新城的周宗昌营，欲乘红军主力未归之际，血洗茅坪。为谨慎计，先派她们前来茅坪察看有没有马粪，下了门板没有，弄清红军主力是否返回宁冈。

敌人血洗茅坪的消息，引起了毛泽东、朱德的重视。茅坪，是红军

① 康克清：《万安农军上井冈山前后》，《井冈山革命根据地》回忆资料。

的大本营,根据地党政军领导机关所在地,岂能让敌人为所欲为!毛泽东、朱德听了报告后,商定认为:敌人气势汹汹,正好智取。于是,交代谢贵山回去把两个女探子放了,造成红军大队未归的迹象,诱敌深入,待我集中兵力,一举歼灭之。

谢贵山回茅坪后,向袁文才作了汇报。袁文才依计而行。被放回的两个女探子不知其中有诈,回新城向周宗昌讲了侦察的情况。

为保卫茅坪,收复失地,毛泽东、朱德率领二十八团、三十一团,于9月30日晚悄悄地回到茅坪,并连夜在茅坪攀龙书院召开了团以上干部会议,具体部署歼敌方案。在这次会议上,考虑到王尔琢牺牲后,二十八团团长由朱德兼任的情况,决定由二十八团一营营长林彪升任二十八团团长,并由林彪具体指挥部队在茅坪的坳头垅设伏,歼灭来犯之敌。

坳头垅,坐落在新城通向茅坪必经之道的一个狭长山冲上,密林峡谷,山峰对峙,进口小,中间大,极似一个张开的口袋。

10月1日天未亮,部队即开始行动。朱德、林彪率二十八团从瓦屋里登高岭山,担任正面埋伏,毛泽东率三十一团从牛亚陂占领西山制高点;袁文才率三十二团二营绕道坝上截断敌赤坑退路。全部兵力为6个营,占绝对优势。

事情果然不出毛泽东、朱德所料:敌二十七团营长周宗昌误以为两个女侦探的情报为真,于10月1日纠集宁冈挨户团数百人从新城倾巢而出。周宗昌营是周浑元旅的"尖子营",作战能力很强,从未在红军面前失过手,一向很骄横。出发时,周宗昌命令所属每人带上10刀草纸,1瓶煤油,把茅坪烧光!然而,周宗昌哪里知道,红军主力已悄然回归,此刻已在坳头垅张开了"布袋",专等他们进"袋"呢!

约9时许,周宗昌营肆无忌惮地进入了坳头垅。

宁冈挨户团充当先锋,一进坳头垅便烧了垅头的油槽坊,接着又点燃了几栋民房。

这时,走在后面的周宗昌更加相信茅坪无红军,于是命令部队加速前进。在敌人全部进入包围圈时,朱德的枪响了。顿时,号声、枪声、杀声骤起。二十八团在高岭背挡住敌人进口,三十一团在王冲山上凭借制高点,控制敌中段,三十二团从赤坑堵住退路,把敌人往"布袋"中逼,三面火力交集,打得周宗昌叫苦不迭,惊呼"上当"。战斗仅用了半小时即结束了。此战活捉了周宗昌,我军大获全胜,遂收复宁冈全县。对这场战斗,毛泽东在《井冈山前委给中央的报告》中欣喜写道:"十月一日,与熊式辉师周浑元旅之二十七团一部战于宁冈,俘营长一,连长一,排长一,士兵百,缴枪百一十支,余敌退永新,遂复宁冈全县。"

此战又称"坳头垅布袋战"。

坳头垅一战后,红军又威名大振。

为了迅速地挽回"八月失败"后的局面,10 月上旬,毛泽东、朱德采取飘忽不定的游击战术,又率兵重回遂川。10 月 13 日,红四军出击驻遂川的刘士毅部。守城的刘士毅在一月前被我红军击溃,深知朱毛厉害,即不战自退,红四军再次占领遂川城。

红军占领遂川城后,再次进行了短距离的分兵,开展群众斗争、土地革命、筹措给养等工作,缴获金银药材甚多。

这时,毛泽东、朱德仍深感忧虑。因为,永新仍在敌手。11 上旬,留守宁冈的袁文才部飞马遂川来报:周浑元之二十七团残部又开出永新,窜踞宁冈新城。对敌周浑元的屡次进犯,毛泽东、朱德十分气恼,商议:伤其十指,不如断其一指。于是,命令红四军主力重回宁冈,再战周浑元。

11 月 9 日,红军主力从茅坪出发,凌晨时分赶至宁冈新城。朱德即令部队散开,占领城外高地。天亮后,周浑元部照例出早操。他们做梦也未想到:朱毛红军主力正在一旁观看表演。

朱德一声令下,战斗打响了。二十八团发起猛攻,三十一团迂回敌后。敌招架不住,仓皇退向城南,窜上新七溪岭,并在山口架起机枪,向红军扫射。红军几次冲锋,都被敌人打回。为尽快消灭该敌,朱德命二十八团一营绕道翻上新七溪岭,从背后出击敌人。敌见腹背受敌,霎时慌了阵脚,一部分举手投降,一部分夺路向永新方向逃窜。

是日,红四军收复新城。

10 日,毛泽东、朱德又率领部队进逼永新。当部队来到永新四教书院,恰遇溃敌与援兵会合。于是,双方拉开战幕。红军战士奋勇争先,打垮了敌人,继而追至永新城下。当时,敌十四旅二十八团和二十七团残部已在城外东关岭、南屏山修筑了工事,以强大火力阻挡红军,企图固守永新城。一时,敌我双方僵持不下。这时,投诚部队毕占云特务营从侧面包抄过去,终于在下午 3 时许打垮了敌人。红军前锋部队两个连乘势进占永新城,此为红军四占永新。

但是,这时闻报敌三十五旅从天河赶来增援。于是,毛泽东、朱德下令进城部队立即退出,返回宁冈。对红军主力四占永新一战,萧克回忆说:“这个战役是由三个战斗阶段组成的。第一战打新城,击敌一营;第二战打四教书院,又击敌一营;第三战是打永新城,未胜,撤出了战斗。但整个战役,我们红军是胜利的,收复了新城、龙源口一带,打击了敌人,巩固了宁冈,对边界恢复有不小的意义。”①

毛泽东在《井冈山前委给中央的报告》中记载道:“十一月九日,击破周旅二十七团于宁冈县城及龙源口,缴枪百六十枝,毙敌营长一,士兵数十,俘副营长二,连长一,排长一,士兵百以上。翌日清晨,进攻永新与周旅二十八团及二十七团残部,战至下午三时,始将敌击退,前锋占领永新城。不料敌三十五旅自天河(吉安永新交界)增援赶到,我军恐战不利,遂向宁冈引退,是日敌死伤虽多,然我方亦死伤百以上,为重回边境以来最大之战。”

红四军主力从 9 月回师井冈后,三个月内,采取飘忽不定、避实就虚的游击战术,三战三捷,取得了遂川、坳头垅和新城—龙源口战斗的胜利,迫使敌人转入守势,恢复和巩固了井冈山革命根据地。

到 11 月,井冈山革命根据地已恢复到:“南自遂川井冈山南麓,北至莲花边界,包括宁冈全县,遂川、酃县、永新各一部,成一南北狭长之整块。此外莲花之上西区,永新之天龙山区、万年山区,则与整块不甚

① 萧克:《四打永新》,见《井冈山革命根据地》回忆资料。

联属”①。

毕占云、张威部投奔红军

黄洋界保卫战胜利后,敌势稍挫,加上红军大队自湘南回归后三战三捷,使根据地的局面发生了很大改观。

在红军节节胜利的影响下,10 月中旬,驻湖南的国民党军新八军第三师阎仲儒部 126 人,在营长毕占云的率领下,于桂东举行起义,弃暗投明,参加红军。11 月初,赣军向成杰部驻宜春的一个正规连,又在连长张威的带领下,投奔红军。

毕占云,出生于四川广安县,早年曾投身绿林,后被川军收编为阎仲儒师王湘鲁团的一个营,毕占云任营长。他与朱德、陈毅彼此间曾有过来往,在土地革命的浪潮中,产生了对共产党主张和政策的赞赏心情,同时对蒋介石的独裁统治甚为不满。1928 年六七月间,阎仲儒师被调往桂东参加“剿共”。在桂东,毕占云耳闻目睹了共产党红军给老百姓带来的好处,颇受影响。8 月,红军在遂川大汾、左安一带,俘虏了毕占云部一班人,从俘虏口中了解到毕占云的情况。为了争取毕占云,红二十八团党代表何长工向军部请示,释放俘虏,毛泽东、朱德、陈毅等一致同意何长工的意见,将这个班连人带枪全部放回,朱德、陈毅并联名以同乡的身份向毕占云写了一封信,指出了他属杂牌军,受蒋介石排异之处境,希望他反戈一击,投奔红军。

毕占云接信后,见红军将他的人马放回,甚为感动,于是决定投奔红军,并派副官蔡达景到黄坳与红军联络。陈毅热情地接待了蔡副官,商定了起义的有关事宜。

10 月中旬,毕占云在桂东正式率全营人马起义,来到遂川汤湖,受到陈毅等人的热情欢迎。随后,编为红四军特务营,仍以毕占云为营长。

---

① 毛泽东:《井冈山前委给中央的报告》。

毕占云

张威,云南人,出身于贫苦家庭。投身北伐军后,因作战勇敢,提为连长。大革命失败后,他所属的朱耀华十八师调来江西樟树一带防守共产党,后又调至袁州(宜春)“剿共”。国民党军内与地方的腐败,人民生活的贫困,使他感到前途黯然,情绪低落。于是,他终日出入赌场,未料竟将军饷输掉。张威的这些情况,被我宜春地下党组织掌握。地下党即对他进行了强大的政策攻心,启发他的阶级觉悟,鼓励他弃暗投明。张威经过反复思虑,于 11 月初毅然率部起义,随后进入莲花红色区域,编在莲花红色独立团。不久,独立团开赴宁冈参加红四军冬季整训。整训结束后,莲花红色独立团改编为县赤卫大队,张威部改编为红四军独立营,张威为营长。

毕占云、张威两部参加红军后,毛泽东、朱德、陈毅等军中领导非常关心他们的成长。当时,毕占云部多系“双枪兵”(指吸鸦片)。为了帮助毕部战士戒烟,二十八团党代表何长工受命将他们带至遂川大汾一带整训改造,陈毅也多次来到毕占云营,给他们作形势报告,鼓励他们戒掉恶习,丢掉“烟枪”,拿起钢枪与敌人斗争。同时,军部对张威部也进行了改造工作。

在军部领导的关心教育下,毕占云、张威两部的政治素质得到改造与提高,很快成为红四军的两支重要武装力量。1930 年,张威不幸在大余战斗中英勇牺牲。

毕占云、张威两部弃暗投明参加红军,是井冈山革命根据地和红四军政治影响深入人心的结果,也是共产党和红军分化瓦解敌军政策威力的产物。

九月“洗党”与边界党的“二大”

九月“洗党”

1928年9月以后，湘赣边界开始“厉行洗党”。“洗党”，实质上就是整党，但着重于组织上的清洗与整顿。这是我党历史上最早的一次整党运动。

为什么要“厉行洗党”？主要原因是在1928年5月以后党组织的“大发展”中，许多投机分子乘公开征收党员的机会混入党内，造成党组织的严重不纯。

1928年5月边界党的“一大”以后，土地革命蓬勃发展，军事斗争节节胜利，红色区域不断扩大，党的组织进入了“大发展时期”。这时，党的组织公开了，开始了公开建党建团。“召开群众大会，挂起公开征收党团员的牌子，由群众报名参加。”①有的还采取“串连发展法”或“拉夫式”的方法。一时，永新县有党员4000余人，宁冈县有党员近3000人，莲花县增至800余，边界各县“党员数量一时增到一万以上”②。

由于“党组织扩大，完全只注意数量的发展，没有注意质量上的加强。党与阶级没有弄清楚，而只是拉夫式的吸收办法。这样将使党的组织破尽，其结果必变成不能斗争的党”③。白色恐怖一到，投机分子纷纷反水，带领反动派捉拿同志，白区党的组织大半塌台。为此，毛泽东和边界特委决定：“九月以后，厉行洗党。”

“洗党”的重点，在宁冈、永新两县。这两县是井冈山根据地的中心区域。因此，“永新、宁冈两县的党组织全部解散，重新登记”④。

---

① “访问凌登云记录”。

② 毛泽东：《井冈山的斗争》。

③ 《湘赣边界各县党第二次代表大会决议案》，1928年10月5日。

④ 毛泽东：《井冈山的斗争》。

“洗党”的主要做法,一是进行组织整顿;二是建立秘密组织。

为了帮助地方“洗党”,红四军军委从部队抽调了陈东日等一些红军干部深入基层,协助工作。

当时,“洗党”的对象大致有以下几种:(1)不起党员作用,不服从指挥,不愿革命的;(2)投敌叛变或被敌人抓去,问题没有搞清楚的;(3)出身不好,革命又不积极的。

这里,以宁冈大陇区委为例,略述“洗党”情况。

宁冈大陇苏区干部朱开卷回忆说:“那里担任我区洗党工作主要负责人是陈东日。1928年6月,全县1000多党员,大陇区有400多。洗党先是从支部开始。陈东日到各乡的支部里与支部书记和两个可靠的党员研究,研究哪些党员不符合条件应该洗刷,哪些党员不应该洗。我们这个区共洗掉200多个,剩下100多个。剩下的党员就重新立过表,由各支部造花名册送到区政府,由区政府立总册,送一份给县委。我这个支部有60个党员,洗党以后只剩下20多个。凡是有亲戚在国民党反动派办事的、当兵的,不服从指挥的,不愿干革命的,社会关系不好的,就尽量洗刷。洗刷的党员不宣布也不通知,开会不叫他参加,重新立过党员花名册。”①

“洗党”的重点放在开除投敌叛变分子上。乔林乡有个陈彭寿,虽出身贫苦,但在“八月失败”后,对革命丧失信心,暗中投靠敌人,事情被党组织了解后,被清洗出党并予以处决。② 永新洋溪乡小地主汪玉瑞、汪满德,投机取巧钻进共产党内,包庇大土豪汪回生延宕分田,后来,汪玉瑞被处决,汪满德被清洗出党。③

被清洗的党员,不通知他本人开会,宣布他们的问题,支部会上除名,被除名的党员当时本人不知道。没洗刷的,重新填表登记,逐级上

① 朱开卷:《宁冈区乡政权和党的建设情况》,见《井冈山革命根据地》回忆资料。
② “访甘纪犹记录”,内部采访资料。
③ “汪九倌回忆”,内部采访资料。

报。当时整个边界被清洗的党员计有4000人左右。

“洗党”以后，党组织重新转入秘密状态。虽然“党员数量大为减少，战斗力反而增加”①。党的基层支部，成为边界斗争的坚强战斗堡垒。如大陇区乔林乡的共产党员，在艰苦的战斗环境中，英勇战斗，坚贞不屈，大部分都牺牲了。在湘赣边第三次反“会剿”中，许多党员坚持秘密活动，转入深山老林，饮冰卧雪40余天，冻掉了手指脚趾，也没叛变革命，表现出坚定的信念与顽强的作风。

边界的“洗党”运动，毕竟是历史上的第一次，没有任何经验可借鉴，因此在大方向正确的前提下，也出现了一些问题。如有些地方简单地重新抄报，没有予以高度重视；有的地方又清洗过严、过狠；有的虽强调党的成分，却又出现排斥知识分子等现象。尽管如此，总的看来，边界九月“洗党”的进展是健康的，成绩也是显著的。通过“洗党”，纯洁了党的组织，提高了党的战斗力，不失为我党历史上一次成功的卓有成效的整党运动。这次“洗党”，为我党以后的整党运动，提供了有益的启示和宝贵的经验。

边界党的“二大”

“八月失败”以后，党内有些同志被暂时的困难和挫折所迷惑、吓倒，对前途感到渺茫，把曾经在5月间出现过的“红旗到底打得多久”的疑问又提了出来。这种错误思潮的再次产生，表现了极大的危害性。为此，毛泽东感到有必要再次答复这个问题。

1928年10月4日至6日，毛泽东和边界特委在宁冈茅坪的步云山白云寺，主持召开了边界各县党的第二次代表大会。出席会议的有边界各县党和军中党的负责人共100多人。毛泽东代表第一届特委会在会上作了长篇报告。报告详细地论证了国内的政治形势，边界红色政权存在和发展的原因，肯定了创造罗霄山脉中段政权的重大意义，同时，再次回答了“红旗到底打得多久”的疑问。

① 毛泽东：《井冈山的斗争》。

白云寺

会议的主要议题和结果是:(1)通过毛泽东为本次大会起草的湘赣边界党的第二次代表大会决议案;(2)改选边界特委,重新推举了毛泽东、朱德、陈毅、谭震林、陈正人、龙超清、刘天干、盘圆珠、谭思聪、谭兵、李却非、朱亦岳、袁文才、王佐农、宛希先、王佐、杨开明、何挺颖等 19 人为第二届特委会的委员。鉴于 8 月间的永新九陂会议曾改选杨开明任特委书记,但 8 月底杨开明患病,由副书记谭震林代理,这次会议上,原本也拟选杨开明任二届特委书记,由于他仍患重病,故由谭震林代理书记,陈正人为副书记。(3)在选举产生新的特委的基础上,对边界党的改造与建设、各县工作问题、农村斗争问题、工人运动问题、兵士运动问题、宣传问题、训练问题、苏维埃问题、土地问题、青年团问题进行了讨论和决议,并通过了《井冈山土地法》和《工会组织法》。①

毛泽东在会上作的《政治问题和边界党的任务》(即《决议案》的第一部分《中国的红色政权为什么能够存在?》一文),就国内的政治状况、中国红色政权发生和存在的原因、湘赣边界的割据与八月失败、湘赣边界的割据在湘鄂赣三省的地位、经济问题、军事根据地问题六个方面进行了全面的分析与论证,并从理论上阐述了"工农武装割据"的伟大思想。

① 《湘赣边界各县党第二次代表大会决议案》,1928 年 10 月 5 日,《井冈山革命根据地》历史文献。

毛泽东的论述，指明了中国革命的形势和特点，不仅对“左”倾盲动主义作了有力的批判，同时对“红旗到底能打得多久”的右倾悲观论调再一次进行了科学的回答。这个报告极大地鼓舞了与会人员的信心，使以后边界党的思想基本上得到统一。

边界党的“二大”决议案，详细地论述了边界的斗争现状，系统地总结了边界党在自身建设中的经验和存在的问题，明确地提出了加强地方各级党组织建设和改进边界各项工作的措施和要求，并强调“指出过去党内的错误，洗刷党内机会主义的遗毒，改造各级党部，使之走上真正无产阶级领导的道路，是今后各级党部重要的责任”①。

边界党的第二次代表大会的召开，标志着毛泽东“工农武装割据”思想和红色政权理论的初步形成。“工农武装割据”思想和红色政权理论，体现了我党在幼年时期对中国革命特点的认识，为中国革命农村包围城市，武装夺取政权道路理论的形成，奠定了坚实基础。这是毛泽东的一大贡献。

边界“二大”以后，根据地的割据局面出现了新的转机，红色区域迅速扩大，革命政权日益巩固。

此时，根据边界“二大”的决定，边界特委开办了党团训练班。

湘赣边界的党、团组织自 1927 年 10 月毛泽东率工农革命军来到后，几经努力，均已恢复。广大党团员在一年的斗争中，也得到广泛锻炼，思想觉悟有了很大提高。“但因为边界是个农村经济的环境，加之党的历史很短，独立斗争很少(因为有红军可靠)，故机会主义的遗毒、农民党的倾向，在边界各级党部中表现出特别可怕的色彩。”②

这些“可怕的色彩”，表现在：有的党员受到“左”倾盲动主义的影

① 《湘赣边界各县党第二次代表大会决议案》，1928 年 10 月 5 日，《井冈山革命根据地》历史文献。

② 《湘赣边界各县党第二次代表大会决议案》，1928 年 10 月 5 日，《井冈山革命根据地》历史文献。

响,赞成焚烧政策,主张与敌人硬拼;有的党员看不到革命的前途,对敌人的进攻表现出畏缩、惧怕现象,怀疑红旗打不长久,因而悲观失望;有的党员缺乏铁的纪律,随意性很强;有的党员闹地方主义和土客籍矛盾,引起队伍内部不和等等。边界党既要领导党员和群众同地主豪绅作斗争,又要从事党和群众的宣传、组织工作,加上应付恶劣的环境及客观上的困难,因而在很长的一个时期,“有意无意而对于基本工作疏忽了”①。因而,“洗刷党内机会主义的遗毒,改造各级党部,使之走上真正无产阶级领导的道路”②,就提到了议事日程。

为此,边界第二次代表大会在《决议案》中指示:“过去各地党之所以没有力量就是因为党员没有训练,甚至入党式都没有过,现在每个党员都须进行党的基本理论的训练。”这种党团训练班,据当年特委书记杨克敏(即杨开明)记载,“办了一期 6 个月的训练班”③。

第一期党团训练班于“二大”以后开办于宁冈茅坪象山庵。④ 参加训练班的党团员,由各地党组织选派,分期分批,集中学习。学习的时间,视情况而定,一般为一个半月。

边界特委为训练班制订了训练大纲。其中分训练内容、训练方法和训练要求,请有知识的老党员干部给予辅导、训练。同时,要求各地县委也相应举行短期训练班。训练的内容主要以授课为主,对党员进行政治教育、形势教育、阶级教育、党的性质和基本理论教育。

在加强对边界地方党团员训练的同时,湘赣边特委、红四军军委也在军队中开办了党团训练班,组织军队党团员进行系统学习。对此,王紫峰回忆说:“八月失败后,在遂川打了一仗后经茨坪到茅坪,在宁冈又打了一仗,随后在龙源口又打了一仗不久就开始整训……这时

① 杨克敏:《关于湘赣边苏区情况的综合报告》,1929 年 2 月 25 日。

② 《湘赣边界各县党第二次代表大会决议案》,1928 年 10 月 5 日,《井冈山革命根据地》历史文献。

③ 杨克敏:《关于湘赣边苏区情况的综合报告》,1929 年 2 月 25 日。

④ “访张桂庭、刘桂生、谢梅香同志记录”,内部访谈资料。

我调到湘赣边特委举办的党团训练班学习”。“湘赣边界特委党团训练班设在茨坪。有100多名党员参加了训练,时间是三个月。训练内容:讲阶级斗争史、革命发展史,讲政治、群众工作,也讲时事,早晨还出操。军事训练搞些队列、队形变换。我在训练班只训练一个多月就出来了,训练班有一个指导员专门给我们讲课。”①

毛泽东、朱德、陈毅等领导同志,十分重视党团训练班的工作,经常抽空到训练班去察看,并亲自给党团训练班的学员讲课。

党团训练班的开办,有效地提高了党团员的思想觉悟和政治素质,为加强根据地党的建设和提高党的战斗力,奠定了思想基础。

前委的重建与特委的改组

前委的重建

中共中央对湘赣边界的斗争十分关注。在收到1928年5月2日毛泽东在永新发出的报告后,于6月4日向湘赣边界前委发出了一封指示信,即《中央对前敌的指示信——关于目前形势及今后的任务与工作》(亦称六月来信)。

但是,由于当时的交通不便,几经辗转,由上海到江西,由江西省委再到吉安县委,直至11月2日才送达边界。接到中央的重要来信,毛泽东十分高兴。他记述说:“中央六月四日来信,经过江西省委吉安县委,于十一月二日才到井冈山。这封信好得很,纠正了我们许多错误,解决了这边许多争议的问题。这封信一到,即已发交军中及地方各级党部,十一月六日,向遂川出动的部队集中井冈山,特委委员、军中及地方的活动分子,共30余人(朱德、陈毅、何挺颖、何长工、袁文才、王佐、谭震林、邓乾元、李却非、陈正人、王佐农、肖万侠、刘辉霄、谢贵标、刘敌、熊寿祺、杨开明、曹嵘、邓允廷、毛泽东、宋乔生、彭祜等均

① 王紫峰:《井冈山斗争历史的一些回顾》。《井冈山革命根据地》回忆资料。

到,湖南省委代表袁德生亦参加),由特委召集开会,讨论中央来信。"①

中央来信详细地分析了国内形势,肯定了"中国革命现在仍然是资产阶级民权革命的性质","在这一阶段中,我们的政策是没收土地推翻地主制度和封建的关系,建立工农独裁的苏维埃政权"。同时,向井冈山前委介绍了全国其他地方的斗争形势,指出了自"八七"会议以来党内存在的各种主要错误,肯定了湘赣边界红色政权的重要地位。信中说:"你们所占领的地域是江西的永新、宁冈、遂川,然而你们的地位仍然处在三省暴动布置的中心地位,因此你们在三省暴动的前途上所负的责任是很重大的。"

鉴于湘赣边界红色政权的重要地位,中央对井冈山革命根据地今后的任务和工作,明确提出了八点指示:

(1)前委的任务"就是在湘赣或湘粤赣边界以你们的军事实力发展广大的工农群众,实行土地革命,造成割据的局面向四周发展而推进湘鄂赣粤四省暴动局面的发展";

(2)怎样深入?就是要"彻底地没收地主阶级的土地由乡苏维埃重新分配";

(3)"要以群众为主力,红军为助力,发动四周的群众的暴动";

(4)部队"可以正式改成红军","在政治上设政治部取消党代表,实行士兵的政治训练";

(5)具体的策略问题:"不宜于一开始便重新分配自耕农的土地","在暴动还未起来的地方我们在宣传上还不宜提出没收自耕农土地的口号,单独提出没收地主阶级和一切祠堂庙宇公地的土地","必须保护小商人的贸易"等;

(6)"须有专门指导职工运动的机关";

(7)"在组织的发展上要特别注意工人佃农雇农的成分之增加",

① 毛泽东:《井冈山前委给中央的报告》。

“要经常地开办党的训练班”；

(8)“有前敌委员会组织之必要”，所有管辖区域内的工作“完全受前委指挥”，并指定由毛泽东、朱德、一工人同志、一农民同志及前委所在地党部的书记等五人组织成前委，毛泽东任书记。前委之下组织军委，以朱德为书记。另外，组织一职工运动委员会，以前委一工人同志为书记。

经过热烈的讨论，会议认为中央来信“除一二点(如游击区域过宽与废党代表制)具体事项外，全部原则及政策都切合实际，应依照执行”①。

中央六月来信是极为重要的，基本精神是正确的。这封来信指明了当时中国革命的性质与任务，肯定了井冈山革命根据地的斗争，提出了加强边界斗争的一系列原则和政策。这对井冈山革命根据地的巩固与发展，起了至关重要的指导作用。

根据中央6月4日来信的指示精神，11月6日，边界重新组织了前敌委员会。“依中央的指定，以毛泽东、朱德、地方党部书记(谭震林)、一工人同志(宋乔生)、一农民同志(毛科文)五人组成，毛泽东为书记”②。前委统辖边界特委和红四军军委。

关于前敌委员会，在1927年9月湘赣边界秋收起义时，湖南省委曾任命了以毛泽东为书记的前委，但在1928年3月，因湘南特委的要求，前委被取消。前委取消后，“各县工作，顿失中心”。后来，“适有赣西特委转来江西省委的信，要其组织边界特委，遂召集各县代表大会，有些重要任务的决定……并选举了执委，书记为泽东。特委成立不久，对各县工作的指导，实有新的气象”③。1928年7月红军大队冒进湘南到“八月失败”，又组织了前委，以陈毅为书记。“八月失败”后，

① 毛泽东:《井冈山前委给中央的报告》。

② 毛泽东:《井冈山前给对中央的报告》。

③ 《杜修经给湖南省委的报告》，1928年6月15日，《井冈山革命根据地》历史文献。

这个前委又被取消了,改为行委,毛泽东为书记。这是前委变迁的沿革情况。

此时,依照中央来信,再次组织前委,使根据地内有了统一的党的领导机构,并且前委统辖特委和军委,这对加强边界党和红军的集中领导,协调军队与地方的工作,起了重要的作用。

11月6日重组的前委,是称"红四军前委"还是"井冈山前委"?说法不一。有人认为应称"井冈山前委",依据是毛泽东11月25日给中央写的报告(1948年东北版的《毛泽东选集》最早选入,曾取题为《井冈山前委对中央的报告》)。我们认为,"井冈山前委"与"红四军前委",实际上是一回事,称呼不同而已。不过,此时前委的称谓应称"红四军前委"为宜。依据是:

(1)前委组织后不久,1929年1月中旬就已出击赣南闽西,在后来的多次报告行文中,均称军中党的前委。如:1929年3月20日,前委给中央的报告中说:"军中党的最高机关是中央任命的前敌委员会(因事实的需要,除中央任命的名单外,增了几个)。"①1929年4月5日前委致中央的信也说:"此次离开井冈山向赣南闽西,因我们部队集中领导机关(前委)和负责人(朱毛)的态度是坚决奋斗的,所以不但敌人无奈我何而且敌人损失大于他们的胜利,我们的胜利则大于我们的损失。""红军中党的指挥机关是中央任命的前委。"②这两个报告中都说:"军中党的最高机关","红军中党的指挥机关",是"中央任命的前委",即红四军前委。

(2)1929年4月4日彭德怀给中央的信亦可印证。这封信说:"我们现在已到闽赣边界,与四军会合了,并得四军前委的介绍,特将

① 《前委致福建省委并转中央的报告》,1929年3月20日,《井冈山革命根据地》历史文献。

② 《红四军前委致中央的信》,1929年4月5日,《井冈山革命根据地》历史文献。

我们的情形略告如下……现已合并到四军编为第五纵队,受前委指挥了。"[①]也正因为红五军与红四军的会合和合编,所以,毛泽东根据实际情况的变化,才向中央报告:"因事实的需要,除中央任命的名单外,增了几人。""增了几人"的具体人员是:彭德怀、滕代远、熊寿祺、宋裕和、黄公略。

(3)1930年2月16日《前委通告(第一号)》、1930年4月27日《五军军委滕代远的报告》都提到过"四军前委",直至1931年9月赣西南的综合报告还写着"四军前委"。

(4)红四军前敌委员会直到1930年吉安陂头"二七"会议后,即2月16日,才按中央指示,扩大为统辖四、五、六军及赣西南、闽西、东江、湘赣边等赤区斗争的前委领导机关(仍以毛泽东为书记),职能才改变了。

从上可见,1928年11月6日按中央来信重建的前委不宜称"井冈山前委",而应称"红四军前委"。东北版《毛泽东选集》中取题为《井冈山前委对中央的报告》一文,在新中国成立后编入《毛泽东选集》(四卷本)时改题为《井冈山的斗争》,是有道理的。

特委的改组

湘赣边界特委是边界各县地方党组织系统的最高领导机关,最初是1928年5月23日在宁冈茅坪成立的。毛泽东是中共湘赣边特委的创始人和决策者。

但是,6月以后,特委的负责人几经变迁,对边界的工作造成了一定的影响。6月底,湖南省委派杜修经、杨开明来到边界,要求朱毛率领红四军向湘南发展,由杨开明代理毛泽东的特委书记一职。8月中旬,特委在永新九陂村召开紧急会议,选举杨开明为书记。8月末,杨开明病,由副书记谭震林代理书记。10月初,红四军回边界后又召集了第二次代表大会,杨开明仍当选书记。因杨开明"大病,几濒于死,

① 《彭德怀给中央的信》,1929年4月4日,《井冈山革命根据地》历史文献。

不能工作”,复由谭震林代理书记。11 月杨开明病情仍无好转,常委又改组一次,以谭震林为书记。12 月,“因谭震林在特委工作不相宜,调动前委工作”,常委又改组一次,以邓乾元为书记。① 这样,特委自 5 月成立以来,半年间时间内,变动了五六次,换了几任书记。

杨开明

边界特委在割据斗争中具有举足轻重的重要作用。但因任务繁重,干部缺乏,难以顾及许多工作,因此,毛泽东经常忙得不可开交,有时难免出现“个人专政”、“书记独裁”的现象。

对此,杜修经曾说:“现有边界特委工作日益扩大,实际上一切工作与指导,都集中在泽东同志身上,而泽东同志又负军代表责,个人的精力有限,怎理得许多?实际上也就有很多的地方顾及不到了。”②

杨开明则认为:“特委的事总是书记一个人处理,个人专政,书记独裁,成为边界的通弊。首先泽东为特委书记时,特委就在泽东一个人荷包里,后来开明代理书记,特委又是开明一个人的独脚戏。……有些事不知道到前委解决呢?还是到特委解决呢?甚至有什么事前委就推特委办,特委就推前委办,两下你推我让,甚至两下都不管了。”③

为了加强边界党的自身建设,更好地担负起领导湘赣边界的斗争任务,湘赣边界党的第二次代表大会,就“过去的党的机关,在上半期

① 杨克敏:《关于湘赣边苏区情况的综合报告》,1929 年 2 月 25 日。
② 《杜修经给湖南省委的报告》,1928 年 6 月 15 日。
③ 杨克敏:《关于湘赣边苏区情况的综合报告》,1929 年 2 月 25 日。

是个人专政,书记独裁,完全没有集体指导及民主化的精神"①的现象,围绕着形成党的民主集中制,《决议案》提出了下列举措:(1)特委、县委都设4个以上的巡视员,经常指导下级的工作,帮助各级党部改造;(2)各级党的机关,必须健全组织,反对个人领导,一切权力集中常委会;(3)一切政策都要党员热烈讨论,深切了解,使党员群众能根据政策定出工作计划;(4)各级党部委员及书记应尽量用选举方法产生;(5)增加工人领导力量,严格防止农民党的倾向;(6)特委应极力注意使本身和各县委健全,对于边界各县党的工作,应有整个的布置;(7)"铁的纪律"为布尔什维克的主要精神,要使党壁垒森严,步伐整齐的成为强健的斗争组织。②

正是因为有了这些得力的措施,同时也因为毛泽东及边界党意识到并重视了边界各级党部自身建设的重要性,因此在党的"二大"后不久,即使面临着湘赣两省敌军第三次"会剿"的严重局面,边界特委不但没有塌台,而且坚强有力地领导边界军民打破了敌人的"会剿",开辟了新的割据局面。

党的思想建设与红四军党的"六大"

党的思想建设

在湘赣边界的各项工作中,有一个使前委和毛泽东一直感到困扰的问题,就是边界各县党组织的思想建设问题。

由于根据地地处偏隅,是一个典型的自给自足的封闭式的农村山区环境,"边界各县的党,几乎完全是农民成分的党"③。"社会组织普遍是以一姓为单位的家族组织。党在村落中的组织,由于居住关系,

① 《湘赣边界各县党第二次代表大会决议案》,1928年10月5日。

② 《湘赣边界各县党第二次代表大会决议案》,1928年10月5日。

③ 毛泽东:《井冈山的斗争》。

许多是一姓的党员为一支部,支部会议简直同时就是家族会议。”①党的组织也有一些宗族裙带关系。如宁冈县委中,组织部长刘克犹、宣传部长刘辉霄,都是县委书记龙超清的姐夫等。为此,毛泽东曾深有感触地说:“在这种情形下,‘斗争的布尔什维克党’的建设,真是难得很。”②

为什么“难得很”呢? 主要是边界各县的家族观念、地方主义严重地影响着党的建设和发展。因为“各县之间地方主义很重,一县内的各区乃至各乡之间也有很深的地方主义。这种地方主义的改变,说道理,至多发生几分效力,多半要靠白色势力的非地方主义的压迫。例如,反革命的两省‘会剿’,使人民在斗争中有了共同的利害,才可以逐渐地打破他们的地方主义”③。

边界的地方主义,是一种狭隘的小生产者的观念,是封建农村经济的反映,它与无产阶级的思想体系格格不入,成为建设布尔什维克党的严重障碍。“有了地方主义,各地革命斗争就得不到互相配合,只顾自己地区的局部利益,保守自己的地方,兄弟地区有困难也不互相帮助。”④“说共产党不分国界省界的话,他们不大懂,不分县界、区界、乡界的话,他们也是不大懂得的。”⑤

“地方主义在永新特别严重。”⑥“如去年永新县要脱离特委而独立,其地方观念、保守思想、自由傲慢的劣根性亦是很多的。”⑦“永新县委书记被商人所蒙蔽,发生保资本家的事件,军委和县委联席会议

① 毛泽东:《井冈山的斗争》。
② 毛泽东:《井冈山的斗争》。
③ 毛泽东:《井冈山的斗争》。
④ 陈正人:《毛泽东同志创建井冈山革命根据地的伟大实践》。
⑤ 毛泽东:《井冈山的斗争》。
⑥ 杨克敏:《关于湘赣边苏区情况的综合报告》,1929 年 2 月 25 日。
⑦ 杨克敏:《关于湘赣边苏区情况的综合报告》,1929 年 2 月 25 日。

议决枪毙反动同志龙怡奎，结果，县委把龙怡奎放了。”①

其他各县，“宁（冈）、莲（花）等县亦不注意向特委报告，以与特委发生关系”②。“酃县县委正式命令赤色游击队脱离广大的群众跟着军队乱跑”③。

对于边界党的建设，毛泽东曾作了多番的努力。如派毛泽覃去宁冈乔林乡抓建党试点，自己亲自到永新秋溪乡开展建党工作等。在这些试点工作中，都对农村党员作了无产阶级、阶级斗争、共产主义等方面的知识教育，培育基层党员的共产主义观念。尔后，特委又举办了各式的训练班，分期分批对训练班的党团员进行思想教育。

在上述艰苦、复杂的工作中，毛泽东逐渐形成和得出了一个重要思想，即：“我们感觉无产阶级思想领导的问题，是一个非常重要的问题。边界各县的党，几乎完全是农民成分的党，若不给以无产阶级的思想领导，其趋向是会要错误的。”④

毛泽东的这一思想，是“斗争的布尔什维克党”建党学说中的精髓。正是在这个思想的指导下，边界“二大”以后，边界特委加大了无产阶级思想教育工作的力度，边界各县的党组织通过“洗党”运动也大大提高了战斗力。

克服土客籍矛盾对党的组织的影响。

湘赣边界除了地方主义、家族观念的影响外，还有一件“特别的事”，就是土客籍矛盾。这种矛盾演绎发展为“土籍的党，客籍的枪”的尖锐对峙。

土客籍问题，是井冈山斗争时期一个特殊而尖锐的问题，是历史上遗留下来的恶习。土籍的本地人和数百年前从北方迁移来的客籍

---

① 杨克敏：《关于湘赣边苏区情况的综合报告》，1929 年 2 月 25 日。

② 《湘赣边界各县党第二次代表大会决议案》，1928 年 10 月 5 日。

③ 《中共湘赣边界第一次代表大会政治纪律决议案》，1928 年 5 月。

④ 毛泽东：《井冈山的斗争》。

人之间有着很大的界限,历史上的仇怨非常深,有时发生很激烈的斗争。这种客籍人从闽粤边起,沿湘赣两省边界至鄂南,约有几百万人。客籍人占领山地,为占领平地的土籍人所压迫,素无政治经济权利。大革命失败后,客籍被土籍压迫如故。在湘赣边红色区域内,宁冈、遂川、酃县、茶陵,都有土客籍问题,而以宁冈最为严重。"这种土客籍的界限,在道理上讲不应引到被剥削的工农阶级内部来,尤其不应引到共产党内部来。然而在事实上,因为多年遗留下来的习惯,这种界限依然存在。"①

开始,这个问题并未引起毛泽东的注意。因为从三湾改编到茅坪安家期间,宁冈的土籍革命派龙超清、刘辉霄与客籍革命派袁文才、刘克犹等,配合很默契,他们之间还曾共同控制宁冈达一年之久。可后来,随着斗争的深入,这个矛盾便渐渐显露出来了。

1927年底,宁冈县农协下通牒,要捉拿宁冈8个土豪,其中土籍有6个,客籍只有2个。有些跟土豪有某种裙带关系的土籍群众就说,打土豪土籍吃了亏。后来,在人事权力问题上,土客两籍出现了相互倾轧的现象。1928年2月间,宁冈县工农兵政府成立,毛泽东推举活捉敌县长张开阳的土籍农民、暴动队长文根宗出任县工农兵政府主席。未料,客籍革命派对土籍人文根宗当县长有意见。文根宗出任不到3个月,客籍革命派便提出要"轮流坐庄",每届任期3个月,最多不能超过两届任期。由于客籍革命派拥兵自重,是年5月,县工农兵政府主席即改由客籍的甘金煌担任。然而,甘金煌只担任一个多月,由土籍革命派掌权的县委又以甘金煌"文化低,能力差"为由,把甘给撤换了。

对此事,毛泽东和工农革命军的一些负责同志曾出面干预,批评了龙超清和袁文才。然而,尽管毛泽东等苦口婆心,陷入土客籍矛盾漩涡的龙超清、袁文才等人,为各自代表一方的利益所驱使,始终难以超脱,不能自拔,而且在某些问题上愈陷愈深,土客籍矛盾愈演愈烈。

① 毛泽东:《井冈山前委给中央的报告》。

如在土地革命问题上，宁冈前后分了三次田。第一次是 1928 年 2 月新城战斗后，因居住山区的客籍农民未分到居住平畴的土籍人的大田而迟迟分不下去；第二次在 5 月，改“以乡为单位”为“以区为单位”，这一次分青苗，又因土籍农民中有瞒田不报无法查清而未能分匀；第三次是“八月失败”后，又重新分了一次，还是因土客籍的矛盾纷争未能分好。

边界“八月失败”时，土籍豪绅带领反动军队回宁冈，宣传客籍将杀土籍。一时，土籍农民大部“反水”，挂起白带子，带领白军烧屋搜山，压迫客籍人。后来红军打败白军，土籍农民跟着反动派逃走，客籍农民又去没收土籍农民的财物。经毛泽东布置红军大力宣传“不杀反水农民”、“反水农民回来一样得田地”之后，才使他们安心回家。

“土籍的党，客籍的枪”，在边界实际上指的是边界党内以土籍领袖龙超清、朱昌偕、王怀为代表的政治势力，同以客籍领袖袁文才、王佐为代表的军事势力之间的对立。因边界土客籍矛盾由来已久，一时难以整治，于是，毛泽东和边界特委便断然采取了组织措施，将龙超清调往莲花工作；任命袁文才为红四军参谋长，刘辉霄为前委秘书长，于 1929 年初随军行动；将何长工调任宁冈县委书记；同时，对边界县、区委干部也作了相应的调整。

这着棋果然奏效。土客籍矛盾日渐趋于缓和。然而，这种矛盾的纷争和宿怨，始终未能从根本上消除。到 1930 年 2 月，导致了一场沉痛的历史悲剧。

红四军党的“六大”

红四军自 1928 年 4 月下旬在宁冈砻市成立以来，南征北战，驰骋罗霄，一直处于频繁的战斗之中。5 月间在宁冈茅坪召开了党的第五次代表大会后，直至 11 月间才战事稍宁。于是，为了整顿军中的党，处理半年来军中的政治、军事、党务等各种重要问题，11 月 13 日至 15 日，前委在宁冈新城召开了红四军党的第六次代表大会。

据 1928 年 11 月 16 日编辑的《红军第四军第六次代表大会决议

案》记载:“六次大会于11月13日预备会,14日正式开会,15日闭会,计到代表79人。四军全军的支部除三十二团一营远在永新派代表来不及外,所有支部均有代表参加,各代表携提案30余种,经一度整理将意见相同者合并计得17种。大会讨论了政治、军事、党务各种重要问题,尤其对于中国革命性质问题有长时间之辩论,这是六次大会的特点。关于各种提案,因代表身负重责急需回部工作,不能逐一讨论,乃决定移交新军委讨论执行。新军委选举最初由大会主席团提49人候选名单,经大会选定23人为六届军委委员,组织执委会进行一切工作,大会于15日闭幕。这次大会一切决定关系红军前途及边界发展至巨。”

红四军党的“六大”一致通过了《政治问题决议案》、《党务问题决议案》、《军事问题决议案》、《经济问题决议案》、《纪律问题决议案》等5个重要文件。

在《政治问题决议案》中,六次代表大会阐明了中国革命的性质、国内和国际形势、苏维埃运动的产生与存在、目前的政治任务等问题。决议案指出:“中国革命还是一个资产阶级的民权革命阶段。这个革命的领导是无产阶级,其内容是对外推翻帝国主义统治,完成中国民族之解放,对内推翻军阀完成土地革命,将封建剥削关系消灭,使中国被压迫群众得到民权自由。”因之,红四军今后的任务为:担负边界各县“负有影响二省革命运动的使命”,“建立布尔什维克的党,领导群众扩大民权革命运动,深入红军所到区域的土地革命,向四周发展以促统治阶级的分崩离析”。

在《党务问题决议案》中指出:“红军各级党部,不应公开处理各种事务,竭力恢复秘密状态,党的机关可设置在各级士委会内”;“健全军委,军委须经常明了各支部的工作”,“经常成立政治训练班,陶铸党务工作人才”,“在战斗中发展党员”;强调“连支委为红军党的工作核心,党代表则为此工作核心之负责者,并负有计划督促政治工作之公开任务,在事实上目前党代表制度不应取消”。这些均同中央6月4

日来信的指示精神及红四军前委讨论中央来信所作的决议相一致。

在《军事问题决议案》中，对建立军事根据地，加强军事根据地的建设，加强政治训练，健全军队组织等方面的问题，均予以充分的注意，并作出了12项具体计划；同时，还进一步强调了经济公开、实行军中的民权主义和加强组织纪律的重要性。

参加“六大”的代表所提出的17项提案，如：健全军事政治学校，优待敌军俘虏，禁止盲目焚杀，保护中小商人利益，健全士兵委员会，派员和湘鄂赣红五军联络，整饬军纪党纪，囤积粮食于后方等，这些提案对红军和根据地的建设，都具有积极的意义。

红四军党的“六大”经过充分的讨论，选举产生了以朱德为书记的23人组成的第六届军委，即红四军军委。对内是军中党的最高领导机关，隶属于前委；对外即为边界工农兵政府的军事委员会，指挥红军及地方武装。《决议案》对此未有记载，但毛泽东在《井冈山的斗争》中曾记载说：“十一月十四日红四军第六次全军大会，选举二十三人组织军委，五人为常委，朱德为书记。”军委委员名单，目前未见任何历史文献记载，难以确定。有人将湖南安化县发现的23人军委委员名单，视为红四军“六大”产生的名单，似为不妥。因为那份资料中的23人中仍有王尔琢、龚楚，而王尔琢已在“八月失败”中牺牲，龚楚已派湘南特委工作，“六大”是绝对不会再选举该两人进军委了。究竟是哪23人组成军委，哪5人任常委，尚有待于发掘新的史料方可确定。

红四军党的“六大”，总结了红军半年多艰苦创业的斗争经验，明确了今后的任务，产生了新的领导机构，对红四军党的建设以及井冈山革命根据地的巩固，都具有十分重要的意义。

红色政权的整顿与建设

井冈山时期，各级红色政权称苏维埃政府（始称工农政府），井冈山老表称“埃政府”。

在中共中央作出《关于“左派国民党”及苏维埃口号问题决议》

(1927 年 9 月 19 日),提出“成立苏维埃”的政权主张时,正是毛泽东领导秋收起义遭受重创之时。由于战斗的频繁和严重的白色恐怖,使这支部队与中央湖南省委长时期失去联系,从而未收到中共中央的这个决议。因此,在井冈山革命根据地初创时期建立的革命政权,仍称“工农兵政府”,直至 1928 年 5 月才正式改称“工农兵苏维埃政府”。

1928 年 1 月 4 日工农革命军打下遂川后,为使新建立的红色政权有章可循,毛泽东指示中共遂川县委书记陈正人起草了一个代表红色政权权力的“工农兵政府”的施政纲领。据陈正人回忆说:“在遂川县工农兵政府成立的时候,他要我们起草了一个工农兵政府的政纲,有 30 多条。请主席(毛泽东)审阅时,主席都用一些通俗易懂的群众语言作了修改。如‘不虐待儿童’改为‘不准大人打小孩’,又如‘废除买卖婚姻’改为‘讨老婆不要钱’。这样群众就容易懂了。”①

这个纲领,以前从未见到,近年从湖南安化县发现的国民党十六军政治部 1928 年截获的湘赣边界档案材料中,保存有《遂川县工农县政府临时纲领》的翻印件,目前见到的文本共 24 条。

《遂川县工农兵政府临时纲领》,集中地反映了工农贫苦阶级的根本利益,代表了中国共产党的早期政权主张。在当时,其产生的影响是巨大的。这个政纲的产生与毛泽东的思想观点与具体指导是分不开的。

随着井冈山会师后根据地的发展,湘赣边界恢复了与中共江西、湖南省委乃至中央的联系,党中央的政权主张、政策逐步在湘赣边界得到实践与发展。1928 年 5 月下旬,湘赣边界工农兵苏维埃政府成立,下辖茶陵、遂川、宁冈、永新、酃县、莲花 6 个县苏维埃政府和新遂边界特区苏维埃政府。县苏维埃政府之下为区、乡苏维埃政府。这时,工农兵苏维埃政权的组织机构便逐步健全起来了,下设:土地部、军事部、财政部、政法部、工农运动委员会、青年委员会、妇女委员会

① 陈正人:《毛泽东同志创建井冈山革命根据地的伟大实践》。

等。

湘赣边界红色政权诞生后,究竟如何建设,如何完善,全靠中国的革命者自我摸索。在频繁的战斗中,毛泽东、朱德、陈毅等军中领导,不等不靠,不唯上,不唯书,靠自己的才学、胆识和根据地军民的群策群力,一切从实际出发,在斗争中摸索、实践,不但使红色政权日益巩固,而且创造了丰富的经验。这些经验概括起来,主要有以下几点:

1. 把"民主集中主义"(即民主集中制)运用于政权组织。

边界红色政权的性质是共产党领导下的工农民主专政的革命政权,是边界广大军民为之流血牺牲而争得的权力机构。但由于边界复杂的社会历史条件和党与红军缺乏政权建设的经验,在一段时期中,"各级苏维埃是普遍地组织了,但是名不符实。工农群众乃至党员,多数还没有认识苏维埃意义。许多地方无所谓工农兵代表大会,乡、区、两级乃至县之一级苏维埃执行委员会,都是用一种群众会选举的,一哄而集的群众会。不能讨论问题,不能得到政治训练,又最便于知识分子或投机分子的操纵,这是不懂得什么叫苏维埃,不懂得工农兵代表会是个固定的最高权力机关,执行委员会只是代表会定期会议闭幕时候的一个处理各事机关,这是边界许多地方对于政权机关的最大错误。"①

为了纠正这些错误,前委和毛泽东等除在思想上加强向群众宣传"民主集中主义",制定详细的苏维埃组织法外,还十分注意在实际斗争中吸引广大群众参加苏维埃工作,把"民主集中主义"广泛地应用于群众组织,使"民主集中主义"在革命斗争中显示效力,让群众自己去了解,成为看得见、摸得着的东西;这样,既利于斗争,又把红色政权普遍地真实地建立起来。

此外,前委和毛泽东还针对有些苏维埃执行委员会,办事脱离群众,缺乏群众的监督,区、乡两级苏维埃执行委员会和常委会很少开

① 毛泽东:《井冈山的斗争》。

会,遇事总是由主席、秘书、财务、赤卫队长或暴动队长各自处理的现象,提出注意健全各级苏维埃执行委员会的办事制度。为此,采取了两条措施:一是"厉行民主集中制",改变"民主集中主义,在政府委员中亦用得不习惯"的状况;二是对少数苏维埃政府中的贪污腐化分子,进行彻底清理和严肃处理。

2. 正确处理党政关系,实行党政分开。

边界的武装割据和红色政权,是在中国共产党的领导下建立的,党在边界的干部和民众中,享有崇高的威信。但是,在党和苏维埃政权的关系中,也出现了一些不正常的现象。"虽然没有党命令政权机关的事,却亦没有尊重政权机关独立的意义。党在党员乃至群众中有极大的威权,政府的威权却差得多。这是由于许多事情为图省便,党在那里直接地做了,把政权机关搁置一边,这种错误在各处是很多的。政权机关里党团组织有些没有,有些组织了用得不完满。"①这是一种党政不分、以党代政的偏向。它一方面使党的组织直接去处理政权事务,削弱了党的领导;另一方面也束缚了政权机关的操作功能,降低和削弱了苏维埃政权的作用。

为了加强红色政权的建设,边界前委和毛泽东对党政关系及其分工作出了明确规定:(1)"以后党要执行领导政府的任务"②,而不是包办政府的行政事务;(2)"党的主张办法,除宣传外,执行时必须通过政府的组织。国民党直接干政的错误是要避免的。"③这是我党历史上最早提出的"党政分开"的政策主张,也是毛泽东在井冈山时期"党政分开"的重要思想。

此外,边界党对各级党组织自身也提出了要求。在 1928 年 10 月 4 日召开的湘赣边界第二次党的代表大会通过的决议案规定:"各级

① 毛泽东:《井冈山前委给中央的报告》。

② 毛泽东:《井冈山前委给中央的报告》。

③ 毛泽东:《井冈山前委给中央的报告》。

党部与各级苏维埃的关系要弄清楚，免除党即政府的弊病。关于党与政府不同，特委须发一通告，各级党部要作一普遍宣传。”

这样，由于自觉地意识到并正确地处理了党与苏维埃的关系，就既确保了党对苏维埃工作的领导，又充分发挥了各级苏维埃政府的作用，从而促进了工农武装割据的巩固和发展。

3. 整顿组织，纯洁内部。

边界红色政权在建立过程中，因为斗争的复杂，致使一些小地主、富农和投机分子乘机混入党内，并用骗术钻入了政府委员会，这给红色政权造成严重危害。毛泽东敏锐地察觉到这一问题，在《井冈山前委给中央的报告》中指出：“初期的政府委员会中，特别是乡政府一级，小地主富农及知识分子争着要干，他们挂起红带子，装得很热心，用骗术钻入了政府委员会，把持一切，贫农委员只作配角。只有在斗争中破坏了他们的假面，贫农阶级起来之后，方能切实的去掉他们。”①

因此，整顿政权组织，纯洁内部，成为当时的一项重要工作。为开展这项工作，采取了两项措施：一是发动群众，在斗争中识别阶级异己分子和投机分子。如当时宁冈新城区政府中，刘泽贤、尹日汗、吴美如等是土豪子弟，为了保家，他们钻进革命队伍里，后来都被群众识别出来，驱逐出政府。二是对被小地主、富农和投机分子把持的苏维埃政权，进行“重新改组，限苏维埃的代表和委员之成分与质量，选出代表，重新组织苏维埃”②。经过上述措施，边界政权组织得到整顿，政权内部开始纯洁，边界的红色政权得以健康发展。

4. 在斗争实践中不断完善政权机构，改变活动方式。

边界的红色政权机构与活动方式因无样板可效仿，所以只有在干中学、学中干，不断使之完善。如在政权名称上，1927 年 11 月建立的茶陵县红色政权，名称为“工农兵政府”；以后，得到广州暴动的国民党

① 毛泽东：《井冈山前委给中央的报告》。

② 杨克敏：《关于湘赣边苏区情况的综合报告》，1929 年 2 月 25 日。

报纸,始知有“人民公社”;于是,1928 年 1、2 月间建立的遂川、宁冈两政权,又唤作“人民委员会”。此外,在频繁与残酷的斗争环境中,边界红色政权的斗争策略和活动方式也表现得较为灵活、机动。如 1927 年 10 月至 1928 年 3 月间的政权组织基本上是半公开的,后来随着斗争的发展,才逐渐完全公开。在经历了“八月失败”的惨痛教训后,政权组织又逐渐转入了秘密状态。到第三次反“会剿”失利后,前委从瑞金来信,总结了井冈山和东固等地武装割据的经验,提出在严重白色恐怖环境下红色政权的形式应由公开转向秘密,于是中共湘赣边界特委于 1929 年 5 月 10 日在宁冈古城召开第四次执委扩大会,又提出:“小区域苏维埃政权公开的割据,是有害而无利的”,“因此有由公开的割据转变到秘密的割据之必要,党和苏维埃都应秘密着,武装形式也应由守土的赤卫队改为游击部队,采用漂忽不定的游击战术,使敌人找不到目标”①。到了边界度过第三次“会剿”最艰难的岁月后,逐步恢复了割据区域,边界的红色政权才又逐步地由秘密转为公开。

上述边界红色政权的基本经验,是边界军民以鲜血和生命凝聚而成的产物,是毛泽东思想中关于新民主主义政权建设学说的早期思想;它闪烁着马克思列宁主义的思想光辉,为我党和中国革命的政权建设开拓了先河,积累了经验。

军事根据地的建设

开展红四军的冬季整训

1928 年 9 月红四军回师井冈山根据地后,连续三战三捷,重开了边界的武装割据局面。此时,国民党内部取得暂时相安,各派军阀混战尚未爆发,江西反动军队屡战屡败,不敢贸然进犯,边界出现了和平景象。

在这种有利形势下,边界党和红四军军委先后于 10 月 4 日与 11

① 《中共湘赣边界特委报告》,1929 年 5 月 20 日。

月13日召开了大会，分别对边界的党务、军事问题进行了讨论，并作出决议。同时，根据中央6月4日来信，重组了前委，对边界的各项工作进行了具体的部署。

为了布置长期的斗争，前委针对过去一年中，由于“转战千里七八个月未能得到休息的机会”①，以及“迭经巨战，党委干部人材已伤亡殆尽”②的状况，依照中央6月4日来信指示“改造整理你们的军队”③的精神，认为原来总想“找一个机会做改造和整理的工作”④的时机已经出现，有必要对部队进行一次大规模的整训了。

于是，1928年11月9日红四军占领永新县城后，前委即指示留三十二团一营在永新观察敌人动静，其余红军主力全数返回军事大本营宁冈，相应集中在宁冈的新城、古城、柏路、砻市一带，开展冬季整训。

整训的对象主要是红四军。但考虑到为增加和扩大红军力量，提高边界地方武装的素质，将莲花等地的赤卫大队，也调集新城参加整训。

整训的内容有二：一是进行政治教育，二是开展军事训练。对此，毕占云回忆道：“为了粉碎敌人的军事进剿，巩固和扩大井冈山革命根据地，前委决定红四军全军进行整训，时间大约在11月9日以后，天气已经变冷了，地点在宁冈县城和城郊。部队分散整训，有一个月左右，整训内容主要是进行思想教育工作。整顿军队党的组织，整顿士兵委员会，解决官兵之间、干部之间的矛盾。”⑤“受训时间是一个月，每天上午是军事课，下午是政治课。我们不但学会了怎样瞄准，怎样和敌人兜圈子，瞅准机会一把抓，而且还懂得了许多革命道理。”⑥

① 《中共红四军第六次代表大会决议案》，1928年11月16日。
② 毛泽东：《井冈山前委给中央的报告》。
③ 《中央给前敌委员会的信》，1928年6月4日。
④ 毛泽东：《井冈山前委给中央的报告》。
⑤ 毕占云：《红四军特务营》，见《井冈山革命根据地》回忆资料。
⑥ 龚铁：《莲花一支枪》，见《井冈山革命根据地》回忆资料。

整训工作在严格的要求下进行。为使部队的军事素质得以提高，训练时参照苏联红军的战法，利用地形地物练兵。主要练习隐蔽，练习跑步时背着枪，有时还背上石头，爬山、抢山头，训练速度。由于弹药紧张，实战演习在工事里进行，找准目标再射击。

当时，部队中悲观失望和盲动急躁的现象仍未完全消除，因之，毛泽东常来给部队作政治教育报告，意在“铲除一般同志的机会主义思想和封建小资产阶级思想，确定无产阶级的人生观”①。

在整训时，为克服部队中存在的“分团主义”，调整了二十八、三十一团的干部。时林彪为二十八团团长，何挺颖任党代表(原为三十一团党代表)，伍中豪任三十一团团长(原为三十一团三营营长)，何长工任党代表(原为二十八团党代表)，朱云卿为军参谋长。为扩充红军力量，将莲花独立团进行了改编，其中张威部编为军部独立营，营长张威，其余的编为莲花县赤卫大队，指派红军连长夏炎担任大队长。

整训期间，闻金汉鼎3个团进驻永新，“为了保证这次红四军整训的顺利开展，牵制敌人及开辟莲花、安福，重点是莲花县的工作，由我们特务营、独立营(指毕占云、张威部——引者注)和莲花游击大队一同去莲花牵制敌人。同时，还组织了北路行动委员会。北路行委是由5个人组成，是在宁冈由前委任命的，何长工为书记”②，以便在斗争中进一步改造毕占云和张威两部。

整训工作直至12月中旬即敌人第三次“会剿”前夕才结束。红四军的冬季整训，虽然只有短短一个月，但整训后部队面貌焕然一新，全军上下团结一致，政治、军事素质都得到进一步提高，从而为粉碎敌人第三次“会剿”打下了坚实的基础。

兴建小井红军医院

为了建设巩固的军事根据地，湘赣边界党的“二大”以后，毛泽东

① 《湘赣边界各县党的第二次代表大会决议案》，1928年10月5日。

② 毕占云：《红四军特务营》，《井冈山革命根据地》回忆资料。

和边界党决定在小井再建一座红军医院。

“建立较好的医院”的计划由来已久。“随着红军的不断扩大,战斗频繁,伤病员逐渐增多,医务所(茅坪、大井)就不适应了,根据这种情况,1928 年 5、6 月间,毛委员决定把医务所扩大,成立红军医院,指派邓允庭同志负责领导医院的工作。医院的经费由王佐负责解决,医院下面分四个管理组,负责管理伤病员的医疗和生活。第一组、第二组设在大井村,第三组设在中井村,第四组设在小井村。”①“七溪岭战斗后,毛委员又决定在小井街上建一栋医院,计划能住 1000 人。”②

由于“八月失败”造成的严重后果,小井红军医院的营建直至红军回师井冈山三战三捷后才进行。鉴于当时的经费不足,在红四军中还进行了募捐。对此,肖明回忆说:“小井红军医院是 1928 年 9 月 26 日部队回到井冈山以后发动募捐兴建的。大家愿意捐多少就捐献多少,有捐 3 角、2 角的,有捐献 1 元的……一共捐献大洋 1000 元。当然,光靠 1000 元大洋来修建一个医院是不够的,解决的办法就是就地取材,自己上山砍杉树做栋梁、锯木板,用杉皮当瓦。……小井医院的房子是木头结构的,当时的楼板是很粗糙的,屋顶也是杉皮盖的,没有倒板,从杉皮的缝隙间能看到天。……1928 年冬天已经很冷了,医院的房子也建得差不多了,有二三十个轻伤员卷起自己的东西搬了进去,上面放上几块板子和稻草就成了铺。以后大部分的伤病员都搬进去了,重伤员住楼下,轻伤员住楼上。”③

医院的名称,当年的特委书记杨开明在报告中称“红军医院”也有不少老同志回忆说是“红光医院”。

据肖明、宋任穷、曾志等人回忆,医院的院长为曹嵘,党代表是肖光球,后为曾志。

---

① 董青云:《在井冈山红军医院里》,《井冈山革命根据地》回忆资料。

② 萧克:《井冈山斗争生活片断》,《井冈山革命根据地》回忆资料。

③ 肖明:《回忆红军医院》,《井冈山革命根据地》回忆资料。

小井红军医院党代表曾志

小井红军医院兴建后，医疗条件仍然很简陋。由于伤病员多了，医生缺乏，西药缺乏，医疗设施缺乏，一切全靠土法上马，因陋就简，甚至开刀锯骨也用木锯，用杀猪刀。因之，毛泽东在《井冈山前委给中央的报告》中写道："红军医院建设在井冈山上，分中药、西药两法去医治，药品及医生之缺乏，问题很大。九月间有伤兵、病兵200多。最近永新一战更加多了，现在医院中连看护人员共有800多人，伤病兵不加顾惜，军心就要动摇。要顾惜得好，设备和给养实在困难万状，湘省委久已答应办药，却至今不见送到，仍祈中央及两省委帮助送几个西医及一些碘片来。"

由于敌人的经济封锁，伤病员的生活十分艰苦。"伤病员的伙食主要是红米、南瓜和一些蔬菜。伙食标准比部队高一点，部队是5分钱，有时还没有，伤病员有一角钱"①。"一角钱的菜金，我们不能吃光，还要想办法节余一点，将节余的钱，发给每个伤病员零用。"②

"虽然红军医院生活很艰苦，治疗条件很差，可是，红军伤病员的乐观主义精神是很强的。他们经常会唱一些歌子来互相鼓舞。当时，伤病员里专门有青年干事负责大家的文娱生活和宣传工作。"③

"毛委员非常关心红军伤病员。每打一次仗都会缴获一些战利品，有罐头、鞋子、衣服之类。毛委员把其中最好的东西派人送到红军医院，供红军伤病员使用。打土豪获到的东西，毛委员也会派人送到

① 刘荣辉:《上井冈山前后》,《井冈山革命根据地》回忆资料。
② 董青云:《在井冈山红军医院里》,《井冈山革命根据地》回忆资料。
③ 王云霖:《小井红军医院及其他》,《井冈山革命根据地》回忆资料。

医院。……毛委员还经常到医院看望伤病员，向伤病员问长问短。”①

在毛泽东等军中领导的关怀下，红军医院的工作人员对伤病员表现出极大的耐心与爱心，红军伤病员也配合得很好，显示出无比的坚强和团结。

成立边界防务委员会

为了加强军事根据地的建设，湘赣边界党的“二大”以后，在茨坪成立了边界防务委员会，由王佐任主任。

边界防务委员会，“开始叫防务处，后来才改称防务委员会”。防务委员会的职责是：“负责筹备修工事的材料，负责后方粮食的保管，以及负责伤兵、医院的管理。”②防务委员会设立在茨坪农民李正龙家里。

对防务委员会的工作，茨坪的革命老人罗冬祥曾有这样一段叙述：“1928 年七八月间（应为农历——引者注），在房东李正龙的家里成立了防务委员会，在这以前叫防务处。防务委员会的主任是邓允庭（应为王佐——引者注）。在防务委员会里有四五个副官专门管理东西，记得有一个叫杨副官。防务委员会经常调动三十二团二营和湘赣边陲特别区工农兵政府发通知，有什么任务就通过特别区政府分配给下面的 10 个乡。红军打仗，通过防务委员会动员群众助战；群众打土豪、分田地，也通过防务委员会调遣红军支援。它是管理军民政治、经济的一个机关，在防务委员会里经常召开军民联席会议。除开会外，还登记、保存打土豪没收来的油盐、粮食、布匹、药材等各种物质。1928 年 5 月，打开永新城，一次挑来 400 多担东西；打遂川时，光布匹就挑来 300 多担。这些物质，都是通过防务委员会直接分配到红军各部和革命群众。”③

① 董青云：《在井冈山红军医院里》。
② 陈正人：《毛泽东同志创建井冈山革命根据地的伟大实践》。
③ 罗冬祥：《茨坪和新遂边陲的党政机关》。

军事根据地是红色区域的坚实基础,在当时的井冈山、九陇山两个军事根据地中,井冈山军事根据地是红军的最后根据地。因此,毛泽东和前委对此十分重视,建立防务委员会正是建设巩固的军事根据地一个重要举措。

防务委员会成立之后,在王佐的领导下,开展了一系列紧张的工作:组织群众对五大哨口进行了修筑;设立了递步哨,沟通山上山下的联络;组织人员修建了小井红军医院;协助红军筹粮筹款;组织群众挑粮上山等,为建设巩固的军事根据地作出了重要贡献。因之,毛泽东在《井冈山前委给中央的报告》中充满信心地写道:“山上要隘,都筑了坚固工事,红军医院、被服厂、军械处、各团留守处,均在其上。现正从宁冈搬运粮食上山。若有充足的给养(粮食与现款,最重要的是现款),敌人是打不进来的。”

组织红军挑粮上山

按照湘赣边界党的“二大”关于建设巩固的军事根据地的决议,1928年12月间,边界红军在井冈山上掀起了一场轰轰烈烈的挑粮运动。

井冈山军事根据地,“介在宁冈、酃县、遂川、永新四县之交”,东西南北方圆“共计五百五十里”,但“人口不满两千,产谷不满万担,军粮全靠宁冈、永新、遂川三县输送”①。因此,边界党决定:由宁冈县委、县政府负责筹集粮食,并在大陇、茅坪、新城、柏路设立粮食储存点,保证红军储备充足的粮食,以与敌人作长期的斗争。宁冈产粮丰饶,素有“一年耕而三年食”的盛誉。1928年土地革命胜利分田后,获得空前的丰收。自宁冈县工农兵政府征收土地税以来,县内农民踊跃交售,征粮比例高达20%。在极短的时期内,该县便筹集了几十万斤稻谷,故毛泽东记载说:“至红军给养,米暂可从宁冈土地税取得”,“现正

① 毛泽东:《井冈山前委给中央的报告》。

从宁冈搬运粮食上山"①。

从宁冈上山，到茨坪、大小五井，往返近百里，尽是羊肠小道，山高路陡，崎岖不平，还要登上海拔1300余米高的黄洋界哨口。"这时候，山上很缺粮食，这是十分严重的问题。俗话说：兵马未动，粮草先行。这样多部队和群众，没有粮食怎样过日子，一定要想办法克服这个困难。前委决定动员部队到山下运粮上山，供给伤病员和留守在山上的老弱人员。这一指示下达后，同志们立即响应，军首长和各级干部亲自带头挑谷上坳。②"要守住井冈山，粉碎敌人的围攻，除了构筑工事、练兵以外，还有一宗大事，就是储备粮食。可是井冈山上产粮很少，供给山上的群众还不够，部队吃粮、存粮，都得自己下山去挑。因此，在井冈山的那些日子，'挑谷上坳'便成了我们的一项经常性的工作。从井冈山到宁冈茅坪，上下足有五六十里路。山高路陡，确实难走。每到挑粮那天，我们天一亮就出发，赶到挑粮的地方，有的用箩筐担，有的用口袋背，装的东西不够，有的同志索性就脱下条裤子，把裤腿扎紧，满满地装上两裤腿，往肩上一搭。这样挑的挑，背的背，翻山过坳，直到天黑才回到山上。"③

毛泽东、朱德、陈毅等军中领导都亲自参加挑粮上山运动。他们的行动，对挑粮运动鼓舞很大。"毛委员背粮上山"，一时传为美谈。杨至诚在《艰苦的岁月》中记叙说："从山脚挑粮食到山上的五井，大约有30多里的山路，一天挑两次。同志们不辞辛劳，累得汗流浃背。我和粟裕等同志挑着粮食到了半山上，放下担子休息，不一会，就看见我们的营长胡少海，肩扛着整麻袋粮食，从山坡下走上来，他精神勃勃，看不出疲劳的表示。接着，来到半山上的人越来越多了，有的同志在唱歌，有的同志互相攀手劲，也有的同志把汗湿的衣服脱下来晾一晾。

① 毛泽东：《井冈山前委给中央的报告》。

② 杨至诚：《艰苦的岁月》，见《井冈山革命根据地》回忆资料。

③ 朱良才：《红军的连队生活》，见《井冈山革命根据地》回忆资料。

他们的背上有的磨起了红块,大泡小泡,而他们毫不在乎地说:'不要紧,起点泡算什么?我们在枪林弹雨中都不怕,还怕这点泡泡!'这是多么英勇顽强的气概啊!"①

在边界军民的努力下,井冈山军事根据地内,粮食充足。有人说:"大小五井都堆满了粮食,我估计足足可以吃三年。"

在保卫井冈山根据地时发动的红军挑粮运动中,朱德身先士卒,不辞劳苦,亲自参加挑粮上山运动。"朱德的扁担"的故事,当时就成为湘赣边界军民广为流传、脍炙人口的佳话。

当时,红四军的司令部及其直属机关,已迁至宁冈的桃寮村,当军部各单位指战员得知要挑粮上山的消息后,都争先恐后地争着报名参加。军长朱德也提出要亲自去挑粮。朱德这时已年过40,这在红四军中算是"高龄"了,又是军长,工作又忙,大家都劝他不要参加了,但朱德坚持要去。由于大家踊跃参加,一时挑粮工具奇缺,群众家的装运工具都被部队借用一空,朱德便要军需处长范树德给他做一根扁担。

对此,范树德回忆说:"我当即带名勤务兵到桃寮村张家祠附近找到一个姓张的老板娘(当时红军对当地中年以上妇女的称呼),用一个铜元向她买了一根毛竹。削成两根扁担,一根送给朱德同志,另一根我留着自用。在朱德同志的那一根上,我用毛笔在一端写上'朱德扁担',另一端写上'不准乱拿'八个字。"②

朱德的扁担

根据分配的任务,朱德所在的军部是在宁冈的柏路储粮点运粮上山。从

① 董青云:《忆小井红军医院》,见《井冈山革命根据地》回忆资料。

② 范树德:《井冈山的后勤工作》,见《井冈山革命根据地》回忆资料。

柏路到井冈山，路程较茅坪、大陇上山更远，路更陡。因此，红军战士都是挑个三四十斤左右。按理，朱德年岁更大，更应少挑点，可他“挑粮时，担子一头是行军时背米的三根白布米袋，另一头是一个用粗厚布缝的北方人叫做‘捎码子’的米袋，两头共计装40斤，再加上他经常佩带的一支德造三号驳壳枪和一条装有约百发子弹的皮子弹袋，总共约四十六七斤”①。战士们见状，怕累坏了他，便把他的扁担“偷”藏起来，逼迫他休息。“藏扁担的同志以为这样一来，朱军长就可以休息了，哪知道朱德同志却另找了一根扁担，并且用柴刀将扁担削平一块，写上‘朱德的扁担’五个字。从此，他的扁担再没有人‘偷’了。在军长亲自挑粮上山的鼓舞下，同志们挑粮的劲头更足了。还编了这样一首歌子：朱德挑谷上坳，粮食绝对可靠，大家齐心协力，粉碎敌人‘会剿’。”

“每当挑粮爬累了的时候，大家就用这首歌子互相鼓劲。在井冈山，我们虽然吃得不好，穿得不好，但因为我们有党的领导，有毛泽东、朱德等同志灵活的作战方法，有群众的拥护，加之朱德同志与战士们同甘共苦的精神和以身作则的模范行动，教育着全军每一个人，更激发了同志们克服困难的信心”②。“从此，‘朱德的扁担’和朱德军长挑粮过黄洋坳的故事，就像长了翅膀一样，传遍井冈山革命根据地和赣南、闽西的中央苏区。全国解放以后，又传到北京，传遍了全中国。”③

建设两个军事根据地

在井冈山革命根据地内，有两个“军事根据地”：“第一个根据地是井冈山，介在宁冈、酃县、遂川、永新四县之交。北麓是宁冈的茅坪，南麓是遂川的黄坳，两地相距九十里。东麓是永新的拿山，西麓是酃县的水口，两地相距百八十里。四周从拿山起经过龙源口（以上永新）、

① 范树德：《井冈山的后勤工作》，见《井冈山革命根据地》回忆资料。

② 朱良才：《红军的连队生活》。

③ 范树德：《井冈山的后勤工作》。

新城、茅坪、大陇(以上宁冈)、十都、水口、下村(以上酃县)、营盘圩、戴家埠、大汾、堆子前、黄坳、五斗江、车坳(以上遂川)到拿山,共计五百五十里。……第二个根据地是宁冈、永新、莲花、茶陵四县交界的九陇山,重要不及井冈山,为四县地方武装的最后根据地,也筑了工事。"①

军事根据地是进行武装斗争、保存和发展革命力量的战略基地。井冈山和九陇山两个军事根据地山势险峻,互为掎角,拱卫着井冈山革命根据地的大本营——宁冈。

在四周白色政权之间,军事根据地的存在具有很重要的意义。毛泽东曾根据边界一年的斗争实践和经验总结道:"在四周白色政权中间的赤色割据,山险的军事根据地是不可少的。因为四周都是敌人,防御要向四面防御,非籍自然的山险以补助人力偶然的不足(如敌人最大最危急时),欲求在资产阶级政权稳定的时候,赤色割据之长期存在,是很困难的。"②

这种认识的取得,经历了一个逐渐发展的过程。井冈山斗争时期,革命根据地从无到有,从小到大,往往这块地方今天被我军占领,明天又被敌人占去,后天我军又夺回。这样拉锯式的你占我夺,我夺你争,呈波浪式地发展。一场"八月失败",使根据地各县县城和平原之地尽失敌手,而军事根据地却依仗着山险始终在我红军手中。这一深刻教训,终使边界军民充分认识到建立巩固的军事根据地的极端重要性。因此,1928 年 10 月 4 日的湘赣边界党的第二次代表大会上,作出了建设军事根据地的决议,并提出了建设军事根据地的措施:第一,修筑完备的工事;第二,储备充足的粮食;第三,建设较好的医院。

边界党的"二大"以后,前委领导边界军民掀起了建设巩固的军事根据地的高潮。首先,对井冈山军事根据地的五大哨口(黄洋界、双马

① 毛泽东:《井冈山的斗争》。

② 毛泽东:《井冈山前委给中央的报告》。

石、八面山、硃砂冲、桐木岭)进行了工事加固;其次,储备了充足的粮食;再次,建设了小井红军医院。经过广大军民的努力,井冈山军事根据地显得更加巩固。

在建设井冈山军事根据地的同时,对九陇山军事根据地也进行了建设。九陇山,距永新三湾各约 15 里,山中的上九陇、下九陇、蔡家田、浆山、大亚山等均系客籍山民。因地势复杂、山高林密,亦常为散兵游勇和土匪的出没之所。8 月后,宁冈县委下辖东南、西北两特委,西北特委即以九陇山为基础,领导开展群众游击战争。边界党建设九陇山军事根据地的号召发出后,西北特委即发动群众配合红四军三十一团一营二连,修筑工事,储运粮食,开设医院,使九陇山成为边界地方武装割据的最后根据地。

1929 年 1 月,湘赣两省敌军向井冈山革命根据地发动了第三次"会剿",守山红军和边界各县地方武装分别凭借着这两个军事根据地,与敌人展开了殊死的鏖战。两个军事根据地成为湘赣边界党和红军以及地方武装的重要活动基地。

《井冈山土地法》的颁布

"八月失败"给边界人民带来了苦难。在"八月失败"中,敌人占领了边界的县城和平原,夺走了农民手中的土地,破坏了土地革命的成果。"当时有一句口号:'农民分田,地主割禾',真是太不值得。我们别的军事上政治上的失败都不算事,只有分了田而农民收不到谷,才是真正的大失败呢!"①当年的特委书记杨开明沉痛地如是说。

所幸的是,"八月失败"后,毛泽东、朱德、陈毅率领红四军由湘南回到边界,收复了大部失地,把被豪绅地主夺回去的土地又重新夺了回来。

为了挽救"八月失败"的影响,巩固土地革命的成果,边界各级政

① 杨克敏:《关于湘赣边苏区情况的综合报告》,1929 年 2 月 25 日。

府领导人深感土地革命的胜利果实来之不易,必须用战斗来保卫。于是,从边界党的“二大”后,各级政府开展了大量的工作:

一是号召各县人民群众踊跃参军参战

“八月失败”中,红军损失了一个主力团(红二十九团)。因之,当红色政权机关号令一下,整个根据地内,到处出现了母送子、妻送郎,上前线当红军的动人情景,送鞋送粮、慰劳红军、支前参战的事例更是每不鲜见。边界人民经过土地斗争,看到了革命的前途和自身的利益,有一种当家做主人的责任感。在根据地内,永新县做得最好,参军参战的最多。

二是号召踊跃交售公粮、支援革命战争

1928 年是个好年景。土地分配后,解放了生产力,极大地激发了边界广大农民群众的生产热情。他们忘我地精耕细作,细心侍弄着由自己做主的田地。是年秋,边界各县获得空前的大丰收。农业的大幅度增产,为武装割据奠定了雄厚的物质基础。但考虑到各地情形不同,贫富不一,边界政权机关实行了因地而异的政策。在征收公粮、交纳土地税方面,宁冈人民表现了极高的热情,贡献最大。对此,毛泽东在《井冈山的斗争》中一文记载道:“土地税:宁冈收的是百分之二十,比中央办法多收半成,已在征收中,不好变更,明年再减。此外,遂川、酃县、永新各一部在割据区域内,都是山地,农民太苦,不好收税。”“至于红军给养,米暂可从宁冈土地税取得,钱亦完全靠打土豪。”

三是建立和健全各种革命群众组织

革命群众组织在边界主要有两大类:一是革命群众团体,如共青团、工会、妇女会,主要由中共湘赣边界特委和各级党组织领导;二是革命群众武装组织,如赤卫队、暴动队、少年先锋队、儿童团,由各级工农兵苏维埃政府指挥。

这些组织,各地在“八月失败”前均已成立。“八月失败”中,都遭受一定损失,因此,有建立和健全的必要。经过一段时期的努力,各地很快地行动起来,把这项任务当成确保土地革命的胜利成果来完成。

边界的各级群众组织的建立和健全,为后来保卫边界红色政权的斗争,立下了不可磨灭的功绩。

在边界红色政权的组织和广大农民群众的无私支援下,根据地内,红军部队得到了补充,红军给养有了保障;各地群众武装也发挥了重要的作用,从而使边界的武装斗争和根据地建设有了深厚的根基,土地革命成果由此得以巩固。在此基础上,《井冈山土地法》诞生了。

根据湘赣边界一年来土地革命的实际情况,依照中共中央第37号通告《关于没收土地和建立苏维埃》及中央6月来信中关于土地政策的指示精神,边界党在1928年10月4日召开的边界党第二次代表大会上,制定了《井冈山土地法》。经过两个月的酝酿、讨论和修改,同年12月,《井冈山土地法》以边界政府名义正式颁布。这是土地革命战争时期我党制定的第一部土地法。

《井冈山土地法》规定:"没收一切土地归苏维埃政府所有","一切土地,经苏维埃政府没收并分配后,禁止买卖"。分配土地数量标准:(1)以人口为标准,男女老幼平均分配;(2)以劳动力为标准,能劳动者比不能劳动者多分土地一倍。以上两个标准,以第一个为主体。分配土地的区域标准:(1)以乡为单位分配;(2)以几乡为单位分配(如永新之小江区);(3)以区为单位分配(如遂川之黄坳地区)。以上3种标准,以第一种为主体。此外,还规定了山林分配法、土地税征收法及其他事项。

《井冈山土地法》,是毛泽东和边界党根据共产国际和党中央指示精神,领导根据地人民进行一年多土地斗争经验的创造性总结。但是,由于无章可循,没有任何经验,这个土地法仍存在几个明显的"原则错误":一是"没收一切土地"而不是只没收地主的土地;二是规定土地没收后"归苏维埃政府所有",而不是归农民所有;三是"一切土地,经苏维埃政府没收并分配后,禁止买卖"。这些规定,是与当时中国还处于资产阶级民主革命阶段的民主革命性质不相适应的,也是与中国农民根深蒂固的土地私有观念的国情不相适应的。不过,对于这些

“原则错误”,毛泽东在后来的革命实践中不断地进行了纠正。如1929 年 4 月制定的《兴国土地法》就去掉了“没收一切土地”的规定,只规定“没收一切公共土地及地主阶级的土地”。到 1930 年春,毛泽东就确立了土地分配给农民私有,并允许买卖的政策。1941 年延安出版《农村调查》时,毛泽东还为《井冈山土地法》写了按语,指出:“此土地法是 1928 年冬天在井冈山(湘赣边界)制定的。这是 1927 年冬天至 1928 年冬天一整年内土地斗争经验的总结,在这以前,是没有任何经验的。这个土地法有几个错误:(一)没收一切土地而不是只没收地主土地;(二)土地所有权属政府而不是属农民,农民只有使用权;(三)禁止土地买卖。这些都是原则错误,后来都改正了。”①

尽管存在着上述“原则错误”,《井冈山土地法》仍不失为中国共产党在土地革命战争初期的第一部比较完备、比较成熟的土地法。它不仅直接指导了湘赣边界的土地斗争,也为党和毛泽东土地革命路线和政策的形成作出了创造性的贡献,为后来中国革命中我党领导的伟大土地斗争提供了宝贵经验。

边界的社会变革

农民地位的变化

地处罗霄山脉中段的边界各县农民,与全国的农村农民一样,饱受着三座大山的压迫。地主豪绅阶级凭借着其封建的土地所有权,对农民进行残酷的剥削。“边界的土地状况,大体说来,土地的百分之六十以上在地主手里,百分之四十以下在农民手里。分别来说,赣边以遂川为最集中,约百分之八十是地主的,永新次之,约百分之七十是地主的,万安、宁冈、莲花自耕农较多,除万安情形此间无直接调查外,宁冈、莲花两县土地虽说自耕农不少,然地主的土地仍占比较多数,约百分之六十与四十之比。湘边茶、酃两县相差不远,约百分之七十在地

① 中央文献研究室:《毛泽东年谱》上卷,第 260 页注释。

主手中。"①

由于土地高度集中,农民普遍缺地少田,为此,不得不向地主租种。而地主则凭借土地资本,向农民巧取豪夺。在边界,地主剥削农民的手法基本有三:一是收"活租。"即"禾熟时地主与农民同往禾田,农民把谷子打下和地主对分,双方各半,地主部分要农民送到他家里。"②有些地方还往往高出50%,有60%、70%甚至80%的。二是收"死租"。佃农每年按契约规定向田东缴纳一定数量的租谷,不分丰年歉年,照收不误。这种定额"死租",所索取的数量也往往在50%以上。三是名目繁多的"附加租"。美其名曰:吃新礼、过年礼等;甚至地主家有红白喜事,佃农都要前去帮忙,送礼打点,以祈求土地的延期租种。

在这般残酷的盘剥下,大多数佃农往往一年到头辛辛苦苦,可"禾镰挂上壁,屋内没米吃"。在青黄不接的时日,全家人只好吃野菜、蕨根、"雷公屎"(一种藻类寄生物)、"神仙土"(即高岭土)了,其贫苦到了极点。然而,由于"边界的经济,不但是农业经济,且还在杵臼时代(山地大概都是用杵臼做米,平地方有许多石碓)"③。山区虽受资本经济的侵蚀较迟,日常生活程度颇低,广大农民不仅缺田少地,而且没有文化,加上地处偏隅,显得十分落后;故广大的山区农民反抗精神不强,只有日出而作,日落而息,安于本命,安贫守道,认为是命中注定,只有受苦了。

基于这种情况,在井冈山斗争时期中,不少地方的农民,"对于革命的认识,政权的认识,工农的武装的认识,阶级的先锋队——共产党的认识……发育得要慢些","他们有许多是不满意或怀疑革命的,所以有些农民有'国民革命军也好,工农革命军也好,横直老百姓吃苦'

① 毛泽东:《井冈山前委给中央的报告》,1928年11月25日。

② 《毛泽东农村调查文集》,第136页。

③ 毛泽东:《井冈山前委给中央的报告》,1928年11月25日。

的话,有些说‘从前要抽捐税,现在还不是要抽土地税’? ……”诸如此类,不一而足”①。

针对这种现象,毛泽东领导工农革命军进行了艰苦细致的工作,并采取了一系列重大举措,教育农民,解放农民:一是颁布了工农革命军的“三大任务”、“三项纪律、六项注意”。工农革命军官兵大力开展政治宣传教育,宣传党和红军的宗旨、任务,号召广大贫苦农民投身革命阵营,谋求翻身解放。同时,强调军队纪律,做到秋毫无犯,使农民看到一支真正的自己的军队;二是组织打土豪、分浮财的游击暴动。红军每打下一个地方,就发动农民打土豪、分浮财,既让农民得到实惠,又为部队筹款,还可造成群众与党的基础;一俟条件基本成熟,即帮助农民建立红色政权。三是广泛开展土地革命运动。农民问题的核心是土地问题。要真正地争取和解放广大农民,就必须代表农民的根本利益,彻底废除封建土地所有制,让农民获得生存之本——土地。

湘赣边界各县在第一次国内革命战争期间,各县党组织都曾领导当地人民开展过打土豪、烧田契的斗争,广大农民甚为拥护,投入了斗争的洪流,没想到,轰轰烈烈的第一次大革命失败了,农民受压迫的状况依然如旧。为此,毛泽东在 1927 年冬,就派出胞弟毛泽覃到宁冈大陇乔林村进行土地革命试点;1928 年春毛泽东本人也来到永新塘边进行试点。工农革命军在湖南酃县中村时,还进行了插牌分田。在不断取得土地革命斗争经验后,在 1928 年 5 月 21 日召开的湘赣边界党的第一次代表会议上,毛泽东布置了“深入割据地区的土地革命”的任务,从而拉开了边界土地革命的大幕。为使这场土地革命进行得更深入,毛泽东还指示从部队抽调了许多红军干部,战士深入各地,帮助进行土地革命。土地革命最早在根据地的中心区域宁冈进行,然后逐步扩展其他各县。从边界“一大”始到 1928 年 10 月,边界各地普遍开展

① 杨克敏:《关于湘赣边苏区情况的综合报告》,1929 年 2 月 25 日,《井冈山革命根据地》(上)历史文献,243—244 页。

了大分田运动。在此基础上,边界党形成了一条基本完备的土地革命路线,即“农村斗争整个策略是:团结贫农,抓住中农,深入土地革命,厉行赤色恐怖,毫不顾惜地杀戮地主豪绅及其走狗,用赤色恐怖手段威胁富农,使其不敢帮助地主阶级”①。

经过土地革命,广大农民砸烂了几千年来的封建枷锁,摆脱了被统治的地位,成了社会的主人,大大地激发了革命和生产的积极性,农民得到了真正的翻身解放。

1928 年的秋天,根据地获得了农业大丰收。“宁冈县的粮食比哪一年都好,大增产,为感谢红军,宁冈人民都踊交公粮,支援革命。”②这年的土地税,“宁冈收的是百分之二十,比中央办法多收半成”③,宁冈广大农民毫无怨言。宁冈县东沅乡麻上村的农民邱德法,红军上山前,祖宗三代都靠租种地主的田,一还租就所剩无几了,吃了上餐愁下餐。土地革命后,分到了 10 多亩田,秋收获得谷子 3500 多斤,他完上土地税后,又多交了 1000 斤,超过规定的 42%!从邱祖德的身上,可以看出农民翻身解放后对革命的忠贞和对共产党的热爱。

翻身后的农民政治热情,还突出地表现在广大农民积极参军参战,支援红军。井冈山时期的许多重要战斗(如龙源口大捷、永新困敌、黄洋界保卫战等),都是广大农民群众积极参战支援的结果。在第三次反“会剿”失败后,“剿匪军用软硬兼施的手段,征服山上的群众,房子烧了,群众首领杀了”,广大的农民除“无所依归,迫不得已,以致反水”外,大多数“表现很好,并无反水的现象,还是很坚决的,没有发生什么影响”,“都认清了反动派的欺骗民众的真面目”,从而“各地群

① 《湘赣边界各县党第二次代表大会决议案》,1928 年 10 月 5 日,《井冈山革命根据地》(上),历史文献。

② 转引自《中央革命根据地财政经济史长编》(许毅主编)。

③ 毛泽东:《井冈山前委给中央的报告》,1928 年 11 月 25 日。

众日益革命化”①,足见农民得到解放后,对革命和共产党真心拥戴的程度。

妇女的解放

千百年来,广大农村妇女除了饱受政治上“三座大山”的沉重压迫之外,还戴上了封建制度遗留下来的“三纲五常”、“三从四德”的精神枷锁,受尽了政权、族权、神权、夫权的蹂躏。她们在外没有政治权利,在内没有人格权利,屈从于封建礼教的重重束缚,一直被压在社会的最底层。

湘赣边界的妇女尤甚。由于地处偏隅,各县在 19 世纪初基本上没有女子学校,即使有钱人家的女子要读书,也只能送到吉安、南昌、长沙等大地方去,故湘赣边界各县的妇女完全没有文化。然而边界各县的妇女并没有被封建制度所湮灭,她们勤劳、朴实、勇敢,在大革命的浪潮中争自由、求解放,打碎了封建枷锁,成为革命的生力军。

在宁冈,出身官家富绅的女青年杨杰、刘懿、龙佩云,高举反封建的大旗,组成宣传队,深入城乡,向广大妇女进行宣传,号召妇女放脚、剪髻,提倡男女平等,争取人身自由。在她们的带领下,广大妇女奋勇而起,纷纷上街游行、唱歌、演说,学知识、学文化。在共产党人龙超清等的支持下,宁冈办起了妇女工读学校,杨杰兼任学校校长。她们既学文化又做工,从吉安引进几台编织机,学编毛巾、袜子。1927 年 1 月,龙超清、刘辉霄、袁文才等领导攻占了宁冈县衙、成立了宁冈县人民委员会后,宁冈县妇女代表大会召开,成立了宁冈县妇女解放协会,选举杨杰为主任。

解放了的宁冈劳动妇女,学习努力,生产积极,斗争勇敢。新城土豪龙泮生恶毒攻击妇女解放协会,妇女协会得知后,大家一合计,把龙泮生抓住戴高帽子游街,大灭了地主豪绅的威风。有一次,宁冈县人

① 《中共湘赣边界特委报告》,1929 年 5 月 20 日,《井冈山革命根据地》(上)历史文献,第 309—310 页。

民委员会想打新城谢瑞庭的土豪，考虑到他家墙高院深，稍有动静，他都有可能及时转移贵重物品。妇女解放协会委员谢宝莲主动请缨，利用侄女的身份打开大门，袁文才率农民自卫军一拥而入，把谢瑞庭的金银细软全部缴获，随后又将其仓库中的谷物、茶油、腊肉全部挑走，分给当地贫苦百姓和充作农民自卫军军需。

1928 年 2 月 21 日宁冈县工农兵政府成立后，妇女解放协会改称为妇女委员会，重新选举了龙佩云、刘爰秀、陈春英、谢宝莲、尹顺安、刘懿等为委员，龙佩云任主任。随后，各区、乡都成立了妇女委员会。因为宁冈是井冈山革命根据地中心，妇委会组织了宣传队、洗衣队、担架队等，积极为红军送茶饭、洗衣服、做军鞋、削竹钉、搞运输、看护伤病员、探听敌情，起了很大的作用，涌现了许多英雄人物。茅坪乡妇女主任聂槐妆，在 1929 年初第三次反“会剿”失败后，经常为坚持在深山老林的红军送米送盐，由于一些方法不断重复使用，被敌人识破，不少交通员被捕。聂槐妆在又一次接到组织命令后，苦思冥想，终于想出了一个巧计：即把盐溶于水，将棉衣把水吸干，然后烤干穿在身上。她用这个方法多次成功地完成了任务。由于她时常外出，引起敌人注意，被国民党反动派抓捕。聂槐妆面对酷刑，坚贞不屈，最后壮烈牺牲，年仅 21 岁。她的英雄壮举，成为电影《闪闪的红星》潘冬子的原型。

在茶陵，妇女们也积极走出家门，投身革命。她们在共产党员谭道瑛（出身于士大夫家庭，曾求学于长沙稻田女子师范学校）的领导下，于 1926 年 7 月组织成立了茶陵县女界联合会，倡导妇女剪发、放脚，摒弃陋规恶习，积极参加打土豪活动；开创女性上学新风，办起了茶陵县女子学校，后正式称作“湖南私立云阳职业学校”，开设语文、织工等课程，并接受共产党员兼课传授马克思主义思想。“马日事变”后，学校被迫解散。革命转入低潮，茶陵妇女界的斗争仍未停止。

1927 年 11 月工农革命军攻克茶陵，成立茶陵县工农兵政府后，妇女革命斗争再度掀起。年底，茶陵县游击队上了井冈山，其中茶陵县工农兵政府妇女部的陈叔同等几位女性一同上山,陈叔同还分配到设在茅坪的前委担任工作人员。留在茶陵坚持斗争的谭道瑛,不幸因敌人告密被捕,1929 年春被敌杀害于长沙浏阳门外识字岭。

在酃县,曾在衡阳省立第三女子师范学校求学的女学生凌翠贞,接受进步思想,加入了共产党,于 1926 年受中共湘南特委派遣,回家乡从事妇女运动。在中共酃县特别支部的领导下,1927 年 1 月成立了酃县妇女协会,凌翠贞任会长。她们在各地组织宣传队,倡导男女平等、男女平权,实行放足、剪髻,禁止虐待女孩和抱养童养媳。在凌翠贞等领导下,短短半年时间,全县有 24 个区、48 个乡相继成立了妇协组织。广大妇女的革命热情如火山一样喷发,向着封建势力和旧观念发起了冲击。她们创办了酃县职业学院,实行男女兼收,打破了"男女同校不成体统"老观念的禁锢。酃县农民自卫军成立时,凌翠贞又领导组织一批妇女成立妇女小队,积极参加打土豪除官绅的斗争。

在莲花,1926 年 9 月,在北伐军的帮助下,成立了莲花县行政委员会和国共合作的莲花县党部,组建了工会、农会、妇女会等革命群众组织,进步女青年颜清珍当选为妇女会执行委员。颜清珍积极带领莲花妇女群众,参加与土豪劣绅、贪官污吏、反动资本家面对面的斗争。在斗争中,颜清珍于 1927 年春加入中国共产党。"马日事变"后,莲花县大土豪李成荫与革命势力对抗,颜清珍与县内的共产党员朱绳武、朱亦岳、陈竞进等一起,冒着生命危险,日夜奔走于全县各地,召开各类会议,揭露国民党右派的阴谋,号召革命人民坚持斗争,并于 5 月夺回了被右派控制的县城,摧毁了李成荫的所谓"新党部"。6 月间,中共江西区委派梁明哲、方志敏来莲花巡视工作,在莲花九都新城召开大会,颜清珍组织大批妇女参加会议,当夜还组织 100 余名妇女聆听方志敏作报告。广大妇女听后,纷纷表示拥护共产党主张,实行男女平等平权,废除一切不平等礼教。1928 年 6 月莲花县工农兵政府成立,颜清珍当选为县妇委会主任(后为县委妇运部长),积极协助其丈夫刘仁堪(莲花县工农兵政府主席)带领全县人民英勇斗争。1929 年 5

月，由于叛徒出卖，夫妻双双落入敌手，壮烈牺牲。

在永新，妇女解放运动更为出色。在大革命的浪潮中，永新女界就涌现出两个著名女英雄——贺子珍、贺怡姐妹俩。在永新“6.10”反革命政变后，已是吉安妇委主任的贺子珍，虽尚年轻，但沉着稳健，积极会同已撤至吉安的刘真等人会商后，偕尹锋等奔赴宁冈，联络袁文才、王佐及安福、莲花农民自卫军，合攻永新，于7月18日攻克永新，救出了被关押的贺敏学、胡波等80余名革命干部与群众，尔后毅然随兄长贺敏学一起上了井冈山，是井冈山革命根据地的第一个女共产党员、女红军战士，随后分配在前委机关工作，成为毛泽东的亲密战友。妇女的解放，为中国革命锻造了一支雄厚的有生力量。在井冈山斗争中，活跃着贺子珍、伍若兰、彭儒、吴仲莲、康克清、曾志、段子英等一大批知名巾帼英雄。她们，有的一路征战，直至新中国成立，仍披肝沥胆，为国为民，鞠躬尽瘁；有的为了崇高的事业，贡献了年轻的生命；有的甚至连姓名也没有留下。

社会各阶层的变化

在井冈山革命根据地的创建过程中，除了社会阶层的主体——农民、社会人口的母胎——妇女得到了翻身解放，接受了共产党主张，走上革命道路外，其他各阶层同样发生了巨大的变化。其中工人阶级、小资产阶级、军队士兵等表现尤为突出。

工人阶级：

湘赣边界各县地处偏隅，“社会经济政治文化一切落后”①，基本上没有近代民族工业和产业工人，只有一些与人民生活紧密相关的铁业、篾业、泥木业、船业、服务业及小作坊等手工业和小产业工人。在北伐战争的胜利进军中，湘东、湘南、赣西的小产业工人配合北伐军开展了一系列的斗争，在大革命的热潮中得到了熏陶与锻炼。井冈山斗

① 杨克敏：《关于湘赣边苏区情况的综合报告》，1929年2月25日，《井冈山革命根据地》（上）历史文献，第273页。

争时期,他们在共产党的领导和红军的影响下,与广大贫苦农民站在一起,投入了火热的"工农武装割据"的伟大斗争,成为一支重要的生力军。其变化与贡献主要表现在:

一是积极参军参战。在秋收起义的部队中,第二团的组成力量基本上是安源工人纠察队和矿警队,后虽被打散,仍有 100 余人上了井冈山。1928 年 5 月,刘型、张汝泉又率醴陵和安源工人近百人上到井冈山,被编入红四军三十一团。在湘南起义的农军中,均有各县的工人参加。据宜章、郴县、耒阳、安仁、嘉禾、资兴、桂东、汝城等县不完全统计,参加工农革命军的工农有 7 万多人,其中参战的工人有 6900 多人,工人参军的有 2461 人。①

二是投身军需生产。井冈山的斗争异常激烈,这些工人成分的红军战士,表现英勇顽强,贡献出许多聪明才智。1928 年 1 月打下遂川时缴获了 6 架缝纫机,可运回桃寮被服厂后,那些请来的缝衣工人谁也不会用。毛泽东即在部队中找了林善宾、罗华曙、吴千金、贺世喜、王志兵等 6 位会踏缝纫机的工人战士充任骨干,林善宾还当了被服厂厂长。红四军军械处的开办,也得力于水口山铅锡矿工出身的战士。他们因陋就简,不仅会修理坏枪,还造出了"来火枪"、"单响枪"。他们都为根据地的军需供给作出了很大贡献。

三是拥军拥政,支援革命战争。1927 年 11 月,工农革命军打下茶陵后,开始没有很好发动群众,忽视了工人的作用。后来根据毛泽东指示,广泛发动广大工人农民起来参加革命斗争,恢复了茶陵县工会和各个分工会,并推举印刷工人谭震林当工会主席和县工农兵政府主席。县政府派出工作队,深入乡村,帮助各地恢复农民协会,成立了工人纠察队。工人纠察队平时配合农民赤卫队站岗放哨,战时,则支援工农革命军作战。1927 年 12 月中旬茶陵豪绅头目谭省吾、罗兆鹏纠集反动武装 200 多人进攻红色政权时,工农革命军正面阻挡敌人,茶陵县委和政府率工人纠

---

① 引自《湘赣革命根据地工人运动史》,江西人民出版社 1991 年版。

察队隐蔽在河对面的定灵寺，从侧面进攻，一举击溃来犯之敌，缴枪20余支，有力地保卫了新生的红色政权。1928年1月5日工农革命军攻克遂川县城时，由于敌人造谣、诬蔑革命军，使不少市民受到蒙蔽，革命军进城后，一片冷冷清清。后来，遂川篾业工人蒋世良等积极宣传共产党的宗旨，宣传工农革命军攻打遂川的目的，很快将遂川工人发动起来，恢复了商业、船业、木业、排业、作坊业等工会，还组建了遂川县工人赤卫队，蒋世良任队长，谭震林任党代表。他们白天下乡宣传，晚上在县城担任值勤，成为遂川县一支坚强的武装力量。

小资产阶级：

小资产阶级主要指中小商人、小业主、小作坊主等，属于“中间阶级”。在井冈山革命斗争中，对小资产阶级这一中间阶级的问题，是一个比较棘手的问题，中央及湖南、江西省委对此没有一个明确、具体的政策界定，全靠前委、特委自己摸索。对此，毛泽东在《井冈山的斗争》一文中感叹道：“全国革命低潮时，割据区域最困难的问题，就在拿不住中间阶级。”尽管如此，毛泽东领导前委和特委，在对待小资产阶级这个问题上是做得比较好的，提出了保护中小商人和“一个红枣也不能动”的工商政策。其中最突出的体现在遂川草林圩场的工作中。

草林，是遂川四大圩场之一，聚居着600多户人家，近200家店铺。大多数是中小商人。这些中小商人的资本很小，主要经营一些生活用品、手工业产品和土特产品。他们既受国民党反动派苛捐杂税的压榨，又受大地主豪绅、大资本家的盘剥，经济命脉基本上受当地的“土霸王”黄礼瑞的控制。针对这种情况，毛泽东指示在草林发动群众的罗荣桓，耐心做好群众工作，严肃部队纪律，做到秋毫无犯，区别不同对象，保护大多数中小商人，镇压黄礼瑞、郭朝宗等大资本家。罗荣桓、曾士峨根据毛泽东的指示，以迅雷不及掩耳之势，查封了黄礼瑞、郭朝宗在草林的各种商号、当铺、烟馆、妓院，缴获了大量物资。

事后，毛泽东亲自赶到草林，召集群众大会，将工农革命军保护中小商人的政策向群众作了宣讲。他在会上说：“我们工农革命军的宗旨是为天下劳苦大众谋幸福的。据我们了解,你们草林圩有 114 家店铺,大资本家只有 16 家,中等资本的只有 11 家,小资本的 84 家。资本大的都是黄礼瑞、郭朝宗、刘汉青、胡海清几个人开设的,他们既是大土豪,又是大奸商,他们才是我们打击的对象。至于中小商人,我们的政策是保护的,一粒盐、一寸布也不动,不罚款、不抽税,允许自由贸易,保障合法经营,请商家放心。”①到会的群众和中小商人听后,十分欣慰。工农革命军因此得到了广大中小商人和群众的拥护。

对此,毛泽东在《井冈山前委给中央的报告》中记载说:“对小资产阶级的政策,我们在今年 2 月以前,是比较地执行得好的……在遂川特别收到了好的效果。县城和市镇上的商人不畏避我们了,颇有说红军的好话的。草林圩上逢圩(日中为市,三天一次),到圩两万人,为从来所未有。这件事,证明我们的政策是正确的了。豪绅对人民的税捐很重,遂川靖卫团在黄坳至草林七十里路上要抽五道税,无论什么农产都不能免。我们打掉靖卫团,取消了这些税,获得了农民和中小商人全体的拥护。”②为了使对小资产阶级的政策深入人心,1929 年红四军党部还专门发布了《告商人及知识分子》文告,明确提出了“保护中小商人”的口号。同时,在《红军第四军司令部布告》里写道“小资产者,税捐极重……城市商人,积铢累寸,只要服从,余皆不论。”正是有了这样的好政策,共产党和红军才得到了小资产阶级的衷心拥护。根据地广大中小商人积极参市纳税,筹款筹粮,沟通赤白贸易,活跃集市经济,成为维护红色政权的重要力量。

军队士兵:

毛泽东在《井冈山前委给中央的报告》中说:“红军的来源,约分下列六项:(1)潮汕叶贺旧部;(2)武昌警卫团;(3)浏平农军;(4)湘南农军及水口山工人;(5)许克祥、唐生智、白崇禧、朱培德、吴尚、熊式辉各

① 遂川县党史办采访资料。

② 毛泽东:《井冈山的斗争》,《毛泽东选集》第 1 卷第 78 页,人民出版社 1991 年版。

部的俘虏兵;(6)边界各县工农分子。前四项是基干,但贺叶旧部、警卫团、浏平农军,因经过一年多无数次的战争,损失了三分之二,剩下的不过三分之一。即湘南红军,在边界八个月的斗争,伤亡数目亦很大。所以前四项虽然至今因其质量之健全,犹是红军第四军的基础势力,但数量上比例,已远不如后二项了。后二项又以各军俘虏为最大数量。""别人的兵要训练半年一年才打仗,我们的兵,昨天入伍今日就要打仗,简直无所谓训练。""因死伤太多,往往昨日从敌军俘虏过来,今日即要他当排长、甚至当连长。今年二三月间的俘虏兵,现在有当了营长的。"按理,如此的兵士结构,是很难以对付武装到牙齿的反动军队的。同时,红军的物质生活,极其菲薄,每人每天只有五分钱的油盐柴菜钱,吃的是红米饭、南瓜汤,有时甚至靠野菜充饥,到了严冬仍穿着两件单衣。然而,红军却战之必胜,越打越强,越打越多。这是什么原因?关键就在于在军队中实行了民权主义。"官长不打士兵,官兵穿吃一样,待遇平等,士兵有开会言论之自由,繁缛礼节之废除,经济之彻底公开"①,所以,红军的士兵,特别是俘虏兵,"他们一到我们的军中一看,完全另有天地,与他们原来的社会,完全两样,好似黑暗中找到了一线光明,他们的精神上当然是愉快的。常听到俘虏过来的士兵说:'我们在军阀军队中受了官长的反宣传,说你们(红军)是如何的残酷,见人就杀,及到此一看,才知道完全不是这样的。'而且'你们这种平等自由,是我们做梦也想不到的'"②。所以,毛泽东在《井冈山前委给中央的报告》中总结说:"同样一个兵,前日替敌军打仗不如今日替红军打仗之勇敢,乃是这种民权主义的影响。红军像一座火炉,俘虏兵过来马上熔化。""彻底的民权主义之施行于军队,将是破坏中国封建雇佣军队之重要政策。"红军中这种"彻底的民权主义"。实质

① 毛泽东:《井冈山前委给中央的报告》,1928 年 11 月 25 日。

② 杨克敏:《关于湘赣边苏区情况的综合报告》,1929 年 2 月 25 日,《井冈山革命根据地》(上)历史文献,第 264 页。

上就是军队中的民主制度。正是依靠军队中的“民权主义”、民主制度,井冈山时期的国民党投诚部队毕占云、张威两部的政治素质得到了很大的改造和提高,精神面貌发生了重大变化,部队摘掉了“双枪兵”的帽子,丢掉“烟枪”,拿起钢枪,赤诚勇敢,成为边界武装力量的重要组成部分。张威 1930 年在大余战斗中英勇牺牲,毕占云后来成为中国人民解放军的高级将领,1955 年被授予中将军衔。

社会陋习的改变

湘赣边界各县地处偏隅,“社会经济政治文化一切落后,封建宗法思想充满乡村,农民做梦也想不到机器工业是一个什么样儿,是一回什么事,帝国主义到底是一回什么事。”①正是由于落后、封闭的原因,边界各县民间陋习名目繁多,有些显得愚昧、丑恶。其社会陋习主要有:

首先是赌博。赌博,是千百年来遗留下来的企图不劳而获的不良行为,是懒惰的最高形式。按理,在战争年代,到处饿殍遍野,广大农民家境破落,该是循规蹈矩了。可是,恰恰相反,边界各县赌博之风一直盛行不衰。其中,有富人之间的“比势”赌,有穷苦百姓的“寻财”赌,有流氓无产者与有钱人的“斗智”赌,有兵痞与地痞的“玩命”赌等等,不一而足。

二是吃鸦片烟。北洋军阀统治期间主张种鸦片烟苗以抽税筹款,一时,各县竟改粮田为种烟苗,此后城镇烟馆林立。大革命时期,各县农民协会曾采取禁烟措施,取得显著效果。然大革命失败后,吸烟卖烟又死灰复燃。

三是买卖婚姻。包括托人说媒、指腹为婚、抱养童养媳等。由于婚姻制度的不平等,富豪纳妾蓄婢,穷汉无力娶亲,夫权至高无上,妇女毫无人权。

四是迷信。湘赣边界各县由于地处偏隅,受先进思想较少,缺乏

① 杨克敏:《关于湘赣边苏区情况的综合报告》,1929 年 2 月 25 日,《井冈山革命根据地》(上)历史文献,第 273 页。

文化科学知识，广大的农民群众认识不到贫穷是剥削的结果，反认为是自己“命苦”，因而迷信盛行，敬神、拜佛、看相、算命等，祈求上苍降临福祉，避灾驱邪。

五是尊崇宗法礼教。湘赣边界各县，“社会组织，大多是聚族而居。……因为一般的落后，国民革命时代的民权革命在工农群众中影响很少，所以革命的元素在乡村城市中要少于封建势力（指红军走以前）。可以说封建宗法的势力，要较革命势力雄厚”①。当年边界特委书记杨开明的这番话是有根据的。边界各县境内各姓均拥有宗祠，大姓还有总祠、房祠，有钱人有家祠。凡宗祠均有田产，有的还有山林、池塘，具有一定的经济基础。族有族规、族长。族长一般由富有的乡绅充当，执掌族规，主管族产，处理族内外的纷争等，拥有极高的权利。这些族长或酋事，往往与地主豪绅勾结一气，把手中的权利变为镇压贫苦农民的武器，稍有不是，轻者责杖，重者沉潭。

在第一次大革命的浪潮中，上述陈腐落后的封建陋习受到很大的冲击。在共产党人的领导下，各县普遍建立了农民协会、工人协会、妇女协会、青年学生会等群众组织，涤荡各种封建社会陋习。农民协会首先对赌博、吸鸦片开刀。各地农协积极取缔赌博，对赌徒进行教育，对赌棍罚款、游乡，没收烟具，烧毁鸦片，强制戒毒。一时，赌博和吸鸦片的现象销声匿迹。与此同时，宗法礼教、迷信活动、买卖婚姻，也同样受到批判和打击。在宁冈，袁文才领导农民自卫军一股脑儿将茅坪象山庵、白云寺里的菩萨打掉，神像烧掉。在永新，贺子珍、贺怡带领秀水小学的学生，也把城隍庙的菩萨打了。酃县、茶陵、遂川、莲花县的共产党人，也领导农民协会向宗法礼教、迷信场所开刀。在大革命狂风暴雨之中，边界各县妇女得到解放。她们纷纷放小脚、剪髻子，争民主，争自由，走出家门，上街宣传，参与打土豪、烧地契的运动。大革

① 杨克敏：《关于湘赣边苏区情况的综合报告》，1929年2月25日，《井冈山革命根据地》（上）历史文献，第243页。

命失败后,各地的革命形势一落千丈,边界各县政权重又落到国民党右派手中;于是,被荡涤一清的民间陋习重又沉渣泛起。

在井冈山革命根据地创建过程中,以毛泽东为领导的前委、特委,领导边界各县党组织,再一次对封建陋习进行了一场革命。在轰轰烈烈的土地革命运动中,没收了宗祠的山林田产,清算了族长们的劣迹,废除了买卖婚姻,实行婚姻自由,男女平等,提倡婚嫁简朴、节约。禁止赌博,打击有劣迹的赌徒、赌棍。对吸鸦片者,县、区、乡苏维埃政府规定:凡吸鸦片者,自动到苏维埃政府报告,限期戒绝;否则拘留,强制戒毒,阶级异己者则加以重罚;并发动少先队、儿童团暗中访查,发现后没收赌具、烟具,予以罚款。这些举措,在《宁冈县第三区第八乡苏维埃布告》中依然可见:"本府现已成立,从今夺取政权。肃清反动革命,隐藏罪亦牵连。打倒封建势力,严禁赌博洋烟。……"在遂川县工农兵政府《临时政纲》中也可以看到类似内容。

经过湘赣边界及各县工农兵政府的努力工作,井冈山革命根据地所属各县的社会风气均出现了崭新的变化。封建宗法制度被摧毁了,工农群众的政治地位根本改变了,赌博、抽鸦片销声匿迹了,迷信之风大为减少了,广大妇女解放了,婚姻自由了,男女平等了,妇女越来越多地走出房门、离开灶台、参加革命斗争了。边界各县涌现出许许多多公而忘私、舍生取义的英雄人物,如:谢甲开、刘仁堪、刘寅生、吴月娥、聂槐妆、曾宝华、范家驹等等,不胜枚举。湘赣边界各县社会陋习的改变,有力地推动了井冈山革命根据地革命事业的发展。

第三节
反经济封锁的斗争

发展农业生产与解决"吃饭大难"问题

发展农业生产

湘赣边界地处罗霄山中段,不仅有险要的地势,而且有适宜农作物和森林发展的优越条件,从而为边界割据提供了有利的物质条件。但是,边界的经济,又是典型的农业经济。这种自给自足的小农经济,虽然乡村可以不依赖城市而存在,反过来却又对经济的发展带来严重的束缚。在众多部队长期进行武装割据,需要足够的给养力的情况下,供需矛盾也就日显突出。因此,发展农业生产,把农业生产放在第一位,成为根据地经济建设的一项重要任务。

毛泽东对发展农业的工作十分重视。他是我党最早提出“边界的经济是农业经济”①观点的领导人。为此,毛泽东和边界党采取了一系列得力措施,领导根据地人民积极发展农业生产。

1. 颁发布告,动员农民群众发展农业生产。

根据地内的土地革命运动是在边界党的“一大”后掀起的,此时,各地都进行了分田。“土地回老家,农民笑哈哈”。但分了田并不等于丰收。因此,边界各级政府遵照特委指示,加强了对土地经营、发展生产的领导,普遍颁发了布告,予以督导。如宁冈县第三区第八乡苏维埃政府在1928年5月就颁布了如下布告:

本府现已成立,从今夺取政权。
肃清反动革命,隐藏罪亦牵连。
打倒封建势力,严禁赌博洋烟。
红军帮我工农,瓜分地主良田。
属乡均已分好,务须耕耘在前。
倘有自由抛荒,查觉重责难免。
刻下稻熟之期,不准鹅鸭放田。
特示布告于后,各宜领遵为先。

2. 组织红军参加农业生产。

当时,特委、军委均要求红军指战员在分兵发动群众之际,积极参加生产劳动,和农民打成一片。“那个时候,毛司令带领贺子珍、贺敏

① 毛泽东:《井冈山的斗争》。

学和红军司令部(应是三十一团团部——引者注)的同志曾在泉水窝帮助我们割禾。以后又在塘边村前的田垄里,帮助孤寡老人和劳力缺少的群众割禾。毛司令边割禾边向群众了解情况,问群众生活过得怎样。"①"毛司令"都下田割禾,广大红军将士更是如此。

3. 发动妇女参加农业生产。

当时,边界的斗争完全是军事的斗争,青壮男子都要参军参战,耕田大计主要靠妇女。为此,在特委的号召下,许多地方的妇女都纷纷走出家门,成为农业生产的骨干。"那时,强壮的男人都去打土豪劣绅或参加红军了,家里只剩下老弱病残。于是,犁田、耙田、插秧都是我们妇女干的。……我们三湾村的妇女,既是生产的骨干,又是参加打仗、打土豪、分田地的积极分子。那时,我们是很辛苦的,很困难的,但在艰难困苦的环境中我们都很愉快。"②

4. 组织耕田队,调剂劳力与农具耕牛余缺。

由于青壮男子上了前线,加上贫雇农家底薄弱,当时农业第一线普遍存在着劳力、农具、耕牛不足的问题。边界党和政府根据边界素有换工的习惯,便有计划地组织起耕田队,开展互助合作,调剂余缺,以不误农时。如:"宁冈县东源乡,原有耕牛七八十头,三月失败后只剩下 4 头。……针对这种情况,湘赣边界各级工农兵政府积极发动妇女和组织政府工作人员参加农业生产劳动,并根据井冈山地区过去就有的农忙时换工的习惯,动员和组织群众实行劳力换工和耕牛农具互助……在邱祖德的带领下,组织了耕田队。他们顶住困难,牛不够就用人力拉,起早贪黑,精耕细作,秋收时获得丰收。"③

5. 进行农田基本建设。

一是修牛路。当年,永新的塘边、大屋两村的耕牛放牧,时常发生

① 徐正芝:《忆塘边的革命斗争》,内部馆藏资料。

② 张冬莲:《忆三湾乡的妇女工作》,内部馆藏资料。

③ 转引自《中央革命根据地财政经济史长编》(许毅主编)。

耕牛上山要吃掉、踩坏禾苗的现象。毛泽东了解这一情况后，便带领红军和群众新修了两条牛路。二是修水利。水利是农业的命脉。边界党和各级政府发动各地农民整修了许多圳、坝，永新县一心乡还修复了一座能浇灌300亩面积的海内塘及大水渠。

在毛泽东和边界党的领导下，1928年秋，根据地获得了农业大丰收。“宁冈县的粮食比哪一年都好，大增产，为感谢红军，宁冈人民都踊交公粮，支援革命。”①农业生产的发展，有效地保证了红军的给养，对支援革命战争起了很大的作用。

解决“吃饭大难”的问题

自1927年10月，毛泽东率领工农革命军来到宁冈茅坪“安家”后，近千人的部队给养问题，特别是吃饭问题，成为一个非常棘手的问题。到井冈山会师后，这个问题就更严重了。

负责后勤工作的范树德回忆说：“开始，我们这支队伍只有千把人，没收地主的存粮就能解决吃粮问题。例如：到了遂川以后，只要打几家土豪，就能解决我们一段时间的吃粮问题。……1928年4月，朱德、陈毅同志率领湘南部队和我们的部队在井冈山会师，人数猛增到一万多，湘南来的部队中很多人是一家都来了。他们为了革命而离开家乡，到了井冈山，但是我们又不可能都把他们组织成严密的部队，又不能让他们在井冈山当‘叫花子’。”②问题就这样严重地出现了。一万多人的吃饭问题，在井冈山根据地是难以解决和长期维持的。1928年5月2日，毛泽东在永新城以工农革命军第四军军委书记的名义致信给江西省委并中央，就有“一万人的群众拖泥带水，纪律太糟（一部分除外）”的话，惊呼“吃饭大难”。

“为解决这近万人的吃饭问题，我们不得不每到一个地方就立即派出一支小队伍专门打土豪。我们就是通过这样的办法搞粮食，并取

① “访张桂庭同志记录”，内部采访资料。

② 范树德：《井冈山的后勤工作》，见《井冈山革命根据地》回忆资料。

得必要的物资,解决给养问题。"①但是,"当时我们每个人一天吃老秤(老秤1斤是16两)24两,合1斤半。这样每个人1个月就需要45斤"②。照此推算,1万人吃一天就要1.5万斤米。这是个多么大的数字!

怎么办?这就提出了一个如何从根本上治理和解决边界吃饭和经济问题的严峻任务。为此,边界党、军委及毛泽东、朱德等断然采取了三大措施:

1. 将红三十、三十三、三十四、三十五、三十六团遣返湘南。

"当时正是5月初,由于部队人多枪少,除二十八、二十九团、三十一团外,其他部队战斗力不强,转移活动困难,被敌人压缩在井冈山地区这个范围内,发生了给养困难。因此,上面决定:除编在十师的二十九团外,其他永、资、郴来的农军,全部返回湘南。"③

2. 加大打土豪的力度。

红军每到一个地方,即派出部队打土豪,筹款筹粮,此举甚为奏效。

3. 勒紧裤带,节约开支。

因为游击战争性质的"工农武装割据"不能常住一地,而往往来到的新地方土豪又已打尽,这就必须用钱购买粮食。但红军的经费同样靠打土豪所得,而且经费有限,这就必须"细水长流"。"办法就是节省一切非必要的开支。例如:办公费规定具体数字,原来擦枪要买油买布……此时,为了节省开支,这些钱我们就节省不花,地主家里有茶油、旧衣服、旧布,很自然的部队就会解决擦枪开支问题了。"④在这一方面,毛泽东是勒紧裤带节省开支的模范。"毛委员吃苦菜"、"一根灯

① 范树德:《井冈山的后勤工作》,见《井冈山革命根据地》回忆资料。
② 范树德:《井冈山的后勤工作》,见《井冈山革命根据地》回忆资料。
③ 李克如:《井冈山斗争的回忆》,见《井冈山革命根据地》回忆资料。
④ 范树德:《井冈山的后勤工作》,见《井冈山革命根据地》回忆资料。

芯的故事”等就是最好的说明。

“打倒资本家，天天吃南瓜”

井冈山的斗争生活是极其艰苦的，加上敌人对井冈山根据地实行经济封锁，致使这种生活的艰苦到了极度。

对于井冈山军民的艰苦生活，特委书记杨开明在其当年的报告中记载颇为详细：“红军中的生活与经济是非常之艰难的。拥有数千之众，每个月至少要一万五千元作伙食费，米还是由当地筹办的，经济的来源全靠去打土豪……红军中的薪饷，早就废除了，只有饭吃，有钱的时候发一二块钱的零用钱。最近几个月来，不讲零用钱不发，草鞋费也没有发，伙食费也减少了。最近两月来，每人每天只发伙食费3分，4分油，4分盐，米1斤4两。3分钱一天的小菜钱，只买得南瓜。……所以近来士兵生活感觉得不安，当时有一句口号：‘打倒资本家，天天吃南瓜’，可以概见士兵的情形。……这个经济问题，要算红军中最困难的问题，也就是边界割据的致命伤。”①毛泽东在《井冈山前委给中央的报告》也说：“湖南省委要我们注意士兵的物质生活，至少要比普通的工农生活好。现在军中的生活则相反，恐怕什么人的生活都很少有红军这样坏的。因为现洋缺乏，每天每人五分大洋的伙食钱（米归地方供给），时常难乎为继。‘打倒资本家，天天吃南瓜’，士兵的谚语，表示了他们的苦楚，耐得苦，比第四军更耐得苦的恐怕也少了。”

然而，尽管生活如此艰苦，毛泽东和前委靠着军队中的民主主义，官长和士兵一样苦，所以，战士们都知道是为自己而吃苦，所以也就没有什么怨言。“相反，战士们对这种艰苦生活表现很乐观，部队的情绪特别高。战士们说：‘打倒国民党，天天南瓜汤。’战士们还唱着：‘红米饭，南瓜汤，秋茄子，味好香。餐餐吃得精打光。”②多么难能可贵！

---

① 杨克敏：《关于湘赣边苏区情况的综合报告》，1929年2月25日。

② 王耀南：《艰苦奋斗在井冈山上》，见《井冈山革命根据地》回忆资料。

更令人感动的是,红军战士不但没有被这困难所吓倒,而且把“打倒资本家,天天吃南瓜”这句话倒过来,成为“天天吃南瓜,打倒资本家”的战斗口号。“当时,我们有个口号是:‘天天吃南瓜,打倒资本家!’这个口号很能鼓舞战士的斗志,使同志们认识到,没有粮食吃,我们可以吃菜充饥,一样去消灭国民党。这个口号,我们在一、二、三次反‘围剿’中都用上了。后来在长征路上,过雪山、草地,有时讲一讲在井冈山吃南瓜的艰苦日子是怎么过的,用来教育部队,部队听了士气特别高,不感到困难。”①

红军,正是靠着这种意志、这种精神,才艰难困苦而不溃散。

“好在苦惯了”

红军对于边界战争环境中的艰难困苦,是习以为常的。毛泽东在《井冈山前委给中央的报告》中写道:“现在全军五千人的冬衣,虽得了棉花,还缺少布,竟不知何日才能解决。这样冷了,许多士兵还是穿两层单衣,好在苦惯了;而且什么人都一样苦,从军长到伙夫,一律吃五分钱的伙食,发零用钱两角即一律两角,四角即一律四角;大家又都懂得是‘为了无产阶级而苦’,因此又不怨恨什么人。虽然如此,经济问题始终是很严重的。”

“好在苦惯了。”乍一听,语气极为平淡,细细推究,其中包含着多少艰辛。当年,红军战士历尽了人间三大苦:一是打仗苦。打仗是很艰苦的事。当时,“边界的斗争,几乎完全成了军事的斗争,因此党与群众不得不一齐军事化。怎样应付敌人,怎样作战,成了军中与地方各级党部每日议事程序中重要项目,打仗成了日常生活。”②二是伤病苦。“作战一次,就有一批伤兵;由于营养不足,受冻及其他原因,病的

① 王耀南:《艰苦奋斗在井冈山上》,见《井冈山革命根据地》回忆资料。
② 毛泽东:《井冈山前委给中央的报告》。

很多。……药品及医生之缺乏，问题很大。”[①]三是衣食苦。对此，曾志回忆说：“我们后方留守处 100 来人差不多天天吃的都是辣椒干拌盐泡的汤，好的时候才能吃点南瓜，那时能吃上南瓜，就像吃肉一样。所以当时红军战士有个歌谣：‘红米饭，南瓜汤，吃起来，喷喷香！’这是红军战士对美味的南瓜，出自内心的颂扬。在山上，穿的、盖的比吃的更困难。8 月的井冈山经常细雨蒙蒙，浓雾重重，空气潮湿而寒冷。……我们就用剥下的杉树皮，铺在地上当床板，盖的很少。我当时有一床夹被子，算是很不错了。有的同志连夹被都没有，就用禾草往身上盖。为了抗冷，我们白天轮流到山上打柴，晚上就在屋子中间烧一堆火，大家围着火睡觉。我们穿的更是五花八门，穿什么的都有。”[②]

“好在苦惯了”，好在毛泽东、朱德、陈毅等军中领导从“我”苦起，将士一样苦。红军中官兵平等，从上到下一个样。当年，陈毅在《关于朱毛军的历史及其状况的报告》中曾提到一副反映红军官兵平等的对联，联云：“红军中官兵伕薪饷穿吃一样，军阀里将校尉起居饮食不同。”这副对联至今还保存在宁冈砻市龙江书院的石柱上，闪耀着不灭的光辉。

尤其令人感怀至深的是，当年的红四军军长朱德竟与“伙伕”一样，衣冠普通，鞋履褴褛。这一点，陈毅在上述报告亦有记载：“红军的官兵，物质享受一样，所以官兵不能有什么分别。群众及敌兵俘虏初初看见顶顶大名的四军军长那样芒鞋草履十分褴褛莫不诧异，若不介绍，至多只能估量他是一个伙伕头，同时到现在伙伕头三个字恰成了四军军长的诨号。”

正因为如此，“生活虽然很艰苦，但却很少听到有人叫苦发牢骚。这是因为有革命的信念革命的热情，激励着每个人。”[③]“我们在井冈

① 毛泽东：《井冈山前委给中央的报告》。

② 曾志：《回忆在井冈山的艰苦生活》，《井冈山革命根据地》回忆资料。

③ 曾志：《回忆在井冈山的艰苦生活》，《井冈山革命根据地》回忆资料。

山的岁月中,从毛党代表起,官兵的生活都是一样的。每天吃的是南瓜和红米,有时红米都吃不上,只吃到南瓜;每人每天只有5分大洋的油盐菜钱,有时连油盐都吃不上。由此可以想见,那时我们的生活是多么艰苦。但是,同志们对于井冈山的艰苦斗争是有信心的,我们的心情都是愉快的。"①

反经济封锁的举措

为了打破湘赣两省敌人对井冈山根据地的经济封锁,渡过由经济封锁而造成的严重的困难和危机,毛泽东和边界党领导根据地军民,开展了一系列艰苦卓绝的反经济封锁的斗争。

1. 开办红色圩场。

1928年5月下旬,毛泽东和边界党指示宁冈县委在大陇筹办红色圩场,开辟赤白贸易线。经过一个多月的努力,终于在7月15日开圩。大陇红色圩场的开办,有力地活跃了根据地的经济输出与紧缺物资的输入,沟通了赤白贸易,缓解了经济危机。

2. 设立公卖处。

针对着经济封锁影响中间阶级的情况,同时考虑到"因为这种压迫,不但中等阶级忍不住,工农阶级及红军亦恐有耐不住之时"的缘故,1928年5月,新遂边陲特别区工农兵苏维埃政府成立后,毛泽东及边界党即指示在茨坪办起了公卖处,用打土豪筹得的一部分款子,买回一批东西放在公卖处出售。同时,还在大陇圩场由大陇区政府办起了自己的公营商店,直接为群众排忧解难。

3. 成立竹木委员会。

1928年底,边界工农兵政府在红色区域内设立了竹木委员会,有计划地组织人力,通过各种渠道向白区输出根据地盛产的竹、木、油、茶等,建立起赤白贸易线,活跃了根据地的经济。

① 杨至诚:《艰苦转战——毛主席在井冈山的片断》,《井冈山革命根据地》回忆资料。

4. 开展群众性的熬硝盐运动。

当时,盐是最为"奇缺"的物资,少得连红军医院里对伤员清洗伤口的盐都缺乏。为此,边界党根据群众经验,将一些老房子的墙根土挖出来,用水浸泡,再用泡过的水来熬硝盐。这样的盐,虽然又苦又涩,但比没有一点盐、长期不食盐引起浮肿好多了。

由于这些措施的得当有力,有效地活跃了井冈山根据地的经济,缓解了敌人经济封锁所造成的严重困难,并在一定程度上改善了人民群众的生活,从而打破了湘赣两省敌人对井冈山根据地残酷的经济封锁。

创办上井造币厂

为了进一步打破湘赣两省敌军严酷的经济封锁,解决红军的给养,活跃边界的经济,毛泽东和边界党领导边界军民在井冈山上井村创办了一个造币厂。

上井造币厂是在 1928 年 5 月下旬湘赣边界工农兵政府成立以后,在边界原有的"谢氏造币厂"的基础上创办起来的。

20 年代初,广东龙川县有个银匠世家,在兵荒马乱中,兄弟谢荣珍,谢荣光(又叫谢火龙)等迁徙到江西遂川的五斗江避难,后又移居东坑村。谢氏兄弟不善务农,便利用造银器的特长,在东坑偷偷玩起了造"花边"之事。开始,不敢贸然从事,造一点用一点,靠此以假乱真,维持生计。后来,兄长去世,家当由其弟掌管。这谢火龙更为灵光胆大,他广收铜板,加以少量银质,造出了"银色铜"的假银元。派人成捆成担地挑到广东、湖南及江西等边远山区变售,竟获巨利。后来,官府发现谢氏造假银元,便下令取缔,并通缉谢火龙。谢又将"花边厂"移到永新县牛田村,继续生产,后终因官府查缉甚严,被迫停业。王佐拉起绿林军后,闻知此事,大胆把谢火龙接上山来,专造"花边",以供绿林军用。毛泽东部上山后,便停造了。1928 年 5 月下旬,袁文才任湘赣边界工农兵政府主席,他目睹湘赣两省敌军的经济封锁造成的严重困难,想起王佐曾办了个“花边厂”。于是,请示毛泽东及边界特委同意后,重请谢火龙等当师傅,办起了造币厂。

花边厂——造币厂,几经沧桑,几经变迁,性质变了,规模大了,成为红军反封锁的一个重要单位,归属王佐的防务委员会直接领导。

上井造币厂

造币厂设在上井村一位邹姓老表家,同时分别在黄洋界下的牛路坑及茨坪设立银元粗坯车间。生产扩大规模后,又从跟随秋收起义部队上山的水口山铅锡矿工人中抽调了部分战士充实到造币厂。说是造币厂,其实一切生产设备极其简陋,全是白手起家,沿用了乡间打铁的风箱、火炉、铁钳等,不同的是办了熔银器、冲压架,在厅堂中间架起了一个高 1 丈、宽 6 尺的硬木架,安放着一对重约 500 斤的花岗石,嵌入印模。下印模石固定在冲压架的下端中央,上印模石一头系上绳索,通过顶架滑轮,生产时一人将上印模石拔起,一人及时放上粗坯和溶好的白银液体;如此一放一拉,冲压成模,每开炉一次,生产“花边”四五百枚。

造币厂使用的原材料,主要是来源于打土豪所得的各种银质器具。花边印模是墨西哥版的“鹰洋”。为使这种银元与历代官府生产的“鹰洋”有所区别,造币厂工人在银元上凿上了个“工”字。因此,边界军民称作“工字银元”,意为工农兵银元。

“工”字银元流通到市场后,开始商人和群众感到很生疏,有点不敢用,因“工”字银元虽货真,系纯银,但技术方面毕竟比较粗糙。后来,经各级苏维埃政府大力宣传,广大群众和外地商人知道是红军工厂铸造的,又是纯银品,便纷纷使用。对此,当年红四军军需处长范树德回忆说:“我们曾经制造过银元,那种银元是用首饰上的银子,如银手镯、银戒指等为原料的,制造成的银元不是‘袁大头’,现在很多人未见过。它不是平的,是一个凹形的,用钢印打上‘工’、‘人’,或者‘七、八、九’等字样,我们将它等同于‘袁大头’发给部队去用。但在开始时,当地人民特别是根据地外的人看到这种银元生疏得很,在市场上使用很不习惯,有点不相信。……但每经一些有财有势的人,比如地主打上一个字,这些人一见就说:这是真的银子,就可以在市面上流通。于是我们就广泛地进行宣传……慢慢地人民就相信了,后来当地人民对这种凹形银元很信得过。”①

毛泽东、朱德、陈毅等军中领导非常重视造币厂的工作。1928 年 6 月上旬,毛泽东、朱德等还陪同湖南省委巡视员杜修经视察了造币厂,鼓励工人们积极生产,强调提高“花边”质量。

此后,为了解决造币厂的银质原料,毛泽东命令部队每打下一处城镇、一家土豪,都要注意收集银器,交军需处备用。

1928 年冬,湘赣敌军对井冈山根据地发动第三次“会剿”,造币厂迁至大井的铁坑和下井的桶缸山,继续坚持生产。直至敌人占领井冈山后,工厂被破坏,才被迫停业。

上井造币厂虽然只存在半年时间,但它却有效地缓和了根据地的经济困境,对打破敌人的经济封锁,起了很大作用。井冈山时期“工”字银元的铸造和流通,成为中国新型人民货币的萌芽,充分显示了中国共产党领导下红色政权的强大经济生命力,为以后的中央苏区乃至后来的新中国货币制造提供了经验。

“士兵委员会”的重大作用

士兵委员会,是井冈山根据地初创时期加强军队建设的一项创造,是红军民主主义制度化的具体运作形式。士兵委员会,是 1927 年

① 范树德:《井冈山的后勤工作》,《井冈山革命根据地》回忆资料。

9 月底毛泽东和工农革命军前委在“三湾改编”时确立的,在长达一年多的艰苦岁月里,起了重大的作用。

1.“士委会”的性质与地位。

对此,杨开明在其当年的报告中是这样评述的:“红军中的士兵委员会,成立有一年的光景,士兵是军中的……它参加了军事管理,不过是在军事长官和党代表的指导之下的,而不是本行的机关。士委会而军中才有民众,官长有不是处,他们可以开会说话反对甚至处罚之(士委会官长也参加在内),有了士委会可以解决军中许多的麻烦问题,如经济公开(军中的经济由士兵委员会组织经济委员会管理之),可以知道官长士兵同等待遇,没有什么差别。管理上士委会可以负相当之责。有了士委会兵士都有工作的,如写标语,贴标语,发传单,演讲宣传,组织群众,由士委会督促自动地去干,比设政治部由政治部去督促的要强得多,士委会是由兵士选出代表由代表会议产生出之代表士兵利益的政治组织。”①

2.“士委会”的组织与任务。

陈毅在《关于朱毛军的历史及其状况的报告》中对此论述颇为详细:“四军士兵的组织,在军团营连均设士兵委员会,官兵同时为(即参加)士兵委员会,全连士兵选择 5 人至 7 人或 9 人为连士委执委,推主席 1 人;以全营人数按每 5 人举 1 人代表组成全营士兵代表会,推举 11 人至 13 人组织营士执委,推举 1 人为主席;按全团人数每 10 人举代表 1 人组织全团代表会,推举 17 人至 19 人组织团士委会,推举 1 人为主席;全军按 30 人或 50 人举 1 人代表组织全军代表会,选举 19 人至 21 人或 23 人组织军士执委,选 1 人为主席;军士执委选 5 人至 7 人为常委,团举 5 人至 7 人为常委,营举 3 人或 5 人为常委,连无常委机关,军团常委均设机关于政治部内日常办公,营常委不设机关。”

---

① 杨克敏:《关于湘赣边苏区情况的综合报告》,1929 年 2 月 25 日,《井冈山革命根据地》历史文献,第 263 页。

1928年4月下旬井冈山会师后，陈毅曾被推举担任红四军的军级士兵委员会主任。

各级士兵委员会的任务是："(1)参加军队管理；(2)维持红军纪律；(3)监督军队的经济；(4)作群众运动；(5)作士兵政治教育。"①

3."士委会"与军事机关的关系。

"士委与军事机关的关系，士委只能对于某个问题建议或质问，而不能直接去干涉或处理，士委开会须由党代表参加，等于一个政治顾问的性质，在非常时期党代表可以解散士委，或不准其开会，另诉诸士委代表会。"②可见，士委会在组织上是完全置于党的领导之下的。1928年"八月失败"，就是7月间个别士委会脱离党的领导，私下开会决定前往湘南，造成失败，士委会是有一定责任的。

由于士兵委员会参与军队管理，代表士兵利益，因此在军中拥有一定权力。在当时不少军队干部来自旧军队，打人骂人的军阀习气严重的情况下，士委会曾与之作斗争，维护了士兵权益，起了很好的作用。加之直接参与军队经济管理，使之经济公开，从而让广大的士兵都感觉到红四军与旧军队不同，虽然"红军的物质生活，如此菲薄，又如此苦战不息，仍然维持不敝者，党的作用之外，就是彻底的民权主义之实行"③。这种"彻底的民权主义"的实行，主要是通过"士委会"表现出来的。

"士委会"的设置与健全，在井冈山斗争时期，是区别红军与白军的重要标志。它对推广军内民主，反对军阀主义，克服官僚主义，密切党与士兵的关系，对瓦解敌军，粉碎敌人军事和经济的"会剿"，都起了积极的作用。因之，毛泽东评述道："所以在这样苦的生活中，这样激

① 陈毅：《关于朱毛军的历史及其状况的报告》，1929年9月1日，《井冈山革命根据地》历史文献，第365页。

② 陈毅：《关于朱毛军的历史及其状况的报告》，1929年9月1日，第365页。

③ 毛泽东：《井冈山前委给中央的报告》。

烈的斗争中,不出怨言,连、营、团都有了士委会,其职务是监督官长,代表士兵利益,参加军队管理,对内(军队内)做政治训练,对外做民众运动,士兵委员会健全了,可以不要政治部,工作人员都可以纳入士兵委员会机关里工作,比另设政治部好。"①

第四节
毛泽东红色政权理论的创立

"工农武装割据"思想的由来与形成

红四军前委书记毛泽东在领导湘赣边军民巩固和建设根据地的同时,还以极大精力投入理论上的创造,总结井冈山斗争的经验,提出了关于红色政权的理论。

红色政权的理论,是从"工农武装割据"思想引申、发展而成的。

毛泽东的"工农武装割据"思想有个形成的过程,而不是一蹴而就的。

早在大革命失败前夕,毛泽东就提出了"上山"思想,认为"上山可造成军事势力的基础",这是"工农武装割据"思想的萌芽。大革命失败后,毛泽东根据中共中央的"割据"主张和湖南省委"创造农民暴动割据局面"的意见,提出了"湘南割据"的构想,力主"在湘南形成一师的武装,占据五六个县,形成一政治基础,发展全省的土地革命"。秋收暴动受挫后,毛泽东思考和总结了历史上农民起义、绿林称王和军阀割据的经验教训,提出:"李自成为什么失败了?很重要的一个原因,就是没有巩固的根据地。""军阀能割据,我们为什么不能割据?""历史上没有消灭过'山大王',我们要到崇山峻岭中去当红色割据的'山大王','革命的山大王'。"②在湘赣边武装割据的实践中,毛泽东

① 毛泽东:《井冈山前委给中央的报告》。
② 陈正人、何长工回忆文章。

的“割据”思想得到了不断地深化、升华，逐渐形成了以宁冈为中心的湘赣边界“工农武装割据”的思想。他明确指出：“‘工农武装割据’的思想，是共产党和割据地方的工农群众必须充分具备的一个重要的思想。”①

“‘工农武装割据’的存在和发展，必须“具备下列的条件：(1)有很好的群众；(2)有很好的党；(3)有相当力量的红军；(4)有便利于作战的地势；(5)有足够给养的经济力。”②

毛泽东走遍了整个罗霄山脉，认为各部分比较起来，“以宁冈为中心的罗霄山脉的中段，最利于我们的军事割据”③。因此，他断言：“以宁冈为中心的湘赣边界工农武装割据，其意义决不限于边界数县，这种割据在湘鄂赣三省工农暴动夺取三省政权的过程中是有很大的意义的。”④毛泽东的这些论述，明确而具体地阐述了“工农武装割据”思想的重大意义、存在条件、割据中心及其发展前途。

毛泽东的“工农武装割据”思想有其科学的内涵，就是“有根据地的，有计划地建设政权的，深入土地革命的，扩大人民武装的路线”⑤。换句话说，“工农武装割据”的思想就是武装斗争、土地革命、根据地建设三位一体的总观念、总概括。其中，武装斗争是“工农武装割据”的基本形式，土地革命是“工农武装割据”的主要内容，革命根据地是“工农武装割据”的奋斗目标。这三者是互为依存，缺一不可的。没有武装斗争，就无法开展土地革命，革命根据地就失去依托；没有土地革命，武装斗争就没有群众根基，革命根据地也不可能建立；没有革命根据地，武装斗争就没有立足之地，土地革命的成果就难以巩固。井冈山革命根据地正是在毛泽东“工农武装割据”伟大思想的指引下，在妥

---

① 毛泽东：《中国的红色政权为什么能够存在?》。

② 毛泽东：《井冈山的斗争》。

③ 毛泽东：《井冈山的斗争》。

④ 毛泽东：《中国的红色政权为什么能够存在?》。

⑤ 毛泽东：《星星之火，可以燎原》。

善处理武装斗争、土地革命和根据地建设三者关系的过程中,不断开拓和发展的。

解答“红旗到底打得多久”的疑问

毛泽东的“工农武装割据”思想,在井冈山斗争的实践中,日渐为广大军民所接受,并形成共识。但是,事物的发展和人们的认识并不是笔直而又笔直的。“有些同志在困难和危急的时候,往往怀疑这样的红色政权的存在,而发生悲观的情绪。”①这种悲观情绪的突出表现,便是提出“红旗到底打得多久”的疑问。

1928 年“八月失败”后,边界形势十分严峻,红军和根据地损失惨重。这时,党和红军内有部分同志(包括红四军二十八团团长林彪在内)被暂时的挫折所迷惑,对革命前途悲观失望,思想上犹豫彷徨,提出了“红旗到底打得多久”的疑问。后来,到 1928 年冬和 1929 年初,“敌人的第三次‘会剿’临到了井冈山的时候,一部分同志又有‘红旗到底打得多久’的疑问提出来了”②。这种疑问的两度出现和提出,当然不是孤立的现象,实质上是一种右倾悲观思潮在党和红军内部的反映。问题的严重性还不仅在此,“在那个时候,不但红军和地方党内有一种悲观的思想,就是中央那时也不免为那种表面上的情况所迷惑,而发生了悲观的论调”③。可见,“红旗到底打得多久”的疑问,党内有,党外也有;地方上有,中央也有。究其原因,正如毛泽东所指出的,“是因为他们对于一般情况的实质并没有科学地加以分析”的缘故。

那么,如何“科学地加以分析”呢? 如何从理论上透过现象“去看它的实质”呢? 这就是红色政权理论的由来。

---

① 毛泽东:《中国的红色政权为什么能够存在?》。
② 毛泽东:《星星之火,可以燎原》。
③ 毛泽东:《星星之火,可以燎原》。

毛泽东红色政权理论的创立

为了从理论上回答党和红军内“红旗到底打得多久”的疑问，科学地分析中国小块红色政权能够长期存在和发展的客观依据，毛泽东运用马克思列宁主义的基本原理，结合井冈山武装割据的实际，创造性地提出了关于红色政权的理论。这一理论形成的标志，就是毛泽东在井冈山撰写和发表的《中国的红色政权为什么能够存在?》和《井冈山的斗争》两篇光辉著作。此后撰写的《星星之火，可以燎原》则是这两篇著作光辉思想的深化和发展。

毛泽东红色政权理论的基本思想是：

1. 科学地分析了大革命失败后国内的政治状况，提出了建立中国红色政权的总任务、总目标。

毛泽东指出：“现在国民党新军阀的统治，依然是城市买办阶级和乡村豪绅阶级的统治，对外投降帝国主义，对内以新军阀代替旧军阀”，“全国工农贫民以至资产阶级，依然在反革命统治底下，没有得到丝毫政治上经济上的解放”①。这种状况表明，近代中国社会的中国人民同帝国主义、封建买办和乡村豪绅阶级的主要矛盾依然如故，并没有得到解决。

正因为如此，“中国迫切需要一个资产阶级的民主革命，这个革命必须由无产阶级领导才能完成”②。在此，毛泽东阐明了中国革命的性质及其革命的领导阶级，并深刻总结了第一次大革命失败的主要教训，就在于“无产阶级没有坚决地执行自己的领导权”，以至“被买办豪绅阶级夺取了领导，以反革命代替了革命”。在这次失败中，中国的无产阶级和农民受到很大的打击。然而，革命却是“一天一天在发展的”，工农阶级在共产党领导之下有组织的“农村暴动”，正在“南北各

① 毛泽东：《中国的红色政权为什么能够存在?》。

② 毛泽东：《中国的红色政权为什么能够存在?》。

地发展起来”,中国革命运动虽然暂处低潮,但终归是要恢复和发展的,“运动的发展是新的事实”,陈独秀等人那种取消革命的悲观论调是没有根据的。

毛泽东在科学分析了大革命失败后国内的政治状况后,明确指出:“中国的民主革命的内容,依国际及中央的指示,包括推翻帝国主义及其工具军阀在中国的统治,完成民族革命,并实行土地革命,消灭豪绅阶级对农民的封建的剥削。”①毛泽东的这一科学论断,阐明了中国民主革命的中心内容,就是要实行土地革命,消灭豪绅阶级,推翻白色政权,建立红色政权。这实际上就是建立中国红色政权的总任务和总目标。

2. 精辟地论述了中国红色政权存在和发展的条件,明确提出了“工农武装割据”的伟大思想。

毛泽东指出:“一国之内,在四围白色政权的包围中,有一小块或若干小块红色政权的区域长期地存在,这是世界各国从来没有的事,这种奇事的发生,有其独特的原因。”②紧接着,毛泽东分析了这种“奇事”发生的独特原因,就在于其存在和发展具备了“相当的条件”。毛泽东根据半殖民地半封建中国政治经济发展不平衡的规律,透彻地论证和指出在四周白色政权的包围中,中国红色政权发生、存在和发展的条件是:

(1)中国地方性的农业经济和帝国主义划分势力范围的分裂剥削政策,造成了反动统治的缝隙,给革命以可乘之机。这是在四周白色政权的包围中,一小块或者若干小块共产党领导的红色区域能够存在和发展的根本原因。湘赣边界的割据,就是这许多小块中的一块。由于地方军阀忙于互相倾轧的军阀混战,对边界“结合部”地带无暇顾及,鞭长莫及,“结合部”成为军阀的“不管部”。共产党就可以利用敌

① 毛泽东:《中国的红色政权为什么能够存在?》。
② 毛泽东:《中国的红色政权为什么能够存在?》。

人的矛盾和缝隙,发展革命力量,建立红色政权。正因为中国白色政权的分裂和战争是继续不断的,“红色政权的发生、存在并且日益发展,便是无疑的了”。

(2)有良好的群众基础。中国红色政权首先发生和能够长期存在的地方,主要在1926年和1927年两年大革命过程中工农士兵群众曾经大大地起来过的地方,例如湖南、广东、湖北、江西等省。这些地方“有过很广大的工会和农民协会的组织,有过工农阶级对地主豪绅阶级和资产阶级的许多经济的和政治的斗争”,“有过农民的割据”,这就为建立革命根据地和红色政权打下了良好的群众基础。

(3)全国革命形势继续向前发展。小块红色政权能否长期存在,与全国革命形势有很大关系。全国革命形势是向前发展的,则小块红色区域的长期存在,“不但没有疑义,而且必然地要作为取得全国政权的许多力量中间的一个力量”。全国革命形势若不是继续地向前发展,则小块红色区域的长期存在是不可能的。

(4)相当力量的正式红军的存在。这是红色政权存在的又一必要条件。如果只有地方赤卫队之类的群众武装,而没有正式的红军,则只能对付挨户团,而不能对付正式的白军,“更不能造成长期的和日益发展的割据局面”。

(5)共产党组织的有力量和它的政策的不错误。这是又一个“要紧的条件”;如果党的特委和军委没有力量,或政策上出现失误,就会给红军和红色区域带来损失,井冈山斗争中的“三月失败”和“八月失败”就充分说明了这一点。

毛泽东从白色政权的分裂和战争、群众基础、革命形势、红军存在、党的力量五个方面,论述了中国红色政权存在和发展的主客观条件,从而使中国的红色政权能够在四周白色政权的包围下立于不败之地,具有可信的科学的理论依据。

在论证中国红色政权存在和发展条件的基础上,毛泽东提出了“一个重要的思想”——“工农武装割据”的新概念。这是毛泽东的著作和我们党的文献中第一次出现和使用的新概念、新思想,是毛泽东在开拓湘赣边界割据局面、建立苏维埃红色政权中的一个重大创造。“工农武装割据”这一概念的内涵,我们前面已作分析,概言之,就是武装斗争、土地革命、根据地建设三者的统一。毛泽东本人非常看重这个新概念、新思想,认为:“‘工农武装割据’的思想,是共产党和割据地方的工农群众必须充分具备的一个重要的思想。”从理论的角度看,可以认为,“工农武装割据”的思想,是毛泽东红色政权理论的核心思想,是“促进全国革命高潮的深刻的观念”。

3. 扼要地总结了湘赣边界工农武装割据的重要经验,并指出了湘赣边界武装割据局面在中国革命中的地位和作用。

湘赣边界军民在毛泽东“工农武装割据”思想的指引下,实施“推进战略”,使“割据地区一天一天扩大,土地革命一天一天深入,民众政权一天一天推广,红军和赤卫队一天一天扩大”。党和红军在边界斗争中,实行了正确的政策,创造了丰富的经验。这就是:坚决地和敌人作斗争,造成罗霄山脉中段政权,反对逃跑主义;深入割据地区的土地革命;军队的党帮助地方党的发展,军队的武装帮助地方武装的发展;对统治势力比较强大的湖南取守势,对统治势力比较薄弱的江西取攻势;用大力经营永新,创造群众的割据,布置长期斗争;集中红军相机迎击当前之敌,反对分兵,避免被敌人各个击破;割据地区的扩大采取波浪式的推进政策,反对冒进政策等等。正是这些策略的适当,加上边界的有利地势,虽然敌人“以数倍于我”之兵力,几次“进剿”根据地,然而不但未能破坏此割据,而且“此割据对湘赣两省的影响,则有日益扩大之势”。1928 年的“八月失败”,正是湖南省委及其代表杜修经等人违背了“对统治势力比较强大的湖南取守势”的策略,贸然分兵冒进湘南的结果。毛泽东在总结“八月失败”的教训时强调指出:必须“注意建立中心区域的坚实基础,以备白色恐怖到来时有所恃而不恐”;“我们的战略必须是逐渐地推进的”,在军事上“最忌分兵冒进”,在地方工作上“最忌把人力分得四散,而不注意建立中心区域的坚实基础”;那种把在军事上主张推进战略,在地方工作中主张建立中心区域坚实基础的主张斥之为“保守主义”的错误意见,正是红军“在湘南失败的根本原因”,“这种痛苦的经验,是值得我们时时记着的”;“红军大队若无湘南之行,八月间红军的扩大是没有疑义的”;“我们的经验,分兵几乎没有一次不失败”①。

毛泽东在总结了湘赣边割据斗争正反两方面的经验后,认为“边界的红旗子,业已打了一年”,只要利用正确的策略,前途和希望是很大的。以宁冈为中心的湘赣边工农武装割据,在湘鄂赣三省工农暴动夺取政权的过程中是“有很大意义的”。

不仅如此,毛泽东还把湘赣边界割据的胜利同夺取全国政权的宏图联系起来考虑,并精辟地指出:“这些红色区域将继续发展,日渐接近于全国政权的取得。”②

可见,毛泽东身在井冈山,放眼全中国,他已经把井冈山的红色区域,视为“全国政权的取得”的重要基地和胜利起点。虽然在边界割据斗争中,由于敌人的“进剿”和封锁,给根据地造成很大的困难,但是,毛泽东认为,“这种困难,在全国总政权没有取得以前当然是不能免的”③,湘赣边界“小块红色区域的长期存在,不但没有疑义,而且必然地要作为取得全国政权的许多力量中间的一个力量”④。值得注意的是,毛泽东在同一篇文章中,曾三次使用“取得全国政权”的字样,这种深邃的思想和科学的预见,充分地说明湘赣边工农武装割据在中国革命夺取全国政权胜利中的重要地位和作用,同时也充分说明毛泽东以农村包围城市,武装夺取全国政权的理论在井冈山时期就已见端倪,显现雏形了。

---

① 毛泽东:《井冈山的斗争》。

② 毛泽东:《中国的红色政权为什么能够存在?》。

③ 毛泽东:《中国的红色政权为什么能够存在?》。

④ 毛泽东:《中国的红色政权为什么能够存在?》。

红色政权理论与农村包围城市道路理论的联系与区别

井冈山时期,毛泽东提出了“工农武装割据”的思想,创立了红色政权的理论,但不等于就形成了完备的农村包围城市道路的理论。这其中所形成的过程,大体经历了三个历史阶段:

1. 井冈山时期在“工农武装割据”思想基础上创立的关于红色政权的理论,是毛泽东农村包围城市、武装夺取政权道路理论的萌芽阶段。

这一阶段理论形成的标志是毛泽东所著《中国的红色政权为什么能够存在?》和《井冈山的斗争》的问世。

2. 中央苏区时期是毛泽东“工农武装割据”思想在更广阔的领域得到发展,中国革命道路理论的基本形成阶段。

在这一时期,毛泽东批评了党内林彪等人“没有用这些红色政权的巩固和扩大去促进全国革命高潮的深刻的观念”,明确指出:“红军、游击队和红色区域的建立和发展,是半殖民地中国在无产阶级领导之下的农民斗争的最高形式”,是“促进全国革命高潮的最重要因素”。这样,就提出了一个与“城市中心论”相反的结论,即在农村建立红军和革命根据地,不断扩大红色区域,促进全国高潮的到来,最后以农村包围城市,武装夺取全国政权。1931 年秋在江西瑞金成立的中华苏维埃共和国,就是毛泽东这一思想的成功尝试,就是新中国的雏形。这一阶段中国革命道路理论形成的标志,就是毛泽东所著《星星之火,可以燎原》的发表。

3. 1936 年以后的延安时期,是毛泽东农村包围城市、武装夺取政权的中国革命道路理论的成熟发展阶段。

毛泽东在这个时期系统地总结了中国革命战争的规律和经验,深刻地论述了革命根据地在中国革命中的战略地位。他提出:“必须把落后的农村造成先进的巩固的根据地,造成军事上、政治上、经济上、文化上的伟大的革命阵地,借以反对利用城市进攻农村区域的凶恶敌人,借以在长期战斗中逐步地争取革命的全部胜利。”毛泽东还明确地指出,中国革命不能像俄国革命那样,“先占城市后取乡村,而是走相反的道路”,即走农村包围城市、武装夺取全国政权的道路。中国革命的这一道路理论的成熟、发展的标志,则是毛泽东所著《中国革命战争的战略问题》(1936 年 12 月)和《战争和战略问题》(1938 年 11 月)两篇著作的发表。1949 年 3 月,毛泽东在党的七届二中全会上,对中国革命的道路理论有了一个完备的表述:“从一九二七年到现在,我们的工作重点是在乡村,在乡村聚集力量,用乡村包围城市,然后取得城市。”①

从上述三个历史阶段可以看出,毛泽东的红色政权理论与农村包围城市、武装夺取政权道路理论,是既有联系又有区别的,属于两个不同的理论概念,既不能混同起来,又不能割裂开来。

二者的联系在于:

(1)实现农村包围城市、武装夺取政权的道路,首先必须经过工农武装割据、建立小块红色政权。实行工农武装割据、建立小块红色政权,是农村包围城市、武装夺取全国政权的前提和基础,而农村包围城市、武装夺取全国政权,则是实行工农武装割据,建立小块红色政权的最终目的与归宿。

(2)“工农武装割据”思想即红色政权理论,与农村包围城市、武装夺取政权道路理论的基本内涵是一致的,都是共产党领导下的武装斗争、土地革命、根据地建设三位一体的结合体、总概念。

(3)红色政权理论与农村包围城市道路理论,都是党和毛泽东在中国革命的伟大实践中创造出来,并不断加以深化、发展而日臻完善的,前者是基石,后者是大厦。

二者的区别在于:

(1)红色政权理论主要是回答中国红色政权存在的和发展的条件

① 《毛泽东选集》第四卷,人民出版社 1991 年版,第 1426 页。

问题,农村包围城市道路理论则是回答中国革命的根本途径问题。

(2)农村包围城市道路的理论是“以乡村为中心”的,这一思想是毛泽东 1930 年 1 月在闽西给林彪的信中才明确的。① 而红色政权的理论形成在井冈山,这时的毛泽东“还没有而且也不可能有全党应把工作中心放在乡村的思想”②。

(3)“工农武装割据”、小块红色政权是个地域性的概念,而农村包围城市、武装夺取政权则是一个全国性的概念,前者是局部,后者是全局。

第五节
红五军上山

平江起义和红五军的成立

平江,地处罗霄山脉北段。北抵湖北通城,东连江西修水,西近长沙,西北与汨罗、岳阳接壤,是湘鄂赣三省要冲,自古为兵家必争之地。

大革命时期,平江就有党的组织,并领导工农群众开展了轰轰烈烈的反帝、反封建斗争。“马日事变”后,平江工农义勇军在余贲民的率领下参加了秋收起义,后随毛泽东上了井冈山。此后,革命浪潮此落彼起,斗争一直没有停息。1928 年 3 月,在共产党组织的领导下,平江人民组织了声势浩大的“扑城”战斗,沉重打击了平江地区的反动势力,全省为之震动,充分显示了人民群众的巨大力量。

为了镇压平江的工农革命,军阀何键忙调周磐独立第五师,分别由南县、华容、安乡等地开赴平江,彭德怀时任独立第五师一团团长。

彭德怀,原名彭得华,出身贫苦,年轻时为消灭财主和为穷人寻找出路投身湘军,因作战勇敢,擢升为连长、营长、团长。在戎马生涯中,

① 周恩来:《关于党的“六大”的研究》,《周恩来选集》上卷,人民出版社 1984 年版。

② 中共中央党史研究室:《中国共产党历史》上卷,第 275 页。

他结识了共产党人段德昌,并由段德昌等介绍,于1928年4月加入共产党,成为独立第五师的秘密党员。

当部队驻在南县时,一场闹饷的风暴正在酝酿中,团里的一些地下党员商议利用闹饷发动起义,彭德怀认为时机尚不成熟。6月中旬独立第五师一团开驻平江后,彭德怀觉得时机来临,即着手起义的准备工作。他与团里的秘密党员邓萍、李灿、黄纯一、贺国中等一起,组织了"秘密士委会"进行串联发动工作。不料,正当起义准备工作加紧进行之际,南、华、安特委遭到敌人破坏,有人叛变自首,供出了黄公略,黄纯一、贺国中等人的共产党员身份,师长周磐接报后,即令彭德怀逮捕这些共产党人。在此严重的形势下,彭德怀即与湖南省委派来平江策划暴动的滕代远在县立医院召开紧急会议,决定以闹饷为掩护,立即组织第一团举行武装起义,决定于1928年7月22日下午举事。当晚,一团党组织又召集秘密会议,详细讨论了起义事宜。会后,一面巧妙地与上司周旋,一面加紧起义准备工作,并与驻嘉义镇的独立五师三团三营营长黄公略、驻岳州的随营学校负责人贺国中等取得联络,要他们率领队伍配合起义。一场风暴爆发在即。

1928年7月22日上午,彭德怀召开了驻在平江县城和城郊的排长以上军官会议,进行了武装起义前夕的紧急动员。彭德怀在会上历数了国民党反动派的罪恶,宣布了对十余名不执行士委会章程的下级军官解除职务的命令,为起义成功扫除了障碍。11时许,彭德怀在平江县城天岳书院前召开了一团官兵的誓师大会,宣布全团正式武装起义,并代表一团官兵进行宣誓,接着具体布置了作战任务。下午1时,平江起义爆发了!

由于部署得当,行动周密,起义部队打垮了县城内的反动军队,占领了平江县城,释放了被关押的数百名工人、农民,取得了起义的胜利。随后,黄公略率第三团三营起义官兵,贺国中率随营学校100多名学员也赶到平江,和彭德怀的起义部队胜利会合,起义队伍总数达2000余人。

7月24日,起义部队在平江县城召开大会,隆重宣布成立中国工农红军第五军,辖第十三师,彭德怀任五军军长兼十三师师长,滕代远为五军党代表兼十三师党代表,邓萍为军参谋长兼师参谋长。师下辖一、四、七三个团和军医处、经理处、重机枪连、迫击炮连、特务队、卫生队、电话队等。雷振辉为一团团长(后叛变,被处决),党代表李灿;陈鹏飞为四团团长(后叛逃),党代表黄公略;黄纯一为七团团长,党代表贺国中。

次日,起义部队又成立了五军军委,书记邓萍,委员有滕代远、彭德怀、黄公略、贺国中、李灿、黄纯一、李光、张荣生等。从此,在我党领导的人民军队的行列中,增添了一支新的武装劲旅。

幽居会议与台庄整编

平江起义的爆发,使国民党反动当局极为惊恐。国民党湖南全省清乡督署慌忙调集第五独立师陈光中部等分数路向平江扑来,又调第二十三师朱耀华部等由浏阳向平江"堵剿";同时,电传鄂、赣两省当局派兵"堵剿"。

当时,红五军主力正分散各地开展斗争,城内仅有一团6个连的兵力。7月29日,敌军以近5个团的兵力,组成前后梯队,直逼平江城下,彭德怀率部奋勇抗击,红五军七团亦迅速回援,但仍寡不敌众。激战中,七团团长、共产党员黄纯一英勇牺牲。同时,四团在增援途中又遭敌伏击,损失惨重。为保存有生力量,彭德怀等于30日主动撤出平江城,向平(江)、修(水)边界的山区转移。

8月6日,红五军突出重围,进占修水县城,暂时甩掉了追兵,在修水休整了几天。在修水,红五军捣毁了县衙门,打开监狱,没收了地主豪绅的浮财,并进行了广泛的群众工作。在红五军的帮助下,成立了中共修水县委和修水县工农兵苏维埃政府。岂料,8月中旬,湘赣两省10余团的"会剿"军队直逼修水,红五军被迫于8月14日撤离修水,18日进占铜鼓,将铜鼓县署、公安局等机关捣毁。次日,复由棋坪、双坑返至平江黄金洞。

8月20日,五军在黄金洞接到中共湖南省委指示信。省委要求红五军"避免与敌主力部队作战,并派一部向萍、安与朱毛联络"①。彭德怀、滕代远于是率主力向万载一带发展,伺机南下,"打通湘东与赣西的联结"②,期与朱毛军会合。黄公略则率部分队伍,留在平、浏一带坚持游击斗争。

8月23日,红五军重创敌军后,复又撤回黄金洞。待敌陈光中部和朱耀华部2团之众向黄金洞合围,红五军又迅速撤出黄金洞,经修水、铜鼓,开向万载,与敌绕起了"圈子"。但这一期间,由于敌人穷追不舍,屡屡发生激战,五军内部一些旧军官和意志薄弱者经不起考验,纷纷开小差,甚至叛变投敌,致使9月9日红五军主力在万载大桥受挫,部队计划上井冈山与朱毛红军取联络的计划落空,不得不折向铜鼓,第一次挺进井冈山未遂。

大桥受挫后,五军陷于十分不利的处境,"枪支不满千数,士气多不振作"③。为了稳定军心,鼓舞士气,五军在彭德怀的领导下,及时总结了失利的教训,认真分析了当前的形势,对部队进行了严格的整顿工作。首先清洗了那些未改造好的旧军官,遣散了一些思想不坚定者,吸收了一批思想坚定、作战勇敢的工农优秀分子入党,将一些优秀的工农分子提拔到指挥员的岗位上来;同时彭德怀还亲自到士兵中去做工作,对战士们说:"我们举起义旗,是为了革命,干革命就不能怕吃苦,不能怕流血牺牲,如果谁还想走,可以走,就是剩下我一个人,也要举着红旗,爬山越岭干到底!"④彭德怀的话极大地坚定了将士们的信

① 《滕代远给中共湖南省委的报告》,1929年1月12日,《井冈山革命根据地》历史文献。

② 《滕代远给中共湖南省委的报告》,1929年1月12日,《井冈山革命根据地》历史文献。

③ 《红五军军委向湘委的报告》,1929年10月,《井冈山革命根据地》历史文献。

④ 李聚奎:《平江起义时期的彭德怀同志》,《井冈山革命根据地》历史文献。

心和决心。

9月17日,红五军攻克铜鼓县城,击毙了敌县长,部队士气为之一振。

由于进行了思想整顿和组织整顿,部队面貌发生了很大变化。9月中旬,红五军开始了第二次挺进井冈山的军事行动。

幽居联席会议

9月17日,滕代远以中共湖南省委特派员的身份,在铜鼓幽居主持召开了红五军党组织负责人与平(江)、浏(阳)、修(水)、铜(鼓)四县党组织负责人联席会议,正式组建了中共湘鄂赣边界特委。滕代远任书记,彭德怀、王首道、李宗白、邱训民等为常委。特委的成立,标志着湘鄂赣边界的斗争进入一个新的阶段。此后,边界各县的党组织也逐步地建立和健全起来。

会议对平江起义以来的经验教训进行了总结,研究了红五军的去向问题。大桥受挫后,红五军面临的局势是十分严峻和危险的,敌人调集大军,步步追逼,部队内部又因伤亡和少数旧军官、士兵叛逃而严重减员,同时,给养也很困难。在这种形势下,红五军往哪里去?这是一个必须作出答复的大问题。是继续留在湘鄂赣边境单独作战呢,还是上井冈山与朱毛红军会合?会议经过认真讨论,认为革命正处于低潮,留驻湘鄂赣边境于我不利,平江、浏阳、修水、铜鼓一带的"会剿"敌军随时都在十团之众,加上各地反动地方武装,其兵力大大超过我十余倍,如继续在此地孤军奋战,极易被敌人各个击破;而到井冈山与红四军会合,则能有效地保存力量,相机对付敌人,共同促进革命形势的转变与到来。幽居会议的这一决定,对以后红五军挺进井冈山的行动起了关键性的作用。

幽居会议后,部队即在平、浏、铜边界的纸坊进行了整编,取消了团的建制,军直辖5个大队:一大队长雷振辉,二大队长黄公略,三大队长贺国中,四大队长李玉华,五大队长李灿,原四团团长陈鹏飞改任军部高级参议。全军不足一千人。

队伍缩编后，以修水台庄为中心，开展了游击战争。但是，由于敌军的穷追，部队“几乎每天都要与国民党正规军和地主武装奋战数次方能前进，有时最多的一天打过八次仗”。① 就在这样危急的形势下，四大队长李玉华与一大队长雷振辉狼狈为奸，在部队转移到平江北乡六坪时，图谋叛逃。一天，雷振辉乘彭德怀训话之机，举起手枪对着彭德怀的脑袋，幸被彭身边的一位勇士扳倒，处决了雷振辉，彭德怀仍然面不改色，从容训话。

台庄整编

10 月，红五军党委与湘鄂赣边界特委在修水台庄召集平、浏、修、铜、武（宁）五县党组织负责人召开联席会议，将五军与各地地方武装合编，仍称红五军，下辖三个纵队十个大队。一纵队辖三个大队，纵队长李灿；二纵队辖两个大队，纵队长黄公略；三纵队辖四个大队，纵队长贺国中；另军部直辖一个大队。② 同时，对五军的党组织进一步作了调整，将师（党）委改为军（党）委，下设支部（在纵队）和分支部（设在大队）。至此，红五军对部队的思想和组织整顿得到落实，从而，朝着井冈山这盏“明灯”，采取飘忽不定的游击战术，胜利地前进了。

台庄整编后不久，湘、鄂、赣三省敌军，调集 20 余团兵力，步步进逼，“会剿”台庄。这时，天气已逐渐寒冷，由于敌军的封锁，官兵们仍穿着单薄的衣服。于是，为冲破敌人的“会剿”，解决部队给养问题，乃决定留下一、二纵队由黄公略统一指挥在平浏边境坚持斗争，相机掩护主力部队南移行动；彭德怀、滕代远、邓萍、李灿等则率第三纵队及特务大队向湘赣边界靠拢，以求与朱毛部队会合。

1928 年 11 月，彭德怀等率部几经奋战，终于突破敌人重围，进入万载县境。11 月 27 日，兵抵万载。万载守敌没有料到，远在修水的红五军突然出现。县长闻风而逃，守敌全部缴械，红五军没收了县城资

---

① 《李聚奎回忆录》，解放军出版社 1986 年版。

② 《彭德怀自述》，人民出版社 1981 年版。

本家的钱庄、布店,解决了部队的给养与冬衣问题。“每个指战员除解决了一两套军服,一床被单和绑带、子弹袋、干粮袋外,每人身上还包有一匹布,子弹和药品也得到一些补充,解决了物资给养问题。”①

红五军在万载从缴获的国民党报纸上获悉,军阀间的矛盾冲突趋于妥协,这意味着敌人联合对平、浏一带的进攻将会更加激烈。回平、浏是不可能了,只有加紧与朱毛联络才有出路。于是,决定“直向赣南推进与朱毛联络”②。决定传达后,战士们十分高兴,“每个同志都为和红四军会师准备礼物”③。

看到战士们的行动,彭德怀心里感到很欣慰。彭德怀向往井冈山由来已久了!

早在平江起义前,彭德怀就曾给黄公略写过一首“密诗”,表示自己的心志。诗云:

求知心切去黄埔,夜梦依依我不然。
马日事变教训大,革命必须有武装。
秋收起义在农村,失败教训是盲动。
唯有润之工农军,跃上井冈旗帜新。
我欲依之为榜样,或依湖泊或山区。
利用周磐办随校,谨慎争取两年时。

“我欲依之为榜样”,“跃上井冈旗帜新”。平江起义后,彭德怀这种心情变得特别急切。在《往事回忆》中,彭德怀说:“在铜鼓之幽居,以滕代远、王首道同志为首的领导下,召开了湘鄂赣三省边区县委联席会议,……这次会议,总结了平江起义取得胜利的几条经验。第一,主要是由于有共产党的正确领导,组织和计划;第二,是由于有湘、鄂、

① 滕代远:《平江起义前后》,《井冈山革命根据地》回忆资料。

② 滕代远:《给中共湖南省委的报告》,1929 年 1 月 12 日,《井冈山革命根据地》历史文献。

③ 李寿轩:《从九都山到井冈山》,《井冈山革命根据地》回忆资料。

赣地方党组织和人民的热情支援；第三；特别有井冈山的革命旗帜作榜样和毛泽东所领导的秋收起义的指引——这不是偶然的，是北伐战争失败后在毛泽东同志领导下，井冈山起了收容阵地和继续指导全国武装斗争的作用；总结了秋收起义、南昌起义、广州起义等运动的丰富经验，而成为指导全国革命斗争的旗帜，是湘、鄂、赣边区和其他革命根据地的指路明灯。只有在它的指导下，我们才有胜利的前途。”

从上可以看出彭德怀对井冈山的一片向往之情。正是在这种心情的支配下和湖南省委的指示下，红五军与红四军在井冈山胜利会合才成为历史的必然。

彭德怀率部上井冈

1928 年 11 月底，红五军三纵队和特务大队在彭德怀、滕代远等率领下，从万载出发，取道潭埠、株潭、金瑞、西村、宣风，一路所向披靡，于 12 月上旬进抵江西莲花高州。

莲花是井冈山革命根据地的重要组成部分。湘赣边界全盛时期，莲花曾实现全县一片红。高州老百姓听说这支部队是去井冈山找朱德、毛泽东的红五军，又是烧茶送菜，又是让房打铺，热烈迎接部队。红五军的指战员深为感动。翌日，部队依恋不舍地离开高州，经罗市、坊楼，直向宁冈挺进。

突然，南陂方向传来一阵枪声。彭德怀忙令部队散开，准备作战。果然，不久就发现一支队伍从远处飞奔而来。但来的队伍不是敌军，而是红四军——何长工率领的毕占云特务营、张威独立营和莲花赤卫大队。他们奉毛泽东和前委命令，前往莲花一带策应红五军上井冈山。当听说彭德怀的红五军已到莲花高州，在袭击了坊楼的莲花靖卫队后，迅速撤出战斗追赶过来了。

红五军和红四军的接应部队在莲花九都会合了！战士们顿时一片欢腾。彭德怀、滕代远等五军领导人与何长工等亲切会面，十分激动。红五军经两个多月的艰苦转战，终于如愿以偿。

为欢庆首次的会合,两支部队在坊楼召开了庆祝大会。“彭德怀等领导同志在会上讲了话,对北路行委的同志们从井冈山赶到莲花迎接五军上山表示感谢,并简略述及此次平江起义及率部上山的经过。大家对五军的到来表示热烈欢迎。会后,红四营独立营、特务营会同红五军三纵队立即离开莲花开赴井冈山,莲花赤卫大队奉命留在本县坚持斗争。”①

千里转战,情系井冈。彭德怀集合红五军部队,跟随何长工率领的红四军特务营、独立营,直向井冈山挺进!

红五军离开莲花后,经永新县境,越过七溪岭,于12月10日来到宁冈新城。

宁冈县委、县政府及正在新城一带整训的红四军,已经得知红五军即将到来的消息,城墙外、街道旁,到处是石灰水新刷的大标语:“欢迎红五军!”“欢迎彭军长!”“向红五军学习!”新城内外,站满了从各地涌来的群众。

何长工把红五军的队伍安顿在新城东门外的历山、王下村,军部设在王下村的“敬爱堂”。随后,前往茅坪向毛泽东、朱德报告。历山、王下村的老表们,像迎亲人一样,把红五军战士领进家家户户。

几个月来,红五军转战千里,看到的尽是满目疮痍的景象。进入井冈山根据地后,看到根据地人民安居乐业、喜气洋洋、亲如一家的情形,无不为毛泽东创造的井冈山根据地感到骄傲、佩服。

新城会师

彭德怀虽然在旧军队时就已听说过毛泽东的名字,也知道他的家乡与毛泽东仅一山之隔,同饮湘江水,同吃湘潭米,但从未见过面。如今,来到井冈山,就要见到毛泽东了,更是欣喜异常。

不久,何长工领着毛泽东、朱德、陈毅等来到宁冈新城“敬爱堂”。

---

① 陈杰开等:《迎接红五军》,《井冈山革命根据地》回忆资料。

"欢迎你,彭军长!""你好,毛委员!""你好,朱军长!"敬爱堂里,喜气融融,热闹非凡,一双双大手紧紧地握在一起。

毛泽东、朱德、陈毅向红五军的同志介绍了井冈山根据地创造和朱毛会师以来的情况。彭德怀、滕代远等也介绍了平江起义和两次上井冈山的曲折过程。经过一段时间的互相介绍和商议,最后决定:为纪念广州暴动一周年和欢迎红五军上山,于 12 月 14 日召开两军会师庆祝大会。

宁冈新城

12 月 14 日上午,宁冈的古老县城新城,披上了节日的盛装,庆祝两军会师大会在新城西门外的稻田上举行。田中搭起了一座土台,台上高挂着"庆祝红四、五军胜利会师大会"的红布会标,两侧张贴着陈毅撰写的一副对联。联云:

在新城,过新年,欢迎新同志,打倒新军阀;

趁红光,到红军,高举红旗子,创造红世界。①

红四军的二十八、三十一、三十二团 5000 余人和红五军三纵队和特务大队 800 余人,加上当地的地方武装和群众近万人参加了会师大会。

当毛泽东、朱德、陈毅、彭德怀、滕代远、邓萍等两军主要领导人登上主席台时,台下顿时响起经久不息的掌声。

---

① 李克如:《红军的政治工作》,《井冈山革命根据地》回忆资料。

李寿轩回忆一个细节说:“领导同志一起走上台去,没想到台子搭得比较简陋,走上去人多了一些,一下子把台子压垮了。我们就立即动手。把台子重新搭好。这时,人群中有人小声议论开了,说什么:‘哎呀,这可不吉利呀!今天刚会师台子就垮了。’这话大概被朱德同志听到了,他笑嘻嘻地跑上台去,朝大家说:‘同志们,不要紧,刚才台子垮了,但是,我们立刻又把它搭好了,无产阶级的台是永远垮不了的。’人群中立即响起一片欢呼声。”①

毛泽东、朱德、彭德怀、滕代远等在会上讲了话。彭德怀说:“井冈山根据地是毛委员、朱军长领导红四军建立起来的,她是中国革命的一盏明灯。我们红五军到井冈山来,要好好学习红四军的建军经验。②毛泽东在会上分析了国内外的形势后,说:“我们的革命事业就是这样从无到有,从小到大的向前发展,今天我们有了红四军和红五军,将来我们一定还会有几十个军。我们一定要粉碎敌人的围攻,最后胜利一定是属于我们的。”③

会后,红五军即开赴茨坪等地休整。

红五军与红四军的胜利会师,是继朱毛两军会师以后的又一次大会师。它有力地增强了井冈山根据地的武装力量。从此,两支部队紧密配合,并肩作战,为巩固和发展井冈山革命根据地,为中国人民的解放事业作出了巨大贡献!

---

① 李寿轩:《从平江到井冈山》,《井冈山革命根据地》回忆资料。
② 李寿轩:《从平江到井冈山》,《井冈山革命根据地》回忆资料。
③ 李寿轩:《从平江到井冈山》,《井冈山革命根据地》回忆资料。

第四章

井冈山革命根据地的后期斗争
(1929 年 1 月—1930 年 2 月)

第一节
红四军下山与红五军突围

湘赣敌军的“会剿”态势

湘赣敌军的“会剿”彭德怀率领红五军上了井冈山与朱毛红军会合的消息,很快传至南京总统府。蒋介石气得要命,撤换了朱培德,委任何键为“湘赣剿匪总指挥部”代总指挥,向红军和井冈山革命根据地发动了第三次“会剿”。

湘赣两省敌军对红军和根据地的第三次“会剿”计划蓄谋已久。自 7 月中旬第二次“会剿”破产后,11 月上旬,即开始了策划第三次“会剿”的准备。这在 1928 年 11 月 10 日的《申报》上曾有披露。《申报》是这样记载的:“最近鲁涤平何键又致电朱培德,磋商第三次会剿计划。朱氏已派雷屏周为代表,于日前来湘叩鲁,将一切会剿办法,详切规定,携回南昌。许得朱氏同意,并由朱氏领衔,呈请中央特派何键为湘赣会剿临时指挥官,所有两省会剿部队统归指挥,会剿经费两省各自担任。此次会剿计划,对于信号旗帜路线动作规定甚详,大致如下:(甲)会剿部队,赣省为 4 旅,湘省为 6 团。赣省部队,已经朱培德派定第五师十四旅周泽源、第十五旅刘士毅、第七师第二十一旅杨池生(此处有误,应为李文彬——引者注)、第十二师第三十五旅韦杵;湘省部队,经鲁涤平派定何键部2团、吴尚部3团、第二军1团。总共湘赣两省会剿兵力为4旅6团,人数在3万以上。(乙)会剿计划:刘士毅、杨池生两旅由遂川向大小五井进剿,韦杵、周泽源两旅由宁冈向井冈山进剿,何键部两团由桂东向江西大小五井进剿,吴尚部3团由茶、攸向江西井冈山进剿,第二军之1团由醴陵向攸县推进,为吴尚部预备队。(丙)会剿日期:由何键临时规定,惟各会剿部队统限于11月10日以前集中完竣,听候定期同时动员。"

11月下旬,朱培德委任第七师师长王均、第十二师师长金汉鼎为江西"剿匪"正、副指挥官,调集十四、十五、十九、二十一、三十四、三十五等旅,从吉安分路向宁冈、永新、莲花进攻。结果,因湘敌鲁涤平积极性不高,未按原定计划步骤出动,赣军历次进剿均为朱毛所败,心虚胆怯,不敢贸然深入,故11月拟定的会剿计划未能实现。

12月下旬,鲁涤平就任湘赣"会剿"总指挥、国民党江西省政府主席。于是,即派唐希汴为代表,赴湘敦促何键就任湘赣"剿共"总指挥部代总指挥,迅速出师"会剿"。何键接到蒋介石电令后,喜忧参半。喜的是蒋介石把他摆在朱培德之上,湘赣两省"会剿"军统归他指挥;忧的是朱毛红军本来就难以对付,现在又多了个彭德怀,担心朱培德不诚心配合,难以收场。但碍于赣方多次"敦促",于是,半推半就,从12月26日始,着手组织总部。一时,南昌、长沙、衡阳、萍乡之间,电报频传,气焰日炽。

1929年1月1日,元旦伊始,湘赣"会剿"总部在江西萍乡成立,何键宣誓就职。在一片喧嚣声中,何键出任代总指挥,金汉鼎为副总指挥,刘晴初为参谋长,刘鹏年为秘书长,何志超为副官处长,周安汉为军法处长,易书竹为抚绥处长。①

① 1928年12月28日《申报》。

经湘赣两省策划确定:调集两省共 6 个旅计 18 个团,分五路向井冈山革命根据地发动“会剿”。其兵力部署是:第一路为赣敌李文彬的第二十一旅和刘士毅的十五旅,分别驻遂川和赣州,李文彬为司令;第二路为张兴仁的第三十五旅和周浑元的第三十四旅,驻泰和、永新一线,张兴仁为司令;第三路为湖南王捷俊部 3 个团,驻江西的莲花,王捷俊为司令;第四路为吴尚部 1 个旅,驻酃县、茶陵,吴尚为司令;第五路为刘建绪部,驻湖南的桂东,刘建绪为司令。何键命令各路部队于 1 月 10 日前进入指定地点,准备采取层层包围,步步进逼,最后合击的战术,企图一举消灭红军,血洗井冈山。①

一时,井冈山根据地四周,黑雾弥漫,杀气腾腾。湘赣两省敌人的第三次“会剿”布置就绪,发动在即。

柏路会议的决策

敌人“会剿”井冈山的消息,很快传到了边界红军总部。毛泽东、朱德、陈毅、彭德怀、滕代远等都感到事态的严重。敌 6 个旅 18 个团之众即将扑来,而我红军充其量只不过 4 个团,兵力悬殊。红军的领导者们无不镇静地思虑着破敌之策。

这时,中共中央“六大”决议等许多重要文件送至边界。为此,毛泽东与朱德、陈毅、彭德怀等商议,决定:立即召开军队与地方党的联席会议,传达“六大”决议,研究应战方略。

1929 年 1 月 4 日,“由前委召集四、五军军委、CP、CY 特委常委及宁冈、永新、遂川、酃县、莲花县委、茶陵特别区委及四军二十八团、三十一团、三十二团二营及五军五个大队的代表”②的联席会议在宁冈

① 根据杨克敏《关于湘赣边苏区情况的综合报告》及敌伪资料、《湖南民国报》、《申报》及有关电报综合而成。

② 《滕代远同志向湖南省委的报告》,1929 年 1 月 12 日,《井冈山革命根据地》历史文献。

县柏路村横店召开。毛泽东、朱德、陈毅、彭德怀、滕代远、袁文才、王佐、何长工、谭震林、陈正人等 60 多人出席了会议。会议由前委书记毛泽东主持。

会议的主要议程是:1. 传达党的第六次全国代表大会的有关决议;2. 通过前委给中央的报告(即《井冈山的斗争》);3. 讨论在强敌压境的情况下,如何迎击敌人的“会剿”。

宁冈柏路村

在讨论如何迎击敌人的“会剿”时,与会人员发生了激烈的争论。主要分歧意见有:有的主张凭险死守,有的主张到湘鄂赣去,有的主张到湘南去,有的主张到赣南去。①

毛泽东在会上发了言。他冷静地分析了当时的形势,指出:在当前敌我力量悬殊的情况下,凭险死守不利于我,且敌来势汹汹,表现出下了极大的决心,加上寒冬季节已到,我军物资菲薄,虽有群众援助,但难以取胜。但是,井冈山革命根据地又不能放弃。要保住经营年余的井冈山根据地这块红色政权,不能死守,必须采取积极的行动,钻敌人的空子。敌人从这边打来,我们就从那边打出去,迂回敌后,使敌人穷于应付,求得在外线消灭敌人的有生力量,打破敌人的“会剿”;实行“围魏救赵”的策略计划,影响边界,以解井冈山之危。②

毛泽东的主张获得了大多数人的赞成。会议既否定了据险死守

① 何长工:《难忘的岁月》,人民出版社 1982 年版。
② 何长工:《难忘的岁月》,人民出版社 1982 年版。

而不能解决经济困难的消极防御观点，又反对了主张全部转移而不要根据地的逃跑主义，一致赞同毛泽东提出的内线作战与外线作战相结合的策略方针，实行“围魏救赵”。

会议决定：红四军和红五军进行混合编制，五军三纵队编为红四军第三十团。彭德怀任红四军副军长兼三十团团长，滕代远任红四军副党代表兼三十团党代表。由彭德怀率领红三十团和红三十二团防守井冈山；红四军大部出击赣南，吸引敌人，返身从敌后打来，共同“破围”。

为什么决定红四军出击赣南呢？考虑到湘鄂赣边界距大城市较近，位于武汉、长沙和南昌中间，东有赣江和南浔铁路，西有湘江和粤汉铁路，北有长江天险，南有株萍铁路，敌人运动方便，地区狭小，红军不宜前去。湘南敌人兵力强，易于聚集，群众斗争尚未恢复，因此也不宜前去。而赣南却比较适宜，一是山区路近；二是物资丰富，有足够的经济给养力；三是距大城市较远，敌人聚集困难；四是赣敌战斗力较弱，外省军队地形人情不熟；五是赣东北有方志敏领导的红军，吉安东固一带有江西红军二、四独立团，可以相互配合和策应；六是中央6月4日来信中，亦有向赣南发展的指示。于是，会议在认真讨论分析的基础上，认为去赣南最为适宜。①

柏路会议于1月7日结束。会议期间，毛泽东还召集朱德、陈毅、彭德怀、谭震林、王怀、龙超清等人开了一个小范围的会议，就“六大”决议案中关于“杀戮土匪首领”问题（因袁文才、王佐在场，毛泽东省去未念，说：“休息一下”），对袁、王的具体情况进行了讨论。会上，王怀、龙超清主张杀袁、王。毛泽东提出了具体情况具体分析、不能机械执行上级指示的意见，认为袁文才在大革命中就是党员，不属“土匪”之列；王佐参加红军后，表现积极，也在斗争中加入了党的组织，因此袁、王都不能杀。到会的大部分同志都赞同毛泽东意见。毛泽东“做了许

① “访问陈伯钧记录”，1962年4月28日，内部馆藏资料。

多工作”。“最后,会议决定不杀袁、王。”①

柏路会议后,边界各县党组织,在群众中进行广泛动员,会同部队再次加固了工事和挑粮上山,为保卫井冈山革命根据地,作了充分的思想和物资准备。

柏路会议决定采取“攻势的防御”战略,是积极的策略,也是切合当时实际的策略。后来的事实证明,假如红四军不主动撤出,后果是难以想象的。虽然红四军出击赣南后,由于情况的变化,未能实现“围魏救赵”的计划,但红四军在赣南闽西一带,经过多次战斗和艰苦工作,逐渐开创了中央革命根据地。因此说,柏路会议是土地革命时期的一个重要会议。当然,当时柏路会议采取这一策略,主要目的是为了解决经济给养和打破敌人的“会剿”,以解井冈之危。

有人说:“上山伟大,下山也伟大。”此话不无道理。从另一角度说,上山是创新,下山也是创新。红四军下山出击赣南,寻求更大的发展空间,开创了一个新的更大的革命根据地。

红四军出击赣南

柏路会议后,前委和毛泽东等进行了一系列的紧张工作:向红五军官兵通报敌情,统一思想,作好迎战准备;将永新、宁冈、莲花、茶陵四县的地方赤卫大队、暴动队组成边界赤卫总队,由鄢辉任总队长,刘作述任党代表,统一调配,坚守九陇山军事根据地,与井冈山军事根据地互为掎角;进行了一些必要的人事调整,为适应战事需要,根据杨开明长期患病不能工作的实际情况,改组了边界特委,以邓乾元为书记,邓乾元、滕代远、陈正人、宛希先、朱昌偕五人为常委,统筹边界群众反“会剿”的战事准备和动员组织工作;原特委书记谭震林调任前委职工运动委员会书记,专做军队职工运动工作;将袁文才调任红四军参谋长,宁冈县委宣传部长刘辉霄调任前委秘书长,一同随红四军出征;为

① 陈正人:《毛主席创建井冈山根据地的伟大实践》。

进一步加强守山部队的力量,1 月 13 日,毛泽东又在下庄召开了前委会议,根据红五军和三十二团的请求,从红四军中抽调一批得力干部,充实守山部队领导,任命张子清为红五军参谋长,陈伯钧、陈毅安为红五军参谋,李克如、游雪臣、徐彦刚等都留下担任相应职务;何长工担任宁冈中心县委书记兼三十二团党代表。

1929 年 1 月 10 日起,红四军主力部队开始在茨坪、小行洲集结,毛泽东、朱德对他们进行了政治动员,组织军事训练,布置出击路线、序列等事宜。

1 月 14 日,红四军主力 3600 余人,在毛泽东、朱德率领下,兵分两路向赣南出击。一路经下庄、小行洲、黄坳,一路走荆竹山,进入遂川境内,合为一路。

红四军下山的那天,红五军、三十二团的指战员及山上、山下的群众数百人纷纷冒雪前来为红四军主力部队送行。战士们相互紧拉着手,久久舍不得分开,说不尽的送别话语。送行的群众纷纷将带来的熟蛋、布鞋、烟叶等,一一往红四军战士们荷包里塞。红四军指战员们想到即将离开养育、经营了一年多的红色根据地,也都别情依依。一时,告别声、宽慰声、勉励声、哭泣声嘤嘤四起,场面异常悲壮感人。

红四军主力冒雪行进。行军途中,部队张贴了毛泽东起草的《红军第四军司令部布告》。这一著名的四言体布告指出红军的宗旨是:民权革命,打倒列强,打倒军阀,统一中华。布告还宣传了中国共产党在民主革命时期的各项政策主张,号召全国工农为完成民主革命的任务努力奋斗。行军途中,部队还散发了根据党的“六大”精神而编写的共产党领导的工农红军所要实现的民主革命“十大政纲”,如推翻帝国主义在中国的统治;没收外国资本;统一中国;推翻军阀国民党政府;工人实行八小时工作制,增加工资;没收一切地主阶级的田地,分给无田或少田的农民等。同时,红四军还向沿途群众散发了油印的数百份“六大”决议案,广泛宣传党的路线、方针、政策。

红四军主力下山后,面临着一场场艰苦的恶战。

红五军浴血井冈

红四军主力下山后,何键即令进至遂川的第一路李文彬的第二十一旅、进至资兴的第五路刘建绪部,会同赣州的刘士毅第十五旅,向赣南追击红四军主力。同时,命令进至永新一线的第二路张兴仁第三十五旅、周浑元第三十四旅,进至莲花的第三路王捷俊部一个团,进至酃县、茶陵一线的第四路吴尚部一个旅,向井冈山逼近,紧缩包围圈。

面对敌人的步步进逼,留守井冈山的彭德怀、滕代远和中共湘赣边界特委,对坚守井冈山的斗争作了周密的部署。

首先,向守山的部队作了艰苦细致的思想工作,统一对守山的认识。可以说,在前委考虑让红五军挑起守山的任务时,红五军的部分将领对这一艰巨的任务是不太理解的。在这一问题上,彭德怀、滕代远是顾全大局、勇挑重担的,这一精神难能可贵。对此,彭德怀在《往事回忆》中亦直言不讳。他记载道:“我当时接受了这个任务。但在红五军军委讨论时,意见是不一致的,多数同志是不同意五军固守井冈山的。他们的理由是:平江起义推迟了湘赣两省敌军对井冈山的‘会剿’,现在,湘赣两省白军主力对井冈山‘会剿’而对湘鄂赣边区的反动势力减弱,我们红五军部队已经完成了同红四军取得联络的任务了,就应当迅速北返,扩大湘鄂赣苏区根据地,传达六次大会的决议案,对井冈山根据地的坚持,只有配合作用,而不应承担固守井冈山的任务。井冈山虽然地势险要,周围约近二三百里,弹缺兵力也少,是守不住的。但是,我和代远同志为了照顾全局,并且准备必要的牺牲,因而坚决执行了四军前委的决定。”

在统一了全军将士的思想后,彭德怀、滕代远对坚守井冈山作了具体的部署:以李灿率第一大队(实际上仅相当于 1 个连)、徐彦刚带领的三十二团一连防守黄洋界,抗击湘敌王捷俊部;贺国中率第八大队和宁冈赤卫大队一部防守桐木岭的白泥湖阵地;黄云桥率第九大队扼守桐木岭的犁坪,抗击赣敌周浑元第三十四旅和张兴仁第三十五旅之一部；彭包才率第十大队和教导队一部扼守八面山，抗击湘敌第八军吴尚部；黄龙率第十二大队及酃县赤卫大队、遂川赤卫大队一部把守双马石哨口和荆竹山一线；王佐率三十二团二连和遂川赤卫大队一部担任朱砂冲哨口的防守任务，抗击李文彬第二十一旅之一部和反动地方武装。同时，动员山上军民在上述五大哨口加固工事，在哨口前筑起一道道竹钉阵，筹集粮食，运送弹药，抢护伤员，为保卫井冈山军事根据地作好军事和物资上的各项准备。

彭德怀将红五军指挥部设在茨坪。命令永新、宁冈、茶陵、莲花四县赤卫大队，由刘作述、鄢辉领导坚守九陇山军事根据地。何长工率三十二团一营部在山下开展游击斗争，袭扰敌人。

敌人的“会剿”气焰日高。守山部队在彭德怀的领导下，工作也紧张扎实地进行着。

面对着十余倍于我的强敌进攻，守山部队总指挥、红五军军长彭德怀及边界特委，一面积极做好坚守井冈山的各项准备工作，一面认真研究可能出现的意外情况及应急措施。为此，召开了多次的会议。

柏路会议以后，彭德怀、滕代远首先召开了红五军军委扩大会议。扩大会传达了柏路会议的精神。会上，部分同志根据红五军上山不久，对地形不熟、对群众不熟的实况，提出了不愿意守山的意见。彭、滕反复地说明了前委的意图及守山的重要性，但效果不佳。于是，前委曾于1月上旬又先后召开了茨坪会议和下庄会议，留下了红四军中的一些骨干，调整了边界特委和宁冈县委。

红四军主力下山后，红五军毅然承担了保卫井冈山的艰巨任务。彭德怀、滕代远深知这场战斗的分量，因之与边界特委又在山上召开了一次联席会议。会议的内容是：继续坚定守山军民的思想，号召大家团结一心，下定与井冈山共存亡的决心；进一步研究落实参战军民的兵力及部署，组织好战斗服务工作；研究了应急措施，决定：“在军事方面，如五井被敌人攻破，五军冲出五井取道敌人薄弱的地方往赣南与四军取得联络。各县地方武装则尽可能埋藏于各县。在党方面，特委和县委均须留边界指挥工作,党不能离开群众。"①

这一系列会议的召开,对作好第三次反"会剿"斗争的准备起了重要的作用。特别是红四军下山后的红五军军委与边界特委的联席会议,对后来红五军能及时冲出重围,保存有生力量,起了决策性的关键作用。这次会议后,红五军军委和特委领导及时地向所属作了传达,使守山军民同仇敌忾,作了迎战的充分准备。

1月25日,彭德怀、滕代远又在茨坪召开了守山部队及参战群众的誓师大会。红五军将士、红四军三十二团官兵,宁冈、遂川、酃县赤卫大队和边界群众2000余人,屹立在漫漫风雪之中,听彭德怀作慷慨激昂的动员讲话。会上,提出了"誓死保卫井冈山!""与敌人血战到底""与井冈山共存亡!"等口号,充分表明了守山军民"均有死守五井的决心"②。

誓师大会后,各路队伍均按原定计划,向五大哨口出发,拉开了第三次反"会剿"的帷幕。

1929年1月26日,何键率总部从萍乡移至莲花,亲自督战。27日,湘、赣两省各路"会剿"军队共10余团的兵力,采取"四面围攻"的战术,以湖南方面为主攻,凭借优势兵力,向黄洋界、八面山、桐木岭三大哨口发起了猛攻。

黑云压城,大雪纷飞。井冈山革命根据地面临着一场严峻的考验。

敌人的主攻方向是黄洋界、八面山和桐木岭哨口的白银湖。

进攻黄洋界、八面山哨口的敌军是湘敌吴尚第八军的两个旅,每处用3个团。这次,敌人吸取了以往的教训,深知靠单兵力和轻武器

① 《中共湘赣特委向中央江西省委并转中共湖南省委的综合报告》,1929年3月17日,《井冈山革命根据地》历史文献。

② 《中共湘赣特委向中央江西省委并转中共湖南省委的综合报告》,1929年3月17日,《井冈山革命根据地》历史文献。

是很难战胜红军、占领险要哨口的,因而搬来了许多重武器,在山下架起山炮,猛轰哨口工事。密集的炮弹像雨点一样落在山头上、丛林中,卷起沙石,弥天盖地。

在敌人大军压境轮番进攻的严重情况下,红五军指战员不畏艰险,不怕牺牲,英勇抗击,打退了敌人一次又一次的进攻。由于敌人的重炮轰击,工事被打塌了,红军战士只得冒着严寒通宵达旦地加以修复。时值寒冬,气温在零下几度,战士们干脆在修好的工事上浇上水,使工事冻成一道道坚厚的冰墙。

在三天三夜的鏖战中,红五军指战员和参战的地方赤卫队员,在风雪交加的日日夜夜,得不到片刻休息,饿了吃点炒米、炒黄豆,渴了吃把雪,夜间便睡在稻草中,表现出坚忍不拔的革命精神。

在艰苦的激战中,彭德怀、滕代远、王佐、邓乾元等不分昼夜地来回奔波于各个哨口之间,察看敌情,鼓舞士气,指挥战斗,给指战员极大的鼓励。山上的群众冒着危险为红军抬水送饭,抬运伤员;山下的地方武装在何长工等指挥下,也不断地利用熟悉的地形地物,给敌人以打击,使敌人吃睡难安,有力地减轻了五大哨口的压力。

对这场严酷的恶战,彭德怀在1929年4月4日给中共中央的信中记叙道:“四军于1月14日出发,湘敌即于16日迫近根据地,至26日午前湘赣敌军围攻井冈山,他们猛攻了一昼夜,值那天大雪严寒的时候,亦决心极力的挣扎。”1929年3月17日《湘赣边界特委给江西省委的信》也记述:“1月25日,敌人遂开始向五井攻击,以湘敌作主攻。敌人兵力勇敢,猛烈冲锋,我方士兵因据险为守,亦十分沉着,官兵均有死守五井的决心。此时敌人采(取)四面围攻战术,但其主攻,是接近湖南的一方面。敌人力量还是很薄弱,其主要战略,在于牵制我守山部队。我们对敌人的战术,是攻守防御政策。可惜山上部队太少,不能将敌人弱小的地方击破,以解此包围。”

尽管如此,守山部队在彭德怀、滕代远、王佐、邓乾元等人的指挥下,从27日至29日,浴血奋战了三昼夜,击退了敌人的多次进攻,表现得极其顽强,守住了阵地。

在八面山哨口,彭包才率领的第十大队和教导队一部,仅 100 多人。他们英勇抗击了敌吴尚部 3 个团的敌人。力量之悬殊,武器装备之悬殊,均属空前。敌人仗着山炮、机枪的掩护,几次冲进我方阵地。守山指战员与敌人展开了殊死的搏斗,击退了敌人多次进攻。最后,子弹打光了,工事全部被炸塌了,100 多名红军指战员,几乎全部壮烈牺牲。

在桐木岭哨口,贺国中率领第八大队和宁冈赤卫大队驻守在白泥湖阵地,黄云桥率第九大队扼守在犁坪阵地,与敌人进行了殊死的搏斗。李聚奎回忆说:"敌人进攻白银湖的战斗是异常紧张的。我们在犁坪的山上,就听到白银湖那边的机关枪'扑噜扑噜'地响,像煮稀饭一样,一直不停。敌人白天猛打,晚上偷袭。贺国中同志亲自带着八大队坚守。那几天,雨雪交加,工事里泥泞有半尺来深,坐不能坐,睡不能睡,就在这样十分困难的情况下,整整坚持了 4 天 4 夜。"①最后,白银湖阵地被敌人突破。敌人占领桐木岭后,直逼茨坪。

在黄洋界哨口,守山部队在李灿的指挥下,凭借着黄洋界哨口天险,与敌鏖战了三昼夜,哨口始终在我军手中。未料狡猾的敌人,见正面难以突破,便设法从侧面偷袭。1 月 28 日,敌人在黄洋界下的斜沅村,用金钱收买了当地的一个游民陈开恩。29 日晚,由陈开恩带领 700 余名"敢死队"敌兵,沿着他平时捉"石拐"(即石蛙)的一条小溪,在山中转了一夜,摸进了棍子坳,翻过金狮面,由通往黄洋界背后的深山幽谷钻出,插进了小井村。于是,黄洋界腹背受敌!在此危急之际,"奋斗在黄洋界哨口的 200 多名红军战士,处境非常危险,前面受到敌人正面攻击,后面上来的大量偷袭的敌人,截断了退路,左右两边是危崖陡壁,下面是万丈深谷。在这危急时,大队长李灿、党代表张纯清和三十二团的徐彦刚同志指挥部队一面抗击前后夹击的敌人,一面解下

① 李聚奎:《红五军在井冈山》,《井冈山革命根据地》回忆资料。

绑腿,结成长绳,攀崖而上,撤出战斗"①。30 日,黄洋界失守了。彭德怀在茨坪总部闻讯,迅速率领教导队之一部和轻伤员 130 余人,前往救援,然终因敌众我寡,未能奏效。

敌人攻破黄洋界、八面山、桐木岭哨口后,三路重兵直逼茨坪。红军总部十分危险!为保存有生力量,彭德怀与滕代远等紧急商议,决定马上收拢队伍,突围出去,实行红五军军委和边界特委联席会议决定的应急措施,撤离井冈山。随即,红五军八、九大队,特务大队,十大队余部,以及遂川赤卫队,迅即在荆竹山集结。彭德怀向部队作了简短的讲话后,即经遂川方向,向南突围。据 1929 年 3 月 17 日的《湘赣边特委信》记载:"当时,冲出五井部队有五军四五百人,遂川赤卫队与留山赤军教导团及伤病兵徒手千余人。因此时天气寒冷,山路崎岖,行动非常迟缓,兼之残败之余,指挥难于统一,等到五军冲到遂川大汾地方时,敌人已布置堵截,结果大汾一段,五军虽无大多损失,而遂川武装及伤兵老小徒手,均被敌人击散。"在大汾战斗中,留任红五军副参谋长(原红四军二十八团参谋长)的王展程不幸被捕,被敌人杀害于遂川戴家铺。

敌人占领井冈山军事根据地后,2 月又调集赣敌第五师第十四旅、第十二师三十五旅计 4 个团的兵力,向九陇山军事根据地发动了猛烈攻击。坚守在九陇山的永新、莲花、茶陵县赤卫大队,在刘作述、鄢辉等指挥下,凭险抵抗,英勇战斗,然终因寡不敌众,丢守阵地。至此,第三次反"会剿"失败,井冈山根据地沦陷敌手。

小井之难

井冈山失守后,1 月 29 日,敌人从黄洋界的金狮面,插入了小井村。当时,小井红军医院的轻伤员和工作人员都往山上突围了,只有 100 余名重伤员没有办法突围出去。敌人进村后抓获了这些重伤员,

① 何长工:《坚持井冈山斗争》,《井冈山革命根据地》回忆资料。

进行严刑拷打和审讯,妄图得到红军情报。英勇的红军伤病员没有被敌人的凶残所吓倒。他们面对着敌人的屠刀,忍受着饥饿、疼痛,咬紧牙关,拒绝回答敌人的提问。敌人毫无办法,把 100 余名重伤病员押到小溪边的一块稻田里,在对面的小桥上架起机枪以死来威胁他们。在敌人的枪口面前,红军伤病员们泰然自若,视死如归,表现出崇高的革命节操。他们一个个怒目而视,振臂高呼:"打倒国民党反动派!""中国共产党万岁!""红军万岁!"红军伤病员的英雄气概,使敌人气急败坏。敌人立即下令开枪。在机枪的扫射下,100 多名红军伤病员倒在血泊之中,鲜血把小井溪中的水都染红了。

小井红军烈士墓

对这场灾难,当年的红军医院工作人员、目击者董青云回忆道:"1929 年 1 月,毛委员率领部队离开井冈山,向赣南、闽西进军。敌人来袭击井冈山的小井时,红军医院有 200 多伤病员,十几个工作人员。其中有医生资影、徐鸽、谢秋月、伍海泉、伍久奎,还有护理人员,名字我都记不清楚了。200 多伤病员中,我记得有:李新华(湖南耒阳人,红军副班长)、徐新(湖南耒阳人,红军战士)、李玉发(湖南耒阳人,红军战士)、邓颖发(湖南耒阳人,红军战士)、汤民新(湖南安仁人,红军战士)、朱娥龙(江西永新人,红军战士)、吴鸿录(江西宁冈人,红军排长)、彭振辉(湖南湘西人,国民党班长)、吴凤图(北方人,国民党班长)、王梅朵(湖北人,国民党班长)、徐子龙(湖北人,国民党班长)。其他人的名字记不清了。……敌人袭击红军医院时,轻伤员和工作人员都往山上突围了,只有 100 多重伤病员没有办法突围。当天,国民党军队就把他们全部拖在一块田里用机枪扫死。我躲在对面山上树丛里看得很清楚，先是一个个地拳打脚踢，打躺在田里，然后开枪。我流下了眼泪。”①

小井遇难的100多名红军伤病员，他们有的甚至连姓名也没有留下。他们牺牲后，井冈山人民冒着生命危险，偷偷地掩埋了他们的遗体；尔后，带着对敌人的无比仇恨，投入了新的战斗。

突围下山与第三次反“围剿”的失败

对于井冈山革命根据地的失守，第三次反“会剿”的失败，中共湘赣边界特委在1929年3月的总结中说：“根据我们的观察，三次反‘会剿’失败的原因有如下几点：(一)因为中国目前资产阶级统治暂时稳定，敌人能集中力量打我们。(二)主观力量太薄弱，边界群众不能用大力去扰乱敌人后方，以牵制敌人。(三)守山部队太少，应付敌人不来，以致在军事上陷于失败的地位。(四)敌兵运动没有实际去做，宣传不深入，没有动摇敌军兵士。(五)全国各地无大的暴动响应，使边界斗争陷于孤立。”②

彭德怀1929年4月4日在瑞金写给中共中央的信总结说：“井冈山失败的缺点：部队复杂，指挥不统一，兵力单薄(1与20比)，昼夜出兵，得不到休息，子弹缺乏。然敌此次会剿有决心，有计划，悬重赏。比如得到我们一支枪30元。其兵前仆后继的攻击。虽然如此，敌人没有缴一支枪去。”③

敌人占领井冈山后，对根据地实行了惨无人道的“三光政策”。然而，我转入深山的红军和地方部队，不断地袭扰敌人，加之天寒地冻，大雪封山，给养困难，使敌人处于四面楚歌之中。因而，敌人不到10天即被迫退出大小五井。3月，蒋桂战争爆发，大部分“会剿”军被调

① 董青云：《忆小井红军医院》，《井冈山革命根据地》回忆资料(下)，第564—565页。

② 《湘赣边界特委信》，1929年3月17日，《井冈山革命根据地》历史文献。

③ 《彭德怀致中共中央的信》，1929年4月4日。

往前线,只留下1团兵力驻防永新。这时,我红军赤卫队连连出击,恢复了根据地。对此,陈毅在《关于朱毛军的历史及其状况的报告》中说:"所谓三省(应是湘赣两省——引者注)会剿实际只到井冈山游了一次,除红军因战略引退而外,所谓三省大兵对成千整万之赤色群众只有一个'莫可如何',所以不到一个礼拜即行撤退,边界区域仍然在赤色群众之掌握中。"

井冈山军民第三次反"会剿"虽然失败了,但彭德怀、滕代远等领导指挥下的守山部队在战斗中表现出来顽强不屈的精神,是可歌可泣的。同时,由于红五军等守山部队在坚守井冈山的过程中,钳制和拖住了敌人,从而为红四军出击赣南赢得了时间,创造了条件。

第二节
朱毛红军下山后的风风雨雨

圳下之溃与东固会师

红四军主力离开井冈山后,在毛泽东、朱德的率领下,踏上了出击赣南的征途,3600多人沿着羊肠小道,冒着风雪疾进。部队经遂川大汾、左安,在大汾歼灭前来堵截的一营敌人,跳出了敌人的重围。尔后,部队于1929年1月下旬进入了赣南地区的上犹、崇义。

湘赣"会剿"军代总指挥何键发觉红四军主力离开井冈山南下,急电蒋介石,并报告对井冈山进行"会剿"的部署;同时,命令国民党军第七师二十一旅李文彬部、第五师第十五旅刘士毅部跟踪追击红四军。

红四军主力在毛泽东、朱德指挥下,采取盘旋式的"打圈子"战术,避强击弱,终于摆脱了重兵的追击。1月22日,红四军攻击大余县城。24日,敌李文彬旅围攻大余县城,与红四军展开激战。红四军由于长途跋涉,兵马劳顿,仓促应战,伤亡很大。为突出重围,红二十八团党代表何挺颖身负重伤,几天后夜行军时又遭敌袭,何挺颖为国捐躯,独立营营长张威亦不幸牺牲。

红四军离开大余后，折向“三南”地区（全南、龙南、定南），游击安远、寻乌等地。未期寻乌项山一战，又与刘士毅部交手，因二十八团与军部在前，三十一团尚未跟上，军部几位领导被敌围困，陈毅被抓住，幸未被敌认出。他击倒了两个敌人后，才得以生还。在圳下战斗中，红四军妇运科科长、朱德妻子伍若兰为掩护军部转移，腿部受伤，不幸落入敌人魔掌。她受尽折磨后，坚贞不屈，2月12日被敌人杀害于赣州卫府里，年仅23岁。

部队的连续失利，损兵折将，使毛泽东、朱德感到十分困惑、痛苦。由于总想摆脱敌军尾追，部队不可能扎下根来开展群众工作，赣南群众一时未能发动起来，红军如浅水之鱼，处于十分被动的地位。值得庆幸的是，尽管部队陷入困境，却没有一个人逃跑，更没有一个人叛变。为扭转局面，毛泽东、朱德率部折入瑞金。

2月10日，正是农历大年初一，部队来到瑞金大柏地。此时，赣敌刘士毅部仍紧追不舍。为了摆脱追敌、鼓舞士气，毛泽东、朱德决定利用大柏地的有利地形，痛击刘士毅部。部署停当后，部队进入阵地，至下午2时左右，敌刘士毅部进入红军伏击圈。战斗打至傍晚，双方仍呈对峙状态。第二天，红军发起凌厉攻势，奋勇杀敌，终于把敌打垮，下午2时许大获全胜，全歼被围之敌。是役歼敌1500余人，生俘敌正副团长肖致平、钟桓以下800余人（肖、钟混入俘虏群中被释放了），缴枪800余支。

大柏地的胜利，极大地振奋了军心，赢得了主动，是红四军转战赣南以来的首次大捷。敌李文彬部闻知刘士毅部惨败，再不敢贸然追击。

随后，红四军为解井冈之围，挥师宁都，接着又举旗东向，进入吉安东固地区。是年2月20日，红四军与活跃在东固地区的由李文林、曾炳春、段起凤等领导的江西红二、四团在东固螺坑胜利会师。

“上有井冈山，下有东固山。”东固，是1928年4月间形成的赣西又一块红色根据地的中心。红四军与红二、四团东固会师后，召开了

东固

隆重的庆祝大会。在庆祝大会上，毛泽东高度赞扬了李文林等领导的东固根据地的成就，说红四军是“铁军”，红二、四团是“钢军”，东固山和井冈山一定会联结起来，最后一定可以解放全中国。朱德在会上高度评价了两军会师的意义，并风趣地说，国民党反动派天天喊打倒“朱毛”，“朱毛”却越打越多，现在你们也成“朱毛”了。会师后，红二、四团向红四军赠送了4000元银洋和大批子弹，为红四军安置了300多名伤病员；红四军赠送了4挺机枪和1门迫击炮给红二、四团，并留下了毛泽覃等一批干部，加强东固根据地的工作。

在东固，毛泽东、朱德等闻知井冈山失守的消息。毛泽东、朱德及红军将士都甚感沉痛。鉴于赣敌李文彬部正向东固逼近，金汉鼎部也对东固取进击之势，于是，红四军前委决定，把原定的固定区域的公开割据政策，改为变幻不定、变动不居的“打圈子”游击政策，红四军沿闽、赣边界向南转移，拖住“追剿”敌人。

红四军在东固休整一星期后，于2月25日离开东固，出击赣南、闽西。红二、四团开赴兴国等地游击。

东固会师后，陈毅曾作诗吟道：

东固山势高，峰峦如屏障，
此是东井冈，会师天下壮。

此后,红四军经永丰、宁都、广昌,再折至瑞金壬田,在赣南、闽西的广阔地区掀起了新的革命风暴。

彭德怀、滕代远率领红五军冲出重围后,冒着风雪,速向赣南疾进。

红四军在哪里?谁也不知道,只得边走边寻。红五军经左安,过上犹,越崇义,渡章水,于1929年2月9日到达大余新城附近。此时,正是农历除夕。而这时的红四军正在瑞金的大柏地。

红五军正在大余新城附近的村庄宿营时,赣敌刘士毅部闻讯从崇义向大余袭来。红五军部队听见枪声,忙紧急集合,连夜开拔,向信丰方向转移。尔后,又经安远、会昌边境,向于都开进,苦苦地寻找着红四军。

是年3月7日,红五军在于都党组织和地方武装的配合下,一举攻克了于都县城,全歼守敌一个正规营。这是红五军自井冈山撤离后的第一次胜利。但是,部队也因一路征战,减员十分严重。

红五军轻取于都城,使刘士毅惊恐万分,不得不分兵来对付红五军。待刘士毅部赶来于都时,彭德怀已指挥部队渡过于都河,退往城南的小密一带。红五军在小密宿营时,又遭敌袭击,参谋长邓萍等负伤。为此,彭德怀决定在小密地区,将滕、邓等伤病员安置下来养伤,并带领部队分散各处,发动群众,补充兵员,筹措给养;随后,遵照赣南特委的意见,红五军进占安远县城,消灭了该城的反动武装,缴获了大量军用物资。

对这段历史,彭德怀在《往事回忆》中记述说:“为了免遭覆灭,我们便率领收容起来的六七百人,再加伤、残、病、弱共千余人,从井冈山腹部峭壁向南突围,在左安又一次遭敌伏击,突破重围,经过数昼夜艰苦奋斗才脱离了敌人的重重包围(当时饥饿交迫的困境是无以形容的)。但是敌人仍继续追击、堵击、侧击,我军经崇义、安远、会昌等县境,约月余才到达兴国之莲塘、东村地区,找到了当地党组织和二团。这时,在地方党组织的帮助和群众的掩护下,对于敌情比较明了,并且得到了两天休息。在这次长途战斗行军中，所部仅剩 300 余人，从而也深深体会到了根据地的重要性。……略加休整时，白军刘士毅部又追逼占领了莲塘。我军乘夜脱离了白军追击，而奔袭了于都城，消灭了刘旅留守部队一个营，待刘旅急转回救时，我又转移攻占安远县城，消灭了该城民团数百人。当时，仍准备回井冈山，恢复湘赣边区根据地，在安远县城的反动县署搜得文件获知红四军攻占了长汀的消息。为了配合红四军的行动，我军又北进占瑞金(滕在于都负伤休养)。这时红五军部队从 300 余人，又发展到了 700 余人。”

这样，红五军随即从安远经会昌进占了瑞金县城。在此一面开展群众工作，一面整训部队，相机和红四军取得联络。

红四军于 3 月上旬进入闽西长汀。3 月 14 日在长岭寨与敌郭凤鸣一战，大获胜利，歼俘敌 2000 余人，并击毙了闽西土著军阀郭凤鸣，随即占领汀州城。在汀州，红四军补充了大量军需，并在汀州附近进行了半个多月的分兵，对红四军的组织系统进行了改编，将部队编成三个纵队，尔后，回师赣南。

4 月 1 日，红四军回到瑞金，在瑞金与红五军会合。两军重逢，洋溢着一片欢乐。毛泽东、朱德、陈毅、彭德怀等两军领导人也为红四军、红五军在赣南会合感到欣慰。

中央“二月来信”与前委应对举措

1929 年 4 月 3 日，前委在瑞金收到了由福建省委转来的《中央给润之、玉阶两同志并转湘赣边特委的信》，即“二月来信”。

中央的这封信是 2 月 7 日发出的。中央来信，向红四军前委介绍了当前的国际国内形势，着意强调城市工作的重要性，对在农村的红军前途作了较为悲观的估量。来信提出红四军必须分成小部队的组织，“散入湘、赣边境各乡村中进行和深入土地革命”，以“避免敌人目标的集中和便于给养与持久”；并提出要朱德、毛泽东“离开部队”，“速来中央”，说什么“深信朱、毛两同志目前有离开部队的必要”，“两同志得到中央决定后”,“应毅然地脱离部队速来中央”①。

毛泽东认为“中央二月来信的精神是不好的”,对中央来信中的悲观论调不以为然。为此,专门召开了前委会议,讨论中央来信。毛泽东、朱德、陈毅、彭德怀、滕代远等都参加了会议。

前委会上绝大多数同志都深有同感,不同意朱、毛离开部队。

根据前委会议大多数同志的意见,4 月 5 日,毛泽东代表前委给中央写了一封回信。信中旗帜鲜明地提出:“中央此信对客观形势和主观力量的估量都太悲观了。……我们感觉党在从前犯了盲动主义极大的错误,现在却在一些地方颇有取消主义的倾向了。……中央要求我们将队伍分得很小,散向农村中,朱、毛离开部队,隐匿大的目标,这是一种不切实际的想法。……我们建议中央,在国民党军阀长期战争期间,我们要和蒋桂两派争取江西,同时兼及闽西浙西。在三省扩大红军的数量,造成群众的割据,以一年为期完成此计划。”②

前委复信中以红四军的切身体会,说明了分兵游击的危害,指出:“以连或营为单位单独行动,分散在农村中,用游击的战术发动群众,避免目标,我们从前年冬天就计划起,而且多次实行是失败的。”所以,前委认为:“愈是恶劣环境,部队愈须集中,领导者愈须坚决奋斗,方能应付敌人,只有在好的环境里才好分兵游击。”③

前委的复信还强调说:“农村斗争的发展,小区域红色政权的建立,红军的创造与扩大,尤其是帮助城市斗争,促进革命潮流高涨的主要条件。”“抛弃城市斗争,是错误的,但是畏惧农民势力的发展,以为

---

① 《中央给润之、玉阶两同志并转湘赣边特委信》,1929 年 2 月 7 日,《中共中央文件选集》第五册,中共中央党校出版社 1983 年版,第 24 页。

② 《红四军前委致中央的信》,1929 年 4 月 5 日,《井冈山革命根据地》历史文献,第 297—299 页。

③ 《红四军前委致中央的信》,1929 年 4 月 5 日,《井冈山革命根据地》历史文献,第 297—299 页。

将超过工人的势力而不利于革命……我们以为也是错误的。”①

在复信中,前委还向中央报告了一年争取江西同时兼及闽西浙西的计划。

最后,毛泽东从高度的组织纪律性出发,提出如要朱、毛离开部队,请中央派刘伯承、恽代英两人来接替,以利工作。他这样写道:“中央若因别项需要朱毛二人改换工作,望即派遣得力人来。我们的意见,刘伯承同志可以任军事,恽代英同志可以任党及政治,两人如能派得来那是胜过我们的。”②

前委的这封复信,得到了大多数前委委员的赞同。彭德怀也在 4 月 4 日致信中央,表达了类似的观点。

后来,中央收到此信后,在周恩来的努力下,没有坚持原议,朱、毛因此没有离开红四军。可见,前委的复信观点对中央是产生了影响的。

4 月 8 日,红四军、红五军开至于都。11 日,在于都又召开了前委扩大会议。会上,彭德怀恳切而又坚决地提出红五军打回井冈山去,恢复根据地。毛泽东和前委同意了彭德怀的这一意见。会后,红五军返回井冈山,红四军在赣南分兵。从此,红四军与红五军互为犄角,开始了新的斗争。

“七大”风波与古田会议

朱、毛红军自出击赣南以来,随着斗争的深入,红四军党内的无产阶级思想与非无产阶级思想的分歧,愈来愈明朗化,红军中党的建设面临着严峻的局面。

---

① 《红四军前委致中央的信》,1929 年 4 月 5 日,《井冈山革命根据地》历史文献,第 297—299 页。

② 《红四军前委致中央的信》,1929 年 4 月 5 日,《井冈山革命根据地》历史文献,第 297—299 页。

1929年6月下旬，为了总结四军下山后半年多来的斗争经验，解决党和红军的建设问题，四军前委在闽西龙岩伦明堂召开了红四军党的“七大”。这次党代会由于中央“二月来信”的影响，以及红军处于初创时期，对许多问题的认识很不一致，前委领导机关又未能取得统一，因而出现了一些争论。

“七大”前争论的主要问题是：

1. 关于党对军队的领导问题。井冈山时期，曾在红军中设置了党代表，把支部建在连上，确定了党对军队的领导原则。但是，在频繁的战争环境中，有些带有旧军队意识和习惯势力的干部感到约束，表示不满，认为“党代表的权力太大”，“前委包办代替了军委的工作”，因而提出了“军事领导政治”的主张和“司令部对外”的口号。

2. 关于民主集中制问题。有的同志认为党代表是“家长制”，民主了半天，最后还是党代表说了算。主张“自下而上的民主”，事无大小都要交下级讨论，然后上级再作决议，否则就是不民主。

3. 关于反对军阀主义残余问题。有人认为“不打不骂是带不好军队的”，“城隍庙的鼓三天不打就上灰尘”，主张“军人以服从为天职”，提出取消“士兵委员会”。

4. 关于建立根据地问题。一些持单纯军事观点的同志忽视了红军战争的根本任务，不愿意做艰苦的群众工作，建设巩固的根据地，而热衷于“走州过府”、“招兵买马”、“大碗喝酒、大块吃肉”的流寇生活。

这场争论的焦点，后来集中在要不要建立军委的问题上。争论的实质，是如何正确处理集权与民主的关系问题。

井冈山时期，是有军委的，毛泽东、陈毅、朱德都任过军委书记。1929年1月朱、毛红军下山以后，为了应付险恶的局面，减少层次，在寻乌项山的罗福嶂前委会议上，曾一度取消了军委，统由前委指挥。“七大”前夕，在围绕着要不要再设军委的问题上出现了分歧，在5月底的永定“湖雷会议”上开始争论，在军委设置问题、集权还是分权的问题上，朱、毛之间意见不一，刘安恭、林彪等争论激烈，扩大矛盾。6

月 8 日,红四军在攻克上杭白砂后举行前委扩大会议,再次讨论是否设军委的问题。时任红四军临时军委书记的刘安恭竭力主张设军委,指责"党管得太多","权太集中前委了",毛泽东是"家长制"、"书记专政"、"自创原则"、"不服从中央"等。时任红四军一纵队司令员的林彪在会前几小时给毛泽东送去一封信,指责朱德存有"封建关系"、"军阀作风"、"政客手段"等,挑拨毛泽东与朱德的关系。"白砂会议"上,毛泽东提出了四点书面意见,主张集权,反对"分权",维护前委对红军的直接领导。但毛泽东的正确意见未能在领导层达成共识。会上两种意见愈争愈烈。毛泽东觉得"不生不死",愤而提出辞去前委书记。会议最后以 36 票对 5 票的绝对多数表决通过了毛泽东的正确主张,但同意毛辞去前委书记,指定陈毅担任临时前委书记。当晚深夜,林彪又托前委秘书江华转给毛泽东一信,表示不赞成毛泽东离开前委,希望他有决心纠正党内的错误。

6 月 14 日,毛泽东根据前委决定,以给林彪复信的方式,写了一篇长文,就全军党内争论的问题,陈述了自己的看法。

毛泽东在信中将红四军党内的争论归纳为 14 个问题,批评了党内的错误思想,分析了党内争论发生的原因,解释了"坚辞前委书记"的理由等。毛泽东认为:红四军党内的争论,不是个人和一时的问题,而是"历史的结穴",是"错误的思想路线的最后挣扎",是"严重的政治路线问题"①。话说得比较重,但总的导向是正确的。这封信所表达的思想,是后来红四军党的九大即古田会议决议形成的基础。

6 月 15 日,朱德根据前委意见,也以给林彪复信的方式,写了一篇文章,提出了与毛泽东不同的三点不同意见,主要是强调党要通过苏维埃政府运作办事、要实行党内民主、反对家长制、不同意对他"分权"的指责。

---

① 毛泽东:《给林彪的信》,1929 年 6 月 14 日,《毛泽东文集》第一卷,人民出版社 1993 年版。

在双方争执不下、朱毛意见不一的情况下，在红四军三打龙岩后，前委于6月22日召开了红四军党的“七大”，试图以会议形式解决问题。

“七大”由临时前委书记陈毅主持召开。他从党的事业出发，以团结为重，进行了必要的调解工作。他风趣地说：

“你们朱毛二人，一个晋国，一个楚国，两个大国天天在打架，我这个郑国在中间简直是不好办。我是晋楚之间，两大国之间，我站在那一边，跟谁走？我就是担心红军分裂，我还是希望你们两方面团结。”①

“七大”只开了一天。争论的结果，决议不设军委，加强前委的工作。会议通过了《红军第四军第七次代表大会决议案——党内争论问题及分兵问题》。

大会在最后选举红四军前委书记时，毛泽东落选。陈毅当选为前委书记。前委成员除中央指定的朱、毛不动外，“大会选举陈毅、林彪、刘安恭、伍中豪、傅柏翠，同四军直属队、一二三四纵队各选士兵同志合计13人组织前委会，决定以陈毅为书记。这个决定即呈报中央批准，在未批准前即可负责开始工作”②。

“七大”在中共党史上产生了重大而微妙的影响。

“七大”以后，毛泽东离开前委领导岗位，到闽西蛟洋苏家坡一面养病，一面指导闽西特委工作。陈毅去上海参加军事会议，并向中央汇报工作。

1929年9月下旬，在红四军出击闽中、东江之中，由代理前委书记朱德主持，在上杭县太忠庙召开了红四军党的“八大”。“八大”开了

---

① 陈毅：《九一三事件后在中央批林整风会议上的讲话》，1971年10月下旬，内部文献资料。

② 《红军第四军第七次代表大会决议案——党内争论问题及分兵问题》，1929年6月22日，内部馆藏资料。

蛟洋苏家坡

三天,没有取得积极成果。但也有好的一面,就是促进了一部分人的觉醒。会后,红军中许多同志(如彭佑、郭化若等)纷纷写信要求毛泽东回到前委领导工作,朱德亦表赞同。但因无中共中央指示和前委会议决定,故毛泽东未能回四军复职。

陈毅在上海期间,实事求是地向中共中央汇报了红四军两年来的革命斗争以及"七大"不同意见的争论情况,当时主持中央工作的李立三和主持中央军委、组织工作的周恩来等同志,认真地听取和研究了陈毅的报告,表示支持毛泽东回红四军前委主持工作。中央决定以周恩来、李立三、陈毅组成三人小组,全权处理朱、毛问题,并以中央的名义,于9月28日写了《中共中央给红军第四军前委的指示信》,交陈毅带回,以此来统一红四军前委的指导思想。

中央"九月来信"中最重要、最核心、最关键的一个决定是:"毛同志应仍为前委书记。"

陈毅归来,在上杭官庄传达了中央"九月来信"的精神,朱德表示拥护。于是,朱、陈致信在上杭蛟洋养病的毛泽东,请他立即回四军主持前委工作。毛泽东欣然于11月26日到达汀州,就任红四军前委书记。

12 月 28 日，毛泽东在古田主持召开了红四军党的“九大”。

由于有中央“九月来信”的指导，毛泽东的正确领导以及朱德、陈毅等的协同努力，红四军党的“九大”开得很顺利、很成功，取得了令人满意的预期效果。大会统一了思想认识，一致通过了《中国共产党红军第四军第九次代表大会决议案》（即古田会议决议）。决议的一部分即毛泽东起草的《关于纠正党内的错误思想》，是决议的核心内容。毛泽东在决议中批评了红军中存在的单纯军事观点、流寇思想、雇佣思想、军阀残余思想、小团伙主义、个人主义、非组织观点、绝对平均主义、极端民主化等种种非无产阶级思想，提出了“进行正确路线教育”的措施和方法，使党和红军内的精神面貌为之一新。

古田会议的亮点是思想建党和政治建军。古田会议是我党我军建设史上的一个里程碑。古田会议决议是毛泽东亲笔起草的中国共产党和红军建设的纲领性文献。毛泽东运用马克思主义的建党原理，结合根据地的实际，论述了在农村游击战争环境下如何保持党的无产

古田

阶级先锋队性质的根本问题,分析了党和军队中各种错误思想的表现、根源及其纠正方法,从实践上解决了井冈山斗争时期来不及解决的无产阶级政党“思想建党”的问题,从而初步形成了中国共产党具有中国特色的建党理论。

同时也充分表明,毛泽东的建党思想业已基本形成。正如邓小平所言:“把列宁的建党学说发展得最完备的是毛泽东同志。在井冈山时期,即红军创建时期,毛泽东同志的建党思想就很明确。大家看看红军第四军第九次代表大会的决议就可以了解。”①从此,红四军进入一个新的发展时期。

给林彪的信——《星星之火,可以燎原》的发表

古田会议后,毛泽东发表了著名的党内通讯——《星星之火,可以燎原》。事情系由林彪的信而引发。

在中央“二月来信”悲观思潮的影响和红军长期的艰苦战争环境中,党和红军内出现了以林彪(时任红一纵队司令员)为代表的一种右倾错误思想。林彪等人只希望用“流动游击方式”去扩大政治影响,而不愿意做建设红色政权的艰苦工作。这种“流寇主义”的错误思想,突出地表现在林彪致毛泽东的一封信中。

1929年末,当敌人的三省“会剿”风声日紧,开始进逼连城、永定、上杭、龙岩等地时,红四军一纵队司令员林彪,写了一封《新年贺信》给毛泽东。信中,主张采取“比较轻便的流动游击方式”去“扩大政治影响”,对前委和毛泽东建立赣南闽西20余县根据地和“一年争取江西”的战略计划,感到疑虑重重,认为“中国革命高潮未必很快到来”,等等。

毛泽东接到林彪的贺信后,引起了深思。他认为林彪的信代表了

① 《邓小平文选》第2卷第44页,人民出版社1994年版。

一种思潮，感到有“对此问题加以解释的必要”①。因此决定回复一封信，帮助他转变思想，借以教育全军。但因时间紧迫，未曾动笔。古田会议后，有了空隙，于是，1930 年 1 月 5 日，毛泽东在闽西古田赖坊写了《时局的估量与红军行动问题》的长篇党内通讯（即《星星之火，可以燎原》一文），答复林彪。

毛泽东写道：

“林彪同志：新年已经到来几天了，你的信我还没有回答。一则因为有些事情忙着，二则也因为我到底写点什么给你呢？搜索我的枯肠，没有想出一点东西来。现在我想得一点东西了，虽然不知道于你的情况切合不切合，但我这点材料是现今斗争中一个重要的问题，即使于你的个别情况不切合，仍是一个紧要的问题，所以我就把它提出来。

我要提出的是什么问题呢？就是对于时局的估量和伴随而来的我们的行动问题。我从前颇感，至今还有些感觉，你对于时局的估量是比较的悲观。去年五月十八日晚上瑞金的会议席上，你这个观点最明显。我知道你相信革命高潮不可避免的要到来，但你不相信革命高潮有迅速到来的可能。因此在行动上你不赞成一年争取江西的计划，而只赞成闽粤赣交界三区域的游击；同时在三区域也没有建立红色政权的深刻观念，因之也就没有由这种红色政权的深入与扩大去促进全国革命高潮的深刻观念。”②

毛泽东在信中不仅尖锐批评了林彪等人没有建立红色政权的深刻观念，而且实际上提出了党的工作重心应放在农村而不是放在城市的重要思想，精辟地阐述了中国革命以农村包围城市道路的理论。

1. 这篇党内通讯充分论证了建立红色政权和扩大红色武装对于中国革命的极端重要性。

① 《毛泽东选集》，东北版，《星星之火，可以燎原》一文。

② 《毛泽东选集》，东北版，《星星之火，可以燎原》一文。

毛泽东批评了当时红四军内存在的"城市中心论"的主张,指出城市武装起义夺取中心城市的道路在中国是行不通的。他认为:"用比较轻便的流动游击方式去扩大政治影响,等到全国各地争取群众的工作做好了,或做到某个地步了,然后再来一个全国武装起义,那时把红军的力量加上去,就成为全国范围的大革命。他们这种全国范围的、包括一切地方的、先争取群众后建立政权的理论,是于中国革命的实情不适合的。"这种理论,实际上是一种走州过府的"城市中心论"主张。因此,毛泽东强调指出:"红军、游击队和红色区域的建立和发展,是半殖民地中国在无产阶级领导之下的农民斗争的最高形式,和半殖民地农民斗争发展的必然结果;并且无疑义地是促进全国革命高潮的最重要因素。"毛泽东强调红色区域和农民斗争的这一根本思想,实际上就是"以乡村为中心"的思想。正如周恩来后来所指出的:毛泽东"到给林彪的信中,才明确指出要创造红色区域,实行武装割据,认为这是促进全国革命高潮的最重要因素,也就是要以乡村为中心"①。

2. 这篇党内通讯明确提出了红色政权理论的基本内容即武装斗争、土地革命和根据地建设"三位一体"的深刻观念。

毛泽东在信中批评了林彪等人"似乎认为在距离革命高潮尚远的时期做这种建立政权的艰苦工作为徒劳,而希望用比较轻便的流动游击方式去扩大政治影响"的"流寇主义思想",认定"朱德毛泽东式、方志敏式之有根据地的,有计划地建设政权的,深入土地革命的,扩大人民武装的路线……无疑义地是正确的"。这就是中国革命以武装斗争为主要形式,以土地革命为基本内容,以农村革命根据地为重要依托的,农村包围城市、武装夺取政权道路的基本思想。

3. 这篇党内通讯高度评价了小块红色政权在中国革命中的伟大作用。

毛泽东认为,"成长于四围白色区域的存在和发展",不是什么"怪

① 周恩来:《关于党的"六大"的研究》,1944年3月,《周恩来选集》上卷,第179页。

事”，而是“半殖民地农民斗争发展的必然结果”。他深刻指出：“必须这样，才能真正地创造红军，成为将来大革命的主要工具。总而言之，必须这样，才能促进革命的高潮。”“中国是全国都布满了干柴，很快就会燃成烈火。‘星火燎原’的话，正是时局发展的适当的描写。”毛泽东的这一论断，揭示了中国革命由小块红色政权到全国“星火燎原”的发展趋势和客观规律。

因此，毛泽东答林彪的信即《星星之火，可以燎原》的党内通讯，是继《中国的红色政权为什么能够存在？》、《井冈山的斗争》之后，毛泽东关于红色政权理论的又一篇马克思列宁主义的光辉著作。

毛泽东这封党内通信的发表，标志着中国革命农村包围城市道路理论的基本形成。

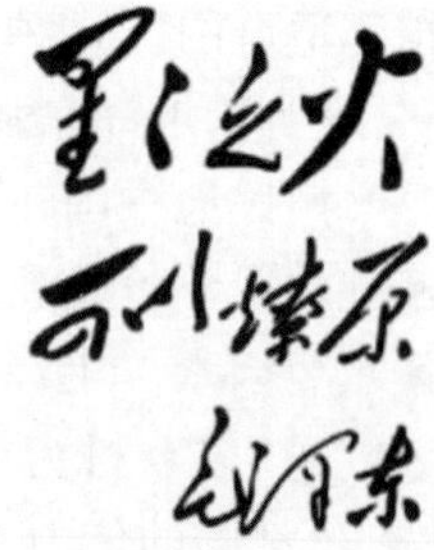

毛泽东题字：星星之火，可以燎原

第三节 边界武装斗争的持续开展

湘赣边临时特委的组建

井冈山失守后，敌人对根据地实行软硬兼施的办法：一方面实行“三光”政策，残酷杀害共产党员、革命干部；一方面又利用自首政策欺骗党内外的动摇分子，散布谣言，制造混乱，致使边界处于一片白色恐怖之中。

在根据地失守后冲出敌军包围圈的边界特委，停留在遂川边境。由于遂川敌人力量雄厚，遂川党的组织被破坏，边界特委无法与各地党组织发生联系，暂时失去作用。

这时，边界各县党的组织也遭到程度不同的破坏。除永新县保存完好外，宁冈、莲花、酃县、茶陵都损失不小，遂川只剩下了一个书记和几个基层支部。

与此同时,各级政权组织也大部分被敌人打散了。地主豪绅纷纷向农民反攻倒算,夺回土地。“尚有苏维埃和秘密组织的区域则为永新之小西江区,四、五、六区及西北特区,及东南特区与宁冈的一、二、四区。”①

边界的武装力量也受到一定损失。其中遂川县赤卫队和酃县赤卫队,随红五军突围,遂川赤卫队在中途被敌人打散,酃县赤卫队只有一部分返回酃县,一部分则往资兴十二洞去了。幸永新、宁冈、莲花、茶陵县的地方武装无损失,他们与王佐部一起,坚持在深山密林之中与敌人开展游击斗争。

在此严峻的形势下,党能否发生作用,是边界一切工作的关键。1929 年 2 月,为恢复边界工作,边界特委委员兼特委巡视员宛希先来到九陇山,召集宁冈、茶陵、永新三县党的负责人,召开三县党的联席会议。会议成立了中共湘赣边界临时特委,以刘真、宛希先、朱昌偕为常委,朱昌偕为书记,统一领导边界斗争和收容整理工作。

3 月 11 日,原特委副书记陈正人历尽艰辛,从遂川来到永新,会合了宛希先、朱昌偕。于是,13 日在永新召集正式特委(即以邓乾元为书记的特委)常委会议,决定 3 月 14 日在永新召集边界特委扩大会。

3 月 14 日,边界特委扩大会议在永新召开。会议分析了边界的形势和斗争策略,决定:为了适应形势,取消 1928 年 12 月产生的正式特委和 1929 年 2 月三县联席会所产生的临时特委,成立新的临时特委。新的临时特委以朱昌偕、何长工、宛希先、刘真、陈正人 5 人为常委,刘宗义、王怀、龙超清、谭思聪为候补常委,朱昌偕为书记。新的临时特委认为,当前最重要的工作就是健全、改组和扩大各地党的组织,积极深入地宣传、发动群众,发起日常的政治和经济的斗争,在适当时候召集边界党的第三次代表大会,迎接新的革命高潮的到来。

在新的临时特委的领导下,边界的永新、茶陵、宁冈等县党的组织

① 《湘赣边界特委给江西省委并转湖南省委的综合报告》,1929 年 3 月 17 日。

大部分很快健全起来，并开展了正常的活动和斗争。在此期间，特委沟通了与莲花和遂川党组织的联系，“边界共有党员不过3000人，党员成分十九是农民，工人极少，临时特委现正着手登记工作。”①

临时特委成立后，根据边界地处偏隅，交通不便，与上级党组织断绝联系的情况，迅速着手与上级党组织的联络工作。3月17日，临时特委向中央江西省委、中共湖南省委写了一个综合报告，就边界第三次反“会剿”情况、边界目前的环境、会剿失败后的应付、特委及边界各县党的状况、苏维埃及赤卫队情形、临时特委目前的工作等九方面的问题，作了详细的汇报。在边界临时特委的领导下，边界的各项工作又出现了勃勃生机。

割据区域的恢复

1929年三四月间，蒋桂战争爆发。由于军阀们忙于内部的争斗，驻守边界的正规军队陆续撤走，只在永新县留驻一个正规团。趁此机会，边界临时特委当即决定，将红五军李灿领导的第一大队、袁文才王佐部与从永新、宁冈、莲花、茶陵各县抽调的武装合编，组成湘赣边界红军独立第一团，下辖两个营。第一营为袁王部队，下设3个连，王佐为营长；第二营由各县赤卫队和红五军李灿的第一大队组成，编为两个连，李灿为营长。两营共有枪400余支。

边界红军独立第一团成立后，在边界党的领导下，对国民党反动派、地主豪绅展开了英勇的反击。第一营以大小五井为游击中心，向遂川、酃县、宁冈游击；第二营以九陇山为游击中心，向永新、宁冈、茶陵等县游击。在游击活动中，“打了宁冈、砻市、古城之敌，缴获茶陵和尚庄之挨户团的枪支，击散了永新陇田、路江之保安队，打通了好些地方的工作，作了广大的反苛捐什税的宣传，镇压了各地豪绅地主对农

① 《湘赣边界特委给江西省委并转湖南省委的综合报告》，1929年3月17日。

民残酷的压迫和剥削"①。

红军独立第一团的游击斗争活动,使边界的豪绅阶级异常恐慌。时值蒋桂战争爆发,进剿正规军队开始撤走,他们急忙于4月底拼凑了一个所谓"茶、永、酃、宁四县联防"组织,"会剿"九陇山。结果,被红军独立第一团打得一败涂地,宁冈靖卫队几乎全被消灭。独立一团共缴获敌人枪支20余支,俘虏10余名,有力地打击了豪绅阶级的嚣张气焰。

九陇山

红军独立第一团打破了四县联防"会剿"后,收复了宁冈、莲花两县割据区域,边界工作开始恢复。至1929年5月,边界各县党组织先后恢复和健全,并产生了新的领导机构,拥有:永新县委(朱昌偕为书记);莲花县委(徐白沂为书记);酃县临时县委(周礼为书记);遂川临时县委(王佐农为书记);茶陵特别区委(宛希先为书记);宁冈分为东南、西北两个特别区委,直接归特委指挥。

此外,永新的小江区、鄱梅、天龙山、绥远等地,宁冈的三、九两保,遂川的大小五井、小亚山等地都有了公开的苏维埃政权组织;永新西北两乡的大部分区域也有了秘密的苏维埃组织;莲花、遂川、茶陵、酃县都有公开的割据区域。

同时,各县的地方武装也相继得到恢复与扩展。除编入红军独立第一团的武装外,各县都有赤卫队,拥有440支枪支。其中:永新200支,莲花100余支,宁冈50支左右,酃县30支,茶陵20支,遂川5支。

① 《中共湘赣边界特委给江西省委并转中央的报告》,1929年5月20日,《井冈山革命根据地》历史文献,第307页。

井冈山根据地的武装斗争出现新的割据局面。

在边界割据恢复之际，中共莲花县委书记刘仁堪，因叛徒告密，不幸被捕。1929年5月2日，莲花县大豪绅、靖卫团头目李成荫将刘仁堪押至县城南门大洲审讯，威逼刘仁堪说出全县共产党组织、名单，交出红色独立团的枪支、弹药，并施以酷刑，踩杠子，灌辣椒水，用铁铲烙等，刘仁堪坚贞不屈，守口如瓶，并抓住机会，向群众宣传共产党的主张，揭露国民党的罪行。李成荫即指使靖卫团暴徒割去刘仁堪的舌头。刘仁堪不能说话了，就用脚趾蘸着自己流下的鲜血，在地下写了"革命成功万岁"六个大字，最后壮烈牺牲。

刘仁堪

红五军重返井冈山

1929年4月中旬，红五军在彭德怀、滕代远的率领下，奉前委命令，经过近20天的一路拼杀，重新回到边界。"在茨坪住了一晚，会见了王佐。"彭德怀从五军中"拨了两千银元救济老百姓"①。茨坪和大小五井的男女老少，每人分得一块银元。5月2日，红军到达宁冈茅坪，会见了李灿、何长工等人。

红五军的归来，使边界的力量顿增。井冈山根据地的民众，一扫三次"会剿"的阴霾，再度激起胜利的信心。然而，红五军的回来，也同时引起了江西敌人的注意，即以两团兵力迅速从永新开拔，深入我中

① 《彭德怀自述》人民出版社1981年版，第129页。

心区域宁冈,企图攻击红五军。

为了配合红五军共同担负恢复整个边界政权的重大任务,讨论和研究前委委托红五军带来的4月13日向边界特委介绍东固经验的来信、湖南省委巡视员夏尺冰3月24日由平江给边界特委负责同志的意见以及“六大”决议案,边界特委“感觉到政治上有重新布置的必要”①,加之原特委书记邓乾元也已回到边界,遂决定召开特委第四次执委会,重新布置今后的任务与工作。

湘赣边界特委第四次执委会于1929年5月10日在宁冈古城举行。参加会议的有特委委员、各县党组织负责人朱昌偕、宛希先、刘真、龙超清、陈正人、王怀、谭思聪等,红五军领导人彭德怀、滕代远也参加了会议。会议由特委书记邓乾元主持。

这是井冈山革命根据地后期斗争中的一次极为重要的会议。会议全面分析了边界的政治、军事、土地问题及特委本身的工作。根据前委来信中介绍的东固根据地的工作经验,针对边界前段工作方式的教训,提出了“边界党的指导机关,实由山上转移山下平原、广地(广大群众的城市或农村),由公开的形式转变到秘密状态两种必要”的主张。② 同时,鉴于特委上届执委许多不在边界的状况,增补了常委委员,产生了邓乾元、刘天干、陈正人、刘真、谭思聪、滕代远、彭德怀、朱昌偕、宛希先、朱亦岳、龙超清、王佐农、周礼、苏瑞兰等15人组成新的执委会。并改组了执委会常委,重新推举邓乾元、刘天干、陈正人、刘真、谭思聪5同志组成特委常委,邓乾元任书记,刘天干任副书记,陈正人为秘书长,刘天干兼组织委员,刘真兼宣传委员。特委的办公地点迁至永新小江大湾村。

---

① 《湘赣边界特委报告》(第二号),1929年6月6日,《井冈山革命根据地》历史文献,第318—325页。

② 《中共湘赣边界特委给江西省委并转中央的报告》,1929年5月20日,《井冈山革命根据地》历史文献,第307页。

边界第四次执委会扩大会议在军事斗争及其策略方面有以下重要决定：

1. 决定了"集兵政策"。

将新近成立的边界红军独立第一团编为红五军第六纵队，以王佐为纵队司令，何长工为纵队党代表。决定"集兵政策"的理由是："(1)要使五军能够担负'恢复边界政权'的重大任务，对五军本身必须帮助使其战斗力加强……(2)边界杂色部队不守秩序，妨碍党的政策与工作……(3)赤卫队过去的困难原因，一面是要守土防敌，一面又要求经济的出路，此两事因赤卫队本身力量薄弱之故是难以两全的。……(4)边界地主阶级武装胜过革命武装，故革命方面的武装，正面打击和消灭地主阶级的武装可能少；集兵则革命方面的武装超过地主阶级的武装。故正面能消灭地主阶级的武装的可能多。"①

2. 制定了游击政纲。

内容为："(1)没收地主豪绅阶级的财物分配给工农；(2)摧毁国民党御用的政府和一切压迫民众欺骗民众的团体；(3)摧毁剥削民众的税收机关，并焚毁粮册及地主的田契借约；(4)解除军阀军队和靖卫团保安队挨户团的武装；(5)处决压迫民众的官吏地主资本家；(6)没收外国资本的大商店、大工厂和银行；(7)保护小商人营业；(8)保护邮政；(9)优待国民党革命军靖卫团保安队挨户团投诚和俘虏的士兵。"②

3. 划分了游击区域，实行分区游击。

确定红五军的游击范围为永新、茶陵、宁冈、遂川、酃县、桂东、泰和、万安、安福、吉安、萍乡、攸县、万载等13县，其中主要为永新、茶

① 《湘赣边界特委报告》(第二号)，1929年6月6日，《井冈山革命根据地》历史文献，第318—325页。

② 《湘赣边界特委报告》(第二号)，1929年6月6日，《井冈山革命根据地》历史文献，第318—325页。

陵、宁冈、莲花4县。将上述各县划为4个游击区,即以永新的西北特区为中心的永新、安福、吉安游击区;以莲花九都为中心的莲花、攸县、萍乡、万载游击区;以宁冈砻市至大陇为中心的宁冈、茶陵、酃县、桂东游击区;以万安为中心的遂川、万安、泰和游击区。

4. 决定了新的游击策略。

确定"游击初期工作应不超出永新、茶陵、莲花、宁冈4县之外,非经济无法时亦不宜去安福……所出桂东出泰和、万安、吉安或攸县、萍乡,应在永、茶、莲、宁4县秘密工作稍有基础,4县地主阶级武装已受打击之后。如企图扩大或根据军事的片面理由而欲企图到桂东或到泰和、万安、吉安,不注意已有工作区域的基础建立,其结果必成为顾此失彼甚至两头无成。此数县工作稍有基础,红军便当向规定范围内之其他各县游击,以发动更多地点群众起更大的政治影响。"①

会议对上述各项问题都形成了决议,并认为只有在"统治阶级冲突变化,或前委有更大的或者有益于革命的调动时,特委将斟酌革命利益变化此决议案"②。

当大会在举行期间,赣敌两团人形成剪刀式向红五军驻地古城进击。因不明敌情和我方力量薄弱,与会人员退往宁冈大陇。岂知到大陇后,敌人即进茅坪。于是又移至八面山下的井水背村,一面观察敌情,一面继续开会。

边界特委第四次执委会的召开,对边界军民坚持井冈山的斗争具有重大的意义和作用。会议成立了新的领导机构,并且正确地估量了形势,决定了"集兵政策",不仅适应当时局势,而且体现了前委和毛泽东"分兵以发动群众,集中以应付敌人"的军事思想;会议还制订了游

① 《湘赣边界特委报告》(第二号),1929年6月6日,《井冈山革命根据地》历史文献,第318—325页。

② 《湘赣边界特委报告》(第二号),1929年6月6日,《井冈山革命根据地》历史文献,第318—325页。

击政纲，划分了游击区域，提出了建立以永新为政治区域指挥中心的设想，为以后湘赣革命根据地的形成奠定了良好的基础。

安福之战与攻克永新

边界特委第四次执委会正在召开时，赣敌以两个团的兵力，向宁冈进犯，一路进至宁冈新城，一路进及永新汗江。敌人的突然来到，红五军因不明敌情，退往宁冈大陇，敌军即追至茅坪，为避敌锋芒，红五军移至八面山下的井水背村，一面继续开会，一面欲探明敌情，再决定战斗与否。岂料，5 月 22 日敌人开始沿山进攻。由于敌人行动快速，我军一因敌情不明，二因部队新编不利于战，于是特委决定红五军由八面山退往酃县视情而定，“或右出拿山至永新，或左出茶陵回小江”①。然红五军退入酃县后，又闻报遂川、茶陵各有敌军前来堵截，遂不得不转战湘粤赣边境，离开了边界。

红五军离开边界远去，边界原红军独立一团也随之而去。顿时，边界的革命力量大减，被敌人钻了空子，割据局面再次受到损失。

敌人见红军已远去，即返身直穿九陇山，向我九陇山军事根据地取包围形势。湘敌门炳岳旅刘宗武团伙同茶陵县县长带领正规营一营兵力和保安队，从茶陵和尚庄出发，直穿九陇山到永新。我永新六区赤卫队和永新莲花赤卫队凭险抵抗，终因敌众我寡，撤出战斗。敌人见状，知我兵力空虚，将部队分成小分队到处大烧大杀。敌人把烧杀的重点范围定为三大块：一为小江区，二为东南区，三为西北区。结果，除西北区外，小江区、东南区的农民群众屋宇被烧得精光，财物被席卷一空。与此同时，莲花的红色区域也遭受损失。

面对敌人的淫威，边界特委采取紧急应变措施和灵活战术，与敌人进行抗争：(1)集中赤卫队统一指挥打击分散了的敌军队伍；(2)尽

① 《湘赣边界特委报告》(第二号)，1929 年 6 月 6 日，《井冈山革命根据地》历史文献，第 318—325 页。

可能地武装赤色区域群众,领导他们开展游击战争,骚扰敌人,令其吃睡难安;(3)在符合革命条件和不失掉群众的前提下,能灰色的尽量灰色,不能灰色的区域则加强武装和警戒,努力奋战,四面游击,打击敌人。

由于措施得当,在边界6月无主力部队的时候,除永新和莲花受到较大损失外,其余几县损失较少。并且,在严酷的斗争现实中,贫苦农民表现出坚定的信念,"宁愿结草而居,誓与敌人奋斗到底,并迫切要求发枪给他们"①。

在此困难时期,虽然边界党采取的政策与策略是正确的,但终因无红军正规部队,难以恢复和发展割据局面。边界特委书记邓乾元在给中央的报告中以沉重的笔触写道:"以5月半间起至6月底止是边界革命之被破坏时期。"②

1929年6月底,红五军从湘粤赣边境游击归来,经南雄、大余等地回到宁冈,并接连收复遂川、宁冈两县城。红五军的回归与胜利,有力地推动了边界武装割据局面的恢复与发展。于是,特委和红五军军委召集联席会议,决定攻打安福。攻打安福不仅可以解决部队给养问题,而且可孤立永新、莲花的国民党军队。当时,红五军是受边界特委指导的,彭德怀、滕代远等接受了会议的决定。

安福之战

7月中旬,红五军前往安福。当到离安福城30里的地方,与敌工兵营及少数靖卫团遭遇。红五军指战员奋勇冲杀,激战三四小时,将敌击溃,随即乘胜追击,进抵安福城下。岂料城内守敌负隅顽抗,死守如磐。红五军久攻未克,在开返宁冈的途中,恰与敌七十团遭遇。双

① 《湘赣边界特委报告》,1929年6月6日,《井冈山革命根据地》历史文献,第318—325页。

② 邓乾元:《关于湘赣边界5月至8月工作对中央的报告》,1929年8月,《井冈山革命根据地》历史文献,第335页。

方发生激战。是役,红五军重创敌军,击毙击伤敌七十团300余人,缴获大批枪弹,俘虏数十人。

安福战斗的胜利,“有如春雷之初夏,振奋了群众的勇气,吓退了敌人的猖狂”①,一挽长久陷气势不振的状态。这时,由于敌人因赣南问题不能解决,不能顾及赣西,原有的驻军又各保前程,无进攻红军的能力,因此边界的武装割据得以逐渐恢复。边界特委所辖区域内,永新、莲花、宁冈都成立了正式县委,酃县和遂川有了临时县委,茶陵成立了特别区委,攸县也有一个支部,归莲花管辖。加上特委对莲花、永新、宁冈的赤卫队进行了改编和训练,实行了统一指挥、分散游击的政策,边界的地方武装力量也有了发展,枪支数量达到500支,割据区域已恢复到莲花2/3,永新2/5,宁冈1/5。在这些公开的红色区域内,“群众不论大小老幼通通认识苏维埃”,“并有群众要求公开分田的区域”②。

然而,在安福战斗中,红五军也受到较大的伤亡。军参谋长刘之至、第四纵队纵队长贺国中英勇牺牲,全军伤亡官兵160余人。因此,为整顿和加强红五军的力量,“将五、六纵队合并成一纵队,仍以王佐为司令官,纵队以下设两支队,一个支队长为李灿同志,一个是秉生同志,支队之下设两个大队,每个大队以90杆好枪编成之。军部有一个特务队,其余传令兵、勤务等俱背枪。党的组织共分三级,每大队立一支部,辖于支队队委,支队委归纵队委管辖。纵队委书记是刘宗义同志,纵队政治部主任是滕代远同志。两个支队党代表,一个是何长工同志,一个是刘宗义同志。”③

红五军的回归与安福战斗的胜利,以及边界局面的重新创造,当时特委曾给予高度的评价,说:“从7月起又是前进的现象,而各地的

① 邓乾元:《关于湘赣边界5月至8月工作对中央的报告》,1929年8月。
② 邓乾元:《关于湘赣边界5月至8月工作对中央的报告》,1929年8月。
③ 邓乾元:《关于湘赣边界5月至8月工作对中央的报告》,1929年8月。

秘密工作,则经常不断的都有长进。”①

攻克永新

贺国中

1929年8月7日,红五军应湘鄂赣边特委要求,离开井冈山根据地,返回湘鄂赣边界开展游击斗争。江西敌人闻讯,又乘机占领了宁冈、莲花县城。

这时,边界的武装斗争,主要依靠袁、王红军部队和地方武装力量,共拥枪700余支。其中,袁、王部队有160余支,永新赤卫队有300余支,莲花赤卫队有100余支,宁冈赤卫队有100余支,茶陵赤卫队有30余支,酃县赤卫队有20余支。他们在边界特委的领导下,坚持了边界的武装斗争。

9月6日,中共江西省委给边界特委来信,指示“新的边特应建立在群众斗争的中心永新。”9月25日,中共中央根据江西省委和边界特委书记邓乾元给中央的报告,给边界特委来信,确定湘赣边界管辖区域为:永新、莲花、安福、宁冈、攸县、酃县、茶陵,并指示边界特委由湖南省委领导改归江西省委领导。

根据上级指示,边界特委领导军民采用更为灵活的策略,坚持割据斗争。是年9、10月间,边界地方红色武装趁敌调防之机,收复了莲花、宁冈县城。10月30日,刘作述、王佐、陈竞进率领永新、宁冈、莲花三县地方武装,在广大群众的配合下,攻克永新县城。这是边界军民自红四军、红五军离开井冈山根据地后所取得的重大胜利。

攻克永新后,中共湘赣边界特委由大湾村迁至永新城。从此,永新成为湘赣边界斗争的中心。随着武装斗争的胜利开展和割据区域的不断扩大,以宁冈为中心的井冈山革命根据地,逐渐发展成为以永新为中心的湘赣革命根据地。

① 邓乾元:《关于湘赣边界5月至8月工作对中央的报告》,1929年8月。

第四节
袁、王之死

袁文才的私自离队与复出

1929年2月下旬，红四军与江西红二、四团在东固胜利会师时，毛泽东、朱德等获悉井冈山已失守，于是决定率部到闽赣边界开展游击活动。

这时，谁也未料到，已调任红四军参谋长的袁文才与调任红四军前委秘书长的刘辉霄等，却在东固私自离队了。袁文才、刘辉霄等私自离队的主要原因，是因为在东固偶然看到了中共"六大"决议案中关于诛杀土匪首领问题的文件。他们不敢相信，却又十分害怕。

于是他们"便商量好离开部队逃回家去。当时，袁文才、谢桂标、刘辉霄三人各带一支手枪，袁文才化装做小买卖生意的，肩挑一担烂箩，箩里放些辣椒、大蒜。箩是双层底，驳壳枪就放在箩底中间。谢桂标挑着两个布袋，布袋里装着花生和小秤一把，手枪夹在手腋下。我(刘天林—引者注)和刘辉霄作为买牛皮的，刘辉霄夹一把雨伞，名为收买牛皮的小商人，我带一副绳索，作为担牛皮。绕山路走了20余天后，到达了泰和，三天后到了永新南乡新源背，与周桂春(原红三十二团特务连连长)接了头，当时我们很高兴。此后，当即返回宁冈，住在柏路梨树山，时间是1929年(农历)，四月(公历5月份)。"①

袁文才等回到宁冈后，秘密地与王佐见了面。此时，边界已组建边界红军独立第一团，王佐为团长。王佐见袁文才回来，很是高兴，就想让袁文才来当团长。袁文才深知私自离队的错误，执意不肯，便托王佐找宁冈县委书记何长工"讨个保"再说。

何长工闻知袁文才私自归来，即与宁冈县委几个常委商议。未

① 《访问刘天林同志记录》，1977年4月19日。

料,土籍革命派的龙超清、谢希安等人深为不满。何长工只得向边界特委巡视员宛希先作了汇报。宛希先与袁文才交谊甚厚,又觉得袁文才的私自离队恐有"苦衷",而目前正是用人之际,于是给了袁文才一个"党内警告"处分。考虑到红军独立一团已编入红五军,就把袁文才调回宁冈担任县赤卫大队大队长。刘辉霄、谢桂标仍回宁冈县委、政府做事。

袁文才愉快地接受了处分。他任宁冈县赤卫大队大队长后,即与王佐率领的红军独立一团一起,积极奋战,先后收复了边界的部分失地。是年11月,他还在睦村打垮了宁冈反动靖卫团,击毙了宁冈县长陈宗经,赤卫大队因此也得到很快发展,接近一个营。

可是,由于宁冈的土、客两籍矛盾历史上由来已久,且结怨甚深,袁文才作为客籍革命派首领,也就不可避免地重新卷入土客籍矛盾的漩涡之中。并且,这种矛盾发展到与永新县委及边界特委之间的摩擦与纷争,愈演愈烈。

土客籍矛盾的加剧

湘赣边界的土客籍矛盾,在1927年10月秋收起义部队来到宁冈后,毛泽东就已察觉了。对此,毛泽东曾在《井冈山前委给中央的报告》中写道:"在边界还有一件特别的事,就是土客籍的界线。本地人的土籍与数百年前殖民来此的广东、福建籍,两者之间发生很大的界限,历史上仇怨非常之深,简直成了很激烈的'民族'斗争。……我们的割据区域内,宁冈、遂川、酃县、茶陵,都有土客籍问题,而以宁冈的问题为最严重。……这种界限,在道理上不应引到被剥削的工农阶级,尤不应引到共产党内。然在事实上,因多年历史的遗留,土籍、客籍间的界限依然还有很大痕迹。"①

对于这个矛盾,毛泽东等在边界时,曾经做过大量的工作,使得土

① 毛泽东:《井冈山前委给中央的报告》,1928年11月25日。

客两籍间逐渐趋于相合。1929 年 1 月红四军主力下山时，袁文才、刘辉霄的调离，就是毛泽东力除土客籍矛盾的杰作。可是，毛泽东和红四军主力下山后，这种矛盾又悄然而起了。当时，引起袁文才深深卷入这个矛盾之中，并直接发展到与永新县委、湘赣边特之间的对抗，主要源于宛希先的被害事件。

其间，永新县委负责人刘真娶了永新浬田大土豪龙庆楼的妹妹为妻。结婚期间，适逢边界特委有事。边界特委巡视员宛希先几次派人叫刘真回来视事，刘真未从命。于是混入革命队伍的坏人造谣说，龙家女子是内奸，想利用刘真的关系打进来破坏革命工作，将刘真的妻子枪杀了。后来，刘真在南昌开会途中，被龙庆楼抓获杀害。有人又趁机造谣放风，诬告刘真惨死主因出自宛希先。永新县一班人便信以为真，在 1929 年冬组织永新赤卫队向宛希先兴师问罪。宛希先正在九陇山工作，闻讯后逃入深山，后仍未幸免，被永新赤卫队抓住，残酷地杀害了。①

袁文才素与宛希先关系甚笃，对宛希先被害极为愤慨，气愤得骂了永新县委。这些话传到永新，当时永新的边界特委委员朱昌偕、王怀等又结怨于袁文才，遂埋下祸苗。

加之，袁文才素来“只信仰个人，不相信群众”②，毛泽东在时，只佩服毛泽东个人，说“毛泽东是中央才”，“我就听一个毛委员的”③，对宁冈那种“土籍的党”现象看不惯，在打土豪、分田地、人事安排等问题上与宁冈土籍革命派首领龙超清等意见不合。宛希先事件后，相互间的矛盾逐渐愈演愈烈。这时，边界特委一些负责人对袁文才等意见很大，几欲除之而后快，多次向中央报告反映袁文才、王佐的问题，把袁、王归之于“土匪”之列，推向对立面。随着土客籍矛盾的加剧，又适值

① 刘克犹：“井冈山斗争点滴回忆”，1978 年 8 月 24 日，内部采访资料。

② 杨克敏：《关于湘赣边苏区情况的综合报告》，1929 年 2 月 25 日。

③ 刘克犹：“井冈山斗争点滴回忆”，1978 年 8 月 24 日，内部采访资料。

中央“六大”决议案中有关于土匪问题的处理政策,这便为错杀袁、王提供了机会和政策上的依据。

中共六大“左”倾政策的贯彻执行

1928 年底,中共第六次代表大会的决议案传到井冈山根据地。“六大”关于《苏维埃政权组织问题决议案》中第十个问题,“对土匪的关系”是这样规定的:“与土匪或类似的团体联盟仅在武装起义以前可以适用,武装起义后宜解除其武装,并严厉的镇压他们,这是保持地方秩序和避免反革命的头领死灰复燃。他们首领应当当作反革命的首领看待,即令他们帮助武装起义亦应如此。这类首领均应完全歼除。让土匪深入革命队伍或政府中,是危险异常的。这些分子必须从革命军队和政府机关中驱逐出去,即其最可靠的一部分,亦只能利用他们在敌人后方工作,绝不能位置于他们于苏维埃政府范围之内。”

这个决议,对“土匪武装”不加区别地一律采取“严厉镇压”和对其首领“完全歼除”的政策,是不妥的,实际是一种“左”倾错误政策。袁、王虽出身绿林,但其部队在改编前就已经是党领导下的农民自卫军,大陇升编后已是红军的一支重要武装,是红三十二团,而不是什么“土匪武装”。而且,袁文才在大革命中就已入党,王佐在改编后不久也加入了党的组织,都是党内同志。因之,毛泽东在柏路会议传达“六大”决议时,曾召集专门会议,具体分析了袁、王的情况,明确地作出了“袁、王不能杀”的决定。

但是,湘赣边界特委和永新、宁冈县委的一部分同志,机械地理解“六大”决议案的政策精神,并不顾柏路会议的决议和毛泽东的意见,仍然坚持袁、王是“土匪首领”的错误观点,主张诛杀袁、王。这一方面是对袁、王武装的性质没有作具体分析,另一方面,主要是边界土客籍矛盾激化的一种反映。再加上当时边界特委的几任领导人亦持此观点,就加速了错杀袁、王的进程。如杨开明在 1929 年 2 月 25 日的《关于湘赣边苏区情况的综合报告》中就说:“边界的土匪,一为袁文才部,一为王佐部","我们与他们利益的冲突,终久是要爆发的。……所以夺取土匪的群众,加速急谋解决土匪首领,应是边界刻不容缓的工作,须特别注意才行。"邓乾元在《关于湘赣边界五月至八月工作对中央的报告》中,也强调了上述观点和态度,提出:"土匪问题——对此问题,边界原有三策:第一调开此为上策,二是敷衍以图安定为中策,三照六次全会的指示解决之,此为下策。""依现时之情形,而中策不能再行,上策能行固好,不能行则请问是否执行下策或另想办法?"他还提出:"边界政权的危机——是以危害边界的第一个势力就是土匪,本来边界的政权并不是真正的共产党所领导的政权,而是与土匪合作的联合政权。"

上述边界特委领导人的报告、文件,均将袁、王视为"土匪"看待,其错误是十分明显的。正因为上有中央"六大"文件精神,下有边界特委的错误指导思想,袁、王之被错杀的悲剧发生了。

于田联席会议的决定

1929 年下半年,中共中央派彭清泉(即潘心源)为巡视员来湘赣边界巡视工作。在彭清泉的指导下,1930 年 1 月 18 日至 21 日,湘赣边特委、赣西特委、红五军军委在遂川县于田召开了一次联席会议。

据 1930 年 4 月—27 日《五军军委滕代远报告》记载:"四纵队因参加赣西总暴动,夺取吉安的行动,虽未攻下,但亦得很多的胜利回到永新,与军部集中。继向泰和、万安、遂川等县游击,乘机参加赣西特委发起召集西特边特军委联席会……联席会很顺利的在遂川开了 4 天,有代表 9 人,并有中央巡视员彭清泉出席。"另据 1930 年 3 月《赣西南特委向省委报告》记载:"适中央巡视员彭清泉同志到来,向西特发起在遂川召集五军委边西两特委联席会议,在会议中除了接受西特打吉安的正确主张外,还决定统一边界两特组织。集中江西红军独立二、三、四、五团,编成红军第六军,召集西特边特五军委联席会议,合并边界特委为赣西特委。"可见,于田联席会议的主要内容为攻打吉安、将赣西特委和湘赣边界特委合并,成立红六军等。这些,在当时的环境下,都是积极的,有益的。

但是,于田联席会议却又错误地作出了武力解决袁文才、王佐的决定,这就把可以解决的内部矛盾,上升到敌我矛盾,为错杀袁、王做了组织上的准备。

对于田联席会议决定杀害袁、王的具体内幕,目前尚未发现详细的文献记载,只是有些零碎的文献语句。如1930年7月13日的《关于五军经过和赣西湘东赣北鄂南等地工农革命的情形》中说:"在五军帮助之下,在遂川于田圩于1月18日开幕至21日闭幕。这一会议的精神,将湘赣边特委和赣西特委合并,坚决的集中赣西南红军游击队编为第六军,准备积极夺取吉安,打破一切地方观念,坚决地与机会主义斗争,坚决地执行进攻富农的策略,坚决地将袁、王解决。"

1930年7月22日《赣西南刘作抚同志(给中央的综合性)报告》中记述道:"这一问题是中央巡视员彭清泉同志负责办理的","这问题完全由彭同志指定九位同志开会,CY完全没有通知,设法把袁、王骗到城里来"。足见于田联席会议作出杀害袁、王的决定是在彭清泉的指示下进行的。于田会议后,特委即以攻打吉安、部队听编为由,将袁文才、王佐两支队伍"骗"进永新城,进而借调红五军第四纵队,酿成袁、王血案。

"罗克绍事件"的发生

袁文才、王佐被杀,直接的导火线是"罗克绍事件"。

罗克绍,是茶陵县反动靖卫团总,又是茶陵、酃县、宁冈、永新、莲花"联防"总指挥。罗克绍有个30多人的兵工厂,能造枪,袁文才、王佐一直很想把他的这个兵工厂搞过来,成为边界红军的兵工厂。

"1930年刚过完阴历年,茶陵新游击队长吴光涛忽然跑来报告,说罗克绍住在茶陵江口两里远的蕉坪他姘头家。……正月初四(即2月2日),袁文才、王佐率领部队从新城出发。那天,天气晴朗,早上还打了很大的霜。我们吃过早饭就在草坪上整队集合出发，出发时，袁文才没说什么，只说去打茶陵。其实，他不说我们也都猜到了。部队开到虎爪坪吃晚饭时，袁文才集合部队讲话。他说：'罗克绍有个30多人的兵工厂，每天可以造一条七九漏壳枪，我们要把它全部缴过来。对工人不要开枪，要向他们做宣传，要动员他们过来给我们造枪。'断夜时我们就出发了。那天晚上天空没有云彩，山路还看得清楚。袁文才要求我们不能点火，不能说话，兵分三路，向江口进发。"①结果，在蕉坪抓住了罗克绍，同时还抓住了罗克绍的28名枪工。"回到新城，袁文才给罗克绍松了绑，摆了酒菜招待他。袁文才还邀了罗克绍打麻将，他一点劲都没有。袁文才一边打麻将还一边跟他谈话。这事引起了谢希安（宁冈县委书记——引者注）大为不满，提出要杀掉罗克绍。我们也有些不解。中队长向我们解释：'杀了他，怎么到长沙去搞钢铁、洋硝？'这时，我们才明白。事后，听说谢希安把这事报告了龙超清和特委。"②

对此事，当年的红军战士刘良益在1969年7月4日回忆说："袁想利用罗勾通五县敌人反水到红军这边来，同时利用枪工，到长沙运来钢铁造枪，一切办妥了再杀罗不迟。当时，谢希安等就向边界特委告袁文才是别有用心。"当年宁冈县委组织部长刘克犹回忆说："其时，袁文才、王佐正好抓住茶陵挨户团总罗克绍以为人质，要罗克绍交出他那个枪械所的人员和设备，便可以放回去，否则，就要杀他。"③当年柏路乡苏主席江照明也回忆说："袁文才对罗克绍说：'你不要怕，快写信回去把枪交给我们，我们大家以后在一起。'罗克绍当时说好。然后就把罗克绍放到小水头的土豪棚里（专门关抓来的土豪的地方）。"④

---

① 郑善致：《袁文才、王佐被杀前后》，《井冈山革命根据地》回忆资料。

② 郑善致：《袁文才、王佐被杀前后》，《井冈山革命根据地》回忆资料。

③ 《刘克犹的回忆》，1978年8月24日，内部采访资料。

④ 江照明：《在1972年老同志座谈会上的发言》。

从上述当事人回忆可以看出:袁文才、王佐捉住罗克绍不杀,是企图掌握他的兵工厂,为我所用。然而,正是这个"罗克绍事件",成为袁文才、王佐被杀的直接导火线。后来,"勾结罗克绍,扰害永新赤色政府",构成杀害袁、王的重要理由之一。不过,在这件事情上,袁、王也有不当之处,那就是未向特委呈明思想,全凭个人意气办事,从而引起事端。

袁、王双雄罹难

1930 年 2 月 22 日,袁、王突然接到"毛委员来信",说是要袁、王部队配合红五军攻打吉安,将队伍开到永新城听编。袁、王历来崇拜毛委员,即欣然率兵前往,傍晚到达永新城。其时,永新、莲花、茶陵的地方武装也都来了,俨然一片编队攻打吉安的氛围。传闻袁、王部队编为红六军三纵队,袁为司令,王为副司令。特委已事先安排好袁、王和部队的住宿地点,袁文才安排在尹家巷 22 号,王佐住在尹家祠。

晚上,特委通知开会。袁、王皆按时出席。会议由中央巡视员彭清泉主持。未料,彭清泉以整顿思想为由,不点名地指责袁、王"受编不受调","反对分田","勾结土豪,破坏苏维埃政府,扰害永新赤色政权"。袁文才、王佐对如此莫须有的责难,极为恼火,却耐着性子一一作了辩驳。彭清泉哑口无言,气愤地把勃朗宁手枪往桌上一拍,说:"你到底有没有错?"袁文才说:"我错误是有,问题并不是你们说的那么严重。"王佐是个烈性子,见彭清泉如此,也把手枪往桌上一拍,与彭清泉对斥起来。会议弄得不欢而散。

会议虽然争辩得很激烈,但特委对袁、王及其部队仍似往常一样,热情款待。当晚,特委安排了采茶戏班子唱《刘海砍柴》。23 日照例无事,晚上,还备有大量酒菜款待。但其他地方武装在铺子里买白布编带子的现象,却引起了王佐的警惕。"王佐有警惕,同袁文才商量说:'老庚,看样子有情况,我们不能不防。'袁文才说:'不能多疑,哪有自己打自己人的?”[1]袁文才哪里知道,22 日晚彭清泉和边界特委已给红五军(红五军于 1929 年 12 月间已回到边界游击)去信,并派朱昌偕、王怀连夜前往红五军驻地安福洲湖,请求彭德怀派兵,立即解决袁、王。

彭德怀在听了特委朱昌偕、王怀等人的汇报后,感到十分突然。王佐曾与红五军一起到湘鄂赣边境游击过,表现不错,如今会反叛吗?他有些怀疑。但是,红五军在前委不能指挥时归边界特委指挥,眼下,上有中央巡视员来信,又有特委书记朱昌偕等当面请求,而且说得又这么严重,岂能不出兵呢?对此,后来他在《彭德怀自述》中写道:“事情这样突然,时间这样紧迫,这样的事情,很不好处理。当时军委开了临时会议,我和特委共同决定,派四纵队党代表刘宗义(张纯清)带四纵队一部分(离永新城 30 里)接近县城。”彭德怀还沉痛地说:“假使当时特委同志所报非实,那就特委也有责任,我也有轻听轻信的责任。”

红五军四纵队受命于 2 月 23 日晚急往永新,赶到永新城时已近 24 日拂晓。到永新后,即包围了袁、王及其部队驻地,每人手臂上扎白带子为标记,并更换了新的口令,遇到没有白带子的和对不上口令的即开枪。

24 日拂晓前,边界特委书记朱昌偕第一个闯进袁文才房间,袁文才尚不知何事,即被朱昌偕开枪打死在床上。[2] 负责解决王佐的永新县苏主席彭文祥正前往王佐住地,王佐已听见枪声,即与刁飞林等几个亲信赶忙往宁冈方向的东门跑去。未料通往宁冈的东门浮桥已被拆掉。王佐等即涉水过河,水急河深,王佐等不会游水,即被淹死在东关潭里。[3]

---

① 《刘克犹的回忆》,1978 年 8 月 24 日,内部采访资料。

② 李聚奎:《红五军在井冈山》,《井冈山革命根据地》回忆资料。

③ 郑致善:《袁、王被杀经过》,《井冈山革命根据地》回忆资料。

袁文才罹难处

王佐罹难处

就这样,袁文才、王佐这两位曾为井冈山根据地的创建作出了重大贡献的人物,倒在了"左"倾错误的枪口之下。

尔后,袁部的主要骨干李筱甫、周桂春、谢桂标、陈慕平、谢华光、朱游庭等先后被抓住枪杀了①,王部也只逃出小部分,共计打死、淹死40余人。剩下的战士关了3天,愿留下的编入红五军一部分,编入宁冈游击队一部分,不愿当兵的发给了路费。袁、王两支部队从此消亡了。

据近年新发现的史料《宁冈县16个共产党员就袁王事件致彭德怀转特委、军委信》记述:袁、王被害时,袁、王旧部谢角铭、刘克犹等16个共产党员"被拘禁在永新",联名致信彭德怀转特委、军委和各党部,认为边界特委"设此圈套","将袁、王等包围处死","殊令人犀疑满腹,切齿痛心",是"兄等和中央巡视员"误听了一些人的谗言,才"有出此不正确之执行"。信中恳切地表示"舍共产而无他从","若得奉命,自当然加培(倍)工作","期待上级之明了我们苦衷也"②。然而,谢角铭等人的恳求信,彭德怀是否收到尚不知晓,特委、军委是否知道也不清楚。在袁、王及其40多个骨干被害后,谢角铭(袁文才妻

① 郑致善:《袁、王被杀经过》,《井冈山革命根据地》回忆资料。

② "宁冈16个共产党员就袁、王事件致彭德怀转特委、军委信",内部馆藏资料。

叔),王云龙(王佐哥哥)即收拢残部,“通电反共”,投靠敌匪。从此,井冈山军事根据地陷于敌手,从红区沦为白区,直到1949年解放。

沉痛的历史教训

袁文才、王佐被错杀,教训是沉痛、惨重的。当时,杀袁、王的“理由”主要是:(1)认定袁、王是“土匪首领”;(2)认为袁、王有两大罪状:“一是反对分田反对苏维埃;二是勾结茶陵靖卫团,扰害永新赤色政府。”这些罪名,实际上都是站不住脚的,是强加在袁、王头上的。毋庸讳言,袁文才、王佐及其部队是有缺点和错误的。袁、王所部虽已编为正规红军,但许多人过惯了自由散漫的生活,纪律观念较差;袁、王两人性情高傲,只信仰个人,不信仰组织;袁文才本已随军下山,但中途又私自离队,虽接受了组织处分,对队伍仍有影响,特别是对策反罗克绍这样的大事,既不请示,又不商量,擅自行动,是违犯组织原则的。然而,这些问题均是属于党内矛盾,完全可以用处理党内矛盾的办法去处理,决不能把已是共产党员和红军将领的袁、王当作“土匪”杀害。

袁、王被错杀,是我党我军早期历史上的一起冤案。井冈山时期的老同志、前中共江西省委书记陈正人回忆说:“1930年10月,在红军最后一次打吉安时,我见到了毛泽东同志,把袁、王被杀的事情告诉了他。他说这两个人杀错了,这是不讲政策。解放后,大概是在1950年,那时我任江西省委书记,向毛泽东同志汇报江西工作情况的时候,有时也还提到袁、王的事情,毛泽东同志的看法和以前一样,没有改变,还是认为杀袁、王是杀错了。”①1965年5月毛泽东重上井冈山时,还特意会见了袁文才、王佐的遗孀,握着袁妻谢梅香老人的手说:“袁文才、王佐不在了,他们为中国革命的胜利作出了贡献。”②袁、王二人

---

① 陈正人:《创立湘赣边界工农武装割据的斗争》,《井冈山革命根据地》回忆资料,第25页。

② 《毛泽东在江西》,中共党史出版社。

在50年代就已平反,被追认为烈士。这是后话。

从袁、王之死的悲剧中,人们可以引出一些教训:

1. 必须肃清党内"左"倾错误的影响。

"左"倾错误是袁、王悲剧的根源。在我们党内,自八七会议以来,由于在反对右倾错误时,忽视了对已经滋长的"左"倾错误的批判,这就为"左"倾错误开辟了道路。这种"左"倾错误在八七会议后继续滋长,在创建井冈山根据地的过程中,毛泽东亦被指责为"退却逃跑",并被撤销了中央政治局候补委员、秋收起义前委书记职务。后来召开的党的"六大",仍然存在"左"的错误倾向,才有了"六大"通过的《苏维埃政权组织问题决议案》。正是这个决议案的"左"倾政策条文,给边界特委提供了"尚方宝剑",加上边界特委对袁、王的不正确结论,从而导致中央派出巡视员彭清泉来处理袁、王。这是历史的教训。邓小平曾经说过:"'左'的东西在我们党的历史上可怕呀!一个好好的东西,一下子被他搞掉了。"①袁、王之死正是我们党的历史上的"可怕"一幕。袁、王在井冈山干得好好的,一下子就被"左"倾错误的执行者"搞掉了"。

2. 必须正确区分和处理两类不同性质的矛盾。

应该承认,袁文才、王佐及其部队是有缺点和错误的,但终究属于党内矛盾,而不是敌我矛盾。毛泽东在袁、王的问题上始终坚持了正确原则,透过现象看本质,具体情况具体分析,灵活地执行了中央的政策。当时是紧张复杂的战争环境,处理这个事件的中央和边界特委领导人,在政治上并不是都能像毛泽东那样成熟,他们混淆了两类不同性质的矛盾,带着偏见错杀自己的同志,主观上还自以为是坚决执行了党的政策,捍卫了革命的利益。这不能不说是造成这一悲剧的重要原因。因此,无产阶级政党不但要有正确的政策,还要造就大批政策性强、素质高的领导干部队伍,才能把握住革命事业的方向,将革命引

① 《邓小平文选》第三卷,人民出版社1993年版,第375页。

向胜利。否则，就会造成历史的错误。

3. 必须坚持调查研究，防止“轻听轻信”。

当时中央巡视员、红五军委和领导人受“六大”决议案的影响，不察当时边界党和红军内的复杂情况，缺乏审慎的调查研究，轻信了特委某些人的不实之词，出兵弹压，也是酿成袁、王悲剧的一大教训。

如上评述，绝不是深究什么个人的责任，而是为了吸取历史的教训。

第五节 湘赣革命根据地的崛起

“二七”陂头会议

1930 年初，赣西的革命形势出现了蓬勃发展的局面。根据于田联席会议的决议，江西红军独立二、三、四团合并，组成了中国红军第六军（不久改为红三军），黄公略任军长，刘士奇任政委（后为陈毅），下辖三个纵队。与此同时，“赣西及（赣南的）兴国、于都、宁都、南丰各县共有赤色群众 150 万，宁冈、永新、莲花、永丰、乐安、宁都六县都是我们的；泰和、吉安、吉水除县城外四乡都在我们手里；安福、新余、分宜、峡江、南丰、于都各有一部分在我们手里；兴国大部分是赤区”①。

红六军成立后，向吉水一线推进。红五军向袁州开进，逼近吉安一带。2 月上旬，毛泽东、朱德率红四军由闽西返至吉安地区活动。此时，三路大军云集吉安外围地带。

然而，在这大好形势和繁重的政治任务面前，赣西党内一部分同志，却在时局的估量和行动问题上，产生了严重分歧。在党内纷争“半生半死”不能解决的重要关头，红四军前委在吉安陂头召集红四、五、

① 《前委赣西特委五六军军委联席会议通告》（第一号），1930 年 2 月 14 日，《中央革命根据地史料选编》，江西人民出版社 1982 年版。

六军委和赣西、赣南、湘赣边界特委联席会议,讨论赣西南的形势与任务。会议原定2月10日在东固举行,因斗争需要,提前于2月6日至9日在陂头召开,史称“二七”陂头会议。

会议由毛泽东、刘士奇、曾山等领导进行。出席会议的有:红四军前委代表毛泽东、熊寿祺、宋裕和;赣西特委代表刘士奇、曾山、刘和谦、许白年、胡品;红六军军委代表黄公略、王如痴、刘士奇(兼六军政委)、姚起华(士兵);红五军军委代表彭德怀、滕代远因赣河阻隔,不能过河,来信大会委托黄公略、刘士奇代表五军;赣西特委所召集的扩大会的代表;各行委中心县区委负责同志;CY代表团;以及军各纵队负责人;苏维埃党团负责人李文林等40余人。江汉波以省委巡视员资格参加了会议。

在毛泽东的主持下,联席会议充分估量了当时的国际、国内形势,讨论和确定了赣西南党的主要任务是:(1)扩大苏维埃区域,实现“争取江西”的口号与计划;(2)深入土地革命;(3)扩大工农武装。会议认为:“这三个任务之实现,将使南方各省反动势力次第消灭于红旗之下,广大群众团聚在红旗的周围,成为推动全国革命的一大动力”①。

会议研究和确定了攻取吉安的行动目标和战役部署。会议认为赣西特委提出的“打吉安”的动议是完全正确的,攻取吉安可以为“夺取江西全省胜利”造成强大声势,使“白色统治更形孤立”。在“攻吉”的问题上,会上产生了激烈的争论,江汉波与刘士奇等意见相左。争论的结果,通过了毛泽东的“拉开攻吉架式,但围而不攻,扫清外围,歼灭敌人”的主张。会议根据这一指导思想,进行了具体的战役部署:红四军三纵队、军直属队进攻吉水;红六军二纵队消灭水东之敌,监视吉安城;红四军四纵队牵制敌金汉鼎部;红五军和边界赤卫队进逼吉安城;红六军一纵队向三曲滩、吉安、峡江逼进。各路群众武装配合当地

① 《前委通告》(第一号),1930年2月16日,《中央革命根据地史料选编》,江西人民出版社1982年版。

主力红军行动。会议还为红军、地方武装及政权机关规定了严格的行动纪律和财政政策，提出了"打到吉安去消灭一切反动势力"等战斗口号。

会议讨论和解决了分配土地的政策问题。在土地问题上，赣西党内一直有分歧，久而未决。"联席会议提出讨论有严重的争论，结果照毛同志的意见通过。"①根据当时省委巡视员张怀万的报告说："赣西对于土地问题，曾有两个意见：一为没收一切，平均分配；一为没收豪绅地主反动派及富农剩余土地和祠庙土地依照劳动力分配。这两个意见坚持未得解决。"②前委和毛泽东根据闽西土地斗争的经验，提出"赤色政权久已建立者应没收一切，其初起来的区域应为后说，分配方式应平分，以平分能夺取整个群众，否则，不能夺取全部群众。"③会议最后通过了前委和毛泽东没收一切土地，按人口平均分配的主张。同时，讨论和通过了一个四章二十三条的土地法，史称《"二七"土地法》。这个土地法，比《井冈山土地法》、《兴国土地法》在没收对象、分配对象、债务、征税等方面更为完备。

会议还成立了统一领导军队和几块根据地的领导机关——前委。这个前委统辖红四军、红五军、红六军三军军委、赣西南特委、闽西特委、粤东特委。前委委员有：毛泽东、朱德、陈毅、彭德怀、滕代远、黄公略、潘心源、刘士奇、曾山、李文林、王怀，闽西两人，粤东两人。毛泽东为书记。毛泽东、曾山、刘士奇、朱德、潘心源五人为常委，彭德怀、黄公略为候补常委。同时，为统一赣西南党的领导，决定将湘赣边特委、赣西特委、赣南特委合并"建立新的赣西南特委"，指定了临时负责人，

① 《张怀万巡视赣西南报告》，1930 年 4 月 5 日，《中央革命根据地史料选编》，江西人民出版社 1982 年版。

② 《张怀万巡视赣西南报告》，1930 年 4 月 5 日，《中央革命根据地史料选编》，江西人民出版社 1982 年版。

③ 《张怀万巡视赣西南报告》，1930 年 4 月 5 日，《中央革命根据地史料选编》，江西人民出版社 1982 年版。

特委领导成员由赣西南党代会选举产生。特委下设北路、南路、西路三路行委,指挥赣西南各地的群众斗争。

“二七”陂头会议是一次极为重要的会议。会议明确规定了赣西南党的主要任务,确定了攻取吉安的行动目标和战役部署,解决了分配土地的政策问题,制订了土地法,成立了统一的领导机关,从而使赣西南的群众斗争和土地革命走上了健康发展、生机勃勃的道路。

吉安陂头村二七会议旧址

“二七”会议具有重大功绩,也有不足之处。主要是对赣西党的看法上不够实事求是,错误地开除了省委巡视员江汉波(即张怀万)的党籍,处决了郭士俊等“四大党官”,产生了一些不良影响。

湘赣边界土地革命的深入开展

“二七”会议后,在主力红军分兵发动群众的推动下,湘赣边界以至整个赣西南全面掀起了轰轰烈烈的土地革命运动。红四军、红五军、红六军根据前委的统一部署,在赣西南的广阔地区内,分兵发动群众,发展地方武装,建立中心区域,为土地革命的深入全面开展奠定了坚实基础。在毛泽东“一要分、二要快”的思想指导下,赣西南革命群众根据“二七”《土地法》的规定,全面开展了如火如荼的分田运动。在分田运动中,吉水县的水南、白沙一马当先,很快取得了成果。随即东固紧紧跟上,分田进展顺利。在吉水、东固分田工作的影响下,湘赣边界也全面铺开。经过 3 个月的分田斗争,到 1930 年 5 月,永新、莲花、宁冈、吉安、吉水、安福、兴国全县都分完了田地,永丰、万安、泰和、乐安、南丰、广昌、宁都、分宜、新余、峡江等县,都大部或一部分分完了田地,取得了土地革命的重大胜利。

边界各县分田斗争的做法和步骤是:(1)召开群众动员大会,说明分田斗争的意义和政策;(2)划分阶级,一般划为地主、富农、中农、贫农、雇农五个阶级;(3)成立分田委员会,具体领导分田;(4)调查核实土地,开展反瞒田斗争;(5)以原耕为基础,以乡为单位,按人口平均分配;(5)插田界牌,发土地证。在分田过程中有争议的问题,统由以贫农为核心的乡分田委员会协调解决。

分田以后,农村中的广大贫苦农民得到了许多好处、实惠。如毛泽东在《兴国调查》中所记述的:(1)分了田;(2)分了山;(3)分了谷子,部分解决了口粮问题;(4)欠地主、富农的债不要还了;(5)吃便宜米;(6)讨老婆不要钱了;(7)死了人不要用钱,埋了就是;(8)牛价便宜;(9)减轻了礼节应酬、迷信用钱的负担;(10)没有烟赌、盗贼了;(11)自己能养猪吃肉了;(12)取得了政权,贫农成了农村政权的骨干和指导阶级了。这十二大好处,是赣西南土地斗争成果的生动写照。

红二十军的成立

"二七"陂头会议以后,在赣西南这块土地上,随着土地革命的深入开展,广大农民不但在政治上翻了身,而且在经济上得到了解放,革命热情空前高涨,出现了踊跃参加红军的热潮,群众武装斗争也迅猛发展,赤卫队、游击队、红军纵队等地方武装不断涌现。据1930年4月5日《张怀万巡视赣西南报告》记述:"各地尚有许多游击队……吉峡队有枪五十余条,安分边队五十余条,延福赤卫队二十余条,儒行十六条,吉水二十条,泰和队五十条,万安五十条,纯化二十条,富田十六条,儒林十余条,东固一百四五十条,永丰、乐安四五十条,中鹄、水南、白沙约三四十条,莲花,永新约有四五百条,吉西约有五十条(赣南各地不在此内),约有枪千余条。此外,红军学校有二百枪。统计四、五、六各军,七、八、九各团,红军学校,各游赤等队及新缴获者,赣西南现有枪一万余支。"这些地方武装,在赣西、赣南赤卫军总指挥部的领导下,开展了轰轰烈烈的革命斗争。

为了加强对地方革命武装的领导和指挥,并为集中地方武装攻取吉安,有必要将地方武装组成新的地方正规红军。恰在此时,中央在上海召开了全国苏维埃区域代表大会,有将地方武装整编为正规红军的决议,同时,中央于 6 月间派涂振农到闽西汀州传达了中央的有关决议和命令。为此,赣西南特委召开了军事会议,决定将赣西南地方武装扩充统编为红二十军。于是,1930 年 6 月底,红二十军在吉安陂头村正式宣布成立。

红二十军军长为曾炳春(后刘铁超),政委兼军委书记刘士奇(后曾炳春),参谋长刘泽民,政治部主任谢汉昌。组建时实际上为两个团,即一七二团和一七三团。一七二团是由吉安、兴国、赣县、宁都、于都的游击队,及部分万泰、遂川游击队组成;一七三团是由永丰、吉水、安福、峡江等地游击队组成。1930 年 10 月攻打吉安前,又以宁冈、莲花、永新等县游击队及安福、茶陵、攸县部分游击队组建了一七四团。1930 年 12 月后,又在河西湘赣苏区扩建了一七五团。全军共有 2500 余人枪。

红二十军的成立,有力地集中了赣西南的地方武装,成为红军第七、第八次攻打吉安的主力军和"九打吉安"的生力军。由于扎根在赣西南地区,在反抗国民党反动武装,保卫赣西南苏区,推动土地革命,巩固红色政权等方面,做出了重要贡献。

在二十军成立的同时,赣西南还成立了红六军(后改为红三军,军长黄公略),直接参加了多次保卫红色政权的战斗。

赣西南苏维埃政府的成立

根据"二七"会议的决定,1930 年 3 月 22 日至 29 日,中共赣西南特委在吉安富田召开了第一次党的代表大会。78 名代表,来自 30 余县,代表 3 万余党员参加了会议。会议正式成立了赣西南特委的组织机构,选举刘士奇、王怀、李文林、肖道德、丛允中5人为常委,刘士奇为书记。大会确定了赣西南党的任务:(1)以夺取江西全省政权为总的行动目标;(2)彻底分配土地;(3)扩大苏维埃区域;(4)武装工农,扩大红军。为了便于指挥,赣西南特委下设西河、东河、东路、中路、北路、西路等六路行委。西河行委辖上犹、崇义、南康、大余、赣县、信丰、南雄七县,黎日晖为书记;东河行委辖兴国、于都、瑞金、会昌、安远、寻乌和赣县的河东部分的红色区域,罗寿南为书记;东路行委辖永丰、宁都、乐安、南丰等红色区域,金万邦为书记;中路行委辖吉安的儒林、富田、东固、纯化、水东,吉水的水南、白沙、中鹄,及万安、泰和等红色区域,毛泽覃为书记;北路行委辖吉安的儒行、坊廊、延福,吉水的金滩、同水、仁寿、同登、阜田,以及分宜、宜春、峡江、安福等红色区域,郭承禄为书记;西路行委辖永新、莲花、宁冈、茶陵、遂川、酃县及吉安的西区等红色区域,周高潮为书记。

根据赣西南党的第一次代表大会的决定,为了进一步统一与加强对赣西南各县红色政权的领导,更好地进行"攻取吉安"的行动,1930年3月,在赣西苏维埃政府的基础上,成立了赣西南苏维埃政府,曾山为主席。赣西南苏维埃政府组织系统是由"赣西南代表大会产生人民委员会产生执行委员会,由执行委员会产生常任委员会,妇女工作委员会,青年工作委员会"①。

赣西南苏维埃政府设立了秘书处、经济部、保险部、军事部、裁判部、交通部等机构,并在赣西、赣西南各设立赤卫军总指挥部,曾炳春、肖大鹏分别为正、副总指挥。为了便于领导和指挥,苏维埃政府下设北路、西路、中路、东河、西河办事处,各办事处下面即县政府,分别由周鉴清、刘子干、黄鉴、丘达山、肖大鹏任办事处主任。

赣西南苏维埃政府成立后,"各级苏维埃政府领导群众斗争分田

---

① 《赣西南刘作抚同志(给中央的综合性)报告》,1930年7月22日,《中央革命根据地史料选编》上册。

地,废契约,惩办土豪劣绅反动派,向富农斗争,办学校,办合作社,办理粮食的互相补济"①,并把东固银行扩充为赣西南政府的银行,还开展了赤色邮政,办有赤卫军干部学校,缝衣工厂等,各项事业蓬勃发展。

赣西南苏维埃政府成立后,领导根据地军民,为攻取吉安,扩大苏维埃区域进行了英勇的斗争。这一赣西南苏维埃最高政权机构的建立,标志着赣西南革命根据地业已形成。

以永新为中心的湘赣革命根据地的形成

赣西南特委和赣西南苏维埃政府成立后,原湘赣边的永新、莲花、宁冈、遂川、茶陵、酃县六县,属西路行委和西路办事处领导管辖。行委书记周高潮,行委机关设在吉安的永阳。

1930 年 2 月下旬,湘赣边特委借用武力解决了袁、王部队,导致井冈山军事根据地丧失后,以永新为中心的湘赣根据地开始崛起,迅猛发展。

1930 年 4 月,蒋桂冯阎中原大战爆发,根据地周围的敌军纷纷投入混战。西路行委利用这一大好时机,领导赣西革命群众和武装力量,狠狠打击敌人,到上半年,赣西的红色割据地区,除原有的边界六县外,发展到万安、泰和、分宜、安福、新余、吉安、吉水、峡江等县,并相继建立了红色政权。

在这大好形势下,西路行委和西路办事处,始终按照"二七"会议的精神,把武装斗争、土地革命、政权建设三者紧密地结合起来,积极开展群众斗争,给反动军队以严厉打击,使反动统治阶级的政权急剧崩溃。从 4 月底到 9 月初,赣西南特委在红军主力远离赣西的情况下,组织起地方武装和数十万群众,连续发动了三打、四打、五打、六

① 《赣西南刘作抚同志(给中央的综合性)报告》,1930 年 7 月 22 日,《中央革命根据地史料选编》上册。

打、七打、八打吉安的伟大行动。这六次“攻吉”虽因武器装备太差，攻坚不力，未能奏效，但却极大地鼓舞了赣西地区人民群众的胜利信心。特别是八打吉安后，赣西地区红色区域呈梅花形状，扩展到30余县，吉安已成为赣西南根据地红色海洋中的一座孤岛。

是年8月24日，毛泽东、朱德率领由红四军、红三军、红十二军组成的红一军团，与彭德怀、滕代远领导的红三军团在浏阳永和胜利会师，组建了红一方面军。朱德为总司令，毛泽东为总政委和总前委书记。9月初，红一方面军二打长沙，久攻不克。毛泽东力主长沙撤围后，红一方面军回师江西。10月4日，在赣西南人民群众的配合下，红军一举攻克吉安重镇，赣西南的形势更是蒸蒸日上。至此整个赣江中段和南段连成了一片，赣西的吉安、泰和、万安、永丰、宁都、乐安、永新、安福、莲花、宜春、分宜、新余、峡江、吉水及遂川等县的苏区由零碎的、部分的发展到整个有联系的赤色区域。此时整个的赣西南苏区覆盖江西半壁，横跨湘赣两省，东起江西的吉安、泰和、遂川，西至湖南的茶陵、酃县，北至江西的萍乡、宜春、新余一带，南至赣南的上犹、崇义地区，与闽西、湘东根据地打通了联系，且与赣南根据地紧密相连，与湘鄂赣根据地遥相呼应。不久，湘东南与赣西连为一片，建立了以永新为中心的湘赣革命根据地。

10月7日，10万群众聚集在吉安城中山广场，隆重举行“庆祝吉安暴动胜利大会”。会上，宣告了江西省苏维埃政府的成立，发布了《江西省工农兵苏维埃政府布告》，庄严宣告：“政府为应付斗争需要，担负完成全省总暴动的一切任务。”同时，宣布了江西省工农兵苏维埃政府的十三大政纲。

江西省苏维埃政府的最高机构为执行委员会，由曾山、方志敏、肖韶、郭真、刘其凡、陈正人、张国焘、毛泽东、刘仁、王桂生、欧阳五佳、李文林、邵式平、罗寿南、刘文甫、王伯年、陈婉如、刘九峰、彭德怀、袁德生、袁德熬、曾炳春、王怀、刘铁超、丛允中、龙超清、周鉴清、杜隆奎、罗炳辉、滕代远、肖道德、宋坤如、周高潮、朱昌偕、陈毅、李茂生、刘天干、许细毛、胡竹笙、黄公略、杨岳斌、左蓝、龚桃兰、段起凤、邱达三、古柏、刘光万、金万邦、郭承禄、朱德、涂振农、王申选、刘门金计53人为委员,曾山任省苏主席。①

江西省苏维埃政府的成立,使江西红色割据区域的革命斗争有了统一的领导机关,为后来中央根据地的形成和苏维埃中央政府的建立,奠定了坚实基础。

毛泽东在井冈山时曾经指出:“全国革命形势是向前发展的,则小块红色区域的长期存在,不但没有疑义,而且必然地要作为取得全国政权的许多力量中间的一个力量。”②江西省苏维埃红色政权的诞生,正是“取得全国政权”伟大斗争的重要一步。

---

① 《江西省工农兵苏维埃政府布告》,1930年10月7日,《中央革命根据地史料选编》,江西人民出版社1982年版,下册第109页。

② 毛泽东:《中国的红色政权为什么能够存在?》。

第五章

井冈山革命根据地的历史地位及其深远影响

第一节
井冈山革命根据地的历史地位

井冈山革命根据地是中国共产党的工作重心实现由城市向农村转移的成功典范

中国共产党及其领导人,在井冈山革命根据地创建之前,一直是把工作重心放在城市的。党的创立时期,从五四运动到京汉铁路工人大罢工,主要在城市;第一次大革命时期,从五卅运动、省港工人大罢工,到国共合作的北伐战争,工作重心也是在城市;北伐战争从广州打到武汉、上海,这个时期党中央的领导机构也先后驻在大城市上海、武汉;蒋介石国民党右派背叛革命发动"四一二"政变后,轰轰烈烈的大革命趋于失败,中国共产党从血泊中奋起,在八七会议上确定了土地革命和武装反抗国民党反动派的总方针,并先后举行了八一南昌起义、秋收起义和广州起义。

但是,由于缺乏经验,这些起义在一开始时,仍然是照搬俄国十月革命以城市工人武装起义为中心的模式,以攻打中心城市为主要目标,因而不同程度地遭到了挫折和损失。在大革命失败前后相当长的一段时间内，中国共产党的领导集团由于没有摆脱“城市中心论”的羁绊，在对武装斗争的认识和指导上，仍然坚持以城市工人为中心来指导农民暴动，发展中国革命。如1927年11月中共中央临时政治局扩大会议通过的《中国现状与共产党的任务决议案》，仍然认为：“城市工人暴动的发动是非常之重要”，“党的责任是努力领导工人日常斗争，发展广大群众的革命高涨，组织暴动，领导他们武装暴动，使暴动的城市能成为自发的农民暴动的中心及指导者”，“城市工人的暴动是革命的胜利在巨大暴动内得以巩固而发展的先决条件”。1928年6、7月间在莫斯科举行的中国共产党第六次全国代表大会通过的《政治决议案》，其主要方面是正确的，但是仍未摆脱“城市中心论”的影响，坚持认为：“城市领导作用底重要，和无产阶级群众底高潮，都将要表显它的决定胜负的力量”，“党底主要任务是争取工人阶级底大多数”。这时党的工作重心，仍然是放在领导城市工人暴动上，党的领导机关也仍然长期留在上海等大城市里，希图通过城市工人的武装暴动，来夺取中心城市并以此作为革命的中心堡垒，发展全国革命。显然，这种“城市中心论”的错误指导，是完全脱离大革命失败后的中国的实际情况的。

实际情况是，1927年大革命失败后，以蒋介石为首的国民党新军阀建立了比旧军阀强大得多的更严密的反革命统治。上海、武汉等中心城市，是反革命力量最集中最强大的地方，也是对革命力量防范最严密的地方。由于大革命的失败，这些中心城市的革命组织已经遭到严重摧残，革命工作的基础已十分薄弱。因此，绝不能将党在城市的处于秘密状态的一点弱小的力量，孤注一掷，同占绝对优势的敌人作武装起义之类的毫无胜利可能的决战，党的工作重心也不能再继续放在城市了。

那么，中国革命的出路在哪里？在农村。由于中国是一个政治经济发展很不平衡的半殖民地半封建的大国，蒋介石国民党的主要武装力量，不可能在全国极其广阔的农村地域普遍建立强有力的反革命统治;国民党各派军阀之间在不断地发生分裂和战争,更削弱了蒋介石镇压广大农村人民革命斗争的力量;各地军阀因投入混战争夺地盘,也无暇顾及所辖地区农村的革命斗争。因此,在反革命统治力量较为薄弱、革命力量较有基础的广大农村地区,敌人鞭长莫及,“山高皇帝远”,革命力量有可能首先得到恢复和发展,有可能建立革命根据地和小块红色政权,借以积蓄革命力量,依托强大的农村革命根据地,去包围和夺取中心城市,取得全国革命胜利。这是中国革命发展的必然趋势和客观规律。这个趋势和规律在大革命失败后,逐渐被一些清醒的中国共产党人所认识,他们因此而摒弃了“城市中心论”的模式,开始了“以乡村为中心”的转变,不断取得革命的胜利。而少数教条主义者仍然抱住“城市中心论”不放,即便在城市站不住脚了,被迫退入农村,仍然向往中心城市,结果继续遭受失败和挫折。

毛泽东是大革命失败后成功地把党的工作重心由城市转入农村的主要代表。

毛泽东在领导湘赣边秋收起义时,开始也是按照湖南省委的计划准备攻取中心城市长沙的。但在起义进军受挫后,毛泽东审时度势,在很短的时间内,果断地放弃了直取长沙的计划,作出了向敌人统治力量薄弱的农村进军的决策,随后引兵井冈,创建了中国第一个农村革命根据地——井冈山革命根据地。井冈山革命根据地的创立,为中国革命找到了正确的方向,成功地实现了中国共产党工作重心由城市向农村的转移。这是我党历史上一次具有重大意义的战略转折。正如毛泽东所说:“革命失败,得了惨痛的教训,于是有了南昌起义、秋收起义和广州起义,进入了创造红军的新时期。这个时期是我们党彻底地认识军队的重要性的极端紧要的时期。”①井冈山革命根据地,是中国共产党在这个“极端紧要的时期”创树的将党的工作重心实行由城

① 毛泽东:《战争和战略问题》,1938 年 11 月 6 日,《毛泽东选集》第二卷,人民出版社 1991 年版,第 548 页。

市向农村战略转移的成功典范,是中国革命"以乡村为中心"的光辉旗帜。

井冈山革命道路是马克思列宁主义与中国革命实际相结合的伟大创举

马克思列宁主义关于暴力革命的学说认为,无产阶级革命的根本问题是武装夺取政权问题。毛泽东也说过:"革命的中心任务和最高形式是武装夺取政权,是战争解决问题。这个马克思列宁主义的革命原则是普遍的对的,不论在中国在外国,一概都是对的。"①但是在同一原则上,各国无产阶级政党由于各自的国情不同,执行这个原则的具体途径是不尽相同的。人们知道,由于受时代和历史条件的局限,马克思主义的创始人及其在俄国的继承者列宁、斯大林,只提供了西方资本主义国家无产阶级以城市工人武装起义夺取政权的理论和实践,而没有能够解决殖民地半殖民地国家如何武装夺取政权的理论和实践问题。

在国际共运史上,无产阶级依靠自己的力量经过城市工人武装起义成功夺取政权的只有两次:一次是1871年3月18日巴黎无产阶级依靠30万国民自卫军,英勇地举行武装起义,夺取了政权,诞生了世界上第一个无产阶级政权——巴黎公社。但是,这个被恩格斯称之为"国际的精神产儿"只存在72天便夭折了。巴黎公社失败的重要原因之一,就是公社没有充分注意农民问题,没有找到一条联合农民的道路。另一成功的先例便是俄国的十月革命。列宁领导的1917年十月革命,是在吸取了1905年的革命"缺乏巩固的工农联盟"的教训后,凭借20余万工人赤卫队、卫戍部队和波罗的海舰队,由工人阶级首先发动城市武装起义,推翻沙皇的反动统治,然后把革命推向农村的。所

① 毛泽东:《战争和战略问题》,1938年11月6日,《毛泽东选集》第二卷,人民出版社1991年版,第541页。

以，列宁曾说："没有1905年的'总演习'，就不可能有1917年十月革命的胜利。"这是列宁在《共产主义运动中的"左派"幼稚病》一书中提出的著名论断。可见，农民的向背是关系到无产阶级革命能否胜利的根本问题。1905年，以列宁为首的布尔什维克党虽然制定了"工农联盟"的策略路线，也为此做了许多工作，但由于当时条件的限制，"巩固的工农联盟"并没有建立起来，加上其他方面的原因，未能取得1905年革命的胜利。俄国十月革命的成功，诞生了世界上第一个无产阶级专政的社会主义国家，开辟了人类历史的新纪元，无疑是具有国际意义的，由此产生了十月革命的道路，为世界无产阶级政党所认同。

但是，各国的国情是不尽相同的。中国是一个农民占绝大多数的半封建半殖民地的东方大国，在这样一个国度里进行革命，必然会遇到许多特殊的复杂问题，单靠背诵马克思列宁主义一般原理和照搬外国经验，显然是不可能取得成功的。大革命后期，中国共产党曾试图按照俄国十月革命的道路模式，在上海先后组织了三次工人武装起义，以期推翻北洋军阀的统治，但却没有成功，反而被新军阀蒋介石窃取了果实。大革命失败后，蒋介石在上海、南京等中心城市建立了强大的反革命统治，倘若中国共产党再以仅有的一点弱小武装力量去同敌人硬拼，在中心城市搞武装起义之类的斗争，那就等于以卵击石，自取灭亡。由此看来，中国革命究竟走什么道路，的确没有现成的经验可以借鉴，而只能在实践中靠自己的独创去解决，只能从中国的实际出发，走自己的路。

在大革命失败后的严峻形势下，以毛泽东为代表的中国共产党人为开创中国革命的正确道路进行了艰苦的探索，终于找到了一条适合中国国情的革命道路——井冈山道路。这条道路的科学概括，就是毛泽东后来所表述的，"建立农村根据地，以农村包围城市，最后夺取城市"①的道路。

① 毛泽东：《我们党的一些历史经验》，1956年9月25日。

中国革命的道路即井冈山道路的基本点和内涵是:以武装斗争为主要形式,以土地革命为基本内容,以农村根据地为根本依托。这三者是密切相连,缺一不可的。

以武装斗争为主要形式

在半封建半殖民地的中国究竟以何种斗争为主要形式,这是中国共产党领导中国革命必须首先解决的重大问题。在资本主义国家,由于外部没有民族压迫,有的是自己的民族压迫别的民族,内部没有封建制度,有的是资产阶级的民主制度。这些国家的无产阶级政党,可以经过长期的合法斗争,利用议会讲坛,组织工会教育工人,开展合法的罢工斗争,而不需要拥有自己的军队和武装力量。因此,在那里主要的斗争形式是合法的、不流血的、非战争的。但是,中国则不同。中国的国情特点是:不是一个独立的民主的国家,而是一个半殖民地半封建国家,在外部没有民族独立,在内部没有民主制度。因此,无议会可以利用,无组织工人罢工的合法权利。同时,中国革命的敌人拥有强大的反革命武装力量,对人民实行残暴的反动统治,是武装到了牙齿的凶恶敌人。这是中国不同于欧美资本主义国家的重要特点。因此。中国革命的主要斗争形式只能是武装斗争,拿起枪杆子,以革命的武装对付反革命的武装。这一点,毛泽东在大革命失败后就看得很清楚、很透彻,因而在党的八七会议上就提出了"枪杆子里面出政权"的著名论断。在《井冈山的斗争》中说:"边界的斗争,完全是军事的斗争","所谓割据,必须是武装的"。在后来的革命斗争中,毛泽东又反复阐述这一重要思想,说:"在中国,主要的斗争形式是战争,而主要的组织形式是军队。"①"在中国,离开了武装斗争,就没有无产阶级的地

① 毛泽东:《战争和战略问题》,《毛泽东选集》第二卷,人民出版社 1991 年版,第 543 页。

位,就没有人民的地位,就没有共产党的地位,就没有革命的胜利。”① 因此,武装斗争是中国革命的主要斗争形式,而且这种武装斗争必须是长期的,以军队为组织形式的。“因为我们的敌人是异常强大的,革命力量就非在长期间内不能聚积和锻炼成为一个足以最后地战胜敌人的力量。”②当然,中国革命以长期的武装斗争为主要形式,并不是说可以放弃或忽视其他形式的斗争,只有其他各种形式的斗争的配合,武装斗争才能顺利开展,革命才能取得最后的胜利。

以土地革命为基本内容

农民问题是中国革命的基本问题。中国资产阶级民主革命的实质就是农民革命,中国革命战争的实质就是农民战争。然而,农民问题的核心是土地革命问题。中国是个半殖民地半封建的大国,占中国人口80%以上的是农民,他们长期遭受封建地主阶级的剥削与压迫,对于夺回为地主阶级所剥夺占有的土地,有着强烈的要求。毛泽东在井冈山时期就明确指出:“中国的民主革命的内容,依国际及中央的指示,包括推翻帝国主义及其工具军阀在中国的统治,完成民族革命,并实行土地革命,消灭豪绅阶级对农民的封建的剥削。”③因此,在中国,无产阶级要领导全国人民取得民主革命的胜利,就必须派遣自己的先锋队,深入农村,发动和武装农民,开展打土豪分田地的土地革命运动,才能与农民结成牢固的工农联盟,才能找到和依靠农民这个革命的主力军。中国革命如果失去了农民的支持,失去了农民这个主力军,就不可能建立以农民为主体的工农红军,就不可能建立以农民为依托的革命根据地,因而革命也就不可能成功。农民是最讲实际的。农民最大最迫切的问题是土地问题。因此,解决农民的土地问题,是

① 毛泽东:《“共产党人”发刊词》,《毛泽东选集》第二卷,人民出版社1991年版,第610页。

② 毛泽东:《中国革命和中国共产党》,《毛泽东选集》第二卷,人民出版社1991年版,第634页。

③ 毛泽东:《中国的红色政权为什么能够存在?》。

党在农村的中心任务，是发动农民最好的钥匙。以毛泽东为代表的中国共产党人，在开创井冈山"工农武装割据"局面不久，就在 1928 年 5 月边界党的"一大"上提出了"深入割据地区的土地革命"的重要政策，并成立了湘赣边界工农兵政府，具体领导土地革命运动。是年 5 月至 7 月，边界的土地斗争从游击暴动，进入全面开展的阶段，各县相继出现了大分田的高潮，从而极大地激发了根据地农民的积极性，进一步解放了农村生产力，造成了红色区域的坚实基础。1928 年 12 月，毛泽东亲自起草的《井冈山土地法》的颁布，标志着中国共产党在土地革命战争时期第一部土地法的诞生。随后，经井冈山到中央苏区 3 年多土地革命的实践，中国共产党逐步形成了一条比较完备、成熟的马克思列宁主义的土地革命路线。这就是：依靠贫雇农，联合中农，限制富农，消灭地主阶级，变封建半封建的土地所有制为农民的土地所有制的土地革命路线。这条土地革命路线，是马克思列宁主义与中国革命实际相结合的产物，在中国革命一个相当长的时期内都具有普遍的指导意义。

以农村根据地为根本依托

中国革命在组织武装斗争、开展土地革命的同时，还必须建立农村革命根据地，这也是为中国革命的实际状况所决定的。由于中国革命具有长期性和残酷性的特点，革命的敌人为维护其反动统治，对于敢于用武装力量甚至组织革命军队反抗反动统治的人民革命力量，是采取极其残暴的手段予以镇压的。共产党人和革命力量为了在与敌人长期、残酷的斗争中能坚持下去而不为敌人所消灭，为了在与敌人进行长期的革命战争中能够积蓄和锻炼自己的队伍，并避免在革命力量暂处弱小时同强大的敌人作决定胜负的较量，就必须有一个作为革命力量可以立足、革命军队可以安营扎寨、休养生息的地方，这就需要建立农村革命根据地。中国革命实践证明，革命根据地是革命人民和革命赖以生存和发展的根本依托。正如毛泽东所言："根据地是什么呢？它是游击战争赖以执行自己的战略任务，达到保存和发展自己、消灭和驱逐敌人之目的的战略基地。没有这种战略基地,一切战略任务的执行和战争目的的实现就失去了依托。”①历史上许多流寇主义的农民战争都没有成功,重要原因之一就是没有根据地的思想。因此,“必须把落后的农村造成先进的巩固的根据地,造成军事上、政治上、经济上、文化上的伟大的革命阵地,借以反对利用城市进攻农村区域的凶恶敌人,借以在长期战斗中逐步地争取革命的全部胜利”②。井冈山革命根据地正是这样一个“伟大的革命阵地”,正是夺取全国革命胜利的出发点。在井冈山革命根据地的创建过程中,当时党和红军内也存在着一种热衷于走州过府、大块吃肉、轻视建立根据地和红色政权的“流寇主义”思潮,希图用比较轻便的流动游击方式去扩大政治影响,等到各地争取群众的工作做好了,再来一个全国武装起义,就成为全国范围的大革命。毛泽东批评说:“这种全国范围的、包括一切地方的、先争取群众后建立政权的理论,是与中国革命的实情不适合的。”③毛泽东并明确指出:“红军、游击队和红色区域的建立和发展,是半殖民地中国在无产阶级领导之下的农民斗争的最高形式,和半殖民地农民斗争发展的必然结果;并且无疑义地是促进全国革命高潮的最重要因素。”④中国革命正是依靠这样一小块或若干小块农村革命根据地,波浪式向前推进,一片一片地发展壮大为全国基本区域,最后以农村包围城市、武装夺取全国革命胜利的。

综上所述,中国革命以武装斗争为主要形式,以土地革命为基本内容,以农村根据地为根本依托的,最后以农村包围城市、武装夺取全国政权的革命道路,确实是马克思列宁主义与中国革命实际相结合的

① 毛泽东:《抗日游击战争的战略问题》,《毛泽东选集》第二卷,人民出版社 1991 年版,第 418 页。

② 毛泽东:《中国革命和中国共产党》,《毛泽东选集》第二卷,人民出版社 1991 年版,第 635 页。

③ 毛泽东:《星星之火,可以燎原》。

④ 毛泽东:《星星之火,可以燎原》。

伟大创举,是中国式的武装夺取政权的正确道路,是毛泽东和中国共产党对马克思列宁主义的重大发展。井冈山革命根据地正是中国革命这条道路的伟大起点和实验基地。

井冈山斗争经验的理论概括是毛泽东思想形成的奠基石

理论的基础是实践。任何科学的理论都是在总结人类实践活动丰富经验的基础上形成的。诞生在"本世纪二十年代后期和三十年代前期"的毛泽东思想,就是"以毛泽东同志为主要代表的中国共产党人,根据马克思列宁主义的基本原理,把中国长期革命实践中的一系列独创性经验作了理论概括,形成了适合中国情况的科学的指导思想"①。

人们知道,"本世纪二十年代后期和三十年代前期",正是以毛泽东为主要代表的中国共产党人在井冈山和中央苏区从事根据地斗争的时期。在井冈山,毛泽东不仅在实践上领导井冈山军民开辟了中国革命的正确道路,创造了极其丰富的革命经验,而且对井冈山斗争"一系列独创性经验作了理论概括",进行了理论上的创造,从而奠定了毛泽东思想的坚实基础。

那么,毛泽东是怎样对井冈山斗争的"一系列独创性经验"进行理论概括的呢?毛泽东在井冈山时期的理论创造主要内容是什么呢?根据我们的研究,主要有以下六个方面:

关于"工农武装割据"的思想

"工农武装割据"即红色政权的思想,就是在共产党领导下,开展武装斗争,实行土地革命,建立革命根据地的三位一体的总观念,就是"以乡村为中心"的思想。毛泽东指出:"'工农武装割据'的思想,是共产党和割据地方的工农群众必须充分具备的一个重要的思想。"②

① 《关于建国以来党的若干历史问题的决议》,1981年6月27日。

② 毛泽东:《中国的红色政权为什么能够存在?》。

毛泽东的这一思想，是在吸取中国历代农民领袖、山大王和封建军阀的经验教训，尤其是在总结湘赣边工农武装斗争经验的基础上，逐步形成并予以科学概括的。党和红军如果没有"工农武装割据"和"建立红色政权的深刻的观念"，也就没有"用这种红色政权的巩固和扩大去促进全国革命高潮的深刻的观念"。为了造成"工农武装割据"和红色政权的深刻观念，毛泽东从理论上论证了工农武装割据和红色政权在白色政权包围下存在和发展的条件，并指出其存在和发展的影响与前途："以宁冈为中心的湘赣边工农武装割据，其意义决不限于边界数县，这种割据在湘鄂赣三省工农暴动夺取三省政权的过程中是有很大的意义的"①，"而且这些红色区域将继续发展，日渐接近于全国政权的取得"。可见，毛泽东从"工农武装割据"思想的提出，到"夺取三省政权"，到"日渐接近于全国政权的取得"，是一种大胆而又成熟的战略构想，也是富有远见与独创的理论概括。这种战略构想与理论概括，无疑为以后的农村包围城市、武装夺取全国政权的中国革命道路的理论，奠定了重要基础。

关于人民军队的建设与游击战术思想

从三湾改编以来，毛泽东就创立了"支部建在连上"的原则和党代表制度，确立了党对军队绝对领导的组织体系；规定了人民军队的"三大任务"和"三大纪律、六项注意"；首创了正规红军、地方赤卫队和暴动队三结合的人民军队体制；实行了军民一致、军政一致、官兵一致的建军原则和民主制度，以及正确对待俘虏的政策等等。同时，毛泽东还创造和提出了著名的"敌进我退，敌驻我扰，敌疲我打，敌退我追"的"十六字诀"，以及"分兵以发动群众，集中以应付敌人"，"固定区域的割据，用波浪式的推进政策，强敌跟追，用盘旋式的打圈子政策"等一整套游击战战术原则。这些都是在井冈山斗争的实践中提出来的。毛泽东在总结红军斗争的经验时特别强调指出："红军所以艰难奋战

① 毛泽东：《中国的红色政权为什么能够存在？》。

而不溃散，'支部建在连上'是一个重要原因。""党代表制度，经验证明不能废除。"①这个重要思想到1929年12月红四军党的"九大"（即古田会议）时，得到了更充分的发挥。毛泽东说："中国的红军是一个执行革命的政治任务的武装集团"，如果脱离了党的领导，"便有走到脱离群众、以军队控制政权、离开无产阶级领导的危险，如像国民党军队所走的军阀主义的道路一样"②。这就更进一步阐明了人民军队的性质和宗旨以及党指挥枪的原则。从井冈山斗争到古田会议，是毛泽东军事路线形成的重要阶段。

关于土地革命的思想和政策

毛泽东在井冈山时就提出了民主革命的内容主要是"实行土地革命"的思想，指出："中国的民主革命的内容，依国际及中央的指示，包括推翻帝国主义及其工具军阀在中国的统治，完成民族革命，并实行土地革命，消灭豪绅阶级对农民的封建的剥削。"③在1928年5月湘赣边界党的一大上，又提出了"深入割据地区的土地革命"的方针，随后掀起了湘赣边界土地革命的风暴。在土地斗争中，由于"边界对于土地是采取全部没收、彻底分配的政策"，曾一度"大受中间阶级的阻碍"，出现"延宕分田及隐瞒土地"的现象，直到龙源口大捷后，发挥红军的威力，处理了一些延宕分田的人，才实际地分下去。1928年12月，毛泽东总结一年来井冈山土地斗争的经验，亲自起草和主持制定了我国农村革命根据地的第一部土地法——《井冈山土地法》，明确规定了根据地内土地分配的原则、标准、方法及土地税的征收等一系列具体政策，成为湘赣边土地斗争的政策指南。由于"在这以前，是没有任何经验的"，这个土地法也存在着"没收一切土地而不是只没收地主土地"，"土地所有权属政府而不是属农民"，"禁止土地买卖"等缺陷，

① 毛泽东：《井冈山的斗争》。

② 毛泽东：《关于纠正党内的错误思想》。

③ 毛泽东：《中国的红色政权为什么能够存在？》。

尽管如此,《井冈山土地法》仍不失为中国共产党在土地革命战争初期第一部比较完备的土地法。它不仅直接指导了湘赣边界的土地斗争,而且为以后中央苏区大规模的土地斗争提供了鲜活、宝贵的经验,为我党土地革命的路线和政策的形成作出了开创性的贡献。

关于根据地建设的思想

毛泽东在井冈山斗争时期,自始至终一直十分重视根据地的建设;首先,毛泽东提出了“以宁冈为大本营”的思想。大本营是根据地的腹心、堡垒,大本营不建设好、巩固住,根据地就有后顾之忧。毛泽东指出:“宁冈能成为军事大本营者,即在山势既大且险,路通两省,胜固可以守,败亦可以跑,且敌人绝对无法把我围着,若加上各县党与群众的基础,实在可以与敌人作长期的斗争,若此刻轻易脱离宁冈,‘虎落平阳被犬欺’,四军非常危险。”①湖南省委指令下的出击湖南,导致“八月失败”,恰恰证明了“大本营”思想何等重要,“这种痛苦的经验,是值得我们时时记着的”。其次,毛泽东又提出了“建立中心区域的坚实基础”的思想。这是巩固大本营的重要保证。“建立中心区域的坚实基础”的具体举措就是大力经营永新。在毛泽东看来,“永新比一国还重要”。他不仅指令红军主力在永新境内进行“近距离的分兵”,帮助地方开展土地革命,发展群众武装,建立红色政权,而且还亲率部队在永新塘边、夏幽等地蹲点,调查研究,草拟分田纲领。再次,毛泽东还非常注意根据地的政权建设和经济斗争。他批评了在政权建设中的“独裁专断的恶习惯”的党政合一的现象,“许多事情为图省便,党在那里直接做了,把政权机关搁置一边”,这是“要避免的”,主张“党要执行领导政府的任务”,但“执行的时候必须通过政府的组织”②。井冈山斗争时期,由于敌人的封锁,经济上一度非常困难,“有时真是到了极度”。但毛泽东指出:“这种困难,在全国总政权没有取得以前当

① 《中共湘赣边特委和红四军军委向中共湖南省委的报告》,1928年7月4日。

② 毛泽东:《井冈山的斗争》。

然是不能免的”,“这个经济问题的相当解决,实在值得每个党员注意”。在井冈山军民的共同努力下,创造了许多经济斗争的经验,渡过了难关。此外,在根据地斗争后期,毛泽东又把建设井冈山(大小五井)和九陇山两个军事根据地,作为边界党的一项重大任务,认为“在四围白色政权中间的红色割据,利用山险是必要的”。毛泽东的上述思想,对建设和巩固井冈山根据地起了重要的指导作用。

关于政策和策略的思想

政策和策略是党的生命,是党和红军一切行动的出发点和归宿。以毛泽东为首的边界党在井冈山斗争的实践中,总结和概括了一整套对敌斗争的政策和策略:“当时边界特委(毛泽东为书记)和军委(陈毅为书记)的政策是:坚决地和敌人作斗争,造成罗霄山脉中段政权,反对逃跑主义;深入割据地区的土地革命;军队的党帮助地方党的发展,军队的武装帮助地方武装的发展;对统治势力比较强大的湖南取守势,对统治势力比较薄弱的江西取攻势;用大力经营永新,创造群众的割据,布置长期斗争;集中红军相机迎击当前之敌,反对分兵,避免被敌人各个击破;割据地区的扩大采取波浪式的推进政策,反对冒进政策。因为这些策略的适当,加以边界地形的利于斗争,湘赣两省进攻军队的不尽一致,于是才有四月至七月四个月的各次军事胜利和群众割据的发展。”①这些对敌斗争的政策和策略,是井冈山斗争经验的理论概括,是毛泽东在红军初创时期的独特创造,闪耀着马克思列宁主义策略思想的光辉,对中国共产党人在中央苏区和后来的军事斗争有重要的影响。

关于农村环境下党的建设的思想

在一个无产阶级人数很少,农民和其他小资产阶级占人口大多数的国家里,建设一个具有广大群众性的、马克思列宁主义的无产阶级政党,是极其艰巨的任务。毛泽东在井冈山时就感叹地说道:在湘赣

---

① 毛泽东:《井冈山的斗争》。

边界,“党在村落中的组织,因居住关系,许多是一姓的党员为一个支部,支部会议简直就是家族会议。在这种情形下,‘斗争的布尔什维克党’的建设,真是难得很”①。毛泽东所说“真是难得很”一语,道出了在农村环境下党的建设的艰辛与困难。同时,更为棘手的是,“各县之间地方主义很重”,甚至“各区乃至各乡之间也有很深的地方主义”;还有“一件特别的事”,就是土客籍的矛盾,边界各县都有,“而以宁冈的问题为最严重”,经常引起纷争,以至出现“土籍的党,客籍的枪”的格局。针对这种状况,毛泽东和边界特委在两次边界党的代表大会上进行了深刻的教育,并开展了中国共产党发展史上的第一次整党运动——九月“洗党”,对党员“重新登记”,加以严格的限制,纯洁党的队伍,健全党的组织。尤为重要的是,毛泽东提出了从思想上建党的原则。他指出:“我们感觉无产阶级思想领导的问题,是一个非常重要的问题。边界各县的党,几乎完全是农民成分的党,若不给以无产阶级的思想领导,其趋向是会要错误的。”②毛泽东的这一思想,是对马克思列宁主义建党学说的重大发展。由于时局的变化,毛泽东的这一重要思想在井冈山来不及充分发挥和阐述,到 1929 年 12 月古田会议期间,才作了系统而深刻的阐发,撰写和发表了《关于纠正党内的错误思想》,奠定了中国共产党的马克思列宁主义的建党路线。可见,作为我党建党路线的核心思想——从思想上建党的原则,最早是毛泽东在井冈山斗争时期提出的。

毛泽东在井冈山时期的理论贡献,集中地表现在毛泽东的科学著作中。其主要标志就是《中国的红色政权为什么能够存在?》和《井冈山的斗争》,以及稍后撰写的《星星之火,可以燎原》三篇光辉著作。

此外,如《关于建国以来党的若干历史问题的决议》所指出的,毛泽东思想的活的灵魂,有三个基本方面,即实事求是、群众路线、独立

① 毛泽东:《井冈山的斗争》。

② 毛泽东:《井冈山的斗争》。

自主。这三个方面的思想,可以说贯穿于井冈山斗争的全过程。一部井冈山斗争史,就是坚持马克思列宁主义与中国革命实际相结合,一切从实际出发、实事求是的历史;就是坚持群众路线、发动和依靠人民群众实行"工农武装割据"的历史;就是坚持独立自主、自力更生原则,发扬艰苦奋斗优良传统的历史。

总之,井冈山革命根据地的斗争经验是极为丰富的。毛泽东对中国共产党人创造的井冈山斗争的丰富经验进行了科学的理论概括,探索出以农村包围城市、武装夺取政权的中国革命道路理论,这就为毛泽东思想的形成投下了一块坚实、厚重的奠基石。因为作为马克思列宁主义与中国革命实际相结合的产物——毛泽东思想的最显著标志,是中国革命以农村包围城市、武装夺取政权道路理论的形成。而中国革命的这一正确理论,正是以毛泽东为代表的中国共产党人在井冈山斗争时期创立的。由此可见,井冈山革命根据地是毛泽东思想形成的重要发祥地。

第二节
井冈山革命根据地的重大影响

中共中央对井冈山斗争的指导和评价

井冈山的武装割据和朱毛红军在罗霄山脉中段出现不久,就受到中共中央的密切关注和高度重视。由于根据地的党与红军地处湘赣两省,党的组织关系在相当一个时期归属中共江西省委和湖南省委管辖,中共中央正是经过江西省委或湖南省委向红四军前委下达指示,予以指导的。

最早沟通中共中央与井冈山红四军前委联系的是江西省委。1927 年 11 月 30 日,江西省委就致信中共中央,报告了"遣居井冈"的农军"相约下山实行占据莲花、宁冈两县"的情况。1928 年 1 月 19 日,江西省委在《赣西南目前工作决议案》中向中央报告了"宁冈农军毛泽东、袁文才部及本地农民"于1月4日"攻陷"遂川县城和"各乡农民群众响应,大有瞬即下之势"的情况,并提出"努力创造西南割据局面,为江西土地革命的发祥地"的意见。1928年4月15日,江西省委更为详尽地向中央报告:"赣西一带的农军共分三部:毛泽东统率的有千余人,枪500余支;袁文才部500余人,枪300余支;王佐(非同志即过去的所谓左派)率300余人,枪百余支。毛部在万安失利后即有计划地退出遂川会合袁王两部进攻泰和,以断反动军队的归途,因过去未肃清的靖卫团萧家璧部留难,以致计未得逞,乃作上井冈山之计"。1928年5月,江西省委又连续几次向中央报告了"朱毛红军占据永新、宁冈"和井冈山会师成立"工农革命军第四军(即朱毛的军队)"及朱德、毛泽东分任军长、党代表等情况。江西省委所做的这些工作,为中共中央对井冈山斗争和朱毛红军情况的了解与沟通,起了重要的桥梁作用。

当时的中共中央在获悉朱毛红军的确实情况后"甚为欣慰",即于1928年6月4日向红四军前委发出了《中央给前敌委员会的信》。这是一封极为重要的长信,也是中共中央首次给井冈山前委下达的指示信。信中一开头就热情洋溢地对"德润二兄"(即朱德、毛泽东)及"前委诸同志"写道:"数月来你们转战千里与反动势力奋斗,中央对于你们在这种刻苦的劳顿的生活中而能努力不懈的工作甚为欣慰","以前中央虽曾派人来找你们,但以交通的关系而终无一次能与你们接头,以至中央和你们彼此间的意见互不能达到,这次由江西省委转来你们的信知道你们的近况,中央甚为欣慰!"随后,中央在详细地分析和通报当时形势、总结各地武装暴动的经验教训后,对井冈山的红四军前委下达了八点指示,概括起来,主要精神是:

1. 关于红四军的任务。

中央指出:"你们的任务就是在湘赣或赣粤边界以你们的军事实力发动广大的工农群众,实行土地革命,造成割据的局面向四周发展而推进湘鄂赣粤四省暴动局面的发展。""如果不注意当地的深入,则革命的基础是永远不会建立的；如果不注意向四周扩张，你们也必归于孤立的失败。这是你们工作的总方针。”

2. 关于军队建设。

中央指出：“你们可以正式改成红军”，“必须依照中央最近的军事工作决议案改造你们的军队，使雇佣式的军队变成志愿军”，“必须宣传群众组织赤卫队”，“利用一切的民间武器武装群众”，“保卫乡村的政权”。

3. 关于前委组织。

信中指示：“中央认为有前敌委员会组织之必要，前敌委员会的名单指定如下：毛泽东、朱德、一工人同志、一农民同志及前委所在地党部的书记等五人组织，而以毛泽东为书记。”“前委之下组织军事委员会（同时即是最高苏维埃的军事委员会），以朱德为书记。”信中还指出前委与当地两省委的关系，即“前委在江西境内时受江西省委指导，在湖南境内时受湖南省委指导，同时与两个省委发生密切关系”。

4. 关于策略问题。

中央在指示信中指出：“苏维埃的政权必须容纳自耕农参加”，“做到以工人、贫农为中心”；“组织‘雇农工会’并且由县苏维埃颁布雇农保护法”；“增加农民暴动及区乡苏维埃的工人意识的领导”；“防止农民小资产阶级的意识的影响的发展”；“提出每个城市的政纲向群众宣传，这个政纲必须包括城市小资产阶级的利益”；“必须保护小商人的贸易，以维持城市与乡村及各区各县之间的经济和必需品的流通”；“在你们占领的区域要经常地开办党的训练班训练干部”等等。①

中共中央给红四军前敌委员会的指示信，基本精神是正确的，是符合井冈山斗争实际的。遗憾的是，由于交通阻隔，这封六月指示信，直到11月初才通过中共江西省委和吉安县委辗转送到井冈山。指示

① 《中央给前敌委员会的信》，1928年6月4日，《中共中央文件选集》第四册，1983年，第145页。

信虽晚到了几个月,对井冈山的斗争仍然起了重要的指导作用。毛泽东、朱德接到中央指示信后,于11月6日“重新组织”了前委,“依中央的指定,以毛泽东、朱德、地方党部书记(谭震林)、一工人同志(宋乔生)、一农民同志(毛科文)五人组成,毛泽东为书记”①。并根据中央指示信的精神,于11月14日召开了红四军党的“六大”,总结了“六个月的艰苦斗争”经验,成立了以朱德为书记的军委。以毛泽东为首的前委,统辖军委和特委(地方党部),领导湘赣边界的割据斗争。

在后来的一段时间内,中央对井冈山的斗争指导也有失当之处。如中央巡视员曾传达“中央决定四军应尽量在赣西与湘南发展”,割据湘粤大道,而且“坚决反对‘四军’向赣南去的战略”②;在1929年的二月来信中,中央甚至“决定朱、毛两同志”脱离部队,“速来中央”等③。毛泽东后来明确而直率地指出,“中央二月来信的精神是不好的,这封信给了四军党内一部分同志以不良影响”,造成了“悲观的论调”。“但从此以后,中央的估量和指示,大体上说来就都是对的了。”④中共中央从湘南“八月失败”和向赣南闽西进军的实践中,总结了经验教训,实行了正确的指导。

中共中央不仅对井冈山的斗争予以关注和指导,而且充分肯定朱毛红军的经验,高度评价井冈山的斗争,并通过党内文件指示和党的刊物向全国各地介绍和推广井冈山根据地的斗争经验。

中共中央在1928年的六月指示信中,称赞朱毛红军数月来“转战数千里与反动势力奋斗”,“在这种刻苦的劳顿的生活中而能努力不懈的工作”,“自你们的军队占据永新、宁冈后,江西的局面更比前尤好”,“你们的队伍几月来都是在三省枢纽内屡进屡退”,“你们的地位仍然

① 毛泽东:《井冈山的斗争》。

② 《中央巡视员贺昌给龚楚兄转玉阶润之及四军军委信》,1928年11月6日。

③ 《中央给润之、玉阶两同志并转湘赣边特委信》,1929年2月7日。

④ 毛泽东:《星星之火,可以燎原》。

处在三省暴动布置的中心地位”,“因此你们在三省暴动的前途上所负的责任是很重大的”。1928 年 11 月 28 日,中央政治局在向共产国际的报告中,还提到“朱毛在湘赣边境所影响之赣西数县土地革命确实深入了群众”,从而使井冈山的斗争在国际上也产生了影响。党中央刊物《红旗》在 1929 年初出版的一篇文章中,称赞“朱毛所领导的农民游击队,能以代表着一切革命民众的武装反抗的要求,横行于湘、鄂、闽、粤各处。这种英勇的斗争,无论他这一次的结果是胜利与失败,它在中国革命的历史上将有非常严重的意义”。同年 4 月 13 日,《红旗》又刊登了一篇《朱毛红军与闽赣农民暴动之发展》的署名文章,评述井冈山的斗争:“湘赣边境的工农武装队伍,在朱德毛泽东领导之下,与屠杀工农的国民党军队及地主豪绅的武装队伍作殊死一战以来,于今已一年多了。在这一年之间,经过国民党调动四五万以上的军队,先后围剿三次,朱毛的红军因为得到湘赣工农劳苦群众的拥护,不但没有被反动军队消灭,反而继续增长,农村的斗争局面日益扩大,弄得湘赣粤三省的反动政府手忙脚乱。”1929 年 7 月 1 日出版的党中央另一刊物《布尔什维克》刊载署名文章,声称:“现在散处各地的红军,便是农村武装斗争的先锋。最著名的自然是朱毛所领导的红军,两年间经过国民党之无数次的围剿,国民党的报纸也曾无数次地宣布其‘围剿’的胜利。但事实终是事实,朱毛的红军直到现在还是日趋发展。”

尤其值得一提的是,当时主持中央军事工作的周恩来,对朱毛红军和井冈山根据地的斗争经验给予了充分肯定和高度赞扬。周恩来在代表中共中央于 1929 年 9 月 28 日《中共中央给红军第四军前委的指示信》中说:“红军第四军两年来”的斗争,“在全国政治局势中有极大影响,这证明了统治阶级在乡村力量的薄弱,证明了革命势力的存在与发展。红军四军有此种伟大意义是我们不能否认的,继续努力下去,将必然要成为全国革命高潮的动力之一,这是无疑义的”。同时又精辟地指出:“先有农村红军,后有城市政权,这是中国革命的特征,这是中国经济基础的产物。如有人怀疑红军的存在,他就是不懂得中国革命的实际。"周恩来从朱毛红军和井冈山斗争的"伟大意义"中,看到了"全国革命高潮的动力",看到了"中国革命的特征",看到了中国革命"先有农村红军,后有城市政权"的发展道路。周恩来代表中央所做的这一重要判断,是全党对井冈山斗争认识上的升华。同时,周恩来在其主持的中央军委刊物《军事通讯》(1930 年 1 月 15 日)创刊号上,还发表了陈毅于 1929 年 9 月 1 日撰写的全面翔实介绍朱毛红军情况和井冈山斗争经验的《关于朱毛军的历史及其状况的报告》。军委刊物为此发了编者按语,对朱毛红军和井冈山斗争的经验给予了高度评价。中央《军事通讯》的编者按说:"这是一个很值得我们宝贵的一个报告,朱毛红军这个'怪物'在我们看了这个报告以后都可以一目了然。从他们几个时期的历史来看很可以明了他们两年来是在怎样的艰苦斗争,在困苦到'衣不得暖,饥不得饱'的时候,还不改勇往直前的精神,卒至造成今日'有八十万武装工农拥护'(见毛泽东来信)的巩固基础!这里面有很多宝贵的经验值得我们每一个同志注意,如他们的编制,他们的战术,他们的筹款给养的方法,他们与群众的关系,他们对内的军事和政治训练,他们处置军中供给开支的原则(官兵伕经济平等,开支绝对公开)……都是在中国'别开生面',在过去所没有看过听过的。"中央的按语热烈称赞朱毛红军的"艰苦斗争"和"勇往直前"的精神,称赞朱毛红军"有很多宝贵的经验","是在中国"别开生面"的,是"值得我们每一个同志注意"的。这就为朱毛红军和井冈山斗争的经验在全国各根据地的传播与推广,做了舆论上的宣传与引导。

井冈山斗争经验在毗邻根据地的广泛传播与推广

在井冈山根据地的四周毗邻地区,存在着东固、赣南、闽西、湘鄂赣等革命根据地。这些根据地与井冈山的斗争有着密切的联系,受朱毛红军的影响也最早最深。

1. 对东固根据地的影响。

东固根据地自创立后，就与井冈山根据地互成掎角之势，当时群众流传“上有井冈山，下有东固山”的说法，陈毅誉之为“东井冈”，毛泽东称之为“李文林式”根据地。1929 年 2 月 20 日，毛泽东、朱德率领红四军在东固螺坑与李文林等率领的红二、四团会师。毛泽东十分赞赏东固根据地的成就，说红四军是“铁军”，红二、四团是“钢军”；朱德高度评价了两军会师的意义，并风趣地说，国民党反动派天天喊打倒“朱毛”，“朱毛”却越打越多，现在你们也成“朱毛”了。会后，红四军留下了毛泽覃等一批有经验的干部加强东固根据地的工作，还有 300 多名红军伤病员。这批干部和伤病员留下与安置后，带来了红四军的优良传统和井冈山的丰富经验，并使之深深扎根。毛泽东在向东固介绍井冈山经验的同时，也很推崇东固根据地秘密割据的经验，并以前委的名义致信湘赣边特委，要他们学习东固的经验，实行策略的转变。东固根据地自两军会师和经验交流后，得到迅速发展，很快成为井冈山根据地的屏障和中央根据地的奠基石。

2. 对赣南根据地的影响。

赣南根据地是朱毛红军深入赣南后开辟而成的，直接受到红四军和井冈山根据地斗争经验的熏陶和影响。1929 年 3 月 20 日，毛泽东在汀州召开的红四军前委会议上就确定：“以赣南、闽西 20 余县为范围，以游击战术，从发动群众以至于公开苏维埃政权割据，由此割据区域，与湘赣边界之割据区域相连接”，“这一计划是决须确立，无论如何，不能放弃，因为这是前进的基础”。根据这一决策，红四军在赣南分兵，很快建立了于都、兴国、宁都三县红色政权，奠定了赣南革命根据地的坚实基础。1930 年 3 月赣西南苏维埃政府成立，将早已有联系的赣西、赣南两块根据地紧密地联系在一起，党的机构也置于前委和赣西南特委的统一领导之下。湘赣边和赣南根据地的斗争会合为一个整体后，红军和根据地的斗争经验得到广泛的交流和系统的总结，井冈山的经验在赣南开花结果。

3. 对闽西根据地的影响。

早在1928年12月6日,中共福建省委就指示闽西特委学习朱毛红军"滚雪球"的好办法发展红军和红色区域,说朱毛红军"起初他们还不过千把支枪,现在则有万余多枪了"。1929年8月7日,福建省委在致闽西特委转各县委的指示信中,进一步强调说:"四军过去在湘赣有很多经验,我们可以采用。"1929年11月13日,中共中央也致信福建省委,要求他们"尤应注意朱毛许多战争的经验与他们行动的轨范"。在毛泽东、朱德率领红四军三次入闽期间,红四军和井冈山根据地的经验在闽西得到直接传播和深化、发展。如闽西党的"一大"主持制定的闽西土地法,就充分地吸取了《井冈山土地法》的一些做法和经验,并且贯彻了党的六大关于土地问题的政策原则,在总结闽西土地斗争经验的基础上有新的发展。由于闽西的党和红军吸取了朱毛红军和井冈山根据地的丰富斗争经验,使闽西的武装斗争、红色区域和根据地建设得到突破性的进展。

4. 对湘鄂赣根据地的影响。

早在平江起义前,湘鄂赣根据地的主要创始人彭德怀就有以井冈旗帜为"榜样"的心愿。他在给黄公略的一首"秘诗"中写道:"唯有润之工农军,跃上井冈旗帜新。我欲依之为榜样,或依湖泊或山区。"平江起义爆发时,彭德怀就在起义政纲中提出:"在湘鄂赣边创造一块新苏维埃区域,并求得与湘赣边红四军活动的区域打成一片。"1928年10月,身任红五军军长的彭德怀在湘鄂赣边特委的一次会议上明确指出:"井冈山的革命旗帜","是湘、鄂、赣边区和其他革命根据地的指路明灯,只有在它的指引下,我们才有胜利的前途"。是年12月10日,彭德怀亲率红五军四、五纵队800余人到达宁冈新城,与朱毛红军会合,参加了井冈山的斗争。后来由于战局的变化,红五军往返转战于湘鄂赣边与湘赣边两块根据地之间,使井冈山的经验和朱毛红军的传统得以在湘鄂赣根据地推广、传播,并促进了这一区域的发展。

井冈山斗争对全国边远根据地的影响

井冈山根据地的巍然崛起，不仅在毗邻根据地引起反响，而且对全国一些边远根据地和游击区，也产生了广泛的影响。

1. 对鄂豫皖根据地的影响。

鄂东北特委在1929年5月提出了"学江西井冈山的办法"，建立革命根据地。在《关于黄、麻、光边界地区斗争情况给中央的报告》中，曾这样写道："红军军事计划是极力企图打通由麻城、商城、罗田以东到皖省英(山)、霍(山)界之大别山脉一带，准备在军事上没有出路时到北屯驻，也学江西井冈山的办法(着重号为引者所加)，军事割据东由皖英、霍界大别山起一直西到武胜关鄂、豫边界山脉一条横线。"鄂东北特委正是吸取了井冈山军事割据的经验，实行"集中作战"、"分散游击"、"敌进我退"、"敌退我追"和"跑圈子"的游击战术，成功地建立了大别山军事根据地。

2. 对湘鄂西根据地的影响。

贺龙和湘鄂西前委根据1929年3月17日周恩来为中央起草的"在朱毛军队中，党的组织是以连为单位，每连建立一个支部，连以下分小组，连以上有营委、团委等组织"、"这个经验可以备你们参考"的指示精神，在部队建党时，接受了井冈山根据地和朱毛红军的经验，连队普遍建立了党支部，部队建立了政治机关，从而加强了党对军队的领导，加强了部队中的政治工作，使湘鄂西根据地的斗争进入了一个新的发展时期。是年6月15日，中央又向湘鄂西前委介绍了"朱毛几年战争所得战术的经验"，诸如"分兵以发动群众，集中以应付敌人"以及"十六字诀"等游击战术，对此，湘鄂西前委在领导根据地军民的军事斗争中，作了很好的运用和新的创造。

3. 对左右江根据地的影响。

莫文骅在《红七军的诞生》一文中曾回忆说，邓小平等在百色起义胜利后不久，就提出了"学习朱毛红军"、"汇合朱毛红军"的口号，学习朱毛红军在井冈山武装割据的斗争经验。中共中央在1930年3月2日给红七军的指示信中,对红七军"能利用朱毛红军的经验"表示赞赏,并且表示了"中央对于你们目前的编制是同意的"意见。1931年2月,邓小平、李明瑞、张云逸等率领红七军从广西千里转战来到江西苏区。同年7月在赣南同朱毛红军会合后编入红三军团,投入中央革命根据地的反"围剿"战争,两军的经验得到直接的融会和交流。

4. 对东江根据地的影响。

中共中央在1929年5月、10月两次致信广东省委,告知他们"要有决心起来斗争,扩大武装斗争的范围,这才是拥护朱毛的正确道路";要"决定一详细计划,指示东江特委及海陆丰地方党部,并要与朱毛红军的游击及惠属的工作联系起来"。东江特委根据中共中央和广东省委的指示,放手发动群众,积极开展武装斗争,并于1929年10月下旬与出击东江的朱德红四军一部取得联系,配合行动,一度攻占梅县,拓展了东江游击根据地。

5. 对陕甘根据地的影响。

习仲勋在撰文缅怀刘志丹时曾谈到,1931年初陕甘地区党组织和领导人,在接到中共中央翻印的《井冈山前委给中央的报告》等文件后,认识到必须"像毛泽东同志那样,以井冈山为依托,搞武装割据,建立根据地,逐步发展扩大游击区,即使严重局面到来,我们也有立脚的地方和回旋的余地,现在最根本的一条,是要有根据地"。在朱毛红军和井冈山经验的影响下,他们大力开展武装割据的斗争,终于建立了以照金为中心的陕甘革命根据地。

井冈山革命根据地的斗争经验,像严寒过后的一股春风,吹拂到中国共产党领导下的一些革命根据地,使这些根据地在白色统治下增强了生机和活力。当然,各根据地之间的影响也是互通互补的。在井冈山根据地的斗争经验向各地传播和推广时,一些地区的经验也给井冈山的斗争以一定的影响。正因为这样,毛泽东才得以总结和概括出朱毛式、方志敏式、贺龙式、李文林式之类的根据地模式,探索出中国革命道路的共同特征和规律。

共产国际、联共(布)对井冈山革命根据地和朱毛红军的关注与称赞

井冈山革命根据地的创建和朱毛红军的发展壮大,不仅得到中共中央的首肯与支持,而且得到共产国际、联共(布)的称赞与帮助,对国际共运产生了重大影响。

第二次国内革命战争时期,共产国际、联共(布)对中国革命、中国共产党、中国苏维埃运动的关注,是从井冈山割据和朱毛红军开始的。共产国际、联共(布)吸取了大革命时期过多干预中国、干预中共的经验教训,采取了更为务实、友好的姿态,密切注视井冈山革命根据地和朱毛红军的崛起,给予了许多比较正确的指示。

1. 斯大林、联共(布)指示中共"必须建立苏维埃","将农会改变成苏维埃","向农村苏维埃过渡"。

大革命失败前,联共(布)党内在中共"建立苏维埃"政权的问题上,是有分歧和争论的。以托洛茨基为首的一些人过早提出了"在中国建立苏维埃政权"的意见,被以斯大林为首的多数派所否定,认为中共应该是"宣传苏维埃",而不是"建立苏维埃"。

蒋介石发动四一二政变、汪精卫"七一五"分共、宁汉合流大肆屠杀共产党人后,斯大林等根据时局的变化改变了看法,认为中共应该立即着手建立根据地、建立苏维埃,"向农村苏维埃过渡"。1927 年 9 月 20 日,联共(布)总书记斯大林向中共中央发电指示"必须建立苏维埃","并赋予你们确定建立苏维埃的时机和扩大苏维埃的地区的权力。"不久,1927 年 10 月 6 日,斯大林在结束中央政治局会议后,又发电指示中共立即"采取措施来建立苏维埃","将农会改变成苏维埃","准备向农村苏维埃过渡"。并提出要"加强军事训练",使工农武装、军队"成为苏维埃的支柱",同蒋介石、汪精卫之流作坚决斗争,指示

“反对武汉和南京的斗争，一分钟也不能停止。”①斯大林的这一关于中国革命“向农村苏维埃过渡”的指示，是正确的、适时的。

2. 共产国际、联共（布）关注“毛泽东的军队正在扩充”，“湘赣的形势相当好”，并讨论了“援助朱毛问题”。

1927年9月下旬，南昌起义主力叶挺、贺龙部队在广东潮汕、汤坑一带严重受挫，中共中央向共产国际报告后，布哈林受共产国际主席团委托，于1927年10月31日致电各国共产党中央，总结经验教训，认为：“叶挺和贺龙军队失败的原因之一就在于：他们未能与这些农民暴动结合起来并依靠它们。”②

1928年1月，共产国际红色工会国际驻华代表米特凯维奇致信共产国际执行委员会，总结并报告了井冈山革命和朱毛红军的情况，说：

> 中国已经“有了新的苏维埃根据地，在广东北部广汉铁路一带，占领了四个县，运动正向湖南和江西方面扩大。……在湖南，农民暴动正在茶陵、宁乡、醴陵以及湖南南部进行。在江西，苏维埃政权已在永新、临川（应为遂川——引者注）、莲花、万安建立。在湖北，农民运动正在蓬勃发展，据当地工作人员报告，发展速度比湖南更快。”“红军的力量在发展。在广东，我们现在有：叶挺的第10团，1000人，600支枪；教导团1200人，1200支枪；朱德——1200人，700支枪。在湖南，毛泽东的军队正在扩充。有消息说广东的有些军队可能要瓦解（如范石生部）。但总的说来，这个过程极其缓慢。”③

米特凯维奇在报告中提到中国出现了“新的苏维埃根据地”，而且

---

① 《共产国际、联共（布）与中国革命档案资料丛书》第7卷第118—119页，中央文献版社2002年版。

② 《共产国际、联共（布）与中国革命档案资料丛书》第7卷第138页，中央文献出版社2002年版。

③ 《共产国际、联共（布）与中国革命档案资料丛书》第7卷第281—282页，中央文献出版社2002年版。

苏维埃"运动正在向湖南和江西方面扩大","红军的力量在发展","朱德——1200 人,700 支枪","毛泽东的军队正在扩充"。这些信息是确切的,判断是正确的。

中共中央政治局常委李维汉 1928 年 5 月 25 日在上海给中共驻共产国际执委会代表团致函,报告了井冈山革命根据地和朱毛红军的情况、动向,称:"湘赣的形势相当好。朱(德)和毛(泽东)到了赣西南。他们占领了永新和宁冈,之后向赣南发展直至吉安。朱培德部的第九师被彻底击溃(指龙源口大捷——引者注),一部分已转到朱毛方面。还在朱毛入赣之后,这里的农民又揭竿而起。"①

根据中共中央的报告,共产国际执委会东方书记处远东部于 1929 年 1 月 29 日在莫斯科召开重要会议,专门讨论研究"援助朱毛问题"。出席会议的有:米夫、别尔津、库丘莫夫、瞿秋白、张国焘等。会议听取了中国同志的报告,研究"关于援助朱毛问题",作出了三项决定:"(1)以中共中央名义派一名有威望的专员同志到朱毛地区去。(2)讨论信件时,要从总的形势和今后运动发展前景出发,弄清在继续开展朱毛运动是否适宜问题上的方针。(3)请革命军事委员会弄清向朱毛提供实际援助的可能性。"②

共产国际执委会东方书记处远东部作出的"援助朱毛"的三项决定,是非常真诚,也是非常得力的,充分表明了共产国际对井冈山革命根据和朱毛红军的支持与帮助。

3. 苏共《真理报》发表社论,称赞朱毛红军的"红色游击队运动"是"史诗般的英雄行动",是"具有重大意义"的。

朱毛红军的井冈山斗争,当年就名扬天下。1928 年 3 月 1 日,共

① 《共产国际、联共(布)与中国革命档案资料丛书》第 8 卷第 59 页,中央文献出版社 2002 年版。

② 《共产国际、联共(布)与中国革命档案资料丛书》第 8 卷第 60 页,中央文献出版社 2002 年版。

产国际执委会东方书记处副主任(后为远东局书记)米夫,在苏共《真理报》发表《共产国际执委会全会讨论中国问题》一文,向国际社会报告了中国革命建立苏维埃政权的情况,提到了海陆丰、潮汕、海南等地的农民革命政权,其中特别提到:“在湖南省,除了南部以外,茶陵、永新和酃县地区也都举行了农民起义。在江西省,根据地方同志的来信,永新、莲花和全南县组织了苏维埃政权。”①

1929年7月2日,苏共《真理报》发表《中国统一的假象》社论,揭露蒋桂、蒋冯大战后蒋介石鼓吹“统一中国”的谎言,指出:“彭德怀、方志敏、王佐、袁文才,特别是朱德和毛泽东的红色游击队运动,在中国处于普遍困难,饥馑席卷所有遇灾歉收省份的情况下,红色游击队在两年之间辗转战斗于许多地区和省份,占城夺池,到处闹起了革命,其史诗般的英雄行动是十分引人注目和具有重大意义的,它必将引来数以万计的新生力量加入新的起义大军。”②

1929年7月24日,《真理报》发表了署名A.伊文的《彭德怀》一文,内称:“朱德、毛泽东、彭德怀、黄公略、王佐、袁文才、方志敏、邵式平、卢兆锡、冯白驹,除了头两个名字以外,苏联读者对其他人可说是一无所知。然而,他们的名字却经常出现于报刊之上,成为江西、福建、湖南、广东几省名流、绅士和地主们的心腹之患。无怪乎这些起义领袖被悬赏捉拿。例如,几个月前何键宣布,悬赏五千大洋捉拿朱德和毛泽东,捉住彭德怀和黄公略者可赏大洋两千元。”文章还提到:“彭德怀于去年率领军队来到朱毛工农红军一边。今年1月,朱德和毛泽东撤离具有历史意义的井冈山区时,彭德怀与王佐留下继续战斗,进行顽强抵抗,直到敌人重炮将主要山上的工事全部破坏时,他们才开

① 《苏联〈真理报〉有关中国革命的文献资料选编》第二辑(1927—1937)第127页,四川社会科学出版社1986年版。

② 《苏联〈真理报〉有关中国革命的文献资料选编》第二辑(1927—1937)第140页,四川社会科学出版社1986年版。

始撤退。撤退时还一直进行激烈的战争。"①

伊文的文章提到了朱德、毛泽东、彭德怀、王佐、袁文才等人的名字,最早提到了"具有历史意义的井冈山",提到了井冈山第三次反"会剿"的战斗情况。就从这个时候,"井冈山"三个字开始出现在苏联《真理报》媒体,为苏联人民和国际社会所知晓。也就是说从这时开始,"井冈山"进入共产国际和苏共领导人的视野。

1929 年 12 月 2 日,还是这个 A. 伊文又在《真理报》发表题为《为建立苏维埃政权而斗争》的文章,报道了"中国的游击运动":"朱德部队的活动还在进一步扩大,其人数目前已达两万之众。""朱德和毛泽东的红军已取得重大胜利,有了很大的发展。这支军队无疑地已成为中国游击运动中出现的最为重要的现象。""彭德怀和黄公略带领整团整营部队加入朱德的部队,这就大大加强了红军的实力。湖南和江西两省的统治集团对此大感恐慌。于是,调动了几个师进行围剿。1929 年 1 月,朱德和毛泽东所部突破敌人的封锁圈,撤至粤闽边界一带。彭德怀、黄公略和王佐等人留驻原地进行顽强抵抗,直到重要山口的工事被敌人重炮摧垮后,他们才开始撤退,一路上还进行了激烈的战斗。""红四军(朱毛的部队)转移到赣东和闽粤一带活动,彭德怀、黄公略、王佐、贺国中等人的队伍,继续在红四军地盘活动。"②

应该说,伊文的报道是很客观、很准确的。而且,他最早使用了"红四军"的概念。这一概念,同"朱毛红军"、"井冈山"一样,开始出现在苏联报刊媒体,成为国际社会瞩目的新视点。

4. 共产国际对井冈山革命根据地的袁、王部队也很关注,评述了袁、王坚持武装割据的功绩。

---

① 《苏联〈真理报〉有关中国革命的文献资料选编》第二辑(1927—1937)第 141 页,四川社会科学出版社 1986 年版。

② 《苏联〈真理报〉有关中国革命的文献资料选编》第二辑(1927—1937)第 188—192 页,四川社会科学出版社 1986 年版。

在关注井冈山朱毛的同时，伊文还特别关注袁文才、王佐。他在文中写道：

“袁、王两人都是宁冈人（赣西南）。我们在以前介绍朱德和毛泽东撤离井冈山地区的文章中曾提及袁、王两人。朱德、毛泽东离去后，袁、王二人单独留下，坚持斗争，而且相当顺利，宁冈、永新、新余、莲花、安福、萍乡、吉安、吉水、遂川、永丰和万安十一县的财主们于10月末再次恳求南昌尽快派兵救援。”

几乎与此同时，即11月初却已传来消息，宁冈县已被赤卫队占领。

发自南昌的一报道说：“从前年算起，宁冈县不下二十次落入共产之手。本月，大批国军奉调去打张发奎和桂系，当地共党分子袁文才和王佐便乘机强占了县城。宁冈位于井冈山脉，与湖南省酃县交界，是共党老巢。最后一任县长上任时曾发誓说：‘我与共产党势不两立，有我无它，有它无我’，并同共产党进行了激烈斗争。所以，共产党对他恨之入骨，这是毫不奇怪的。

当袁文才和王佐率兵包围县城，向县城猛烈开火时，这位县长带领三百名守城部队拼死抵抗，终因寡不敌众，在数千农军攻击下，不得不弃城入酃县境内。共党占领宁冈县城后，立即进行搜捕。后获悉陈县长已逃离宁冈，共党又派兵追捕，并在酃县边境地区截获县长。陈被捕后已被杀害”。①

袁、王是协助朱毛创建井冈山革命根据地的功臣，是活跃在井冈山地区的草莽英雄、农军领袖。“朱毛会师”后，袁、王所部升编为中国工农红军第四军（红四军）第三十二团，袁、王分任正副团长，何长工为党代表，成为井冈山革命根据地的一支红色劲旅，共产国际对袁、王的关注是很自然的。

---

① 《苏联〈真理报〉有关中国革命的文献资料选编》第二辑（1927—1937）第199页，四川社会科学出版社1986年版。

然而,1930 年 2 月,袁、王及其骨干不幸被错杀。袁、王被错杀的原因很复杂。在这件事情上,共产国际在政策上有影响,但没有直接责任。

1928 年 6、7 月间,中共中央在莫斯科郊外召开了党的六大。中共六大总体上是正确的,但也有"左"的错误。中共六大是在斯大林、布哈林、罗米纳兹、米夫、罗易、牛曼、库西宁等人指导下召开的,会议的决议案等主要文件也是布哈林牵头起草的。其中的《苏维埃政权组织问题决议案》中"对土匪的关系"规定:"与土匪或类似的团体联盟仅在武装起义前可以适用,武装起义之后宣布解除其武装,并严厉的镇压他们,这是保持地方秩序和避免反革命头领死灰复燃。他们的首领应当作反革命的头领看待,即令他们帮助武装起义亦应如此。这类首领均应完全歼灭。"①

六大决议案辗转传到井冈山时,正值朱毛红军召开"柏路会议"准备下山出南赣南,会上传达了六大决议案,但毛泽东传达时巧妙地回避了"诛杀土匪"这一内容。会议根据毛泽东的意见,没有照搬六大决议案,决定不杀袁、王。但朱毛红军下山后,在土客籍矛盾的深刻影响下,中共中央巡视员彭清泉于 1930 年 1 月 21 日遂川于田会议上决定:"坚决地将袁、王解决。"于是,湘赣边界特委书记朱昌偕等人借口"罗克绍事件",诬陷袁、王勾结反革命罗克绍(茶陵县地主靖卫团团总、"联防"总指挥),伪造所谓的"毛委员来信",将袁、王部队"骗"进永新城,在红五军一部的协助下,于 1930 年 2 月 22 日将袁、王及其骨干 40 余人杀害于永新城。袁、王被错杀,是我党我军早期历史上的一起冤案,主要是中共党内诸多因素引发的,共产国际没有直接责任。

5. 共产国际高度评价、盛赞"井冈山根据地是最强大的根据地之一",而且论述了"朱毛会师"、"永新困敌"、"大柏地战斗"等重大史实。

① 《中共中央文件选集》第 4 册第 242 页,中共中央党校出版社 1983 年版。

1930年4月15日,苏联驻华军事顾问、苏联红军参谋部第四局专员马马耶夫,在共产国际执委会东方书记处处务委员会扩大会议上,作了一个《中国的游击运动》报告。报告中提出:“井冈山根据地是最强大的根据地之一。”他在报告中概述了当时的国际形势和中国形势后,强调“我主要来谈谈朱德和毛泽东的第四军”。报告说:

“1927年9月3日至4日南昌暴动部队在汕头附近失败后,第25师的残部在朱德领导下到达韶关地区,在这里加入了范石生的第16军,即现在的第5师。范石生接受了他们,把他们改编为朱德指挥的一个团,补充了这个团的兵员装备。朱德感到自己的地位相当稳固(主因是蒋介石下令范石生将朱德“就地解决”——引者注),就离开了范石生进入山区,自称红军部队。这是第4军的第一个组成部分。

这个军的第二部分(指毛泽东的秋收起义部队——引者注)是由张发奎的警卫团组成的,这个警卫团在1927年8月1日南昌暴动时由武汉赶赴九江。这个团的骨干中有很多共产党员,在开赴九江途中获悉张发奎并未参加暴动,因此转赴湘赣边界的山中,在宁冈地区与朱德的团会师。这个团是由毛泽东同志领导的。这两个团就构成了第4军的基本核心。第四军大约在1928年3、4月间仍留在井冈山地区。稍后所谓的湘南军也参加进来。湘南军是如何组建的,我不太清楚。显然它是1927年5月占领长沙城的那几支农民士兵部队,他们后来在1927年5月20日政变(指许克祥政变——引者注)时在长沙部分被击溃,之后进入山区。

因此,湘南军、前张奎警卫团和朱德团一起组成了中国工农红军第4军,有第二十八、二十九、三十、三十一、三十二、三十三团,总共6个团。

1928年8月以前时期,政府军和第4军互有胜负。朱培德、陈诚、王均、许克祥、范石生等部队有时多少协调行动,先后试图歼灭井冈山地区的武装力量。应该指出，在这期间第4军经历了许多曲折，打了许多仗，有时打胜仗，也打了许多败仗。不管怎么说，第4军在这些战斗中经受了锻炼。应该说，这一时期一些战斗有时打得十分英勇。我记得这样一件事：政府军约11个团逼近永新城，那里只留下朱德的一个团，因为其他的部队都去湘南了。朱德团不得不保卫通往永新和永新通往井冈山根据地的山路。

当地的同志们谈到，他们竟用这个团把敌人包围在山谷里。①周围村子的农民立刻全都被动员起来，他们围住了敌人，开始吹号、敲鼓、放火炮，闹哄哄地向敌人进攻。总之，他们使敌人吓坏了，敌人被包围了好些天，不敢走出山谷，向包围他们的人数众多的队伍进攻。这支队伍从数量上说确实众多，但战斗力却不值一提。敌人通过多次侦察之后确认包围他们的队伍根本微不足道，这才疯狂地冲出包围圈。

下面是对了解中国游击战斗环境很有意义的战斗生活的一页。省政府的部队1929年初把朱德赶出井冈山并尾随其后，把他挤往赣南。游击队在这里经过几次惨败后，在大柏地附近决定进行战斗。地方上的同志们是这样描述的：‘部队从下午3点坚持到第二天中午，终于击溃了(刘士毅)的队伍，俘虏了两个团长，缴获了800多支步枪，抓了同样数量的俘虏。这场战斗是红军在多次失败后的最后一搏，战斗中我们的部队打垮了强大的敌人。指战员们得不到支援和供应，用石头、树枝和没有子弹的步枪同敌人肉搏，最后终于取得了胜利。’这场战斗被看成第四军战斗生活中光辉的一页。”②

---

①　即毛泽东指挥红四军第三十一团和永新群众的“永新困敌”一战。

②　《共产国际、联共(布)与中国革命档案资料丛书》第9卷第107—109页，中央文献出版社2002年版。

这场战斗就是朱毛红军下山后取得胜利的著名的"大柏地战斗"。

马马耶夫在描述了"朱毛会师"、"永新困敌"、"大柏地战斗"后,欣喜地得出结论说:"井冈山根据地是最强大的根据地之一"①。这是一个十分精准的结论,十分正确的评价。

6. 共产国际肯定了朱毛红军"建立根据地"的极端重要性,并提出和论述了建设根据地的一系列重大问题。

共产国际专员马马耶夫在1930年4月15日向共产国际执委会东方书记处的报告中,还特别强调"建立根据地的问题",认为没有根据地,就会到处流窜,就会遭到失败。而且认为,还要进行根据地的各项建设,设规立制。他在报告中写道:

"对上面我简单提到的农民运动向我们提出的问题还应补充一个问题:夺取根据地的问题。

既然大家都同意应该组建正规军,因为正规军是运动的骨干和胜利的保证,那么应该给这支正规军一个根据地。我认为这个问题不是幻想,而是十分现实的。在中国有着成百上千的军阀(我们统计不过来),他们有自己的小根据地,这些军阀抓不完,因为有总的社会经济条件。由于农民的奋起和统治集团的分崩离析,我们才能向中国共产党提出根据地的问题,朱德和毛泽东的那个军在这样的根据地里可以进行训练,真正成为一支正规军,在根据地壮大起来,向不同方向夺取新的地域。哪里可以成为这个根据地呢?广州是过去的根据地,将来可以是海陆丰,或者汕头,或者别的地区,或者是武昌,我在这里不来解决这个问题。但我们无疑面临一个建立根据地的问题,因为没有地域,没有根据地,没有我们牢牢插上红旗的地方,我们就会到处流窜,即使今天攻城夺地,明天又会遭到失败。需要建立这个根据地。

① 《共产国际、联共(布)与中国革命档案资料丛书》第9卷第113页,中央文献出版社2002年版。

因此,我们面临以下的任务:在游击运动地区最大限度地扩大党和无产阶级的力量;巩固苏维埃政权,明确现阶段土地革命的纲领;应该解决军队中政治机关的结构、政治委员制度、士兵委员会的问题;我们还面临大规模武装农民的问题;解除政府军武装的问题;农民运动和工人运动结合问题。这就是我们应该向中国共产党军事部作出答复的那些任务。"①

马马耶夫在报告中还具体提出了红军和根据地建设的10个重大问题:1. 兵员补充体制问题。要"进行土地革命",鼓励青年农民"自愿参军","通过农民组织吸收农民参军。"2. 经费问题。要"通过向士绅和商人征税来解决经费问题。"3. 运输问题。"在部队中应该有从事运输的辅助人力。"4. 装备问题。"装备的来源当然是敌人。游击队如果打胜仗后没有缴获枪支,那就不算打胜仗。打胜仗后缴获了枪支,那才是真正的胜利。"5. 医疗问题。"没有药品。但是他们在解决战地医院和疗养院问题上不无成功。"6. 党组织问题。"党应在军队中建立起严密的党组织体系,党不能消失在群众之中。"7. 士兵委员会问题。党要"迅速掌握士兵群众","提高士兵政治水平。"8. 政治委员问题。"在毛泽东的军里有政治委员","政治委员是一把指出指挥员太阳穴的手枪。政治委员是党和革命政权的代表","政治委员制度是党为了无产阶级和穷苦农民的利益在政治上进行革命的工具之一。"9. 苏维埃政权建设问题。要巩固贫雇农在苏维埃政权的"主动权",警惕富农、豪绅夺取政权,"对党内的富农情绪应给以坚决打击。"10. 策略问题。要采取"明智的好策略","集中力量歼灭敌人,分散开来争取群众","派暴动部队去骚扰敌人,破坏交通线,夺取辎重等

① 《共产国际、联共(布)与中国革命档案资料丛书》第9卷第119—120页,中央文献出版社2002年版。

等。”①

共产国际代表的这些指示，多么具体，多么中肯！

总之，大革命失败后，井冈山革命根据地和朱毛红军一开始出现在中国大地，就得到共产国际、联共(布)和斯大林的热情关注和高度重视，他们进行了客观的报道，作出了中肯的指点，给予了正确的评价，确实是指导有功的。朱毛红军进入赣南、闽西创建中央苏区后，这种关注、指导、帮助就更为频繁、更为实际、更有成效。当然，其中也交错出现了某些指导上的失误，尤其是委托李德充任共产国际驻中共军事顾问，导致中国红军第五次反“围剿”失败，被迫长征。此乃后话。

① 《共产国际、联共(布)与中国革命档案资料丛书》第9卷第111—119页，中央文献出版社2002年版。

第六章

井冈山精神及其时代价值

第一节
中共几代领导人谈井冈山精神

井冈山精神是中国共产党革命精神之源，是中国共产党的宝贵精神财富。从中国共产党的第一代领导核心、井冈山革命根据地的主要创始人、中华人民共和国的主要缔造者毛泽东，到中共第二代领导核心、中国改革开放和社会主义现代化建设的总设计师邓小平，到中共第三代领导核心江泽民，到中共中央总书记胡锦涛、习近平，都对井冈山革命根据地和江西的红土地倾注了无限的深情，提出了“井冈山精神”的科学概念，并且一再强调要弘扬“井冈山精神”的光荣传统，建设中国特色的社会主义，实现中华民族伟大复兴的中国梦。

毛泽东谈井冈山精神

毛泽东在重上井冈山时说：“井冈山的革命精神不要丢了。”

井冈山革命根据地以及后来的中央革命根据地，是以毛泽东为主要代表的中国共产党人创建的。毛泽东是井冈山时期的前委书记、红四军党代表，又是中央苏区时期的总前委书记、红一方面军总政委、中华苏维埃共和国临时中央政府主席。他在井冈山战斗生活了一年零三个月，在江西红土地上战斗、生活了整整七年。他的足迹遍布井冈山和江西红土地的山山水水；他的思想——毛泽东思想中最光辉的独特理论创造是在江西形成的；他的政治、军事生涯是在江西开始崛起的。因此，毛泽东对井冈山和江西的红土地怀有一种特殊的感情，一种魂牵梦萦的眷恋。真可谓情系井冈山，情系红土地！

新中国成立以后，毛泽东依然惦念着江西这块红土地，惦念着江西人民。1951 年 8 月 6 日，毛泽东委派以谢觉哉为团长的中央人民政府南方革命根据地访问团来到江西，深入到井冈山、赣南、赣西南、赣东北等老革命根据地，传递党中央的关怀。谢老并将一面绣有毛泽东亲笔题写的“发扬革命传统，争取更大光荣”的锦旗赠送给江西人民。从此，毛泽东的这一题词，便成为江西人民乃至全国人民继承和发扬革命传统的强大动力。

1965 年 5 月 22 日，毛泽东以 72 岁的高龄，在公安部副部长汪东兴和湖南省委第一书记张平化等陪同下，千里来寻故地，从湖南茶陵经江西莲花到达永新。随即由江西省委书记刘俊秀、副省长王卓超等陪同，途经宁冈县茅坪、黄洋界，最后下榻在井冈山茨坪。

5 月 24 日，毛泽东在听取汪东兴等汇报参观井冈山革命博物馆的情况后，兴致勃勃地讲述了当年创建井冈山革命根据地的战斗历程。毛泽东说：“我离开井冈山已经三十八年了。这次故土重游，感慨万千。回想起三十八年前的这段历史，心情激动得很呐！井冈山是座好山。地形条件好，群众基础好，遂川、宁冈、永新、酃县、茶陵、莲花等县均有党的活动和农民运动，具备一定的政治条件。当时，我们在井冈山生活条件是相当艰苦的。住的是破草房，吃的是红米饭、南瓜汤，穿的是百家衣。自己有什么穿什么，没有统一服装。夜里盖的是禾草，脚上穿的是草鞋。有的同志甚至连草鞋都穿不上，打赤脚。上山下山全靠两条腿。所有吃的、用的东西全靠两肩挑。当时除少数人说风凉话，闹点情绪外，大多数人是坚定乐观的，战斗力还是蛮强的哩！经过半年的艰苦奋斗，数不清的大小战斗，证明共产党领导的部队是拖不垮、打不烂的。几经失败、周折，我们在井冈山站稳了脚跟，扩大了、巩固了井冈山这块革命根据地。……这一段历史，使红军在建立革命根据地的问题上进一步统一了认识。但是，没有井冈山人民的支持，没有井冈山作后方休整地，战斗的胜利就没有保障。所以现在人们说：井冈山革命根据地是中国革命的摇篮。”“今天，井冈山各方面比起三十八年前是大不相同了。上山坐汽车，住洋房，吃饭是四菜一汤，穿的是干净、整齐的衣服，真是神气多了。但是，我劝大家，日子过好了，艰苦奋斗的精神不要丢了，井冈山的革命精神不要丢了。”“井冈山不愧是革命的山，战斗的山。没有井冈山过去艰苦卓绝的奋斗，就不会有今天革命的胜利。胜利真是用生命换来的啊！”

5 月 26 日，毛泽东又对身边的同志谈及井冈山的斗争。他说：“土地革命时期，我们在井冈山建立了农村革命根据地，点燃了‘工农武装割据’的燎原之火。井冈山的斗争，指出了农村包围城市、武装夺取政权道路的新方向。当时有人提出井冈山的红旗究竟能打多久的疑问，我们以实践回答了这个问题，坚持了井冈山的斗争。井冈山斗争的胜利，开辟了中国革命胜利的道路。中国革命如果没有这些根据地作后盾，就不可能取得全国的革命胜利。”“革命的成功，是多少革命先烈用鲜血和生命换来的呀！我们应该用井冈山革命的这些历史，多宣传井冈山的革命传统，让后来的年轻娃娃们了解中国革命的历史。”当有人问及还有哪些井冈山时期的老同志健在时，毛泽东说：“从全国来看，当年在井冈山战斗过的人还不少。包括现在在党、政、军领导岗位的领导同志，如朱德、陈毅、何长工、罗荣桓、彭德怀、滕代远、谭震林、陈正人、江华、曾志、彭儒、贺子珍等。袁文才、王佐不在了。现在在西藏军区工作的张国华同志原是王佐部下的兵，是个很能干的同志。”随后，毛泽东又说：“今天和你们谈及往事，心情激动是当然的。中国人民的解放，中华人民共和国的建立，没有战斗，没有工作，没有流血，没有牺牲，不去推翻反革命政权是不可能的。敌人的几百万军队,是不会自行倒台,自行灭亡的。现在,我们胜利了,要更好地建设社会主义中国,更好地建设社会主义的井冈山!”①

5 月 27 日,毛泽东伏案挥毫,写下了《水调歌头·重上井冈山》的光辉词章。

5 月 29 日,毛泽东接见了井冈山的老红军、老同志和群众,并特意会见了袁文才、王佐两位烈士、当年“井冈寨主”的遗孀,紧握住老人的手深情地说:“袁文才、王佐不在了,他们为中国革命的胜利作出了贡献。”

毛泽东在井冈山的谈话和活动,倾注了对井冈山和井冈山人民的无限深情,体现了革命领袖对老区和老区人民的亲切关怀。尤为重要的是,毛泽东在回顾和谈论井冈山革命根据地的战斗历程及其历史地位时,语重心长地提出了“井冈山的革命精神不要丢了”、“多宣传井冈山的革命传统”、“要更好地建设社会主义中国,更好地建设社会主义的井冈山”的重要指示,可谓言简意赅,振聋发聩。这是中共第一代领导核心和老一辈无产阶级革命家的政治嘱咐和殷切期望,值得后人牢牢记取。“井冈山的革命精神”这一科学命题,也是毛泽东在 1965 年 5 月重上井冈山时第一次提出的。这一科学命题的提出,对于中国人民“更好地建设社会主义中国”,具有极为重要的意义。

邓小平谈井冈山精神

邓小平在江西蒙难,复出前说:“井冈山精神是宝贵的,应当发扬。”

邓小平对江西苏区是非常熟悉、感怀至深的,但由于工作的关系,一直与井冈山失之交臂,直到林彪倒台,即将结束三年谪居生活的他在复出前察访了井冈山,实现了多年的夙愿。

1931 年 2 月,年仅 27 岁的邓小平同李明瑞等一道,率领红七军离开左右江革命根据地,千里转战,从广西经桂黔湘粤边境来到江西崇

① 《汪东兴日记》。

义。随后，他在江西中央革命根据地先后担任中共瑞金县委书记、会昌县委书记、会寻安中心县委书记、江西军区第三分区政委、江西省委宣传部长、红军总政治部秘书长、总政《红星》报主编等重要职务。其间，他既出色地领导根据地军民进行了创造红色政权、支持革命战争的艰苦斗争，又曾遭受王明"左"倾教条主义者的错误批判和打击；他既有非凡的政绩，出类拔萃，又历尽坎坷，大起大落。"邓小平是在乌云压顶的情况下开始长征的"。从 1931 年 2 月到达江西，到 1934 年 10 月出发长征，邓小平在江西苏区战斗、工作、生活了三年零八个月。

新中国成立后，邓小平对红色故土一往情深，几次到过江西，却没有机会上井冈山。1972 年 11 月 12 日，年近七旬的邓小平在经历了"文革"的磨难和江西三年的羁居生涯后，带着林彪集团垮台后的喜悦，在党中央、毛主席和周恩来的关怀下，由卓琳陪同，开始了察访井冈山的活动。在吉安交际处（现吉安宾馆），当听到林彪企图篡改井冈山斗争史时，邓小平说："这是不可能的，历史还是历史，历史不能篡改，那是'左'的路线。"11 月 13 日，邓小平上了井冈山，在永新三湾、宁冈茅坪等革命旧址旧居参观，看到老区一片贫困的状况，心情十分沉重，缄口不语。在八角楼，当有人讲起林彪死党企图将"朱毛会师"篡改为"毛林会师"时，邓小平说："假的就是假的，真的就是真的。"

当宁冈县的领导向他介绍了当年的井冈山斗争情景和茅坪的现状时，邓小平语重心长地说："井冈山精神是宝贵的，应当发扬。"接着又说："我们的党是好的，是有希望的；我们的人民是好的，是有希望的；我们的国家是好的，是有希望的。""过去毛主席在这里干革命穷，现在还是穷，以后会好的。"11 月 14 日以后，邓小平又兴致勃勃地参观了黄洋界、八面山、双马石、大小井以及井冈山革命博物馆等，于 11 月 17 日下山到了泰和。在泰和，邓小平同一位老红军战士池龙交谈了两个多小时，说道："文化大革命是'左'了，被坏人钻了空子。林彪这个人不能说没本事，就是伪君子，利用毛主席抬高自己。林彪垮台了，我们党的日子会好点，就是有那么几个书生在胡闹。”①

历时一周的井冈山之行结束后，邓小平又于12月5日风尘仆仆地到了赣南老区，探望红色故地和父老乡亲。当时，邓小平还没有复出，还戴着全国第二号“走资本主义道路的当权派”的帽子，但江西老区的干部和群众依然给予了他热情的接待。在兴国，邓小平兴奋地对人说：“来兴国是我多年的愿望，可惜一直找不到合适的机会，今天终于来了。”吃饭时，邓小平望着“四星望月”等传统菜肴，深情地说：“吃到兴国饭菜，就让我回想起当年兴国人民对红军的深情厚意，他们总是拿最好的东西来招待红军指战员，凡是到兴国来的同志都有这个印象。”在参观毛主席作兴国调查纪念馆时，邓小平指着“江西省苏维埃主席曾珊”的讲解词说：“是大山的‘山’，不是珊瑚的‘珊’。曾山同志很有名气，不要把他的名字搞错了。”随后又说：“苏区时你们兴国人口是23万，我记得你们县参军、参战的人很多，出了很多将军。”（兴国是全国著名的“将军县”，出了54个将军。）在于都，邓小平几次提起阿金（金维映，邓的前妻），对于都县委负责人说：“苏区时你们的县委书记是女的，你们知道不知道？”来到长征第一渡——于都河畔，邓小平说：“我长征离开于都时，专门在于都弹了一床4斤重的棉被。这床棉被一直伴我走过长征，今天我还在用。”在会昌，邓小平感慨万千，但把他当年挨整、被“左”倾领导人错误批判的辛酸往事埋在心底，只是指着当年会昌县委旧址的一棵千年古榕树说了一句：“这棵大榕树还在呀！”随后驱车到了会昌的周田盐矿，参观后说：“苏区时我们吃没有盐的亏太大了，现在找到盐矿，是件很好的事。要把盐矿办好，不仅要满足江西人民的需要，也要满足其他兄弟省市的需要，眼光还可以放远点。”在红都瑞金，邓小平心情格外激奋，逗留了三天，兴致勃勃地重游了阔别40年的红色故地。叶坪、沙洲坝、云石山、乌石垅、下肖、白屋子……都留下了邓小平的足迹和音容笑貌。当瑞金的同志说“你是我

① 《邓小平在江西》，中共党史出版社1994年版。

们瑞金的老县委书记”这句话时，邓小平为之动容。在参观的过程中，邓小平说：“瑞金对中国革命作过重大贡献，应该有一个革命博物馆。”“中国革命的道路就是有不少坎坷，从来不平坦。”“我今年68岁，还可以干20年。”“这不是吹牛，干20年没什么问题。”①12月11日，邓小平离开瑞金，又到了宁都、广昌，于15日回到他羁旅居地——南昌步校“将军楼”。邓小平的赣南之行，历时10天，行程两千多里，了却了他重游红土地的心愿。

由于当时尚处“文革”后期的政治原因，邓小平在井冈山、赣南参观、察访期间不可能说得很多，但却表达了他对江西红土地和江西人民无限怀念、关切的深情厚谊。尤其是他在井冈山时说的“井冈山精神是宝贵的，应当发扬”的这一警语，是具有重要指导意义的。邓小平是第一个明确使用“井冈山精神”这一科学概念的中共高层领导人。

邓小平复出后说：“一九七三年周恩来总理病重，把我从江西‘牛棚’接回来，开始时我代替周总理管一部分国务院的工作，一九七五年我主持中央日常工作。”②在他入主中南海期间，始终十分强调发扬党的优良传统，发扬井冈山的革命精神。他说：“在井冈山打旗帜才几千人，一打就是二十二年，最后还是战胜了帝国主义和他们支持的力量，中国人站起来了。”③“中国搞四个现代化，要老老实实地艰苦创业。我们穷，底子薄，教育、科学、文化都落后，这就决定了我们还是要有一个艰苦奋斗的过程。”“我们必须恢复和发扬党的艰苦朴素、密切联系群众的优良传统。”④“告诉人民，包括共产党员在内，应该保持艰苦奋斗的传统。坚持这个传统，才能抗住腐败现象。”⑤等等。邓小平多次反复强调的发扬以“井冈山精神”为基调的党的优良传统的思想，是邓

① 《邓小平在江西》，中共党史出版社1994年版。
② 《邓小平文选》第三卷，第255页。
③ 《邓小平文选》第三卷，第345页。
④ 《邓小平文选》第三卷，第217页。
⑤ 《邓小平文选》第三卷，第290页。

小平建设有中国特色社会主义理论的重要组成部分，是中国共产党第二代领导人对中国未来发展的科学判断和殷切期望。

江泽民谈井冈山精神

江泽民在视察井冈山时说："中国革命的胜利离不开井冈山精神，实行改革开放、建设有中国特色社会主义，同样需要发扬井冈山精神。"

以江泽民为核心的中共第三代领导集体，非常重视和强调发扬井冈山的革命传统。1989 年 10 月江泽民到了井冈山。他在视察时指出："井冈山是革命摇篮，毛主席在井冈山开辟了中国革命胜利的道路，井冈山的革命精神永放光芒。"他说："虽然我们今天不再像井冈山斗争时那样每天吃红米饭、南瓜汤了，但光荣的井冈山革命传统一天也不能忘掉。"又说："井冈山革命的星星之火所以能燃遍全国，走向胜利，就在于老一辈无产阶级革命家坚定的共产主义理想和始终不渝的信念。我们今天建设有中国特色的社会主义现代化强国，也必须具有这种理想和信念。"江泽民还指出："中国革命的胜利离不开井冈山精神，实行改革开放、建设有中国特色社会主义，同样需要发扬井冈山精神。"①江泽民总书记的这一指示和重要论断，高度评价了井冈山道路在中国革命史上的历史地位，高度评价了井冈山精神在建设有中国特色社会主义现代强国中的时代意义。"光荣的井冈山革命传统一天也不能忘掉"，这是历史的昭示，这是时代的需要。

2001 年 5 月，江泽民在视察江西时，又一次强调了井冈山精神的重大现实意义，并对井冈山精神的丰富内涵作了"24 个字"的概括，即"坚定信念、艰苦奋斗，实事求是、敢闯新路，依靠群众、勇于胜利。"这对全党同志深刻认识井冈山精神起了重大的指导作用。

① 1989 年 10 月 19 日《江西日报》，新华社南昌电讯。

胡锦涛谈井冈山精神

胡锦涛总书记视察江西时说:“伟大的井冈山精神集中反映了我们党的优良传统和作风。”

1993 年 4 月,时任中共中央政治局常委、书记处书记的胡锦涛来到井冈山,瞻仰了革命圣地,看望了老红军,与干部、群众进行了座谈。胡锦涛指出:“在长期的革命斗争中,老一辈无产阶级革命家和无数英烈用鲜血与生命培育的井冈山精神,是江西人民的宝贵精神财富和政治优势,也是全党全国人民的宝贵精神财富和政治优势。”“当然,对革命传统要继承又要发展。我们应该把革命优良传统和改革开放以来焕发出的新的时代风貌结合起来,熔铸成新的民族精神、时代精神,并把它贯注到广大人民群众中去,形成强大的凝聚力,有力地推动改革开放和现代化建设的顺利进行。”胡锦涛还指出:“井冈山精神有丰富的内涵。在新的历史条件下,发扬井冈山精神尤其要弘扬以下三个方面”:“第一,实事求是、敢闯新路的精神”;“第二,矢志不移、百折不挠的精神”;“第三,艰苦奋斗、勇于奉献的精神”。他并且对这三点内容作了具体的阐述。胡锦涛对井冈山精神的评价和对井冈山精神内涵的概括,是十分精当的,充分体现了党中央领导同志对井冈山和江西红土地的关切与厚望。

2003 年 8 月,时任中共中央总书记的胡锦涛在江西视察时再一次强调指出:“井冈山精神是我们党在革命斗争的艰苦岁月中形成的伟大精神”,“伟大的井冈山精神集中反映了我们党的优良传统和作风。我们要结合时代的发展,结合党的历史方位和历史任务的变化,结合改革开放和发展社会主义市场经济的新实践,让井冈山精神大力发扬起来。”胡锦涛同志的这一重要指示,为改革开放的社会主义现代化建设新时期“大力发扬”井冈山精神,指明了新的方向,注入了新的活力。

习近平谈井冈山精神

习近平视察井冈山时说:“要把井冈山精神发扬光大,让井冈山精神在新的时代绽放出新的光芒,与时俱进!”

习近平同志曾二上井冈。2006年4月,时任浙江省委书记的习近平率领浙江党政领导班子,首次来到井冈山参观学习。当时正值党的十七届三中全会刚刚闭幕,井冈山革命博物馆正在兴建,尚未落成。2008年10月14日金秋时节,习近平已任中共中央政治局常委、中央书记处书记、国家副主席、中央党校校长,在江西省委、省政府和地方党政领导人陪同下,第二次来到井冈山。当他看到雄伟的井冈山革命博物馆落成后,欣喜地赞许说:“新馆的建设非常不错,建筑也很宏伟大气。”

在参观井冈山革命博物馆时,习近平看得很认真,对井冈山斗争史表现出浓厚的兴趣。他不时询问一些历史的细节、人物的相关问题,如:毛主席在井冈山的领导地位如何?他下山以后的领导地位又如何?贺子珍是怎样上山的?刁辉林是什么人?他和袁、王部队有什么关系?井冈山时期的反“会剿”与中央苏区的反“围剿”有什么区别?井冈山斗争时期老百姓分田后的权利是否稳定?井冈山失守以后当地的情况如何?国民党有没有正规化大规模军队驻守?井冈山是何时解放的?等等。在一些馆藏照片、文物前,他久久驻停,仔细端详。

在“井冈山精神永放光芒”的专题展厅里,习近平看后表示说:“这个展厅不错,展示了中国革命乃至解放以后各个时期涌现出来的宝贵精神,我们要传承和弘扬,建议将各种精神都归纳几句话,展示出来,使观众易懂。”最后,习近平语重心长地强调说:

> “要把井冈山精神发扬光大,让井冈山精神在新的时代绽放出新的光芒,与时俱进!”

在参观茨坪毛泽东旧居旧址群时,习近平看到一些“情景再现”

时,欣慰地笑了。他说:“这些场景好,有生气,有创意,可以让更多的游客参与,感受当年的艰苦岁月,寓游于教,寓教于乐。”在参观红四军军械处铁匠铺,看到铁匠师傅将生铁很快打成柴刀时,习近平说:“辛苦了,打得很好。我原来插队任大队书记时,就办过铁匠铺,打农具等,增加农民收入。”在参观湘赣边界防务委员会旧址,一位农嫂将亲自纳的绣有“革命成功”字样的鞋垫送给习副主席时,习近平连称谢谢,称赞做得精致,留下20元钱。

参观结束后,习近平同井冈山干部群众合影留念。随后,习近平对陪同参观的井冈山管理局局长、井冈山市市长梅黎明等人说:“井冈山这几年变化很大,景区景点建设得也好,文物保护得也很好,还搞了情景再现工程。希望你们继续做好红色文化的展示工作,提高井冈山旅游的文化表现力和旅游吸引力,始终保持独有的魅力,大力发展红色旅游,增加农民收入,让更多的老百姓得到实惠,促进社会的和谐科学发展。”①

可见,习近平同志心中想的是农民,心中装的是老百姓!

第二节
井冈山精神的内涵

以毛泽东为主要代表的中国共产党人,在艰苦卓绝的井冈山斗争中,不仅创造与积累了政治、军事、经济等诸多方面的丰富经验,而且构筑和培育了一种优良传统。这种优良传统的通称,就是伟大的井冈山精神。

历史铸就了井冈山精神。

井冈山精神是无数革命前辈和先烈在井冈山血与火的拼搏中用

① 肖邮华、张莉:《记习近平副主席参观井冈山革命博物馆、茨坪毛泽东同志旧居》,2008年11月,《历程》,第45页,中国文联出版社2009年版。

生命和鲜血凝聚而成的一种无产阶级的革命精神，是毛泽东等老一辈无产阶级革命家倡导和培育的中国共产党的宝贵精神财富，是具有原创意义的民族精神。井冈山精神是中国共产党优良革命传统的组成部分，是中华民族"脊梁精神"的重要内涵。以爱国主义为核心的民族精神和以改革创新为核心的时代精神，都蕴含着井冈山精神的"遗传基因"，贮藏着井冈山精神的"内核密码"。

井冈山精神有丰富、博大的内涵。胡锦涛、江泽民同志对井冈山精神的科学内涵，都有重要指示，都有十分精到的概括，值得我们很好地研究、阐释。

1993年4月，胡锦涛同志首次上井冈山时，就明确指出："井冈山精神有丰富的内涵。在新的历史条件下，发扬井冈山精神尤其要弘扬以下三个方面"："第一，实事求是、敢闯新路的精神；第二，矢志不移、百折不挠的精神；第三，艰苦奋斗、勇于奉献的精神。"①

八年后，2001年5月，江泽民同志视察江西时，对井冈山精神作了"24字"概括："井冈山精神，最重要的方面就是坚定信念、艰苦奋斗，实事求是、敢闯新路，依靠群众、勇于胜利。"②

根据胡锦涛、江泽民两位同志的上述概括，融合他们指示的要义，井冈山精神的精髓与特征可作如下解读。

井冈山精神的核心是实事求是、敢闯新路

马克思主义的精髓和活的灵魂，就在于一切从实际出发，实事求是。实事求是的目的是为了敢闯新路，敢闯新路的前提是实事求是。在实事求是的基础上探索新路，需要有"敢为天下先"的气魄与胆识，需要有披荆斩棘的勇气与毅力。

毛泽东是中国共产党党内实事求是、敢闯新路的杰出代表。80多

---

① 《江西日报》，1993年4月22日。《党史文苑》，1993年第6期。

② 《人民日报》，2001年6月4日，第一版。

年前,以毛泽东为代表的中国共产党人,在崎岖的井冈山区,冲破国民党反动派的白色恐怖,开创了农村包围城市、武装夺取政权的新道路。邓小平曾经指出:"革命和建设都要走自己的路。""中国革命为什么能取得胜利?就是以毛泽东同志为首的中国共产党人,独立思考,把马列主义的普遍原理同中国的具体情况相结合,找到了适合中国情况的革命道路"。邓小平所说的"适合中国情况的革命道路",就是有中国特色的井冈山道路。

井冈山道路的科学理论概括,就是后来毛泽东所表述的:"建立农村根据地,以农村包围城市,最后夺取城市的道路。"

井冈山道路是中国共产党人在大革命失败的白色恐怖中"闯"出来的。

1927 年春夏之交,蒋介石、汪精卫相继发动"四一二政变"、"七一五分共",计有 31 万共产党人和革命者倒在血泊之中,全国到处一片刀光剑影,腥风血雨。以毛泽东为代表的中国共产党人,根据中共中央八七会议的部署,毅然发动了湘赣边秋收起义,应对国民党的反革命大屠杀。在三路人马举事后,由于敌强我弱等多种原因,起义部队"竟致溃不成军"。毛泽东和起义军将士没有一蹶不振,而是重整旗鼓,独辟蹊径,引兵井冈,向敌人统治力量薄弱的农村山区退却,首创了全国第一块农村革命根据地,"闯"出了一条鲜活的以乡村为中心的中国革命新道路。

井冈山道路是同国民党军队激烈的搏杀中"打"出来的。

"边界的斗争,完全是军事的斗争"。井冈山斗争时期,毛泽东、朱德等领导井冈山军民先后粉碎了国民党军队的四次"进剿"和两次"会剿",取得了新城战斗、五斗江战斗、草市坳战斗、龙源口大捷、永新困敌、黄洋界保卫战等著名战斗的胜利,发展和保卫了井冈山革命根据地。在粉碎国民党频繁军事进剿、会剿的进程中,创造了"分兵以发动群众,集中以应付敌人"、"敌进我退,敌驻我扰,敌疲我打,敌退我追"、"固定区域的割据,用波浪式的推进政策。强敌跟追,用盘旋式的打圈子政策”等一套游击战争的战略战术。这些战略战术都是从井冈山的军事斗争实践中总结和提炼出来的。

井冈山道路是同党内“左”倾错误的较量中“斗”出来的。

在创建根据地的过程中，毛泽东同党内一些主张大肆烧杀的“焦土政策”以及远离根据地大本营、冒进湘南的“左”倾错误，进行了坚决而有理有节的斗争，建立了巩固的“以宁冈为中心”的军事大本营。毛泽东在湘南酃县中村授课和八月失败前在永新联席会议反对冒进湘南的主张，就是最好的例证。同时，毛泽东和前委还十分注重党的建设，从三湾改编将支部建在连上，确立党对军队绝对领导的原则，到七大纷争和古田会议批判红军党内的各种非无产阶级思想，确立无产阶级的建党路线和建军纲领，其间经历了错综复杂的党内斗争的风风雨雨。在此期间，毛泽东明确提出：要“执行党的正确路线”，“对党员作正确路线的教育”，“党的领导机关要有正确的指导路线”，否则，就有“离开无产阶级领导的危险”，走上“军阀主义的道路”。这些思想主张都从政治上、思想路线上加强了党的建设，巩固了党的领导，保持了党的先进性。

井冈山时期实事求是、敢闯新路的精神，给我们当今积极探索建设中国特色社会主义的发展新路以深刻的启示。建成小康社会、实现中华民族伟大复兴的中国梦，必须传承和弘扬实事求是、敢闯新路的精神。改革开放30年来，我们党坚持解放思想，实事求是，与时俱进，不断探索和回答什么是社会主义、怎样建设社会主义，建设什么样的党、怎样建设党，实现什么样的发展、怎样发展等重大理论和实际问题，深化了对共产党执政规律、社会主义建设规律、人类社会发展规律的认识，创立了中国特色社会主义理论体系，实现了马克思主义中国化的第二次历史性飞跃，形成了中国特色社会主义的“一面旗帜，一条道路，一个理论体系”。中国特色社会主义的这面旗帜、这条道路、这个理论体系，正确而鲜明地代表了我们党、国家和民族的前进方向、必由之路和理论指导。当前，我们必须继续解放思想、实事求是、与时俱进，坚持以改革开放和社会主义现代化建设的实际问题、以我们正在做的事情为中心，着眼于马克思主义理论的运用，着眼于对实际问题的理论思考，着眼于新的实践和新的发展，自觉地把思想认识从那些不合时宜的观念、做法和体制的束缚中解放出来，从对马克思主义的错误的教条式的理解中解放出来，从主观主义和形而上学的桎梏中解放出来，坚持不懈地改革创新，敢闯新路，不断推进实践基础上的理论创新、体制创新，用发展着的马克思主义指导新的实践，不断增强党的生机活力，奋力开拓中国特色社会主义道路更为广阔的发展前景。

井冈山精神的灵魂是坚定信念、矢志不移

理想信念，是一个人的精神支柱，也是一个政党、一个民族的精神支柱。一个人，倘若没有理想信念，就成了没有灵魂的躯壳；一个政党、一个民族，倘若没有理想信念，就会丧失奋斗的目标和前进的方向。

共产党人的理想信念，就是实现全人类解放的共产主义理想，而且坚信这种理想最终一定能够实现。共产主义的理想与坚定不移的信念，正是井冈山军民一切力量的源泉，也是井冈山精神的灵魂所系。

坚定信念不是抽象的，而是具体的。井冈山斗争，有辉煌与胜利，也有低迷和挫折；有令人欢欣鼓舞的全盛时期，也有令人痛心疾首的两次失败。每当挫折和失败时，最能凸显与考验一个人的信念与心志。

红四军前委书记毛泽东是坚定信念、矢志不移的杰出代表。

在井冈山斗争的“三月失败”和“八月失败”时，边界阴霾四起，红军和群众中都有人提出“红旗到底打得多久”的疑问。毛泽东从理论上进行了深刻的思考，撰写了《中国的红色政权为什么能够存在?》这一理论专文，给予了科学的回答。只有理论上的认知，才有政治上的坚定。毛泽东阐述了中国红色政权能够存在和发展的原因和条件，坚定地认为：“小块红色区域的长期存在，不但没有疑义，而且必然地要作为取得全国政权的许多力量中间的一个力量。"①毛泽东在井冈山时期就提出了"取得全国政权"的伟大构想，这种深邃的目光、远大的理想，正是他信念坚定的突出表现和光辉亮点。毛泽东的精辟论断，不仅拨开了笼罩在根据地红军和群众中的迷雾，而且指出了中国小块红色根据地必将成为"取得全国政权"的重要力量，从而极大地坚定了井冈山军民革命到底的信念和决心。

毛泽东的坚定信念一经确立，就矢志不移。1930年1月5日，毛泽东针对党内林彪等人和中央"二月来信"的右倾悲观倾向，在古田赖坊写就了《时局的估量与红军行动问题》（即《星星之火，可以燎原》）。毛泽东精辟地勾画了"以乡村为中心"的中国革命道路理论的基本框架，提出了"星星之火，可以燎原"的科学预见，坚定地说："这个'星星之火'，距'燎原'的时期，毫无疑义地是不远了。"他以无产阶级革命家的豪情和诗人气质，预测了中国革命"星火燎原"的前景："它是站在海岸遥望海中已经看得见桅杆尖头了的一只航船，它是立于高山之巅远看东方已见光芒四射喷薄欲出的一轮朝日，它是躁动于母腹中的快要成熟了的一个婴儿。"②一年多以后，中华苏维埃共和国在瑞金宣告诞生，恰好应验了毛泽东这一科学预见的英明与正确。

红四军军长朱德是一个恪守信念、屡挫屡奋、矢志不移、百折不挠的光辉典范。

他在南昌起义部队主力兵败潮汕后，率领余部撤守三河坝，转战闽粤赣边境，来到江西安远山区。在部队处于绝境时，朱德召开军人大会，发表了著名的"天心圩演讲"。他坚定地说："1927年的中国革命，等于1905年的俄国革命。俄国在1905年革命失败后是黑暗的，但黑暗是暂时的，到1917年革命终于成功了。中国革命现在失败了，现在也是黑暗的，但是黑暗同样遮不住光明。只要能保持实力，革命

① 《毛泽东选集》第1卷第50页，人民出版社1991年版。

② 《毛泽东选集》第1卷第106页，人民出版社1991年版。

就有办法,革命就能成功。"①这时,唯一跟随朱德转移的师、团政工干部第73团指导员陈毅也挺身而出,说道:"南昌起义失败了,但南昌起义的失败不等于中国革命的失败。只有经过失败考验的英雄,才是真正的英雄。我们要做失败时的英雄。"②朱德、陈毅铿锵有力、掷地有声的话语,精辟地分析了形势,预测了革命的前景,回答了将士们心头郁结的问题,坚定了起义军坚持革命的信念。朱德的这一判断,来源于对共产主义事业的必胜信心,来源于对中国革命战争发展趋势的正确预测。"沧海横流,方显英雄本色。"南昌起义余部在朱德领导下,历经千辛万苦,经过"赣南三整"(天心圩整顿、大余整编、上堡整训),面目一新,雄风大振,挺进井冈山,实现了朱毛会师。

红五军军长彭德怀同样信念坚定,历尽艰辛上井冈。

他在平江起义前给黄公略的一首秘诗中,就吐露了自己的心迹:"欲以润之为榜样","跃上井冈旗帜新"。平江起义后,他率领红五军向井冈山挺进,遭到国民党的追剿堵截,第一次在万载大桥受挫;第二次又组织突进,在发表演说提出去井冈山找毛润之时,五军一大队长雷振辉用手枪对着彭德怀脑袋威胁阻拦,彭德怀面不改色,仍从容说道:"就是剩下我彭德怀一个人,爬山越岭也要走到底!"③最后,彭德怀上了井冈山,成为毛泽东麾下的一员大将。

井冈山时期,有一大批出类拔萃、坚决革命的留学生、大学生、黄埔生。

留学生中,有朱德、陈毅、何长工等。大学生中,有北大、北师大、上海大学、上海政法大学的,如李却非、朱亦岳、何挺颖、谭梓生、邓贞谦等。黄埔生中,有卢德铭、王尔琢、张子清、朱云卿、伍中豪、徐彦刚、陈毅安、王展程、吕赤、肖劲、刘铁超、游雪臣、王良、林彪、陈伯钧、杨至

① 粟裕:《激流归大海》,《南昌起义》第483页,中共党史资料出版社1987年版。

② 陈毅:《关于八一南昌起义》,《南昌起义》第319页。

③ 《彭德怀传》第64—65页,当代中国出版社1997年版。

诚、曾士娥、刘型、唐天际、张宗逊、谭希林、李天柱、贺国中、邓萍、李奇中、刘之至、陈东日、曹福昌、朱舍娥、戴诚本、段辉唐、邝鄘、陈俊、资秉谦、范树德、陈龙鹤(朝鲜族)、余洒度、苏先俊、陈浩、徐恕、黄子吉、袁崇全等42人。以上这些青年才俊,义无反顾地来到苦不堪言的深山老林井冈山,执着追求的就是一种崇高的理想信念。他们中的绝大多数人英勇地献出了自己的青春和生命。然而,当革命处于危难之际,也屡屡有人信念动摇,犹豫彷徨,甚至背叛革命,如余洒度、陈浩等人。

莲花县委书记刘仁堪是地方党领导人中的又一个恪守信念的杰出代表。

他因叛徒告密,于1929年2月被捕入狱,在敌人的酷刑面前,铁骨铮铮,守口如瓶,大骂国民党。敌人割掉了他的舌头。他就用脚趾蘸着自己口中流下的鲜血,在地下写下了“革命成功万岁”六个大字,充分显示了一个革命者的英勇气概。这是一种信念的极致境界。

井冈山时期的党和革命者为什么能坚信“星星之火,可以燎原”,且矢志不移、百折不挠呢?其内驱力、原动力就来源于:一是对中国革命发展大势的认识与把握;二是对井冈山革命根据地发展前途的深刻认识;三是中国工农红军的存在与威力;四是共产党和毛泽东的坚强领导;五是对共产主义的执着追求。

井冈山时期坚定信念、矢志不移的精神,给我们坚定不移地走中国特色社会主义道路以深刻的启示。

建成小康社会、实现中华民族伟大复兴的中国梦,必须传承和弘扬坚定信念、矢志不移的精神。在改革开放和建设社会主义现代化的今天,我们就是要坚定共产主义远大理想,坚信中国特色社会主义事业必然胜利。江泽民曾明确指出:“井冈山革命的星星之火所以能燃遍全国,走向胜利,就在于老一辈无产阶级革命家坚定的共产主义理想和始终不渝的信念。”胡锦涛强调指出:“理想信念,是一个政党治国理政的旗帜,是一个民族奋力前行的向导。”习近平总书记也指出:“理想信念就是共产党人精神上的‘钙’,没有理想信念、理想信念不坚定,精神上就会缺‘钙’,就会得‘软骨病’。”①我们必须以坚定的理想信念提升自身的思想政治素质,坚定地贯彻执行十八大以来党中央的一系列重大战略决策,始终坚持“一个中心、两个基本点”的基本路线,牢牢抓住经济建设这个中心,把一个中心和两个基本点统一于发展中国特色社会主义的伟大实践,任何时候都不能彷徨、动摇。当今世界正处在大发展大变革大调整时期,世界多极化、经济全球化深入发展,给我国的经济社会发展带来新的机遇和挑战。当前,我国正处在进一步发展的重要战略机遇期,正在新的历史起点上向前迈进。新中国60年的艰辛探索,改革开放30年的宝贵经验证明:坚定不移地走中国特色社会主义道路,就是我们党和国家兴旺发达的必然选择和必由之路。

井冈山精神的基石是依靠群众、艰苦奋斗

马克思说:“如果斗争只是在有极顺利的成功机会的条件下才着手进行,那么创造世界历史未免就太容易了。”中国革命是经过长期的艰苦奋斗才取得夺取全国政权的伟大胜利的。这个胜利的起点始于井冈山。邓小平曾经指出,我们党“在井冈山打旗帜才几千人,一打就是二十二年,最后还是战胜了帝国主义和他们支持的力量,中国人站起来了。”②在井冈山,以毛泽东为代表的中国共产党人,在国民党严酷的军事进攻和经济封锁中,在极端艰难困苦的条件下,依靠群众、自强不息,艰苦奋斗、勇于奉献,成功地做成了如毛泽东所说的世界各国从来没有的一大“奇事”。

井冈山时期,党和红军依靠群众、艰苦奋斗,战胜了极度的困难,度过了经济的困境。

湘赣边界地处边陲,受资本经济的影响颇迟,基本上是封闭式的自给自足的小农经济,生产力水平十分低下,有些地方还是“杵臼时

① 《人民日报》2012年11月18日。

② 《邓小平文选》第3卷第345页,人民出版社1993年版。

代”。这种落后的自然经济状况，决定了根据地经济斗争的艰巨性。加上国民党军队的经济封锁，井冈山军民遭受的经济困境是空前的，困难“有时真是到了极度”，尤为突出的是吃饭问题。当湘南部队和农军来到井冈山会师后，人口骤增为万余人，每月要开销粮食 40 多万斤，在“人口不满两千，产谷不满万担”的井冈山，是很难解决这一难题的。毛泽东曾致信中共中央说“吃饭大难”，红军经常是“打倒资本家，天天吃南瓜”。除吃饭问题外，还有穿衣问题、食盐奇缺的问题等等，一直困扰着红军部队。为此，毛泽东依靠群众，自力更生，组织耕田队等发展农业生产，开辟和恢复大陇、草林圩场，沟通赤白贸易，保护私人经济，铸造工字银元，组织群众熬硝盐，采取多种举措，不断克服困难，方才渡过难关。

要奋斗就会有牺牲，就要讲奉献。

在井冈山斗争时期，无论是广大红军将士，还是地方干部、人民群众，为了实现共产主义的崇高理想，抱着“为主义而牺牲”的坚强决心，同敌人进行了殊死的搏斗，许多人献出了自己宝贵的生命。井冈山时期脍炙人口的“卢德铭英勇捐躯”、“马奕夫身堵机枪”、“肖劲塞肠冲锋”、“谢开甲宁死不屈”、“刘真慷慨就义”、“曾宝华全家护印”、“杨开明壮烈牺牲”、“张平化满门英烈”、“伍若兰大义凛然”、“吴月娥纵身跳崖”等英雄事迹，都是一曲曲高耸入云、千古流芳的慷慨悲歌。井冈山斗争时期，边界六县一山牺牲的革命烈士共有 4.8 万余人。其中，有名有姓的烈士计有 15744 人，无名烈士却有 3 万余人。井冈山革命烈士陵园内，现珍藏着一座“无字碑”，是井冈山时期的老红军、空军副司令员谭家述中将，用自己的工资积蓄采购北京房山特产汉白玉做成后送到井冈山的，寄托了一个老红军战士的情怀和对 3 万多无名烈士的哀思。这座汉白玉“无字碑”，汇聚了中国革命先烈的不朽英魂，展示了中国共产党人和革命志士无私奉献的高尚情操。

井冈山时期依靠群众、艰苦奋斗的精神，给我们传承和弘扬党的优良传统，建设中国特色社会主义以深刻的启示。

建成小康社会,实现中华民族伟大复兴的中国梦,必须传承和弘扬依靠群众、艰苦奋斗的精神,保持党同人民群众的血肉联系。今天我们讲依靠群众、艰苦奋斗,并不是要像井冈山斗争时期那样,天天吃红米饭、南瓜汤,而是要求我们在新的历史条件下不能丢掉艰苦奋斗的精神,不被物欲横流所击倒,不做现代拜物教的奴隶。人是要有点精神的。正如胡锦涛同志所强调的,越是改革开放和发展社会主义市场经济,越要弘扬艰苦奋斗的精神。市场经济与艰苦奋斗是统一的,并行不悖的,不是对立的。目前,中国的发展正处在爬坡过坎的关键时期,不管还有多少艰难险阻,我们都要有"咬定青山不放松"的韧劲,坚持发展不停步,务必始终保持艰苦奋斗、勤俭节约的优良传统。今天我们讲联系群众、讲奉献精神,也并不意味着都要像井冈山斗争时期那样,和人民群众上战场浴血拼搏,而是要求我们传承和弘扬一种无私奉献的精神,切实做到廉洁奉公、反腐倡廉,心系群众、执政为民。我们党的根基在人民、血脉在人民。为政之道,在顺民心。我们要始终把实现最广大人民的根本利益作为一切工作的出发点和落脚点,在感情上贴近群众,在决策中着眼群众,真正做到权为民所用、情为民所系、利为民所谋,秉公从政,一尘不染。要用马克思主义中国化的最新成果武装头脑,深入贯彻落实科学发展观,为全面建成小康社会,实现中华民族伟大复兴的中国梦而不懈奋斗。

革命传统既要传承,又要发展。

新的时代需要井冈山精神,井冈山精神也要不断赋予新的时代内涵。正如胡锦涛同志所言:要把井冈山精神"熔铸成新的民族精神、时代精神,并把它贯注到广大人民群众中去,形成强大的凝聚力"。

2009 年 1 月,胡锦涛同志二上井冈山,并同井冈山的干部群众共度春节。随后,总书记作了重要讲话,强调指出:

> "井冈山是中国革命的摇篮。80 多年前,我们党在艰苦卓绝的井冈山斗争中铸就了井冈山精神。这是我们的宝贵精神财富。夺取中国革命胜利离不开井冈山精神,建设和发展中国特色社会

主义同样需要井冈山精神。在新的历史条件下,我们要始终忠于理想、坚定信念,勇于应对挑战、战胜困难,矢志励精图治、艰苦创业,使井冈山精神始终成为激励广大干部群众为全面建设小康社会、发展中国特色社会主义而不懈奋斗的强大精神力量”。①

历史与现实告诉我们:井冈山道路是不朽的,井冈山精神是永恒的。伟大的井冈山精神铸就了共和国之魂。井冈山精神以其深厚底蕴和丰富内涵,成为维系中华民族和中国人民团结奋斗、流淌不息的重要精神血脉。新的世纪所涌动的时代风貌、时代气脉,仍然需要融会井冈山精神的内核,呼唤井冈山精神的灵魂。井冈山精神的优良传统又必须和改革开放以来焕发出的新的时代风貌结合起来,“熔铸”成新的民族精神、时代精神,并将它“贯注”到广大人民群众中去。做好这种“熔铸”、“贯注”工作,是新世纪我们这一代人责无旁贷的神圣使命,也是我们“常怀忧党之心,恪尽兴党之责”的重要举措。

第三节
井冈山精神的时代价值

井冈山精神是中华民族精神在革命战争年代的积淀

人总是要有点精神的。毛泽东、邓小平都多次说过这个道理。一个人是这样的,一个民族也是这样的。江泽民曾经指出:“一个民族,如果没有一个精神支柱,没有自强不息、积极向上的高昂精神,就会颓落下去。”

中华民族是个有着五千年悠久历史和文明底蕴的伟大民族,中华民族历来以刻苦耐劳、富有创造、追求真理、自强不息的民族特性和伟大品格,自立于世界民族之林。正如毛泽东所指出的:“中华民族不但以刻苦耐劳著称于世,同时又是酷爱自由、富于革命传统的民族。”这

① “胡锦涛总书记在江西考察工作时的讲话要点”,内部讲话稿。

种革命传统、革命精神，可以说是中华民族的“国魂”、“民魂”，它在中国历史上得到充分体现，在鸦片战争以来特别是五四运动后中国共产党领导的70多年来的革命和建设的伟大实践中，更是突出地发挥了支撑民族生存与发展的巨大作用。从这个意义上说，革命精神就是当代中国的民族精神，就是中华民族的“脊梁精神”。

而中国共产党老一辈无产阶级革命家所培育和倡导的井冈山精神，则是中华民族革命传统链条中最光辉的一环，是中华民族“脊梁精神”的重要内核。井冈山精神既是中国革命精神的源头，又是中国革命精神的象征。没有井冈山精神，就没有革命战争时期的苏区精神、长征精神、延安精神和西柏坡精神，也就没有建设时期的大庆精神、雷锋精神、亚运精神和张家港精神等等，因为中国革命和建设事业的胜利是沿着毛泽东等老一辈无产阶级革命家所开创的井冈山道路而取得、而发展的，井冈山精神所蕴含的革命传统和精神血脉，是激励中华民族和中国人民“自强不息、积极向上”的原动力，是当代中国“实行改革开放、建设有中国特色社会主义”的传家宝。鲁迅先生常说，一个民族，要有“脊梁精神”，要有“民魂”。“唯有民魂是值得宝贵的，唯有他发扬起来，中国人才有真进步。”井冈山精神、井冈山传统正是能使中国人“真进步”的值得宝贵的“民魂”。民魂奋发、高昂，国魂就会雄挺、扬威，就能自立于世界民族之林而永不颓落，就能更好地建设有中国特色的社会主义。

井冈山精神是中国共产党优良革命传统的源头

历史造就了井冈山精神。在中国革命的历史长河中，中国共产党人真正独立自主地领导革命战争是在土地革命战争时期。

井冈山精神正是在土地革命战争时期孕育而成的。在土地革命战争之前，中国共产党的工作重心主要放在领导城市工人运动和投入国共合作的北伐战争。只有到了土地革命战争的风暴兴起后，以毛泽东为代表的中国共产党人，才从井冈山的斗争中，找到了中国革命的新方向、新道路——井冈山道路,才形成了中国共产党精神的完备原型——井冈山精神。

从本质上看,井冈山精神既是中华民族几千年来优秀传统和人文精神在革命战争年代的积淀与凝聚,又是中国共产党人马克思主义世界观和无产阶级思想作风与道德情操的集中体现。井冈山精神奠定了中国共产党精神的基础。在中国现代史上雄伟壮丽的革命精神之长河中,人们可以清晰地看到一种"源"与"流"的大势:井冈山精神是"源",而继后形成的苏区精神、长征精神、延安精神、西柏坡精神等等,都是"流",都是井冈山精神在革命战争年代不同时期的继承、深化和发展。没有井冈山精神,就没有苏区精神、长征精神、延安精神、西柏坡精神。井冈山精神的这种"源头"地位是不言而喻,顺理成章的。

井冈山精神以它一脉相承的"源头"和"原型"的形式,涵括了后来一切革命精神的基本内容,后来一切革命精神都是对它的丰富和发展。以"苏区干部好作风"为显著特征的苏区精神,以不屈不挠、勇往直前、不怕困难、敢于牺牲为主要特点的长征精神,以艰苦奋斗、实事求是为旗帜的延安精神,以谦虚谨慎、继续革命为标志的西柏坡精神,无不闪耀着井冈山精神的璀璨光辉,无不体现着井冈山精神的革命风貌!

在新中国成立以后的社会主义现代化建设时期,井冈山精神以其源远流长的深刻底蕴和丰富内涵,成为维系中华民族和中国人民的精神血脉。

邓小平曾经指出:革命精神是"中华人民共和国的精神文明的主要支柱"。他说:"从延安到新中国,除了靠正确的政治方向以外,不是靠这些宝贵的革命精神吸引了全国人民和国外友好人士吗?没有这种精神文明,没有共产主义思想,没有共产主义道德,怎么能建设社会主义?"①作为中国革命精神之源的井冈山精神,在社会主义建设时期

① 《邓小平文选》第二卷,第367页。

同样得到了很好的继承和发展，辐射出一种无形的光辉和卓绝的道德人格力量，成为一代代建设者、拓荒者的精神动力。比如：以艰苦创业为本体的大庆精神，以无私奉献为核心的雷锋精神，以顽强拼搏为特征的亚运精神，以开拓创新为基调的航天精神，以密切联系群众为灵魂的焦裕禄精神、孔繁森精神、杨善洲精神等等，都源于中国共产党的优良革命传统教育，源于坚定的共产主义理想信念，源于马克思列宁主义的无产阶级世界观、人生观、价值观，源于一切为了人民群众、全心全意为人民服务的宗旨，源于为振兴中华民族而奋斗的爱国情怀。而这一切的总源头却是我党最早培育的井冈山精神。

"为有源头活水来"。井冈山精神是中国共产党优良革命传统的总源头，井冈山道路是"中华人民共和国的奠基石"（彭真语）。没有井冈山精神和井冈山道路，就没有中国革命的胜利，就没有新中国的诞生，就没有中国的社会主义建设事业。从这个意义上来说，社会主义建设道路上出现的种种革命精神，都体现了中国共产党的优良革命传统所熏陶的精神力量，都闪烁着井冈山精神的思想光辉。

井冈山精神是建设中国特色社会主义的重要思想资源

中国的社会主义现代化建设，是前无古人的伟大事业，没有前人或外国的现成经验可以借鉴，特别是建立社会主义的市场经济体制，将会遇到许多新情况、新矛盾、新问题。这就需要我们解放思想，实事求是，积极探索，勇于创新。

井冈山精神所蕴含的独辟蹊径、走自己的路、敢为天下先的开拓创新精神，正是我们今天从事社会主义现代化建设的动力源泉。当年以毛泽东为主要代表的中国共产党人，在大革命失败的严峻形势下，揭竿而起，引兵井冈，创建了中国第一块农村革命根据地，开辟了中国式的武装夺取政权的胜利道路。如果不是从中国的实际出发，勇闯新路，而是照搬苏俄的模式和经验，那就不可能取得中国革命的胜利。

革命和建设是20世纪到21世纪中国人民伟大事业的上、下篇。

上篇完成了，下篇怎么做？邓小平强调指出："中国革命的成功，是毛泽东同志把马克思列宁主义同中国的实际相结合，走自己的路。现在中国搞建设，也要把马克思列宁主义同中国的实际相结合，走自己的路。"①这是中国革命和建设取得胜利的基本经验。江泽民在党的十四大报告中也指出："我们党之所以能够取得改革与开放的胜利，根本原因是在十四年的伟大实践中把马克思主义基本原理与中国具体实际相结合。"在从事社会主义现代化建设的新时期，仍然需要大力弘扬这种开拓创新、勇闯新路的精神。这是历史的必然，也是时代的要求。

社会主义精神文明建设，是建设中国特色社会主义的重要目标和本质特征，它与发展社会主义的市场经济是并行不悖的。社会主义市场经济的发展，需要精神文明建设提供思想保证、精神动力、智力支持。改革开放以来，在市场经济大潮的席卷下，社会上和人们头脑中的拜金主义、享乐主义、唯利是图、尔虞我诈等错误思想抬头，权钱交易、贪污贿赂、吸毒卖淫等一些腐败、丑恶的现象重新滋长蔓延。因此，加强精神文明建设，实现社会风气的根本好转就成了刻不容缓的任务。中共中央为此专门作出了《关于社会主义精神文明建设指导方针的决议》。在新的历史时期，加强社会主义的精神文明建设，就必须大力弘扬井冈山精神，发扬井冈山传统。井冈山精神所蕴含的坚定的理想信念，无私的奉献精神和艰苦奋斗的优良传统，正是社会主义精神文明建设的题中之意。今天的时代氛围与物质条件与井冈山时期是大不相同了，但坚定的理想信念仍然是我们的精神支柱，无私的奉献精神仍然是我们的道德规范，艰苦奋斗的优良传统仍然是我们所不可缺少的传家之宝。只要我们保持井冈山斗争时期的那么一股劲，那么一种革命热情，那么一种精神状态，就能永葆无产阶级的政治本色，就能推动社会主义的精神文明建设向更高的层面发展，就能创造出更多更好的"第一等"工作。

① 《邓小平文选》第三卷，第95页。

井冈山精神是加强执政党建设和反腐倡廉的强大思想武器

党的十一届三中全会以来，中国共产党人高举改革开放的旗帜，坚持以经济建设为中心，进一步解放和发展了生产力，改善了人民群众的生活，因而更广泛地得到了全国人民的拥护，党也获得了新的生机。但是，也要清醒地看到，由于以权谋私、贪污腐化、官僚主义、浮夸做假、家长制、一言堂等不正之风的产生，在一定程度上损害了党的形象，疏远了党与人民群众的联系，削弱了党的凝聚力和号召力。为此，中共中央于1990年3月在党的十三届六中全会上作出了《关于加强党同人民群众联系的决定》，旨在改善和加强党的领导。党中央的这一决定为战争年代形成的党同人民群众血肉相连的优良传统的发扬光大，创造了有利条件。井冈山精神所蕴含的一个本质特征，就是党、红军和人民群众始终保持着鱼水相依、血肉相连的密切联系，从而形成了一种“众志成城”和“敌军围困万千重，我自岿然不动”的强大堡垒。

半个多世纪以来，中国共产党之所以从小到大，由弱变强，最终发展壮大成为一个执政大党，其中一个根本原因，就在于我们党始终以为人民大众谋利益为己任，与人民群众保持密切的联系。密切联系群众是我们党在长期的革命斗争中培育起来的优良传统，也是我们党取得社会主义现代化建设胜利的重要保证。毛泽东曾说：“党群关系好比鱼水关系。如果党群关系搞不好，社会主义制度就不可能建成；社会主义制度建成了，也不可能巩固。”党离不开人民群众，人民群众也离不开党。“党脱离了群众，就成了光杆子的党，这样的党也是不能存在的”，“没有群众，一定失败，死无葬身之地”。在改革开放和社会主义现代化建设的新时期，密切联系群众，反腐倡廉的问题显得尤为重要。邓小平曾高瞻远瞩地指出：“在整个改革开放过程中都要反对腐败。对干部和共产党员来说，廉政建设要作为大事来抓。”反对腐败和廉政建设，是执政党建设最核心、最根本的问题，关系到党的生死存亡。

党的十八大报告郑重提出:"反对腐败、建设廉洁政治,是党一贯坚持的鲜明政治立场,是人民关注的重大政治问题。这个问题解决不好,就会对党造成致命伤害,甚至亡党亡国。"

习近平总书记2013年1月22日在十八届中纪委二次会议上,强调指出:"坚定不移惩治腐败,是我们党有力量的表现,也是全党同志和广大人民群众的共同愿望。""要坚持'老虎'、'苍蝇'一起打","不管涉及到谁,都要一查到底,决不姑息。"

为此,我们要大力弘扬"伟大的井冈山精神",要像井冈山时期那样,艰苦奋斗,清正廉洁,党群一心,始终保持党同人民的紧密联系,全心全意地为人民谋福祉,真心实意地执政为民,加强对权力运行的制约和监督,把权力关进制度的笼子里,更好地构筑起反腐倡廉的钢铁长城,才能使党永远立于不败之地,率领全国人民取得建设中国特色社会主义事业的伟大胜利,实现小康社会和中华民族伟大复兴的中国梦。

这正是本书的主旨。

附　录

井冈山革命根据地大事记

1927 年

8 月

1 日，根据中共中央决定，在周恩来任书记的中共前敌委员会和贺龙、叶挺、朱德、刘伯承等领导下，党所掌握和影响的国民革命军等武装两万余人，在南昌举行武装起义，打响了武装反抗国民党反动派的第一枪。8 月 3 日起，起义部队按中央原定计划陆续南下广东。

3 日，中共中央发出《关于湘鄂粤赣四省农民秋收暴动大纲》。

7 日，中共中央在汉口召开紧急会议（即八七会议），总结了大革命失败的经验教训，结束了陈独秀的右倾机会主义在党中央的统治，成立了临时中央政治局，确定了土地革命和武装反抗国民党反动派的总方针。毛泽东出席会议，并在会上提出了“枪杆子里面出政权”的重要论断。会议还确定了在湘鄂粤赣四省发动工农举行秋收起义。会后，中共中央委派毛泽东和彭公达改组湖南省委，领导秋收起义。

16 日，彭公达在长沙召集会议，传达八七会议精神，产生了新的湖南省委。

18 日，南昌起义部队到达广昌，然后兵分两路，向瑞金进军。

同日,湖南新省委在长沙市郊沈家大屋召开会议,讨论如何贯彻八七会议确定的新策略,制定秋收起义计划。

26日至31日,南昌起义部队进占瑞金后,参谋团决定歼灭会昌守敌,30日歼灭会昌守敌钱大钧部4个团。尔后,实施由长汀、上杭入东江的计划。

30日,中共湖南省委召开省委常委会议,讨论湖南秋收暴动的最后计划。决定成立暴动领导机关,由毛泽东任党的前敌委员会书记,易礼容任行动委员会书记,领导湘赣边秋收暴动。

9月

月初,毛泽东在安源张家湾召开军事会议,组建秋收暴动武装力量——工农革命军第一军第一师,师长余洒度,副师长余贲民,参谋长钟文璋,下辖三个团,并初步拟定兵分三路会攻长沙的方针。

8日,湖南省委发布《关于夺取长沙的命令》,令各地赶紧动员,限于本月16日会师长沙,夺取省城。

9日,湘赣边界秋收起义爆发。参加起义的部队,称中国工农革命军第一军第一师,计5000余人,毛泽东任前委书记,卢德铭任总指挥。

9日至11日,工农革命军一、二、三团按预定计划,分别从江西的修水、安源、铜鼓取道平江、浏阳,直攻长沙。起义军曾取得多次战斗胜利,但由于敌强我弱,缺乏经验,遭受严重挫折。随后,毛泽东率第三团转至浏阳上坪。

14日,毛泽东在上坪召开三团连以上干部紧急会议,作出了各路部队到浏阳文家市集结的重要决定。

19日,秋收起义部队在文家市会合。当晚,毛泽东主持召开前委会议,否定了师长余洒度"取浏阳直攻长沙"的主张,决定"向萍乡退却"。

19日至22日,南昌起义部队在大浦县的三河坝实行了第一次分兵。朱德率第九军、第二十五师留守三河坝,掩护起义军主力向潮州、汕头进发。

21 日，毛泽东率秋收起义部队 1500 余人离开文家市，开始向罗霄山脉中段农村转移。

24 日，工农革命军到达芦溪，突遭敌军袭击。激战中，总指挥卢德铭不幸牺牲。

同日，南昌起义军主力在汕头进行第二次分兵。

25 日，工农革命军攻占莲花县城。翌日，毛泽东主持召开原莲花县党组织负责人会议，布置莲花的工作。此间，收到宋任穷送达的江西省委信函，毛泽东得知宁冈县有党的武装的重要信息，作出了向宁冈进发、引兵井冈的决策。

29 日，工农革命军进驻永新县三湾村。在三湾，前委对部队进行了改编。改编的主要内容是：将三个团缩编为一个团，称工农革命军第一军第一师第一团，辖一、三两个营及特务连、卫生队、军官队、辎重队，计 700 余人；在军队中实行民主制度，连以上各级设立士兵委员会；把党的支部建在连上，连以上设立党代表，从而确立了党对军队的绝对领导。三湾改编为建立一支新型的人民军队奠定了基础。

在三湾，毛泽东会见了前来接头的宁冈县代表。

10 月

2 日，朱德指挥留守三河坝的起义部队，与敌钱大钧部激战两昼夜，后向潮汕转移。

3 日，工农革命军抵达宁冈县古城。毛泽东主持召开前委扩大会议，总结了秋收起义的经验教训，讨论并确立了在罗霄山脉中段建立根据地、开展游击斗争及争取改造袁文才、王佐两支地方武装等问题。

6 日，毛泽东在宁冈大苍村会见袁文才，并赠送袁文才部 100 支枪，袁文才亦资助工农革命军银洋 1000 元。

7 日，工农革命军进驻宁冈茅坪。在当地党组织和袁文才的帮助下，设立了留守处和后方医院，安下了革命的“家”。

同日，朱德率三河坝撤出的起义部队，在饶平茂芝汇合从潮、汕失败中撤退的起义军约700余人。随后，统由朱德率领向闽粤赣山区转移。

上旬，毛泽东率工农革命军沿湘赣边界游击，在酃县十都派出何长工前往长沙向湖南省委和湘南特委汇报，并相机打听南昌起义部队下落。

中旬，工农革命军抵达酃县水口。在水口，毛泽东接见了酃县原党组织负责人周里，发展了一批工农分子入党，派游雪程、徐彦刚、陈伯钧等到袁文才部工作。随后，部队兵分两路：一路由一营党代表宛希先率领往安仁、茶陵游击，一路由毛泽东率领折向江西遂川。在水口时，原师长余洒度等脱离部队。

21日，宛希先率部攻占茶陵县城，随即退回宁冈，转道大井，会合毛泽东部。

23日，工农革命军主力游击至遂川大汾时，突遭遂川反动地方武装萧家璧靖卫团袭击，部队被打散。三营在张子清率领下转向桂东一带；团部和一营一连、特务连由毛泽东率领到达荆竹山。

24日，王佐派人迎接工农革命军上井冈山。毛泽东在荆竹山向部队进行了纪律教育，宣布了“三项纪律”。随后部队到达大井，与王佐部会合。

27日，工农革命军抵达茨坪。

11月

月初，毛泽东率部返回宁冈茅坪。随后在茅坪象山庵召开宁冈、永新、莲花三县原党组织负责人会议，决定各县迅速重建党的组织，广泛发动群众，开展游击斗争。

中旬，工农革命军第一营第二次攻占茶陵县城，成立了“茶陵县人民委员会”，谭梓生任县长。

张子清、伍中豪率领的第三营游击到崇义上堡地区，与朱德、陈毅领导的南昌起义保留下来的部队会合。随后,朱德派毛泽覃上井冈山,在茅坪与毛泽东取得联系。

毛泽东深入宁冈茅坪一带农村进行调查,写下《宁冈调查》。

28 日,毛泽东指示撤销旧政府式的茶陵人民委员会,成立了湘赣边界第一个县级红色政权——茶陵县工农兵政府,谭震林任主席。

12 月

上旬,朱德、陈毅率部转战到粤北仁化、韶关一带。

工农革命军军官教导队在宁冈龙江书院创办,吕赤任队长。

前委派毛泽覃等军队干部到宁冈乔林帮助建立根据地的第一个农村党支部,并着手土地斗争试点。

25 日,湘敌吴尚第八军一个团进攻茶陵县城,工农革命军第一营与敌发生激战,张子清、伍中豪率三营从桂东赶回参与战斗。

26 日,毛泽东接宛希先急信后赶至茶陵。次日,在湖口下令逮捕了企图投敌的团长陈皓等人,将部队带回宁冈。

28 日,谭家述率茶陵游击队 200 余人加入工农革命军,编为第一团第二营。

下旬,中央两次写信给朱德部,指示他们和毛泽东部相联络,共同实行武装割据。

月底,毛泽东在宁冈砻市召开军民大会,总结茶陵工作的经验教训,宣布了工农革命军的"三大任务"。会上,任命张子清为团长,处决了陈皓等叛徒。

本月,何长工到达广东韶关犁铺头,与朱德、陈毅取得了联系。

由余贲民负责在宁冈桃寮创办了工农革命军被服厂,林善宾任厂长。

毛泽东代表前委向湖南省委和中央写信,建议组织湘赣边界特委。

1928 年

1 月

5 日，工农革命军攻克遂川县城。接着，兵分三路到于田、草林、大坑等地发动群众，开展打土豪筹款子的游击活动。

8 日，毛泽东在遂川县城天主堂主持召开会议，成立中共遂川县委，陈正人任书记。

中旬，前委在遂川县城五华书院召开遂川、万安县委联席会议，布置两县重建党的组织，开展群众斗争。会上，毛泽东提出了“敌来我去，敌驻我扰，敌退我追”的游击战术“十二字秘诀”。

12 日，朱德、陈毅率领南昌起义部分部队，由广东乐昌进入宜章后，在当地党组织的配合下，智取宜章城，揭开了湘南年关暴动的序幕。随后在不到两个月的时间，宜章、郴县、耒阳、永兴、资兴、安仁等县相继举行暴动，建立了苏维埃政权，组建了地方武装部队和各种群众组织。湘南暴动胜利后，南昌起义部分部队，正式编为工农革命军第一师，朱德任师长，陈毅任党代表，王尔琢任参谋长。

中旬，毛泽东在遂川草林宣布了“保护中小商人”的政策。

24 日，遂川县工农兵政府成立，王次淳任主席。

25 日，毛泽东在遂川李家坪向工农革命军宣布了“六项注意”。

下旬，何长工从粤北回到遂川。毛泽东即派他去改造王佐部队。

本月，中共酃县特别区委成立，刘寅生任书记。

2 月

月初，前委决定原茶陵游击队仍回茶陵活动。

上旬，前委在宁冈大陇将袁文才、王佐部队升编为工农革命军第一军第一师第二团，袁文才任团长，王佐任副团长，何长工任党代表。

中旬，中共莲花特别支部成立，朱亦岳任书记。

湘东特委在醴陵成立,滕代远任书记。不久,迁至安源。经努力,开辟了红色交通线,并组织多批安源工人上井冈山。

18 日,工农革命军攻克宁冈新城,歼灭赣敌七十九团一正规营和宁冈靖卫团,活捉反动县长张开阳,击破赣敌的第一次"进剿"。翌日,毛泽东在茅坪宣布了我军的俘虏政策。

21 日,在宁冈砻市召开群众大会,处决了张开阳,宣布成立中共宁冈县委(龙超清任书记)和宁冈县工农兵政府(文根宗任主席)。同时,成立县赤卫大队,石敬庭任大队长。

下旬,新遂边陲特别区工农兵政府成立,李子清任主席。

本月,中共永新县委成立,刘真任书记。

至本月,井冈山革命根据地初具规模,边界武装割据局面业已形成。

3 月

月初,毛泽东到永新秋溪乡等地,发展了一批党员,成立了秋溪乡党支部。

上旬,在刘寅生、周里等组织下,酃县发动了"三月暴动"。

湘南特委派周鲁来到宁冈砻市,指责边界"行动太右","烧杀太少",并取消了毛泽东为书记的前委,改组为师委,何挺颖为书记,毛泽东任师长。同时,强令工农革命军开往湘南,致使边界遭遇"三月失败"。

中旬,工农革命军分三路向湘南进发,策应湘南暴动。攻克酃县县城后,部队抵达酃县中村。

18 日,中共酃县特别区委改为县委,刘寅生任书记。同时,成立酃县赤卫大队,何国诚任大队长。

19 日起,毛泽东在中村给部队上了一个星期的政治课,同时,抽调人员在中村一带发动群众,进行插牌分田运动。

月底,毛泽东率一团进入桂东沙田,一面发动群众,一面相机了解湘南暴动情况。

湘南暴动失败。面对湘、粤敌军 7 个师的夹击，为保存力量，朱德、陈毅率湘南暴动队伍向边界转移。

4 月

3 日，毛泽东在桂东沙田正式向部队颁布“三大纪律，六项注意”。

月初，朱德率湘南暴动部队及水口山工人武装转战至安仁、茶陵。

6 日，毛泽东率第一团向汝城进发。在寒岭界击溃了反动武装何其朗部，随即于 8 日又在汝城附近打垮土匪胡凤璋部，占领汝城县城。

8 日，唐天际率安仁县农军到达酃县沔渡，会合朱德率领的一部。

上旬，何长工、袁文才、王佐率领的第二团在资兴与湘南农军第七师主力会合，随即南下滁口，阻击进攻郴州的粤军。退回资兴后，与陈毅率领的湘南农军和地方党政机关人员会合。

11 日，黄克诚率永兴警卫团一部退至资兴。

12 日，陈毅率湘南农军一部退至资兴，会合黄克诚部后退往彭公庙。

中旬，毛泽东率第一团到达资兴龙溪洞，和萧克领导的宜章农军独立营会合，随后向酃县疾进。

19 日左右，袁文才、何长工率领的第二团和陈毅率领的湘南农军，在酃县沔渡同朱德率领的部队会合，随即一同退往宁冈砻市。

23 日，毛泽东率第一团在酃县城西击溃尾追湘南暴动的湘敌第八军一部，尔后回师宁冈。

24 日，毛泽东率部回到宁冈砻市，与朱德、陈毅等率领的南昌起义部队和湘南农军胜利会师。当日，毛泽东与朱德、陈毅等军中领导在龙江书院会面，共同商议合编工农革命军第四军等重大问题。

25 日，中共江西省委致信中央：“据吉安来人报告，毛泽东部确与朱德部汇合，现已乘虚重复占领宁冈，并向永新方向发展。”

25 日，会师后的朱毛两部在宁冈龙江书院召开工农革命军第四军党的第一次代表大会，根据中共湘南特委决定，两支部队编为工农革命军第四军，军长朱德，党代表毛泽东，参谋长王尔琢，教导大队长兼士兵委员会主任陈毅(后为政治部主任)。下辖三个师：第十师(师长朱德兼，党代表宛希先)；第十一师(师长张子清，因负伤由毛泽东代，党代表何挺颖)；第十二师(师长陈毅兼)。选举产生了工农革命军第四军军委，毛泽东任书记。会议决定趁“五四”纪念日召开庆祝大会，庆祝两军胜利会师。

下旬，工农革命军第四军党的第二次代表大会在宁冈召开。

莲花赤色队改编为莲花红色独立团，陈竞进任团长。

赣敌第二十七师第七十九、八十一团分别从永新、遂川向井冈山根据地发动第二次“进剿”。毛泽东在部署迎敌方案后，率三十一团前来七溪岭方向阻击敌七十九团的进攻，朱德、陈毅率二十八、二十九团在黄坳歼敌一个营，五斗江打垮敌第八十一团，乘胜攻占永新城。

5 月

2 日，蒋介石电令湘粤赣三省政府“克日会剿”朱毛红军。

同日，毛泽东在永新城以军委书记名义，向中共中央报告两军会师及打破赣敌第二次“进剿”，建立以宁冈为大本营的罗霄山脉中段政权等问题。

4 日，在宁冈砻市召开军民大会，庆祝两军胜利会师。会上，正式宣布成立工农革命军第四军(后改称中国工农红军第四军)。毛泽东、朱德等在大会上讲了话。毛泽东代表军委宣布了工农革命军第四军的“三大任务”和“三项纪律、六项注意”。

上旬，红二十九、三十一团在永新县境分兵发动群众。毛泽东率三十一团一部，到永新西乡塘边一带进行土地革命试点工作，并写下《永新调查》。

在工农革命军帮助下，永新县工农兵政府成立，彭文祥任主席。

上旬，赣敌杨如轩重新纠集近 5 个团兵力，向井冈山根据地发动第三次"进剿"。红四军主动退回根据地大本营宁冈相机歼敌。工农革命军第四军召开第三次党的代表大会,讨论确定迎敌方案及有关重大事项。

16日,毛泽东、朱德采取声东击西的战术,指挥红二十八团和三十一团一营攻打高陇,迷惑敌人。在高陇击溃湘敌1个团,继而东向永新。翌日在永新草市坳歼灭敌七十九团,击毙敌团长刘安华,接着乘胜东进,第二次占领永新城。赣敌第三次"进剿"被打破。

20日至22日,根据江西省委指示,毛泽东在宁冈茅坪主持召开中共湘赣边界第一次代表大会。大会讨论了当前形势和党的工作,制定了发展根据地的七项政策,选举了湘赣边界地方党的最高领导机关——湘赣边界特委,毛泽东任书记。在会上,毛泽东回答了"红旗到底打得多久"的疑问。大会还改选了红四军军委,陈毅任书记。

中旬末,工农革命军第四军召开党的第四次代表大会,讨论成立湘赣边界特委及有关事项。

20日,酃县县委因叛徒出卖遭破坏,书记刘寅生牺牲。随后在茅坪重建县委,李却非任书记。

下旬,湘赣边界工农兵政府在宁冈茅坪苍边村成立,袁文才任主席。

刘型率醴陵游击队数十人到达永新浬田,编入红四军三十一团。

湘赣边界工农兵政府造币厂在上井村创办。

30日,湖南省委代表杜修经来到宁冈茅坪。次日,红四军召开军委扩大会议,听取杜修经传达湖南省委指示。

月底,工农革命军第四军召开第五次代表大会,确定为解决给养困难,红四军缩编为4个团,原湘南农军除留少数骨干队伍外,其余均返回湘南等事项。

边界各县普遍开展声势浩大的土地革命运动。

毛泽东、朱德根据游击斗争的经验,总结和提出了"敌进我退,敌驻我扰,敌疲我打,敌退我追"的游击战争"十六字诀"。

6 月

上旬，赣敌以第九师师长杨池生为总指挥，二十七师师长杨如轩为前线总指挥，纠集 5 个团向井冈山根据地发动第四次“进剿”。为击败敌军，牵制湘敌，毛泽东、朱德率红四军主力，分兵两路佯取酃县，击溃吴尚第八军 1 个团，又在沔渡虎爪歼敌 1 营，尔后速返宁冈迎敌。

酃县工农兵政府在大院成立，徐鼎燕任主席。

16 日，毛泽东在茅坪代表湘赣边界特委向中央及湘赣两省委写信，报告粉碎敌第三次“进剿”情况及申述坚持以宁冈为大本营的理由。

19 日，湖南省委通过《对湘赣边特委和四军军委的工作决议案》，同意“以罗霄山脉中段为根据地的计划”。

22 日，红四军军委在宁冈新城召开营以上干部会议，具体部署歼敌计划。

23 日，朱德、陈毅、王尔琢等指挥红四军主力，在地方武装的配合下，于永新、宁冈交界的七溪岭击溃前来进犯的赣敌两个团，又在永新龙源口歼敌一个团，随即乘胜追击，第三次占领永新城，打破赣敌第四次“进剿”，取得建立根据地以来最大的军事战斗——龙源口大捷的胜利。

25 日，毛泽东主持在永新县城召开连以上干部会议，部署分兵发动群众等工作。

26 日，红四军分兵安福、莲花、吉安等地做群众工作。

同日，湖南省委给湘赣边界特委和红四军军委写信，要求“红军主力向湘南发展”，“毛泽东随军出发”，由杨开明代理边界特委书记。

龙源口大捷后，井冈山根据地武装割据区域发展很快，拥有宁冈、永新、莲花三个全县，吉安、安福各一小部，遂川北部、酃县东南部，边界割据局面进入全盛时期。

30 日，红四军军委、边界特委、永新县委在永新县城召开联席会议,讨论湖南省委来信。会议最后决定不执行湖南省委“向湘南发展”的意见,红四军继续留在边界发展和巩固根据地。

本月,莲花县工农兵政府成立,刘仁堪任主席。

7 月

4 日,毛泽东代表军委、特委向湖南省委写信,陈述了红四军不宜出击湘南的具体理由。

上旬,湘赣敌军发动第一次“会剿”。湘敌吴尚第八军乘红军主力在永新之机,侵入宁冈,袁文才率部日夜骚扰敌人。

9 日,红四军各路分兵部队迅速返回永新。

10 日,红四军向宁冈挺进,以袭击湘敌,不料在心源嘴与敌错道而过。

11 日,朱德率二十八、二十九团进攻酃县、茶陵,迫使湘敌回救;毛泽东率三十一团在永新阻敌,打破湘赣敌人会合企图。

12 日,红四军二十八、二十九团攻克酃县县城。未料,当晚二十九团士兵委员会私下开会,决定去湘南。

13 日,红军大队接永新告急信,即召开军委扩大会,决定增援永新,阻止二十九团的错误行动,但劝阻无效,翌日,才将部队拉回沔渡。

15 日,军委在沔渡再次召开扩大会议,议决红军去向,仍无结果。军委向毛泽东写信,报告红军大队情况。

同日,为粉碎敌人经济封锁,宁冈大陇红色圩场正式开办。

17 日,红军大队进抵酃县水口。二十九团仍坚持要去湘南,军委劝阻无效,加之杜修经、杨开明不察当时环境,导扬二十九团官兵的思乡情绪,遂使红军大队开往湘南。

红军大队去湘南后,毛泽东指挥三十一团,在广大群众的支持配合下,用四面游击的战术,将赣敌 11 个团围困在永新县城附近 30 里内,达 25 日之久。

22 日,彭德怀、滕代远等领导发动平江起义。起义胜利后,成立了红军第五军，彭德怀任军长，滕代远任党代表。

24 日，红军大队进抵郴州，与国民党范石生第十六军部属激战，先胜后败，撤出战斗。随即，二十九团不听指挥，自由行动，跑回家乡，一部在途中被胡凤璋消灭，一部散失各地，不知所终。只剩胡少海所率的团部和萧克带领的一个连共百余人，编入二十八团。此战，损失近一个团。随后，朱德、陈毅率部退入资兴。

本月，共青团湘赣边界特委成立，史训川任书记。

安源市委派百余安源工人上井冈山参加红军。

红四军军械处在茨坪创办，宋乔生负责。

8 月

上旬，赣敌获悉红军主力已去湘南，发起猛攻，红三十一团和地方武装退入山区，永新、莲花、宁冈沦于敌手，边界各县的县城和平原尽为敌据，党组织和红色政权遭到重大破坏，被杀之人，被焚之屋不计其数，是为“八月失败”。

朱德、陈毅率部退入资兴，在资兴龙溪洞、桂东沙田一带坚持游击战争。

中旬，湖南省委派袁德生携带指示信来到边界，指令红四军“向湘东发展”。毛泽东在永新九陂村召开紧急会议，决定不执行这一主张。会议期间，得知红军大队在郴州失利的消息，当即决定留三十一团一营坚守根据地，毛泽东亲率三十一团三营往湘南迎还红军大队。

13 日，红军大队游击至桂东沙田，派唐天际担任湘南游击大队大队长。

18 日，红二十八团攻占桂东县城。

20 日，红五军收到湖南省委关于要求他们“与朱毛联络”的指示信，即留黄公略率一部在湘鄂赣开展游击战争，主力由彭德怀、滕代远率领开始向湘赣边界靠拢。

23 日，毛泽东部与红军大队在桂东县城会合。随即在唐家大屋召集营以上干部会议，决定重返井冈山，并留杜修经、龚楚在湘南重建湘南特委。

26日，红军大队在返回途中，二十八团二营营长袁崇全率部分武装企图叛变投敌，军参谋长兼二十八团团长王尔琢在崇义思顺圩追返部队时不幸遇难。

下旬，湘赣敌军4个团乘我红军欲归未归之际，对井冈山根据地发动第二次"会剿"。我守山部队在何挺颖、朱云卿等领导下，迅即迎战。

30日，湘敌吴尚部向黄洋界哨口大举进攻。我守山部队在不足一营兵力的情况下，依靠地方武装和人民群众，凭险抵抗，击溃敌军进攻，取得黄洋界保卫战的胜利。毛泽东在回归途中闻讯后，写下了《西江月·井冈山》。

月底，红五军主力向井冈山靠拢到万载大桥，遭敌重创，被迫退回修(水)铜(鼓)边境。

9月

8日，毛泽东、朱德率红军大队回到遂川黄坳。赣敌第七师刘士毅部闻讯尾追至遂川。

13日，红四军二十八团和三十一团三营在遂川城外击溃尾追的刘士毅5个营，并击毙叛徒袁崇全，占领遂川城。

14日起，部队分兵四路向遂川各乡游击，发动群众，重建政权。陈毅率东路红军游击队到万安时，与万安县委取得联络，80个万安农民随军上山，后组成万安游击队。

24日，赣敌第七师二十一旅和五师十五旅一部会攻遂川。红四军主动撤出遂川县城。

26日，红军主力回到井冈山。

本月，湘鄂赣特委决定：由彭德怀、滕代远率三纵队再次上山与红四军相联络。

9月以后，边界党组织厉行“洗党”。宁冈、永新两县党组织全部解散，重新登记，党组织由公开转向秘密。

10月

1日，赣敌周浑元旅1个营偷袭茅坪。毛泽东、朱德部署红四军在茅坪坳头垅将敌全歼，随即收复宁冈全县。

4日至6日，中共湘赣边界第二次代表大会在茅坪步云山召开。毛泽东在会上作了政治报告。会议通过了《中国共产党湘赣边界第二次代表大会决议案》，《决议案》的第一部分，即后来题为《中国的红色政权为什么能够存在？》一文。会上选举产生了边界第二届特委，谭震林任书记，陈正人为副书记。

边界“二大”后，根据地军民掀起了修筑工事、储备粮食、建设红军医院等加强军事根据地建设的高潮，并成立了防务委员会，王佐任主任。

中旬，红军主力进攻遂川，守敌不战而退，红四军再次占领遂川县城。随后进行了游击筹款活动。

湘军阎仲儒部毕占云率100余人在桂东起义投奔红军，编为红四军特务营，毕占云任营长。

下旬，湘赣边界第一期党团训练班在宁冈茅坪象山庵开办。

月底，赣敌向成杰部张威率一连多官兵在袁州（今宜春）起义。11月初编入莲花红色独立团。

朱德指挥二十八团和宁冈赤卫大队，在宁冈睦村、酃县沔渡一带击溃湘敌1个团。

11月

2日，湘赣边界党收到中央6月4日的来信。

赣敌会攻遂川。朱德、陈毅率部主动撤出。

6日，边界特委在茨坪召开扩大会议，讨论中央6月4日来信。随即重建了边界党的最高领导机关——前敌委员会。由毛泽东、朱德、谭震林、宋乔生、毛科文组成,毛泽东任书记。前委统辖军委和特委。

9日,红四军在宁冈新城和永新龙源口击败赣敌周浑元团,翌日进占永新,后主动退出。

此时,边界的割据局面重新得以恢复,拥有宁冈全县,遂川、酃县和永新各一部,形成南北狭长的整块。

14日至15日,红四军党的第六次代表大会在宁冈新城召开。大会通过了《红军第四军第六次党代表大会决议案》,选举产生了新的军委,朱德任书记。

中旬,红四军集中在宁冈新城等地进行大规模的冬季整训。整训后,莲花县红色独立团改为赤卫大队,夏炎任大队长,张威部编为红四军独立营,张威任营长。

25日,毛泽东代表前委在宁冈茅坪写下《井冈山前委对中央的报告》(即《井冈山的斗争》)。

27日,彭德怀、滕代远率部800余人进入湘赣边界,前委派何长工带领独立营、特务营前来迎接,两部在莲花九都会合,尔后一起赴宁冈。

本月,红四军在茨坪开办军官教导队,梁军任大队长,蔡会文任党代表。同时,在小井建立红军医院,曹嵘任院长,曾志任党总支书记。

12月

10日,红五军800余人到达宁冈新城与红四军胜利会师。当日召开前委、特委、团特委、四军、五军军委联席会议,讨论下一步行动。

14日,在宁冈新城召开红四、五军会师庆祝大会。

本月,湘赣边界特委改组。以邓乾元、滕代远、陈正人、宛希先、朱昌偕为常委、邓乾元为书记。原特委书记谭震林调前委职工运动委员会任主任。

为迎战敌人第三次“会剿”,茶陵、永新、莲花、宁冈四县赤卫队,由刘作述、鄢辉指挥,奉命开赴九陇山军事根据地。

月底,湘赣边界工农兵政府颁布《井冈山土地法》。

1929 年

1 月

1 日,国民党“会剿”总部在萍乡成立。何键为代总指挥,金汉鼎为副总指挥,纠集湘、赣两省 6 个旅约 3 万人的兵力,策划分五路向井冈山根据地进行第三次“会剿”。

4 日至 7 日,毛泽东主持在宁冈柏路召开前委,特委,各县县委,团特委,四、五军军委联席会议,传达党的“六大”精神,研究粉碎敌人“会剿”的方针,决定采取“围魏救赵”的策略,红四军主力出击赣南,牵制敌人;红五军和红四军三十二团留守井冈山;袁文才调任红四军参谋长。

上旬,毛泽东、朱德、彭德怀等先后在茨坪、下庄召开会议,部署守山有关工作。决定留下张子清、何长工、陈毅安、徐彦刚等红四军干部加强守山力量,并指定何长工担任宁冈县委书记。

10 日起,由红四军主力组成的出击部队开始在茨坪、小行洲集结。

14 日,红四军 3600 余人离开井冈山,出击赣南。途中发布了《红军第四军司令部布告》等文件。

中旬,边界特委和红五军军委召开会议,确定危急时的应急方针。

湘赣两省敌军兵分五路,进逼井冈山。

20 日,红四军在大余与敌李文彬部作战失利。

26 日起,敌军向井冈山军事根据地五大哨口发动猛烈攻击。彭德怀、滕代远和边界党领导守山军民奋起反击,浴血三昼夜。

29 日,湘敌趁夜偷袭黄洋界哨口。哨口失守后,哨口守山队伍转入深山,与何长工部一起坚持斗争。

小井红军医院百余名红军重伤员来不及转移，全部遇难。

30 日，八面山、桐木岭哨口相继失守。红五军按原定应急方针，集中部队冲出重围，往赣南与四军联络，三十二团转入深山。酃县、遂川赤卫队随五军下山，后被打散。红五军撤出后，井冈山失守。

2 月

月初，"会剿"敌军何键部两个旅进攻九陇山军事根据地。永新、宁冈、茶陵、莲花四县地方武装凭险抵抗，三日后，九陇山被敌攻破。至此，第三次反"会剿"斗争失败，井冈山根据地沦为敌手，边界武装力量被迫转入深山。

10 日，红四军在大柏地击溃敌刘士毅部。

中旬，宛希先在九陇山召集永新、宁冈、茶陵三县县委联席会，组建了以朱昌偕为书记的临时特委，从事收容整理工作。

17 日，毛泽东、朱德率红四军转战至吉安东固地区，与江西独立二、四团会合。此时，得知井冈山已失守，遂决定红四军到闽粤边界游击。

22 日，红四军与江西红军独立二、四团在东固螺坑召开会师大会。

25 日，杨克敏（杨开明）在上海向中央作《关于湘赣边苏区情况的综合报告》，汇报井冈山斗争中各方面的情况。

同日，红四军撤离东固，经吉水、永丰等向广昌前进。

3 月

月初，蒋桂战争爆发，湘赣敌军先后卷入混战撤离边界。何长工等领导根据地军民收复了井冈山。

7 日，红五军攻占于都城。随后夺取安远县城。

11 日，陈正人从遂川来到永新，会合了朱昌偕、宛希先等召开原特委常委会议。

14 日，原特委扩大会议在永新召开，产生新的临时特委，朱昌偕为书记。会议研究了边界当前的工作,并决定召开边界党的第三次代表大会,产生正式边界特委。

17 日,边界临时特委向湖南、江西省委写信汇报了第三次反“会剿”及井冈山失守等各方面情况。

本月,边界游击战争有了新的发展。

4 月

1 日,红五军与红四军在瑞金会合。

3 日,红四军前委收到中央的“二月来信”。

4 日,彭德怀在瑞金写信给中央汇报红四、五军会合及留守井冈山等情况。

上旬,红四军前委在于都召开会议,决定红五军重返井冈山,收复失地,重建政权。

13 日,红四军前委致信湘赣边界特委,介绍东固根据地斗争经验。

月底,彭德怀、滕代远率红五军回到井冈山。

3、4 月间,临时特委从各县抽调武装力量,组建了边界红军独立第一团,相继收复了宁冈、莲花等地,重建了红色政权。

5 月

2 日,红五军到达茅坪。

上旬,边界临时特委将红军独立第一团编为红五军第六纵队,王佐为司令,何长工任党代表。

10 日,边界特委在宁冈古城召开第四次执委扩大会议,讨论前委来信。会议制定了游击大纲,划分了游击区域。同时增补了常委,邓乾元仍为书记。

中旬,赣敌两个团呈“剪刀式”向宁冈推进,因敌情不明红五军(含王佐部)退至酃县,又获悉遂川、茶陵各有敌军堵截,遂转战湘粤赣边境。

20日，边界特委就边界当时的情势向江西省委作了报告，提出“特委机关要建设到永新哪一个农村去”的主张。

本月，在边界党的努力下，恢复了永新、莲花县委，酃县、遂川临时县委，茶陵特别区委，宁冈分为东南、西北两个特区，直接归特委指挥。边界武装亦有一定发展。

6月

下旬，红五军由大余返回边界，接连收复遂川与宁冈县城。为此，特委和五军军委召开联席会议，决定进攻安福。

7月

中旬，红五军进攻安福县城，重创敌军，然五军亦损失较大，军参谋长刘之至和纵队司令贺国中英勇牺牲。安福战斗后，五、六纵队合并，王佐任司令。

8月

8日，应湘鄂赣特委要求，红五军返回湘鄂赣边界。红五军走后，敌金汉鼎部先后占领宁冈、莲花等地。

9月

6日，江西省委给湘赣边界来信，同意“新的边特应建立在群众斗争的中心永新。”

25日，中央给湘赣边界特委发来指示信，将边界特委划归江西省委领导。同时，派出彭清泉巡视边界。

10月

30日，刘作述、王佐、陈竞进等领导永新、宁冈、莲花三县地方武装攻克永新县城。

11 月

11 日，袁文才率宁冈赤卫大队，在睦村打垮宁冈靖卫团，击毙敌县长陈宗经。

12 月

本月，红五军第四纵队来到湘赣边界的永新、安福、莲花、茶陵一带开展游击战争。

赣西特委组织 8 万群众配合红军攻打吉安，未克。

1930 年

1 月

18 日至 21 日，湘赣边界特委、红五军军委、赣西特委在遂川于田召开联席会议。中央巡视员彭清泉参加了会议。会议研究了攻打吉安、将湘赣边特委与赣西特委合并，成立红六军等问题。同时，会议又错误地决定以武力解决袁、王问题。

2 月

6 日至 9 日，毛泽东在吉安陂头主持召开四军前委，红四、五、六军军委，赣西、赣南特委联席会议。会议确定了党在当前的主要任务，并依中央指示将四军前委扩大为红四、五、六军及赣西、赣南、湘赣边等地区的指导机关，毛泽东为书记。同时，决定赣西、赣南、湘赣边特委合并为赣西南特委。原湘赣边特委管辖的区域归属赣西南特委西路行委领导。

会议以后，赣西南红色区域的土地革命、政权建设、武装斗争得到深入发展。

24 日，袁文才、王佐在永新被错杀。

24 日至 26 日，红四军、红六军第一纵队及赣西地方武装二打吉安，扫除了外围之敌。

月底，红五军再次攻克安福县城。至此，湘赣根据地已拥有永新、莲花、宁冈、泰和、遂川、安福 6 县。

3 月

22 日至 29 日，赣西南特委在吉安县召开第一次代表大会，正式成立赣西南特委，刘士奇为书记。

本月，赣西苏维埃政府改为赣西南苏维埃政府，曾山任主席。

4 月

中旬，赣西南特委组织赤卫军及武装群众一两万人配合红军三打吉安，未克。

5 月

4 日至 12 日，赣西南 10 余万地方武装和群众第四次攻打吉安，未克。

中旬，红六军改为红三军，黄公略任军长。

下旬，赣西南地方武装和群众第五次攻打吉安城，未克。

6 月

20 日，赣西南地方武装和群众 10 余万人第六次攻打吉安城，未克。

7 月

1 日，红六军在赣西南地方武装的配合下，第七次攻打吉安城，未克。

本月，红二十军在吉安县成立，曾炳春任军长，刘士奇任政委，谢汉昌任政治部主任。

8 月

中旬，红二十军攻克安福县城。

27 日，红二十军、赣西南地方武装和数万工农群众第八次攻打吉安城，未克。

9 月

13 日，红一方面军在株洲发布进攻吉安命令。

29 日，红一方面军在袁州(今宜春)召开总前委会议，讨论攻打吉安问题。

10 月

4 日，红一方面军会同赣西南地方武装攻克吉安城。至此，赣西南地区由零星的红色区域发展成为有统一领导的连成一片的大块革命根据地。

7 日，江西省工农兵苏维埃政府宣告成立，曾山任主席。

至此，随着以永新为中心的湘赣革命根据地的形成，井冈山根据地的斗争历史结束，进入了新的历史时期。

功勋榜

从井冈山走出的开国元勋

1 位领袖：毛泽东

5 位元帅：朱　德　彭德怀　林　彪　陈　毅　罗荣桓

3 位大将：粟　裕　谭　政　黄克诚

15 位上将：邓　华　朱良才　李聚奎　杨至成　杨得志
萧　克　宋任穷　宋时轮　张宗逊　陈士榘
陈伯钧　赵尔陆　黄永胜　赖传珠　彭绍辉

21 位中将：王辉球　王紫峰　毕占云　杨梅生　李寿轩
肖新槐　张令彬　张国华　欧阳毅　赵　镕
姚　喆　晏福生　周玉成　唐天际　曹里怀
韩　伟　赖　毅　谭甫仁　谭希林　谭冠三
谭家述

11 位少将：王云霖　王耀南　龙开富　吴树隆　张平凯
张树才　刘显宜　黄连秋　郑效峰　曾敬凡
赖春风

22 位省部级领导干部：

谭震林　滕代远　何长工　陈正人　江　华
刘　型　李　立　李克如　吴仲莲　杨立三
张际春　周　里　贺敏学　贺子珍　高自立
黄　达　曾　志　彭　儒　段子英　熊寿祺
谭政文　肖　明

井冈山革命根据地人物谱

毛泽东(1893.12.26—1976.9.9)

毛泽东,字润之,湖南省湘潭县韶山冲人。1918 年毕业于湖南第一师范。早期即开始革命活动,接受并传播马克思列宁主义,创办《湘江评论》,建立新民学会、俄罗斯研究会、社会主义青年团、共产主义小组等革命组织。1921 年 7 月,出席中国共产党第一次代表大会。会后任中共湘区委员会书记。在党的第三次代表大会上当选为中央委员、中央执行委员。在国民党第一、二次代表会上当选为中央候补执行委员,并任宣传部代理部长。1927 年任全国农民协会总干事,主持中央农民运动讲习所。

1927 年 8 月 7 日,出席中央政治局扩大会议,当选为中央临时政治局候补委员。领导发动了湘赣边界秋收起义,任前敌委员会书记。秋收起义失利后,适时地率部进入井冈山区,领导创建了中国第一个农村革命根据地。1928 年 3 月前委改为师委,任师长。4 月下旬,井冈山会师后任中国工农革命军(后改为红军)第四军党代表、军委书记、中共湘赣边界特委书记。11 月重建前委,任书记。在艰苦卓绝的井冈山斗争中,写下了《中国的红色政权为什么能够存在?》、《井冈山的斗争》等著作,提出了"工农武装割据"的思想,后发展为中国革命以农村包围城市、武装夺取政权道路的理论,是井冈山革命根据地的主要创始人。

1929 年 1 月,率红四军主力离开井冈山。后又创建了中央革命根据地,任红一方面军总政委、总前委书记,中华苏维埃共和国临时中央政府主席。遵义会议后,确立了在全党的领导地位。领导全国人民经过抗日战争、解放战争,夺取了全国的胜利。新中国成立后任中华人民共和国主席、中央军委主席、中共中央主席。1976 年 9 月 9 日在北京逝世。

朱德(1886.12.1—1976.7.6)

朱德,字玉楷(玉阶),曾化名王楷,出生于四川省仪陇县。早年加入孙中山领导的同盟会,参加了辛亥革命活动。1915 年在云南参加反对袁世凯称帝复辟的起义。1917 年在四川参加反对段祺瑞卖国政府的护法战争。十月革命后,逐渐接受马克思主义,随后去德国留学。1922 年加入中国共产党。1926 年在苏联学习回国后,投身革命工作。

1927 年蒋介石叛变革命后,参加领导了南昌起义,任起义军第九军副军长。1928 年初,率领南昌起义余部,领导和发动了湘南起义。4 月,率起义军上井冈山与毛泽东部会师,成立了中国工农革命军(后改为红军)第四军,任军长兼十师师长。5 月,当选为中共湘赣边界特委候补常委。10 月,当选第二届特委委员。11 月,任前委委员。12 月,当选为红四军军委书记。在井冈山斗争中,与毛泽东共同领导夺取许多战斗的胜利。为人民军队的建设与发展,根据地的扩大与巩固,作出了卓越的贡献,是井冈山革命根据地的主要创始人。在中央苏区任红一方面军总司令等职。

新中国成立后,任中央人民政府副主席、人民革命军事委员会副主席,中国人民解放军总司令。1955 年授予元帅军衔。是第二、三、四届全国人民代表大会常务委员会委员长,第八届中共中央副主席。1976 年 7 月 6 日在北京逝世。

陈毅(1901—1972)

陈毅,字仲弘,四川省乐至县人。1919 年赴法国勤工俭学。1922 年加入中国社会主义青年团。1923 年加入中国共产党。1927 年在武汉中央军校担任政治工作。南昌起义后,任起义军十一军二十五师七十三团政治指导员。起义军转战赣南经整训后,任纵队指导员。1928

年初与朱德等一起领导和发动了湘南起义。4 月,同朱德一起率部上井冈山与毛泽东部胜利会师。历任中国工农革命军(后改为红军)第四军士兵委员会主任、教导大队长、十二师师长、军委书记。5 月,当选为中共湘赣边界特委候补常委。10 月选为第二届特委委员。在此期间,积极协助毛泽东、朱德,为建设井冈山革命根据地和发展工农红军,作出了很大的贡献,是井冈山革命根据地的主要创始人之一。

新中国成立后,任华东军区司令员兼上海市市长。后任中共中央军委副主席、国务院副总理兼外交部部长、中国人民政治协商会议全国委员会副主席、国防委员会副主席、中共中央政治局委员。1955 年被授予元帅军衔。1972 年 1 月 6 日在北京逝世。

彭德怀(1898—1974)

彭德怀,原名彭得华,出生于湖南省湘潭县乌石乡一个农民家庭。大革命时期,曾在国民革命军任营长、团长。大革命失败后,坚持反对国民党新军阀,秘密组织士兵委员会,支持革命活动。1928 年 4 月加入中国共产党。7 月发动和领导了平江起义,组建中国红军第五军,任军长。12 月,率红五军主力来到井冈山与红四军会师,混合编制任红四军副军长。1929 年 1 月,红四军主力下山出击赣南,率领红五军和红四军三十二团留守井冈山,挑起了第三次反"会剿"的重任。由于敌强我弱,率部突出重围,转战赣南与红四军会合。5 月又根据前委决定,率部回到湘赣边收复了失地,是井冈山革命根据地的主要领导人之一。

新中国成立后,担任中共中央西北局第一书记、西北军政委员会主席、中共中央军事委员会副主席、中央人民政府革命军事委员会副主席、中国人民解放军副总司令、中国人民志愿军司令员兼政治委员、国务院副总理兼国防部长。是党的第六、七、八届中央委员会委员、政治局委员。1955 年授予元帅军衔。1974 年 11 月 29 日在北京逝世。

滕代远(1904—1974)

滕代远,湖南省麻阳县人。1925年加入中国共产党。早年主要从事青年和农运工作。历任长沙郊区农民协会委员长,中共醴陵县委书记、湘东特委书记、中共湘鄂赣特委书记等职。1928年7月,和彭德怀一起发动与领导了平江起义,组建了中国红军第五军,任军党代表。12月与彭德怀率部上井冈山与毛泽东领导的红四军会师,任红四军副党代表,湘赣边界特委常委。1929年1月,红四军下山后,率红五军与红四军三十二团坚守井冈山。第三次反"会剿"失利后,突出重围转战赣南与红四军会合。5月,遵照前委决定,率部回到井冈山根据地,收复失地,开展游击战争,是井冈山革命根据地的主要领导人之一。

新中国成立后,历任铁道部部长、全国政协副主席,是中共第七、八、九、十届中央委员。1974年12月1日在北京逝世。

(以下按姓氏笔画为序)

王尔琢(1901—1928)

王尔琢,湖南省石门县人。1924年考入黄埔军校第一期学习,同年加入中国共产党。因品学兼优,留任学校担任学生队分队队长、党代表。曾参加平定广州商团叛乱、讨伐军阀杨希闵和刘震寰等战斗。1926年北伐战争时任东路军先遣司令部政治部主任。大革命失败后,受党派遣,到国民革命军第十一军第二十七师七十四团任参谋长。

参加了南昌起义,三河坝撤守后,协助朱德为部队的生存做了许多工作。部队在赣南整编为纵队后,任纵队参谋长。1928年1月,协助朱德、陈毅发动领导湘南起义,任工农革命军第一师参谋长。4月,上井冈山与毛泽东部合编为中国工农革命军第四军(后改称红四军),任军参谋长兼二十八团团长。井冈山斗争中,英勇善战,立场坚定,参与指挥了许多战斗,是当时的一位优秀军事指挥员。同年8月,在江西崇义思顺圩，为追回被叛徒拉走的连队不幸遇难。

王佐(1898—1930)

王佐，名云辉，号南斗，出生于江西省遂川县下庄的一个贫苦客籍农家，早年备受压迫和剥削，曾学裁缝为生。由于不满豪绅欺凌，1921年投身“绿林”。1926年接受遂川党组织要求，将所部改编为遂川县农民自卫军。大革命失败后，保存了60支枪，坚持革命。1927年7月会同安福王新亚、宁冈袁文才部，攻克永新城，救出被反革命关押的共产党员和革命群众，事后任赣西农民自卫军副总指挥。10月，毛泽东率秋收起义部队到井冈山后，接受了党的领导和改编，任工农革命军第二团副团长兼二营营长。同年4月加入中国共产党。5月后，历任红四军三十二团副团长兼二营营长，红四军军委委员，湘赣边界第一、二届特委委员，湘赣边界防务委员会主任。1929年1月任红三十二团团长，留守井冈山，坚持斗争。5月，任红五军第六纵队司令员。在井冈山斗争中，冲锋陷阵，屡建战功，为井冈山革命根据地的创立、发展和巩固作出了重要贡献。1930年2月被错杀于永新城。新中国成立后，追认为革命烈士。

王展程(1904—1929)

王展程，湖南省石门县人。早年就读于湖南省政法学校，受党的影响，投身革命。1924年加入中国共产党。1925年考入黄埔军校第四期学习。毕业后，参加了北伐战争。大革命失败后，随军参加了南昌起义和湘南起义。1928年随朱德上井冈山，任红四军二十八团参谋长。1929年1月，任红五军副参谋长，留守井冈山。1929年2月，率部向遂川方向突围时，在大汾战斗中被捕，坚贞不屈，受尽折磨，被敌人杀害于遂川戴家铺。

王怀(1901—1932)

王怀,乳名桂香,江西省永新县高市乡江边村人。1925年考入吉安省立第七师范,受进步思想影响,参加革命活动,同年加入中国共产党。1926年初,受党派遣回乡传播马列主义,曾当选为县农会委员长。1927年4月,中共永新临时县委成立,任副书记。大革命失败后,仍坚持斗争。井冈山斗争中,历任永新县委书记、湘赣边界特委常委等职。1930年任赣西南特委西路行委书记、江西省苏维埃政府委员。10月,红军攻克吉安后,任中央军事委员,为井冈山革命根据地的发展与巩固做出了贡献。1932年5月被错杀。

王遂人(1901—1929)

王遂人,原名瑞麟,号堂九,江西省遂川县瑶下西庄村人。1924年就学于吉安第六中学,接受了进步思想。1925年回家乡组织了遂川县第一个农协小组。1926年加入中国共产党,并任中共遂川县特支组织委员。大革命失败后,坚持斗争,参加了曾天宇领导的万安农民暴动。1928年1月遂川县委成立后,任遂川县委组织部长,10月,任县委书记,积极领导遂川人民打土豪筹款子,配合红军作战,进行土地革命。1929年2月,在第三次反"会剿"中不幸被捕,惨遭敌人杀害。

王佐农(1906—1931)

王佐农,名位淡,江西省遂川县瑶下西庄村人。1926年加入中国共产党。大革命失败后,参加遂万农民自卫军,坚持斗争。1928年1月工农革命军攻克遂川城,成立县委,被选为遂川县委委员。后任共青团遂川县委书记。在井冈山斗争中,表现积极勇敢。1928年10月,当选为中共湘赣边界第二届特委委员。1929年5月,任遂川临时县委书记。1930年遂川地方武装特务连扩编为独立第七团,任团长、政委等职,率部在赣西坚持游击战争。1931年调湘赣省委工作,被错杀于永新。

王次淳(1902—1931)

王次淳,江西省遂川县瑶下西庄村人。第一次大革命时期加入中国共产党。大革命失败后,加入万安县农民自卫军。1928 年 1 月工农革命军攻克遂川,成立遂川县委,当选为遂川县委委员、县工农兵政府主席。1929 年 1 月,随红四军主力出击赣南,曾任于都县工农兵政府副主席。1930 年 2 月,调任赣西南特委工作。同年遵照组织安排,回遂川县独立第七团工作,任军需处副处长等职。1931 年 8 月,被错杀于永新。

文根宗(1901—1928)

文根宗,江西省宁冈县砻市镇大江边村人。大革命中投身农运,1927 年加入中国共产党。10 月,毛泽东率工农革命军来到井冈山区,积极参加各项斗争,建立了大江边暴动队,任队长。1928 年 2 月,随工农革命军攻打宁冈县城新城,在战斗中生擒宁冈县反动县长张开阳,被毛泽东推举为宁冈县工农兵政府主席,被誉为“泥腿子县长”。同年 9 月,因湘赣边界土客籍矛盾被杀害。

毛科文(1898—1928)

毛科文,又名月恒,湖南省宜章县城关毛家村人。大革命中投身农运,任宜章县农民协会副委员长。1925 年 2 月加入中国共产党。1926 年底,湖南省第一次农民代表大会,被选为大会主席团主席成员。1927 年 5 月当选为中共第五届候补中央委员。1928 年 1 月湘南暴动后,任宜章县苏维埃政府主席。4 月,随湘南农军上井冈山,负责后方留守处工作。5 月,任湘赣边界工农兵政府工农运动委员会负责人。11 月,重组前敌委员会,中央指定为前委委员。后被敌杀害于宜章。

毛泽覃(1905—1935)

毛泽覃,号润菊,湖南省湘潭县韶山冲人。1921 年加入中国社会主义青年团。1922 年在湖南自修大学学习。1923 年 10 月加入中国共产党。曾在湖南常宁水口山和长沙从事工人和青年运动。1927 年参加南昌起义,在国民革命军第十一军二十五师政治部任宣传科长。同年 10 月,受朱德指派,上井冈山区与毛泽东部联络。12 月,根据前委指示在宁冈乔林建立了根据地的第一个农村党支部,任支部书记。1928 年 1 月,被选为遂川县委委员,担任遂川县赤卫大队党代表。5 月,调任湘赣边界工农兵政府工农运动委员会农运部部长。后任红四军三十一团一营党代表。井冈山斗争中,在党务农运等方面做出贡献,为朱毛两军会师起了重要作用。1929 年后任中共赣西南特委委员、东固区委书记,江西永丰、吉安、泰和中心县委书记,红军独立师师长等职。1932 年后任中央苏区中央局秘书长、福建省委书记、闽粤赣军区司令员等职。1934 年红军长征后,留在中央苏区坚持游击战争。1935 年 4 月,在江西瑞金与敌作战时英勇牺牲。

邓乾元(1904—1934)

邓乾元,又名兴坤,曾化名董清,湖南省叙浦县新坪乡车头村人。1924 年在湖南省高等工业学校读书期间,接受党的主张和进步思想,投身革命活动。同年秋,转为中共党员。1926 年冬,任中共汉寿县委书记。1927 年任中共醴陵县委书记。1928 年 6、7 月间,受湖南省委派遣前来湘赣边界指导工作,12 月,任中共湘赣边界特委书记。1929 年 1 月,留守井冈山领导边界军民抗击敌人的第三次“会剿”。后被迫转入深山,坚持斗争。4 月重返边界后,仍当选特委书记。1930 年间,调任红三军团政治部主任兼红八军政委。1934 年长征前夕逝世。

邓允庭(1880—1931)

邓允庭,又名邓家骆,湖南省郴县人。1911 年参加辛亥革命,随后参加同盟会。1926 年随北伐军进入湖南,受命在家乡从事农民运动。1927 年加入中国共产党。1928 年 2 月湘南起义部队入郴县组建独立第七师,任第七师师长。4 月,随朱德部上井冈山,任中国工农革命军第十一师第三十三团团长。5 月下旬,任湘赣边界工农兵政府政法部部长。不久,改任红四军留守处处长。1929 年 1 月随红四军主力下山。1931 年被错杀。

邓宗海(1902—1932)

邓宗海,字继树,号白露,湖南省耒阳县哲桥乡人。1923 年考入衡阳省立三师学习,为三师学运领导人之一和湘南学联骨干。1924 年加入中国共产党。1926 年底到武汉农讲所学习。次年 9 月,任中共耒阳县委执委书记。1928 年春参加湘南起义后上井冈山,任红军十二师党代表兼 34 团党代表。5 月底率部回耒阳坚持斗争,后组建耒阳县赤色游击总队。1931 年任湘南特委宣传部长兼耒阳县委书记。1932 年初春,被叛徒出卖,牺牲于耒阳县城。

邓华(1910—1980)

邓华,原名邓多华,字实秋,湖南省郴县永宁乡陂副村人。大革命期间,在长沙岳云中学读书时接触革命思想,投身革命。1927 年 3 月加入中国共产党。大革命失败后,回县坚持斗争。1928 年 1 月参加湘南起义,任师政治部组织干事。4 月,随部上井冈山,任红四军第十一师三十三团二营六连党代表。5 月后,调任红三十一团一营营委组织干事。1929 年 1 月随红四军主力出击赣南后,先后任红四军第三纵队党委组织干事,纵队政治部组织科长、红十二军教导队政委、红十二军三十六师政委等职。新中国成立后,任第十三兵团司令员,中国人民志愿军副司令员、代司令员兼政委，中国人民解放军副总参谋长，四川省副省长、军事科学院副院长等职。是中共第八届中央委员、十一届中央候补委员。1955 年被授予上将军衔。1980 年 7 月 3 日在北京逝世。

江　华(1907—1999)

江华，乳名香麟，又名春圃、黄琳，湖南省江华县人。1925 年加入中国共产主义青年团。1926 年冬转为中国共产党党员。1927 年夏为中共湘南特委交通员，10 月调任中共安源市委秘书。1928 年任中共萍乡县委秘书、茶陵县委书记。同年 11 月调任中共红四军前委秘书。1929 年 1 月随红四军主力下山后，任红四军前委秘书长。新中国成立后，任杭州市市长、市委书记，浙江省委第一书记、最高人民法院院长等职。是中共第八届、十届中央候补委员，十一届中央委员，中顾委常委。1999 年 12 月 24 日在北京逝世。

宋任穷(1909—2005)

宋任穷，湖南浏阳人。1926 年加入中国共产党。同年 9 月，参加秋收起义。三湾改编时，任中国工农革命军第一军第一师第一团三营七连文书。1928 年 1 月，调任营部文书，同时任营党小组长。5 月后，曾任红四军三十二团宣传科干事、一营二连党代表、二营四连党代表。1929 年 1 月随红四军主力出击赣南后，任团政治委员，红一方面军第五军团十三军三十八师政委等职。新中国成立后，任中共南京市委副书记、云南省委书记兼云南军区政委，中共中央副秘书长、中共中央组织部长。是第四、五届全国政协副主席，中共第七届候补委员，第八届中央委员、政治局委员，第十一届中央委员、中央书记处书记，十二届中央政治局委员，中顾委副主任。1955 年被授予上将军衔。2005 年 1 月 8 日在北京逝世。

朱良才(1900—1989)

朱良才,湖南省汝城县人。1925 年参加农民运动。1927 年 10 月加入中国共产党。1928 年 2 月参加湘南起义。4 月,随朱德部上井冈山。曾任中国工农红军第四军军部秘书、红四军三十一团一营营部书记、红三十一团一营连党代表等职。1929 年 1 月随红四军主力下山,任红四军三纵队七支队政委等职。新中国成立后,曾任华北军政大学副校长,北京军区政治委员等职。1955 年被授予上将军衔。1989 年 2 月 22 日在北京病逝。

龙超清(1905—1931)

龙超清,又名龙济民,江西省宁冈县白石乡塘南村人。出身于开明官绅家庭。1921 年,在南昌求学时结识江西著名共产党人袁玉冰、方志敏等,接受了社会主义思想。1925 年加入中国共产党,曾任国民党南昌市党部组织部长。北伐战争开始后,受党派遣,以国民党特派员身份,回县组织力量,宣传革命思想,成立了宁冈县党支部,任书记。曾争取了袁文才“绿林”武装,组织进步力量推翻了宁冈县反动政权,成立宁冈县人民委员会,任委员长。大革命失败后,联合本县土客两籍革命派,坚持斗争,控制宁冈县达一年之久,为井冈山根据地的创建做出过贡献。1928 年 2 月,任宁冈县委书记。10 月,当选为湘赣边界第二届特委委员。1929 年 3 月后,选为边界特委候补常委、特委执委、宣传部长。1930 年 2 月,赣西南特委成立,当选为赣西南特委委员、西路行委团委书记。10 月,选为江西省苏维埃政府委员。1931 年底,在广昌县被错杀。

龙寿宇(1900—1928)

龙寿宇,又名天恩,江西省宁冈县白石乡塘南村人。1926 年参加革命,加入共产党,任宁冈县人民委员会农协军事委员。井冈山斗争时期，任新城第三区赤卫队队长。1928年5月当选为湘赣边界第一届特委委员。八月失败后被叛徒出卖，英勇牺牲。

朱云卿（1907—1931）

朱云卿，广东省梅县人。1924年从印度尼西亚回国后考入黄埔军校第三期学习。1925年加入中国共产党。曾任广东省北江特委委员，负责主办农军学校，后任北江农民自卫军北上总指挥部参谋长、武汉政府农政训练班主任。大革命失败后，于1928年初到井冈山，任中国工农革命军第一团参谋长、中国工农红军第四军第三十一团团长、红四军参谋长。黄洋界保卫战主要指挥员。1930年8月任红一方面军参谋长。1931年在吉安东固后方医院住院时，被敌人杀害。

朱昌偕（1908—1931）

朱昌偕，江西省永新县石桥乡水西村人。1926年参加革命，任永新县青年工人联合会委员长。1927年加入中国共产党。1928年5月任永新县工农兵政府主席，9月，任永新县委书记，10月，当选为湘赣边界特委第二届特委委员。1929年被选为临时特委书记、新特委委员、永新县委书记。1930年当选为江西省苏维埃政府执委会执委。1931年任中共赣西南特委常委，兼管西路分委工作，后被误指为“AB团主犯”，取义自杀。新中国成立后追认为革命烈士。

朱亦岳（1892—1931）

朱亦岳，字首云，江西省莲花县花塘乡花田村人。1915年进入北京国民大学读书，接受马克思主义。1923年加入中国共产党。1924年回县从事党的工作。1926年任国民党莲花县党部执委，组织领导了全县的工农运动。大革命失败后转入山区坚持斗争。井冈山斗争时期，任中共莲花县特支委员会书记、临时县委书记、边界第一、二届特委委员、莲花县委书记；万泰河东委员会主任。1931年在泰和病逝。

伍中豪(1905—1930)

伍中豪,湖南省耒阳县人。1922 年间在北京大学读书时接受进步思想,并加入中国社会主义青年团。毕业后,考入黄埔军校第四期。1926 年加入中国共产党。参加北伐战争,任国民革命军第二方面军总指挥部警卫团连长。1927 年 9 月参加湘赣边界秋收起义,任第三团副团长。三湾改编时任工农革命军第一团三营副营长。12 月任三营营长。1929 年 1 月任红四军三十一团团长。红四军出击赣南闽西后,任红四军三纵队司令员。1930 年 5 月任红军第十二军军长,10 月英勇牺牲。

伍若兰(1903—1929)

伍若兰,女,湖南省耒阳县城南金兰村人。1924 年在衡阳省立第三女子师范学校读书时接受革命思想,加入中国社会主义青年团。1925 年加入中国共产党。毕业后回县从事农运工作,任耒阳县妇联会主席,被史沫特莱誉为"是个不怕死的组织者"。1928 年春,参加湘南起义,与朱德结婚。上井冈山后在红四军政治部宣传队工作。1928 年 11 月,任湘赣边界工农兵政府工农运动委员会妇运科科长。1929 年 1 月随红四军主力下山后,在寻乌县项山战斗中为掩护军部人员转移时负伤被捕,守口如瓶,坚贞不屈,2 月被敌人杀害于赣州卫府。

何挺颖(1905—1929)

何挺颖,陕西省南郑县何家湾人。1925 年,考入上海大同大学数学系,接触马克思主义。同年加入中国共产党。1926 年,受党指派到北伐军李品仙部担任团指导员。大革命失败后,在国民政府警卫团干部连工作,任班长、排长、连党代表。1927 年 9 月参加秋收起义。三湾改编时任工农革命军第一团党代表。1928 年 3 月,前委改为师委,任师委书记。4 月,任工农革命军(后改为红军)第四军军委委员,第十一师党代表兼三十一团党代表。8 月,参与指挥了黄洋界保卫战取得胜利。是年冬,调任二十八团党代表,并选为湘赣边界第二届特委委员。1929 年 1 月随主力下山,在大余县与敌作战负伤后牺牲。

何长工(1900—1987)

何长工,原名何堃,湖南省华容县人。1922 年赴法国勤工俭学时加入少年共产党(后改为共青团),同年转为中国共产党党员。回国后,在家乡华容从事军事工作,任华容地委常委兼军事部长。1927 年 9 月,参加湘赣边界秋收起义。三湾改编时任卫生队党代表。10 月初,受命前往湖南省委汇报并联络南昌起义部队。1928 年 1 月返回后从事改造王佐部队工作。2 月,任中国工农革命军第二团党代表,4 月后任中国工农红军第四军二十八团党代表。1929 年 1 月调任红三十二团党代表、宁冈中心县委书记,奉命留守井冈山。反“会剿”失利后率部转入深山,坚持斗争。后领导边界武装收复了井冈山。3 月,当选为湘赣边界临时特委常委。5 月,任红五军第五纵队党代表。1930 年后派往湘鄂赣根据地工作,担任红八军军长。新中国成立后,历任地质部部长、党组书记、中国人民解放军军事学院副院长、第五届全国政协副主席等职。1987 年 12 月 29 日在北京病逝。

卢德铭(1905—1927)

卢德铭,又名继雄,四川省宜宾县人。1924 年考入黄埔军校,在校期间加入中国共产党。参加了北伐战争。历任叶挺独立团二营四连连长、七十三团参谋长、第二方面军警卫团团长。秋收起义时,任总指挥。1927 年 9 月在江西萍乡芦溪战斗中英勇牺牲。

刘真(1906—1929)

刘真,又名刘珍,江西省永新县浬田镇株塘村人。1926 年 1 月加入中国共产党,在永新县从事革命活动,中共永新支部成立后,为支部主要成员。北伐军进占永新时,建立了以国民党左派与共产党组成的国民党永新县党部和临时行政委员会,当选为县党部执委委员,农运部长。1927 年 10 月毛泽东率秋收起义部队来到井冈山区时,任永新特别区委书记。1928 年 2 月任永新县委书记。1928 年 5 月,当选为中共湘赣边界特委常委。1929 年 1 月,红四军出击赣南后,留在边界坚持斗争,任临时特委常委、正式特委常委,负责宣传工作。同年 8 月,赴南昌参加党的会议被敌人捕获,英勇牺牲。

刘仁堪(1895—1929)

刘仁堪,字红云,江西省莲花县浯塘村人。大革命时曾在长沙任秘密交通员。1926 年春回县组织工农运动。大革命失败后,与其他党组织负责人在上西区坚持斗争。1927 年 9 月,毛泽东率秋收起义部队攻占莲花后,随军赴宁冈。11 月,受毛泽东指示回县重建党组织。1928 年 6 月,莲花县工农兵政府成立时任主席。八月失败后,任中共莲花县委书记。1929 年 2 月间,因叛徒告密,被捕入狱,受尽折磨,坚贞不屈,壮烈牺牲。临死前用自己的鲜血写下"革命成功万岁"六个大字,显示了革命者的英勇气概。

刘作述(1905—1930)

刘作述,又名纯德,曾用名圣明,江西省永新县浬田镇汉山村人。1923 年,考入吉安省立第七师范,接受革命思想,组织"青年学会",创办进步刊物《吉光》。1925 年加入中国共产党。1926 年回县从事革命活动,中共永新县党支部成立时,任支部委员。北伐军攻克永新后,任永新县农民自卫军副总指挥。1927 年 5 月,中共永新临时县委成立时任县委委员。大革命失败后,潜入山区,坚持斗争,领导家乡暴动队,会同宁冈、永新、莲花农民自卫军攻克永新城,救出被押的共产党员。1928 年 5 月,永新赤卫大队成立时任赤卫大队党代表,配合红四军多次攻占永新城。1929 年 1 月,红四军下山后,率领永新、宁冈、茶陵三县赤卫队坚守九陇山军事根据地，与敌鏖战三昼夜。1930 年 1 月，工农红军第六军成立时任纵队政治委员。8 月，率部攻打长沙，不幸光荣牺牲。

刘辉霄(1900—1930)

刘辉霄，又名善庆，江西省宁冈县白石村人。1922 年考入南昌私立政法学校。1925 年加入中国共产党。回县后，与龙超清等一起，组织农会，争取袁文才下山，于 1926 年 10 月推翻国民党宁冈县政权，成立了县人民委员会，任常务委员、宁冈县农协会书记。大革命失败后，坚持斗争，参与领导宁冈人民掌握全县达一年之久。为井冈山根据地的创建打下了良好基础。井冈山斗争中，先后任县委委员、常委、宣传部长等职。参加了新城、龙源口等重大战斗，并带领群众，从自己家里开始打土豪分浮财，在当时传为佳话。1928 年 5 月，当选湘赣边界特委第一届委员会候补常委。1929 年 1 月红四军出击赣南，调任红四军前委秘书长。1930 年调红五军工作，任参谋长。9 月攻打长沙时亲临前线指挥，不幸牺牲。

刘光万(1895—1933)

刘光万，江西省万安县人。大革命时期加入中国共产党。1925 年 2 月任万安县农民协会主席。10 月，中共万安县委成立时，选为县委委员。1927 年年底至 1928 年年初参与组织与领导万安暴动。1928 年 1 月万安县苏维埃政府成立时，当选主席。2 月率领万安 80 名革命农民上井冈山，任万安赤卫队党代表。1930 年在瑞金工作，任江西省工农兵苏维埃政府委员、农民部部长。1931 年 12 月，被选为中华苏维埃共和国中央执行委员。1933 年被错杀。

刘天干(1900—1931)

刘天干，江西省永新县人。1926 年加入中国共产党。大革命时期,任永新县竹业工会委员、中共永新县委委员。1928 年 5 月当选为中共湘赣边界第一届特委委员,10 月,当选为第二届特委委员,并调湘赣边界特委工作。1929 年任中共永新县委书记。1930 年当选为中共赣西南特委常委。1931 年被错杀。

刘寅生(1904—1928)

刘寅生,湖南省酃县策源乡人。1924 年在衡阳省立第三师范读书时投身革命,参加中国共产党,曾任中共省立三师特支书记、衡阳所属中学团总支书记和湘南学生联合会负责人。1926 年任湘南区委(湘南特委前身)委员。1927 年任中共耒阳县委书记。11 月受湘南特委指派回县工作,先后任酃县特支书记、酃县特别区委书记、酃县县委书记。1928 年 5 月当选为湘赣边界第一届特委委员。因叛徒出卖,于 5 月 21 日英勇牺牲。

刘之至(？—1929)

刘之至,湖北省应城县人。中共党员,黄埔军校第三期毕业生。1928 年 1 月,参加了湘南暴动,任工农革命军第七师参谋长,4 月随朱德部上井冈山。两军合编时任中国工农革命军第四军第三十团团长。6 月后调任红二十九团参谋长。1929 年 1 月红四军下山前夕,调任红五军参谋长,协助彭德怀留守井冈山,坚持斗争。1929 年 7 月在攻打安福县城时英勇牺牲。

刘型(1906—1981)

刘型,江西省萍乡人。1926 年考入武昌中央政治学校。1927 年加入中国共产党。同年 9 月,参加秋收起义。1928 年 5 月上井冈山。任红四军三十一团一营连党代表。参加了黄洋界保卫战等战斗。1929 年 1 月随红四军主力出击赣南。曾任红十二军团政委、师政委、红十五军政治部主任等职。新中国成立后,曾任中共湖南省委秘书长，地质学院院长兼党委书记，农垦部副部长，中共中央纪律检查委员会常委等职。1981年在北京逝世。

陈正人(1907—1972)

陈正人，江西省遂川县盆珠乡大屋村人。1925年秘密加入了社会主义青年团，同年转为中共党员。“五卅”运动后，从事地下革命斗争，开始了职业革命的生涯。1926年冬，回遂川县工作，组织国民党县党部和建立中共特别支部，被选为县党部常务监委和特支书记，领导遂川县的工农运动。大革命失败后受江西省委派遣，到万安县工作，任万安中心县委宣传部长，与曾天宇、张世熙等领导了著名的“万安暴动”。1928年1月，根据毛泽东建议，回遂川县工作，担任中共遂川县委书记。5月，被选为湘赣边界特委第一届委员会委员；10月，在边界党的第二次代表大会上当选为特委副书记。1929年春第三次反“会剿”失败后，在井冈山一带坚持斗争。3月，选为湘赣边界特委常委，领导边界人民为恢复根据地进行了艰苦的斗争。1930年“二七”会议后，调安福县委工作。同年5月，调任赣西南特委北路行委书记。10月，江西省行动委员会和江西省苏维埃政府成立时，任省行委常委、宣传部长、省执委委员。1931年1月，任赣西南特区委委员。6月，任永吉泰特委委员、组织部长。11月，中华苏维埃第一次全国代表大会召开时，当选为主席团常务主席、临时中央政府执委。新中国成立后，担任江西省委第一任省委书记。1952年调中央工作，先后任建筑工程部部长兼党组书记、中央农村工作部副部长、中央机械部部长、国务院农林办公室常务副主任、八机部部长等职。1972年4月6日在北京病逝。

陈东日(1902—1930)

陈东日，又名陈中日，字源祥，号破晓，湖南省宜章县栗源乡复原村人。国共合作期间，毕业于国民革命第二军学校，后参加北伐并加入中国共产党。“马日事变”后任中共湖南省委军事委员。1928 年 1 月参加湘南起义,任工农革命军第三师副师长,4 月上井冈山。两军合编时任中国工农革命军第四军三十二团党代表。1929 年 1 月随军下山。1930 年任赣西南特委红军学校校长,红军大学第六分校校长、红二十军政治委员等职。“富田事变”后被错杀。

陈竞进(1898—1933)

陈竞进,又名陈涛林,江西省莲花县坊楼乡新城村人。1926 年从事革命活动,组织青年学会,传播马列主义。7 月,中共莲花县党小组成立,任宣传委员。1928 年 2 月成立特支时,仍任宣传委员。大革命失败后,领导退入山区坚持斗争的农民自卫军和革命群众数百人进行扑城,坚持斗争。毛泽东率工农革命军上井冈山后,积极从事武装斗争。1928 年 4 月,任莲花县红色独立团团长。5 月被选为湘赣边界第一届特委委员。12 月调任红四军某部任参谋。1929 年下半年重回莲花地方工作,任县赤卫大队党代表。1930 年初,任红六军第五大队政委。1932 年任湖南攸县县委书记。1933 年被错杀于永新。

陈毅安(1905—1930)

陈毅安,湖南湘阴县东门外界头铺村人。1924 年加入中国共产党。在湖南省立甲种工业学校毕业后,受党派遣到汉阳兵工厂工作。1926 年 10 月,黄埔军校第四期毕业,任国民革命军第二军连长、警卫团辎重队长。1927 年 9 月,随部参加秋收起义。三湾改编时,任工农革命军第一团第一营二连连长。1928 年 5 月,任红四军三十一团一营营长。1929 年 1 月红四军下山前夕,调任红五军副参谋长,协助彭德怀留守井冈山。1930 年 7 月,任红三军团第一纵队司令员。8 月在攻打长沙战斗中牺牲。

陈韶(1905—1932)

陈韶,湖南省茶陵县洣江乡中瑶村人。1926年加入中国共产党。“马日事变”后,回县组织农民运动。1927年8月后,担任中共茶陵县委书记。1928年5月当选为湘赣边界第一届特委委员。曾任湘东特委委员、湘东南特委常委、湘东南肃反委员会主任等职。1932年5月调任红八军政治部主任。12月任湘赣红军新编独立一师政委。1933年夏被错杀。

陈奇(1904—1931)

陈奇,原名祖汉,湖南省桂东县城郊乡草堂村人。1924年加入中国共产党,是桂东旅衡同学会负责人和湘南学联领导成员。1925年到广州农讲所学习。1926年6月回县工作,任中共桂东县支部书记,领导了桂东县农民运动,组建了农民自卫军。“马日事变”后上井冈山,任中国工农革命军第一师第一团三营八连党代表。后派回桂东工作,任中共桂东县委书记,县工农兵政府主席。4月后,兼任湘赣边区游击大队长、党代表。1929年调任红五军第五纵队二大队党代表。1930年后任红八军第四纵队司令员、红十五军政治委员等职。1931年10月,在河南光山县被错杀。

陈士榘(1909—1995)

陈士榘,湖北省荆门市人。1927年加入中国社会主义青年团。9月,参加秋收起义。10月随毛泽东部上井冈山,并加入中国共产党。曾任中国工农革命军第一军第一师第一团教导队区队长,红四军三十一团副连长、副营长。1929年随红四军主力下山出击赣南。任红十二军第三十四师参谋处长、参谋长等职。参加了中央根据地一至五次反“围剿”作战和长征。新中国成立后,任军事学院训练部部长、教育长、工程兵司令员等职。是中共第九、十届中央委员。1955年被授予上将军衔。1995年7月22日在北京逝世。

陈伯钧(1910—1974)

陈伯钧,原名陈国懋,字少达,号稚勉,四川省达县河市乡人。1927年1月考入黄埔军校第六期学习,5月加入中国共产党。9月参加秋收起义,任工农革命军第一军第一师第三团三营六连一排排长。随部上井冈山后,曾在袁文才部帮助工作,任排长、副连长。后调工农革命军军官教导队任区队长。1928年4月朱毛两军会师后,任红四军三十一团一营一连连长。1929年1月第三次反"会剿"时,调任红五军参谋,协助留守井冈山。1930年后,任红六军一纵队参谋长、红二十军参谋长等职。新中国成立后,任军事学院副院长、院长等职。1955年被授予上将军衔。1974年2月6日在北京逝世。

肖子南(?—1930)

肖子南,江西省宁冈县砻市人。大革命时投身革命,参加学生运动,任宁冈县学生联合会主席。1926年参加中国共产党。此后,在宁冈县党支部的领导下,积极从事农运、学运工作。1928年2月宁冈团县委成立时任书记。5月,湘赣边界工农兵政府成立时任青年部负责人。八月失败后,任宁冈县西北特区赤卫大队党代表。1929年1月红四军主力下山后,率西北特区赤卫大队参加了坚守九陇山军事根据地的斗争。在根据地恢复时期,开展游击斗争,协助红军收复失地。1930年2月下旬壮烈牺牲。

李却非(1899—1932)

李却非,又名李树彝,曾用名李焕业。湖南省酃县水口镇水南村人。1921年考入北京大学文科院,参加马克思学说研究会,加入中国共产党。1922年初,受中共北方区委和北方劳动组合书记部派遣,担任唐山市工运特派员。1923年随何孟雄在北京长辛店一带从事工人运动。1924年夏被党派往安源煤矿,担任工人学校第三校主事,进行党的秘密活动。1926年回县组建中共酃县特别支部,任书记。1927年10月上井冈山,在湘赣边界特委工作。1928年6月回酃县担任中共酃县县委书记。10月,当选为湘赣边界第二届特委委员。1932年在安仁县游击时被敌杀害。

李灿(1901—1932)

李灿,原名文彬,字昭炳,湖南省宜章县人。1922年考入湖南陆军军官讲武堂。毕业后,曾在国民革命军第八军第一师一团一营任连长。1928年加入中国共产党。同年7月参加平江起义,任第五纵队纵队长。12月随彭德怀上井冈山。1929年1月,奉命坚守黄洋界哨口。失守后,率部在宁冈一带山区坚持斗争。5月红五军回到井冈山后,任第五纵队副司令员。1930年调任红八军军长。1931年在上海治病。1932年被叛徒出卖,在上海牺牲。

余贲民(1888—1933)

余贲民,字金榜,号世英,别号楚龙,湖南省平江县城关镇人。1909年考入湖南新军四十九标军官学校,毕业后任连长。参加了辛亥革命。退伍后在家乡组织农运,任会长。1922年加入中国共产党。1926年参加广东农讲所学习。8月返回平江任县团防局局长。1927年6月,任平江县工农义勇队队长。9月,率部参加秋收起义,任中国工农革命军第一军第一师副师长、前敌委员会委员。10月来到井冈山区后,任后方留守处处长等职。1928年5月湘赣边界工农兵政府成立时任财政部部长。1929年1月随红军主力下山。1930年以后任湘鄂赣省红军学校校长、湘鄂赣省苏维埃政府内务部长、军事部长、红十六军政委等职。1933年2月在江西万载牺牲。

宋乔生(1891—1929)

宋乔生,号增桥,字春生,湖南省株洲县淦田乡山峡村人。工人出身。1922 年在水口山铅锌矿加入社会主义青年团,1923 年 5 月转为中国共产党党员,任水口山矿区机械科党支部副书记。1923 年 8 月,与蒋先云等领导了水口山矿区罢工。1926 年任水口山特支委员。“马日事变”后,任水口山特别区委书记。1928 年初,领导工人起义,夺取矿警队枪支,组织独立团,任团长。随后,带领工人武装上了桐梓山。湘南起义后,任工农革命军第一师独立第三团团长,参加朱德部队上井冈山后,任中国工农革命军第四军军委委员、特务营长。5 月,湘赣边界工农兵政府成立时负责工农运动委员会工作。8 月后,任红四军军械处处长。11 月 6 日重组前委,任前委委员。1929 年 1 月在大余对敌作战中英勇牺牲。

员一民(? —1928)

员一民,陕西人。中共党员。参加了湘赣边界秋收起义。1927 年 9 月底三湾改编时,任第一团第一营一连连长。同年 12 月任第一营营长。1928 年 4 月红四军成立,任三十一团一营营长。中旬,率第一营攻打茶陵高陇,在战斗中壮烈牺牲。

毕占云(1903—1977)

毕占云,四川省广安县人。1927 年在湘军阎仲儒部任营长。参加了北伐战争。因对国民党腐败现象不满,逐渐接受革命思想,于 1928 年 10 月率全营在桂东起义,来到井冈山,编为红四军特务营,任营长。同年,加入中国共产党。1930 年后先后任红四军第二纵队司令员、红二十二军第六十六师师长、红八军参谋长等职。新中国成立后任河南省军区司令员、武汉军区副司令员等职。1955 年被授予中将军衔。1977 年 2 月 27 日在郑州逝世。

杜修经(1907—2007)

杜修经,又名杜辉义、赴非,湖南省慈利县国太乡国太村人。1925年加入中国共产党。1926年任长沙铜官地委书记。1927年初任华容县委书记。1928年3月任醴陵县委书记兼安源市委秘书,湘东特委委员。5月后,受湖南省委派遣,两次上井冈山传达省委指示和指导工作,导致“八月失败”,后任湘南特委书记。1929年初任湖南省委常委,后与党组织失去联系而脱党。新中国成立后曾任慈利县副县长、常德师专副校长。1985年8月重新入党,任湖南省政协常委。

吴仲廉(1908—1967)

吴仲廉,女,原名吴统莲,又名吴仲莲,湖南省宜章县人。1927年加入共产党,任宜章县委组织干事。1928年1月,参加湘南起义。4月随朱德部来到井冈山,从事宣传工作。11月调前委工农运动委员会妇运科工作。1929年1月随红四军主力下山。1937年后,历任八路军山东纵队政治部组织部长兼秘书长,辽东分局和安东省委妇委书记等。新中国成立后,曾任中共浙江省委组织部副部长、浙江省高级人民法院院长等职。1967年1月19日逝世。

张子清(1901—1930)

张子清,又名张涛,号寿山,湖南省桃江县坂溪乡风景村人。1920年毕业于湖南讲武堂,任零陵镇守使公署上尉副官。参加了反对赵恒锡的“平江兵变”。1925年加入中国共产党,考入黄埔军校。毕业后,在贺龙的二十军中任政治连连长。后派到黄埔军校长沙第三分校任教官。“马日事变”后,受党派遣到武汉国民政府警卫团任连长、三营副营长。1927年9月,参加秋收起义。三湾改编时,任第一团第三营营长。10月在遂川大汾战斗中与团部失去联系,转战至湘南,与朱德部取得联系。12月在茶陵归回建制,任工农革命军第一团团长。1928

年4月，为掩护朱德部上山，在酃县接龙桥战斗中负重伤。朱毛会师后任红四军第十一师师长兼三十一团团长(因伤，未到任)。1929年1月红四军出击赣南，留任红五军参谋长。1930年后伤情恶化，5月病逝于永新。

张纯清(1910—1944)

张纯清，又名文彬，曾用名刘宗义、张南杰。湖南省平江县梓江乡人。1923年在长沙修业中学半工半读时，接受革命思想。1925年回家乡办学任教。1926年进入武汉农民运动讲习所学习。1927年加入中国共产党。马日事变后，回到平江组织工农武装，参加秋收起义。1928年12月，随红五军来到井冈山。参加了第三次反“会剿”斗争。1930年后历任红三军团第五军政委、红三军团保卫局长、中华苏维埃共和国中央临时政府执行委员等职。1940年10月任中共南方工作委员会副书记兼广东省委书记。1942年6月因叛徒出卖被捕，关入江西泰和马家洲集中营，受尽折磨，立场坚定，于1944年8月病逝于狱中。

张威(？—1929)

张威，云南省人。早年从军，参加了北伐战争。因不满国民党军队的黑暗统治，于1928年9月带领100余人脱离向成杰部在袁州(今宜春)起义，编为莲花红色独立团，任营长。12月，调宁冈新城参加冬季整训，编入红四军独立营，任营长。1929年1月随主力出击赣南，在大余战斗中英勇牺牲。

张宗逊(1908—1998)

张宗逊，陕西省渭南县赤水镇堰头村人。1924年加入中国社会主义青年团。1925年冬被选派至黄埔军校学习。1926年转为中共党员。1927年4月分配到国民革命军第八军九团二营任政治指导员。大革命失败后，受党派遣到武汉国民政府警卫团任第三营十连副连长。9月,随部参加秋收起义,任工农革命军第一团二营六连连长。10月上井冈山,任特务连副连长。1928年4月后,任红四军三十一团二连连长,参加了黄洋界保卫战等战斗。1929年随红四军主力出击赣南,先后任红四军第三纵队九支队副支队长、支队长,红十二军代理参谋长,红十二军三十师师长等职。新中国成立后,任中国人民解放军副总参谋长、训练总监部副部长、总后勤部部长等职。1955年被授予上将军衔。1998年9月14日在北京逝世。

杨开明(1905—1930)

杨开明,又名克敏,号一清,湖南省长沙县板仓村人。投身革命后,曾在广州农民运动讲习所工作。1926年加入中国共产党。1927年回湘从事农民运动。马日事变后,受党派遣到安源帮助组织工人武装。1928年调任湖南省委秘书。6月,湖南省委派至湘赣边界,担任中共湘赣边界特委书记,参加领导井冈山的斗争。1929年1月代表前委赴上海向党中央汇报情况,后任湘鄂赣特派员,年底在汉口被捕,受尽刑罚,坚贞不屈。1930年2月被国民党反动派残酷杀害于长沙市识字岭。

杨得志(1910—1994)

杨得志,湖南醴陵人。1928年参加工农革命军,并参加湘南起义,编入工农革命军第七师。4月,随部上井冈山。井冈山会师后,编入红四军特务营任班长。同年加入中国共产党。1929年1月随红四军主力出击赣南,任排长、连长,第四十五师管理科科长、九十三团团长。新中国成立后,任第十九兵团司令员兼陕西军区司令员,中国人民志愿军副司令员、司令员,中国人民解放军总参谋长,中央军委副秘书长。1955年被授予上将军衔。是中共第八届至第十一届中央委员,十二届中央政治局委员,中顾委常委。1994年10月25日在北京逝世。

杨至诚(1903—1967)

杨至诚,学名序清,贵州省三穗县木界村人。1926 年考入黄埔军校。1927 年上半年加入中国共产党。曾任国民革命军第二十军三师六团六连指导员。大革命失败后,参加南昌起义。1928 年 1 月,参加湘南起义,任中国工农革命军军部副官长。4 月,随部上井冈山。5 月任红四军二十八团一营四连连长。后调任井冈山留守处主任。1929 年 1 月随红四军主力出击赣南后,任红十二军副官长、红军军事政治学校校务部长等职。新中国成立后,任中国人民解放军军事科学院副院长、高等军事学院副院长等职。1955 年被授予上将军衔。1967 年 2 月 2 日,在北京逝世。

宛希先(1906—1929)

宛希先,湖北省黄梅县人。曾在黄埔军校学习,1925 年加入中国共产党。北伐战争中在国民革命军第二方面军总指挥部警卫团任班长。1927 年 9 月,随部参加秋收起义,任工农革命军第一师第一团一营党代表。三湾改编时增补为前委委员。10 月和 11 月,率部先后两次攻克茶陵县城。第二次打下茶陵后,帮助建立了湘赣边界第一个红色政权——茶陵县工农兵政府,并与企图叛变投敌的团长陈皓等进行了坚决斗争。井冈山会师后,任红四军军委委员,第十师党代表,湘赣边界第一届特委常委。1928 年 10 月后,任边界第二届特委委员、常委、巡视员兼茶陵特别区委书记。第三次反“会剿”失利后,特委被打散,以巡视员身份召集边界三县联席会议,成立临时特委,选为临时特委常委。5 月,边界特委第四次执委会召开时,仍当选特委执委。1929 年冬被错杀于水新大湾。

罗荣桓(1902—1963)

罗荣桓,原名慎镇,湖南省衡山(今衡东)县人。青年时代即投身革命。1927年在武昌中山大学加入中国共产主义青年团,同年转为中国共产党党员。大革命失败后,受党派遣到湖北通城县从事农民运动,组织了通城农民自卫军。9月,参加秋收起义,任工农革命军第一团特务连党代表、团部参谋。随部上井冈山后,仍任特务连党代表。后任红四军三十一团八连、九连党代表,三营党代表。1929年1月随红四军主力下山出击赣南后,任红四军三纵队支队党代表、红四军前委委员、红四军二纵队政委、红四军代理政委、政委等职。新中国成立后,任中国人民解放军总政治部主任、政治学院院长等职。1955年被授予元帅军衔。是中共第七届中央委员,第八届中央政治局委员,第一届和第二届全国人大常委会副委员长,国防委员会副主席。1963年12月16日在北京逝世。

贺国中(1904—1929)

贺国中,原名贺祖微,字书帆,湖南省涟源县丰乐乡人。1920年投湘军当兵。因勇猛过人,晋升排长、副官。1926年任国民革命军第八军四师师部特务连连长。1927年保送入黄埔军校学习,同年加入中国共产党。毕业后,在国民革命军独立五师随营军校任教育长。1928年7月22日参加平江起义,任红五军第十三师第七团党代表。9月,团改纵队任第四纵队纵队长。12月,随彭德怀上井冈山。1929年1月,留守井冈山。5月,边界特委将红五军主力与边界独立一团合编两个纵队,任第四纵队纵队长。7月,在红五军攻打安福县城时,英勇牺牲。

贺国庆(1899—1929)

贺国庆,又名福庆,江西省莲花县坊楼乡沿背村人。1926年参加农民自卫军,加入中国共产党。大革命失败后,在白色恐怖中机智、英勇地保存了莲花一支枪。为保存这支枪,敌人杀害了他父亲、弟弟,仍不动摇。1927年9月,毛泽东率部攻占莲花,莲花县党组织即以这支枪为基础,成立了赤色队,贺国庆任队长。1928年4月,赤色队改编为红色独立团，任连长。11 月，任莲花县赤卫大队中队长。1929 年 2 月，在攸县新漕泊战斗时牺牲。

贺敏学(1904—1988)

贺敏学，小名二鸡仔，江西省永新县烟阁乡黄竹岭村人。1926 年加入中国共产党。大革命时，任永新县农民自卫军副总指挥。“马日事变”后被捕入狱。在狱中带头组织秘密党支部，任书记，与敌人进行斗争。7 月被永新党组织联络宁冈、安福、莲花、遂川农民自卫军攻克永新营救出狱，推举为赣西农民自卫军副总指挥。后随袁文才退入宁冈坚持斗争。10 月，参加工农革命军军官教导队学习。1928 年 2 月，任永新赤卫大队大队长。后任红三十二团党委书记。1929 年随红四军主力下山，先后担任红二十四师团长、红二十军一七四团参谋长、中央红军司令部通讯科长、中国人民解放军某部副军长。新中国成立后任华东军区防空司令部司令员兼政委、福建省副省长、全国政协常委等职。1988 年在福州逝世。

贺子珍(1910—1984)

贺子珍，女，小名桂圆，江西省永新县烟阁乡黄竹岭村人。1922 年在永新秀水小学毕业，入永新福音学校女生部学习。1926 年加入中国社会主义青年团，任书记。1927 年转为中共党员并担任永新县委妇委书记。5 月，调任吉安地委妇委组织部长。永新“六一〇”反革命事变发生后，积极参与营救斗争。随后与袁文才、贺敏学等退往宁冈坚持斗争。10 月，秋收起义部队进驻茅坪后，结识毛泽东。1928 年调入湘赣边界特委和红四军前委机关，任机要秘书，5 月与毛泽东在宁冈茅坪结婚。1929 年随红四军下山，任前委机要科长。1930 年 2 月任赣西南妇女工作团主任。参加了红军二万五千里长征。1937 年去苏联治病，1948 年回国。新中国成立后，任浙江省杭州市妇联主任。1979 年选为第五届全国政协委员。1984 年 4 月 19 日在上海逝世。

胡少海(1898—1930)

胡少海,原名胡占鳌,字绍海,湖南省宜章县岩尔乡人。国共合作期间,在“攻鄂军讲武学校”第二期学习,毕业后参加东征。北伐战争中任营长、团长。大革命失败后,带领一批湖南籍士兵,潜入湘粤边境活动。1928 年 1 月,配合朱德、陈毅的部队智取了宜章,揭开湘南年关暴动序幕。胜利后,任工农革命军第三师师长,并加入中国共产党;4 月,率部随朱德上井冈山。朱毛两军合编后任红四军第十师第二十九团团长,红四军军委委员。8 月,任二十八团一营营长。1929 年 1 月随红四军主力下山,先后担任红四军第二纵队司令员、第四纵队司令员等职。1930 年 6 月,任红二十一军军长。7 月在福建省漳平县作战时壮烈牺牲。

胡世俭(1897—1929)

胡世俭,湖南省郴县人。1923 年考入衡阳第三师范,在校组织学生运动,成为湘南学生联合会负责人之一。1924 年上半年加入中国共产党。1925 年 8 月为湘南党组织负责人之一。“马日事变”后任中共宜章县委书记,组织力量参加湘南起义。1928 年 4 月,随湘南农军上井冈山。朱毛两军合编后任中国工农红军第四军第十师第二十九团二营党代表。1929 年 1 月随红四军主力下山,在大柏地战斗中壮烈牺牲。

林彪(1907—1971)

林彪,原名林育容,湖北省黄冈县人。1925 年考入黄埔军校,加入中国共产党。1927 年在国民革命军叶挺独立团任排长、连长,参加南昌起义和湘南起义。1928 年 4 月,随朱德部上井冈山。朱毛两军合编后,任红四军第十师第二十八团一营营长,11 月任红二十八团团长。1929 年任红四军第一纵队司令员。1930 年以后,任红一军团军团长、红军大学校长等职。新中国成立后任人民革命军事委员会副主席、国务院副总理兼国防部长、中共中央军委副主席。1955 年授予元帅军衔。担任过第八、九届中共中央副主席。“文化大革命”中进行篡党夺权活动,阴谋败露后仓皇出逃,于 1971 年 9 月 13 日摔死在蒙古温都尔汗。

周里(1903—2000)

周里,原名周礼,湖南省酃县梁桥村人。1927 年毕业于省立第三师范。在校时接受革命思想,投身学运。后回县组织农运,加入中国共产党。1928 年 1 月,中共酃县特别区委成立,任宣传委员。3 月,发动和组织酃县全县武装暴动。暴动后,特别区委改为县委,任宣传部长。第三次反“会剿”失败后,酃县县委被打散,2 月成立临时县委,任组织部长。5 月,接任临时县委书记,并选为湘赣特委委员。1930 年后历任酃遂中心县委书记、湘赣省军区第二军分区政委,湘粤赣支队政治部主任、湘粤赣特委代理书记等职。新中国成立后,曾任中共湖南省委组织部长、湘南区委书记、湖南省委书记、省政协主席、中共中央顾问委员会委员等职。2000 年 6 月 21 日在长沙逝世。

袁文才(1898—1930)

袁文才,排名显泉,又名选三,江西省宁冈县茅坪马源坑村人。家庭出身贫苦,因不满豪绅压迫,于 1924 年被迫投奔绿林组织“马刀队”。1925 年下半年在本县共产党人龙超清等劝说下,下山接受“招安”,任县保卫团团长。1926 年接受了党的领导,9 月率部起义,任县农民自卫军总指挥。1926 年 11 月加入中国共产党。1927 年 7 月,率部会同安福、莲花、遂川农民武装,攻克永新县城,救出被关押的共产党人,随后组成赣西农民自卫军,任副总指挥。1927 年 10 月,毛泽东率秋收起义部队来到宁冈,袁文才给予多方面帮助,使工农革命军得以休养生息。1928 年 2 月,接受工农革命军的改编,任中国工农革命军第二团团长。井冈山会师后，任红四军军委委员、红三十二团团长、湘赣边界工农兵政府主席。6月，湖南省委指名列为边界特委委员。8月，任宁冈县委书记。在红军大队远在湘南，根据地力量不足一个营，敌军两个团进攻根据地的危急情况下，率部凭险抗击敌人，取得了黄洋界保卫战的胜利。10月，边界局面重开，在中共湘赣边界第二次代表大会上当选为特委委员。1929年1月调任红四军参谋长，随主力出击赣南，后回到边界，坚持斗争。在井冈山根据地的创建岁月里作出了重要贡献。1930年2月被错杀于永新城。新中国成立后，追认为革命烈士。

袁德生(1894—1934)

袁德生，湖南省浏阳县人。1923年初加入中国共产党。1925年12月在广州农民运动讲习所学习毕业后，担任国民党湖南省党部农运特派员，在株洲、萍乡等地从事农运。先后出席了湖南省、江西省第一次农民代表大会。会后留在南昌工作，参加了南昌起义。后奉命重回安源，组织安源工人武装力量参加秋收起义。1928年5至7月两次以湖南省委代表身份来到井冈山传达省委指示，指导工作。1930年后，任湘东南苏维埃政府主席、中共湘赣省委常委、湘赣省苏维埃政府主席等职。1934年在泰和县被错杀。

唐天际(1904—1989)

唐天际，原名唐时雍，湖南省安仁县杨柳田村人。1925年加入社会主义青年团。7月进入黄埔军校第四期学习。1926年转为中共党员。参加了第二次东征和北伐战争，任国民革命军三十六军一团三营党代表。“马日事变”后，到贺龙部任警卫连副连长。参加了南昌起义，任南昌卫戍司令部副官长。1928年初，奉命回县工作，发动和领导了安仁暴动，任安仁县苏维埃政府主席。4月，随朱德部上井冈山。朱毛两军合编后，任红二十八团一营二连党代表。7月，任二十八团三营党代表。“八月失败”后，奉调湘南特委军事委员、湘南游击大队大队长，率部在湘南区域开展游击斗争。1929年后曾任红十一军五十团政委、红二十二军二纵队司令员等职。新中国成立后，任中国人民解放军总后勤部副部长。1955年被授予中将军衔。是中国人民政治协商会议第四届常务委员、第五届全国人大常务委员，在党的十一届三中全会上当选为中央纪律检查委员会常务委员。1989年2月20日在北京逝世。

徐彦刚(1907—1935)

徐彦刚，原名兴华，四川省开江县人。1926年考入中法大学，并加入共产党，后入黄埔军校武汉分校。1927年9月在修水参加秋收起义，随毛泽东上了井冈山。10月，到袁文才部帮助工作，任副连长。袁部升编后任工农革命军第二团参谋长。为加强地方武装领导力量，同年调任宁冈赤卫大队大队长，年底又调任莲花县赤卫大队长。第三次反“会剿”时，率莲花赤卫大队与李灿带领的红五军一大队守卫黄洋界哨口。井冈山根据地失守后，退入山区坚持斗争。1929年5月，边界特委将边界红军独立一团与红五军主力合编为两个纵队，任第五纵队参谋长。1930年后历任红六军第三纵队司令员、红一军团第三军军长、红一军团参谋长等职。1935年9月在江西靖安县对敌作战时负重伤后被歹徒杀害。

徐鼎燕(1898—1929)

徐鼎燕，湖南省酃县大院茶坪村人。1928年1月参加革命。6月加入中国共产党，并选为中共酃县委员会委员、酃县工农兵政府主席，兼任大院区政府主席。1929年1月第三次反“会剿”失败后，英勇牺牲。

龚楚(1901—1995)

龚楚,广东省乐昌县长侈村人。1925 年 6 月加入中国共产党,在家乡从事农运。1927 年参加南昌起义,任教导团新编第二营政治指导员。1928 年 1 月参加湘南起义,任工农革命军第三师政治指导员。4 月,随朱德部上了井冈山。曾任工农革命军第四军军委委员、第十师二十九团党代表。8 月任湘南特委委员。1935 年叛变投敌。新中国成立前夕逃离大陆赴香港等地从事反共活动。1990 年 9 月从香港回广东乐昌定居,不久病逝。

黄克诚(1902—1986)

黄克诚,又名黄时暄,湖南省永兴县三塘乡下青村人。1922 年考入衡阳三师,1925 年加入中国共产党。1927 年永兴板梁暴动后,成立永兴县红色警卫团,任团党代表兼参谋长。永兴县委委员。1928 年春率部参加湘南起义。4 月,随朱德部上井冈山。朱毛两军合编后,任中国工农红军第四军十二师三十五团团长。5 月下旬,因给养困难,湘南农军遣返回县,率部回到永兴开展游击活动,任永兴县委书记。后遭敌通缉,无法立足,被迫往上海。1930 年后,历任红三军第四师政委,军政治部主任等职。新中国成立后,曾任中国人民解放军总参谋长。1955 年授予大将军衔。中国共产党第七届候补中央委员,第八、十一届中央委员,中央书记处书记,中共中央纪律检查委员会常委、第二书记。1986 年 12 月 28 日在北京逝世。

黄义藻(1904—1929)

黄义藻,湖南省资兴县坪石乡枫树丘村人。1923 年考入衡阳省立第三中学,接受革命思想,成为湘南学联负责人之一。1925 年加入中国共产党。1926 年回县从事学运和农运,任共青团资兴支部书记和东区农协会委员长。1927 年 2 月任醴陵县农运特派员。9 月参加秋收起义。1928 年春回资兴组织武装力量，参加湘南起义，时任工农革命军资兴独立团团长、中共资兴县委书记。4 月，随朱德部上井冈山。朱毛两军合编后，任中国工农红军第四军第十二师三十六团党代表。5 月下旬因给养困难，湘南农军遣返原地，率部回到资兴进行游击战争，任红军游击独立团团长。1929 年初在战斗中壮烈牺牲。

萧克（1908—2010）

萧克，湖南省嘉禾县人，1926 年参加国民革命军。1927 年加入中国共产党。曾任国民革命军第二十四师连长。参加了北伐战争和南昌起义。1928 年初，参加湘南起义。4 月，随朱德部上井冈山。5 月任红四军二十九团连长。8 月，任红二十八团连长、营长。1929 年 1 月随红四军主力出击赣南，任红四军第一纵队参谋长，第十二师师长等职。新中国成立后，任中央军委军训部长、国防部副部长、军政大学校长、军事学院院长兼第一政委等职。1955 年被授予上将军衔。是中共第八届中央委员，十届候补中央委员，十一届中央委员，政协第五届全国委员会副主席，中顾委常委。2010 年于北京逝世。

粟裕（1907—1984）

粟裕，幼名多珍，湖南省会同县坪村乡人。1925 年考入湖南省立男子第二师范，接受进步思想，积极投入学运，并加入中国社会主义青年团。大革命失败后，投笔从戎，参加国民革命军第十一军二十四师教导队。1927 年 6 月，转为中共党员。8 月，参加南昌起义。10 月，大余整编后任国民革命军第五纵队第五连指导员。1928 年 1 月，参加湘南起义。4 月随部上了井冈山。朱毛两军合编后，任红二十八团三连连长。1929 年随红四军主力出击赣南，先后任红四军第一纵队二支队政委、红十二军五支队队长、红二十二军六十五师师长等职。新中国成立后，曾任中国人民解放军副总参谋长、总参谋长、国防部副部长、中央军委常委。是中共第七届中央候补委员，第八、九、十、十一届中央委员，第五届全国人大常委会副委员长，中顾委常委。1955 年被授予大将军衔。1984 年 2 月 5 日在北京逝世。

谢甲开（1896—1928）

谢甲开，江西省宁冈县茅坪村人。1926 年投身农民运动，组织农民协会。1927 年 10 月，毛泽东率工农革命军进驻茅坪，从多方面给部队以帮助。同年，加入中国共产党。1928 年 2 月，任茅坪乡工农兵政府秘书、茅坪乡党支部书记。边界"三月失败"时，茅坪遭到敌人疯狂烧杀，为保护群众安全转移，自己来不及转移，不幸落入敌手。面对着敌人的严刑拷打，坚贞不屈，视死如归。敌人残暴地将他开膛剖腹，挖出心肝，碎身几段，抛入河中，壮烈牺牲。

谢桂标（1901—1930）

谢桂标，江西省宁冈县柏路梨树山村人。1924 年为生活所迫，投奔绿林"马刀队"。1925 年下山，协助袁文才起义，组织农民自卫军。1927 年加入中国共产党。1928 年 2 月，当选为中共宁冈县委委员。5 月，当选为中共湘赣边界特委第一届委员会常委。9 月，任宁冈县工农兵政府主席。1929 年 1 月随红四军主力下山，任红四军军部副官兼司务长。4 月回到宁冈县委工作。参加了井冈山根据地的后期斗争。1930 年 2 月在永新被错杀。

曾志（1911—1990）

曾志，女，湖南省宜章县人。1924 年考入衡阳省立第三女子师范学校。1926 年加入中国共产党，任衡阳地委组织干事、农协会妇女干事。1927 年 7 月，受党派遣在郴州从事秘密工作。1928 年春参加湘南起义。4 月随朱德部上井冈山。5 月在红四军三十二团做党的工作。8 月在后方留守处工作。12 月任红光医院党总支书记。1929 年 1 月调前委工农运动委员会民运股长。随红四军主力下山后，任闽西团特委书记。新中国成立后,曾任广州市委书记、中共中央组织部副部长、中顾委委员等职。1998 年 6 月 21 日在北京逝世。

彭文祥(1897—1932)

彭文祥,江西省永新县高溪乡梅花村人。1927 年参加革命,1928 年春加入中国共产党。5 月,中国工农革命军第四军攻克永新,成立县苏维埃政府,任主席。后任九陇山游击队队长,一直坚持在湘赣边界进行游击斗争。1932 年被错杀。

彭儒(1913—2010)

彭儒,湖南省宜章县黄沙堡琦石彭家村人。1926 年考入衡阳第三女子师范学校。1927 年 3 月加入中国社会主义青年团。“马日事变”后,回乡从事秘密工作。1928 年初,参加湘南起义。4 月随朱德部上井冈山。先后在红二十九、二十八团从事宣传工作。后在湘赣边界特委做妇女工作。1929 年 1 月,与陈正人等留守井冈山,参加了第三次反“会剿”斗争。秋季,调安福县委工作。1930 年加入中国共产党。新中国成立后,任中央纪律检查委员会专职委员等职。2010 年 10 月于北京逝世。

谭政(1906—1988)

谭政,原名谭世名,号举安,湖南省湘乡县楠竹山村人。早年在东山学堂读书时接触进步书刊,投身爱国运动。北伐战争开始后,立志从戎,分配在武昌警卫团三营九连任文书。1927 年 9 月,随部参加秋收起义。10 月,加入中国共产党。随后,任秋收起义部队宣传员、宣传队长。1928 年 2 月,调任前委秘书。4 月后,任红四军三十一团团党委秘书。1929 年随红四军主力出击赣南后,先后任红四军第三纵队党委秘书、红四军军委秘书长、红四军政治部宣传部长、红十二军政治部主任等职。新中国成立后,任中国人民解放军总政治部第一副主任、总政治部主任、国防部副部长等职。1955 年被授予大将军衔。1988 年 11 月 6 日在北京逝世。

谭震林(1902—1983)

谭震林,原名喜起,湖南省攸县人。印刷工人出身。大革命时投身工人运动。1926 年 10 月加入中国共产党,曾任攸县工人纠察队队长。大革命失败后,被迫转移至茶陵县。1927 年 11 月工农革命军攻克茶陵后,先后任茶陵县总工会主席、茶陵县工农兵政府主席、茶陵县委书记。1928 年,历任中共湘赣边界第一届特委副书记、二届特委书记、湘赣边界工农兵政府土地部长、前委委员。1929 年随红四军主力下山,调任前委职工运动委员会主任。7 月任红四军第四纵队政治部主任。新中国成立后任中共中央政治局委员、国务院副总理、全国人大常务委员会副委员长等职。1983 年 9 月 30 日在北京逝世。

谭思聪(1908—1932)

谭思聪,湖南省茶陵县虎溪塘坳人。1926 年秋在茶陵汇文中学读书时加入中国共产党。"马日事变"后,在平水裘家一带坚持斗争。1927 年 8 月与陈韶、谭趋新等组织茶陵游击队坚持在潭湾山区游击。1927 年底在湘赣边界特委工作。1928 年春任茶陵县委书记。10 月,当选为中共湘赣边界第二届特委委员。1929 年 5 月,在边界特委第四次执委会上当选为特委常委。1930 年 2 月,选为赣西南特委委员。6 月,任湘东特委委员。9 月,任湘东独立师政委。1932 年元月,在江西永新钱市街战斗中英勇牺牲。

谭普祥(1904—1942)

谭普祥,湖南省茶陵县城关镇人。缝纫工人出身。1926 年下半年加入中国共产党,任工人纠察队副队长。1927 年 8 月参加茶陵游击队。1928 年春,任县工农兵政府主席。5 月,选为中共湘赣边界第一届特委委员。1930 年任湘东南行委办事处主任。1931 年元月任茶陵县苏维埃政府主席。12 月,任湘赣省苏维埃政府经济财政部长。后回家,1942 年病逝。

谭梓生(1898—1930)

谭梓生,又名谭栋,安徽省旌德县人。1925 年在上海法政大学读书时加入中国共产党,1927 年北伐军攻克旌德县,曾委任为旌德县县长。大革命失败后到武汉,任湖北通城县政府民政科长,组织农民军,在江西修水编入中国工农革命军第一团,参加秋收起义。10 月上井冈山。11 月工农革命军攻克茶陵县城后,被选派为茶陵县县长。后回部队工作。1930 年在上海从事地下工作时被捕,9 月牺牲于南京雨花台。

谭家述(1909—1987)

谭家述,湖南省茶陵县龄舫乡中元村人。大革命时期参加茶陵农民运动。1926 年加入中国共产主义青年团。1927 年参加南昌起义、广州起义。同年年底回到茶陵,任茶陵游击队队长,后编入中国工农革命军第一军第一师第一团第二营,任营长。1928 年初,返回茶陵县任县游击队队长。同年加入中国共产党。1929 年 1 月,第三次反“会剿”失利后,率部在九陇山一带坚持斗争。1930 年后,曾任红军第八军二十二师师长、红六军团参谋长等职。新中国成立后,任中国人民解放军空军副司令员兼军校部部长等职。1955 年被授予中将军衔。1987 年 8 月在北京逝世。

蒋世良(1905—1932)

蒋世良,江西省遂川县泉江镇水南下街人。1925 年“五卅”惨案后参加革命运动,随后加入中国共产党。1926 冬,当选为篾业工会主席。1927 年 1 月,选为遂川县总工会主席并出席江西省第一次工人代表大会。“马日事变”后被捕入狱,受尽严刑,毫不动摇。7 月,在遂万农民自卫军的营救下出狱,转入秘密活动。1928 年元月工农革命军攻克遂川城,任县总工会主席。12 月,任遂川县工农兵苏维埃主席。1929 年 1 月,红四军主力出击赣南后,在遂川山区坚持斗争。1930 年出任泰和至吉安沿河哨口总指挥。1932 年 9 月,在泰和麻州巡哨时,中弹牺牲。

蔡协民(1901—1934)

蔡协民,原名蔡树深,又名蔡杰,湖南省华容县城南石垸村人。1924 年考入长沙湘江学校农村师范部学习。1925 年 9 月派往广州农民运动讲习所学习,并加入中国共产党。年底,任国民党湖南省党部南、华、安、沅四县农民运动特派员,兼中共华容支部书记和国民党华容县党部执行委员。参加南昌起义,任十二军二十四师连指导员。1928 年 1 月参加湘南起义,先后任工农革命军第一师政治部主任、郴县独立第七师党代表。4 月,随朱德部上井冈山。朱毛两军合编后,任中国工农革命军第四军军委委员、三十二团、三十一团党代表。1929 年随红四军主力出击赣南,曾任红四军政治部主任、福建省委秘书长、福建临时省委书记等职。1934 年 4 月在厦门被捕,5 月被敌杀害于漳州。

蔡会文(1908—1936)

蔡会文,号赤潮,湖南省攸县凉江乡山田村人。1926 年参加农民运动,并加入中国共产党。大革命失败后,加入卢德铭领导的国民政府警卫团。1927 年 9 月,参加秋收起义。10 月,随部上井冈山。1928 年春,任红三十一团机枪连党代表。11 月,任红四军教导队党代表。1929 年 1 月随红四军主力下山,任红四军第三纵队第一支队政委。1930 年后,历任红三军政委、湘赣军区总指挥兼政委、红八军军长等职。1936 年春,在战斗中英勇牺牲。

黎育教(1905—1932)

黎育教,又名黎开学,化名黎霞,湖南省酃县下村人。1923 年考入衡阳省立三师,接受革命思想。1925 年冬加入中国共产党。1926 年 7 月回县工作,以教书作掩护,进行革命活动。1927 年春,酃县农民自卫军成立,任第二中队长。“马日事变”后,被敌通缉,前往武汉寻找党的组织。1927 年 7 月返回家乡坚持斗争。年底,护送毛泽覃上山,留在部队工作,任三十一团一营一连党代表。1928 年 6 月,受毛泽东指派,回酃县工作,任酃县县委组织部长。1929 年 2 月任临时县委书记。5 月,调湘赣边界特委工作。1930 年 3 月,派任湘南白区工作团主任。1932 年 12 月,在赴湘赣省委汇报工作途中,遭敌伏击,害于漳州。

井冈山时期红军主力团建制追踪

井冈山时期的红四军主力团建制，今在何方？其历史沿革如何？这是许多老同志、读者饶有兴趣、颇为关注的问题。

为了弄清这个问题，我们做了一点调查研究，现扼要综述如下：

井冈山时期的红四军主力，共有四个团：红二十八团、红二十九团、红三十一团、红三十二团。红二十九团在1928年“八月失败”时溃散，随后建制取消。红三十二团(袁文才、王佐部队)在1930年2月因袁、王被错杀而自然解体。红二十八团、红三十一团建制一直保存完好，后来在革命战争中转战南北，战功卓著；新中国成立前中国人民解放军的许多野战部队中，都有井冈山时期红军主力团的元素，其领导人和骨干很多都是井冈山时期的老红军，井冈山红军的光荣传统在部队中发挥了重要影响。新中国成立以来从部队的建制来说，井冈山时期的红军主力团分属有关大区和野战部队，在保卫社会主义现代化建设中发挥了重要作用。

现将井冈山时期的红四军第二十八团、第三十一团的历史沿革情况表述于后，以飨读者。因年代久远，变迁频繁，沿革中的某些细况一时难以完全弄清，期待日后加以补正。

红二十八团历史建制简况

时 间	建制称谓	建制地点
1928 年 5 月	中国工农革命军第四军二十八团	江西宁冈
1929 年 3 月	中国工农红军第四军第一纵队	福建长汀
1930 年 10 月	中国工农红军第四军第十师	江西吉安
1933 年 6 月	中国工农红军第一军团二师四团	江西永丰
1935 年 9 月	中国工农红军陕甘支队第一纵队第四大队	甘肃哈达铺
1935 年 11 月	中国工农红军第一军团第二师第四团	陕北吴起镇
1937 年 8 月	八路军第一一五师三四三旅六八五团一营	陕西韩城
1938 年 11 月	八路军苏鲁豫支队第一大队	江苏丰县
1940 年 8 月	八路军第五纵队第一支队第一团	江苏丰县
1940 年 11 月	八路军第一一五师教导一旅一团	江苏盐城
1941 年 2 月	新四军第三师七旅十九团	江西阜宁
1946 年 10 月	东北民主联军第六纵队第十六师第四十六团	黑龙江阿城
1948 年 11 月	第四野战军第四十三军一二七师三七九团	广东海南
1960 年 10 月	广州军区独立师三七九团	广西桂林
1969 年 11 月	武汉军区陆军第四十三军一二七师三七九团	河南洛阳
1985 年 8 月	济南军区第五十四集团军一二七师三七九团	河南洛阳

红三十一团历史建制简况

时　间	建制称谓	建制地点
1928 年 5 月	中国工农革命军第四军三十一团	江西宁冈
1929 年 3 月	中国工农红军第四军第三纵队	福建长汀
1930 年 6 月	中国工农红军第十二军(辖一、二、三纵队)	福建龙岩
1930 年 10 月	中国工农红军第十二军第三十四、三十五、三十六师	福建龙岩
1931 年 10 月	红十二军第三十五师编入红三军,与红七师合编为红三军第七师	江西赣南
1933 年 5 月	中国工农红军第一军团第二师第一团	江西永丰
1935 年 9 月	中国工农红军陕甘支队第一纵队第五大队	甘肃哈达铺
1935 年 11 月	中国工农红军第一军团第二师第五团	陕北吴起镇
1936 年 1 月	中国工农红军第一军团一师一团	陕北
1937 年 8 月	八路军第一一五师三四三旅六八五团二营	陕西韩城
1937 年 11 月	晋察冀军区第一分区一团	山西五台山
1938 年 9 月	东进抗日挺进纵队第五支队	山西
1940 年 11 月	陕甘宁晋绥联防军教导三旅一团	西北
解放战争时期	晋察冀军区热辽纵队第二十七旅七十团 晋察冀军区第十六旅四十六团 晋察冀军区第十七旅四十九团 晋察热辽军区独立第一师一团 东北人民解放军第十一纵队三十一师九十一团	华北 华北 华北 华北 东北
新中国成立后	第四野战军第四十八军一四二师四二四团 中国人民解放军第五十五军一四四师四三〇团 中国人民解放军第五十五军一六三师四八七团 中国人民解放军驻香港部队步兵旅	东北 东北 东北 广东

后 记

2007年是井冈山革命根据地创建、中国人民解放军建军80周年。值此盛典之际,《井冈山革命根据地全史》一书修订再版了!

本书是10年前为纪念井冈山革命根据地创建、中国人民解放军建军70周年而撰写出版的。10年过去了,弹指一挥间。在这10年内,国内外世事风云变化巨大,史学界研究氛围空前活跃。10年来,在井冈山革命根据地研究领域,也发现了一些新的史料,产生了许多新的认识,涌现出一批新的成果。本书作为一本学术专著修订再版,自然不能"依然故我",必须很好地吸纳新的学术成果,融入新的学术共识,以期臻于更加科学、严谨的学术境界。

本书修订的主要方面:一是体例的调整。此次采取编年体正史通则,立章谋篇,调整架构,纵横交错,史论结合,使之更为规范。二是纲目的删减。此次修订,删繁就简,突出重点,保留主干,削去枝节,使之更为集中。三是内容的补新。修订中补充了近几年发现的新史料(如袁文才致毛泽东上山信函,袁、王被错杀时宁冈县16个共产党员致彭德怀信等),增添了一些最新内容(如江泽民、胡锦涛谈井冈山精神及其内涵,红四军党的二大至五大的考析,井冈山会师考证,"七大"纷争风波,井冈山时期的社会变革等),使之更为完备。四是评述的斟酌。

10年来,井冈山斗争史的研究在深入,大量党史信息在积累,人们的认识也与时俱进。此次修订对书中原有的某些评述、观点、提法进行了深层、审慎的思考和推敲,使之更为精当。

本书修订的总体目标取向,旨在做成一部"信史"。什么是"信史"?据我等感悟,"信史"的基本要求,必须是:实事求是,秉笔直书,信而有征,史正弥久。大体元素应该是:史实准确可靠,评述客观公允,观点符合实际,考证言之有据;不唯书,不唯上,不溢美,不拔高;尊重史实,忠于真理,原原本本,原汁原味。如此才能称之为"原生态、原创性"研究,才能经得起历史和人民的检验。当然,这只是作者的初衷,能否如愿达标,尚祈方家、读者识正。

本书作者致力于井冈山斗争史研究已三四十年。余伯流近几年来执教于中国井冈山干部学院,主讲井冈山斗争史,系学院的特聘教授;陈钢近年来执教于井冈山学院(井冈山大学),被聘为学院井冈山精神研究中心研究员。这种共同的工作环境、研究空间,无疑给我们增添了浓浓的"井冈情缘"。井冈山的壮美山水开阔了我们的心智;井冈山的独特养分浸润了我们的灵魂。为了井冈山这片红土地,为了这片红土地带给世人后代的泽被,我们决意再接再厉,精研穷搜,伏案劳作,笔耕不辍!

承蒙学术界诸多同仁、朋友的关怀厚爱和江西人民出版社原社长林学勤、社长徐建国、副社长游道勤诸同志的鼎力支持,趁此修订再版之机,一并致以诚挚的谢意!

谨以此书献给井冈山革命根据地创建、中国人民解放军建军80周年。

作者

2007年1月26日

于中国井冈山干部学院

东山苑公寓

新版后记

《井冈山革命根据地史》一书,是 1997 年出版问世,2007 年修订再版的。原著书名为《井冈山革命根据地全史》,实际上一本专著是很难“全”得了的,不可能面面俱到,百事皆全,总会有涉猎不到的人和事,故这次再版去掉了一个“全”字。还有,这与江西人民出版社计划将本书同作者的另两部著作《中央苏区史》、《中国苏区史》一起打包结集,形成一部颇具特色的红色“三部曲”书系,也更为契合。

本书新版的学术意向,是吸纳新的学术成果,融入新的学术共识,增添新的文献史料,贴近新的时代风尚。因此,这次新版修订的主要方面有四:一是内容的补新。如:新增了“共产国际、联共(布)对井冈山斗争与朱毛红军的关注与称赞”等,这是当前史学界研究领域的最新成果、最新史料。二是纲目的调整。如:关于井冈山精神的阐释,增添、解读了中央几代领导人毛泽东、邓小平、江泽民、胡锦涛、习近平关于井冈山精神的论述,结构和表述上也进行了新的调整。三是图照的增添。此次增补了大量的革命旧址、人物照片,以期图文并茂,更为鲜活。四是文字的斟酌。原著中有些提法、表述作了进一步的推敲,融进了史学界一些学术共识和作者的最新观点。

作者这次新版执意追求的坐标,仍是“信史”二字。追求“信史”,

写成“信史”，是一个学者的社会责任，也是一个学者的学术品格。但愿这部专著，能以“信史”的学术风貌，获得全国各级党政军干部、专家学者和广大读者的认同、喜爱和收藏。

本书作者始终恪守实事求是、秉笔直书、立准立好的原则，风格上力求政治性、学术性、史料性、可读性的统一，以便雅俗共赏，博专同进，让广大读者从井冈山斗争的峥嵘岁月中，领悟和传承伟大的井冈山精神，为实现小康社会和中华民族伟大复兴的中国梦提供精神资源。

我与陈钢教授都是六七十岁的老者了，现仍分别供职于中国井冈山干部学院、井冈山大学。我今年七十有二，垂垂老矣；陈钢比我小10岁，还充满活力。作为江西红土地上的学者，为了“红土情结”，我们仍愿皓首穷经，精心研究，以告慰前辈先烈，激励晚生后人，寄托吾等“老骥伏枥”的期盼！

书中有不妥之处，热望识者指正。

热诚感谢江西人民出版社领导游道勤诸同志及编辑的鼎力支持与辛勤劳作！

余伯流

2014年元月于中国井冈山干部学院

东山苑公寓